[새로 쓴 상식의 역사]

역사, 반복되는가?

이 동 권 지음

대 한 출 판

서 문

역사는 반복되는가?

우리 한겨레 민족은 중국 대륙의 한 변방에 위치하여 중국 황제로부터 끊임없이 사대와 조공을 강요당해 왔다. 바다 건너 일본 역시 천황제(소황제)를 유지하며 우리민족을 번국(藩國)으로 취급하여, 삼국시대 초기에 한반도 남부 경영설(임나일본부설), 임진왜란 시 한반도 남부를 할양 요구하는 등 끊임없이 괴롭히다가 결국 한일합방으로 속국화하였다.

북한 김일성 왕조 역시 한반도를 적화통일하려고 6.25 남침을 감행하였고, 오늘날 핵무장을 세계에 선포하며 "서울을 불바다로" 운운하고 있다.

그러나 지금 북한은 세계의 압박으로 비핵화를 미국과 줄다리기를 하고 있으나, 북한은 절대 비핵화를 하지 않을 것으로 보는 것이 공론이다. 우리는 두고 두고 우리 머리위에 핵을 두고 살아야만 한다.

이 같은 쓰라린 역사는 계속 반복되어야 하는가?

〈일본 제국 패망사〉를 쓴 "존 털런드"는, "역사에서 단순한 교훈은 없으며, 반복되는 것은 역사가 아니라 인간의 본성이라"고 하였다.

우리는 흔히 우리 역사를 평가할 때 "사대와 자주"란 용어가 자주 등장한다. 오늘의 관점에서 보면 실리(국익)와 명분(이념)이라 할 수 있다. 이 사대와 자주란 용어는 우리 한겨레 민족의 최초의 국가 고조선 때부터 오늘에 이르기까지 매 왕조마다 평가하는 기준으로 제기되곤 하였다. 중국·일본 사이에 끼인 약소국이 갖는 생존의 지렛대였다. 다음은 그 예이다.

조선 왕조 후기 어버이 나라로 섬기던 명나라가 망하고, 오랑캐 만주 청나라가 중국 대륙을 차지하자, 조선 사림파들은 조선을 "소중화(小中華)"로 자리매김하여 어버이 명나라의 원수를 갚자고 하였다.

다음은 독립문을 건설하면서 독립신문(1896년 4월, 제33호)에 게재된 내용이다.

"조선인민은 독립이라는 것을 모르는 까닭에, 외국 사람들이 조선을 업신여겨도 분한 줄도 모르고 … 조선인민은 청국에 속한 사람들로 알면서 … 속국인 체 하고 있다. … 어찌 불쌍한 인생들이 아니겠는가?"

이와 같이 조선시대는 태조 이성계가 "작은 나라가 큰 나라를 넘보지 않는다"는 것을 명분으로 위화도에서 회군하여 조선을 개창했듯이, 사대가 국가보위에 지렛대로 되었다.

고려시대는 후반기 세계 최강의 몽골이 침입해 왔을 때, 무신정권은 강화도로 천도 (1252~1270년)하여 대항하였다. 이 같은 대몽항쟁을 당시 무신세력들과 후세의 민족주의 학자들은 "자주적"이라 하였다. 전 백성들이 짓밟히고 황룡사구층탑, 대장경 등 문화재도 소실되며 그 피해는 1254년 한 해에만 포로로 잡혀간 인원이 "남녀 20만 6,800명 (당시 고려 인구 500만 명)이며 살육된 사람은 이루 헤아릴 수 없다"고 하였다.(「고려사」 권 24) 이때 수만 명의 아녀자도 공녀(貢女)로 끌려갔다 돌아오면서 "화냥년(환향녀還鄕 女의 어휘변화)"이라며 손가락질 당한 아픈 역사가 남아 있다. 오늘날 위안부 할머니들 을 상기시킨다.

결국 고려는 본관제(本貫制) 및 토지제도(전시과)가 무너지며, 유망과 농민항쟁이 끊 이지 않자, "청백리"를 이상으로 삼은 사림파들이 역성혁명을 단행하여 조선을 개창하 였다.

조선후기 민족주의 사학자 단재 신채호 선생은 고려시대의 "묘청의 난"(1130년)을 〈조선 역사 일천년래 제일대사건〉이라고 하였다(1930년). 서경에서 일어난 이 난에서 김부식 이 묘청을 진압함으로서, 우리 역사가 결정적으로 후퇴하였다고 하였다. 역사 발전은 자주적인 기상과 요소에서 찾아야 한다면서, 당시 묘청이 성공했다면 우리민족은 대륙 으로 진출할 수 있는 진취적인 민족이 되었을 거라고 하였다. 사대적인 사상이나 행동 이 역사를 후퇴시킨다고 이른바 "자주와 사대"의 논리를 제기하였다. 당시 단재 선생은 일제 식민지 시대에 살며 고난의 시대 역사가로서 충분히 제기할 수 있는 견해였다.

다음은 역사의 평가에 대한 저자의 소견이다.

첫째 : 역사 서술은 "후손들이 우리 역사를 똑바로 알게 하는데" 있다. 그리고 역사 교육은 "본질적으로 우리민족사를 발전적으로 이어가는데" 있다.

그런 의미에서 우리는 역사를 평가할 때 오늘의 자유분방한 시각에서 보다. 그 당시의 시대적 상황에서 보려는 안목이 필요하다. 특히 역사를 "자주적, 사대적"이라든가, "좌편향, 우편향"이라는 흑백 논리적인 시각보다, 사실 그대로를 평가하되 발전적이고 미래지향적인 교훈을 얻어야 한다.

한 예로서;

우리가 잘 알고 있는 오늘날 중국 공산주의를 건설한 모택동의 평가이다.

모택동은 1958년부터 3년여간 경제 성장을 위해 "대약진운동"을 전개하였다. 이때 농촌 인구의 대도시 탈출, 도시의 인구과밀 및 생필품 부족, 거기에 천연재해까지 겹쳐 3,000만 명이 아사하여 대약진운동은 대실패를 하였다.

이어 권력이완을 방지하기 위해 1966년부터 10년간 군부와 학생들로 구성된 홍위병(紅衛兵)을 동원하여 당시 실용주의 노선자인 유소기, 등소평 등을 축출하는 대대적인 극좌파운동을 벌렸다. 이때 우파, 교수 등 지식인 300만 명이 숙청되었다. 1981년 6월 중국공산당은 "건국 이래 문화대혁명은 당, 국가, 인민에게 가장 심한 좌절과 손실을 가져다 준 모택동의 극좌적 오류이며, 그의 책임이다"라고 규정하였다.

이후 등소평이 등장하여 "백묘흑묘론(白描黑描論)"를 부르짖으며, 오늘날의 중국 공산사회주의를 건설하였다. 백묘흑묘론이란 흰 고양이든 검은 고양이든 쥐만 잘 잡으면 된다. 공산주의든 자본주의든 중국인민이 잘 살게만 되면 제일이다는 뜻이다.

대약진운동과 문화대혁명으로 인해, 중국은 경제·문화적으로 20년 이상 퇴보되었다. 이러한 엄청난 피해에 대하여 그 책임을 물어 모택동의 격하운동이 전국적으로 광범위하게 벌어진 바 있다.

그러나 당시 이 난국을, 중국공산당은 모택동이 중국공산주의의 시조로서 공산주의 건설에 이바지한 점을 고려하여, 결국 그의 평가에서 "공칠과삼(功七過三; 공이 7이고 과는 3)"이라고 결론을 내림으로서 사태를 수습하였다.

둘째: 역사는 "정의로움만이 승리할 수 없다"는 교훈을 준다.

그 예로서 :

조선조에서 "청백리"를 이상으로 삼았던 사림파가 집권한 이후 자신들의 성리학적 이념과 사고를 바꾸려하지 않다가 국론이 분열되며 붕당과 당쟁으로 이어졌다. 결국 동아시아의 격동적인 정세, 즉 명·청의 전환기, 일본의 통일 등 격변하는 정세를 인식하지 못하여 조선을 멸망의 사조(思潮)로 이끌게 되었다.

19세기 중반 일본은 메이지유신(1868년)을 단행하여 107명의 해외시찰단을 서양 12개국에 보내어 해외문물을 적극적으로 받아들였는데, 당시 조선은 병인·신미양요에서 양이(서양오랑캐)에 승리했다며, 대원군은 전국 곳곳에 척양비(1871년)를 세우며 쇄국정책을 더욱 강화하였다. 이 쇄국정책을 "자주적"이라 하였다.

그런데 민비세력이 집권하자, 모든 정책을 대원군과 반대로 펼치면서, 아무 준비도 없이 개방을 하다가, 결국 한·일합방을 당하였다.

당시 일본의 해외시찰단 부사(副詞)가 한·일합방을 주도했던 33세의 이토 히로부미였다. 1905년 을사보호조약 체결시 참정대신 한규설이 끝까지 서명을 거부하자, 이토 히로부미가 협박을 하며 한 말이다. "내가 야심이 있는게 아니라, 단지 귀국이 실력이 없어 이렇게 하지 않으면 동양이 위태롭기 때문이다"고 하였다.

이 이토는 일본의 메이지유신을 주도했고 정한론(征韓論)을 주창했던 요시다 쇼인의 문하였고, 오늘날 아베신조 일본총리도 이들의 후예로서 평화헌법에서 자위·자주헌법으로 추진하고 있다.

셋째 : "역사는 강자만이 이어간다"는 아주 평범한 진리이다.

약자는 결국 사라지기 때문이다. 대표적으로 「발해」 그리고 「대한제국」이다. 발해는 고구려의 계승국으로서 제3대 문왕 때는 그 영토가 고구려의 1.5배였고, 제10대 선왕 때는 중국으로부터 "해동성국(海東盛國)"이라는 칭호도 받았다. 그러나 말기에는 끝없는 왕위 쟁탈전에 휘말려 있다가 거란족에 의해 불과 보름만에 점령당하여 역사에서 사라졌다.

대한제국은 우리가 잘 알다시피, 이승만이 독립운동시절 말했듯이 "고종은 역대 가장 무능했던 군주"로서 결국 한·일합방을 당하였다.

오늘날 우리 「대한민국」도 미국 등 유엔에 의해 광복이 되지 않았으면 존재하지 않을 뻔 하였다.

중국역사상 최고의 문화와 풍요를 누렸던 송나라도, "평화"를 구가하다가 결국 북방 오랑캐 금(여진족)에 멸망하여 부자황제(휘종·흠종)가 포로로 잡혀가는 중국역사상 최대의 치욕을 당하였다(1127년).

오늘날 우리의 안보상황은 "평화"를 구가할 만큼 충분히 강한가?

우리민족은 오래 전부터 "밤새 안녕하셨습니까?"하고 아침인사하는 습관이 남아 있다. 끝없는 외침(930여회)과 환난 속에서 "지난밤에도 무사했느냐?"고 물어보는 것이다. 그래서 폐부에 쌓이고 쌓인 "한(恨)"으로 남아 우리민족을 대표하는 민속노래가 "아리랑"이 되었다.

저자는 우리 역사를 최대한 사실(FACT)에 의존하여 집필하였고, 저자의 주관이나 편견을 최소화하려고 노력하였다. 이 책은 한국의 전사(全史)를 서술했는데, 특히 우리가 상식적으로 알아야 할 우리역사를 각 시대별로 주요상황을 위주로 서술하였다. 그래서 "상식의 역사"라고 소제목을 붙였다. 아울러 주요 상황에 대하여 독자들이 이해하기 쉽게 당시의 국제적인 상황, 특히 중국·일본 등의 정치상황과 배경을 충실히 설명하려고 노력하였다.

그리고 많은 자료를 이용하게 된 "부록: 참고문헌 및 사진자료"의 제위에게 감사드린다.

독자 여러분들이 우리 역사를 똑바로 그리고 발전적(미래 지향적)으로 이해하는데 많은 도움이 되었으면 한다.

2019년 7월 서울 상암동에서
저자 이동권(李東權) 배

PART 01

상고(上古)시대

우리 한(韓)겨레 민족은 어디서 왔을까?

chapter
01

1. 인류의 진화과정

지구가 생성된 것은 46억년 전이다. 지구가 성장하면서 4억3천만년 전에 바다에 살던 파충류가 물 밖으로 나와 나들이 하면서 척추와 지느러미가 생기고 알을 낳았는데, 이 알이 점차 진화하면서 공룡이나 조류, 포유류로 되고, 6천만년 전에 침팬지가 나타났다.

이 침팬지는 유전자상 인간과 99%를 공유하는데, 나머지1%의 침팬지와 다른 유전자가 오랜 창의와 노력에 의해 진화를 거듭하여 인간이 탄생한 것이다. 이때 침팬지와 인간이 분리된 6천만년이란 세월은 지구 나이 46억년에 비하여 극히 짧은 순간에 불과하다.

이 침팬지와 인간의 공동 조상인 초기 영장류(Primates)는 700만년 전 무렵부터 두 발로 걷는 초기 인류로 진화하였다. 중앙아프리카 차드에서 발견된 약 700만년 전의 화석 「사헬란 트로푸스(Sahelan Thropus)」가 가장 오래된 초보의 구부정한 인류의 직립 화석이다. 이어 좀 더 진화 된 화석으로 아프리카 동부 에티오피아에서 360만년 전 「루시(Lucy)」라는 애칭의 「오스트랄로피테쿠스」('남방에서 나온 원숭이'라는 뜻)가 나왔다. 이 원시인간 오스트랄로피테쿠스는 두뇌용량이 지금 인류의 1/3크기로서 이들은 구부정해도 두 발로 걷고 자유로운 두 손으로 간단한 도구도 만들어 사용하였다.

이후 170만년~80만년 전에 「호모에렉투스」('똑바로 선 사람'이라는 뜻)라는 보다 진화된 원인(原人)이 나타났다. 이들은 이후 점차 아프리카를 벗어나 아시아, 유럽, 시베리아 등지로 이동하여 네안텔탈인, 자바원인, 북경원인, 하이델베르그인 등으로 나타났다. 이들은 돌을 도구로 사용하여 자신을 보호하고 사냥과 채집을 했으며, 점차 불을 발견하여 음식을 익혀먹고 추위와 맹수도 막았다.

이어 계속 진화하여 30~20만년 전 모로코 그리스 등(석기시대)에서 「호모사피엔스」('지혜인간'이라는 뜻)가 탄생하였다. 이들은 평균 신장이 150Cm 정도이고 뇌 크기도 현대인의 3/4정도이다. 1859년 독일에서 발견된 「네안데르탈인」도 호모사피엔스이다. 이들은 시체를 매장하고 시체에 채색도 하며, 동굴에 거주하면서 석기 제작기술도 상당히 발달하였다.

현대인과 두뇌 용량이나 체질 특성도 비슷한 「호모사피엔스 사피엔스」는 3만여년 전부터 등장하였다. 크로마뇽인, 상동인, 그리말디인 등으로 이들이 현대인으로 연결되었다. 1868년 프랑스 남부에서 발견된 화석 「크로마뇽인」은 3만5천~1만년 전의 것으로 추정되는데, 동굴 벽에 사냥감과 풍만한 여인상도 그려놓았다. 오늘날 북부 유럽인과 비슷하였다. 이들은 타제석기, 골각기(작살), 활과 창으로 수렵을 하였고, 주술적 의식이나 예술 감각도 있었다.

현생인류인 「호모사피엔스」는 30만년 전 아프리카에서 나타나기 시작하여 석기시대 중기인 약 7만년~5만년 전 제4빙기를 맞아 아프리카에서 급속하게 퍼져나갔다. 한 무리는 북쪽 시베리아 및 유럽 쪽으로, 또 한 무리는 인도를 거쳐 중국, 동남아 쪽으로 이동하였다.

2. 한(韓)민족의 기원

오늘날 이 지구상에서 살고 있는 인종은 피부 색갈, 골통의 모형, 머리 색갈 등에 따라 특질상 몽골족, 코카서스족, 니그로족의 세 인종으로 나눈다. 이 중에 우리 한민족은 얼굴에 광대뼈가 나온 것, 눈꺼풀이 겹쳐진 것 등으로 몽골족에 속한다. 이들은 원래 시베리아에 살면서 한랭기후에 적응하는 신체적인 형질이 형성되었다. 이들은 황색인종이라 부르고 태어나면서 몽고반점이 있고 언어상으로는 알타이어족에 속하는 특징이 있다.

이 몽골족은 원래 최후빙기(약 1만2천년 전)까지는 동부 시베리아에서 살다가 빙기가 끝나고 기온이 상승하면서 일거에 세력이 확대되어 이동을 시작했다. 이때 이들은 두 집단으로 나뉘어졌는데, 한 집단은 동진 또는 동남진하면서 일부는 베링해를 넘어 아메리카로 건너가 인디언의 조상이 되었고, 나머지는 사할린, 북해도를 거쳐 오늘날의 일본의 조상인 아이누족이 되고, 또한 한반도에는 동해안을 따라 진입하였다. 빙기 이전에는 한국의 서해안과 타이완, 일본 열도 등이 중국과 육지로 연결되어 있었고, 북쪽 시베리아도 북아메리카와 육지로 연결되어 있었다.

또 한 집단은 시베리아에서 남진 또는 서남진 하면서 몽골족, 터키족, 퉁구스족, 등을 형성하였다. 이 세 민족은 언어학적으로

신석기시대 빗살, 점무늬토기 (고교한국사)

「알타이어(ALTAIC)」로 분류되는데 우리 한국어가 바로 알타이어족에 속한다.

이 알타이어족은 원래 예니세이강, 알타이산맥 및 바이칼 호수 주변에서 목축을 주업으로 하고 농업을 부업으로 삼았다. 이곳에는 구리, 주석이 많아 독특한 시베리아 청동기문화를 형성하였다. 이때는 구석기 후반 또는 신석기시대로서 이 시대에 발견된 유적들이 시베리아, 만주, 한반도, 일본열도 북부 및 북아메리카에서 동일 문화권으로 나타났다. 그 예로서 신석기시대의 도기, 즉 달걀 또는 포탄 모양의 토기 표면에 빗살무늬와 점(서울 암사동 유물)이 새겨져 있는데, 이들이 모두 시베리아에서 전파된 것임을 알

한반도 주변의 해수면 변화

(약 50만년 전)　　　　(약 20만년 전)　　　　(약 1만2천년 전)

※ 빙하기는 중국대륙, 일본열도, 타이완 등이 모두 육지로 연결되었음. 약 1만2천년 전(신석기시대에)
　지금의 한반도 모습을 갖추고 있었다.　　　　　　　　　　　(고교한국사)

수 있다. 또한 생활풍습에서 알타이족은 씨름, 윷놀이, 공기돌 놀이 등이 시베리아와 중앙아시아 전역에서 폭넓게 나타난다. 그리고 이 지역에서 곰 토템신화도 나타난다. 우리의 단군도 곰의 아들인데, 고조선에서 부여로, 부여에서 고구려로 물려받아 백제에 까지 전승되었다. 이 곰 토템은 시베리아와 중국 흑룡강 일대에 사는 에벤키족(중국명: 어원커)도 똑같은 곰 신화를 가지고 있다. 백제의 첫 도읍 위례성이 몽촌토성 주변(서울 송파)으로 추정되는데, 이 지역의 옛지명이 '곰말(곰 마을)'이었고, 다시 옮긴 도읍 웅진(熊津 공주)도 '곰마을'이었다.

언어학적으로도 원시 알타이어로 '영웅'이란 뜻이 '바타르'인데 '배달'로 또한 '케레이'가 '겨레'로, 이는 또한 '고려'로 음원변화 했다고 연구되고 있다. 결국 'KOREA'란 원래 '겨레'또는 '민족'이란 뜻이 된다. 또한 최근 학계보고에 의하면 몽골의 알타이 지역에서 발굴된 고분형식이 우리 고분과 매우 흡사하다는 보고가 있었다.

한편 몽골족은 신생아에서 몽고반점이 나타나는데, 조사보고에 의하면 한국이 97%, 중국 86.3%, 일본 81.5%, 미국인디언 62.5%, 서양인 6.2%로 나타나고 있다. 우리 한민족이 가장 많은 몽골 특성을 나타내고 있다. (조선일보)

그런데 요하 부근의 청동기문화에서 우리민족의 대표문화인 비파형 단검이나 기하문경(청동거울: 제사용)이 독립적으로 나타나는데, 고고학적으로 알타이족의 다른 민족과 구별되는 독특한 청동기 문화를 형성시켰음을 보여주고 있다. 이 같은 현상으로 볼 때, 이곳에 근거를 두고있던 우리 한민족은 타 알타이족인 터키족, 몽골족, 퉁구스족과는 다른 이동상황을 보여주고 있다. 즉 알타이족이 일찍이 남하하면서 또 "한 갈래"가 떨어져 나와 만주 서남방에 정착하여 하나의 민족 단위를 형성하게 된 것이다.

중국 문헌에 의하면, 춘추시대에 흉노족, 터키족, 몽골족이 만리장성 지역에 깊숙이 침범한 일이 있는데, 그 흔적으로 이들 이름들이 많이 나타나고 있다. 그러나 이들의 침범보다 훨씬 일찍이 존재했던 중국 주(周)나라 초기부터 중국 동북부의 민족으로서 숙신·조선·한(韓)·예·맥 등이 나타나는데, 이들이 우리 민족의 조상을 가리키는 말이다. 이중에 숙신과 조선은 중국 고대음으로 같은 것이다. 한(韓)은 'Khan〉han'이란 표기로서 '크다, 높은이(왕)'의 뜻을 가진 알타이어이다. 맥(貊)은 중국인들이 다른 나라를 금수라고 하칭하여 부를 때 썼다. 그러나 우리 고대어로는 '광명, 태양'이란 뜻으로 쓰였다.

결국 우리 한민족은 원래 시베리아에서 목축을 주로 삼았으나, 요하지방에 정착하면서 농경문화로 발전시켰다. 이때 요하의 청동기문화는 요하부근의 대흥안령 산맥을 경계로 서쪽의 중국 중원문화를 접하며 충돌하면서 점차 패퇴하여 동쪽으로 이동하게 되었다. 이들 요하문화가 한반도로 들어와 기존에 정착해 있던 종족을 흡수·동화시켰음이 고고학적 유물이나 신화, 언어, 인류학 등에서 나타나고 있다.

다만 한반도에서 기존 종족으로 살았던 초기인류의 흔적으로는「호모에렉투스」시대(170만년~80만년 전)에 아프리카에서 벗어나 아시아 지역으로 흘러들어온 것으로 보이며, 그 예로 덕천 승리산 동굴, 평양 만달리, 공주 석장리 구석기 유물이 제2빙하기인 80만년~50만년 전쯤으로 추정된다. 그러나 이들 고아시아계가 우리의 직접적인 조상이라고 보기는 어렵다. 학계에서는 3만~4만년전에 현생 인류가 한반도 부근에 정착해 살다가 빙하기가 끝나는 1만2천년 전 쯤 농경이 시작되면서 북방민족과 합류한 것으로 보는 것이 정설이다. (조선일보)

이 같은 제 사정을 볼 때, 요하의 청동기문화를 가진 선진종족(곰 토템의 단군족)이 기존에 정착해 살던 종족(고아시아계)들을 흡수 동화하여 우리 민족의 지배세력으로 등장하여 고조선을 형성하였다. 원래 만주서남방 및 한반도에는 요서지방에 곰토템의 맥족, 요동지방의 범 토템의 예족, 한반도에서 기존에 자리 잡은 새 토템의 한족 등 크게 세 송족이 살았으나, 청동기문화를 가진 곰 토템의 단군족이 지배세력으로 나타난 것이다. 이 같은 단군신화의 실체는 고구려에도 전래되어 고구려 벽화에 의미 있는 근거가 나타나고 있다. 중국 지안소재 장천1호분 벽화에서 말탄이(단군추정)가 호랑이(예족추정)에게 활쏘는 장면과 신단수로 보이는 나무속에 곰이 칩거한 모습이 그려져 있고, 또 다른 지안소재 고구려의 각저총 벽화에는 신단수로 보이는 나무아래 곰과 호랑

비파형 단검과 청동거울(제사용)

비파형단검(요녕성)   중국식 단검(산등성)   청동 거울(제사용)

이가 그려져 있다. 다만 오늘날 우리 '대한'의 국호는 기존에 자리잡고 있던 한(韓)족, 즉 삼한(三韓:마한, 진한, 변한)을 신라가 처음으로 통일하였고, 이 삼한역시 고조선이 멸망하여 그 지배층이 남하하

지안소재 '고구려 벽화'(일부분)

여 형성하였으므로, 결국 '한반도 통일국가를 이루었다'는 의미를 기리며 제정되었다.

이상과 같은 견해가 우리한민족의 기원과 형성에 대한 유력한 설(說)이다. 분명한 것은 우리 한민족은 황인종이고 몽골인종이며 언어학적으로 알타이어족에 속하는 민족이라는 것은 분명하다.

역사학의 문헌을 통해 우리 한민족의 원류를 찾아본다면, 고대 우리 한민족은 한반도에 사는 사람들을 지칭하여 동이족, 예족과 맥족(예맥족), 한(韓)족이 우리민족인 것이다.

고고학과 인류학에서 볼 때 신석기 후반에서 청동기 시대까지 요서, 만주 및 한반도를 중심으로 살던 사람들이 우리 민족을 형성하는 근간이 된다.

3. "요하 문명" 기원에 대한 중국 측 반응

기본적으로 중국 측은 동북공정(東北工程) 정책에 따라 요하문화를 중국의 변방민족으로 취급하고 있다. 중국은 1935년 요하문화(일명: 홍산문화(紅山文化))가 발견되었는데, 이 유물은 기원전 4,500~3,000년 전의 것(석기시대)으로 문명시대 등장 이전의 문화이다. 그 대표 유물로는 우하량 유적에서 적석총, 여신묘, 제단 등의 제사 유물들인데 그 부품 중에 여인 두상과 곰 형상을 닮은 옥기(玉器)가 나왔다. 이 옥기에 대하여 중국 측은 사마천의 「사기」에서 중국 역사의 시조인 '황제(黃帝)'의 국호가 유웅(有熊) 즉 곰이고, 황제의 기원(4714년:2016년 기준)과 비슷하므로 이 홍산문화와 연계시키고 있다.

또한 황제가 동방으로 진출하여 치우와 싸워 이긴 곳이 탁록(기주란 설도 있음)인데 이 지역이 요하부근이라는 것이다.

따라서 홍산문화는 황제의 세력권내라고 말하고 있다. 특히 이 홍산문화의 발견으로

인해 중국은 그들의 역사기원을 1,500년 이상 앞당겨서 기원전 3,000년경으로 하자고 주장하고 있다.

이에 대하여 우리 학계에서는 요하문화(홍산문화)는 중국의 변방민족이 아니라 별개의 북방민족이다. 즉 몽골·만주·시베리아 동부·한반도·일본열도 등에서 활동하던 북방 농경민족이 건설한 고대문명이라는 것이다. 그 이유로는 요하문명에서 발굴되는 유물, 유적에서 빗살무늬토기, 적석총, 암각화, 비파형 동검, 고인돌 등이 중국 문화권에서는 전혀 발견되지 않고, 이들이 한반도와 연계되는 특징이 있다. 그래서 요하문화는 '고조선 문화'라고 주장하고 있다.

특히 요하문화를 계승한 '하가점(夏家店) 하층문화'(지질학상 연대를 표시하는 연대봉이 하가점에서 발견됨)가 초기 청동기시대인 기원전 2,500~1,500년 경인데, 이 시기가 고조선 건국시기(기원전 2,333년)와 일치한다고 주장하고 있다. 그중에도 홍산문화 토

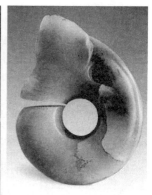

우하량유적의 여신묘에서 출토된 여신두상(왼쪽)과 곰 모양의 패옥(오른쪽)
- 홍산문화를 상징하는 유물   (조선일보)

템이 곰이고 단군신화에서도 곰 토템인데 우하량 유적에서 발견된 여인상이 우리 단군신화에서 단군을 낳은 웅녀의 조상일지도 모른다고 주장하고 있다. 이후 하가점 하층문화를 배경으로 성장한 환웅세력이 급격한 정치적 변동으로 인해 동쪽으로 이동하여 요하 토착세력과 함께 고조선을 세웠다고 보고 있다.

다음은 한·중간 역사논쟁에 대한 전 주은래 중국총리의 발언이다.(1963년)

"중국, 조선 두 나라 두 민족의 역사관계는 발굴된 문물에 의해 증명된다. 두 민족관계는 제국주의 침략으로 중지될 때까지 3천~4천년 매우 긴 시간이었다. 이러한 역사연대에 대한 역사학상의 일부기록은 진실에 그다지 부합하지 않는다. 이는 중국 역사학자나 많은 사람들이 대국주의, 대국쇼비니즘의 관점에서 역사를 서술한 것이 주요 원인이다. 양국 민족발전에 대한 과거 중국 일부 학자들의 관점은 그다지 정확한 것이 아니었고 그다지 실제에 부합하지 않았다. 역사는 왜곡할 수는 없다. 토문강, 압록강 서쪽은 역사 이래 중국 땅이라거나, 심지어 고대부터 조선은 중국의 속국이었다고 말하는 것은 황당한 이야기이다."

단군신화

1. 단군신화는 신화(神話)인가, 역사(歷史)인가(?)

"신화"란 "신성한 이야기"란 뜻이다. 신화란 말은 서양의 "MYTH"를 번역하면서 처음에는 신전·고전 등으로 불리다가, 19세기말 동아시아에서는 그리스신화나 로마신화같이 "신화를 가진 국가가 오랜 역사를 가진 문명국"이라는 인식에서 중국·일본 등에서 자국의 신화유산을 찾으려고 하였다.

우리나라는 일제 강점기(1890년대)부터 신화를 전설로 불렀는데, 가령 단군전승을 "단군전설"이라고 하였다. 우리나라에서 신화(단군신화)란 말은 1908년 단재 신채호가 발표한 「독사신론」에서 "신시(神市)시대에는 신화에 의하여 인민을 규합하였다"고 한데서 사용하기 시작하였다. 그러나 조선시대 지식인들은 유교적 합리주의에 입각하여 신화는 황당하다고 비판하였으나, 단군조선 등의 고대국가의 실체를 부정하지는 않았다. 오히려 단군을 비롯한 고대국가들의 건국시조들의 사당을 만들고 국가차원에서 정기적으로 제사를 지냈다.

그렇다면 신화는 과연 역사의 범주인가(?)하는 문제가 제기되나, 학자들간에는 다소 의견이 있다. 신화와 역사는 모두 "과거에 대한 전승된 이야기"인데, 역사는 그 증거가 기록이나 유물 등으로 남아 있고 신화는 전승된 이야기이다. 그러나 학자들간에는 신화를 "역사의 범주"로 포함시키는 것이 정설이다.

신화는 원시공동체 말기에 국가성립과정이 전승되면서 신성시 내지는 영웅화시킨 것이다. 다소 과장되기는 했으나, 역사적인 사실이 반영되지 않을 수 없다. 신화의 목적은 그 당시의 사실을 있는 그대로 전하는 것 즉 역사가 아니라, 현존하는 질서를 정당화하여 인민을 규합하는데 있다. 그래서 신화 속에는 민족의 역사적·문화적·사회적 경험이 반영될 수 밖에 없다.

따라서 신화는 중요한 시사점을 주게 된다. 비록 내용이 다소 과장 또는 비현실적이라고 해도 역사의 재구성에는 신화가 필수적이기 때문이다.

2. 단군신화와 사회상

「삼국유사」〈고조선조〉에 기록된 단군신화의 내용은 아래와 같다. 「〈고기(古記)〉」에 이르기를,

> "먼 옛날 환인의 여러 아들 중 환웅이 있어 자주 천하에 뜻을 두고 인간세상을 탐내었다. 그 아버지가 아들의 뜻을 알고 삼위태백(三危太白)을 내려다보니 널리 인간을 이롭게 함(弘益人間)직한지라 천부인(天符印) 3개를 주어 내려가 다스리게 하였다. 웅이 무리 3천을 거느리고 태백산(지금의 묘향산) 꼭대기 신단수 밑에 내려와 신시(神市)라 이름 붙이니 이가 환웅천황이었다. 풍백(바람), 우사(비), 운사(구름)를 거느리고 곡식·목숨·질병·형벌·선악 등 무릇 인간 360여 가지 일을 주관하여 세상을 다스리고 교화하였다. 그때 곰 한 마리와 호랑이 한 마리가 같은 굴에서 살며 항상 신으로 있는 웅에게 사람이 되고 싶다고 빌었다. 웅이 신령스런 쑥 한타래와 마늘 스무 톨을 주며 너희들이 이것을 먹고 100일 동안 햇빛을 보지 않으면 곧 사람이 되리라 하였다. 곰과 호랑이가 이를 받아먹고 삼칠일 만에 곰은 여자의 몸이 되었으나 호랑이는 참지 못하여 사람이 되지 못하였다. 웅녀는 더불어 혼인할 데가 없어 항상 신단수 아래에서 아이를 배고 싶다고 빌었다. 이에 웅이 잠깐 사람으로 변하여 혼인하여 아들을 낳으니 이름은 단군왕검이라 하였다. 요임금이 즉위한지 50년경인년(요의 즉위년은 무진인측 50년은 정사요 경인이 아니다. 아마 틀린듯하다)에 평양성(지금의 서경)에 도읍하고 비로소 조선이라 불렀다. 또 도읍을 백악 아사달로 옮겼는데 그곳은 궁흘산 또는 금미달이라고도 한다. 나라 다스리기 1500년이었다. 주 무왕 즉위 기묘에 기자를 조선에 봉하니 이에 단군은 장단경으로 옮겼다가 후에 아사달에 숨어 산신이 되었고 1908년을 살았다."

삼국유사는 1281년 선종 구산문의 하나인 가지산파 승려 「일연」이 쓴 것 인데, 고조선 건국 후 약 2000년 뒤에 쓴 기록이다. 일연은 고기(古記)에서 인용하면서 고조선의 건국년도를 "요임금이 즉위한지 50년"이란 고기에 의문을 표시하여 간지를 붙였으나, 이때가 서기로 따져 건국년도가 "기원전 2333년"이 되는 해이다.

역사상 최초로 등장하는 고조선의 실체로는 중국 춘추시대의 사실을 전하는 「관자(管子)」라는 책에 "조선이 산동 반도의 제나라와 교역 했다"라는 기록이 나온다. 이 기록을 따져보면 기원전 7세기 초 정도이다. 이렇게 볼 때 기원전 10세기를 넘지 않았을 것이다. 왜냐하면 우리나라 청동기문화는 기원전 1500~1000전에 형성되었기 때문이다.

단군신화는 삼국유사 이후에도 「제왕운기」 「조선경국전」 「음제시주」 「세종실록」 「지리지」 「동국통감」 등 조선때 기록물에도 나와 있다. 단군신화의 실체에 대해서는 고구려 벽화에서도 의미 있는 근거가 나타나고 있다. 중국지안 소재 장천 1호분 벽화에서 화살 맞은 호랑이와 신단수로 보이는 나무속에 칩거하고 있는 곰이 그려져 있고 또 다른 지안 소재 고구려의 각저총의 벽화에는 신단수로 보이는 나무 아래 곰과 호랑이가 그려져 있다. 이 의미는 고구려 사회에서도 이미 단군신화가 널리 퍼져 있었다는 의미이다.

3. 곰·호랑이 토테미즘(ToTemism)

고대인들은 짐승이나 사물에도 영혼이 있다고 생각하고 그들이 자기 조상이라고 믿는 관습이 있는데 이를 토테미즘이라 한다. 단군신화에서도 곰·호랑이(맥족·예족)가 어느 부족의 토템일 가능성이 짙다. 곰과 호랑이에게 쑥과 마늘을 주며 100일 동안 햇빛을 보지 말라는 규칙을 내린 것을 보면, 곰은 겨울잠을 자고 잡식성이니까 100일을 충분히 견딜 수 있으나, 호랑이는 육식 동물로써 그럴 수 없었기 때문에 처음부터 곰에게 유리했다. 이를 당시의 사회상으로 볼 때 신석기시대부터 곰 및 호랑이 토템부족이 이웃해 살아오다가 선진청동기 문화를 가진 천신족(天神族) 단군과 결합하는 과정에서 호랑이족은 밀려나고 곰족과 결합된 것으로 유추할 수 있다. 지안 벽화에서 단군으로 보이는 말탄이가 호랑이를 활로 쏘아 죽이는 장면이 어쩌면 이를 묘사하는지도 모른다.

이 곰 토템신화는 단군이 곰의 아들로써 고조선에서 부여로 이어 고구려로, 다시 백제시조 온조에까지 전승되었다. 백제의 첫 도읍지 위례성으로 추정되는 몽촌 토성 주변의 옛지명도 "곰말(곰마을)"이였고, 고구려 침략을 받고 이전한 수도 웅진(熊津)(공주)도 곰마을 또는 구마나루(일본)라 부르는데, 이곳에서 1972년 곰석상이 발견되었고 지금도 곰신에 제사지내고 있다. 이 곰 토템은 시베리아와 중국 흑룡강성 일대에 사는 에벤키족(중국명 어원커)도 똑같은 곰신화를 가지고 있다. 이로써 우리 민족은 시베리아에서 온 곰토템 민족임을 추정할 수 있다.

고조선의 성립과 역사 전개

우리 민족의 고대 국가들은 청동기시대에서 철기시대 초기에 만주·한반도·연해주 지역 일부에서 흩어져 살던 예맥족(또는 동이족)이 건국한 나라인데, 고조선, 부여, 고구려, 한(韓), 동예, 옥저, 읍루 등의 나라를 세웠다. 제일 먼저 고조선이 나타났고 그 다음이 부여이다.

이때는 성읍국가로서 토성(土城)을 쌓고 성 안에서 생활하면서 사유재산이 인정되고 계급이 생겨서 지배층과 피지배층이 생기였다. 전쟁으로 포획물을 많이 습득하여 경제적인 부를 누렸다. 그러자 여러 부족을 총괄하는 강력한 부족연맹의 지도자나 군장(君長)이 나타나며 국가를 형성하였다.

이 지배자를 중국 「삼국지」〈위지-동이전〉에서는 군장이라 하고 관할하는 소국을 국(國)이라 하였다.

고대국가

우리나라 최초의 국가는 「삼국유사」〈고조선조〉에서 기원전 2333년에 세운 「고조선」인데, 만주지역의 발굴자료에서는 청동기 문화가 기원전 1500~1000년경에 형성되므로, 우리 고조선의 국가성립에 시대차가 고고학적으로 약 1000년 정도의 차이가 발생하고 있다. 이 시대차이의 극복이 역사학계의 과제이다.

고조선의 원래 이름은 조선이였으나, 이성계가 세운 「조선」과 구분하기 위하여 먼 옛날 조선을 「고조선」이라 이름 붙였다.

여기서 고조선이라면, 단군조선, 기자조선 및 위만조선을 통털어서 말한다.

「기자조선」에 대하여는 그 실체 때문에 학계에서 지금도 논쟁이 되고 있다. 대표적으로 중국측에서는 중국 「한서지리지」 등을 인용하여 "기자동래설"을 주장하고 있다. 기원전 12세기에 주나라 무왕(武王)이 은나라를 멸망시키고 주나라를 세운 뒤 기자(箕子)를 조선왕으로 책봉하여 단군조선의 뒤를 잇게 했다는 것이다.

그러나 이것은 중국 한족(漢族)이 고조선을 멸망시킨 뒤 한사군을 설치한 후, 그들의 지배통치를 합리화하기 위한 조작이라는 견해가 많이 대두되었다.

고조선은 기원전 2,333년에 만주 서쪽 요하 부근에서 예맥족 위주의 여러 동이족 집단이 통합하여 성읍국가를 형성하면서 건국하였다.

단군신화에서 「단군왕검」이란 "단군"이라는 제사장의 뜻과 "왕검"이라는 정치 지배자 또는 왕을 뜻하는데, 이는 종교와 정치를 모두 아우르는 지배자가 단군왕검이라는 뜻이다. 이 신화는 역사적인 사실이라기보다 단군왕검을 지배자로서 신성시하여 신화로 만들어 낸 것이다.

이 시기에 고조선의 서쪽 중국에는 진(秦)·한(漢) 대를 거치면서 중국 7웅의 하나인 연나라와 대치하고 있었다. 당시 한고조 유방의 핵심 측근이였던 연왕 노관이 한고조가 사망한 이후 한고조의 여씨황후가 권력을 잡고 있었다. 그러자 노관은 여씨황후의 전횡에 위협을 느끼고 흉노로 망명해 버리자, 연나라는 크게 혼란하여 고조선으로 망명하는 자가 많았다. 이때 연나라의 부장으로 있던 위만이란 자도 무리 1천여 명을 이끌고 고조선으로 망명해 왔다가 준왕에게 신임을 받아 북방 수비 임무를 맡았다. 이후 위만은 연·제 등 중국으로부터 오는 이·유민들을 흡수하여 세력을 키운 후 왕노릇을 하였다.

결국 기원전 194년에 준왕을 몰아내고 조선의 왕이 되며 왕검성에 도읍하여 「위만조선」이라 하였다. 위만은 조선으로 망명해 올 때 상투를 틀고 조선옷을 입었다고 전해지며 조선을 이어 받는다는 듯으로 국호도 「조선」으로 칭하고, 조선의 관습과 법령에 따라 통치하였다.

한편 쫓겨난 준왕은 뱃길로 한강 남부로 가서, 남한 여러 지역에 산재해 있던 진국(辰國)의 한왕(韓王:마한)이 되었다. 이 한왕으로부터 삼한(三韓:마한·진한·변한)이 건국되는 토대가 되었고, 마한이 삼한을 주도하였다. 여기서 한왕이란 준왕의 성씨가 한씨였다는 것이 통설이다.

위만은 중국으로부터 오는 유이민집단과 고조선의 토착세력을 융합하였고, 한편으로는 한강 이남의 진국들의 중국교역을 압박하여 무역을 독점하는 등으로 세력을 확대하면서 진번·임둔도 복속시켰다.

이때 한나라 무제(武帝)는 위만조선의 팽창에 위협을 느끼며 동방으로 진출하였다. 한무제는 사신 섭하를 조선에 보내어 조공을 바치게 하였다. 당시 위만의 손자 우거왕은 거절했으나, 섭하가 돌아가는 길을 섭섭지 않게 하려고 접대관을 대동하여 보냈다. 그런데 섭하는 돌아가면서 접대관을 살해함으로서, 우거왕은 대군을 보내어 한나라와 격돌하였다. 전쟁은 한나라가 불리한 가운데 1년여 동안 장기화되었다. 그러자 한나라는 조선에 대하여 내부분열공작을 벌렸으며, 결국 우거왕은 내분에 의해 암살되며 기원전 108년 왕검성은 함락되고 멸망하였다. 위만조선은 위만에서 우거까지 3대 87년간 이어졌다.

고조선이 멸망하사 조선상·역계명 등 지배층들이 무리 2천여호를 이끌고 남쪽 진국(辰國)으로 이주하였고, 이들은 철기문화 등 선진문화를 가져와 삼한사회에 큰 영향을 미쳤다.

한나라는 고조선 영역에 낙랑·임둔·현도·진번 등 한사군을 설치했으나, 고조선의 토착세력들이 끈질기게 반항하여 결국 30여년 후에는 낙랑만 남게 되었다.

고조선의 멸망은 지배집단내부에서 결속력이 부족하여 내부분열로 인해 멸망한 것이다.

1) 「공무도하가(公無渡河歌)」

이는 고조선시대에 서민들의 생활상을 보여주는 우리나라 최초의 서정가요이다.

중국 후한의 채옹(132~192)이 지은 「금조」에 나오는 4언4구로된 고대가요인데 공후라는 악기를 타며 노래를 불러서 "공후인"이라고도 한다.

우리나라 기록에는 18세기 한치운의 「해동역사」, 박지원의 「열하일기」 등에도 나온다.

"님아 가람 거느지 마소
그에 님은 건느시네

가람에 쌓여 쉬오시니
어져 님을 어이하리"

백수광부(白首狂夫), 흰 머리의 늙은 사람이 미친 듯이 술을 먹고는 험한 강물을 건너다 빠져 죽었는데, 이를 만류하지 못한 그의 아내가 공후를 타면서 「공무도하가」를 지어 슬픔을 달래다가 기어이 그녀도 강물에 빠져 죽었다.

그런데 이를 목격한 뱃사공이 집으로 돌아와 이 이야기를 아내에게 했더니, 아내 여옥도 공후를 타면서 그 노래를 옮겨 불렀다는 이야기이다.

이 같은 고조선시대의 대중가요가 지금까지 전해지는 걸 보면, 그 백수광부가 얼마나 어려웠으면 미친 듯이 강물에 뛰어 들었을까 하고 추정되며 그 시대상을 잘 말해주고 있다. 이러한 정서가 후에 고려시대에서 "가시리"로 이어졌다.

2) 고조선의 "8조 금법(禁法)"과 법령의 전래

중국 전한의 「한서」 (저자 반고)에 의하면 조선에 우리나라 최초의 법인 "8조 금법"이 있었는데 그중에 3개만 남아있다.

① 사람을 죽인 자는 사형에 처한다.
② 남에게 상해를 입힌 자는 곡식으로 배상한다.
③ 도둑질한 자는 그 집의 노비로 삼는다. 만약 죄를 씻고자 할 때는 50만전을 내야
   한다.

여기서 당시 노비거래 금액이 50만전으로 보이고, 노예제도가 성행했음을 알 수 있다. 또한 고조선은 농경사회로서 곡식이 중요한 재물이였고 신분제도가 엄격했다고 보여진다. 다만, 당시는 화폐제도(50만전)가 시행되지 않았으므로 후세에 새로 추가됐거나 개정되었을 것으로 보인다.

그리고 신분제도가 엄격했던 예로서, 중국 랴오닝성 다련(고조선지역)에서 강상무덤이 발굴되었는데, 청동기와 함께 140여명의 순장무덤이 발견되었다. 일부에서는 가족 공동묘가 아닌가 하지만 여러 정상을 볼 때 순장묘로 보인다.

이 고조선의 8조법은 우리나라 최초의 법이나, 이후 부여·고구려에도 이와 비슷한

"살인한 자는 죽이고, 그 자식은 노비로 삼는다, 도둑질한 자는 12배로 갚는다"는 법이 있었다.

삼국시대에는 보다 체계적인 율령(律令)이 반포되었다. 율(律)은 형법을 말하고, 령(令)은 행정법을 말한다. 백제는 고이왕(260년)때, 고구려는 소수림왕(373년)때에, 신라는 법흥왕(520년)때에 율령을 반포하였다. 이같은 법령은 모두 중국 수·당의 법령을 따랐다.

고려시대는 당나라의 법률을 본떠서 71개 법률을 제정하였고, 조선시대에는 세조(7대)때 「경국대전」을 편찬하기 시작하여 성종(9대)때 마무리하였다.

오늘날 우리나라 근대적 헌법은 일본의 강요에 의해 1894년 갑오개혁때 "홍범 14조"를 발표한 것이 시초이다. 당시 과거제 폐지, 왕실사무는 궁내부에서만 적용하고, 노예제 폐지, 신분제도 개선 등 이였다. 그러나 결국 일본이 조선을 침략(합병)하는데 이용되었다.

북한, 대동강 지역을 "세계5대 문명 발상지"라고 주장하다.

세계4대 문명 발상지는 기원전 4,000~3,000년경 나일강 유역의 이집트 문명, 티그리스·유프라데스강 유역의 메소포타미아 문명, 황하유역의 문명, 인도 인더스강 유역의 인더스 문명이다.

우리 한겨레 민족의 시조인 「단군」에 대해서는 오래 전부터 남·북한 공히 신화적 존재인 "단군신화"로 정립되어 왔다.

그런데 북한은 1993년 갑자기 평양 부근에서 단군릉을 발견했다면서, 단군을 5천년 전의 실존 인물이였다고 발표하였다. 아울러 이를 근거로 대동강 부근을 "세계5대 문명 발상지"로 지정하여 "대동강 문명론"을 발표하였다. 단군릉이 평양 부근에서 발견됐다면 우선 우리 민족의 발상지는 평양, 대동강 부근이여야 한다.

그렇다면 우리 민족 최초의 국가 「고조선」은 언제 건국되고, 그 중심 위치는 어디인가(?)라는 문제가 제기된다.

북한은 단군을 실존 인물로 공표하면서, 우리 민족의 시조를 단군으로 그리고 김일성을 우리 민족 사회주의 시조로 추대하며, 김일성을 단군과 동격으로 추앙함으로서 자신들의 정통성을 확보하고자 하였다. 이에 따라 우리 민족사를 주체사상과 연계하여 상고사(上古史)를 재정립하고 있고 김일성 가계를 우상화하고 있다.

1. 고조선은 언제 건국되고, 어디에 건국했는가(?)

이 지구상에서 인류의 생존 흔적은 "호모 에렉투스(원인原人:"똑바로 선 사람"의 뜻)

시대(170~80만년전)에 나타나, 아프리카에서 벗어나기 시작하여 일부는 북시베리아와 구라파쪽으로, 또 일부는 인도·중국을 거쳐 아시아, 미주지역으로 퍼졌다고 연구되고 있다.

우리 한반도에는 제2빙하기인 80~50만년전쯤으로 추정되는 구석기 유물이 덕천 승리산 동굴, 평양 만달리, 공주석장리 등에서 발견되고 있다.

그러나 이들 고(古)아시아계가 우리의 직접적인 조상이라고 보기는 어렵고, 시베리아에서 내려온 우랄알타이계가 선진 청동기 문화로서 고아시아계를 흡수 통합하여 지배민족으로 등장했다는 것이 학계의 정설이다.

1) 고조선은 언제 건국되었는가?

이 문제는 고려 충렬왕 7년(1281년) 선종 가지산파 승려 "일연"이 쓴 「삼국유사」〈고조선조〉에 기록된 단군신화에 나온다.

"고기(古記)에 이르기를 … 환웅이 웅녀와 혼인을 하여 아들을 낳으니 이름을 단군왕검이라 하였다. 요임금이 즉위한지 50년 경인년(요의 즉위 원년은 무진인즉 50년은 정사요 경인이 아니다. 아마 틀린 듯하다)에 평양성에 도읍하고 비로소 조선이라 불렀다"고 하였다.

여기서 "요임금이 즉위한지 50년"이란 고기에 의문을 표시하여 간지를 붙였으나, 이때가 서기로 따져 건국년도가 "기원전 2333년"이 되는 해이다. 「삼국유사」는 고조선 건국 후 약2000년 뒤에 쓴 기록임을 고려해야 한다. 단군신화는 「삼국유사」 이후에도 「제왕운기」, 「조선경국전」, 「음제시주」, 「세종실록」, 「동국통감」 등 조선조때의 기록물에도 나와 있는데 주로 「삼국유사」에 의존한 내용이 많다.

역사상 최초로 등장하는 고조선의 실체로는 중국 춘추시대의 사실을 전하는 「관자(管子)」가 "조선이 산동반도의 제나라와 교역했다…"라는 기록이 나온다. 이 기록을 따져보면 기원전 7세기초정도이다. 이렇게 볼 때 기원전 10세기를 넘지 않은 것 같다.

한편 고고학 발굴자료에 의하면 고조선의 형성은 청동기시대에 해당된다. 이 당시 만주지역의 발굴자료에 의하면 청동기시대였다. 우리나라의 청동기는 기원전 1,500~1,000년경에 시작되는 것에는 학자들간에 대체로 의견이 일치한다. 대표유물로는 비파형동검, 거친무늬거울, 제사용 도구, 지배계급의 장신구 등인데, 구리에 주석이나 아연을 합금하여 만들었다.

이 청동기는 대체로 시베리아(우랄알타이산맥 및 바이칼호수주변)에서 송화강과 요하유역을 거쳐 한반도에 전래되어 우리민족의 근간이 되었다. 청동기시대에는 벼농사도 농기구를 사용하여서 농업생산력이 향상됨으로서 빈부의 격차도 생기었다. 우리나라의 벼농사는 기원전 3,000~4,000년경에 시작되었다고 보고 있다.

특히 청동기시대의 특징은 청동기와 함께 고인돌이 등장하였다. 고인돌은 지배자인 "군장"의 위엄을 나타낸 무덤으로, 기원전 1,000년경에 만들어졌다. 이 고인돌은

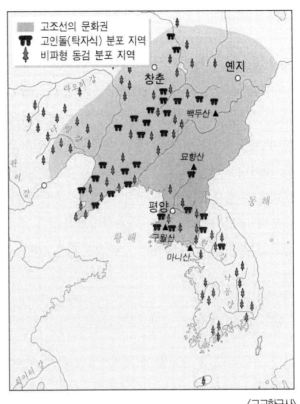

〈고교한국사〉

영국, 프랑스 등 서구에도 나타나는데, 우리나라는 지석묘로서 한강 이북은 탁자모양의 북방식이고, 남방식은 큰 돌 하나만 덩그렇게놓인 경우이다. 큰 것은 수십톤에 달하며 전라도에서는 2만개 이상으로 세계최고의 밀집도를 자랑한다.

한편 중국의 청동기시대는 기원전 12세기에 명도전·표전 등 금속화폐가 사용됨으로서 이때 이미 청동기문화가 많이 진행되었음을 보여주고 있다.

이상과 같이 「삼국유사」에서 고조선은 기원전 2,333년에 세워졌는데 만주지역 및 한반도의 발굴자료에서 청동기문화는 기원전 1,500~1,000년경에 형성되고 있다. 따라서 우리 고조선의 건국에 대한 시

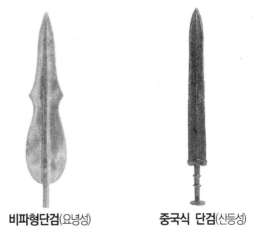

비파형단검(요녕성)   **중국식 단검**(산등성)

대차가 고고학적으로 약 1,000년 정도의 차이가 난다.

2) 고조선의 중심위치는 어디인가?

고조선이 생성될 당시 만주와 한반도에는 예족, 맥족, 한(韓)족 등이 널리 퍼져있었으나 가장 먼저 나타난 국가가 「고조선」이였다. 주로 예족, 맥족이 합쳐서 예맥족을 형성하여 성읍국가를 이루자, 주변 부족들을 통일하고 말과 풍습을 통합하여 고조선을 형성한 것이다.

이후 후세사가들은 고조선이 성립된 중심위치가 어디인가(?)라는 문제가 이미 고려시대부터 제기되었다. 국수주의 재야학자들은 주로 "요하중심설"을 주장하고, 고고학적 유물과 증거를 위주로하는 강단학자들은 "대동강중심설"과 "중심지 이동설"을 제기하였다.

 요하 중심설

이는 민족주의 사학자 신채호, 정인보 및 북한학계를 대표하는 리지린 등이 이를 주장하였다. 특히 리지린은 중국문헌 「산해경(山海經)」등에서 고조선의 끝이 "난하"라 했는데, 고대의 "요수"가 북경부근의 "난하"로 해석하여 난하의 서쪽이 중국이고 그 동쪽인 대릉하와 요하부근이 고조선의 중심지였다고 제기하였다. 이것을 "요하중심설"이라고 한다.

 대동강 중심설

대표학자는 이병도이다. 「삼국유사」〈고조선조〉에서 고기(古記)를 인용하여 "고조선이 평양에 도읍하였다"고 기록하고 있다. 이는 평양지역에서 내려오는 단군신화와 연계된 것으로 보고 있다. 이병도씨는 고조선은 청동기 문화가 활발했던 기원전 10세기 전후에 성립되었다고 보며, 뚜렷한 정치세력을 형성한 것은 중국의 춘추전국시대인 기원전 7세기로 보고 있다.

그 증거로는 고조선이 멸망하고 그 자리에 설치된 낙랑군이 평양부근이라는 것이다. 낙랑군의 유물로서 신사비, 낙랑이 새겨진 기와와 벽돌, 그리고 낙랑 25개현의 인구조사를 한 목간 등 수많은 유물이 평양, 대동강 부근에서 발견되었다.

특히 "요하 중심설"에 대한 반론으로는, 낙랑이 고구려에 313년 망할 때 낙랑유민

천여가구가 장통을 지도자로 요동지역에 있는 모용씨에게 귀부하여 요하부근에서 살았는데, 이들이 낙랑군을 형성하는등, 이들의 행적이 "요하중심설"로 나타난 것이다. 이들은 이후 대릉하, 난하를 오가다 6세기에 역사에서 사라졌다. 또한 중국학계에서 "요하중심설"에 대한 반론으로, 전한무제~후한(기원전2세기~기원후1세기)까지 요하 하류는 큰 범람으로 200여년간 바닷물에 잠겨있어, 이곳에서 문화를 형성할 수가 없었다는 것이다. 그리고 「당서(唐書)」와 「신당서」에서 낙랑군이 평양성에 있었다고 서술하고 있다.

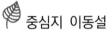
중심지 이동설

중요한 사료인 중국 「사기(史記)」〈조선열전〉에서 "기원전4~3세기경에 연나라가 진번과 조선을 공략했다"면서 공성전을 벌린 장소를 요동바깥 한반도 서북지역으로 명기하였다. 또한 중국문헌 「관자」「전국책」 등에서 예맥, 조선, 요동이 서로 다른 지역으로 구분되어 나타나고 있다.

결과적으로 고고학적으로 볼 때 중국 요녕성일대에서 고조선의 대표문화인 비파형 동검이 집중적으로 출토되고 있다. 이 비파형동검은 기원전 8~4세기까지 요동지방과 한반도 서북방에 분포되다가 기원전 3세기 이후에는 비파형 동검에서 계승된 세형동검 문화가 압록강이북에서는 나타나지 않는다.

또한 중국 「삼국지」〈위지-동이전〉에서 연나라에서 "장수 진개를 보내어 조선서쪽의 땅 2,000리를 빼앗았다"고 기록하고 있다. 이상과 같은 학설들을 종합해 볼 때, 중국 전국시대에 연나라가 동호(東胡)를 치고 동쪽으로 진출했을 때, 요동과 북한 서북지역에는 고조선의 예맥족이 살고 있었다. 이는 미송리식 토기와 탁자식 고인돌이 이 지역에 집중 분포하고 있는점에서 알 수 있다. 이후 기원전 4~3세기경 연 및 한의 진출로 고조선의 세력이 위축되어 서북한지역으로 이동한 것이다. 따라서 고조선의 중심지는 초기에는 요하 및 요동성일대에 있다가 중국의 압박으로 대동강유역으로 이동한 것으로 보는 것이 「중심지이동설」이다. 현재로서는 이설이 가장 유력한 통설로 보고 있다.

2. 북한, "단군릉 발견" 주장하다.

단군은 실존인물인가(?)라는 문제는 오랜 연구과제이다. 「삼국유사」에서 고조선은 단군왕검이 기원전 2,333년에 평양에 도읍하여 건국하였다고 기록하고 있다. 이후 「제왕운기」「동국통감」 등에도 유사하게 기록하고 있다. 그동안 북한은 고조선에 대하여 1950년대 중반부터 월북학자 두유호를 중심으로 고조선을 유물사관적 관점에서 이론 접근하였고, 고조선은 평양을 중심으로 대동강유역에 있었다고 정립하였다.

그러다 1960년대부터는 중국유학파 출신 리지린의 주도로 고조선이 중국 요녕성지역에 있었다는 주장이 북한의 공식입장으로 채택되었다. 또한 그의 「고조선연구」(1963년)는 남한 및 세계학계에서도 상당한 영향을 미쳤다. 특히 대규모의 노예가 순장된 요동반도의 강상묘와 누상묘가 만들어진 기원전 8~7세기까지는 고조선이란 국가가 형성되었다는 공식입장이 1960년대말에 정립되었다. 이후 북한의 통사와 개설서에 이것이 공식 수록되었다. 그리고 북한은 단군을 신화의 영역으로 치부해 왔다.

그런데 1993년 9월 북한은 "단군릉"을 발견했다고 발표하였다. 평양 강동군 강동읍 북서쪽 대박산사면에 있는 고구려양식의 반지하식 돌칸 흙무덤(석실분)이 단군릉이라는 것이다. 무덤안에는 남녀 각 한사람의 뼈가 나왔는데, 그 연대를 측정한 결과 5011년 전으로 나왔다는 것이다. 이 무덤을 단군릉으로 결론을 내렸다고 발표하였다. 즉 단군은 실존인물이라는 것이다.

북한이 1994년 복원, 재건한 단군릉(84*80*20), 9층 피라미드형 무덤(오른쪽 아래: 광복 직후 원래모습 (조선일보)

그 사유로는 이 주변일대가 단군과 연계된 각종지명과 사적이 많이 남아 있고 특히 삼국유사 및 조선시대 「신증동국여지승람」(16세기초)과 그간 내려오던 구전등으로 이 무덤이 단군릉이 틀림없다는 것이다. 이와함께 김일성 주석의 비상한 지도하에 단군릉 복원과 역사 재평가 작업을 하고 있다고 하였다. 김일성은 단군릉 발굴 및 복원에 대하여 살아생전 평균 1~2주에 한차례씩 모두 47차례나 교시를 내렸다고 한다.

원래 이 무덤은 사방5m 정도의 작은 묘였는데, 일제 강점기인 1934년 동아일보에서 단군릉이란 소문이 자자하다면서 묘를 수축하고 상석과 비를 세웠다는 보도가 있었다. (그림의 우측하단)

다만 이 무덤이 고구려양식인 것에 대해서는, 북한은 옛적 고구려시대에 단군을 섬기던 고구려 사람들이 개축했을 것이라고 하였다.

이에 대하여 우리 사학계에서는 논리구성과 증거제시(연대추정방식, 등)에서 전혀 설득력이 없다. 단지 신빙할 수 없는 구전과 문헌기록을 토대로 해당 무덤을 단군릉이라고 설정한 다음 동원 할 수 있는 모든 자료를 거기에 꿰어 맞춘 억지주장으로 정치적 요소가 다분히 있다. 소위 단군릉이라 전해져 내려온 이 무덤을 아무 선입견 없이 발굴했다면, 이것은 서기 500년대의 어느 고구려 유력자의 무덤일 것이라고 평가하였다.

3. 북한 "대동강 문명은 세계5대 문명이다"(?)

북한은 단군릉 발견보도 수년후 1998년 3월, 평양일대의 고대문화를 「대동강문명」으로 명명했다고 보도했다. "고조선이 기원전 30세기초에 세워진 것이 확인되었다", 그리고 "이는 대동강 문화가 세계5대 문명의 하나로 된다는 것을 확증해 준다"고 하였다.

이 「대동강 문명론」이 나오기 전의 일련의 북한판 주체사관은 아래와 같다.

김정일은 단군릉 발견보도 수년전인 1989년에 조선민족을 "조선민족 제일주의"로 재해석한바 있고, 이어 여기에 소위 "조선민족을 김일성민족"으로 대입하여 설정한 바 있다. 이어 1993년 단군릉발견, 1998년 「대동강 문명론」이 발표된 것이다.

"조선민족 제일주의"란 1980년대말 동구권 사회주의의 몰락으로 체제유지에 위기의식을 느끼자 등장한 주체주의적 역사관을 극단적으로 발전시킨 정치사상이다. 그 핵심내용은 단군을 우리 민족의 원시조로 받들고 또 김일성을 사회주의 조선의 시조로 떠받들어서, 우리 역사가 단군에서 김일성에게로 직접 연결시킨다는 것이다.

따라서 "조선민족제일주의"와 연계하여 단군을 신화가 아닌 실존인물로 규정해야 하고, 또 단군과 김일성을 동격으로 설정한 것이다. 이로서 김일성가계를 추앙해야 하고, 이는 결국 김일성, 김정일, 김정은에 이르는 "백두혈통"으로 연결되고 있다. 이같은 논리의 비약은 모두 "주체주의사상(주체사상)"에서 비롯되었다.

4. "주체사상은 김일성주의이다"

"주체사상"이란 쉽게 정의하면 북한의 체제유지를 근간으로 하는 통치 및 정치 사상이다. 일명 김일성주의, 수령절대주의, 때로는 종교적의미의 주체교 또는 김일성교라고도 한다.

주체사상은 북한이 6.25전쟁에서 패배한후 1960년 전후에 김일성이 주장하였고 1972년에 "통치이데올로기"로 선택하면서 "김일성주의"로 공식선포하였다. 1982년 김정일이 체계화하여 헌법에도 명기한 후 국가적 활동지침으로 명시 하였다. 김정은의 집권 후에는 권력세습(백두혈통)을 인정하는 "김일성, 김정일주의"로 불리고 있다.

주체사상은 기본적으로 "사람이 모든 것의 주체여야 한다"는 인간중심 철학으로부터 시작된다. "인간은 육체적 생명은 유한하나 사회적으로 결합된 집단의 생명은 무한하다"는 전제아래, "사회적 운동의 주체는 인민대중 즉 노동계급이며 노동계급의 이익은 당이 대표하고, 당의 이익을 이상적으로 옹호하는 사람이 곧 수령이다" 여기서 수령과 인민의 관계는 사람의 뇌수와 신체와 같은 관계이다. 육체적 생명은 저절로 주어지지만 사회적, 정치적 생명은 사회주의 혁명을 통해 인민을 해방시킨 수령 김일성이 부여한다는 논리이다. 인민대중은 혁명의 주인이고 동력이지만, 이는 저절로 주어지는 것이 아니라 혁명의 뇌수이자 노동계급의 대표자로서 무(無) 오류인 수령이 없으면 전체인민들의 육체적, 정신적 삶도 존재하지 않는다는 논리체계이다.

그래서 주체사상은 기본적으로 "사람중심철학"이라고 하는데 그 "사람"은 김일성, 김정일, 김정은의 세습체제인 "백두혈통"이라고 말한다. 나머지 인민들은 육체적 생명만 있지, 사회적, 정치적 생명은 없다는 것이 주체사상의 핵심논리이다.

그러므로 부모나 어른에 대한 공경이나 어떠한 신앙과 종교보다 어버이수령에 대한 사랑과 공경이 앞서야 한다는 것이다.

어느 학자는 주체사상에 대하여 다음과 같이 말하고 있다.

주체사상은 헬레니즘의 영향을 받은 기독교세계관에서 "예수"를 빼고 그 자리에 "김일성"을 넣었다고 할 수 있다. 예수를 믿으면 육체적 생명과는 별개의 새 생명을 얻게 된다고 믿는데, 주체사상에서는 김일성에게 충성하면 새 생명이 주어진다는 이론으로 바꿔치기 한 것이나 다름없다. 여기에 기독교에서 가지고 있는 "10계명"도 당의 유일사상체계의 "10대원칙"이 있다.

어느 탈북자는 기독교를 접하고는 주체사상과 너무나 똑같다면서 깜짝 놀랐다고 했다. 심지어 「Adherents com.」에서는 주체사상을 종교로 분류하였다. 2008년의 외국조사에 따르면 Jucheism은 2천만의 신자를 가진 세계 10위의 종교라고 하였다.

오늘날 북한은 그들의 인권상황을 고려할 때, 주체사상의 "사람중심"이란, 오히려 "사람통제" 수단으로 전락되었다고 볼 수 있다.

5. 북한의 상고사 재편실태와 전망

대동강 문명론에 의하면, 고조선은 높은 수준의 금동가공기술과 순장제도, 군사제도 등을 갖춘 발달한 국가 단계의 사회이고, 고유문자나 종교도 가지고 있었다고 말한다. 따라서 이 지역은 100만년 전부터 독자적인 인류문명과 진화를 거듭해 왔으므로 세계5대 문명의 하나인 「대동강문명」으로 설정했다고 말한다.

또한 단군릉 발견과 대동강문명론이 제기되면서, 북한은 이에 맞추어 역사 재해석이 불가피해졌다. 그 사례를 보면

○ 종래까지(1980년대이전) 조선민족은 50만년전에 기원하여 하나의 핏줄로 내려왔다는 "민족단일 혈성론"을 주장해 왔는데, 대동강 유역이 인류문화의 발상지로 격상되고, 100만년 전부터 독자적인 인류 진화의 중심지로 되었다고 설정하였다.
그런데 진화론상의 연구에 의하면 100만년 전부터 대동강유역이 인류문화와 진화의 중심지였다면 우리 한겨레민족은 현재와는 전혀 다른 인종이 되었을 것으로 분석되고 있다.

○ 종전에는 신석기 시대를 기원전 5천년대 말로 또한 청동기 시작을 기원전 2천년대 초로 설정했으나, 이를 기원전 1만년 전에 농경이 시작되면서 신석기시대를 맞았고, 청동기시대는 기원전 4천년대 후반으로 설정하였다.

○ 고조선의 건국도 기원전 1천년대초로 설정했는데, 이를 2천년 앞선 기원전 3천년으로 설정하였다. 이는 세계4대문명 발상과 대등한 것이 된다.

북한은 우리민족 최고의 성군인 세종대왕을 박물관에서 조차 전시하지 않고 있다. 반면 김일성 일가의 전시실은 90실이 넘는 어마어마한 규모이다.

세종대왕은 고려를 배반한 조선태조 이성계의 후예이기 때문이다. 또한 단군 이외의 어느 왕도 김일성과 견주어서는 안되기 때문이고, 자신들이 고려를 이어받은 정통성을 확보하고자 함이다.

결국 북한은 1980년대까지는 단군을 신화의 범주로, 고조선의 건국도 기원전 1천년대로, 또한 고조선의 중심위치도 중국 요녕성지역에 있었다고 정립해 왔다.

그런데 단군릉 발견과 대동강문명론이 김일성의 주체사상과 연계되면서 단군을 실존 인물로서 우리민족의 시조로, 김일성을 조선사회주의 시조로 추앙하였다. 그리고 고조선의 건국도 기원전 3천년 전에 평양부근을 중심으로 건국하였고 또한 평양부근을 세계5대문명발상지로 지칭했는데, 앞으로 우리상고사를 어떻게 조화시켜나갈지 주목된다.

이와같이 북한정권은 자신들의 정치적 필요에 따라 언제든지 또한 어떤 형태로든지 역사를 조정할 수 있다는 것을 보여주고 있다.

고조선의 주변나라

chapter
05

고조선이 융성하던 시기에 고조선 북쪽에는 「부여」가, 동쪽 함경도와 강원도 북부에는 「옥저」와 「동예」가 있었다. 남쪽에는 마한·진한·변한의 「삼한」이 형성되고 있었다. 고조선이 멸망하자 그 유민들은 이들 각 지역으로 흩어져 주변국에 합류하였다.

1. 부여

부여는 우리 역사에서 고조선 다음으로 세워졌다. 중국 한나라가 흉노 동쪽 땅을 평정한 기원전 119년부터 한사군을 설치한 기원전 108년 사이에 출현하였다고 보는 것이 정설이다. 이후 5세기말(495년)까지 존속하였다.

「삼국사기」「삼국유사」에 나오는 부여의 건국 신화는;
"어느 날 하늘에서 천제 해모수가 다섯 마리의 용이 끄는 수레(오룡거)를 타고, 홀성골성으로 내려왔다. 그는 자신을 임금이라 선포하고 나라를 세웠으니 「북부여」라 했다. 이후 해부루라는 아들을 낳았고, 그에게 임금을 물려주었다.
해부루는 늙도록 자식이 없었는데, 어느 날 산천에 제사를 지내고 오던 길에, 타고 가던 말이 커다란 돌 앞에서 눈물을 흘렸다. 해부루는 이상하게 생각하여 그 돌을 들추어 보니 그 아래에 금빛 개구리처럼 생긴 아이가 나왔다. 해부루는 그 아이 이름을 금와라 이름 짓고, 태자로 봉했다.
한편 해부루는 재상 아난불이 꿈에 천제가 내려와 동쪽 가섭원으로 도읍을 옮기라 하여, 이를 해부루에 아뢰어 도읍을 옮겼는데, 이름을 「동부여」라 하였다.

이후 해부루에 이어 금와가 왕이 되고 금와에 이어 대소가 왕을 이었다.”

이 건국신화에서 부여역사 중간에 도읍을 옮겼고 국호도 바뀌였으며, 왕도 4대왕이 나오는데, 이 4대왕이 현존 인물인지는 확실하지 않다.

그런데 중국 후한 「논형」과 위나라 「위략」에 부여 시조 “동명신화”가 나오는데, 그 내용이 고구려 “주몽신화”와 매우 흡사하다. 이에 대해서는 고구려 주몽신화에서 서술한다.

부여는 만주 동북 길림성을 중심으로 송화강 일대에 자리잡았고 1세기에 왕호를 사용하였다. 3세기경 전성기 때는 영토가 동서남북 2천리에 달하고 인구도 8만호에 달했다. 농경과 목축이 주 생활이고 말, 주옥, 모피 등의 특산물을 생산하여 수출하였다.

중국 「삼국지」〈위지-동이전〉(저자: 서진의 진수:233~)에서 “부여는 아주 부유한 나라이다. 3세기 중엽(진수가 집필할 당시)까지 한 번도 이웃나라의 침범으로 파괴된 적이 없을 정도로 군사력과 통치력이 강했다. … 부여사람은 체격이 크고 성격이 과격하며 용감하였다. 몸가짐이나 말과 행동이 조심스럽다. 성품이 어질고 덕이 많고 도둑질을 하지 않는다. 여럿이 모이면 서로 공손히 예의를 잘 지킨다”고 하였다.

부여는 시정학적으로 북쪽 선비족(흉노)과는 적대적이고 남쪽 고구려와의 사이에 끼어 친 중국 노선으로 세력 균형을 이루었다.

그러나 285년 선비족 모용씨가 침공해와 수도 아사달이 함락되자 의려왕이 자결하였고, 태자 의라가 결사대를 조직하여 중국 진나라의 도움으로 겨우 위기를 모면하였다. 이후 선비족이 재차 침공해와 왕을 비롯하여 5만 명이 포로로 잡혀간 바 있다. 결국 부여는 물길(여진)과 고구려의 압박에 견디지 못하고 고구려에 귀부한 후, 옛 부여땅은 고구려에 의해 모두 수복하였다.

부여는 5개 부족으로 이루어진 연맹왕국이다. 왕 아래에는 마가, 우가 등 가축이름을 딴 다섯 부족장이 연맹체를 이루며 왕도 부족장 중에서 교대로 선출되었다. 당시 왕은 정치와 종교가 완전히 분리되지 못했기 때문에 제사장인 동시에 지배자 역할을 하였다. 따라서 흉년이나 천재지변 때는 모두 왕의 탓으로 돌려 왕을 쫓아내거나 심지어 죽이기도 하였다. 이는 왕권의 미약함을 의미한다. 그러나 왕이 죽으면 많은 사람(많을 때는 100명)을 부장품과 함께 묻는 “순장제도”가 있었는데, 지배세력에게는 막강한 권한을 주었음을 보여주고 있다.

부여의 대표적인 법조항은 고조선의 8조법과 비슷한 "4조목법"이 있었다.

① 살인자는 사형에 처하고 그 가족은 노비로 삼는다.

② 절도자는 12배의 배상을 물린다.

③ 간음자는 사형에 처한다.

④ 부인이 질투하면 사형에 처하되, 그 사체는 산 위에 버린다. 그 사체를 가져가려면 소나 말을 바쳐야 한다.

이 법률은 기족들의 사유재산과 노비소유, 그리고 가부장제와 일부다처제를 유지하는 특징이 있다.

또한 형이 죽으면 동생이 형수를 아내로 삼는데, 이는 흉노족의 풍속과 같다. 국가에 중요한 일이 있을 때는 소를 죽여 그 굽으로 길흉의 점을 쳤는데, 이를 "우제점복"이라 하였다.

제천의식으로는 수렵사회의 전통으로서 12월에 "영고"가 있었다. 계급 불문하고 모든 마을사람이 모여 음주가무를 즐겼다.

2. 진국(辰國)과 삼한(三韓)

한반도에 사람이 산 흔적은 평양 만달리, 공주 석장리 등의 유적에서 약 80~50만년전 쯤이다. 고조선이 생성되기 전에 만주 및 한반도 북부지역에는 예맥족이, 한반도 남부 지역에는 한(韓)족이 살고 있었다. 고조선이 멸망하면서 남쪽으로 탈출한 준왕이나 역계 명·조선상 등 지배세력이 선진금속문명을 가지고 기존의 한족인 진국(辰國)이라는 토착 세력들과 결합하여 삼한이라는 부족연맹체를 형성하였다.

"한"에 대한 명칭은 "크다, 높다"는 뜻의 알타이어 "한(Khan, han)"이라는 말에 대한 한자식 표기라고 하며, 또다른 견해는 고조선에서 탈출한 준왕의 성씨가 "한(韓)"이라는 설도 있다.

한편 중국「수서(隋書)」「당서(唐書)」에는 삼한을 고구려, 백제, 신라로 칭했으나, 이를 한반도 중남부 지역으로 본 것은 조선후기 실학자 이익과 안정복이 고증한「동사강목」 이후이다.「대한제국」의 "한"도 조선 고종이 고구려, 백제, 신라를 뜻하여 정하였다.

우리 「대한민국」의 "한"도 임시정부에서 정할 때, 마한·진한·변한의 "삼한"에서 따왔으나, 이 삼한 역시 북쪽 예맥족이 삼한의 지배세력으로 등장하였기 때문에 한반도 전체를 대변할 수 있다고 보았다.

삼한사회에 대한 최초의 기록은 중국의 「삼국지」「후한서」「진서(晉書)」등에서 마한이 54개의 소국이고 진한, 변한은 각 12개 소국으로서 이들은 모두 진국으로부터 발전된 것으로 기록하고 있다. 삼한사회의 형성은 청동기시대이다. 마한은 세형동검문화가 나타나는 기원전 3~2세기 정도로 보며, 반면 한강유역이나 경상도지역에서는 위만조선 등 북방 유이민이 정착하는 기원전 1세기로 보고 있다.

삼한의 각 소국은 큰 것은 4~5천여호, 적은 곳은 600~700호이나 평균 2~3천호이다. 기원전 1세기 후반에 철기사용이 보편화되면서 일부세력이 팽창하여 지역별 소국 연맹체가 되었다. 2~3세기경에는 경주 사로국을 맹주로 한 진한 소국연맹, 한강유역의 백제 중심의 소국 연맹체, 마한지역에는 토착맹주세력인 목지국(目支國) 중심의 세력권이 탄생하였다.

삼한 중에 마한의 세력이 가장 컸으며, 그중 목지국왕이 마한왕 또는 진왕으로 추대되어 사실상 삼한 전체의 영도세력이 되었다. 목지국은 처음에는 오늘날 성환과 직산지역에서 발달했으나, 백제국이 점차 성장하자 목지국은 남쪽 예산, 익산을 거쳐 나주 부근에서 자리를 잡았다. 목지국은 백제 근초고왕이 마한을 병합한 4세기 후반까지 나주지역에서 존속한 것으로 연구되고 있다.

1) 소도(蘇塗)와 솟대

「삼국지」〈위지-동이전〉에 의하면, 각 소국에 별읍(別邑)이 있어 이를 "소도"라 하고 제사장 "천군(天君)"이 거주하며 신성시 하였다. 이 구역을 표시하기 위해 "솟대"를 세워 두었다. 높다란 나무막대기 위에 새(주로 오리)를 나무로 깎아 올려 놓았고 북과 방울을 매달아 놓았다. 누구나 억울한 자는 북이나 방울을 두드리라는 뜻이다. 여기에 새 형상을 달아 놓은 것은, 철새가 주기적으로 이동했다가 돌아오는 것을 고대인들은 저승세계로 갔다가 돌아오는, 즉 땅과 하늘의 매개체로 본 것이다. 당시는 영혼불멸사상이 있어, 새가 사람의 영혼을 인도한다고 믿었다. 그래서 삼한지역에서는 장례행사 때 큰 새의 깃털을 매달아 영혼을 인도하라는 풍습이 있었다. 이 솟대 풍습은 일본의 신사나 절

입구에 설치한 "도리이(鳥居)"나 중동에서도 비슷한 풍습이 남아있다.

이 소도는 비록 죄지은 자라도 들어오면 천군이 판단해서 보호해주는 치외법권지역이였다. 그 의미는 당시 청동기시대에서 철기시대로 넘어가면서, 종전까지 왕이 정치와 제사를 일관하던 제정일치사회였다가, 제사장이 정치로부터 분리되면서 정치와 종교 간의 죄의 구성요건이 달라졌기 때문이다. 즉 제사장이 죄인을 보호하여 완충시키는 역할을 한 것이다.

오늘날 시위 주동자 등이 명동성당이나 조계사에 피신하여 보호를 요청하는 경우도, 이 풍습에서 유래되었다고 볼 수 있다. 그리고 북과 방울도 어려울 때 무당을 찾아 달라는 뜻으로 전래되어 무당이 신내림을 할 때 두드리는 풍습으로 남았다.

솟대 – 마을신의 상징으로 소도의 입구에 신성한 지역임을 표시함　　(재현된 모습)

삼한사회는 김해 패총에서 보듯 금석병용이 나타나고 있는데, 철기가 보급되자 농경이 발달하고 도작과 양잠이 행해지며 비단옷도 생산하였다.

5월과 10월 파종 및 추수 때는 제천의식을 거행하며 함께 어울려 가무를 즐겼다. 오늘날 봄·가을에 선조분묘에 제사를 지내거나 강강수월래를 하는 것도 이때부터 유래되었다고 볼 수 있다.

2) 연오랑과 세오녀

변한지역(가야)에서는 철기문화와 비단직조술이 발달하였다. 특히 철이 많이 생산되기 때문에 철기를 화폐처럼 쓰기도 했으며 낙랑, 일본 등에 수출도 하였다. 그래서 당시 삼한시대 초기에는 철기나 비단직조술을 가진 집단에 대하여, 특히 태양이나 불을 신성시하는 일본에서는 우러러 보았다.

이 설화는 「삼국유사」에 나오는데, 일본의 「일본서기」의 "천일창설화"에도 유사한 내용으로 나온다. 이들 소집단이 그 무렵 일본으로 이주했다는 이야기이다.

설화에서 부부이름에 "오(까마귀, 烏)"가 나오는데, 이는 동아시아 설화에서 태양 속에 나타나는 "삼족오(三足烏:흑점)"를 말한다. 이들은 태양숭배 집단이였는데, 설화 내용은 아래와 같다.

신라 제8대 아달라왕 4년(157) 동해안 영일만 부근에 연오랑과 세오녀부부가 살았다. 하루는 연오가 바닷가로 해조류를 따라 갔다가 갑자기 해안가 큰 바위가 떨어져나가 연오를 싣고 일본으로 데리고 갔다. 일본에서는 참으로 기이한 일이라며 하늘의 계시로 여기고 연오를 왕으로 삼았다.

한편 세오녀는 남편을 찾아 바닷가로 갔다가 바위 위에 있는 남편 신발을 보고 올랐다가 그 바위는 다시 세오녀를 싣고 일본으로 갔으며, 이로서 부부는 만나 왕과 왕비가 되었다.

그런데 신라에서는 연오부부가 일본으로 건너간 뒤 해와 달이 빛을 잃게 되었다. 왕이 일관에게 물은 즉 "일월의 정기가 일본으로 건너가 괴변이 생겼다"고 아뢰었다.

왕은 연오랑부부를 찾아오게 하였다. 신라에서 일본으로 찾으러 갔는데, 그때 연오는 하늘의 계시라면서 세오가 짠 비단을 가져가 제사를 지내면 광명을 찾을 수 있을거라고 하였다.

신라는 영일만의 일월지에서 그 비단을 놓고 제사를 지내자, 비로소 광명을 되찾았다는 이야기이다.

이 전설에 관련된 지역이 바로 "태양을 맞이한다"는 이름의 영일만(迎日灣)이고, 오늘날도 "일월지(日月池)"에서는 해맞이 행사가 전승되고 있다.

이 설화는 「일본서기」의 "천일창설화"에도 같은 류의 광명의 신 즉 태양신화의 이동전설이 나온다.

신라국 왕자가 일본으로 건너가 단바(오사카·교또 일부)를 중심으로 일대 세력을 형성했다는 기록이 있다. 당시 우리나라 동남지역과 일본의 이즈모지역은 역사적으로 문화의 전승로 역할을 했음을 감안할 때, 변한인들이 왜를 별천지로 여기며 왕래가 빈번하였다. 이때 철기제조술과 비단직조술을 전파하면서 때로는 그곳을 식민화함으로써, 이같은 태양신화가 전승된 것으로 보인다.

3. 옥저와 동예

옥저는 함흥평야를 중심으로 함경도 북부에, 동예는 함경도 남부와 강원 북부에 자리잡은 예맥족인데, 이들은 부여·고구려와 언어, 풍습이 거의 같고, 예부터 고구려와 같은 종족으로 인식되어 왔다. 옥저와 동예는 지리적인 성격으로 선진문명을 받기가 어려워 발전이 어려웠다. 옥저는 고조선이 멸망한 후 기원전 107년 한사군의 하나인 「현도군」에 편입되었다가 기원후 1세기경에 고구려에 편입되었다. 동예 역시 한사군의 지배를 받다가 기원후 30년경에 왕조의 반란으로 한사군의 지배에서 벗어난 후 1세기에 고구려에 편입되었다.

둘 다 왕을 두지 않고 한사군의 풍습에 따라 읍군·삼로라는 토착사회의 수장이 다스렸다. 중국 「삼국지」〈위지-동이전〉에 의하면 인구는 옥저가 5천호, 동예가 2만호라고 한다. 그리고 둘 다 농경 위주의 사회로서 보병전투에 능하였다.

옥저는 함흥평야에 위치하여 토지가 비옥하고 농사가 잘 되었으며, 해산물이 풍부하여 고구려에 소금, 해산물 등을 공물로 바쳤다.

옥저의 혼인제도는 고구려의 데릴사위제(서옥제)와는 달리 "민며느리제"(비녀 안꽂은 며느리)이다. 주로 가난한 집 딸이 부잣집 남자에게 시집가는 것이다. 여자를 10여세에 남자집으로 데리고 와서 허드렛일을 시키다가, 혼기가 되면 여자를 친가로 돌려 보냈다가 남자쪽에서 예물을 치르고 혼인을 하는 일종의 매매혼이다. 이는 여자의 출산력과 노동력을 중시한 제도이다. 형이 죽으면, 동생이 형수와 결혼하는 풍습이 있다.

장례풍습으로는, 사람이 죽으면 가매장한 후 뼈만 추려 큰 목곽에 넣고 그 입구에 쌀항아리를 매달아 놓는 "골장제(가족공동묘)"가 있었다. 옥저의 설화에 사람과 곰이 사는 곰토템이나 곰나루설화가 우리나라와 같다.

동예 역시 해산물이 풍부하고 토지가 비옥하며 방직기술(명주, 삼베)이 발달했다. 동예는 "책화"라는 제도를 두어서 마을간 경계를 중요시 하였고, 이를 어기고 침범하면 노비, 소, 말 등으로 배상했다. 이는 전형적인 씨족사회의 형태로서 큰 산이나 강을 경계로 하기 때문에 자급자족해야하는 환경 때문이다.

혼인제도는 고구려와 비슷하여 동성끼리는 결혼하지 않고, 법률 역시 고구려와 비슷하게 엄하여 살인자는 사형에 처했다.

10월에는 추수감사제 형식인 "무천제"가 있어 음주·가무를 즐겼고, 이들은 "범"을 신으로 모시고 제사를 지냈다.

PART 02

삼국시대

삼국시대는 한강을 둘러싼 영토분쟁시대였다.

한강은 고구려에서는 아리수라 했고, 백제는 욱리하, 신라는 한산하, 그리고 고려 때는 열수라 불렀다. 한강은 주변에 비옥한 넓은 평야를 가지고 있고, 한반도 중앙을 가로지르고 있어 교통은 물론 중국무역에 유리한 지형적인 특성을 지니고 있다.

이같은 요충지 한강을 차지하려는 쟁탈전이 삼국시대에는 끊임없이 이어졌다.

이 시대의 영토분쟁은 주로 농업 때문에 곡식이 많아야 부유해지고 국력이 강해지기 때문이다.

한강 유역은 삼국시대 초기에는 백제 땅으로서 중국, 왜와 교역하여 국력이 강해졌고 근초고왕 때는 북진하여 고구려를 위협하였다. 당시 지형적으로 백제나 신라는 북쪽을 고구려가 막고 있기 때문에 안정적으로 성장할 수 있었다.

고구려는 서쪽 중국과 북쪽 돌궐에 대한 상무정신으로 광개토왕과 장수왕 때는 국력이 크게 신장되어 동북아의 최강자로 등장하면서 한강유역을 차지하였다. 이에 5세기경 백제는 신라와 연합하여 한강유역을 차지하였다. 한강하류는 백제가, 상류는 신라가 차지하였다. 당시 고구려는 왕권다툼과 돌궐의 위협으로 한강유역에 신경쓸 여유가 없었다.

신라가 한강상류를 차지한 후 신라는 백제와 동맹을 깨고 한강하류까지 공격하여 차지하였다. 이에 분개한 백제 성왕은 가야군과 연합하여 신라를 공격했으나, 성왕은 관산성(옥천)에서 대패하고 전사하였다. 이때 신라 진흥왕은 한강유역을 차지한 후 단양적성비와 순수비 4개를 세우고 중국과의 교류, 등으로 국력이 크게 신장되었다. 이에 백제는 고구려와 연합하여 신라를 공격하였다. 백제 의자왕은 신라 서쪽 40개 성을 빼앗았고, 고구려와 연합하여 당항성(화성)마저 빼앗음으로서 신라와 당의 교역길을 차단하였다.

이때 신라 선덕여왕은 위기감을 느끼고 백제를 꺾기 위해 김춘추를 고구려에 보내어 군사지원을 요청했으나 고구려(연개소문)는 오히려 신라가 차지한 고구려 땅을 반납하라면서 김춘추를 옥에 가두었다. 결국 김춘추는 실패하고 돌아와 최후로 당나라로 가서 지원을 요청하였다.

당시 당은 주변의 모든 나라들을 굴복시키고 세계의 중심이 되고자 했으나, 고구려만 굴복시키지 못하고 있었다. 이때 선덕여왕을 이은 진덕여왕은 손수 당황제를 칭송하는 노래를 비단에 수놓아 바치는 등 당황제의 비위를 맞추기도 하였다. 결국 나·당 연합군이 결성되어 백제·고구려를 멸망시켰다.

그러나 당은 드디어 신라와의 약속(한반도 북부땅 할애)을 무시하고 한반도 전체를 삼키려 하였다. 이에 신라는 분개하여 고구려, 백제 유민들과 힘을 합쳐 결국 당을 한반도에서 축출하여, 통일신라를 이루었다.

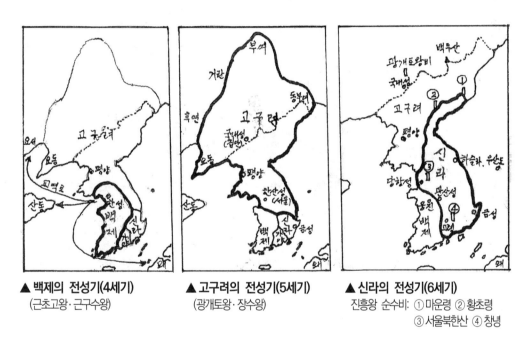

▲ 백제의 전성기(4세기)
(근초고왕·근구수왕)

▲ 고구려의 전성기(5세기)
(광개토왕·장수왕)

▲ 신라의 전성기(6세기)
진흥왕 순수비: ① 마운령 ② 황초령
③ 서울북한산 ④ 창녕

chapter 02

고구려

1. 고구려의 건국신화와 부여의 건국신화

삼국의 건국신화를 보면, 고구려 주몽신화나 신라 혁거세신화는 하늘의 기운으로 잉태하여 알을 낳거나 말이 알을 놓고갔다는 신비감이나 신성시함으로서 원초적인 신화의 모습을 보인다. 반면 백제의 건국신화는 국가의 성립과정에서 어느 정도 역사적인 사실에 접근함으로서 한 단계 발전된 모습을 보여주고 있다. 백제는 고구려 왕실에서 떨어져 나와 건국하였다.

1) 고구려 시조 주몽신화

고구려 시조 전설은 「삼국사기」, 「삼국유사」, 중국의 「삼국지」 등에서 나오는데, 중국 「위지」〈고구려전, 삼국사〉에서 북위의 "이오"가 5세기경 평양을 방문한 후 전하는 기록이 있다.

북부여의 시조 해모수는 천제의 아들로 태어나 어느 날 엄수(압록강 동북수로)를 건너다 강의 신 하백의 세 딸들이 목욕하는 것을 보고는 그중 큰 딸 유화에게 반하여 정을 통하였다. 이튿날 해모수는 천제의 부름을 받고 떠나버렸다. 유화는 외간남자와 정을 통했다며, 하백에게 크게 벌을 받고 쫓겨났다.

그녀는 태백산(지금의 묘향산) 아래 우발수를 지나다 동부여의 금와왕을 만났는데, 금와왕은 그녀의 사연을 듣고 그녀를 데려다 그의 궁에서 살게 하였다.

금와왕은 그녀를 어두운 방에 가두어 두었으나 햇볕이 계속 그녀를 비추며 따라 다니더니 유화는 임신을 하였고, 얼마 후 아이 대신 큰 알을 낳았다. 금와왕은 불길하여 그 알을 돼지우리에 버렸으나 가축들이 이 알을 피하였고, 다시 들판에 버렸더니 새들이 날아와 따뜻하게 품어주고 하였다.

금와왕은 그 알이 보통 알이 아님을 알고 유화부인에게 돌려주었는데, 며칠 후에 알에서 사내아이가 태어났다. 그는 자라서 7살에 손수 활을 만들어 쏘니 백발백중이었다. 그래서 활을 잘 쏜다하여 이름을 「주몽」이라 하였다. 주몽은 금와왕의 왕자들과 같이 자랐으나 태자 대소등 왕자들이 주몽의 재주가 영특하고 출중하자 몹시 시기를 하게 되었다.

유화부인은 주몽이 위험함을 알고 부하 3명을 딸려서 도망가게 하였다. 당시 주몽은 20세였는데, 그에게는 이미 예씨라는 부인이 있었다. 주몽은 도망가면서 칼을 반토막 내어 예부인에게 증표로 주면서, 만약 사내아이가 태어나면 찾아오게 하였다.

이때 태자 대소는 주몽이 도망간 것을 알고 추격해 왔다. 주몽이 아리수(압록강)에 이르러 길이 막히자 다급하여 "나는 해모수의 아들이자 강의 신 하백의 외손자이다. 내 뒤를 추격군이 쫓아오니 어찌하면 좋으냐?"며 활로서 강물을 내리치자 거북이와 물고기들이 올라와 다리를 놓아 주었다. 그리하여 강을 건너 모둔골을 지나다 건장한 세 장한을 거둔 후 졸본에 이르러 도읍을 정하고 나라 이름을 「고구려」(또는 졸본부여)라고 하였다. 이 때 주몽은 22세로 기원전 37년이었다.

당시 삼국사기 기록에 의하면, 이 지방에는 예맥족이 남려를 왕으로 하는 세력이 인구 28만명을 거느리고 살고 있었던 것으로 전해지는데, 주몽 세력은 이들 토착세력과 타협하여 고구려를 건국한 것으로 보인다. 한편 광개토왕비에는 시조를 「추모왕」이라고 기록하고 있다.

이 신화에는 부여 역사 중간에 국호가 북부여에서 동부여로 바뀌였고, 왕은 4대인데 4대왕들이 현존 인물인지 확실치 않다.

2) 부여시조 동명신화

다음 신화는 기원전 1세기 후한 왕충의 「논형」과 위나라 어환의 「위략」에 나오는 부여시조 동명 신화이다.

"탁리국(북부여로 추정)의 임금을 모시던 무수리가 임신을 하였다. 곧 아이를 낳았는데, 그 아이가 불길하다 하여 돼지우리에 버리게 하였다. 그러나 가축이 그 아이를 따뜻하게 보호하여 죽지 않게 하였다. 임금은 이 사실을 보고 하늘의 아이라고 여겨 거두어 키우게 하였다. 그 아이는 자라자 활을 잘 쏘고 영특하여 자기의 나라를 넘볼 것 같아 죽이게 하였다. 이에 이 아이 「동명」은 도망가다가 강에 이르렀는데, 한탄을 하자 자라와 물고기들이 다리를 만들어 주어 건널 수 있었다. 도망간 동명은 남쪽에서 임금이 되며 「부여」를 세웠고 동명왕이라 하였다".

이 부여시조 「동명신화」는 고구려시조 「주몽신화」와 착각할 만큼 닮아있다. 다만 부여의 동명신화는 기원후 1세기에 확인되나, 주몽신화는 이 동명신화를 토대로 기원 후 5세기경에 형성되고 있다. 따라서 후대에는 이 두 신화를 결합하여 「삼국사기」〈고구려본기〉에서 "시조는 동명성왕이며 그 이름은 주몽이다."고 하였다.

고구려 주몽이 부여 동명왕과 동일시 된 것은 고구려가 부여 동명왕의 건국신화를 차용해 부여를 계승하는 의식을 대내외적으로 과시하였기 때문이라는 주장이 정설이다. 실제로 고구려 뿐만 아니라 백제도 성왕때 국호를 남부여라 칭했고, 가야와 발해도 자신들의 뿌리가 부여라는 의식이 있었다고 한다.

2. 고구려의 역사전개

고구려는 기원전 37년 부여족의 한 갈래인 주몽이 남하하여 고구려를 건국하였으며 압록강 중류 환인지역에서 맥족을 중심으로 성장하였다. 제6대 태조왕때 예맥계인 동옥저를 흡수하고 요동에 있는 현도군을 몰아냈으며, 동예·조선의 일부를 흡수하여 국가체제를 갖추었는데, 남으로 살수(청천강), 동으로 함경도 동해안에 걸치는 영토를 확보하였다.

당시 중국은 후한이 망하고 위나라가 흥기할 때인데, 위나라와 요동 및 한반도 북부에서 충돌이 잦았다. 245년 위의 관구검이 고구려를 침범하여 수도 환도성이 점령되는 등 한때 위기를 맞기도 하였다. 미천왕(15대)은 봉상왕(14대)의 조카로서 봉상왕이 포악하여 동생을 죽이는 것을 보고 도망가서 소금장수를 하였다. 봉상왕이 반란으로 폐위되자 조카 을불이 미천왕이 되었다. 미천왕은 중국 현도군, 요동 서안평을 점령하고 313년 남진정책을 펴기 시작하여 한의 낙랑군(평안도·대동강 부근)과 대방군(황해도 부근)을 축출하고 남으로 대동강 일대를 차지하였다.

이 당시 중국은 5호 16국 시대였으나, 선비족 모용황이 전연을 세워 342년 고구려를 침범하여 한때 환도성이 함락되는 등 큰 피해를 입었다. 또한 371년 백제 근초고왕이 평양까지 침공해와 고국원왕(16대)이 전사하기도 했다. 제17대 소수림왕때부터 불교를 받아들이고 태학을 설치하는 등 성장기반을 쌓았다. 광개토왕(19대)때는 동북아의 최강자로 등장하여 서쪽으로 후연을 정복하고, 남진정책을 강화하여 백제의 한강이북을 차지하였다. 400년 신라의 요청으로 5만 병력을 보내어 낙동강 중·하류까지 진출하여 가야·왜연합군을 침공함으로서 금관가야는 멸망하게 된다. 이로서 고구려는 잃었던 고조선 땅을 700여년 만에 회복하였다.

장수왕(20대)은 427년 수도를 국내성에서 평양으로 옮기며 낙랑군 및 대방군을 완전히 흡수하여 최대의 영토를 확보하였다. 서로는 요하, 남으로는 경기, 충청, 강원까지 영역을 과시하였다. 479년 장수왕은 해상으로 3만군대를 보내어 백제수도 한성을 포위하여 함락시키고 도망가는 백제 개로왕을 죽였다. 이때 왕의 동생 문주가 신라에 가서 군사를 빌려오는 사이 벌어진 일이다. 남녀 포로 8,000명이 잡혀가고 문주왕은 도읍을 웅진(공주)으로 옮겼다.

한편 581년 수나라가 건국되어 중국을 통일 했으나, 북쪽에는 돌궐이 몽골고원에서 서투르키스탄에 이르는 대제국을 건설했는데, 수문제(양견)는 돌궐을 침공하여 동서로 분리시키고 동돌궐을 수에 복속시켰다. 이어 수문제가 고구려에게 칭신을 요구해오자 영양왕은 분개하여 요서지방을 선제공격한바 있다.

그러자 수문제는 30만 대군으로 고구려를 침공했으나 당시 장마철로서 기근과 질병, 홍수로 막대한 손실만 입고 철수하였다.

이후 수양제(양광)가 동돌궐을 순시하던 중, 고구려사신이 와 있는 것을 보고는, 신하국인 고구려가 양다리를 걸치고 있다고 몹시 불쾌해하여 침공을 감행하였다. 수양제는 612년 총 113만 대군으로 재침했으나 대패하였다.

이것이 을지문덕의 "살수대첩"이다.

수나라는 이어 이듬해 재침공했으나 병사들의 도망, 특히 보급담당 예부상서 양현감의 반란 등으로 실패했다. 그리고 그 이듬해 또 침공계획을 세웠으나 전국 각지에서 반란이 일어나며 중단되었다.

이때 수양제는 양자강하류에서 쾌락에 빠져있다가 강도의 이궁을 경비하던 우문화급에 의해 살해되고 수나라는 멸망의 길을 걷게 된다.

이후 태원지방관 이연이 수도 장안을 점령한후 양제의 손자인 13세 "유"로부터 선양을 받아 618년 "당조"를 건국하였다.

당시 고구려는 영류왕때로서 왕과 귀족들은 신흥 강국 당에 대해 강화하자는 "친당파"였고, 반면 실권자 연개소문은 "반당파"였다. 연개소문은 당 등 중국의 침공에 대비하여 요하 하류에서 북쪽 부여지역까지 천리장성을 쌓고 있던 중, 왕이 연개소문을 제거하려 한다는 정보를 듣고, 연개소문은 영류왕과 친당귀족들을 대거 죽이고 대막리지에 올라 정권을 장악하였다.

이때 당태종은 고구려의 정변을 핑계로 침공했는데, 마침 이때는 신라가 고구려 및 백제의 압박을 받아 위기에 처한 때로서 신라에서 당에 고구려 침공을 요청한 때였다. 양군은 안시성에서 각 15만 병력으로 격돌하여 3개월 동안 싸웠으나 성과를 내지 못하고 결국 당태종은 철수하였다. 이것이 양만춘의 안시성 싸움이다.

이후 고구려는 연개소문이 죽자, 장남 남생이 대막리지에 올랐으나 남생이 지방 순시 중 동생 남건과 남산이 형 남생을 이간질하여 형제간 내분이 일어났다. 이틈에 백제를 멸망시킨 나·당연합군이 평양성을 공격하여, 결국 668년 705년 만에 28대왕으로 고구려는 멸망하였다.

3. 유리왕(2대)의 「황조가」

주몽과 예씨사이에 태어난 장남 유리는 부여궁에 살면서, 어느 날 활로서 장난을 하다가 어느 부인의 물동이를 맞추어 깨뜨렸다. 그 부인은 화가나 아비없는 자식이라고 욕을 하자, 유리는 집으로 쫓아가 어머니에게 나는 왜 아비가 없냐고 따졌다. 예씨는 유리가 성장했음을 알고 고구려의 왕 주몽과의 비사를 말해주었다. 유리는 주몽이 남긴 반쪽 칼을 들고 고구려로 주몽을 찾아갔다. 반쪽 칼을 확인한 주몽은 유리를 태자로 임명하였다.

유리 태자는 송양국의 딸 다물도주를 비로 맞았고 주몽이 죽자 왕위에 올랐다. 즉위 22년에 도읍을 졸본에서 국내성으로 옮겼다. 그러나 왕비 송씨가 죽자 골천사람 하희와 한나라 사람 치희를 부인으로 맞았는데, 두 부인간에 투기가 심하여 부득이 궁을 두개 지어 따로 살게 하였다.

어느 날 유리왕이 사냥갔다오니, 치희가 자기 친정집으로 돌아가 버렸다. 유리왕은 찾아가 아무리 달래도 듣지 않아 어쩔수 없이 혼자 궁으로 돌아오면서 안타까운 마음을 시 한수로 남겼는데 이것이 「황조가」이다.

「훨훨 나는 꾀꼬리
암놈·수놈 쌍을 지어 노닐건만
외로이 홀로 있는 이 내 몸은
누구와 함께 돌아갈거나」

4. 비련의 호동왕자와 낙랑공주

호동왕자는 대무신왕(3대)의 아들로 기골이 장대하고 성격이 쾌활명랑하였다. 어느날 그는 옥저를 여행하던 중 낙랑왕 최리를 만났는데, 최리는 호동을 보자 첫눈에 반해 딸 낙랑공주를 소개하여 사위로 삼고자 했다. 호동은 그 길로 돌아와 부왕에게 낙랑공주 이야기를 해주었으나, 부왕은 응답이 없고 오히려 우리의 옛땅 낙랑국을 정벌하는 것이 우선이라면서도 혼인을 승낙하였다. 대무신황은 이 결혼을 정략적으로 이용할 목적이었으나, 둘의 사랑은 이와 상관없이 무르익었다. 고구려는 곧 낙랑을 침공할 계획을 세우는데, 하나의 걸림돌이 있었다. 낙랑에는 적이 침범할 때 자동으로 울리는 북(자명고)이 있었다. 호동은 혼인후 관습에 따라 처가인 낙랑에 있는데 대무신왕이 호동에게 이 자명고북을 없애도록 어명을 내렸다. 이 지시를 받은 호동은 고민을 하다가 어느 날 공주에게 편지만 남기고 고구려로 돌아갔다. 그 내용은 "나를 사랑한다면 자명고를 찢으라"는 것이다. 공주는 큰 고민에 빠졌다. "조국이냐 사랑이냐?"의 갈등 때문이다.

당시 고구려의 풍습은 신랑이 아이를 낳을 때까지 처가살이(데릴사위)를 하는데, 당시 고구려는 대륙진출을 위해서는 그 교두보인 낙랑을 정벌해야 할 상황이여서 호동은 급히 귀국한 것이다. 갈등을 하던 공주는 결국 자명고를 찢어버렸다. 이를 알게된 최리왕은 고구려의 침공을 맞아 출전하면서 공주가 너무나 저주스러웠다. "나라를 팔아 먹은 저 계집을 죽여라!"고 명령하여 낙랑공주는 죽었다. 결국 고구려는 낙랑을 침공하여 정복하였으나 호동왕자는 낙랑공주가 죽은 사실을 알고 부둥켜 안고 애통해 하였다. 그런데 때마침 호동의 세력이 크게 부상하자, 부왕의 또 다른 왕비가 "호동이 왕위까지 넘본다"며 중상모략을 하였다.

그렇지 않아도 호동은 낙랑공주를 잃고 애통해하고 있는데, 부왕의 왕비에게 모략을 받게되자 자괴감에 그만 자살하고 말았다. 이 비련의 애사는 후손들의 마음을 두고두고 적시었다.

5. 세기의 왕 광개토왕(영락왕, 호태왕)과 장수왕

고구려는 미천왕(15대)때부터 남진정책을 펼쳤다. 이에 백제가 자극을 받아 북진하여 옛 대방의 땅을 빼앗았다. 그러자 고국원왕(16대)이 백제를 공격했으나 패배당했다. 이후 백제는 근초고왕(13대)때 3만 군사로 평양성을 공격하여 고국원왕이 전사하였다.

한편 미천왕때 요동과 낙랑·대방을 침공한바 있는데, 아들 고국원왕때 연나라 모용황이 5만군사로 침입해 왔다. 그 앙갚음으로 미천왕의 시신과 함께 남녀 인질 5만명을 끌고가며, 개국이래 최대의 위기를 맞았다. 결국 고국원왕은 칭신을 하며 겨우 위기를 모면했으나 백제 근초고왕의 공격으로 전사하였다.

소수림왕(17대)과 고국양왕(18대) 형제는 부왕이 전사하자 국가체제를 정비하여 국난극복에 심혈을 기울였다. 특히 소수림왕때는 중국 전진에서 승려 순도에 의해 불교를 받아들이고(372년) 태학도 설치하여 정치 및 문화 정책을 적극적으로 펼쳤다.

이같은 토대 위에 광개토왕(19대)은 18세(391년)에 즉위하여 할아버지의 복수를 외치며 396년 직접 수군 4만 병력으로 백제의 관미성·아단성 등을 깨트리고 아리수(한강)를 건너 한성을 압박하여 백제 아신왕(17대)을 항복시킨 후 왕의 동생 및 대신 10여명을 볼모로 잡아갔다. 이후 아신왕은 복수를 다짐하며 먼저 대가야와 왜와 결탁하여 배후세력인 신라를 괴롭혔다. 그러자 신라는 광개토왕에게 구원을 요청하였다.

고구려는 5만 병력을 보내어 왜구를 대가야(김해)까지 추격하여 전멸시켰다.

한편 후연의 왕 모용성이 400년 3만 병력으로 고구려를 침범하여 5천호를 인질로 끌고갔다. 광개토왕은 2년 뒤 6만명 병력으로 대 보복전을 벌렸다. 요하를 건너 적의 수도 부근까지 공격하였고, 그 여세를 몰아 현도군과 요동성을 공격하여 중국 연나라에 잃었던 고조선의 땅을 회복하였다.

그는 413년 40세로 죽자 영락대왕 또는 호

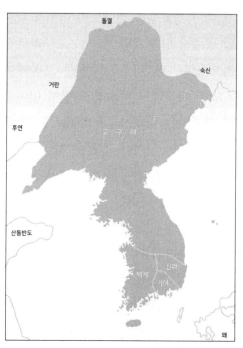

5세기 한반도 세력분포(장수왕)

태왕이라 불리었다.

광개토왕-장수왕-문자명왕 3대는 우리 역사상 영토가 가장 넓은 최대 전성기였다. 장수왕은 재위가 79년이고 98세에 사망하였다. 그러다보니 아들 태자가 먼저 죽으니 손자 문자명왕이 대를 이었다.

장수왕은 광개토왕의 업적을 바탕으로 왕권을 대대적으로 강화하였다. 먼저 국내적으로는 427년 수도를 평양으로 천도하여, 기존의 수도 통구에 토대를 둔 귀족정치세력인 5부 세력의 기반을 약화시키고 국왕의 권한을 강화하였다. 이 당시 백제 개로왕이 북위에 보낸 국서에서 "장수왕이 5부 귀족을 대대적으로 숙청했다"는 기록이 있다.

대외적으로는 남진정책을 펼치기 위해, 중국 남북조(북위와 남송)와 인접한 연나라에 대해 외교를 치중하였다. 특히 이웃인 연나라가 북위의 위협을 받을 때는 군사적으로 지원하며 우호관계를 증진시켰다.

북방외교를 안정화시킨 후 본격적으로 남진정책을 펼쳤다. 낙랑, 대방을 멸망시키고, 소백산맥을 넘어 신라·가야까지 압박하였으며, 백제의 왕도 한성(서울)까지 함락시켰다(475년). 이후 계속 남진하여 충주까지 남하한 후 그 기념으로 충주에 "고구려비(국보 205호)를 세웠다. 이 비는 남한에 남아있는 유일한 고구려비이다.

이후 고구려는 북진정책도 강화하여 부여왕을 투항받아 편입시켰다. 당시 고구려의 영토는 북으로 부여, 서는 요하, 남은 남한강, 동은 훈춘에 이르는 광대한 영토였다.

6. 바보온달과 평강공주

평원왕(25대)때 평양성 인근 산밑에 나무꾼 바보온달이 장님인 늙은 모친과 함께 살고 있었다. 평원왕에게는 평강공주가 있었는데, 어릴적 걸핏하면 잘 울었고 그때마다 왕은 달래면서 "자꾸 울면 바보온달에게 시집보낸다"고 자주 말하곤 하였다.

이후 공주가 성장하여 시집을 보내려하자, 공주는 "어릴적 온달에게 시집보낸다고 귀가 닳도록 이야기 해놓고 왜 지금와서 딴 데로 시집보내려 하느냐?"고 반문하면서 "나는 이미 온달에게 시집가기로 마음먹었다"며 자신의 결심을 말했다. 왕은 그 소리를 듣자 너무나 어이가 없어 대노하여 공주를 내쫓았다. 그러자 공주는 그 길로 온달을 찾아갔다. 나뭇짐을 지고 집으로 들어오던 온달은 너무나 깜짝놀라 손을 내저었으나 공주는 자초지종을 이야기하였고 결국 둘은 혼인하여 노모를 모시고 살았다. 이때부터 공주는 온달에게 글과 무술을 열심히 가르쳤다. 그런데 당시 조정에서는 매년 봄 사냥 대회가 열렸다. 여기에 온달이 출전하여 우승을 차지하였다. 이 사실을 들은 평원왕은 몹시 기뻐하며 크게 혼인잔치를 베풀어 주었고 온달에게 장군직을 수여하였다. 이후 중국 북주의 무제가 침공해 왔을 때, 온달은 선봉장으로 이를 무찔렀다. 그러나 온달장 군은 한강북쪽에 있는 아차산성에서 신라군과 싸우다 전사하였다. 그때 온달장군의 관을 옮기려하자 꼼짝도 하지 않아서 결국 평강공주가 울면서 관을 어루만지자 움직였 다는 야사가 있다. 이 이야기는 당시 고구려 사회는 신분제도가 엄격하여 귀족과 평민 의 신분차이가 너무나 컸다. 바보온달은 실존인물이지만 평원왕이 평민들의 불만을 달래려고 공주와 온달을 결혼시켰다고 보이며, 일반백성들은 두 사람의 사랑을 두고두 고 부러워하였다.

7. 을지문덕과 살수대첩

6세기후반 중국 중원 북방에는 돌궐이 몽골고원에서 서투르키스탄에 이르는 대제국 을 건설하고 있었다. 수문제는 이를 경계하여 돌궐을 동서로 분리시킨 후 동돌궐을 수 나라에 복속시켰다. 이후 수문제는 고구려 영양왕(26대:598년)에게 칭신을 요구해오자, 영양왕은 분개하여 요하강을 건너 요서지방을 선제공격하였다.

그러자 수문제(양견)는 30만 대군으로 고구려를 침공했으나, 마침 장마철이여서 기근 과 질병·홍수로 막대한 손실만 입고 철수하였다.

그 후 수양제(양광)가 동돌궐을 순찰하던 중 자신의 신하국으로 여기던 고구려의 사 신이 와있는 것을 보고는 고구려가 양다리를 걸친다며 불쾌하게 생각하였다.

수양제는 612년 113만 대군으로 수문제에 이어 재침하였다. 먼저 4만 수군이 바닷길 로 평양성을 공격했으나 궤멸되었다. 이어 육군은 요하를 건너 요동성을 공격했으나 역시 완강한 저항으로 교착상태에 빠졌다. 그러자 수의 대장군 우문술과 우중문이 별동 대 30만명을 이끌고 평양성으로 접근하다, 을지문덕장군의 유인술에 걸려 전의를 상실 하고 역시 교착상태에 빠졌다.

한편 수양제의 본진은 요동성을 포위했으나 쉽게 함락되지 않고 교착상태가 되었다.

또한 내호아가 이끈 수군 별동대도 패수로 진입하여 본진이 도착하기 전에 전공을 올리려고 평양성을 공격했으나 역시 유인작전에 걸려 거의 전멸하다시피 하였다.

이후 수나라 대장군 우문술과 우문중의 별동대는 요동성을 우회하여 압록강부근에서 좌우군이 합류하여 평양성으로 접근하였다.

이때 을지문덕장군은 부하들의 만류에도 불구하고 거짓 항복문서를 가지고 적의 동태를 살피고자 적진으로 들어가 이를 내주었다. 우문중은 을지문덕을 체포하려 하자, 을지문덕이 "수나라가 이렇게 소인배냐? 항복문서를 가지고온 사신을 들개 취급하다니"라고 항의하자, 우문중은 얼떨결에 "국왕에게 가서 조공문제를 해결하고 다시 오시오"라며 을지문덕을 놓아주었다. 당시 양제는 우문중에게 이유 불문하고 을지문덕을 체포하라는 밀명을 내렸으나 이미 늦은 후였다.

을지문덕은 강을 건넌 후 조롱하는 시만 우문중에게 보냈다.

"그대의 신기한 전술은 하늘의 이치를 다했고   (신책구천문: 神策究天文)
오묘한 전략은 땅의 이치를 다했노라   (묘산궁지리: 妙算窮地理)
이만하면 전쟁에 승리한 공이 이미 높으니   (전승공기고: 戰勝功旣高)
만족함을 알고 이제 그만 두게나"   (지족원운지: 知足願云止)

우문중은 이 시를 보고 분개했지만, 수나라 군사가 대군으로도 이기지 못한 체면에 재공격을 시도하였다. 그러나 군량미가 바닥이나 있었다. 당시 별동대는 100일치 식량과 물자를 각자 지고 행군했는데 군졸들이 그 무게를 감당못하고 버리기도 하여 식량부족현상이 발생하였다.

을지문덕은 수나라의 군량부족을 간파하고 지연작전을 썼다. 그리고 모든 군량미를 평양성에 집결시켰다. 이때부터 고구려 군사는 살수에서부터 7번 싸우고 7번 패주하는 지연작전을 펼치다 평양성 안으로 들어가 장기전을 펼쳤다.

수나라는 계속 항복하라고 압박했으나 그때마다 "항복문서를 쓰고 있다. 며칠만 기다려라"하고 계속 핑계를 대었다. 결국 수나라 군사는 지치고 사기가 떨어지며, 후퇴하기 시작했다. 이 틈을 놓치지 않고 고구려군은 성문을 열고 나가 맹공격을 가했다. 수나라 군사는 후퇴하며 살수를 건너던 중 을지문덕이 미리 막아놓은 살수(청천강) 상류보를 터뜨려 수나라 군사는 아비규환이 되며 수장되었다. 이때 별동대 30만명이 모두 수장되고 겨우 2,700명만 살아 돌아갔다. 이것이 유명한 "살수대첩"이다.

이 살수대첩은 강감찬의 귀주대첩, 이순신의 한산도대첩과 함께 우리 역사상 3대 대첩으로 꼽는다.

그러나 수나라는 제1차 침공 때 대실패를 본후, 이듬해 613년 재침공해 왔으나, 병사들의 도망, 특히 보급담당 예부상서 양현감의 반란 등으로 포기하였다. 또 이듬해에 3차 침공을 계획했으나 전국 각지에서 반란이 일어나서 역시 포기하였다. 그중에 이장 출신 두건덕과 양현감의 참모였던 귀족출신 이밀 그리고 무장출신 양세충 등이 낙양을 둘러싸고 사투를 벌렸다.

당시 양제는 양자강 하류에서 쾌락에 빠져있다가 강도의 이궁을 경비하던 우문화급에 의해 살해되고 수나라는 멸망의 길을 걸었다.

이후 태원의 지방관 이연이 수도 장안을 점령한 후 양제의 손자인 13세 "유"로부터 왕위를 선양받아 618년 「당조」가 건립되었다.

8. 양만춘과 안시성싸움

영류왕 25년(642) 연개소문이 정변을 일으켜 국정을 장악했을 때, 안시성주 양만춘은 연개소문에게 복종하지 않았다. 연개소문은 직접 군대를 이끌고 안시성을 포위 공격했으나, 결국 함락되지 않자 포기하고 양만춘을 안시성주로 그대로 맡겼다. 이후 고구려가 멸망한 뒤에 당에 끝까지 저항한 11개성 가운데 안시성의 양만춘이 대표적이다.

중국 당나라는 건국되자, 수나라가 고구려로 인해 멸망한 것을 보고 처음에는 고구려와 화친정책을 썼다. 이 당시 고구려는 대막리지 연개소문이 정권을 잡고 있었는데 신라를 압박하고 있었다. 그러자 신라는 다급하여 당태종 이세민에게 구원을 요청하였다. 당태종은 기회를 엿보고 있던 중 신라의 요청을 받고 17만 대군으로 고구려를 침공하였다.

당과의 첫 전투는 보장왕 3년(644) 요동성에서 벌어졌으나, 당이 강풍을 이용하여 성내로 화공작전을 함으로서 요동성은 함락되고, 이어 안시성에서 격전이 벌어졌다.

당태종은 하루에 6~7차 같은 방법으로 공격했으나 모두 실패하였다. 이때 고구려는 안시성을 구원하기 위해 고연수장군에게 15만 병력을 보냈으나 대패하였다. 당군은 50만명을 동원하여 60일간 성 바로 옆에 흙으로 토산을 쌓아 성안을 공격하였다. 그러자 양만춘은 성 위에 목책을 쌓아 대응하였다.

그러던 중 폭우가 내려 토산이 무너지고 성의 일부가 파손되자, 양만춘은 결사대를 조직하여 토산의 정상을 점령하여 3일간 치열한 공방전이 벌어졌다.

결국 당태종은 추위가 닥쳐오고 군량부족 등으로 철군하였다. 이 안시성전투는 당군이 3만명의 전사자를 내고 고구려는 1만명이 전사하였다.

양만춘은 당군이 철수하자 성루에 올라 송별의 예를 표하자, 당태종은 그의 용전을 높이 평가하여 비단 100필을 보내며 그의 감투정신과 용감성을 격려하였다.

고려후기 학자 이색과 이곡의 문헌에 의하면, 당태종이 눈에 화살을 맞아 부상을 입고 회군했다는 기록이 있다.

9. 고구려 최후의 영웅 연개소문

고구려가 말기에 접어들 때 동아시아의 정세는 긴박했다. 중국은 수나라에 이어 당이 중국을 통일하여 고창국, 돌궐을 멸망시키고 동으로 뻗어오고 있었다. 남쪽에는 백제와 신라가 충돌이 격화되면서 신라는 위기를 맞고 고구려와 당에 외교를 강화하는 시기였다.

당시 고구려는 귀족들 간에 자신이 후원하는 왕자를 왕으로 추대하려고 왕위 쟁탈전이 벌어지고 있었다. 이런 가운데 정치는 귀족연합에서 "대대로"라는 수상을 선출하여 왕을 대신해 이끌어 갔다. 이 대대로는 국가를 혁신하여 이끌기보다 자신들의 기득권을 보호하는데 몰두하면서, 고구려는 서서히 멸망의 길을 걷게 된다.

이 시기에 고구려의 마지막 영웅인 연개소문이 영류왕 25년(27대)에 아버지의 대대로 지위를 이어 받았다. 그는 먼저 북방의 외침에 대비하여 천리장성을 쌓으면서 귀족들과 백성들에게 원성을 많이 받았다. 이 기회에 영류왕은 왕권을 강화하려고 연개소문을 제거하려하자, 연개소문은 정변을 일으켜 왕과 귀족들을 죽이고 권력을 장악하였다. 그는 대막리지에 오르며 외출할 때 칼을 5개나 차고 의장대를 앞세우며 대단한 위엄을 부렸다.

당시 당나라는 중국을 통일한 후 고구려만이 굴복하지 않고 있어, 고구려에게 신하의 예를 요구했으나 연개소문은 이에 응하지 않았다. 그러자 당에서는 왕 위에 군림하는 연개소문의 위치에 문제를 제기하여 왕의 시해자로 압박을 가해왔다. 이때 연개소문은 당과 평화교섭도 할 수 없어 계속 긴장상태만 이어가고 있었다.

이 당시 신라는 백제의 공격으로 대야성(합천)을 잃고 위기감을 느끼며, 김춘추를 고구려에 보내어 군사지원을 요청했으나 실패했다. 고구려는 신라에 빼앗긴 영토를 돌려받기 전에는 신라와 화해할 수 없다는 입장이었다. 곧이어 신라는 당태종에게 지원을 요청하자 당태종은 고구려에 사신을 보냈으나 연개소문은 오히려 사신을 연금시켜 버렸다.

당태종은 격분하여 보장왕 3년(644)에 고구려를 침공하여 안시성싸움이 일어난 것이다. 연개소문은 당과의 투쟁은 물론 신라에 대해서도 공세를 멈추지 않았다.

결국 나·당 연합군이 백제를 멸망시킨 뒤, 661년 당의 소정방이 침공했다가 실패하고, 이듬해 방효태가 재차 침공했으나 연개소문은 이를 물리쳤다.

그러나 665년 연개소문이 죽자, 아들간에 권력투쟁이 일이나면서 그 결괴 장남 남생이 당나라에 투항하고, 연개소문의 동생 연정토는 12개성을 이끌고 신라에 투항함으로서 고구려는 멸망하게 되었다.

10. 고구려의 멸망

나당연합군은 백제를 정복한 뒤 고구려 원정길에 올랐다. 661년 당고종은 35만 대군으로 신라와 연합으로 남북에서 공격하기로 합의하였다. 당시 평양에서 상봉 후의 당의 군량미는 신라에서 제공하기로 했다. 당의 총사령관은 백제 공격시의 소정방이였다. 그러나 당군은 압록강에서 연개소문의 아들 남생의 군대에 막혀 더 이상 진군하지 못하였다. 그러자 당의 수군이 우회하여 평양성을 포위공격하였다. 당시 신라군은 백제 부흥군에 막혀 싸우는 사이 당군만 평양성으로 진군한 것이다. 당군은 평양성을 100일이나 포위공격했으나 함락시키지 못했고 특히 연개소문은 기습작전을 감행하여 당의 정예부대인 방효태부대를 전멸시켰다. 결국 당군은 겨울이 닥치자 식량부족 등으로 철수하였다.

그 4년 뒤 실권자인 대막리지 연개소문이 666년에 죽고 장남 남생이 대막리지가 되었다. 남생은 대막리지가 되자 동생 남건과 남산에게 잠시 국정을 맡기고 지방시찰길에 올랐다. 이때 연개소문의 동생 연정토가 남생과 남건 간에 모함을 하여 내분이 일어났다. 그러자 형 남생은 돌아오지 못하고, 남건이 막리지가 되어 형을 공격하였다. 남생은 옛도읍 국내성으로 도피하여 군사를 모으는 한편 당에 응원을 요청했다. 그러나 남생은 버티지 못하고 당나라로 망명하였다. 이어 연정토도 남건의 압박을 받아 12성(약3,500명)을 이끌고 신라에 투항하였다. 나·당연합군은 이 기회를 이용하여 다시 원정군을 일으켰다.

668년 김인문(문무왕의 동생)이 이끈 신라군 20여만 명과 당의 이세적이 이끈 35만 명이 고구려를 남북으로 공격하였다. 결국 평양성이 포위된 지 한 달 만에 함락되고 보장왕은 항복하였다. 고구려는 건국한지 제28대왕 705년 만에 멸망하였다.

보장왕은 왕자들과 유민 2만8천여 호를 이끌고 당나라 내지로 끌려갔다. 당시 고구려의 총인구는 69만7천호인데 1/20에 해당하는 유민이 끌려갔다.

이후 고구려 유민들이 모여 발해를 건국하였고, 일부는 당나라, 신라, 일본으로 흡수되었다. 그런데 당은 고구려 유민들의 반항을 막기 위해 상당수의 유민들을 양자강 이남으로 강제이주 시켰는데 이들의 후손들이 태국·미얀마 등지에서 소수민족으로 살고 있다고 전해진다.

고구려 역시 멸망하자 부흥운동이 일어났다. 검모잠이 궁모성을 근거지로 하여 왕자 안승을 추대한 후 당과 싸우면서 신라에 응원을 요청하였다.

그러나 안승의 부흥군은 당군에 견디지 못하고 1년만에 4천여호를 거느리고 신라에 망명하였다. 신라는 금마저(익산지역)에 정착시키고 안승을 고구려왕(보덕왕)으로 책봉하여 유민들을 다스리게 하였다. 안승이 신라로 망명한 뒤에도 고구려 유민들은 안시성, 백빙산 등 11개성에서 일어나 당군을 공격하며 괴롭혔다. 이러한 부흥운동은 5년이나 계속되었다.

그러나 부흥운동은 끝내 성공하지 못했으나, 끈질긴 저항으로 인해 당이 평양에 설치했던 안동도호부를 요동지역으로 옮기게 했고, 이로서 신라가 한반도에서 당의 세력을 몰아내는데 큰 도움을 주었다.

중국의 동북공정(東北工程)과 굴기(堀起)

중국은 기원전 3세기에 진시황이 중국대륙을 통일한 후 중화 패권주의(굴기)를 지향해 왔다. 그러나 19세기에 들어오자 서구의 개방 압박을 받다가, 결국 영국과의 아편전쟁을 시발로 수도 북경은 물론 주요항만들이 개방되면서 서구, 일본 등에 영토가 잠식되어 갔다.

이후 1949년 공산당이 중국을 사회주의 체제로 통일했으나, 1990년 초에 동구권의 사회주의가 그 모순을 드러내면서 해체되자, 중국에서도 수많은 소수민족(56개)이 독립운동을 전개하게 되었다. 그 중에 특히 모국에 인접한 조선족(동북공정), 몽골족(서북공정), 티베트족(서남공정), 하사크족(카자흐스탄), 대만 등에 대하여 중국역사의 원심력을 확장하려는 것이다.

이 중에서 "동북공정"은 중국의 동북3성(요녕성, 길림성, 흑룡강성)과 접하고 있는 한국(북한)과 러시아에 대하여 2002년부터 중국사회과학원을 중심으로 추진해왔다. 그 핵심은 장백산(백두산)문화론과 함께 한국의 고조선, 고구려, 발해 등에 대하여 "고위금용(古爲今用): 과거는 현재를 위해 사용되어야 한다"는 것이다. 중국영토내의 모든 과거의 역사는 모두 중국역사에 귀속시킨다는 속지주의 역사관을 주장하고 있다.

더욱이 1992년 이후 한·중교류가 확대되면서 수많은 한국관광객들이 고구려, 발해 및 백두산 유적지를 탐방하게 되자, 중국 측은 관심을 기울이기 시작하였다. 그중에서도 한반도가 통일된 후에 나타날 한반도의 국호 "KOREA"에 대하여 그 연원인 고구려를 핵심으로 중국사에 귀속시킨다는 정책이다. 이는 통일 후에 나타날 간도 및 조선족의 귀속 문제 등을 미리 차단하려는 정치적 목적 때문이다. 뿐만 아니라 북한의 붕괴 또는 정치적 혼란이 가중될시 과거역사를 연고로 북한지역에 대한 개입연고권과 그 명분을 축적함에 있다.

1. "간도는 우리 땅이였다"

"만주"란 중국의 동북3성과 내몽골동부, 러시아 연해주 및 아무르주 남부를 말하는데, 이 지역은 역사적으로 오랫동안 중국이나 러시아와 구별되는 역사공동체를 이루어 왔다. 그 주인은 동호, 숙신, 예맥 이였다. 이 세 종족은 기원전부터 이 지역에서 흥망성쇠와 합종연횡을 하다가 19세기 중반부터 서쪽 중국과 북쪽 러시아에 영토를 내주었다.

동호족은 기원전 8~5세기경 내몽골 동부에서 활동하던 몽골 유목민족이다. 오환, 선비, 거란 등으로 발흥하여 중국북부를 압박한 후 북위, 요 등의 왕조를 세운바 있으나, 지금은 대부분 중국에 동화되어 버리고 소수만 이 지역에 산재해 있다.

숙신족은 흑룡강유역~백두산부근에 살았던 종족으로 수렵과 목축을 주로 했다. 이들은 시대에 따라 읍루, 물길, 말갈 등으로 불리었고, 12세기에는 여진으로 불리다가 금나라를 세워 중국북부를 장악한 바 있다. 17세기 초에 다시 후금을 건국하여 국호를 「대청」, 종족명은 "만주"로 바꾼 후 중국 중원을 장악하여 오늘의 중국영토를 확보하였다. 그러나 이들 만주족 역시 한족(漢族)에 동화되어 버리고 언어·문자 등도 대부분 상실하여 정체성이 약화되고 말았다.

예맥족은 압록강, 송화강유역, 백두산일대 및 한반도 북부에 살았던 농경종족으로 한반도 중남부의 한족(韓族)과 함께 우리민족의 뿌리가 되었다. 고조선, 부여, 고구려, 옥저, 동예 등의 나라를 세웠고, 고구려가 멸망한 후에 그 유민과 말갈족이 발해를 건국하여 다시 이 지역을 확보하였다. 그러나 발해가 망하자 그 유민들이 대거 고려로 망명했고, 이후 고려를 이은 조선은 고구려와 발해의 고토(古土)를 회복하려는 의지를 버리지 않고 오늘에 이르렀다.

"간도"란 백두산을 중심으로 만주서남쪽을 서간도, 동쪽을 동간도 또는 북간도라 하는데, 현재 연변조선족 자치구가 있는 동간도를 주로 말한다. 일제 강점기때 일제의 조선군대 강제해산과 남한 대 토벌작전 등으로 애국지사들이 국내에서 활동하기가 어려워지자, 우리국토와 가까운 이곳에 독립운동기지를 건설한 것이다.

간도는 역사적으로 고구려 및 발해의 영토였고, 조선후기에는 한때 우리 땅이였다. 조선 숙종때 청나라와 간도지역에 대한 국경분쟁이 발생하자, 양측은 1712년 「백두산정계비(定界碑)」를 세우고 "서로는 압록, 동으로 토문(土門)..."으로 한다는 경계를 정했

다. 그런데 이후 청나라는 간도지역
이 청태조의 고향이라며 봉금(封禁)
지역으로 설정하여 출입을 금지시킨
바 있다. 그러나 19세기 중엽 함경도
에 큰 흉년이 들면서 조선인 이주민
이 몰려들자, 1876년 청은 봉금을 해
제하고 조선인의 철수를 요구하였다.

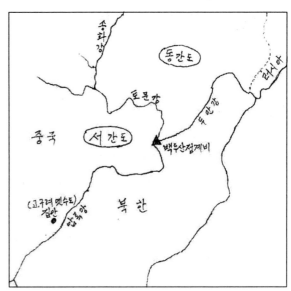

이에 청과 조선이 1883년 이후 두
차례 국경회담을 한 바 있다. 이때 서
북경락사였던 어윤중이 파견되어 백
두산정계비를 내세우며 조선땅임을
주장했다. 청측은 "토문(土門)"이 두

백두산정계비 주변

만강이라 하고, 조선측은 토문이 송화강지류로서 백두산 정계비의 토사가 토문강으로
흘러들어 감으로 결국 토문강 동쪽(간도지역)은 조선땅이라고 주장하였다. 뿐만 아니라
현실적으로 간도지역에는 우리 민족이 다수가 살고 있으므로 조선영토라고 주장하여
서로 양해되었다.

이후 1897년 대한제국이 수립되면서 1898년 함경북도 관찰사 이종관은 만주동남부
와 러시아 연해주 일대를 조선땅이라며 영유권을 조정에 올린바 있고, 이에 1902년 이
범윤을 북변간도 관리사로 임명하여 관할권을 행사하게 하였다.

이후 1909년 조선의 외교권이 박탈되면서, 일제는 만주침략을 위해 청나라와 「간도
협약」을 맺은바 있다. 일제는 만주철도 부설권(안동 - 봉천)을 얻고 백두산 정계비에 대
한 청나라의 해석(두만강국경)을 인정해 준 것이다. 비석은 1931년 만주사변 때 일제가
철거해 버렸다.

이에 관하여 일제 강점기때 평안남도지사와 경성제국대학 총장을 지낸 "시노다지사
쿠"는 30여년 간 간도를 조사연구하여, 1938년 「간도는 조선땅이다」고 증언하는 책자
를 출간한 바 있다.

또한 이승만은 1935년 1월 미국에서 「스타불리틴」 신문 칼럼에서 "만주한국인도 독
일의 자르지방인들처럼 민족자결의 원리에 따라 지위가 결정되어야 한다"고 주장했고,
이어 「워싱턴 포스트지」에 만주에서의 이청천장군의 활약상을 소개하기도 하였다.

1926년 조사에 의하면 간도에서 조선인호수는 52,881호 였고, 중국인 호수는 9,912호 였다. 간도 전체의 농토도 조선인이 52%를 소유하였다. 지금은 연변자치주에서 조선족 인구가 80만명 수준이었다가 한국 귀화 등으로 약 50만명 정도로 줄어들었다. 중국 법령에는 인구가 30% 미만으로 떨어지면 자치주 지위를 상실 할 수 있다고 한다.

2. 고구려에 대한 동북공정(東北工程)

동북공정에서 그 주요 대상은 고조선, 부여, 고구려, 발해 그리고 현재 남북한에 대한 패권주의이다. 이중에서 가장 첨예한 대상은 한국의 위상이 점차 상승함과 함께 앞으로 통일후에 나타날 국호 "KOREA"의 어원을 가진 "고구려"와 그리고 러시아와 접경되어 문제가 되고 있는 "발해"이다.

중국이 동북공정을 2002년부터 본격적으로 시작하게 된 것은 고구려의 고분벽화 때문이다. 2001년 북한에서 고구려 고분벽화를 유네스코에 세계 문화유산으로 신청하였다. 그런데 중국에서는 자국의 영토내에 있는 유물인 관계로 매우 당황해 하였다. 이것이 공인되는 경우, 고구려가 한국역사로 인정될 때의 심각성을 감지하고, 중국은 북한에게 이를 공동으로 신청할 것을 제의했으나, 북한에서 이를 거절하였다. 그러자 중국은 유네스코 자국 심사위원을 통해 유네스코에 갖은 압력을 넣어 이를 유보시켰다. 오히려 중국은 자국내의 고구려 유적에 대해 세계문화유산으로 재신청하였다. (2003.1)

한편 고조선(단군조선, 기자조선, 위만조선)에 대해서는 우리 한겨레 민족이 고고학적 유물이나 문헌 등을 통해 시베리아에서 분파된 우랄알타이 어족의 한 갈래로서 문헌상 예맥족 또는 동이족이며, 중국 한족(漢族)과는 독립된 민족임이 이미 학계에서 인정되고 있다.

다만 중국측은 단군신화를 화하(華夏: 중국동북문화) 또한 한(漢) 문화의 영향을 받았으므로 기자조선과 위만조선은 중국의 지방정권이라고 말하고 있다.

그러나 기자조선은 실존하지 않은 허구적 존재임이 학계에서 논쟁이 되고 있고, 위만조선 역시 위만이 연나라 사람으로 조선에 귀화하였고, 특히 귀화하면서 조선인의 풍습대로 상투를 틀고 흰옷을 입었으며, 왕이 되면서 국호도 조선을 잇는다는 뜻으로 "위만조선"으로 하였다. 이후 조선의 관습과 법률에 따라 통치하였으므로, 중국의 주장은 근거가 없음이 양국학계에서는 인정되고 있다.

1) "고구려 민족은 고대 중국의 한(漢) 민족이다"

중국측

고구려의 조상은 중국전설상에 나오는 전욱·고양씨의 후예인 "고이(高夷)"라는 것이다. 전욱·고양씨는 상(商: "은"이라고도 함) 나라에서 분파된 집안이며 홍산문화(紅山文化: 만주서쪽 대릉하 부근)를 일으킨 원류이다. 특히 고이는 주나라에 신속되어 조공을 바쳤고, 고구려와 연관된 고조선이나 부여와는 별개 민족이라는 것이다.

한국측

고구려의 조상을 중국의 신화적인 존재인 전욱·고양씨의 후손인 고이족으로 연결 시키는 것은 대표적인 역사왜곡이라 할 수 있다. 단지 고구려의 (高)와 고이족의 (高)가 같다는 점은 지나친 가설이다.

고구려의 건국집단은 만주와 압록강일대에서 농경생활을 하던 "예맥족"이며, 만주 동부의 숙신족(만주족조상) 이나 만주서부의 동호(東胡)족과는 명확하게 구별된다. 특히 고구려의 대표문화인 적석총과 중국의 홍산문화는 약 3000년 정도의 연대차가 나며, 이는 고고학적 유물등에서 엄연히 증명되고 있다.

이는 중국이 주변민족을 모두 중국과 연계시키려는 대 중화주의적 민족 포괄 정책(동북공정)의 일환으로 그야말로 억지주장이다.

2) "고구려는 독립국가가 아니라 조공·책봉(朝貢·冊封)을 받은 중국의 지방정권이다."

중국측

고구려는 주나라 이후 전국시대와 진·한대에도 중원왕조에 편입되어 책봉을 받았으며, 중원왕조의 관할하에서 고구려왕이 고구려 지역의 백성을 다스리는 지방관리였다는 것이다.

한국측

조공·책봉관계는 당시 동북아에서 전개된 외교관계의 한 특성이며, 이를 중국이 현대적인 신속 또는 지배관계로 해석한 것이다. 이같은 외교형태는 전근대적인 국가간의 독특한 외교형식에 불과하고, 또한 실질적인 내용은 시대마다 변화되어 왔다. 이를 단지 상하관계니, 신속관계니 하고 설정할 수는 없다. 만약 중국의 논리에 따른다면, 당시 중국왕조의 책봉을 받은 백제나 신라, 심지어 일본의 역사까지도 중국사로 편입시킬 수 있다. 이것은 지나친 논리의 비약이다.

3) "고구려 유민은 중국으로의 귀속성을 가졌다"

 중국측

고구려 멸망직후 그 유민들 가운데 상당수(중국측 1/4?)가 한족(漢族)으로 융합되었다. 나머지도 돌궐 말갈 등으로 많이 유입되었으나, 이들 역시 한족으로 편입되었다. 신라로 융합(중국측 1/7?)된 수는 얼마되지 않는다.

또한 고구려 멸망기에도 한족은 전체 인구의 1/3 정도였고, 고구려에 복속되었던 부여·옥저 등도 고구려 민족에 융합되지 않았고, 이들은 결국 별도의 민족으로 전환되었다.

 한국측

고구려 멸망 후 상당수의 고구려인이 중국에 편입된 것은 사실이나, 이는 강제로 잡혀간 포로 등이 대부분이다. 그러나 고구려 유민들은 대부분 통일신라나 발해의 주민으로 편입되어 한국사의 흐름속에 융화된 것이다.

중요한 것은 고구려 유민의 자의적 선택이다. 그리고 고구려의 역사와 문화가 통일신라와 발해를 거쳐 현재 우리민족문화의 근간을 형성한 것이 중요하다. 다만 중국 등으로 이주한 고구려 유민은 고유한 정체성을 유지하지 못하고 마침내 다른 민족으로 흡수된 것으로 보인다.

4) "고구려와 수·당과의 전쟁은 중국 국내 전쟁이었다"

 중국측

수·당의 고구려 정벌은 국가간의 전쟁이 아니라, 중국 고유의 영토를 회복하기 위한 것이다. 중앙 통일정권이 변방 소수민족의 할거세력을 통제하던 과정이었고, 결코 침략이 아니다.

더불어 나·당 연합군에 대해서도 당시 신라는 당의 중국통일을 원조했으며, 당은 신라에 대하여 북방의 위협을 해제시켜 주었다는 것이다.

 한국측

이는 중국이 고구려를 신하로 보는 상황과 연결 지을 수 있다. 중국이 수·당의 침략 전쟁을 영토의식, 수복의식, 통일의식에 의한 국내전으로 파악한 반면, 백제·신라에 대해서는 종번(宗藩) 관계로 인식한데서 비롯되었다.

그러나 고구려-수·당 전쟁은 고구려의 대륙정책과 수·당의 세계 정책이 충돌한 대표적인 국제전쟁이다. 이는 전쟁당시의 그 배경을 보면 알 수 있다. 종래 많은 중국 학자들이 이 전쟁을 책봉체제론, 주변국 동맹론 등의 다양한 견해가 있었으나, 이는 중화주의적 역사관만 반영되었을 뿐 주변국의 입장은 고려되지 않은 것이며, 이는 대표적인 중화패권주의이다.

5) 상기 외에도

- "고구려는 중국땅에 세워졌다"
- "왕씨 고려는 고구려를 계승한 국가가 아니다"는 등의 주장이 있으나, 어디까지나 중국측의 일방적 대 중화적 민족포괄정책(동북공정)의 일환이다. 우리 학계에서 충분히 대응하고 있다.

3. 장백산(백두산) 문화론

1992년 한·중 수교 후 교류가 확대되자, 한국인들이 민족의 영봉인 백두산과 고구려, 발해 유적지에 대한 탐방인원이 급증하였다. 더욱이 북한에서도 백두산을 김일성가계의 탄생지라며 성지(聖地)로 지정하고 "백두혈통" 운운하게 되자, 중국은 문제의 심각성을 크게 인식하기 시작하였다.

특히 조선후기 백두산정계비(定界碑)로 인한 국경분쟁, 간도 및 조선족의 귀속문제, 남북통일시의 개입연고권 등으로 백두산주변에 대한 중국의 원심력을 확장한다는 것이다.

이는 동북공정 및 동북진흥전략과 함께 백두산에 대하여 한국의 역사와 문화를 철저히 지우고, 만주족의 역사체계로 정립시키고자 하는 것이 「장백산문화론」이다.

원래 백두산이란 명칭은 한국민족의 역사와 문화속에서 1300여년이상 유구한 역사를 가지면서 수많은 역사와 종교·신앙 및 문화를 꽃피워 왔다. 장백산이란 명칭은 백두산보다 약 300년 후에 등장했으나, 중국측은 장백산지역을 만주족(청)의 성지로 설정한바 있다.

이같은 연유에서 고구려·발해 등의 역사와 문화를 지우고 장백산이란 명칭만을 부각시키고 있다. 특히 중국은 장백산에 대하여 "세계지질유산 등재", "발해문화 세계유산 등재", "2022년 동계올림픽 개최" 등을 추진하면서, 우리민족의 영산인 "백두산" 명칭을 철저히 지우고, 반면 중국의 장백산으로 탈바꿈시키고 있다.

또한 장백산을 중국의 10대 명산으로 지정하여 대대적인 개발과 함께 전세계적으로 부각시키고 있다.

다만 앞으로 백두산 주변지역과 고구려·발해에 대한 유적·유물 발굴에서 주목되고 있다.

4. 한·중 역사 분쟁에 대한 전 중국 주은래 총리의 발언

중국 시진핑주석은 2017년 미국 트럼프 대통령과의 최초 정상회담 때, "한국은 과거부터 중국의 일부였다"는 의미의 발언을 한 바 있다. 또한 시진핑 주석의 외교브레인 「옌쉐퉁」 칭화대 국제문제 연구소장은 "대국 굴기(掘起)가 중국의 소명이고, 이를 위해서는 국력에 바탕을 둔 패도(覇道)가 불가피하다"고 역설한바 있다.

다음은 현대 중국에서 최고의 지식인이라고 말하는 전 주은래 총리의 한·중간 역사논쟁에 대한 발언이다(1963년).

"중국·조선 두 나라 두 민족의 역사 관계는 발굴된 문물에 의해 증명된다. 두 민족 관계는 3천~4천년 매우 긴 시간으로 역사상의 일부 기록은 진실에 그다지 부합하지 않는다. 이는 중국 역사학자들이나 많은 사람들이 대국주의, 대국쇼비니즘의 관점에서 역사를 서술한 것이 주요원인이다. 양국 민족발전에 대한 과거 중국의 일부 학자들의 관점은 그다지 정확한 것이 아니였고 그다지 실제에 부합하지 않는다. 역사는 왜곡 할 수 없다. 토문강, 압록강 서쪽은 역사이래 중국 땅이였다거나 심지어 고대부터 중국의 속국이였다고 말하는 것은 황당한 이야기이다"(고교한국사)

백제

1. 백제의 건국설화

주몽이 북부여에서 도망하여 졸본 부여(환인)에 이르자, 졸본 부여왕이 주몽의 사람 됨을 보고는 둘째딸 소서노와 혼인을 시켰다. 왕이 죽자 주몽이 뒤를 이으며 왕이 되어 「고구려」를 건국하였다. 곧 이어 소서노와의 사이에서 비류와 온조 두 아들을 낳았다.

그런데 주몽이 북부여에서 모친 유화부인과 함께 있을 때 맺은 첫 부인예씨와의 사이 에서 태어난 "유리"가 찾아와서, 주몽은 유리를 고구려 태자로 책봉했다. 그러자 비류와 온조는 오간·마리 등 10명의 부하들을 이끌고 고구려를 떠나 남쪽으로 남하하였다. 기 원전 18년에 한강유역의 하남 땅에 도읍을 정하고 위례성(현 몽촌토성)이라 하고, 나라 이름을 열사람의 부하의 보익을 받았다하여 「십제」라 하였다. 그러나 형 비류는 이곳이 마음에 들지 않아 인천 지역 미추홀에 정착했으나 토지에 짠 물이 많고 농사에도 부적 합하여 어려움을 겪다가 비류가 병으로 죽자 그 식솔들은 온조에게로 가서 의탁하였다.

한편 비류·온조가 고구려를 떠날 때 비류는 소노부의 해씨 집단이고 온조는 계류부의 고씨 집단이여서 분리된 것으로 보고 있다. 온조는 다시 나라이름을 「백제」(백성들이 즐겨 따랐다는 뜻)로 고치고 또한 백제가 고구려와 함께 부여에서 나온 것을 기념하여 성씨도 "부여씨"라 하였다.

학계에서는 기원전후 한반도 중남부에 마한·변한·진한의 삼한이 있었는데, 마한은 54개의 소국으로 지금의 경기도·충청도·전라도에 산재해 있었고, 변한·진한은 각 12개 의 소국으로 경상남북도에 산재해 있었다.

당시 마한의 소국인 목지국이 기원전 3세기 무렵부터 천안일대를 기반으로 성장하여 마한을 대표하였고 서북쪽에 있던 낙랑군과 대방군과 교역을 주도하여 3세기 전반까지 마한의 소국들을 이끌었다. 이후 한강 유역에서 성립한 백제국이 철기문화를 기반으로 목지국을 대신하여 점차 마한 지역을 통합해 나갔다.

온조 일행은 북방계 철기문화를 지닌 부여·고구려 유민집단으로, 이들은 북방유목문화와 중국의 농경문화를 모두 경험했기 때문에 경쟁력이 높았다. 따라서 한강유역에 먼저 자리잡고 있던 마한 주변소국들을 누르고 정치적으로 더 높은 위상을 차지할 수 있었다.

이와 같이 고구려의 시조 주몽의 아들 「온조」가 백제의 시조이나 이 외에도 여러 건국 전설이 있다. 「삼국사기」에는 주몽이 '비류와 온조'의 의부(즉 소서노가 데리고 온 자식)이며, 형 「비류」를 백제 시조로 보기도 한다.

또한 일본으로 건너간 백제사람들은 「도모왕(주몽)」을 시조로 삼았다 한다. 실제로 백제는 기원후 4세기 중엽부터 고구려에 저항하면서 역사에 등장하는데, 중국 왕조에게 일관되게 나라의 성을 「부여」라 칭하여 부여의 자손임을 자인했고, 472년 사비성으로 천도 후 나라 이름도 「남부여」라 칭했다. 「일본서기」에는 「위례국」이라는 이름도 나온다.

그런데 과거 백제수도 위례성이 있었던 서울 강동구~경기도 광주 일대에서 4~5세기 경의 백제왕릉으로 보이는 적석총고분군(송파 석촌고분)이 발견되었는데, 이 무덤은 압록강 부근의 고구려 무덤과 원형이 매우 닮았다.

또한 미사리 부근에서 고랑과 이랑이 원형 그대로 있는 대형 "밭"이 발견되었다. 이는 중국이나 일본에서도 논의 흔적은 있으나 밭의 흔적은 지금껏 발견되지 않았는데, 당시의 농경수준을 보여주는 귀중한 유적으로 평가되고 있다.

2. 백제의 역사전개

백제국은 처음 3세기까지는 삼한의 마한 연맹체의 일원이었고, 당시는 목지국이 연맹체를 이끌어 갔으나, 점차 백제국이 성장하면서 마한의 맹주국이 되었고, 고이왕(8대)(234~286년)때 비로소 고대국가의 체제를 완성하였다.

고구려와 백제는 같은 혈통이었으나 영토 확장 문제로 갈등을 일으키며 적대국이 되었다. 특히 백제 근초고왕 때는 북진정책을 강화하면서 371년 평양까지 침공하여 고구려 고국원왕이 전사하였다.

이후 고구려 광개토왕 및 장수왕 때는 수도를 평양으로 옮기며 남진정책을 강화하면서, 백제는 신라와 동맹을 맺고 고구려에 대항하였다. 그러나 장수왕이 계속 남진 정책을 강화하면서 3만명의 군대로 해로(海路)로 한성을 압박하자, 당시 고구려첩자에 의해 향락에 빠져있던 개로왕(21대)은 결국 수도 한성이 함락되면서, 도망가다 죽임을 당했다. 그때 개로왕의 동생 문주가 신라에 군사 1만여명을 빌려오는 사이 벌어진 일이다. 남녀 포로 8,000명이 잡혀가고 문주왕은 수도를 웅진(공주)으로 옮기며 웅진시대를 열었다.

성왕(26대) 때는 도읍을 다시 넓은 들이 있는 사비(부여)로 옮기며 국호도 「남부여」로 개칭하여 국력을 증진시켜 나갔다.

이 시기는 신라 진흥왕 때로서 신라의 최대 융성기인데, 당시 고구려가 확보하고 있던 한강유역을 나·제 연맹으로 탈환하여 하류는 백제, 상류는 신라가 나누어 가졌다. 진흥왕은 한강 하류의 유용성을 확보하려고 백제로부터 한강 하류까지 빼앗았다. 그러자 백제 성왕은 신라의 배신에 분개하여 출전했으나, 관산성(충북옥천) 전투에서 백제는 대패하며 3만여명의 군사를 잃고 성왕마저 전사하였다.

이후 무왕(30대)은 신라와 강화하며 신라 진평왕의 딸 선화공주와 결혼했으나, 내면적으로는 신라와의 대립은 완화되지 않았다. 무왕을 이은 의자왕(31대)은 재임 전반에는 당나라로부터 "해동증자"라는 칭호를 들을 만큼 형제간의 우의가 돈독하는 등 유교이념에 투철하였고 왕권강화에도 힘썼다. 자신의 반대파 귀족 40여명을 축출하고 신라에 대해서도 대야성(성주 김춘추의 사위 김품석) 등 여러 성을 빼앗는 등 공세를 취하였다.

그러나 의자왕은 재위 15년이 지나자 왕자를 41명이나 두는 등 황음 방탕해졌고 왕의 탈선을 간하는 충신 성충을 투옥하여 죽게 했으며, 이어 충신 흥수마저 귀양 가게 하였다. 이당시 백제 조정에서는 귀족들 간에 대립이 심화되었다. 이 같은 대립은 두차례 천도에 따른 지방세력과 중앙귀족간의 알력 때문이다.

이 기회를 틈타 신라 김춘추는 고구려와 일본에 동맹을 추진했으나 실패하고 결국 당태종과 군사협정을 맺고 나·당 연합군을 구성하여 백제를 침공하였다. 당의 13만 병력과 신라 5만명 병력으로 백강과 탄현으로 쳐들어왔다.

의자왕은 신라를 먼저 저지하느냐, 당을 먼저 저지하느냐는 대책회의를 하면서 차일피일 하다가 실기를 놓치게 되자, 위급상황에서 계백이 5천 결사대를 구성하여 대항했으나, 결국 백제는 건국 660년 만에 멸망하였다.

이후 백제 부흥운동이 전국적으로 일어났다. 특히 일본에 가 있던 왕자 부여풍이 돌아와 왕으로 임명되고, 일본에서 지원군을 3차에 걸쳐 4만 2천명을 보냈으나, 결국 백강 전투와 주류성 전투에서 해육상 모두 패하여 재기 불능하게 되었다.

3. 백제의 전성기 "근초고왕"(제13대:346~375)

삼국시대에 정복군주를 꼽는다면, 고구려 광개토왕, 신라 진흥왕, 그리고 백제는 단연코 근초고왕이다.

그는 활발한 정복활동뿐만 아니라, 백제 초기의 불안정했던 왕권을 강화시키고 중앙 집권화를 강화함으로서 백제를 고대국가로 완성하였다. 근초고왕의 활약 덕분에 백제가 삼국 가운데 가장 먼저 전성기를 이룩하였다.

백제의 건국은 온조(溫祚)와 비류(沸流) 두 형제가 세웠는데, 초기의 백제 왕위는 두 사람의 후손이 교대로 이어갔으나, 제13대 근초고왕때부터 온조계가 비류계를 제압하고 왕위는 계속 온조계로 이어진다.

당시 중국은 진(晉)이 5호(胡:갈·저·강·흉노·선비)의 발흥으로 316년 양자강으로 쫓겨나던 시기인데, 고구려는 이틈에 세력을 확장하며, 낙랑 및 대방을 멸망시키고 서방으로 진출하고 있었다.

이때 백제는 낙랑과 대방의 유민들을 적극 포섭하여 선진기술과 문물을 받아들였다. 이로서 백제와 고구려는 충돌을 피할 수 없게 되었다.

한편 근초고왕은 아들 근구수태자와 함께 국력이 신장하자, 「일본서기」에 의하면 366년 동쪽 가야(김해), 탁순국(진해, 웅천), 안라(함안) 등 가야연맹 7개 소국을 정벌하고, 맹주국인 마한을 멸망시키고 전남해안까지 장악하였다.

당시 근초고왕은 가야에 속한 탁순국을 매개로 왜국과 교류가 활발했으며, 백제에서 비단, 철 등 선진기술과 문화를 일본에 전파하였다. 이때 백제 장군 목라근자는 왜병을 지휘하여 신라군과 가야지역을 평정하는데 공을 세우기도 하였다.

이 당시 백제는 왜왕에게 369년 "칠지도"를 하사했는데, 그 실물이 일본 "이소노카미 신궁"에 소장되고 있다. 칠지도는 74.9cm 길이로서 61자의 명문(銘文)이 새겨져 있다. 이 칠지도는 「일본서기」에 명기되고 있는데 백제가 왜에 헌상했다고 주장하고 있다.

이는 결국 일본의 "임나일본부설(남선(南銑)경영론)"과 연계되는데, 아직도 결론을 못 내고 있다.

당시 고구려 고국원왕은 369년 백제를 침공했으나, 근구수태자가 기습공격하여 고구 려군 5천여명을 사로잡는 승리를 이루었다. 이후 고국원왕이 371년 재 침공해오자 근초 고왕은 예성강변에서 격퇴시켰다. 그러자 근초고왕은 정예병사 3만명으로 평양성을 공 격하여 고국원왕을 활로 쏘아 죽이는 등 많은 피해를 주었다.

이때부터 고구려와 백제는 한 핏줄이였으나, 적국으로 갈라섰다.

이 당시 고구려가 요동을 차지하자, 백제도 강성한 국력으로 중국 요서와 진평에 2군 을 차지했다는 기록이 「송서」와 「양서」에 나오고 있다. 이 기록은 북중국에 있던 나라들 의 기록에는 나타나지 않고 남중국의 기록에만 나타나고 있다. 이에 대한 명확한 결론 을 내리기는 어려우나, 근초고왕 시기에 고구려, 마한, 가야를 제압할 정도로 국력이 신장되어 있었고, 또한 해상 활동이 활발했던 시기이므로 백제가 이 지역에 영토를 가 졌을 가능성은 크다고 볼 수 있다.

이 외에도 근초고왕은 박사 고흥으로 하여금 백제의 역사서를 만들었고, 371년 수도 를 한성으로 옮겨 왕도의 기틀을 쌓았다. 372년 진나라와 사신왕래 및 대외교역을 넓혀 일본, 동남아, 인도까지 활동 무대를 넓혀가며 백제의 최성장기를 이루었다.

4. 백제의 중국 "요서경락설"

4세기말 백제 근초고왕(13대)과 근구수왕(14대) 시대에는 국력이 크게 신장되어 평양 까지 진군하여 고구려 고국원왕을 전사시키고, 그 세력이 황해도 일부와 경기·충청·낙 동강 중류 및 강원도 일부까지 미쳤다.

이 시기에 중국의 정사인 「송서(宋書)」 및 「양서(梁書)」 등에 의하면, 고구려가 요동을 공략해 차지하자 백제도 분발하여 중국 요서와 진평에 2군을 차지하고 백제군을 설치했 다는 기록이 있다. 그런데 이런 내용이 우리의 「삼국사기」, 「삼국유사」 등 국내 사서에 는 전혀 기록이 없다. 더욱이 이들 송서·양서 등은 중국의 남북조 시절에 남조, 즉 중원 남쪽 나라들의 역사서이다. 백제군과 연계된 중원 북쪽의 북조 나라에서는 그 기록이 나타나지 않고 있다.

당시 백제는 인근에 있는 낙랑군과 대방군이 고구려에 의해 멸망하면서 그 유민들이 대거 백제로 몰려들자 이들을 모두 받아들였고, 이들을 토대로 중국 및 일본과 교류가 활발해지며 해외로 진출할 기회가 되었다.

4세기 후반 요서 부근에는 강력한 세력인 전연·전진 등이 자리잡고 있었다. 당시 중국 「자치통감」에 의하면 전연이 370년 전진의 공격을 받아 망할 때 전연의 인구는 990만(군사30만명)이었고, 백제는 80만명(군사3~4만명)으로 추정된다. 이러한 제 사정을 볼 때 백제군대가 바다를 건너서 요서지역으로 진출하기란 현실적으로 어려워 보인다.

이 "요서경략설"에 대해서는 그동안 긍정론, 부정론 등이 있었다. 조선 후기에는 효종 이후 북벌론의 대두와 숙종대의 백두산정계비 시비 등으로 영토의식이 강할때여서 신경준 등의 북벌 긍정론이 우세했다. 당시 한진서, 정약용 등은 부정론을 내세웠다. 근대에 와서 신채호, 정인보 등은 일제시대에 민족주의 성향으로 인해 긍정론을 폈다. 또한 정약용, 안정복은 백제가 부여에서 나왔고 성씨도 부여씨를 썼으므로 부여가 이 시기에 고구려, 전연 등에 밀려 요서지역으로 이동했는데 부여를 백제로 오인한 것 같다고 말하고 있다.

결과적으로 요서경략설은 중국이 남북조시대에 대립이 심할 때 백제의 군벌 일부가 요서지역으로 진출하여 중국 북조에 협력하며 일시적으로 군사활동도 하고 무역도 하면서 진평, 백제군을 설치했다고 보인다.

5. "서동요"의 주인공 선화공주는(?)

백제무왕(30대)과 신라 진평왕(26대)의 셋째딸 선화공주와의 러브스토리가 담긴 "서동요"는 오래전부터 우리 역사에 아름답게 전해져 왔다. 이 이야기는 「삼국유사」에서 전해져 온 이야기이다.

무왕의 어릴적 이름은 서동인데, 그의 재능과 도량은 헤아릴 수 없이 뛰어났다. 그때 신라 진평왕의 셋째 공주 선화가 비길 때 없이 예쁘다는 소문을 듣고, 서동은 머리를 깎고 신라 서울로 잠입해 가서 마를 팔면서 아이들에게 동요를 지어 부르게 하였다. "선화공주님은 남몰래 시집가서 밤이면 서동이를 안고 잔다네"라는 것이다. 서동요는 몇 안되는 신라향가이기에 교과서에도 실려 있다. 이 동요는 결국 왕궁에까지 퍼져,

백간의 간언에 의해 왕은 공주를 먼 곳으로 귀양을 보냈다. 이때 서동이 공주의 귀양길을 따라가 구애를 하여 서로 정을 통한 후 백제로 데려갔다.

서동은 마를 캐던 곳에서 황금을 발견하여 큰 돈을 벌었고 이후 무왕으로 즉위하여 41년간 재위했으며 선화공주는 왕비가 된 후, 백제와 신라는 혼인동맹을 맺었다.

무왕은 어느날 왕후와 함께 용화산 밑 큰 못가에 이르렀을 때, 못속에서 미륵삼존불이 출현하는 것을 보고는 왕이 수레를 멈추고 경배했는데, 그

미륵사지 석탑

때 왕후가 이곳에 큰 절을 세우자고 하여 미륵사를 지었다. 이때 신라에서도 진평왕이 백공(百工)을 보내어 절을 짓는데 돕게 하였다.

이같은 서동요에 얽힌 설화가 오래전부터 전해져왔다.

그런데 2009년 1월 익산시 금마면에 있는 이 미륵사지 석탑을 해체하는 과정에서 "금제사리봉안기" 안에서 금석문과 함께 유물이 나왔다. 이 금석문 내용에서 "무왕의 왕후로 좌평 사택적덕의 딸이라 했으며 이 왕후의 시주로 미륵사가 건립되었다"고 기록되어 있었다.

그렇다면 지금까지 우리 역사로 전해져 내려오는 서동요의 주인공 선화공주는 누구이며, 무왕과의 관계는 어떤 관계인가(?)라는 문제가 제기되었다. 대체로 의견이 분분하지만 아래와 같이 추정하고 있다.

① 선화공주가 첫부인이였으나 공주가 죽자 사택적덕의 딸이 새 왕후가 되었다.

② 「삼국사기」에서 무왕은 재위 41년간 신라와 13번 전쟁을 치루었다. 3년에 한 번 꼴이다. 이러한 분위기에서 볼 때 두 나라 간의 혼인관계는 실현성이 적다고 보인다. 그런데 기록상 백제와 신라간의 혼인관계는 493년 동성왕(백제24대)때 신라 이찬 비지의 딸과 한 것 뿐인데, 동성왕의 본명은 모대, 마대라 불렀다. 그래서 마를 팔았다는 "마동"이 "서동"으로 된 것이라고 주장하기도 한다.

③ 신라 진평왕에게는 두 딸이 있다. 하나는 선덕여왕 덕만이고 또 하나는 김춘추의 어머니 천명공주이다. 여기에 선화공주가 끼어든 것이다. 이 당시 신라와 백제는 계속 전쟁상태임을 고려할 때, 이는 삼국통일 후 통합과 화합이 절실했기 때문에 선화공주라는 가상의 인물을 내세워 양국간 통일을 기원하는 하나의 신화적 상상

력이라고 본다는 것이다.

익산에는 쌍릉(대왕묘·소왕묘)이 있는데, 발굴결과 대왕묘는 641년 세상을 뜬 무왕의 능일 가능성이 높으나, 소왕묘는 현재 발굴중이나 일제 강점기에 일차 발굴한 바 있어 선화공주의 무덤일 가능성은 낮아 보인다. 이 '서동요' 설화는 아직도 시원한 해답을 내놓지 못하고 있다.

6. 계백과 5천 결사대

계백은 일찍이 벼슬을 하여 달솔(2품)에 이르렀다. 당시 신라가 한강유역을 강점하자 나·제 동맹이 깨지며, 백제는 고구려·일본 등과 친교를 맺으며 신라에 대항했다. 그러자 신라는 당과 동맹을 맺고 당은 13만명으로 해로로, 신라는 육로로 5만 병력으로 백제를 공격하였다.

이때 의자왕은 사치와 주색에 파묻혀 있다가 충신들의 간언과 방어계획도 물리치고 있는 사이, 사태가 위급해지자 계백에게 5천명의 군사를 주며 막게 하였다. 당시 계백은 사태의 심각성을 이미 직감했다. 그는 출전하기 전 가족들이 적의 노비가 되기보다는 차라리 내 손에 죽느니만 못하다고 결심하고 자신의 처자식을 모두 죽이고 비장한 결의로 출전하였다.

황산벌(논산)에 이르러 군사들에게 이르기를 "옛날 월왕구천은 5천군사로서 70만 대군을 쳐부셨으니, 오늘날 우리는 마땅히 있는 힘을 다해 최후의 결판을 내자"면서 독려하고 신라군에 맞섰다. 처음 네 차례의 접전에서는 신라군을 1만여명이나 격퇴시켰으나, 신라에서 나이 어린 반굴과 관창의 희생으로 전의를 불태우며 밀려들자 마침내 계백은 장렬한 최후를 맞았고 결국 백제도 최후를 맞았다.

이후 서거정 등 후세사가들은 처자를 죽이고 최후의 전투에 나서는 계백에게 이른바 "나라와 더불어 죽는다"는 정신에 칭송을 아끼지 않았다. 이 평가는 조선왕조때 유학자들 간에 그대로 계승되어 계백을 충절의 표본으로 여겼다. 그뒤 계백은 부여의 의열사인 연산의 충곡서원에 제향되었다.

7. 사비성 왕궁의 마지막 풍경

서기 660년 8월 2일 백제수도 사비성 왕궁에는 잔치가 벌어지며, 단위에는 신라 태종 무열왕과 당의 소정방이 앉아있고, 단의 바로 아래에 의자왕이 앉아 있었다. 마당 한 가운데는 백제로 망명한 신라 장수 검일이 포박된 채 앉아있었다.

검일은 18년 전, 대야성 성주 김품석에게 태종의 딸 고타소랑을 빼앗기고 한을 품다가, 대야성이 백제군에 포위되자 식량창고를 불태워 결국 대야성이 함락되고 태종의 사위 김품석과 딸이 함께 죽었다.

태종은 말했다. "너는 죄가 세 가지다. 창고를 불태워 성 안에 식량이 모자라 싸움에 지도록 했고, 품석 부부를 윽박질러 죽였으며, 백제와 더불어 본국을 공격한 죄이다" 신라 병사들은 검일의 팔다리를 소 네 마리에 묶어 찢어버리고 백마강에 던졌다.

한편 사비성을 지키던 백제 의자왕의 셋째 아들 융이 먼저 투항하자, 신라 태자 법민은 융에게 침을 뱉으며 "네 아비가 내 누이 동생을 부당하게 죽여서 감옥 안에 묻었다. 나는 20년 동안 마음이 아팠고 머리를 앓았다"고 했다.

크게는 국가가 벌린 전쟁이나 작게는 개인적인 복수심이 만든 전쟁이었다. 88년전 관산성에서 의자왕의 할아버지 성왕의 목을 잘라간 복수를 대야성에서 갚았고, 그때 대야성에서 저지른 패륜은 한 사내에게 한을 품게 만들었다. 그 분노가 끝없이 증폭되어 20년 쯤 뒤 한 나라를 멸망으로 이끌었다.

8. 백제의 멸망

백제와 신라가 격렬하게 대립하게 된 것은 한강유역 때문이다. 원래 이곳은 백제 땅이였으나 고구려 장수왕때 고구려에게 빼앗겼고, 이를 다시 백제와 신라가 연합하여 탈환하면서 하류는 백제가 상류는 신라가 차지하였다.

그런데 신라가 한강하류의 유용성 즉, 중국과의 교류 및 넓은 평야 등에 욕심을 내어 하류까지 점거했다. 이에 격분한 백제 성왕이 신라를 공격하다가 전사하였다. 이어 복수의 기치는 위덕왕, 무왕에까지 이어졌으나, 의자왕이 즉위하면서 더욱 격화되었다.

의자왕은 젊을 때는 용맹하고 형제 간에 우의도 돈독하여 해동증자라는 칭호도 받으며 귀족들과 국민들에게 찬사와 지지를 많이 받았다. 또한 신라를 과감하게 공격하여 신라의 서쪽 전진기지인 대야성(합천)을 점령하여 성주 김품석(태종의 사위)과 딸을 죽이기도 하였다. 88년전 관산성에서 성왕의 목을 잘라간 복수였다.

당시 당나라에서는 백제에게 신라와 화합하도록 요구했으나, 의자왕은 이를 무시하였고, 오히려 고구려 및 말갈 연합군과 함께 한강유역의 당항성(화성)을 빼앗아 신라의 대당통로를 막았다. 그런데 의자왕은 즉위 15년부터는 승리감에 도취하여 나태해지고 후궁을 많이 두며 유흥에 빠지면서 왕자를 41명이나 낳았다.

이때 신라는 큰 위기를 맞으며 전진 기지를 압독(경산)으로 옮기며 고구려와 당에 외교활동을 강화했다. 김춘추가 고구려에 갔으나 과거 신라가 점유했던 죽령이북의 한강유역을 돌려달라 함으로 결국 실패하였다.

이어 김춘추는 당나라와의 제휴에 힘썼다. 당시 당태종은 고구려와 안시성싸움에 패한 원한이 크므로 신라의 제휴 요청에 응하였다. 먼저 백제를 나·당연합으로 침공한 뒤 고구려를 남북에서 협공하자는데 양해가 되었다(진덕여왕 2년:648).

이후 진덕여왕은 김법민(김춘추의 장남: 문무왕)을 당에 보내어 여왕이 비단에 짠 "태평송"까지 당황제에게 바치고 또한 당의 연호를 사용하는 등 결속을 강화하면서 출병을 기다렸다.

이때 의자왕은 점차 전제적으로 변해가며 환락에 빠져들었고, 왕의 서자 41명에게 좌평으로 삼아 식읍을 주는 등 결속이 되지 않았다. 이에 좌평 성충이 "정신 차리시라!" 하고 극간(목숨을 걸고 간언)했으나 오히려 하옥되며, 결국 성충은 "백제 망하는 꼴 안본다"며 옥중에서 28일간 단식하다 죽었다. 이어 좌평 흥수도 왕의 문란한 행동을 간하다가 귀양을 보냈었다.

성충이 죽은 이후 불길한 징조들이 계속 나타났다. "세 길이나 되는 죽은 물고기가 사비수(백마강)에 떠올랐다", "사비수가 혈색으로 변하고 궁중의 느티나무가 울었다", "백제는 보름달 같고 신라는 초승달 같다" 등이다. 이러한 징조들은 신라가 침공하기 전에 심리전을 전개한 것으로 보인다.

의자왕 20년(660) 당의 소정방이 이끄는 13만대군과 김유신의 5만군사가 협공을 시작하였다. 이때 백제 조정에서는 탄현(대전 동쪽)의 신라를 먼저 막느냐 백강의 당군을 먼저 막느냐하고 논쟁을 벌이며 시간을 허비하는 사이에, 적들은 이미 탄현과 백강(백마강: 금강)을 넘어섰다. 늦게야 계백이 5천 결사대로 항전했으나 이미 전세는 기울어졌다.

사비성이 위기에 처하자, 의자왕은 태자효와 함께 웅진성(공주)으로 피했다. 사비성에는 둘째 아들 "태"가 스스로 왕이 되어 싸웠으나, 닷새만에 셋째 아들 융이 항복해 버리자 백성들도 이에 따랐고, 결국 의자왕도 항복하고 백제는 멸망하였다. 의자왕 20년(660)이다.

의자왕은 네 왕자와 귀족 88명, 백성 12,807명과 함께 당에 압송되었다가 당에서 사망하였다. 이때 나·당연합군에 쫓긴 사비성의 수많은 궁녀들은 적에게 짓밟히는 것보다 차라리 죽는게 낫다며, 낙화암에서 치마폭을 뒤집어 쓰고 백마강으로 낙화처럼 떨어져 죽었다. 이것이 "백마강 …" 노래에 나오는 3천 궁녀의 낙화암 투신이다.

이후 부흥운동이 일어났다. 흑치상지 장군이 임존성(예산)을 중심으로, 또한 왕족 복신(의자왕의 종형제)과 승려 도침이 주류성(한산)을 중심으로 부흥운동을 벌렸다. 당시 백제 지방 세력들은 자체 군사력을 보유하고 있어 200여성이 호응하여 3만여명이 집결하여 사비성까지 압박했으나, 나·당연합군에 의해 처음 임존성에서 밀리며 주류성까지 후퇴하였다.

한편 663년 일본에 가있던 왕자 부여풍도 급보를 받고 먼저 선발대 5,000명을 이끌고 귀국하였고, 이어 후속부대도 들어와 총 42,000명으로 증강되었다. 이들은 부여풍을 왕으로 세우고 1천척의 배로 들어왔다. 이들은 백강어구에서 당의 수군 170여척과 싸웠으나 결국 400여척이 불타며 패하였다. 당나라의 배는 대형선이였고 왜선은 소형선이였다. 당시 부흥군들간에는 지도자들간에 내분이 심각하였다. 복신이 도침을 죽이고 이어 복신이 부여풍마저 제거하려다가 부여풍에게 살해당하는 등 내분이 심했다. 또한 흑치상지는 부흥운동을 하다가 부흥군내의 내분을 보고는 당나라에 투항하여 오히려 백제 부흥군 소탕에 협력하기도 하였다.

이어 부흥군은 최후의 본거지인 주류성도 신라군에 포위되어 함락됨으로서, 백·왜연합군은 27,000여명이 전사하는 참패를 당하였다. 이로서 4년간의 백제 부흥운동은 막을 내렸다.

가야연맹

1. 김수로왕(금관가야)의 건국신화

「삼국사기」, 「삼국유사」〈가락국기〉에 의하면 후한시절 계욕일(신라 유리왕 19년:기원후42년)에 변한의 구야국에는 9개의 촌락별로 나누어 생활하고 있었다. 이들은 중요한 회합이 있을 때는 신성한 장소인 구지봉에 모였는데, 하루는 구야국의 촌락 지도자들에게 "너희에게 왕을 내려 보낸다"는 계시와 함께 "거북아 거북아 머리를 내놓아라, 그렇지 않으면 구워서 먹으리라"라는 노래(구지가)를 부르라는 소리가 하늘에서 들려왔다.

그래서 부족장들 이하 수백명이 김해의 구지봉에 올라서 하늘에 제사를 지내고 춤을 추면서 하늘의 계시대로 구지가를 크게 불렀다. 그러자 붉은 보자기에 쌓인 큰 금빛상자가 내려오고, 그안에 황금색 알 6개가 나왔다. 족장 아도간이 이상하게 생각되어 집에 가져가 따뜻한 곳에 두었더니 10여일 후 알에서 사내아이 6명이 태어났다. 맨 먼저 태어난 아이를 금궤에서 나왔다하여 성을 「김(金)씨」라 하였고 이름은 「수로」라고 하였다. 그는 자라면서 키가 9척에 매우 건장하였다. 부족장들은 그를 6가야중 수도이자 영토가 넓은 가락국의 왕으로 추대하였고 나머지 아이들도 각각 5가야의 왕이 되게 하였다. 구지가는 당시 토테미즘사회에서 신을 맞는 의식과 아이를 낳는 출산의식으로 해석된다. 특히 거북은 여신으로, 또한 거북머리는 남근으로 상징된다고 해석하고 있다.

하루는 김수로왕이 하늘의 계시를 받고 바닷가로 갔더니, 한 처녀(16세)가 그녀역시 꿈에서 천제님의 계시를 받고 금관가야의 왕비가 되라고 하여 왔다고 하였다. 그녀는 붉은 깃발을 단 배에 붉은색 옷을 입고는 시녀들과 함께 보물을 들고 와 있었다. 자신은 인도 아유타국의 마우리아 왕조의 허황옥이라 하였으며, 김수로왕의 왕비가 되었다.

당시 수로왕은 허황옥을 태우고 온 15명의 아유타국 선원들에게 450필의 비단과 옷감 450필 쌀 150섬도 하사했다고 한다. 이만한 물량을 내려준 것은 단순한 하사품이라기보다 교역물량으로 보인다. 가야가 그만한 물량으로 교역을 할 수 있었다는 것은 연안항해는 물론 국제항해도 할 수 있는 해양강국으로 보인다.

이 가야 김수로왕과 인도출신 허황옥과의 혼인설화는 인도에서 1억명 학생이 보는 교과서에 실리며 한국의 소개내용이 크게 늘어났다. 우리나라를 "동방의 등불"로 칭했던 인도시인 타고르 작품 등에도 소개 되어있다.

이렇게 하여 기원전후에 낙동강 주변에 흩어져 있던 12개의 변한의 작은 나라들이 연합하여 「가야연맹체」로 성장하였다. 그러나 이들 연맹체는 신라·백제의 압력을 벗어나지 못한 채 고구려·백제·신라와 같이 국가로 발전하지 못하고 연맹체로 끝났다.

가야연맹은 서기 42년부터 서기 552년까지 520년의 역사를 이어갔다.

2. 가야의 역사전개

가야는 종전까지 고구려, 백제, 신라의 3국시대로 시대구분을 하다 보니 소외 되었으나, 최근에 가야에 대한 관심이 고조되면서 시대구분도 3국시대가 아닌 가야를 포함한 "4대시대"로 해야 한다는 의견도 대두되고 있다. 그러나 가야는 신라가 삼국통일 할 때까지 삼국과 병립하지 못하고 국가체제를 갖추지 못한채 소멸하였다는 것이 통설이다.

가야(伽倻, 加耶, 伽耶)는 가락, 가라, 임나 등으로도 불린다. 삼한 중

(가야연맹) ──── : 전기가야(맹주 : 금관가야)
　　　　　　　----- : 후기가야(맹주 : 대가야)

하나인 현 김해시에 위치했던 변한의 구야국(금관국)을 중심으로 12개의 소국들이 연맹체를 형성한 것이 "가야연맹"이다. 5세기초 고구려광개토왕의 침략을 받고 금관가야가

와해되기 시작하는 시기까지를 "전기가야연맹"이라 하고, 이후 피해가 적었던 대가야 (고령)중심의 연맹체를 "후기가야연맹"이라 한다.

학계에서는 가야연맹에 대하여 많은 소국으로 구성되고 있어 다양한 의견이 있다. "연맹체를 구성한 적이 없다", "시종일관 지역연맹체로 머물렀다", 또는 "엄연한 고대 국가였다"는 등의 주장이 있었다. 그러나 이병도 교수가 "연맹왕국설"을 처음 주장하면서 정설이 되었다. 이들은 1년에 한두번씩 맹주국에 모여 단결을 도모하여 제천행사 또는 축제를 열었다. 이렇게하여 연맹체가 탄생된 것이다.

가야를 구성하는 소국은 「삼국유사」〈가락국기〉, 「삼국사기」〈악지〉에 수록된 우륵의 12곡의 지명들, 「삼국지」〈위지 동이전〉, 「일본서기」, 그 외 신라 토기가 출토되는 지역 등을 고려하면, 대체로 금관가야(가락국 또는 구야국: 김해), 대가야(반파국: 고령), 아라 가야(안라국: 함안), 소가야(고사포국: 고성), 성산가야(벽진국: 성주), 비화가야(불사국: 창녕) 등 6가야이다.

초기에는 변한 및 진한 역시 마한의 지배를 받았으나 기원전 1세기에 진한이 사로국을 중심으로 마한에서 독립하고, 또한 서기 9년에 마한이 백제에 망하자 기원 후 1세기에 변한의 소국들도 김해 구야국(금관가야)을 중심으로 가야연맹체를 구성하였다.

구야국의 왕위를 두고 구야국왕 수로왕이 석탈해와 왕권다툼을 벌렸으나, 석탈해는 패하여 신라로 가서 탈해 이사금이 되었다. 이후 신라와 계속 분쟁이 있었다는 기록이 있다.

당시 가야는 제철 기술이 우수하여 제철 기술이 없었던 일본과, 요동, 요서, 한사군 등에 철 수출과 중개무역으로 상당한 영향력을 행사하였다.

당시 백제는 고구려와 산동·요서의 진출을 놓고, 다툴 때 였고, 또한 신라는 낙동강 수로의 지배권을 놓고 가야와 분쟁을 하게 되었다. 이때 가야와 왜가 연합하여 신라의 수도 서라벌까지 침공하게 되자 신라는 고구려에 구원을 요청하여, 광개토왕은 5만 군사를 보내어 가야·왜 연합군을 궤멸시키고 이때부터 본가야(금관가야)는 패망의 길을 걸으며 전기 가야연맹은 와해되었다. 522년 신라 법흥왕이 대가야(고령)와 혼인동맹을 맺은후 532년 금관가야 제10대 구해왕이 법흥왕에게 항복함으로서 금관가야는 해체되며 대부분 신라에, 일부는 왜 및 대가야(고령)로 편입되었다.

대가야는 금관가야의 유민들을 받아들이고 또한 가야산의 야로철광이 개발되어 신라·왜 등과 교류하면서 철기문화가 크게 발달하였다.

한편 가야는 백제·왜와 외교관계가 활발해지면서 백제 성왕이 주재한 사비회의(541,

544년)에 안라국과 대가야 왕이 참가하여 외교관계를 증진시켰다. 이때 안라국 왜신관인 임나일본부의 대신이 각국 간에 외교적 중재 역할도 하였다.

그러나 가야 역사가 끝나는 것은 한강을 차지하기 위한 고구려·백제·신라 간의 영토분쟁에 가야가 끌려들어 갔기 때문이다. 당시 한강은 고구려 영토였으나 백제·신라가 연합하여 한강을 되찾았다(하류: 백제 / 상류: 신라 차지). 그러나 신라가 한강 하류의 유용성을 탐내어 다시 하류마저 백제로부터 접수하였다. 이에 백제는 가야를 끌어들여 신라를 공격했으나 결국 관산성 전투에서 백제·가야는 대패하고 백제 성왕마저 전사하였다. 신라 진흥왕은 이어 562년 이사부장군으로 하여금 대가야(고령)마져 침공하면서 가야연맹은 멸망하였다. 신라 진흥왕 23년 562년이다.

3. 가야를 대표하는 인물, 김유신, 우륵, 강수

김유신은 금관국 왕족 출신이다. 금관가야가 신라에 532년 흡수되면서 진골 귀족으로 서품을 받았다. 김유신은 금관국의 마지막 왕(10대) 구해왕(또는 구형왕, 구충황)의 증손자로서 김춘추(태종무열왕)와 함께 신라 대장군으로 활약하여 신라삼국통일의 주역이 되었다.

「삼국사기」에 의하면 "가얏고(가야금)"는 가야국의 가실왕이 당나라 악기를 보고 만들었으며, 우륵에게 12곡을 만들게 하였다. 이 12곡은 가야 연맹 12국의 향악 또는 군악을 가야금 곡으로 편곡한 것인데, 정기 왕정의례때 12국 소국왕들을 위해 연주해 주었다.

그러나 금관가야가 고구려·신라의 연합군에 침공당하고, 이어 대가야가 백제의 외압을 받으며 550년 백제의 부용국으로 전락하였다. 이때 우륵은 가야의 대표 지식인으로 자존심이 상하여, 당시 날로 성장하는 신라 진흥왕에게 투항하였다. 이로인해 가야의 상당한 귀족들이 연이어 신라에 투항하였다.

이후 신라에서 가야금곡이 널리 퍼져 185곡으로 늘어났고, 이로인해 19세기 김창조에 의해 가야금산조가 창시되었다.

강수는 대가야인으로 대가야 멸망후 신라에 편입되면서 6두품이 되었다. 그는 태어나면서 머리에 큰 사마귀가 있어 "강수(強首)"로 이름지었고, 신라가 삼국통일시 명문장가로 이름을 날렸다. 그 대표적으로,

① 신라가 백제·고구려에 압박을 받을 때, 당에 구원병을 요청하는 명문의 외교문서를 작성하였고,
② 당에 인질로 끌려간 태종 무열왕의 아들을 풀어달라는 글을 보내어 석방되게 하였고,
③ 신라가 삼국통일후 당이 약속을 어기고 신라를 공격하자, 이를 설득시키는 글을 보내어 이해를 시켰다.

특히 그는 어릴 적부터 미천한 대장장이 딸과 연애를 했는데, 아버지의 간곡한 만류에도 결혼을 함으로서, 주위 사람으로부터 신의가 있다고 크게 칭찬을 받았다.

일제의 "임나일본무설"과 식민사관

chapter
06

일본은 선사시대부터 지진·태풍 등으로 대륙진출이 꿈이요 숙명이였다. 그래서인지 일본의 건국신화에는 시조 "아마테라스(天照大神)"의 동생 "스사노오(아들이라는 설도 있음)"가 한반도로 건너가 고조선을 건국한 단군과 관련이 있다는 터무니없는 조작이야기가 나오는데, 이로써 한일은 한뿌리(일선동조론:日鮮同祖論)라는 것이다.

뿐만 아니라 3-4세기경에 일본은 야마토정권이 전국(왜)을 통일한 후 천황제(소황제)를 채택하여 지금까지 이어오고 있다. 그런데 이 천황제의 특징은 제후국이나 조공국을 두어야 그 권위가 인정되는 것인데, 여기에 우리나라를 끊임없이 끌어들이려 한 것이다.

이같은 배경으로 인해 일제는 우리 삼국시대 초기에 한반도 남부에 "임나일본부"를 설치(남선南鮮경영론) 했다하고, "임진, 정유왜란"때는 역시 한반도 남부를 할양요구 했고, 또한 한반도 강점때는 "한일 합방" 등을 자행하면서, 한국침략을 정당화하려는 정한론(征韓論)의 역사적근거(배경)로 삼았다.

더욱이 일제는 한반도 강점때는 내선일체론(內鮮一體論)에 의해 대대적인 한일역사왜곡과 식민사관을 추진했는데, 그들은 이를 과거역사로의 복귀 또는 대동아공영이라 부르짖었다.

1. 임나일본부설(任那日本府說)

임나일본부설은 일본인들이 역사바이블로 여기는 「일본서기」(720년편찬) 신공황후 "기술편"에 의해 제기되었다.

"4세기 중엽 야마토조정이 일본전국(왜)을 통일하고 369년에 한반도에 진출하여 삼한과 가야를 평정하고 「임나일본부」를 두었으며 200여년간 한반도 남부를 통치하였다"고 기술하고 있다.

일본측은 그 증빙자료로서 광개토왕비문, 칠지도헌상, 전방후원형고분 등을 제시하고 있다. 이 임나일본부설은 일제 강점시대이후 1960년대까지는 일본의 통설이였으나, 일본이 패망한 후 한국측 및 일부 일본학계에서 거센 비판을 받고 재 검토 되면서 지금은 표면화되지는 않고 있다.

다만 「일본서기」 보다 8년 전에 편찬한 「일본고사기」에는 신공황후의 한반도 진출기록이 전혀 보이지 않는다.

1) 광개토왕비문 해석문제

광개토왕비는 아들 장수왕이 부왕의 업적을 기리기위해 당시의 고구려 수도인 길림성 집안에 세웠는데, 높이 6.4m로서 네 면에 글자가 1775자 새겨져 있다. 그중에 150여자가 훼손되어 불분명하다.

이 광개토왕비는 만주족이 청나라를 세우면서 이 지역을 시조 누루하치의 탄생지라 하여 봉금(封禁)지역으로 설정했다가, 이후 한반도 등에서 이주자가 늘어나자 청에서 1876년에 봉금을 해제했고, 1880년에 한 농부에 의해 이 비가 발견되었다.

그 전에는 거대한 모습으로 인해 그 존재가 알려져 있었으나 금나라 황제비 정도로만 알고 있었다.

광개토왕비

이 비 내용중에 391년 "신묘년기사"(모두21자)가 임나일본부와 관련된 기사이다. 그 내용을 보면;

> 「왜가 신묘년에 와서 바다를 건너 백제 ○○신라를 격파하고 이로서 신민으로 삼았다」는 내용이다 (○○는 훼손)

그런데 1972년에 제일교포 사학자 이진희씨가 일본육군 참모본부의 정보장교"사카오중위"에 의해 1883년 비문을 탁본하면서 일본에 유리하게 25자를 변조했다는 "비문변조설"이 제기되었다. 이진희씨는 그 변조문들 중에 위의 신묘년기사 내용 중 "바다를 건너(來渡海)"가 변조되었다고 주장했다. 그러나 중국 측에서는 자신들이 탁본한 원본과 비교해보니 큰 차이가 없었다고 말하고 있다.

여하튼 이 비문해석에 대하여 한·일학계에서 의견이 분분한데 그 대표적인 의견은 아래와 같다.

① 일본측은;

○○에 "임나(가야)"를 넣은 것이 1960년대까지 그들의 통설이였다. 왜가 백제·가야·신라를 임나일본부의 속민으로 삼았다는 "남선(南鮮)경영론"을 주장하였다.

② 한국측 정인보씨는;

이 사료는 고구려의 사료이므로 고구려를 주어로 삼아야한다면서, 고구려가 바다를 건너서 백제·가야·신라를 쳐부수고 속민으로 삼았고, 이때 지원차 온 왜마저 쳐 부셨다는 것이다. 왜냐하면 이 시기에 신라의 요청에 의해 지원군을 이 지역에 보낸바 있기 때문이다.

③ 북한학자 김석형씨(1963년)는;

문제해결의 기본발상을 완전히 뒤 엎는 것으로, 한일간에는 선사시대이후 교류가 매우 활발했는데, 한반도에서 정변 시 대규모의 유이민이 있었다. 그 예로서, 일본주민의 70%가 도래인이고, 이것도 서쪽으로 갈수록 그 비율이 높았다.

당시 현 일본 히로시마현 동부와 오카야마에 걸치는 지역에 가야의 분국인 임나국이 있었고, 이 주위에 백제·신라·고구려의 분국이 설치되어 있었다.

야마토정권에서 일본열도를 통일해갈 때 이들을 정벌하면서 일어난 일본내에서의 역사적사건인데, 그 통치기관이 임나일본부라는 것이다. 이를 김석형씨는 "일본열도 분국설"로 주장하였다.

④ 한국측 천관우, 김현구씨 등은;

4세기말 일본서기의 기술내용에서 "왜가 가라7국을 점령했다"는 등의 왜의 군사행동을 보면, 백제가 가야를 정복하면서 진행된 군사행동과 거의 똑같은 성격으로 해석된다는 것이다. 따라서 임나일본부는 가야지역에 설치된 백제 군사령부로 해석되며, 이때 왜군은 백제군을 지원차 나온 용병으로 해석하였다. 이를 "백제군사령부설(또는 백제용병설)"이라 한다.

⑤ 또한 한국측 "특수외무관서설";

지금까지의 연구의 초점은 임나일본부가 일본의 남선경영론이나 한국측의 일본열도 분국설, 백제군사령부설 등에서 모두 점령, 지배같은 군사적 또는 정치적인 의미로 해석되어 왔으나, 일본부와 관련된 「일본서기」 등에는 이같은 군사·정치적인 행위를 찾아볼 수 없다. 다만 「일본부」의 "부(府)"의 의미가 가야에 파견된 왜의 사신이라는 것이 문헌상 확인되었고, 사신 역시 가야 이민자의 후예임이 확인되었다. 따라서 임나일본부는 왜로 이주한 가야 유민중에 왜의 사신으로 가야에 와서 설치된 왜의 "특수외무관서"라는 주장이다.

당시 가야연합체는 신라와 백제의 압박을 받으면서 가야중에서 세력이 큰 금관가야(김해), 안라국(함안), 그리고 대가야(고령) 등에서 통합움직임이 활발하여 매우 역동적이였다. 이때 일본부(사신)에 의해 정치적인 중재와 교역문제 등을 지원한 것으로 보고 있다.

이상과 같은 제 주장들이 있었으나 일본의 임나일본부설이나 남선경영론에 대한 허구성을 이후 "일본열도 분국설", "백제용병설" 등으로 이를 와해 할 수 있는 분위기가 조성되었다.

이어 1990년대에 들어 김해 대성동의 금관가야왕릉 발굴에서 철제갑옷, 유목민용 솥단지 등이 대량 출토되었는데, 이는 가야왕족이 기마민족설(부여계)로 추정되었다. 이를 계기로 일본 학계에서도 더 이상 임나일본부설을 주장하지 않았고, 2010년에는 한·일 역사위원회에서 임나일본부가 근거없다는 결론을 내린바 있다.

2) 칠지도 헌상설

칠지도는 일본 나라현 텐리시 이소노카미신궁에 있는 74.9cm의 철검이다. 나뭇가지 모양으로 7개의 가지로 구성되어 있다. 그 안에 61자의 명문(銘文)이 새겨져 있다.

칠지도

"태화 4년(369년) 5월 16 병오일 정오에 무쇠를 백번이나 두들겨서 칠지도를 만들다. 이 칼은 재앙을 피할 수 있다. 마땅히 제후왕에게 줄 만하다. 앞선시대 이래로 아무도 이런 신성한 칼을 가진 일이 없는데, 백제왕 치세에 이 칼을 얻게된 성스러운 소식이 생겼으므로, 왜왕을 위하여 만든 뜻을 받들어 후세에 길이 전하여 보여라"는 내용이다.

「일본서기」에 신공황후때 백제의 요청으로 교류를 하였고 조공도 보내왔으며, 백제에 장군을 보내어 신라 및 서쪽을 토벌하여 백제에 내주었다는 내용이 있다. 그러나 칠지도 명문에는 어느 곳에도 백제가 야마토조정에 복속했다거나 칠지도를 헌상했다는 내용이나 증거는 없다.

그런데 일본에서는 칠지도가 「일본서기」에서 말하는 그 칠지도이므로, 이는 복속을 나타내는 확실한 증거라고 주장한다.

이 명문을 보면 상위자가 하위자에게 내리는 형식이다. 한국학계는 백제가 왜왕에게 하사하는 내용이라고 반박하고 있다. 당시 백제는 왜에 비해 문화적으로 우수하여 문화 전파역할을 해왔기 때문에 백제가 왜왕에게 칠지도를 하사했다고 주장하고 있다.

한가지 유념할 점은 「일본서기」(720년)를 편찬할 당시는 시기적으로 백제가 멸망(660년)한 얼마후로서, 신공황후의 한반도에 대한 관련기술은 당시 일본으로 망명한 백제인들이 기술한 「백제기」에서 인용하였다는 점이다. 이는 천황으로 섬기겠다는 신하의 처지였음을 고려하여야 한다.

이러한 배경에서 "조공관계" "백제헌상설" 등이 제기된 것이다.

3) 새로운 논쟁 "전방후원형고분(장고형무덤)"

임나일본부설이 일본측에서 후퇴할 즈음, 영산강유역에서 4-5세기경에 만들어진 '전방후원형무덤" 10여개가 발견되었다. 이 무덤은 3-6세기의 야마토정권시대의 대표적인 무덤인데, 일본에서는 전국적으로 수없이 발견되고 있다. 이 무덤의 형태는 전방은 네모지고 후원은 둥근 2개의 언덕을 맞붙인 외형을 하고 있다. 그 대표적인 것이 오사카 남부에 있는 다이센고분으로 무덤길이만 486m이고 이 무덤을 감싼 도랑을 포함

대표적인 전방후원형 고분 (280m 나라현 하사하카고분)

하면 전체길이가 800m나 되는 초대형이다. 일본에서는 이 무덤을 중국의 진시왕릉, 이집트의 쿠푸피라미드와 함께 세계 3대왕릉으로 자랑하고 있다.

우리나라 것은 가장 큰 것이 해남 장고산 고분인데 전체길이 77m, 함평 마산리 표산 고분이 70m정도이다. 그런데 이 영산강유역 및 남해안 일부에서 발견된 전방후원형 무덤이 무덤형태나 축조방식 및 그 부장품 등이 일본 야마토 시대의 전방후원형과 매우 유사한 점이다. 이로서 일본 야마토정권시 "임나일본부설"이 일본학계에서 재점화된 것이다.

일본측은 이 무덤의 주인이 임나일본부 당시의 일본지배자나 유력자의 무덤이라는 것이다. 그러나 그 부장품 중에는 왜의 유물 외에도 백제·중국산 유물도 함께 발견되고 있다.

한편 일본에서 가장 오래된 전방후원형 무덤으로는 나라현의 하사하카의 히미코라는 주인공의 무덤인데, 이는 3세기 중반으로 추정했으나 실제 연대 측정결과는 390년으로 편년되었다.

그런데 우리나라 영산강유역의 전방후원분은 이보다 훨씬 오래된 것으로 나왔다.

당시 한반도와 일본과의 관계를 보면 한반도에서 발견되는 일본유물보다 일본 규수 등 일본에서 발견되는 백제유물은 물론 가야·신라·고구려의 유물의 수량이 한반도에서 나오는 일본유물보다 엄청나게 많은 양이 나오는데, 그러면 이것을 어떻게 설명할 것이냐는 것이 한국학계의 주장이다.

특히 제2차 세계대전 후 일본인의 유전자분석에서 도래인은 일본전체 인구의 70%를 상회하였다. 이는 구주북쪽 및 서부로 갈수록 비율이 높았다.

(하니하라 가즈오의 「일본인의 성립」에서)

그러자 다시 일본학계에서는 일본전역에서 철제갑옷(편갑)이 전국적으로 대량 출토 되었다. 이 판갑이 가야유적에서도 나오는데, 이로서 당시 양국의 군사력의 차이를 보 여준다면서 당시 일본출신 무장들이 가야에서 활약한 증거라는 즉 "임나일본부설"의 증거라는 것이다.

그런데 이 판갑이 가야지역 뿐만 아니라 청주·음성 등지에서도 출토되고 있고 점차 수량도 늘어나고 있으며, 특히 가야의 철기문화가 일본에 전파된 것은 일본측도 인정하 고 있다..

이와 같이 이제 "임나일본부설"에 대해 제3라운드가 진행되고 있는데 향후 그 결과가 주목되고 있다.

2. 일제의 식민주의 사학(식민사관)

세계 제1차 대전에서 3,800만 명의 인명피해를 낳자, 1918년 미국 윌슨 대통령은 "민 족자결의 원칙"을 발표하였다. 이에 힘입어 우리나라도 1919년 "3·1 독립만세운동"이 거국적으로 일어났고, 그 영향은 중국의 "5·4운동(제1차 천안문사태)"과 인도의 "비폭력 무저항운동"에까지 영향을 미쳤다.

이같은 평화무드는 결국 일본도 조선에 대한 식민통치를 무단통치에서 문화통치로 바꾸는 계기가 되었다. 그러나 이 문화통치는 표면적으로는 평화적·자주적 식민통치를 표방하면서도, 내면적으로는 당시 불길처럼 번지는 조선의 자주독립운동을 보다 지능 적으로 와해시키려는 한민족 말살정책이었다. 그 대표적인 것이 "조선사 편수회"를 만 들어 우리 역사를 왜곡한 식민사관이다.

일제의 식민사학의 시작은 일본이 역사바이블로 여기는 「일본서기」에서 비롯되었다. 터무니없이 조작된 일본천황가의 신화(단군조선 건국관여설)로 인해 한·일 관계의 역사 왜곡(식민사관)의 배경으로 작용한 것이다.

더욱이 이에 불을 지르며 가속화 시킨 것은 신채호와 박은식의 민족주의 때문이다. 단재 신채호가 1908년 「독사신론(讀史新論)」을 대한매일신문에 연재하면서부터이다. "역사의 주체는 민족이고 민족사의 흥망성쇠는 그 구성원인 조선인의 정신과 정체성에 달려있다"면서 민족정신의 고양과 단결을 촉구하였다. 특히 우리 민족을 동북아시아의 역사주체로 설정하여 민족주의를 강조하였다.

이 역사책은 우리 근대사의 효시로 크게 주목을 받았다. 신채호의 민족주의사관은 후에 안재홍·정인보에게, 또한 북한에서는 리지린·김석형 등에 영향을 미쳤다.

이어 1915년 역시 민족주의 역사가이고 제2대 상해임시정부 대통령이었던 박은식이 「한국통사(痛史)」를 출간하여, 당시 독립운동가들 사이에서 널리 읽히게 되었다.

이에 일제는 큰 충격을 받고, 이때부터 이의 대응책으로 총독부 중추원을 중심으로 대대적인 역사왜곡 작업을 벌렸다. 1922년부터 "조선사편수회"를 설치하여 16년간 「조선사」 37권을 편찬하였다. 일제는 식민지배의 정당성을 역사적으로 설명하여 체제에 순응하도록 하는 식민주의사학을 목표로 하였다.

대표적으로 우리 고대사에 대해서는 지정학적 숙명론을 적용하여 조작하였고 조선후기에 대해서는 일선동조론(日鮮同組論)에 따른 내선일체론(內鮮一体論) 또는 동화주의(同化主義)와 정체성론(停滯性論), 타율성론 등이다.

1) 내선일체론(동화주의)

내선일체론이란, 본래 한국과 일본은 한 민족이므로 역사, 인종, 언어 등의 측면에서 보더라도 "한·일병합"은 한국의 문명발전을 위하여 필연적이라는 것이다.

1910년 8월 22일(순종3년) "한일합병(경술국치)"이 발표되자, 이때 일본 "오사카 아사히"신문은 아래와 같이 보도하였다.

> "한(국)인이 일본인이 되는 것은 한(국)인을 위해 행복한 일이다. 대체로 한국에서 일본의 행동은 문명을 의미하며, 따라서 인민의 안전과 평화를 보장해주기 때문이다 … 그러므로 병합을 기뻐해야 할 사람은 누구보다도 한(국)인이고, 국민적 경사의 표시로 제등행렬을 거행할만한 가치가 있으며…"

당시 조선인에 대한 동화정책을 가장 극명하게 나타낸 사례로는, 1922년 조선총독부에서 고등경찰에 내린 지시내용을 보면 잘 알 수 있다.

> "먼저 조선인들이 자신의 역사와 전통을 알지 못하게 하라. 그러므로 조선민족의 혼, 조선민족의 문화를 상실하게 하라. 그들의 조상과 선인들의 무능과 악행을

들추어내되 그것을 과장하여 조선인 후손들에게 가르쳐라. 조선인 청소년들이 그들의 부모·조상들을 멸시하는 감정을 일으키게 하여 그것이 기풍이 되게 하라. 그렇게 함으로서 조선인 청소년들이 자국의 모든 인물과 사적에 대하여 부정적인 지식을 갖게하고, 반드시 실망과 허무감에 빠지게 하라. 그럴 때 일본의 사적, 일본의 문화, 일본의 위대한 인물들을 소개하면 동화(同化)의 효과가 지대할 것이다. 이것이 제국일본이 조선을 반(半) 일본인으로 만드는 요결인 것이다." (조선 총독부 고등경찰 요사(要史)에서)

2) 정체성론

이 이론은 한반도가 지니고 있는 지정학적 숙명론 때문에, 수많은 외침과 정치·사회적 변혁에도 불구하고 능동적인 발전을 못하고, 당시의 조선사회는 10세기말 고대 일본의 수준과 비슷하다고 보는 것이다. 이는 근대사회로 발돋음하는데 필요한 봉건사회를 거치지 못했기 때문이라는 것이다. 그 근본 이유로는 조선시대는 대가족 중심의 혈연공동체로 인해 유교적인 폐쇄적 분위기 속에서 사회의 발전속도가 지체되었다는 것이다.

그래서 한국의 근대화를 위해 일본의 역할이 필요하다는 "침략미화론"과 결부시킨 것이다.

3) 일제의 대표적인 역사왜곡사례

고조선(단군과 기자)은 신화이기 때문에 인정할 수 없다며 단군과 기자를 합한 2,160년을 없애버리고, 위만을 고조선의 창건조로 삼았다.

당시 위만은 중국의 진·한 교체기에 정치적 혼란으로 연나라에서 일천여명을 이끌고 조선에 망명하였다. 그는 망명하면서 조선인 풍습으로 상투를 틀고 흰옷을 입었으며, 이후 준왕을 몰아내고 왕이 되자 조선의 전통과 관습을 잇는다면서 국호도 "위만조선"으로 하였다.

한편 위만조선이 한무제에 의해 소멸되고 "한사군"이 설치됐는데, 일제는 "위만조선과 한사군을 중국에 의해 세워진 중국식민정권이다"는 것이다. 이어 한사군(낙랑)이 소멸되면서 세워진 것이 고구려·백제·신라·가야 4국인데, 이때부터 진정한 한(韓)민족의 역사가 시작된다는 것이다. 그것도 일제는 「삼국사기」의 초기기록을 믿지 않아 「일본서기」에 주로 의존하여 삼국의 건국을 4세기 뒤로 잡았다. 삼국시대 초기기록이란, 고구려 태조왕(6대:53~146?), 백제 고이왕(8대:234~286), 신라 내물왕(17대:356~402) 이전을 말한다. 「삼국사기」에서는 건국 시기를 신라는 서기전 57년, 고구려 서기전 37년, 백제 서기전 18년이였다. 따라서 우리 역사는 4국(가야포함)에서부터 2,000여 년에 불과하고, 일본의 역사는 2,600여 년으로 늘려 놓았다. 이 의미는 식민지 한국의 역사가 일본보다 길어서는 안된다는 오만한 생각 때문이다.

이후 4국으로부터 시작되면서 한반도 남부는 왜의 "임나일본부"가 들어서며 200여년간 한반도 남부지역(가야)을 직접 지배하고 백제와 신라를 그들의 통제 아래에 두었다는 것이다. 따라서 당시 한반도의 세력상황은 남부에는 왜(임나일본부)와 북으로 고구려가 대결하는 상황이었다는 것이다.

그런데 「일본서기」는 720년에 편찬한 편년체의 역사서인데, 당시는 백제가 멸망한 얼마후로서 한반도 상황은 백제 이주민들에 의해 작성한 「백제기」에서 주로 의존한 것이였다. 천황으로 받들겠다는 신하의 입장이였다.

현실적으로 우리 「삼국사기」와는 사건기록연대 등에서 상당한 차이를 보여주고 있다. 가령 백제 근초고왕의 즉위 년도를 「일본서기」는 255년으로 기록하고 있으나 「삼국사기」에는 375년으로 120년 앞당겨져 있다. 또한 신라의 초기 정치체제의 변화에 대해서도 원래 양산촌·고허촌 등 6촌체제에서 시작되다가 6부인 양부·사량부 등으로 왕권강화체제로 바꾸었는데, 그 시기를 일제학자들은 훨씬 후대로 주장했다. 그리고 신라 법흥왕의 율령반포도 훨씬 후대로 보았었다. 그런데 수년전 울진에서 신라의 봉평비와 영일에서 냉수리비가 발견 됐는데 그 금석문(비석, 나무 등에 새겨진 문자)에 의하여 「삼국사기」의 기록이 정확했음이 증명되었고, 반면 「일본서기」의 초기 기록에는 의문이 제기되었다.

 백제의 멸망 상황에 대하여;

백제가 멸망할 때, 급보를 받은 왜는 일본에 있던 왕자 부여풍을 백제왕으로 봉해 먼저 선발대 5,000명을 보냈고, 이어 총4만2천명을 보내며 한반도 남부를 놓고 당나라와 일대 대결을 벌렸으나 실패했다는 것이다.

그 외

16세기 임진·정유왜란시에도 히데요시는 한반도 남부 경영권을 놓고 명나라와 한판의 승부를 겨루었고, 또한 19세기 한·일 병합과 일선동조론으로 결국은 한반도가 황국신민화가 됨으로서 완전한 한·일 병합이 이루어졌다는 것이다.

결과적으로 신채호·박은식 등의 민족주의사학과 식민주의 사학의 차이는, 전자는 우리 민족을 동북아의 주체로서 중국에 버금되는 민족으로 거대하게 그렸고, 후자는 타민족으로부터 끊임없이 식민지배를 받아온 볼품없는 소 민족으로 그렸었다.

3. "역사는 반복되는가(?)"

일제의 식민사관은 "조선의 역사는 그 무대가 숙명적으로 반도이기 때문에 태생부터 중국의 식민기관인 한사군에 의해 문물이 발전되었고, 이후 사대주의 및 소중화 의식(조선후기)에 빠져 자생능력이 없는 민족이다. 조선이 살아나려면 해양세력 일본이 들어와 종주국인 중국의 지배를 견제하며 식민지배를 받아야 한다"는 것이 정한론 및 식민사관이다. 지금까지 임나일본부의 남선경영론, 백제멸망시 왕자풍을 천황의 제후국 왕으로 봉해 당과의 일대 대결, 임진왜란시 한반도 남부 할양요구, 조선후기 한반도 강점, 등의 침략배경이 모두 맥을 같이하고 있다. 그러나 모두 실패했으나, 결국 한·일 병합으로 한반도의 영토는 물론 완전한 합병이 되어 「대한제국(조선)」은 일장기 아래 황국신민화되면서 세계지도에서 사라진 것이다.

일본이 1945년 8월 15일 패망한 후 9월 12일 조선총독부가 폐지되고 마지막 총독 "아베 노부유끼"가 도망가면서 남긴 연설문은 아래와 같다.

> "일본은 졌다. 그러나 조선이 승리한 것이 아니다. 장담하건대 조선이 제정신을 차리고, 찬란하고 위대했던 옛 조선의 영광을 되찾으려면 100년이란 세월이 훨씬 더 걸릴 것이다. 우리 일본이 조선국민에게 총과 대포보다 무서운 식민사관을 심어 놓았다. 결국 조선인은 서로 이간질하며 노예적인 삶을 살 것이다. 보라! 실로 조선은 위대했고 찬란했지만, 현재의 조선은 결국 일본의 식민교육의 노예로 전락했다. 그리고 나 아베 노부유끼는 다시 돌아올 것이다!" (국사광복단)

고구려의 계승국 "발해"

chapter 07

1. 발해의 역사전개

발해는 고구려가 멸망한 30년 후인 698년에 건국되어 926년까지 226년 간 15대 왕이 다스렸다. 시조 고왕(高王) 대조영은 고구려 멸망 후 이들 집단을 이끌고 처음에는 요서지방 영주에 있다가 발해 연안 라오둥으로 옮겨 자리잡고 있었다. 그런데 당시 인근 지역에 순수 말갈계인 걸사바우란 자도 나라를 세우고 있었다. 당시 이 지역인근에 거란족 이진충이 당의 영주 도독의 가혹한 통치에 반기를 들고 유주(북경)까지 침입하였다. 당나라에서 이 지역으로 진압군을 보냈는데, 이때 걸사바우가 사망하자 나머지 말갈계는 대조영에게 의탁하여 합류하였다.

발해의 영역과 5경

대조영은 집단이 크게 늘자 당의 압박을 피해 2,000여리 떨어진 돈화지방 동묘산에서 말갈계를 포함하는 국가를 세웠다. 국호를 "진국(震國)"이라 하였다. 여기서 진국이란 "진"의 뜻은 주역에서 정춘(正春)을 말하는데 동아시아 문명의 뿌리가 "우리"라는 주인의식 때문이다. 당시 당은 위무책으로 "발해군왕"이란 칭호를 내렸으나 대조영은 코웃음을 쳤다. 그러나 당에 대해서는 조공을 바치는 형식으로 왕국임을 표방했으나 내면적으로는 황제국임을 자처했다. 또한 신라에서도 "대아찬"이란 벼슬을 주기도 하였다.

당시 대조영은 727년 일본에 사신을 보내어 고구려 옛땅을 수복했다고 통고하고 국호도 "고려(고구려)"라 했으나 나중에 발해로 고쳤다.

발해의 최대전승기는 제2대 무왕 제3대 문왕때로서, 문왕은 발해역사 1/4인 57년간 재임하면서, 그 영토는 동으로 러시아 연해주, 북으로 송화강, 남으로 대동강 및 함경북도에 이르고, 전국에 5경을 두며 옛 고구려 영토의 1.5배의 크기였다.

제10대 선왕때는 왕권이 강화되고 중흥하여 당에서 "바다동쪽의 융성한 나라"라는 뜻의 「해동성국(海東盛國)」이라 불렸다.

이후 당이 점차 기울자 거란족 야율아보기가 중원공략을 위해 그 배후세력인 발해를 먼저 공격했는데, 당시 발해는 11대부터 15대왕까지 왕위쟁탈 전에 휘말려 있다가 불과 보름만에 무혈점령 당했다.(거란측 기록) 이때 왕궁은 물론 왕도도 모두 불타고 무자비한 탄압성책으로 모든 역사자료도 다 타버려서, 발해의 기록이 남아있지 않아 아쉬움을 주고 있다. 중국·일본 및 일부 신라 기록으로 발해역사를 추정하면서 유적발굴로 재정립시키고 있다.

발해가 망하자 고구려 땅이던 송화강 일대가 우리 민족의 역사무대에서 멀어졌고, 당시 신라는 발해에 대하여 대립관계였기 때문에 공동체로서의 유대감이 적었다.

2. 발해는 고구려의 계승국이다.

발해는 지역적으로 우리나라(북한), 중국의 만주, 러시아의 연해주가 포괄되어 있어, 각 나라가 이해관계를 가질 수 있다. 특히 중국은 동북공정의 핵심정책으로 발해를 만주(여진족 말갈)의 역사로 취급하고 있다.

발해가 어느나라 역사냐 하는 것은 나라마다 의견이 엇갈릴 수 있다. 이 문제의 핵심은 발해를 세운 대조영이 어느나라 사람이냐와 관련이 있다. 여러 기록에 의하면 대조영은 고구려계의 후손이며, 순수한 말갈인은 아닌 것으로 보인다.

그 기록들을 보면 아래와 같다.

- 중국 「구당서」 : "발해 말갈 대조영은 본래 고구려의 별종이다"
- 중국 「신당서」 : "발해는 본래 속말 말갈로서 고구려에 붙은자"
- 중국 「송막기문」 : "왕은 대씨이고 그 다음에 세력있는 귀족은 고씨, 장씨, 양씨 등인데, 이들 성씨가 거의 절반(48.8%)으로 이들이 고구려 왕족 출신이다(송기호)"
- 일본 「유치국사」 : 발해의 초기상황을 기록했는데, "발해의 백성은 말갈인이 많고 토인(土人: 고구려인)은 적은데, 토인이 모두 촌장이 된다"고 했다. 이는 발해가 고구려의 후예임을 분명히 암시하고 있다.
- 일본 「속일본기」 : 발해 초기에 「고려」 또는 「고려왕」으로 기록하고 있는데, 이 역시 발해가 고구려의 후예임을 암시하고 있다.

그런데 1984년 중국에서 발간한 왕청리 및 웨이커중의 「발해 개설서」에 의하면;

"발해는 속말 말갈부인을 중심으로 … 중국 민족사의 일부"
"발해는 … 속말 말갈부를 주체로 하고 … 당나라의 지방정권이다"

여기서 "말갈족"이란 숙신·읍루·물길로 불리는 집단인데, 발해 멸망 후 여진으로 불리다가 뒤에 청나라를 세운 만주족으로 보고 있다. 말갈족은 만주지역에 넓게 분포되어 있는 속말말갈, 흑수말갈 등으로 불린다. 이들의 중앙조직은 고구려식으로 구성됐으나, 지방 조직은 특정종족에게는 특정행정구역으로 정하여 지배하였다.

그런데 말갈의 시조는 "숙신"으로 알려져 있는데, 숙신의 뜻은 중국사료에서 분석해 보면 "조선"의 다른 이름이다. 따라서 말갈족은 조선에서 갈라져 나간 우리 방계민족으로 해석할 수 있다.

한편 유적, 유물, 생활풍습 등에 의하면;
- 1948년·1980년에 제3대문왕의 둘째·넷째딸 정혜공주와 정효공주의 무덤을 발굴한 결과, 완전히 고구려 방식이였다. 돌로 쌓은 석실묘인데, 말갈족은 흙무덤을 사용한다.

금제 관장식 (조선일보)

- 발해 궁궐지에서 발견된 유물로, 온돌, 불상, 기와

등은 대부분 고구려양식이였다. 이중에 특히 금제관장식(冠裝飾)이 나왔는데, 이는 중국에서는 볼 수 없는 것으로 고구려의 조우관을 매우 닮았다. 가운데 것은 위로 솟고 양옆에 길다란 잎사귀모양으로 갈라진 세갈래 모양이다.

• 발해사회 풍습으로 특기할 점은, 부부합장 무덤이 많았다. 일부일처제가 기본으로 보인다. 기록에 의하면 주변종족인 여진·거란에서는 남자들이 첩이나 몸종을 데리고 있었고 심지어 홍등가도 있었다. 그러나 오직 발해만이 이런 것이 없었다.

그 예로서 일본에 사신으로 갔던 "양태사"가 우연히 옆집 아낙네의 다듬이질 소리를 듣고 고국의 부인을 생각하는 장편시를 남겼는데, 그것이 지금 일본에 남아있다.

"서릿기운 가득한 하늘에 달빛 비치니 은하수도 밝은데
나중에 돌아갈일 생각하니 감회가 새롭네.
홀로 앉아 지내는 긴 긴 밤 근심에 젖어 마음 아픈데
홀연히 이웃집 아낙네 다듬이질 소리 들리누나..."

이 시를 보면 아낙네들의 다듬이질 풍습이 발해 이전부터 있었던 것으로 보인다.

chapter 08 신라

1. 신라의 건국신화

서라벌(경주)지역에는 알천 양산촌, 돌산 고허촌 등 6개촌이 있어 육부촌이라 불렀다. 이들 육부촌장은 중요문제를 화백회의에서 만장일치제로 결정하였다.

기원전 69년에 화백회의에서 나라에 임금이 없어 백성들이 법도를 모르니 임금을 추대하고 도읍을 정하자는 의견이 나왔다. 어느날 고허촌장이 양산기슭을 바라보니 신비한 기운이 서려있어, 가보니 나정우물가 수풀사이에서 말이 무릎을 꿇고 울고 있었다. 다가가자 말은 사라졌고 큰알이 있었다. 그 안에서 사내아이가 나왔다. 이 아이는 하늘이 점지해준 아이로 생각하여 촌장중 나이가 많은 고허촌장 소벌공이 맡아 키웠다. 아이 이름은 박처럼 큰 알에서 나왔다 하여 성은 "박씨", 이름은 세상을 밝게 다스린다는 뜻으로 "혁거세"로 지었다. 이것이 「삼국사기」에 나오는 신라의 건국신화이다.

이 아이는 13세(기원전 57년)에 왕으로 추대되면서 "거서간"이라 불렀고, 나라를 「서라벌」이라 하였다. 이후 매년 풍년이 들고 태평성대 하다가 5년 뒤 18세때 알영과 혼인하였다.

알영은 혁거세가 태어날 무렵 양산마을 우물가에 용이 여자아이를 낳고 하늘로 올라갔는데, 동네 할머니가 키웠다. 알영은 자라면서 성품이 어질고 착하여 칭송이 자자했는데, 이 소문을 들은 혁거세는 알영을 왕비로 맞았다. 이 둘은 백성들로부터 성인으로 칭송을 받으면서 왕과 왕비가 된 후 61년만에 죽었다.

한편 「삼국사기」〈경순왕조〉에 따르면, 옛날 중국 연나라에서 마한으로 피난간 사람이 있었는데, 그 사람이 박혁거세의 선조라는 이야기가 전해진다.

「삼국사기」에 의하면 제4대왕 "석탈해왕"은 서기 8년에 남해왕 차차웅의 사위가 되며, 서기 10년에 대보라는 직책으로 등용되어 정사를 맡았고, 서기 57년에 유리 이사금의 유언에 따라 탈해 이사금에 오르며 왕이 되었다.

석탈해의 탄생신화는 아래와 같다.

왜(큐슈) 동북쪽 천리에 위치한 다파나국(용성국)에서 왕이 직녀국(여왕국:오끼나와 추정)의 왕녀를 아내로 맞아 임신 7년 만에 큰 알을 낳았는데, 왕은 상서롭지 못하여 버리게 하였다. 왕비는 알을 보물과 함께 비단으로 싸서 궤속에 넣어 바다로 떠나보냈다.

먼저 가락국 바다에 닿았으나 가야인들은 괴이하게 여겨 건지지 않았고, 이어 진한의 아진포(영일만)에 도착했는데 한 노파가 이를 발견하여 집안에 두었더니 한 아이가 태어났다. 이 아이는 동해바다에서 표류할 때 까치들이 보호했기 때문에 까치의 "昔"자를 따서 성은 "석씨"로, 이름은 "탈해"라 했는데 자라면서 매우 총명하여 왕이 되었다. 이에 대하여 「삼국유사」〈가락국기〉에서는 탈해가 먼저 가락국에 도착하여 김수로 왕과 왕위를 놓고 싸우다 패배하여 신라로 갔다는 기록이 있다.

여기서 다파나국에 대해서는 학계의 견해로는, 「삼국사기」에서 "왜국의 동북쪽 천리 밖에 있다"고 하므로 고구려 남쪽 함경도나 연해주 또는 우산국(울릉도) 출신이라는 설과, 오끼나와 또는 인도 남부 타밀지역이라는 설도 있다.

또한 고려(고구려)인과 여진국 계열의 해적이 일본 큐슈지방을 침략한 일이 있는데, 당시 고구려지역이었던 연해주 또는 남만주 지역의 한(韓)민족들이 배를 타고 한반도 동해 남부에 나타났다고 보는 견해가 많다.

「삼국사기」, 「삼국유사」에 의한 「김알지신화」는 아래와 같다.

탈해왕 9년, 왕이 밤에 금성(경주)서쪽 시림숲 사이에서 닭이 우는 소리를 듣고, 날이 밝아 가보니 큰 빛이 시림에 비치고 자줏빛 구름이 하늘에서 땅으로 뻗쳤는데, 그 구름 속에서 금빛궤가 내려왔다. 그 앞에서 흰 닭이 울고 있어, 열어보니 조그만 아이가 자고 있었다.

사람들은 하늘이 준 아이라고 생각하여 거두어 왕궁으로 데려와 태자로 삼았다.

그러나 알지는 왕위를 파사에게 양보한 후 평생 왕위에 오르지 않았다.

그는 지혜가 뛰어나 "알지"로 이름지었고, 금궤에서 나왔다하여 성씨를 "김(金)"이라 하였다. 원래 알지란 말은 신라어로는 "어린이"라는 뜻이라고 한다.

알지의 6대손인 미추가 왕이 되었다(13대 미추왕:261~284년). 미추왕 이후 신라의 왕위는 김씨가 계승했고, 시림도 계림(鷄林)으로 고쳤다.

이들 박·석·김씨의 신화에서 보면 모두 하늘·바다·알에서 태어났는데, 이는 중국의 역성혁명적인 왕통관과는 다른 발상임을 보여주고 있다.

이들 시조탄생은 기원전67~기원후65년까지인데, 전승된 박·석·김 3성이 교체되는 왕통을 보면 신라에서 국가형성과 왕권의 복잡성을 반영한 것으로 보인다.

석탈해나 김알지는 당시 선진철기문화를 가진 집단으로 기존의 박씨 등의 집단과 왕권다툼에서 승리한 것으로 보인다.

2. 신라의 역사전개

신라는 서기전 57년 박혁거세 거서간부터 935년 경순왕까지 56대 992년간 존속한 우리 민족사 최장 왕조이다.

신라는 「삼국사기」에서 시대구분을 아래와 같이 하였다.
- 상대 : 건국~통일 이전의 진덕여왕(28대 654년)
- 중대 : 태종 무열왕(29대)~혜공왕(36대 780년)
- 하대 : 선덕왕(37대)~경순왕(56대 935년)

신라 국호 "신라"는 사로, 사라, 서야벌, 서라벌 등으로 불리는데 모두 "동방의 나라", "성스러운 장소"라는 의미이다.

신라 초기의 지배세력은 서기전 2세기말에 고조선이 멸망하면서 그 유민들이 선진 금속문화를 유입하여 토착세력을 흡수 통합함으로서 점차 성읍국가를 형성하였다.

신라는 처음 경상북도 지역에서 12개의 작은 나라들이 모여 진한이라는 연맹체를 만들었고, 그 중 하나가 경주지역의 「사로국」이였다. 당시 고구려·백제는 고대국가로 자리 잡아 갈 때이나, 신라는 지리적인 여건으로 원시 부족사회를 벗어나지 못하고 있었다. 사로국을 중심으로 6촌이 소규모의 부족국가를 형성하다가, 기원후 1세기경 철기 문화를 가진 석씨(탈해) 부족 등과 연맹체를 형성하고, 이후 김씨(알지) 부족과도 교류하면서 여러 부족들이 연맹체를 형성하였다. 이 연맹체는 내물 마립간(17대: 356~401년) 때부터 낙동강 유역과 경북지역을 지배하는 연맹왕국으로 발전하였다.

신라의 왕은 박씨-석씨-김씨로 이어지는데, 그 호칭도 거서간-차차웅-이사금-마립간-왕으로 변화되었다. 거서간이란 족장이라는 뜻이고, 차차웅은 무당 또는 제사장이면서 지배자란 뜻이며, 이사금은 나이 많고 경험 많은 우두머리를 말하고, 마립간은 지배자란 뜻이다. 제 17대 내물(대수장) 마립간 때부터 박·석·김 3성의 왕위교체가 사라지고 김씨가 세습왕이 되었다. 그 전에는 신라가 고구려보다 힘이 약하여 왕자를 고구려에 인질로 보내기도 하였다. 내물 마립간 때에 백제, 가야와 동맹을 맺으며 고구려의 압력을 물리칠 수 있었다. 당시는 백제가 융성하던 시기여서 백제와 적대관계인 고구려에 외교노력을 기울였고, 중국 전진에도 사신을 보내는 등 외교활동을 강화하였다.

특히 왜가 가야와 연합하여 침공해 왔을 때는 고구려 광개토왕에게 원군을 요청하여 왜를 물리치기도 했다. 내물 마립간 때부터 6부를 개편하여 중앙 집권화를 추진하면서 왕권을 강화하였다. 또한 수도에 시장을 열어 유통과 교역을 활발하게 진작시켰다.

한편 고구려가 남하정책을 강화하자 위협을 느끼고, 종래의 고구려 중심의 외교를 탈피하여 백제(동성왕)와 혼인동맹을 맺으며 고구려에 공동 대응하기도 하였다.

그러나 본격적인 중앙집권 국가체제를 갖추기 시작한 것은 지증왕(22대)을 거쳐 법흥왕(23대) 때이다. 지증왕 때 국호를 사로국에서 「신라」로 바꾸고, 왕호도 마립간에서 왕으로 바꾸며 중국식 선진정치체제를 수용했다. 이때부터 왕비도 박씨에게서만 배출하였다.

당시 고구려, 백제는 당의 문물을 받아들여 문화는 물론 농업 기술도 상당히 발달해 있었다. 신라는 4~5세기까지만 해도 변한·진한 지역에서는 소나 말을 타는 방법이나 달구지를 매어 사용하는 방법을 몰랐다. 6세기 초 지증왕 때 농경에 소를 이용하는 방법도 보급되고 순장제도도 금했다. 이렇게 하여 농업 생산력이 증대되고 사회 전반적으로 발전하게 되었다.

이를 기반으로 법흥왕 때 율령을 반포(520년)하고 관등·공복 등을 제정하여 국가 기반을 확립하고, 중국식 선진 정치체제를 수용했다. 즉 중국식 주군현제를 실시하여 왕권을 강화함으로서 나라의 체제를 바로 잡았다.

그간 백성들 간에 많이 퍼진 불교도 535년 공인하여 사상을 통일하고, 이어 김해의 금관가야를 정복하여 낙동강 유역까지 세력을 확장했다.

진흥왕(25대)때 영토를 확장시키고 삼국 중 최강으로 등장했고 백제와 연합하여 고구려로부터 한강 상류를 차지했다. 이어 백제가 차지한 한강 하류 지역도 빼앗음으로서 한강 유역을 독점하여 중국의 선진 문화를 받아들이며 국력이 크게 신장되었다. 이 한강 유역의 독점은 삼국통일의 밑거름이 되었다. 이에 분개한 백제 성왕이 신라를 치려다 관산성에서 3만 대군을 잃고 자신도 전사했다. 이로서 120년간 유지되어왔던 나·제 동맹은 깨지고 삼국의 판도는 크게 변했다. 또한 진흥왕은 아라가야(함안), 비화가야(창녕), 대가야(고령)도 점령하고, 동해안 북부로 진출하여 함경도까지 확장했다. 진흥왕은 이같은 그의 정복활동을 기념하기 위해 서울 북한산, 경상도 창녕, 함경도의 황초령과 마운령 등에 순수비를 세웠는데 지금도 현존하고 있다. 그 외 진흥왕은 거칠부의 건의를 받아들여 화랑도를 국가조직으로 흡수하여 지도자를 양성했으며, 또 거칠부로 하여금 「신라국사」를 편찬하게 하였다. 진흥왕은 또 불교를 장려하여 크게 발전시키고 국운을 융성하게 하였다.

진흥왕대에 칭제건원하며 그 위용을 자랑하니, 비로소 삼국통일의 기틀을 마련하였다.

그러나 이후 진평왕(26대), 선덕여왕(27대) 때 고구려·백제의 침공이 가열해졌다. 한강 방면의 거점인 당항성(경기 화성)이 양국 공격으로 함락직전까지 가고, 낙동강 방면 거점인 대야성(합천)이 함락되며 성주인 김춘추의 사위와 딸이 사망했다. 이때 647년 상대등 비담이 여왕 통치의 문제점을 지적하여 반란을 일으켰으나 김춘추와 김유신이 이를 진압하였다. 내란 직후에 선덕여왕이 죽고 뒤를 이은 진덕여왕도 7년 만에 죽자, 김춘추가 태종 무열왕이 되었고 김유신은 대장군으로 군부를 장악하였다. 이로서 진골 출신이 처음으로 왕위에 올랐고 왕비도 박씨 전통에서 김씨로 발탁했으며, 왕위도 직계 자손으로 계승하였다.

이때부터 무열왕(김춘추)은 고구려·백제에 공세를 취하고 당과는 친선외교에서 군사 동맹으로 발전하였다. 마침내 무열왕은 나·당 연합군을 구성하여 660년 백제를 멸망시켰고, 이듬해 무열왕이 죽자 삼국통일 대업은 아들 문무왕에게 넘겨졌다. 문무왕은 663년 백제 부흥군을 완전 진압하고 668년에는 당군과 함께 평양성을 공격하여 함락시키며 보장왕의 항복을 받아냈다. 그러나 당은 평양성에 안동 도호부를 두고 한반도 전체를 관할하려하자, 신라는 오히려 고구려 부흥군을 지원하였다. 당에서 20만 대군을 보냈으나 사투를 벌려 676년 결국 당군을 요동지방으로 물러가게 하고 진정한 삼국통일의 위업을 달성할 수 있었다.

통일신라의 하대는 제37대 선덕왕에서 제56대 경순왕까지 155년을 말하는데, 왕이 무려 20명이나 교체되며, 왕위쟁탈과 반란이 거듭되어 매우 혼란하였다. 9세기에 들어오며 지방에서 도적과 농민이 봉기하고 후삼국이 일어나면서 신라 사회는 무너지기 시작하였다. 이 시기에 중국 당나라도 경국지색 양귀비로 인해 안록산의 난이 일어나고 멸망의 길로 들어선다. 이때의 신라는 중대에서 하대로 넘어가는 시기이다. 신라가 망하는 비슷한 시기에 발해도 926년 거란족에게 멸망했고, 일본도 고대사회에서 중세사회로 넘어가는 시기였다. 당시 신라 서울은 당의 장안과 같이 호화롭게 변하여 사치와 부패가 심했다. 최치원이 큰 꿈을 안고 신라사회를 개혁하려고 당에서 귀국했으나, 결국 환멸을 느끼고 방랑생활에 들어갔다.

제36대 혜공왕 때부터 제44대 민애왕까지는 왕위쟁탈전과 반란이 계속 되었다. 민애왕 때 우징은 왕위 다툼에서 밀려나자 당시 실력자인 "장보고"에게 의탁하여 청해진에 있다가, 결국 장보고가 우징을 도와 거병하여 우징은 종형 민애왕을 죽이고 제45대 신무왕이 되었다. 이때 장보고는 딸을 문성왕(46대)의 왕비로 보내려다, 조정에서 보낸 자객(장보고의 부하 염장)에게 딸과 함께 피살 되었다. 하대는 155년간 20명의 왕이 평균 7.5년간 재위하였다.

이 시기는 지방호족과 6두품 출신들이 중앙에 반기를 들고 각지에서 할거하여도 조정에서 통제할 수 없었고, 왕경자체도 무방비 상태였다. 심지어 896년에는 적고적이란 도적 무리가 왕경서부 모량리까지 진출할 정도였다.

927년 후백제의 왕 견훤이 경주로 쳐들어가 경애왕을 죽이고 경순왕을 세우기도 하였다. 당시 전국 군중들 중에는 백제와 고구려를 부흥하자며 궐기한 견훤과 궁예가 강력하였다. 그런데 918년 궁예를 쓰러뜨리고 즉위한 고려 태조왕건이 신라와 친선정책을 꾀하게 되자, 신라 경순왕은 드디어 고려에 자진 항복하여 935년 11월 그 막을 내렸다.

3. 삼국통일의 원동력 "화랑도(花郎徒)제도"

화랑도는 국선도(國仙徒), 풍월도(風月徒), 풍류도(風流徒)라고도 한다.
「삼국유사」에는,
"무리를 뽑아서 그들에게 효제(孝悌)와 충·신을 가르쳐, 나라를 다스리는게 대요(大要)로 삼는다"고 하였다.
「삼국사기」에는,

"처음에 군신(君臣)이 인재를 알지 못함을 유감으로 여겨서, 사람들을 끼리끼리 모으고 떼지어 놀게하여, 그 행실을 보아 거용(擧用)하였다"고 했는데, 즉 사람을 가려서 조정에 추천한다는 것이다.

화랑도의 원류는 성읍국가때 촌락내에서 수련행사를 하던 청소년단체로 보인다. 6세기에 들어 법흥왕(23대)은 불교를 공인하고 중국식 군현제도를 도입하면서 풍월도라 이름 붙인 뒤 기틀을 다졌다. 이어 진흥왕(24대)은 고구려·백제같은 강대국을 상대로 정복활동을 펼치려니 인재의 양성과 확보가 절실해졌다. 그때 거칠부의 건의에 따라 진흥왕5년(544)에 화랑도를 창설하여 정부조직으로 흡수하였다.

화랑도는 처음에 남모·준정 두 미녀를 뽑아 원화(源花)라 하고 낭도 300여명을 두었다. 이 두 여단장은 서로 시기하다가 준정이 남모를 자기집에 유인하여 억지로 술을 먹여 취하게 한 뒤 강물에 떠밀어 죽게 하였다. 이 일이 발각되어 준정도 사형에 처하고 낭도들도 해산하였다. 그후 귀족출신(주로 진골)중에 외모나 품행이 방정한 남자를 뽑아 곱게 단장하여 이를 "화랑"이라 하여 무리를 이끌게 하였다.

화랑도는 총지도자에 국선(國仙 또는 원화, 화주)을 두고 그 밑에 3~8개의 화랑도를 두었다. 각 화랑도는 승려 약간과 15~18세의 300~1,500명 정도의 낭도를 두었다. 승려의 역할은 노래 가사를 짓거나 어떤 의식을 진행할 때 도와주는 등 주로 지적·정신적인 면에서 화랑을 지도하였다.

화랑도가 연마하는 도의는 6세기말 원광법사가 제정한 "세속오계(世俗五戒)"이다. "사군이충(事君以忠: 군주에 충성하고), 사친이효(事親以孝: 부모에 효도하고), 교우이신(交友以信: 친구간 신뢰가 있고), 임전무퇴(臨戰無退: 전쟁에서 후퇴하지 않고), 살생유택(殺生有擇: 죽이고 살리는데 엄격하게 판단하라)"는 것이다. 특히 사회윤리의 덕목으로 충(忠)과 신(信)에 중점을 두었다.

이들은 수련하는 과정에서 중요한 것은 춤과 노래였다. 노래는 도령가(徒領歌)와 사내기물락(思內奇物樂)등이 화랑의 노래로 전해진다.

이와같은 화랑의 기풍은 당시 신라의 종교적 정신세계를 받쳐 주었다. 이는 최치원의 「난랑비」 서문에서 "우리나라에는 현묘한 도(道)가 있어 이를 풍류(風流)라 하는데, 이는 삼교(유·불·선)를 포함하는 것이므로 모든 민중과 접촉하여 교화하였다"고 하였다.

이는 진흥왕이 화랑도를 창설하면서 신라 고유의 신앙인 신선(神仙)사상과 관련이 있으며, 그 예로서 화랑의 원유지였던 "포석정"이 국가적 의식장소였는데 김유신 등

화랑이 출전하게 되면 포석정에서 제의(祭儀)를 하였다.

또한 화랑은 불교의 미륵신앙과 결부시켜서 수령화랑을 도솔천에서 내려온 환생 미륵으로 여기고, 낭도들은 이 미륵을 쫓는 무리로 일컬었다. 그 예로 화랑 김유신은 "용화향도"로 불리였다.

화랑도는 삼국항쟁이 시작된 진흥왕때부터 삼국통일되는 문무왕까지 약 1세기 동안 융성했으나 신라가 멸망할 때까지 존속하였다.

신라말기에 들어가며 귀족들의 사병집단으로 변질되었고, 화랑 대신 선랑, 국선 등으로만 불리었다. 고려때는 선랑을 팔관회의 무동(舞童)으로, 국선을 양반의 군역(軍役)을 지칭하게 되었다.

다음은 화랑과 관련된 이야기들이다.

1) 화랑 김유신과 기생 천관

진평왕(26대)의 이복누이이며 진흥왕의 아우 숙흘종의 딸인 만명부인(김유신의 모친)은 어느날 갑옷을 입은 아이가 하늘에서 구름을 타고 내려와 부인의 품에 안기는 꿈을 꾸었다. 만명부인은 남자아이를 낳았는데 등에 북두칠성같은 7개의 점이 있었다. 이 아이가 김유신이다. 그는 화랑이 되어 매일 남산에 올라 화랑수련을 하였다. 그는 수련 후에는 친구들과 북문 밖에 있는 미모의 기생 천관이 있는 술집에 들리곤 하였다. 천관은 가야금을 뜯으며 가끔씩 정치 이야기도 곧잘 했는데, 특히 백제와 고구려를 정복하여 3국통일을 해야 한다는 말을 하여 김유신은 아주 기특하게 생각하였다. 그러다 보니 천관의 집을 자주 드나들곤 했는데, 모친이 공부를 게을리하고 기생집을 출입한다고 엄하게 꾸중을 했고 그 뒤로는 가지 않겠다고 약속하였다.

그런데 어느날 잔칫집에서 밤늦게 술을 마시고 귀가하는데, 잠깐 말 위에서 조는 사이 말이 습관대로 천관의 집으로 갔다. 그때 김유신은 깜짝 놀랐고, 한편 말발굽 소리를 들은 천관이 쫓아나와 반갑게 맞았다. 하지만 김유신은 천관을 거들떠 보지도 않고 말에서 내려 사랑하는 말을 칼로 내리쳐 목을 베었다.

이 광경을 보던 천관은 목놓아 울며 김유신을 불렀으나, 그는 뒤도 돌아보지 않고 집으로 돌아갔다. 그리고 그는 토굴에 들어가 혼자 수련에 정진하였다.

이후 천관은 머리를 깎고 여승이 되었고 그렇게 일생을 마쳤다. 훗날 김유신은 지난 날 천관이 살던 곳에 "천관사"란 절을 지어 그의 넋을 달랬다.

2) 화랑 반굴과 관창의 투혼

황산벌에서 신라와 백제 계백의 5천 결사대의 전투장면이다. 처음에 신라군은 백제군의 결사항전으로 네 번 싸움에서 1만여명의 사상자를 내며 불리한 상황이 되었다. 이같은 상황이 되자 총사령관 김유신은 전세를 역전시키기 위한 작전회의를 열었다.

이후 전투대형을 재정비한 후, 먼저 김흠춘장군이 아들인 화랑 반굴에게 "이럴 때 나아가 싸우는 것이 나라에 충성하고 부모에게 효도하는 길이다"라며 홀로 적진에 돌진하게 하여 장렬하게 전사하였다. 이를 본 김품일장군의 아들 관창이 나섰다. 그러나 김유신 장군은 너무 어리다며 허락하지 않았으나 끝까지 굽히지 않아 출전을 허락하였다.

관창은 창을 비껴들고 적진으로 말을 돌진했으나 곧 사로 잡혔다. 계백은 투구를 벗겨보니 앳된 어린 소년이므로 항복하라고 했다. 그러나 관창은 "항복이라니! 나는 대신라의 화랑이다. 화랑에게는 항복이란 단어는 없고 오직 죽음뿐이다"고 하였다. 계백은 관창을 번쩍 들어 말에 태워 돌려보냈다. 품일장군은 되돌아온 관창을 호되게 꾸짖고는 다시 가서 적장의 목을 베어오라고 명했다. 관창은 다시 적진으로 돌진하여 "적장은 내 칼을 받아라!"하고 외쳤으나 곧 또 사로 잡혔다. 계백은 관창의 목을 베어 말 안장에 매달아 신라 군영으로 돌려보냈다.

이때 관창의 머리를 본 신라군은 큰 감동을 받아 분기탱천하였고 3일간의 황산벌 싸움에서 승리하였다.

당시 관창은 16세였고, 계백장군도 여기서 최후를 맞았다.

4. 신라의 신분제도 "골품제(骨品制)"

이 제도는 골품, 즉 개인의 혈통에 따라 정치적인 출세는 물론 혼인, 가옥의 규모, 의복의 색갈, 우마차의 장식까지도 차이를 두는 제도이다. 세습적인 성격으로 인도의 카스트(caste)제도와 유사하다.

신라의 국가 형성기에 만들어지기 시작하여 법흥왕7년(520년) 율령 반포때 법제화하여 신라 멸망때까지 유지되었다. 초기 6촌 씨족국가에서 6부제도로 개편하면서 경주의 중앙지배세력의 등급과 서열을 정한 것이 골품제도이다. 골품제는 성골과 진골이 있고 그 밑에 6~1두품 즉 8개 신분계급이 있다.

성골은 왕이 될 수 있는 신분인데, 진덕여왕을 끝으로 소멸되고 태종 무열왕 이후는 진골 출신이 왕이 되었다.

6두품(득난이라고도 함)은 최고 관직이 제6관등인 아찬(차관급)까지 오를 수 있고, 3두품 이하는 하위 계급으로 평민, 백정이라 한다.

다음은 골품제와 관련된 이야기들이다.

1) 골품제 때문에 시집못간 선덕여왕

진평왕(26대) 43년 당나라에서 모란꽃 병풍과 모란꽃씨를 보내왔다. 이때 덕만공주가 병풍을 보더니 "아바마마, 좋은 꽃이 아닙니다"하였다. 왕이 뭐가 잘못되었느냐고 묻자 "이 꽃에는 향기가 없습니다"라고 답했다. 그러자 왕이 다시 "그림인데 향기가 있을리 없지 않느냐"고 반문하자, 공주는 "아닙니다. 꽃 주위에 벌이나 나비가 없습니다. 그것은 꽃에 향기가 없다는 증거입니다"고 하였다.

이듬해 꽃씨를 뿌렸다. 꽃이 피자 왕과 공주는 꽃구경을 했는데 정말로 향기가 없었다. 이를 본 왕은 덕만공주의 예리한 눈썰미와 지혜에 탄복하며, 그녀를 후계자로 마음 먹었다. 이후 진평왕이 죽자 632년 덕만이 제27대 선덕여왕이 되었다.

선덕여왕은 농사절기를 위해 별을 관측하는 첨성대를 세웠고, 분황사, 영포사 등 큰 사찰을 세웠다. 특히 젊은이들을 당에 유학 보내어 선진문물을 배워오게 하였다.

그녀를 보필한 인물은 김춘추(외교), 김유신(군사)이였는데, 이들이 삼국통일의 초석을 마련하였다.

한편 비담과 염종은 "여자가 왕이 되어서는 안된다"면서 음모를 꾸민 후 새해 인사때 거사하려 하였다. 알천이 이를 알아채고 새해 아침에 궁궐로 들어온 비담을 목베고 뒤이어 김유신이 반란군을 진압하였다.

당시 김유신과 반란군 간에는 10여일 간 혈투가 벌어졌다. 하루는 큰 유성이 떨어지므로 군사들은 왕이 운명하는 징조라며 사기가 극도로 떨어졌다. 이때 김유신은 기지를 발휘하여 큰 연을 띄우고는 그 밑에 큰 불을 달아올려, 떨어졌던 유성이 다시 떠올랐다며 사기를 북돋았다.

이 비담의 반란으로 충격을 받아 선덕여왕은 재위 16년 642년에 사망하였다.

골품제란 뼈에도 차이가 있다는 것으로 타고난 신분에 따라 차이를 둔다는 뜻이다. 따라서 당시 왕은 성골에서만 나오고 성골끼리만 결혼하는데, 선덕여왕은 성골 남자가 없어서 결혼을 못했고, 이후는 진덕여왕 밖에 없어서 왕위를 이었다.

진덕여왕 이후는 성골이 없어서 그 다음 신분인 진골에서 김춘추가 태종 무열왕이 되며 김유신과 함께 3국통일과업을 이룩하였다.

2) 석가모니를 자처한 신라왕들

신라 불교는 처음 눌지왕(19대) 때 「묵호자」(고구려 승려 아도)에 의해 전해졌으나, 보수적인 왕실 귀족들이 금지시켰다. 이어 6세기에 중국 양나라 사신 승려 "원표"에 의해 왕실까지 전파됐으나, 불교의 공인은 법흥왕14년(527) "이차돈"의 순교로 인해 공인되었다.

당시 「삼국사기」에 의하면, 법흥왕이 불교를 수용하려하자 귀족들과 백성들은 도교나 샤머니즘을 믿고 있어 반발이 심했다. 그러나 이차돈은 왕과 밀약하고는 "내가 죽으면 기적이 일어날 것이다"고 건의를 하였다. 마침내 이차돈은 왕명을 거부한 죄로 목을 베었다. 그러자 머리가 하늘로 치솟아 소금강산(경주 북쪽)에 떨어지고 새하얀 피가 하늘로 솟았다고 한다. 여하튼 기적은 일어났고, 이 기적을 보고는 누구도 불교를 포교하는데 반대하지 않았다고 기록하고 있다.

신라 불교 역시 호국불교의 성격을 띠었다. 신라에서 불교가 공인되자 다른 나라와는 달리 재빨리 왕실불교로 자리잡았다. 특히 불교왕명(王名)시대를 열었다. 법흥왕(23대) 이후 진흥왕(24대)-진지왕(25대)-진평왕(26대)-선덕여왕(27대)-진덕여왕(28대)으로 이어지며 왕명에 "진(眞)"자가 들어갔다. 이 진 글자는 진종설(眞倧設)에서 신라 왕실이 인도의 석가모니를 탄생시킨 왕실과 같다는 일종의 신선의식을 나타내고 있다. 그중에 진평왕은 본래 이름이 백정(白淨)인데, 이는 석가모니의 아버지의 이름을 딴 것이다. 또한 진평왕의 부인이름도 마야인데, 이 역시 석가모니의 어머니의 이름을 딴 것이다. 따라서 진평왕의 자식(선덕여왕)은 자연히 석가모니와 같게 되는 것이다. 또 진덕여왕의 원래 이름은 승만인데, 이 이름은 불교경전의 하나인 「승만경」에서 유래된 것이다.

이와 같이 불교왕명시대를 열면서 왕실의 권위를 부처님의 권위에 의존하려하였다. 이러한 뜻에서 왕족 중 성골골품은 왕실불교와 연계된다는 주장도 있다.

3) 꿈 때문에 뒤바뀐 두 자매의 운명

김유신에게는 누이동생 보희와 문희가 있었다. 당시는 골품제에 의해 엄격한 계급사회이지만 김유신은 진골 김춘추와 둘도 없는 친구 사이였다.

정월대보름날에 김유신은 김춘추를 초청하여 집근처에서 축국(공차기)을 하면서, 김유신이 슬쩍 김춘추의 옷자락을 당겨 옷 고름이 떨어지게 하였다. 그러다 놀이가 끝나고 김유신은 김춘추에게 터진 옷자락을 지적하며 자기집에 가서 꿰메어 입고 가라고 하였다. 집에 가서는 동생들에게 부탁했다. 그러나 언니 보희는 "이런 하찮은 일로 어찌 귀공자를 가까이 하겠습니까?"라고 하니, 김유신은 다시 막내 문희에게 청하자 쾌히 승낙하였다. 문희는 김춘추 앞에 다가가 꿰메어 주고는 "천한 소녀가 귀공자님의 옷을 제대로 꿰매었는지 모르겠습니다"라고 여쭈었다. 당시 김춘추는 30세가 넘어 이미 결혼을 했지만, 문희의 모습이 아른거려 공부가 되지 않았다. 그래서 공놀이 핑계로 김유신의 집에 자주 드나들었다. 그러다 문희가 아이를 가졌다. 그러나 김유신은 사랑하는 동생을 김춘추의 첩으로 들여 보낼 수는 없었다.

때마침 선덕여왕이 남산으로 거동했는데, 김유신은 이때를 놓치지 않고 마당에 나무를 잔뜩 쌓고 불을 피워 연기가 오르게 하였다. 이때 여왕은 자욱한 연기를 보며 그 사연을 알아보게 했더니 "김유신이 자기 누이동생을 처녀의 몸으로 임신을 하여 불태워 죽이려 한다"고 아뢰있다. 그 소리에 여왕은 노기를 띠며 "그 남자는 누구냐"하고 반문하자, 진골 출신이라는 것이다. 그러자 그 옆에 있던 김춘추는 얼굴이 빨개지며 "바로 소인입니다"고 하였다. 여왕은 "공이 책임을 지셔야겠네요"라며 어명으로 혼인을 시켰다. 이후 김춘추는 태종 무열왕이 되고 문희는 왕비가 되었다.

혼례날 언니 보희는 비단치마 하나를 찢으며 울었다. 그 치마는 자신의 꿈을 동생에게 팔면서 받았던 치마였다. 그 꿈은 김춘추가 김유신 집에 들르기 전에 일어난 일이다. 언니 보희는 꿈에서 "내가 서현산에 올라 소변을 보았는데, 서라벌이 온통 오줌바다로 변했다"는 내용이다. 이 꿈을 문희가 언니에게 팔라고 하여 그 댓가로 새 비단치마를 준 것이다. 이 꿈은 왕비가 되는 길몽이었고, 문희는 그것을 알아차렸다. 그래서 문희는 김춘추의 옷을 꿰매어 주었던 것이다.

5. 신라의 대당항전(민족통일전쟁) (670~676)

삼국시대 말기에 신라의 당면한 적은 백제였고, 신라는 백제를 치기 위해 당의 지원을 받았으나, 당의 적은 고구려였다. 그러나 당은 고구려에 번번이 당하면서 신라의 요청을 받아들여, 백제를 먼저 친 후에 고구려를 남북 양면에서 협공하기로 하였다. 당시 당나라는 세계의 중심이라고 자처하고 있었는데 고구려만 굴복하지 않기 때문이다.

그리고 전후 처리문제는 대동강 이북땅을 당에 주기로 약속하였다. 그러나 당은 이를 무시하고 백제땅에 백제도호부를 두고 그 예하에 5도독부를 두었다가 나중에 "웅진도독부"로 개편하고, 도독에 당나라의 왕문도를 임명했는데, 왕문도가 죽자 의자왕의 셋째 아들 부여융으로 교체했다. 이는 치열하게 부흥운동을 벌리는 백제 유민을 무마시키고, 또한 신라를 견제하자는 조치였다. 더욱이 당은 문무왕과 부여융을 불러 백마를 잡아 피를 함께 마시게 하여 화친을 맹약하게 하였다.

이어 고구려에도 9도독부를 두고 평양에 "안동도독부(668년)"를 두면서, 안동도독부에서 신라 및 백제지역을 총괄하게 하였다. 이같은 상황은 신라에서 볼 때 당과 동맹으로 멸망시킨 나라들과 당의 변방으로 동등하게 처우받게 되었으니, 삼국통일을 꿈꾸어왔던 신라로서는 도저히 받아들일 수 없었다.

결국 신라는 가야출신 강수로 하여금 대당 외교교섭을 벌이는 한편, 고구려·백제 유민들과 화합하여 무력으로 대당항전을 벌리는 방법을 택할 수 밖에 없었다.

우선 백제지역에서 당세력을 몰아내기 위하여 고구려 보장왕의 서자 안승과 그의 유민 4천여호를 받아들여 익산에 안치시키고, 안승을 고구려왕(보덕왕)에 봉했다(670년). 이들로 하여금 당과 백제부흥군 부여융에게 대항하게 하였다.

한편 신라도 품일장군에게 옛 백제땅과 사비성을 공략하여 82개성을 빼앗고 또한 당군을 공격하여 5,300명을 참살시키고, 당의 보급선 70여척을 노획함으로서 백제지역의 해육상 지배력을 장악하였다.

고구려지역에서도 당의 고간이 이끄는 4만 병력에 대항하여 고구려 유민들이 압록강을 넘어 토벌작전에 가담하기도 했으며, 특히 평양근교에서 당군 1만3천명을 격파하기도 하였다.

그리고 당은 문무왕14년(674)에 당에 억류되어 있던 문무왕의 동생 김인문을 일방적으로 신라왕에 봉하고 침공해 왔다. 이어 당군은 계속 증파되며, 문무왕15년에는 20만 대군이 침공해왔다. 이때 신라는 국운을 걸고 백병전까지 벌려 매초성(양주)에서 크게 격파하여 당군의 전마 3만380필과 무기도 대량 노획하였다.

이때 총사령관 효천장군과 의문장군도 전사했다. 한편 해로로도 당의 설인귀의 수군이 소부리주 지벌포(금강입구)로 진입해 왔다가 대파됨으로서 서해의 해상재해권도 신라에서 장악하였다.

이 당시 매초성 전투에서 김유신장군의 아들 화랑 원술이 백병전에 나섰으나, 만회하지 못하자 후퇴명령에 후퇴하였다. 이어 70대 노인인 이진함이 적진에 돌진하자 젊은 화랑인 그의 아들이 뒤따라 갔으나 둘 다 장렬하게 전사하였다. 이후 아버지 김유신은 원술을 패전지장이라며 왕에게 처형을 건의했었다. 왕은 기회를 주자며 변방으로 보냈으나 그는 태백산으로 들어가 수도하며 이후 다시는 세상에 나오지 않았다.

결국 당나라는 육·해군이 모두 패하자 안동도호부도 평양에서 요동성으로 옮겼다(676년). 신라가 당을 끌어 들여 삼국통일을 했으나, 결국 당을 축출하고 독자적인 통일을 성취한 것이다.

이같은 신라의 삼국통일은 우리 민족사적으로 어느 시대 어느 나라라도 해야 할 과제였으므로, 우리 민족의 주체적인 역사발전을 가능하게 한 것이다.

다만 아쉬웠던 것은 고구려의 옛 영토의 일부였던 중국 동북지역을 되찾지 못하여, 삼국통일이 불완전한 것이 되고 말았다.

6. 신라 "삼국통일"의 의의

신라가 삼국을 통일할 수 있었던 것은 아래 몇 가지 이유를 들수 있다.

첫째 : 신라가 고구려·백제보다 늦게 고대국가로 진입했지만, 혁신적이고 헌신적인 국민정신이 국가발전에 크게 기여하였다. 그 예로 「삼국사기」에서 지적했듯이 어린 관창이나 심지어 노비들도 국가를 위해 스스로 목숨을 바치는 모습들이 국민을 단결시켰다.

둘째 : 대외적으로 당나라가 고구려·백제를 침공하고자 할 때, 신라가 외교적으로 이에 합류하여 중국세력을 효과적으로 이용하였다.

셋째 : 당시 백제는 의자왕이 실정하고, 고구려 역시 연개소문의 정권장악으로 국론이 모이지 않았으나, 신라는 김유신과 김춘추가 결속이 잘되었고, 특히 화랑도의 계율인 "세속오계"가 화랑의 낭도뿐만 아니라 전 백성들을 통합시키는데 큰 역할을 하였다.

넷째 : 당은 고구려·백제를 멸망시킨 후 신라마저 자신의 영토로 편입시키려 하자, 이때 신라는 고구려·백제 유민들을 효과적으로 포용하여 삼국 유민들이 대동단결하여

당을 몰아냈다는 점이다.

이렇게 하여 불완전하지만 최초로 민족을 통일한 것이다.

신라의 삼국통일에 대해서는 후세 사가(史家)들에 의해 긍정적으로 보는 견해와 부정적으로 보는 견해가 있다.

1) 부정적으로 보는 견해로는;

주로 민족주의 학자들로서 "삼국통일은 당이란 외세를 끌어들였고, 이때부터 중국에 대한 사대외교가 자리잡았다", "고구려의 고토(古土) 만주를 잃어버린 불완전한 통일", "신라의 삼국통일은 통일이 아니라 백제의 멸망에 불과하다, 고구려를 이어 발해가 등장했기 때문에 삼국시대에서 양국시대 또는 남북국시대로 바뀐 것에 불과하다"고 폄하하는 견해도 있었다.(단재 신채호의 「독사신론」1908년, 유득공의 「발해고」1784년)

2) 긍정적으로 보는 견해로는;

안확의 「조선문명사」(1923년)와 문일평의 「통일신라론」(1931년)에서, "단재사학에 대해서는 당시 한일합방에 즈음하여 우리 한국민족사 전체를 부정적인 의미로 표상되는 본질적인 한계를 지니고 있다. 보다 긍정적이고 적극적으로 평가해야 한다"고 말하고 있다.

손진태는 「조선민족사개론(상)」(1948년)에서, "광대한 영토와 인민을 상실하기는 했지만, 그나마 우리는 신라의 통일에 의하여 민족 모체의 결정을 보게 되었으며, 5~6세기에 빈번했던 동족내부의 삼투(삼국의 투쟁)의 비극은 이에 정지된 것이다 … 만일 신라의 통일이 없고, 삼국과 함께 어느 외민족의 손에 망하였다면, 현금의 조선민족이란 것이 과연 있었을런지 의문이다. 이 의미에 있어 신라의 통일은 조선민족사상에 중대한 의미가 있는 것이다"라며 통일신라를 민족의 절정기로 총평하였다. 이때부터 "통일신라"란 용어가 사용되었다.

종래 우리의 역사시대구분에서 "통일신라시대"로 많이 구분하다보니, 자연히 북쪽 발해가 소외되어 "남북국시대"로 부르자는 의견이 있었다(유득공의 「발해고」).

그러나 발해가 멸망한 뒤에 발해의 정통성을 이어받은 우리 한민족이 없기 때문에 발해사의 성격규정에서 문제가 되고 있다. 따라서 "통일신라시대"나 "남북국시대"라기보다 "통일신라와 발해"로 시대구분을 하고 있다.

북한에서는 "발해와 후기신라"로 쓰고 있다. 북한은 고구려의 후손이라는 역사의식에서 신라의 삼국통일을 외세를 끌어들였다는 거부감 때문이다. 그래서 "통일"이라는 용어 대신에 "전기신라"니 "후기신라"로 시대구분하고 있다.

7. 동아시아 해양의 패자 "장보고"

장보고가 청해진을 건설하여 해상활동을 하던 9세기초는 서구에서도 노르만인들이 바이킹으로 잉글랜드를 침공하는 등 해상활동이 활발하던 시기였고, 동아시아에서도 성당(盛唐)문화가 꽃피고 일본도 헤이안문화가 흥하던 시기였다.

장보고는 완도가 고향으로 어릴 때 이름은 궁복인데, 미천한 신분으로 친구정연과 함께 당나라 등주로 가서 무사가 되었다. 그는 당나라 무녕군의 수하가 되어 무공으로 이름을 떨쳤다. 당시 신라는 당과 우호관계였으나, 당은 성당문화가 오래 계속되면서 국운이 쇠약해지며 해적들이 들끓었다. 당의 상인들이 신라해역에 들어와 재물을 탈취하고 백성들을 잡아가 매매하기도 하였다. 이를 보다 못한 장보고는 신라로 돌아와 흥덕왕(42대)에게 해적문제와 소년들의 노예문제를 고했고, 이로서 만명의 군사를 받아 완도 옆 잠도라는 조그만 섬에 828년 청해진을 설치했다. 이때부터 서·남해의 재해권을 장악하고 해적을 소탕하며 신라·당·일본과의 3국 무역을 통해 크게 성장하였다. 점차 세력이 커지면서 중앙정치에도 관여하여 신무왕(45대)의 왕위결정에 깊게 관여했다. 그러나 그의 딸을 문성왕(46대)의 왕비로 앉히려다가 중앙귀족과 반목하여 결국 그들이 보낸 자객에 의해 피살되었다. 이상은 「삼국사기」의 내용인데, 「동국통감」 「동사강목」 등에서는 왕이 장보고의 공을 시기하여 참소하는 말을 믿고 그를 반역자로 몰아 죽인게 아닌가하고 적고 있다.

이 장보고에 대해서, 당나라 최고시인으로 평가받는 두목은 「번천문집」에 장보고의 일대기를 쓰면서, 장보고를 "동방에서 가장 성공한 사람"으로 기록하고 있다. 당시 청해진은 중국과 일본을 연결하는 길목이였고, 이는 1976년 신안 앞 바다에서 발견된 침선유물을 보아도 알 수 있다. 당시 장보고의 해상활동은 일본 승려 엔닌이 장보고의 배를 타고 당에 들어가 여행한 기록인 「입당구법순례행기」에 장보고의 활동을 생생하게 소개하고 있다. 엔닌은 일본 교토에 적산서원을 세우면서 장보고의 영정을 모셨고, 중국산동의 적산법화원의 절에는 수호신으로 장보고의 동상이 세워져있다. 당시 신라사람들은 산동반도에 신라방을 만들고 행정관청인 신라소와 사원인 신라원등도 설치하였다. 특히 산동반도의 등주지역은 신라·발해·일본인들의 집결지이기도 했다. 고려를 건국한 왕건도 예성강하구의 벽란도에서 산동반도로 이어지는 해상활동을 바탕으로 고려 건국의 기반을 다졌다. 청해진이 남해안의 요충지나 서해안에는 백령도가 그 길목이었다.

이 당시는 교육뿐만 아니라 인적교류도 활발하였다. 당시 당에서는 외국인만을 대상으로 '빈공과' 라는 과거시험이 있었는데 신라·발해간에 서로 1등을 다투었다. 대표적으로 최치원이 장원급제하기도 했다.

신라 시대에는 우리의 상상을 뛰어넘는 국제교류도 활발하였다. 경주국민박물관에 '로만글라스'라는 유리잔이 있는데 로마지역과 교류했음을 보여주고 있다. 또한 '괘릉'에는 능앞 무인상이 서역인 모습을 하고 있다. 이들은 체격이 우람하여 페르시아 쪽에서 우리나라에 들어와 용병이나 호위병 역할을 한 것으로 보인다. 그 외 8~9세기 신라 사람이 외국에서 활동한 기록이 많은데, 그중에 혜초의 「왕오천축국전」은 중국둔황에서 발견되어 지금 프랑스에 있다. 이 책은 5천쪽의 방대한 책으로 인도의 5개국을 돌아보고 적은 일기인데, 당시 인도는 신라를 "구구탁국" 즉 "꼬꼬댁의 나라" "계림의 나라"로 불렀다. 이 책은 경부고속전철 수주과정에서 프랑스가 우리의 환심을 사려고 언급한 바 있다. 우리측은 신미양요때 약탈해간 강화도 외규장각도서를 반환 할 때 이 책도 포함되도록 교섭했으나, 프랑스 측에서 왕오천축국전은 획득 경위가 다르다면서 제외되었다.

이 장보고 대사가 청해진을 설치한 날을 기념하여 매년 5월 31일이 '바다의날'로 정해졌다.

8. 신라의 멸망

통일신라의 하대는 제37대 선덕왕에서 제56대 경순왕까지 155년을 말하는데, 왕이 무려 20명이 평균 7.5년만에 교체되며 왕위쟁탈과 반란이 거듭되어 매우 혼란하였다.

9세기 중엽부터 지방에서도 도적과 농민의 봉기가 전국적으로 일어나고 후삼국이 일어나면서 신라사회는 무너지기 시작하였다.

이 시기에 중국 당나라도 경국지색 양귀비로 인해 안록산의 난이 일어나면서 쇠망의 길로 들어선다. 이때가 신라는 중대에서 하대로 넘어가는 시기이다. 신라가 망하는 비슷한 시기에 발해도 거란족에게 멸망(926년)했고, 일본도 고대사회에서 중세사회로 넘어가는 시기였다.

당시 신라 서울은 당의 장안과 같이 호화롭게 변화하여 사치와 도덕적해이가 심했다. 그래서 말기 풍조인 "처용가" 노래 등이 사회에 만연하였다. 최치원이 큰 꿈을 안고 신라사회를 개혁해 보려고 귀국했으나, 결국 실패하고 환멸을 느끼며 방랑생활에 들어갔다.

1) 골품제의 붕괴와 끝없는 반란

귀족들의 세력다툼은 하대에서 집중되었다. "혜공왕(36대)"이 8세에 즉위하여 태후 만경부인이 섭정을 했는데, 일길찬대공이 반란을 일으켜 33일간 왕궁이 포위되고 3년이나 끌었다. 이어 3년뒤 대아찬 김융이, 또 뒤이어 김양삼이 모반하여 혜공왕이 피살되고 제37대 "선덕왕"이 되었다. 그도 재위 6년만에 후사없이 죽자 상대등 김경신이 제38대 "원성왕"이 되었다. 그도 재위 14년만에 손자에게 양위했으나 그도 2년만에 죽고 나이 어린 "애장왕(40대)"이 즉위했다. 이때 상대등인 숙부 김언성이 섭정을 하며 왕위 찬탈을 노리고 어린왕에게 음란생활에 빠지게 하였다.

그러나 왕이 20세가 되며 철이 들고 불심이 돈독해지면서 친정을 하며 가야산에 "해인사"를 짓고 궁녀들도 집으로 돌려보내며, 절도 더 이상 짓지 못하게 하면서 재정낭비를 막으며 숙부를 견제하기 시작했다. 결국 숙질간 골육상쟁이 일어나며 애장왕이 죽고 숙부 김언성이 제41대 "헌덕왕"이 되었다. 이때 시중 김헌장이 무열왕계로서 왕이 못된 것에 불만을 품고 822년에 국호를 「장안」으로 하고 웅천주에서 시작하여 주로 무진주(광주), 한산주(전주) 등을 중심으로 거병했으나 곧 진압되었다.

이와 같이 왕위쟁탈전은 제44대 "민애왕"까지 이어졌다.

민애왕때 왕위다툼에서 밀려난 우징이 당시 실력자인 장보고에게 의탁하여 청해진에 있다가, 장보고가 우징을 도와 궁중 병사들과 3개월간 싸워서 실권을 잡았다.

결국 우징은 종형 민애왕을 죽이고 "신무왕(45대)"이 되었다. 그러나 신무왕이 곧 죽자 아들 경응이 "문성왕(46대)"이 되었다.

이때 장보고는 딸을 문성왕의 왕비로 들여보내려다, 조정에서 보낸 자객(장보고의 부하 염장)에게 딸과 함께 피살되었다.

2) 지방호족과 6두품의 성장

중앙에서 왕위쟁탈전이 한창일 때, 지방 호족들은 시야를 해외로 돌려 중국, 일본 등과 해상무역이 활발하였다. 이들은 중국 산동반도에 신라방을 두고 또한 일본에는 대마도에 신라역을 설치하여 해외교역에 열중하였다. 대표적으로 청해진의 "장보고", 강주(진주)의 "왕봉규", 송악(개경)의 "작제건"(왕건의 할아버지)이다.

중앙이 혼란한 틈에 해적들이 횡행하자 청해진(완도), 당성진(남양), 혈규진(강화) 등에 군진을 설치하여 해적을 퇴치하면서 해상무역도 강화하였다. 이렇게 성장한 호족들이 장보고처럼 반기를 들기 시작하였다. 대표적으로 궁예와 견훤이다.

궁예는 도둑세력을 기반으로 성장한 호족이다. 이 당시의 도둑이란 지방토호 또는 세력가의 횡포에 도망가 저항하는 농민들이 대부분이다. 견훤도 당성진을 근거로 해상 세력을 키워 후백제를 세운 것이다 이들은 스스로 성주나 장군, 왕을 자칭하였다. 왕건도 해상세력을 바탕으로 성장한 호족 가운데 하나이다.

이와달리 6두품은 중앙에서 지식을 바탕으로 한 세력이다. 이들은 주로 중국유학파로서 실력은 있지만 진골이 아니어서 아찬(차관급)이상의 관직에 오르지 못했다. 이들은 자연히 반 신라적이 되고 무력과 재력을 가진 지방호족들과 연대하면서 고려가 건국하게 된 것이다.

이 두 세력을 연계시킨 것은 당시 불교 교종을 대신하여 등장한 선종이였다. 당시 교종은 경주의 귀족 중심이였다. 교종은 어려운 경전 중심의 교리에 바탕을 두고 있다. 반면 선종은 경전 공부보다 스스로 수련을 통해 깨우칠 수 있다고 하여, 특히 문자에 약한 호족이나 일반 백성, 무사들에게는 아주 매력적인 사상이였다. 또 한편 호족들에게 정신적인 기반이 된 것은 풍수지리설이다. 이는 명당이 경주뿐만 아니라 다른 곳에도 있을 수 있다면서 경주 중심에서 벗어날 수 있었다.

이 풍수지리설은 음양오행설과 결합하여 풍수도참설을 낳고, 여기서 "도선"이 고려 시조 왕건과 연계되었다. 이후 왕건은 "훈요십조"에서 도선이 정한 절 등의 자리를 함부로 바꾸지 말도록 하였다.

3) 경순왕, 왕건에 투항

궁예의 후고구려가 왕건의 고려로 대체되자, 당시의 세력판도는 왕건의 고려와 견훤의 후백제, 경애왕의 신라로 구성되었다. 그러나 당시의 신라는 경주 일원만 통치하는 호족이나 다름없었다.

당시 경애왕은 견훤이 신라부터 먼저 손아귀에 넣으려는 의도를 알아차리고, 왕건에게 의지하려 했고 왕건 역시 경애왕을 지원해 주었다.

결국 견훤은 927년 경주 도성을 쳐들어가자, 경애왕은 포석정에서 연회를 베풀다가 도망갔으나 붙잡혀서 자결하게 하였고 그 뒤를 "경순왕"을 세웠다.

왕건은 경애왕의 사망 소식을 듣자 격분하여 견훤과 대회전을 준비하였다.

그러나 왕건군은 팔공산(대구), 강주(진주) 등에서 연패했다가 고창군(안동) 전투에서부터 승기를 잡았다. 그러자 왕건은 신라의 왕도를 친선방문하였다.

경순왕은 고려 태조에게 주연을 베풀며 회한의 눈물을 흘리면서 견훤이 왔을 때의 수모를 이야기하며 고려군의 엄격한 규율에 감동을 표했다. 이어 태조를 보니 부모를 대하는 것 같다면서 고려에 귀부하겠다고 하였다.

그때 후백제에서 정변이 일어났다. 견훤의 아들 "신검"은 견훤이 너무 전제적으로 흐르자 견훤을 금산사에 유폐시키고 스스로 대왕의 자리에 올랐다. 그러나 견훤은 도망가서 신라보다 먼저 고려에 투항해 버렸다. 그러자 견훤이 장악했던 많은 지역이 고려로 넘어갔고, 경순왕의 영토역시 경주 부근의 군읍정도만 남게 되었다.

경순왕은 더 이상 나라를 지키기가 어렵다고 판단하여 군신회의를 열고 고려에 귀부할 것을 결정했다(935년). 그러나 태자가 나서며 "천년 사직을 이렇게 쉽게 내줄 수는 없다. 심기일전해야 한다"하고 건의했으나, 왕은 "죄없는 백성들을 더 이상 참혹하게 죽일 수 없다"면서 최후의 결정을 내렸다. 태자는 통곡을 하며 개골산(금강산)에 들어가 삼베옷을 입고 풀로 연명하며 일생을 마쳤다. 그래서 후세는 그를 "마의태자"라 불렀다.

그러나 야사에서는 이후 마의태자의 행적이 경북 안동(태자리)-충무(계림령)-경기도 양평(용문사)-강원도 홍천(지왕동)-인제(김부리·한계산성)-금강산으로 이어지는데, 이곳들이 모두 군사요충지로서 신라부흥을 위한 흔적이 지금도 마의태자를 상징하는 지명으로 남아있다.

특히 양평 용문사에 가면 마의태자가 쉬면서 꽂아놓았던 지팡이가 자라서 1,000년의 고목(은행나무)이 되어 그때의 애환을 말해주고 있다.

chapter 09

삼국시대의 문화

1. 제천의식과 민중풍속

고구려는 10월에 제천행사인 "동맹축제"가 열린다. 추수감사제 형식인데, 왕과 귀족·백성들이 함께 노래와 춤을 즐기며, 감옥에 갇힌 죄수도 풀어주었다. 이때 시조 동명성왕 주몽과 유화부인을 추모하는 제사를 지냈다.

백제는 4월 왕이 하늘과 오제에 제사지내고, 시조묘에는 매년 4번 제사지냈다.

신라는 매년 1월 1일을 원일로 정하고 일월신(日月神)에 제사지내고, 1월 15일은 "정월대보름"으로 정해 약밥을 먹고 까마귀에게 약밥을 주었다. 당시 까마귀는 길조 또는 영조로 취급하였다.

8월 15일은 대보름으로 "가위"라 하여 가장 큰 명절이였다. 이날은 남자는 궁술대회, 여자는 길삼놀이를 했는데, 진편이 음식을 베풀고 춤, 노래, 유희로 즐겼다.

오늘날 설날, 정월대보름, 한가위는 삼국시대부터 전래되었다.

우리 선조들은 원시시대부터 음주·가무 등 가악을 즐겼고, 특히 제천의식 때는 종합예술제형식으로 강강수월래, 가무 등을 즐겼다.

놀이풍습으로는 삼국이 비슷한데 바둑, 투호, 축국(공놀이), 각저(씨름) 등을 즐겼다.

악기로는 중국 악기를 모방하여 대금, 가야금, 거문고, 비파 등이 있고, 특히 가야는 가실왕때 "우륵"이 가야금곡을 만들어 동맹체회의 때 「신곡 12곡」을 지어 노래에 맞추어 연주했고, "백결선생"은 방아타령곡조의 명수로서 나중에 아악을 지었다.

노래는, 신라에서는 민요(향가)로서 융천사의 "혜성가"가 전해지고 있다. 이는 갑자기 나타난 혜성을 없애고 왜구의 침입을 막아보자는 의도로 불리었다. 백제에서는 "정읍사"가 전해지고 있다.

특히 당시 중국 수·당나라에서 구부기(九部伎), 십부기 등이 열렸는데, 주변 여러 나라를 초빙한 일종의 "세계 음악제"였다. 당시 지리적 여건 등으로 고구려만 참가했는데, 고구려 고분벽화에도 그려져 있는 것을 보면 고구려의 음악이 상당한 수준인 것으로 보인다.

1) 혼인풍습으로는;

고구려에는 "데릴사위" 제도가 있었다. 신부집에서 사위를 데리고 와서 딸과 함께 사는 제도이다. 신부집 뒷 켠에 "서옥"이라는 작은 집을 짓고 신랑을 맞는데, 신랑이 저녁에 예물을 준비하여 신부집으로 와서 결혼하겠다고 몇 차례 애원을 하면 신부측은 마지못해 받아들이는 척하여 서옥으로 보냈다.

이같은 유래로 "서옥제"라고도 한다. 이는 주로 귀족층 또는 부유층에서 노동 등이 필요로 할 때 주로 이용한다.

이같은 제도는 이후 고려시대에는 딸만 있는 집안에서 어린 소년을 데려다 잡일을 시키다가 성인이 되면 혼례를 하고 함께 사는 제도도 있었다.

조선시대에는 이와 상관없이 결혼을 하면 일정기간(통상 아이가 생기면) 동안 처가살이를 하는 풍습이 있었다. 지금도 "장가간다"는 말은 "장인의 집으로 간다"는 뜻으로 삼국시대의 데릴사위의 흔적에서 연유된다. 다만 고구려의 평민들은 경제적인 이유보다 자유로운 연애결혼을 했으며 남자가 예물로 돼지와 술을 신부집에 보냈다고 한다.

고려시대 역시 자유연애가 성행했고 부모의 허락만 나면 결혼이 가능했다.

그러나 조선시대는 유교문화가 뿌리내려서 특히 조선중기 이후에는 집안끼리 계약이라는 성격의 중매결혼이 성행했었다.

2. 민중저변에 침투한 도가사상과 민속신앙

1) 도가사상

삼국시대는 도교가 불교나 유교와는 달리 백성들의 생활저변으로 확대되어 갔다. 당시의 도교는 도교의 한 지파인 "오두미교"가 서민들 간에 확대됐는데, 이는 후한말 「장릉」이 제창하여 "천사교"라고도 하였다. 병자를 치료해주면 그 보답으로 쌀 5되를 주었는데, 이것은 도가사상에서 유래된 것이다.

한 사례로서 고구려의 고국원왕(16대)이 백제를 침공했을 때이다. 이때 백제 근구수왕(14대)이 고구려군을 대파하고 태자가 계속 추격하려할 때, 막고해 장군이 "도가에 이르기를 만족할 줄 알면 욕되지 않고, 그칠 줄 알면 위태롭지 않다"는 도교의 말을 인용함으로서 추격을 멈추었다.

또한 신라에서도 "백결선생"이 남루한 옷을 입고 가야금을 타며 청빈한 생활을 하면서도 세상의 명리를 초월하여 유유자적하게 살았는데, 그는 "영계기"(「열자」에 나오는 도교계)사람을 좋아했다.

이와 같이 삼국시대는 도교가 생활과 철학에 깊숙히 침투되어 있었다. 그 예로 고구려의 고분벽화나 백제의 와전 등에서 도교의 삼신산(三神山)이나 도원 세계의 도사들이 많이 묘사되고 있다.

도교는 이후 고려조, 조선조로 내려오면서 "도참사상" 등으로 전래되었다.

2) 민속신앙

신라 법흥왕(527년)때 불교가 전파되었을 때 귀족들과 백성들은 도교나 민속신앙을 믿고 있어 극력 반대하였다. 그때 이차돈의 순교로 불교를 수용하였다.

당시 민중들이 믿고 있던 신앙은 "성황(城隍)신앙", "향도(香徒)신앙", "삼신(三神)신앙" 등이다.

성황신앙이란;

원래 6세기에 중국에서 마을에는 영험한 신이 있어 전쟁이나 재난 때 마을을 수호해 주는 신이 있다고 믿은데서 유래되었다. 성황신을 모신 곳을 성황당(또는 서낭당)이라 하는데, 주로 고개마루, 부락입구, 사찰입구에 있는 신수(神樹: 고목나무)에 잡석을 쌓아 놓은 것이다. 성황신은 내세관이나 정신세계의 이상(理想)을 추구하기보다는 액(厄)이나 질병, 재해 등을 막아주는 마을신을 말한다.

이 같은 형태로는 강릉 단오제나 동해안 별신굿이 이 범주에 속한다.

향도신앙이란;

원래 "향을 피우는 것을 유지하기 위한 무리"란 뜻인데, 부처님께 비는 일종의 기불신앙이다. 주민들이 주로 외적의 침입(특히 왜구)이 잦은 해안에 향나무를 땅속에 묻고 빌면 미륵불이 언젠가는 나타나 자신들의 고난을 해결해 준다는 신앙형태이다. 처음에는 불교의 신앙활동을 목적으로 조직된 신도들의 결사(結社)인데, 나중에는 신앙활동보다 지역민들이 불상이나 탑 등을 쌓을 때 마을의 자발적인 공동체를 결성하는데 이용되었다.

최초의 향도사례는 신라 진평왕 때(609년) 김유신을 중심으로 조직된 화랑도를 "용화향도"라 했고, 삼국통일 후 백제지역(677년)에서 유림들이 모여 향도를 결성했다는 기록이 있다. 향도는 고려 때도 존속되었는데, 고려 현종 때 경북 예천에서 개심사 석탑조성에 향도가 연인원 2만명이 참여했다는 기록이 있다.

이후 조선시대는 장례를 지낼 때 상여를 메는 사람을 상여꾼 또는 향도꾼이라 했다.

삼신신앙이란;

각 가정의 제액초복(除厄招福)을 관장하는 가정신을 말한다. 주로 부뚜막이나 안방윗목에 정한수를 놓고 빌면 아이를 점지해 주고 아이의 건강과 출산을 관장하여 출산후 산모의 건강을 지켜 준다고 믿었다.

이외에도 무속(巫俗)신앙 역시 주요한 신앙형태이다. 향도신앙이 불교적 성격이고 성황신앙 및 삼신신앙이 민간전래의 고유신앙형태이나, 이들 모두 일종의 무속신앙이라 할 수 있다. 한편 12세기 이후 유교가 확산되면서 이러한 신앙행위는 모두 음사행위로 규정하여 금지시킴으로서 많이 약화되었다.

3. 금석문과 목간문화

금석문이란 쇠·돌·토기 등에 새겨진 글을 말하는데, 이는 당시의 사실을 보여 주는 귀중한 자료로 이용되고 있다. 흔히들 문헌자료를 사료로 이용하나 대부분 사본이 전래되거나 또한 후대에 기록되기 때문에 금석문이 훨씬 신빙성이 높다.

금석문은 대부분 우연히 발견되는데, 그 예로 광개토왕 비문에서 고구려의 영토가 북으로 부여·숙신을 정복하고 남으로 가야와 경주부근까지 내려온 것을 알게되었다.

그래서 고구려영토가 아산만에서 영일만까지로 이어짐을 알게 되었다. 또한 충주의 고구려비는 장수왕이 475년 백제수도 한성을 점령한뒤 충주·제천·단양까지 진출한 남진정책을 기념하기 위해 세운 비(국보 205호)였다. 또 청주의 운천동의 냇가에서 빨래

판 돌을 발견했는데, 그것이 삼국통일후의 신라사적비였다. 이같이 금석문을 해독하는 것이 금석학이라 한다. 그 선구자는 추사 김정희인데, 그는 북한산의 신라 진흥왕 순수비를 판독해석하였다. 이 같은 금석문으로 인해 새로운 사실이 발견되어 종전의 역사기록이 바뀌어지는 예가 많았다.

대표적으로 영일의 냉수리비와 울진의 봉평비이다. 냉수리비는 지증왕 4년(503년) 갈문왕 등이 '7왕공론(七王共論)회의'를 열었던 것을 표현했고, 봉평비는 법흥왕 11년(524년)에 매금왕 등 14인이 참석한 신라의 제간지 회의기록이였다.

신라는 원래 모태인 6촌의 양산촌·고허촌 등의 정치체제에서 6부인 양부·사량부 등으로 바뀌었는데, 그 시기를 일제 강점기에 일본학자들이 「삼국사기」를 신뢰하지 않아 훨씬 후대로 보았다. 또한 법흥왕의 율령반포도 훨씬 후대로 보았다. 결국 이 두 비문에 의해 「삼국사기」의 기록이 정확했음이 인정됐고, 따라서 일본학자들의 식민사관을 극복하는데 금석문이 큰 도움을 주었다.

목간은 일종의 금석문이나 주로 성곽유적내의 저수지, 뻘층, 해저침선(태안침선) 등에서 많이 발견된다. 옛날에는 종이가 없거나 귀하기 때문에 대나무편 쪽에 글이나 그림을 그려 남겼다. 지금까지 경주, 부여, 함안, 하남, 인천계양, 창녕 등에서 1,200여 점이 발견됐다. 대표적으로 경남 함안의 성산산성에서 발견된 목간은 6세기 중반 성쌓기, 세금 바칠 때 등의 꼬리표인데 어느 지역, 누가, 얼마를 바쳤는지를 기록하고 있다. 또한 백제의 도성인 부여에서 좌관대식기라는 봄·여름에 곡식을 농민에게 빌려주고 가을 추수 때 걷어들이는 제도인데, 그 내용 중에 당시 이자율이 30~50%로 높았음을 알게 되었다. 또한 목간과 비슷한 것으로 촌락문서(또는 민정문서)가 있다. 이 문서는 신라시대에 귀중품을 포장하여 일본에 보냈는데, 그 포장지가 바로 촌락문서기록이었다. 당시는 종이가 귀했기 때문에 폐지로 두었다가 포장용으로 쓴 것인데, 이것이 천년 후에야 일본에서 발견된 것이다.

4. 삼국시대 문화의 일본전래

삼국시대의 한·중·일의 동방문화권은 한자와 불교에 기초를 두고 철기문화가 보급되자 상호교류가 활발했다. 그중에 백제가 당시 왜와 정치적인 교류가 활발했고 아직기·

왕인 등이 왜에 건너가 논어·한자문·충효인(忠孝人)의 유교적 덕목을 가르쳤고 이를 생활과 법률로도 확대시켰다. 특히 백제 성왕때는 문화교류가 더욱 활발해져 일본의 '아스카문화'를 개화시켰다.

고구려때는 승려 혜자가 건너가 야마토 정권시절 「스이코천황」(쇼토쿠 태자가 섭정) 때 왜 황자에게 불교를 가르쳤다. 백제도 승려 혜총이 건너 갔고 이후 승려 관륵은 달력·천문·지리책 등을 전했다. 또한 610년 고구려 담징은 불교와 유교에도 통달한 고승인데 물감, 종이, 먹을 만드는 기술과 맷돌, 물레방아 등을 보급하였다. 특히 그는 화가로도 이름을 떨쳤는데 일본 호류지(법륭사)의 본당 "금당벽화"는 그가 그렸다고 전해진다, 이는 일본 최고의 벽화로서 인도 아진타석굴과 중국 둔황 막고불과 함께 세계적인 벽화의 걸작으로 꼽힌다. 이 "호류지"역시 나라 남쪽에 있는데 세계최고의 목조건물로 평가받고 있다. 또한 규슈 후나야마 고분에서 나온 금동관은 백제 무령왕릉의 금동관과 쌍둥이 같았다.

이후 백제·고구려가 멸망하면서 집단 이주자들에 의해 많은 영향을 끼쳤다. 이와같이 한반도에서 일본에 문화를 전래한 것은 대략 한반도의 청동기 시대인 기원전 1,000년경 벼농사기술과 칭동기·고인돌 등이 전래되면서 산국시대때 교류가 확대되었고 특히 유·이민자들에 의해 끊임없이 일본에 전파되었다. 세계 제2차대전 후 일본인의 유전

두 개의 미륵보살상. 한국 국립중앙박물관 소장 (왼쪽), 고류사 소장 (오른쪽)　　　　　(조선일보)

자 분석에서 도래인은 일본 전체 인구의 70%를 상회하는데, 이는 구주(규슈) 북쪽 및 서쪽으로 갈수록 비율이 높았다는 보고가 있다.(하니히라 가즈오의 '일본인의 성립'에서)

한편, 조각품으로는 국보83호인 신라의 「금동미륵반가사유상」은 그 신비한 미소와 예리한 정신력을 잘 나타내는 걸작으로 꼽힌다. 그런데 이 반가사유상과 닮은 것이 일본의 아스카미술의 대표작품이며 조각부분에서 "일본국보1호"인 일본의 「반가미륵사유상」이 일본 교토의 고류사에 남아있다. 다만 한국불상은 금박의 금동제이나 일본 것은 목제이다.「일본서기」에 스이코 천황31년(623년) 신라에서 불상을 보내와 고류사에 안치했다는 기록이 있다. 그런데 그 재질을 검사한 결과 한국의 적송으로 만들어졌다. 그래서 이 미륵보살상은 한국에서 제작된 것으로 강하게 제기되고 있다.

이 국보 83호 반가사유상은 대한제국 마지막 황제 순종이 1912년 2,600원(현 30억원)을 주고 고(古) 미술상에게서 구입하여 왕실의 "제실(帝室)박물관"에 보관하던 것이다.

5. 신라인의 음악열

신라인들은 음악열이 대단했으며 특히 향가를 즐겼다. 향가는 일반서민의 교화나 화랑들의 기개를 높이기 위한 것으로 월명사가 지은 '도솔가' '제망매가'가 유명하다.

진흥왕때는 음악을 국가적으로 장려했다. 통일신라의 음악의 특징은 '3현 3죽'이 대표적이다. 3현이란 가야금, 거문고, 향비파(중국비파를 개량한 것)이고 3죽은 대금, 중금, 소금을 말한다.

이중 거문고는 고구려 유민 「옥보고」가 지리산에서 은거하며 50년동안 만든 「신조50곡」이 유명하다. 이곡은 제자 속명득에게, 또 다시 귀금선생에게 전했으나 귀금 역시 지리산에서 은거하며 나오지 않았다. 이에 왕이 그의 음악을 잇도록 안장·청장 두 소년을 보내어 어명을 내려 배우게 했다. 그러나 처음에는 비장의 곡인 '표품곡' 등 세곡은 가르치지 않다가 결국 제자 안장이 끈질기게 간청하여 오늘날에 까지 평조·우조 등 총 187곡이 세상에 전해졌다.

또한 가야금곡은 가야출신 우륵이 진흥왕때 신라로 귀화하면서 충주에 정착하여 법지·계고·만덕 세 제자를 두었는데, 이들을 통해 나중에 신라궁중 음악인 '대악'으로 발전했다.

3죽중 기본인 대금은 '만파식적'이라고도 하는데, 이 적을 불면 적군이 물러나고 질병도 고치며, 가뭄에 비가오고 바람도 잠재우고 풍랑도 멈추게 하는 조화를 부렸다하여 유래되었다고 한다. 이 만파식적에는 하나의 설화가 있다. 신문왕(31대)은 선왕 문무왕이 삼국 통일후 동해바다 암초사이의 바다에 왕릉을 만들

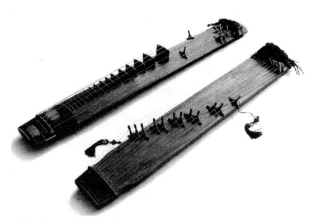

거문고(위), **가야금**(아래)

었는데 용왕이 된 명복을 빌기 위해 '감은사(感恩寺)' 절을 지었다.(682년) 그런데 어느날 감은사 앞으로 작은 산(섬)이 떠내려 온다는 것이다. 이에 왕은 불길하여 일관에게 점을 치게 했더니 선왕이 바다의 용이 되셨고 김유신이 큰 공을 세우시어 두 성인이 이 나라를 지키실 큰 보물을 줄 것이다 면서 바닷가로 가보라 하였다. 그래서 가보니 과연 섬쪽 대기에 큰 대나무 한그루가 있었다. 그때 용이 나타나 "그 대나무로 적(笛)을 만들어 불면 만가지 파도를 쉬게 하고 적군이 물러나는 등 조화를 부릴 것이다" 하여, 적을 만들었더니 과연 풍랑을 멈추게 하는 조화를 부리니 '만파식적(萬波息笛)'이라 이름 붙였다 이 만파식적이 바로 3죽의 기본이 되는 대금이다.

6. 신라의 말기 풍조 '처용가'

통일신라 말기에 끝없는 왕위 쟁탈전을 벌이자 사회기강마져 문란하게 되었다. 당시 신라는 번영을 누리며 서라벌주변은 시골에까지 초가는 한 채도 볼수 없었다 고 한다. 그런가하면 상류사회는 먹고 마시고 음악소리가 난무하며 사회기강이 많이 해이해져 있는 상태였다.

이때 「처용(처용랑이라고도 함)」은 헌강왕(49대)때 관리였는데, 동해왕의 아들이라는 설화가 세간에 난무하였다. 어느날 왕이 개운포(울산부근) 바닷가에 물놀이를 갔다가 서라벌로 돌아오는 중에 갑자기 먹구름이 끼고 한밤중처럼 되었다. 이때 왕이 무슨

연고인지 일관에게 물으니 "동해왕이 조화를 부렸는데, 절을 지어 용왕을 축원해야한다"는 것이다. 왕이 이를 약속하자, 금새 날씨가 평온해졌다. 그래서 이곳을 '개운포'라 이름지었다. 그러자 용왕은 기뻐하여 헌강왕에게 그 덕을 기린다며 용왕의 아들 하나를 두고 갈테니 정사를 돕게 하겠다고 했는데, 그가 「처용」이였다. 왕은 처용에게 미녀하나를 주어 아내로 삼게 하고 동해바다로 돌아가지 못하게 "급간"이란 벼슬까지 주었다. 그 후 처용은 놀기를 좋아하여 춤과 노래로 세월을 보내는데, 그 아내는 미인이여서 뭇 사내들이 넘보고 있었다. 어느날 처용이 밤늦게 돌아와 보니 아내가 어떤 사내와 잠을 자고 있었는데, 처용은 이를 보고는 노래를 부르며 물러났다. 그 노래가 처용가이다.

> "새벌(서라벌) 밝은 달밤에 밤들이 노닐다가 들어가보니 다리가 넷이구나 둘은
> 내 것이고 둘은 누구것인가, 본래는 내 것이었지만 빼앗겼으니 어찌할꼬"

이때 처용의 아내를 탐한 사내는 본래 역신(병을 옮기는 신)이였는데, 처용의 아내가 너무 미인이여서 사람으로 변신한 것이었다. 이때 처용의 노래 소리를 들은 역신은 쫓아 나와 처용 앞에 무릎을 꿇고 사죄했으나, 처용은 성난 빛 하나 보이지 않고 물러났다. 역신은 몸둘바를 모르며 "앞으로 공자님 모습을 그린 화상만 보여도 그 문앞에 얼신도 않겠다"고 굳게 약속하였다. 이때부터 신라에서는 문간에다 처용의 얼굴을 그려 붙여서 잡귀를 물리치는 예방을 했다고 한다.

이 이야기는 당시 신라에서 평화가 오래 계속되면서 긴장이 풀리고 쾌락을 쫓으니, 여인들은 음탕해지며 내세의 극락보다 현세의 육체적 만족을 찾음으로서 도덕질서와 사회기강이 해이해 졌음을 보여주고 있다. 당시 「처용」은 학자들 간에는 페르시아(이란)에서 온 서역사람으로 보고 있다. 신라 왕릉에서 페르시아시대의 유물인 청색유리잔, 금도검, 괘릉 앞 중동인 무인상 등이 발견되고 있어, 페르시아와 교류가 있었음을 보여주기 때문이다.

7. 최치원의 '토황소격(討黃巢檄)'

최치원은 신라의 대표학자로서 857년 경주에서 태어났다. 그는 신라의 대표 천재학자였다. 그는 12세에 당에 유학하여 18세에 당의 과거에 급제하여 당나라에서 현위 벼

슬을 하면서 「중산복궤집」 5권을 집필하였다. 그러나 당나라 사람들의 시기와 모함에 환멸을 느끼자, 그는 벼슬을 버리고 학문에만 정진하였다. 당시 당나라는 홍수로 황하가 범람하고 도둑 떼들이 들끓는 때 인데, 「황소」가 반란을 일으켜 장안까지 진격해왔다. 이때 희종황제는 고구려 출신 고변에게 토벌을 명했으나 고변은 반란군토벌에 실패하였다. 그러자 고변의 종사관으로 있던 최치원이 '토황소격문'을 써서 황소에게 보냈다. 그 내용은 "천하의 모든 백성들이 그대가 죽어 마땅하다고 생각하니, 모든 백성들이 그대를 주살하려 일어날 것이고, 만약 부족하면 지하에 있는 모든 귀신들마저 불러모아 그대를 죽이기로 결정 했으니… 모두 들고 일어설 것이다" 이 격문을 본 황소는 놀라서 후퇴를 서두르다가 그 틈에 진압되었다. 이후 휘종이 벼슬을 제수했으나 또 다시 모함을 당해 유배되었다. 결국 그는 29세에 풀려나 17년만에 귀국하여 헌강왕(49대)때 한림학사가 되었다.

그는 진성여왕(51대)8년에 「시무책10여책」을 저술하여 바쳤고, 그 외 「계원필경」 등 많은 저서를 남겼다. 그는 6두품으로 골품제에 불만이 많았고 말년에 신라의 국운이 쇠퇴하고 부패가 심하자 "계림은 가을바람에 나뭇잎이 시들고, 곡령(송악)에는 소나무 빛이 창창하다"라는 예언시를 남겼다. 결국 그는 신라의 멸망을 예감하고 벼슬을 내놓은후 방랑생활로 보냈다. 그는 유학을 바탕으로 하여 불교와 도교에도 능통하였고, 그가 지은 쌍계사의 '진감국사탑비'와 '난랑비'의 서문에 「도인풍류도」를 설명한 글이 유명하다. 그는 합천 해안사에서 여생을 마쳤으나 언제, 어떻게 죽었는지는 아무도 모른다. 왕건은 고려 창건후에 그의 치국경륜을 배우고자 최치원의 문인들을 많이 등용하였다.

PART 03

후삼국시대

chapter 01

견훤의 "후백제"

후삼국시대란, 신라, 후백제, 후고구려(마진-태봉-고려로 이어짐)의 세 나라가 정립했던 시대를 말하는데, 이 시대는 한국 역사의 시대구분에서는 고대사회에서 중세사회로 전환되는 시기이다. 당시는 신라 말기로서 발해가 신라 북쪽에서 926년까지 존속했으므로 일부에서는 "남북국시대"로 부르기도 한다.

신라는 하대에 들어서면서 왕권이 약화되어 귀족사회의 분열이 심화되고 각 지역에서 호족세력들이 할거하면서 과다한 횡포와 조세로 인해 전국적으로 반란이 일어났다. 중앙귀족 간에는 왕위쟁탈전이 격심하게 전개되어 혜공왕 때부터 진성여왕(768~887년)까지 100여년 동안 무려 20여 차례의 정치적 변란이 일어났다.

특히 진성여왕 때 조세과중으로 민심이 폭발하여 전국적으로 내란이 일어났는데, 대표적인 인물로 견훤, 궁예, 양길 등이다. 견훤은 백제의 부흥을, 궁예는 고구려의 부흥을 내걸고 각각 후백제, 후고구려를 세웠다.

견훤은 사벌주(경북상주) 출신으로 서남지방의 방수군 비장으로 있다가 무리를 모아 892년에 무진주(전라남도)에서 스스로 왕이 되어 전라도와 충청남도를 장악하여 900년에 수도를 완산주(전주)로 정하고, 백제의 부흥과 신라의 타도를 표방하면서 후백제왕에 오르며 국가체제를 갖추었다. 한때 그 세력판도는 동으로 상주·합천·진주와 안동·영천·경주까지 진출하기도 하였다.

견훤은 외관상 풍채도 좋고 부하들을 선두에서 전투지휘하며 용맹스러웠다고 한다. 그는 경주까지 쳐들어가 마침 포석정에서 연회중이던 경애왕을 죽이기까지 하였다. 그러나 그는 시일이 지나자 점차 전제군주로 변하였고, 심지어 아들 신검까지도 반기를 들었다. 그러자 아들과도 왕권쟁탈전을 벌이다 금산사에 억류되었으나, 다시 탈출하여 왕건에 투항하였다. 이후 신검군 역시 고려 태조 왕건에게 제압당하여 후백제는 고려에 흡수되었다. 견훤은 중국, 일본과도 교류하는 등 국가기틀을 잡으려고 노력했으나 역시 한 시대를 여는 지도자로서는 역부족이었다.

chapter 02

궁예의 "후고구려"

궁예는 원래 신라 제47대 헌안왕 또는 제48대 경문왕의 아들이라고 알려지고 있다. 그는 5월 5일 태어날 때 이가 나있어 일관이 장차 해가 된다고 하여 왕이 죽이라고 명하였다. 그런데 죽이려는 순간 유모가 홀연히 나타나 구해주어 도망가 살면서 유모를 친 어머니로 알고 자랐다. 그는 자신의 출생의 비밀을 알자 신라에 강한 적개심을 품다가 세달사에 들어가 중이 되었다. 그러다 891년 반란군 두목 기원에게 투신했다가 서로 의견이 맞지 않아 다시 북원의 반란군 두목 양길에게 투신하였다.

그는 양길의 군사를 나누어 가지며 점차 세력을 키워 명주(강릉)에서 장군으로 추대되면서 자립하여 철원에 도읍하니 그 위세가 사방에 떨치었다. 그러자 황해도 등 각지에서 지방 세력이 귀순해 왔다. 세력이 커지자 궁예는 895년 국가체제를 갖추었는데, 당시 송악(개성)의 대호족인 왕건부자도 귀순하였다. 이때의 세력은 강원·경기·황해도 등지에 이르렀다. 이어 자신의 주인이었던 양길을 제압하고, 901년 고구려 부흥과 신라 타도를 표방하며 스스로 왕위에 올라 국호를 "후구려(후고구려)"라 하였다. 그 뒤 904년에 국호를 마진으로, 또한 911년에는 태봉으로 고쳤다.

궁예는 휘하장군 왕건 등을 보내어 세력 확대에 나섰고, 결국 후삼국 전체 판도의 2/3를 차지하는 최대 세력으로 등장하였다.

궁예는 신라를 극도로 적대시하여 "멸도"라 부르며 심지어 신라에서 투항해온 자도 죽이는 등 견훤처럼 점차 전제군주로 변하였다. 특히 자신을 "미륵불"이라 칭하고 신비적인 의식세계로 빠져들었고 점차 즉흥적이 되어 갔다.

이렇게 궁예의 행동이 비정상적으로 변하자 어느날 궁예의 중신들이 왕건에게 찾아와 "암군을 폐하고 대권을 잡으라"고 설득해오자, 처음에는 거절하다 부인이 갑옷을 갖다 주어서 드디어 궐기를 하였다. 왕건이 나서자 군웅들이 합세하였고 궁예는 산속을 도망다니다 백성들에게 피살되었다. 이때가 왕건집안이 궁예휘하로 들어 온지 23년만인 918년이다.

왕건의 등장과 후삼국 통일

　왕건은 수도를 "개성"이라 하고 국호를 「고려」라 칭했다. 이후 후백제 신검군과도 탄현(대전 동쪽) 넘어 마성(황산)에서 최후의 회전이 벌어져, 결국 신검도 아우들과 함께 고려에 투항하여 후백제도 종말을 고했다. 이곳 황산벌은 백제의 계백이 신라에 패한 곳인데, 후백제 신검도 이곳에서 종말을 고했다.

　이렇게 하여 신라도 고려에 귀부함으로서 왕건은 후삼국을 통일하였다.

　학계 일부에서는 신라의 삼국 통일은 고구려가 결국 발해로 이어졌기 때문에, 당시는 남북국시대이므로 진정한 통일은 왕건의 후삼국 통일이라고 말하기도 한다.

PART 04

고려시대

바다상인의 후예 "고려왕조를 건국하다"

외국에서 우리나라를 호칭하는 용어인 "Korea"는 고려에서 유래된 것이다. 이 용어는 13세기 중반 몽골제국을 방문했던 프랑스인이 "중국 동쪽에 카올레 Caule(고려의 중국식 발음)라는 나라가 있다"고 쓴 것이 서양 최초의 기록이다. 이후 1596년 「동인도수로기」의 부도에서 "Corea"로 표기된 것이 오늘날 영어 표기 Korea의 최초 표기이다.

「고려사」에 의하면, 태조왕건의 할아버지 작제건(作帝建)은 국조(國祖)로 기록되고 있다. 작제건의 아버지는 당나라 숙종이라 한다. 어느날 작제건이 아버지 숙종을 만나러 상선을 타고 가다 풍랑을 만나 바닷속에 빠졌는데, 서해 용왕의 딸인 용녀(龍女)와 결혼하여 왕건의 아버지 용건(龍建)을 낳았다는 설화이다.

여기서 할아버지와 아버지의 끝자인 "건(建)"자를 왕건이 물려받은 것 같고, 특히 할아버지 작제건(作帝建)은 "황제를 만들 분"이라는 뜻이 있고, 아버지 용건이나 용녀도 용이란 뜻이 왕을 칭하는데 "왕을 세울 분"으로 해석할 수 있다.

이는 고려 왕실을 신성화시키려는 작위가 엿보이나, 왕건의 조상들은 송악을 중심으로 한 해상세력이였다.

당시 고려는 송나라와 교류가 활발했는데, 고려에서 송에 사신을 파견한 것은 57회, 상인을 파견한 회수는 34회로 기록되고 있다. 반면 송상인이 온 회수는 120회로서 상인 숫자도 5,000여명이란 통계가 있다. 조선시대는 공식외교로서만 교역이 허락된 것에 비하면 대외무역이 매우 활발했음을 보여주고 있다.

이러한 대외무역의 활발한 광경을 약 170년이 지난 1220년에 이규보가 「동국이상국집」에서 시로 잘 표현하고 있다.

"… 오가는 뱃머리 서로 잇대었도다. 아침에 배가 이 정자밑을 떠나면, 한낮이
못되어 남만에 이르도다…"

수많은 배들이 끊임없이 드나드는 예성강포구의 벽란도를 무역항으로 실감있게 그리
고 있다.

특히 회회인(이슬람인)이 쌍화점(만두가게)을 하면서 만두 사러온 고려여인과 정을
통하는 노래가사도 전해지는 걸 보면, 당시 상인들의 자유로운 저자 풍경을 엿볼 수
있다.

대외무역이 활발했던 13세기초 개경의 호수는 10만호(인구 약50만명)이였다. 당시
유럽에서 가장 큰 도시의 하나였던 이탈리아 피렌체가 인구 10만명 정도였다.

또다른 고려의 개방성과 국제성을 보여주는 예로는, "팔관회" 행사이다.

팔관회는 매년 11월에 개경과 서경(평양)에서 열리는데, 일종의 추수감사제이다.

이날은 왕과 관리, 지방수령도 참관하여 산천 여러 신에게 제사지내고 즐기는 국가
전체의 축제행사이다.

이때 여진족, 거란, 송, 일본 상인들도 참석하여 그들의 특산물을 바친 후 그들이
가지고 온 물품을 팔고 사는 상행위도 이루어졌다. 이러한 팔관회 모습에서 고려
왕조가 동아시아에서 개방적이고 국제적인 모습을 보여주는 무역 중심국가라는 좋
은 예이다.

고려의 역사 전개

태조왕건은 송악을 중심으로 한 해상세력이였는데, 태봉국 황제 궁예의 신임을 받아 승승장구하다가 해군 대장군이 되어 후백제 견훤의 근거지인 지금의 나주지역을 점령함으로서 해군장수로서 천하통일의 첫걸음을 디딘 것이다.

태조왕건은 918년 고려를 건국한 후 태조 18년(935년)에 신라가 자진 항복한 이듬해에 후백제 신검군과 경북 선산에서 결정적인 전투를 치루었다.

이때 고려의 군사는 모두 8만7천5백 명이였는데, 이중에 지방세력이 이끈 군사는 약6만3천명으로 70%였고, 왕건의 군대는 30%밖에 되지 않았다.

따라서 후삼국 통일에 지방세력의 역할이 절대적이였고, 결국 지방세력이 세운 통일 왕조라 할 수 있다.

태조왕건은 후삼국 통일 후 가장 시급한 과제가 대내적으로 지방호족의 포용과 왕권강화였다. 대외적으로는 거란 등에 대한 북방정책이였고, 그리고 오랜 전쟁으로 인한 민심안정이였다.

호족(지방세력)에 대해서는 성씨(姓氏)를 주고 그들의 근거지를 본관(本貫)으로 삼게 함으로서 그 지역의 지배권을 인정해 주었다. 그리고 중요한 호족에 대해서는 혼인정책을 썼다. 그래서 왕후 6명, 왕비 23명 등 29명의 부인을 두었다. 또한 교통의 요지나 전략적 거점 등 비중에 따라 군현의 격을 정하고, 중요한 물자의 생산지역이나 개발이 필요한 지역에는 향·부곡, 소 같은 특수행정구역으로 편성하였다. 이렇게하여 통합전쟁 후의 지역, 계급간의 대립과 갈등의 후유증을 치료하는 민족통합정책을 취하였다.

왕조기반을 위해서는 "훈요(訓要) 10조"를 제정하여 후손 왕들이 지키게 하였다.

불교의 힘으로 나라를 세웠으니 불교를 장려할 것, 연등회와 팔관회를 열 것, 절은 도선이 풍수지리설에 따라 세우고 함부로 짓지 말 것, 중국의 풍습은 억지로 따르지 말 것, 서경을 중요시 할 것, 관리의 녹봉을 함부로 과감하지 말 것, 농민들의 부담을 가볍게 할 것, 등이다.

북방정책을 위해서는 30만명의 광군을 편성하였고, 그 외 토지제도로서 역분전(役分田)을 실시하여 논공행상을 하고 세금을 감면하는 등 민심안정에 주력하였다.

제4대 광종 때는 "과거제"를 실시하여 무신을 억제하고 문신을 등용했고, 후삼국시절 강제로 노비가 된 자들을 복귀시키는 "노비안검법"을 시행하였다.

또한 왕권을 견제하던 호족들을 숙청한 후 왕권을 강화하여 스스로 "황제"로 칭하였다. 토지제도도 역분전을 "전시과"로 수정하여 이후 고려의 토지제도로 정착하였다.

성종(6대)때는 중앙정치제도를 3성6부제로, 또한 군사제도는 2군6위제로 편성하는 등 집권체제의 기반을 정비함으로서 황제국의 체제로 마련하였다. 특히 최승로의 "시무 28조"를 받아들여 보다 세련된 유교정치를 실현하였다.

정치의 기본이념은 "불교는 마음을 닦는 근본이요, 유학은 나라를 다스리는 근원이다"는 것이다. 군신·부자도리 등 사상이나 정신문명은 중국을 따르고, 거마(車馬), 의복 등은 토풍(土風)으로 하자는 것이다. 개방정책을 통해 선진문물과 제도를 수용하여 왕조의 면모를 일신하자는 것이다. 건국 초기의 기반조성은 문종(11대)때 거의 완료되었다.

고려가 건국될 즈음 요하상류에서 거란이 요나라를 건국(916년)하여 발해를 멸망(926년)시키고, 남으로 고려와 대립하였다. 이즈음 중국에서도 송나라가 건국(960년)되면서 5대 16국을 통일하였다. 당시 고려는 송과는 같은 유교국가로서 서로 친교하였으나, 거란과는 발해를 멸망시킨 만주족 오랑캐라며 적대시 하였다.

그러나 거란은 중국의 중원정복을 꿈꾸며, 배후세력인 고려와는 친교하려고 애를 많이 썼다. 고려 태조에게 낙타 50필을 보내며 화의를 청했으나, 고려는 낙타를 다리 밑에 묶어 두고 굶겨 죽였다.

당시 압록강 중류에는 발해 유민들이 세운 「정안국」이 있었다. 고려 광종(4대)은 송나라와 친교하며 거란을 견제했는데, 정안국 역시 송과 손잡고 거란에 대항하였다. 원래 거란의 공격목표는 중원 즉 송이였다. 고려와 정안국이 연맹하여 거란에 맞서자, 거란은 정안국부터 멸망시키고 이어 고려를 침입하였다.

거란은 고려 성종(6대)때부터 현종(8대)때까지 끊임없이 침입하였다. 이는 고려와 송과의 교류를 막기 위한 술책이였다. 그러나 고려는 오랜 전쟁으로 지친 끝에 결국 요와 국교를 맺었다. 이후 문종(11대)때까지 80여년은 송·요와 친교하여 태평시대를 열었다.

이때 고려는 거란과의 오랜 전쟁 중 불력(佛力)으로 외침을 막아보자며 팔만대장경을 제1차로 조판하였다.

한편 헌종(14대)은 11살(1094년)에 즉위하자, 모후 인주이씨가 섭정을 했는데, 이때 "이자의 모반사건"이 일어났다. 이를 왕의 숙부 계림공이 진압하고 왕위(숙종)에 올랐다.

예종(16대)때는 동북면 함경도에서 여진족이 자주 출몰하여 괴롭히자 윤관은 2차에 걸쳐 이 지역을 정벌하고 9성을 쌓았다(1107년). 이때 9성 지역이 너무 깊게 침투해 있어 여진의 협공에 9성을 유지하기가 힘들어 조정에 철군을 요청하여 철군하였다. 그러자 조정에서는 여진정벌 때 내린 공신칭호를 박탈하였다.

당시 1, 2차 여진정벌 때의 왕은 숙종과 예종인데, 그 측근은 대각국사 의천과 윤관이였다. 이때 이들은 개경문벌들의 기반을 약화시키려고 화폐를 주조하여 경제기반을 와해시키려하였고 또한 수도를 서경으로 천도하여 개경 문벌들의 세력기반을 약화시키려하였다. 이후 여진족은 금나라(1115년)]를 세우고 황제국이 되었다.

예종에 이어 인종(17대)은 14세에 왕위에 오르자, 외척 이자겸(인주이씨)이 권력을 잡으면서 문벌 귀족간에 파당싸움이 일어났다. 황제국 금에 대하여 현실을 인정하자는 사대파(이자겸 등 인주이씨)와 그 반대파(정지상, 묘청 등 서경세력)가 대립하다가 외척 이자겸 등이 왕위찬탈을 노리며 "이자겸의 난"을 일으켰으나 서경(평양)세력에 의해 제거되었다.

이후 묘청 등 서경파는 풍수지리상 서경천도 및 북벌을 내세우며 "묘청의 난"을 일으켰으나, 결국 사대파 김부식 등에 의해 진압되었다.

고려는 하대에 들어가자 윤관, 강감찬, 김부식 등 문관 출신들이 병권을 장악하면서 문신 우위정책으로 무신이 천대 받았다.

그러다 의종(18대) 24년(1170년)에 정중부가 정변을 일으키며 이후 100여년은 무신천하가 되었다.

고려가 무신천하로 하극상과 내분으로 휩싸여 있는 동안, 몽골 대초원에서는 테무진이 몽골족을 통합하여 1206년 칸에 올랐다. 테무진은 중국 중원을 공략하면서 그 배후세력인 고려를 6차례나 침공하였다. 이때 정중부를 이은 최충헌의 최씨정권은 몽골군이 수전(水戰)에 약하다는 점을 알고 고종 19년(1232년) 강화도로 천도했으나, 전국의 백성들은 무참하게 짓밟히며 그때 신라 황룡사 9층탑과 대장경도 소실되었다. 제5차 침입 때가 가장 참혹하여 이때 끌려간 고려인이 20만명에 달했다.

최씨정권의 횡포가 심해지고 반란이 일어나면서 최씨무신정권은 드디어 4대 62년만에 종말을 고하고, 결국 왕권이 회복되고 왕도도 개경으로 환도하며 원에 항복하였다.

고려 왕실이 원(몽골)에 항복하자 배중손을 위시한 삼별초가 이에 반발하여 "삼별초의 난(1270년)"을 일으켰다. 삼별초는 근거지를 진도로 이동했다가 다시 제주도로 옮겼으나 결국 3년만에 진압되었다.

이후 원은 동아시아의 패자가 됐는데, 일본만이 굴복하지 않자 1274년 일본 정벌에 나섰다. 제1차는 려·몽연합군 3만3천명이 900여 군선으로 침공했으나 하까다만에서 태풍을 만나 1만4천명이 익사하고 실패하였다. 이어 제2차는 1281년 병력을 크게 늘려 합포(마산)에서 동로군 4만명이 군선 900척으로, 강남군은 10만명이 군선 3,500척으로 양자강 남부에서 출진하여 침공했으나, 역시 하까다만에서 태풍을 만나 10만명 이상의 인명피해를 입고 실패하였다. 이때 일본은 신불의 가호 신풍(神風:가미가제)이 불어 일본을 구했다며, 일본을 신의 나라라고 칭하는 계기가 되었다.

고려는 말기에 접어들자 공민왕(31대)은 반원·자주정책을 쓰며 개혁정치를 단행하며 활기를 찾는 듯 했으나, 공민왕 14년 금슬이 좋았던 노국공주가 해산하다 죽자, 왕은 실의에 빠져 정치에 흥미를 잃었다. 그때 왕의 신임을 받고 국정쇄신에 앞장서던 신돈이 왕 몰래 전횡을 일삼다가 왕에게 발각되자 신돈은 오히려 역모를 꾸몄다. 결국 홍윤과 내시 최만생의 음모로 공민왕은 시해되었다.

당시 중국은 원나라가 신흥 명나라에 계속 밀리고 있는데, 고려는 친원파와 친명파로 갈등을 겪고 있었다. 친명파는 성리학으로 무장되어 "청백리"를 이상으로 하는 신흥개혁파로서 이성계를 중심으로 정도전, 조준, 하륜 등이다.

한편 왜구는 려·몽연합군의 일본정벌에 대한 보복이라도 하는 듯 수백 척이 떼를 지어 고려 연안 깊숙이까지 출몰할 때, 이성계가 왜구격퇴에 큰 공을 세우면서 그의 이름이 알려지기 시작하였다. 중국은 당시 원·명 교체기였는데, 명에서 고려가 회복한 철령위를 자기 땅이라고 반납하라며 압력을 가해왔다.

그러자 우왕(32대)과 실권자 최영은 "요동정벌론"을 내세우며, 결국 3만8천명의 원정군을 구성하여 출진시켰다. 그러나 원정군은 이성계·조민수 등 친명파로 구성되어 "출병불가론"을 제기했으나 왕과 최영은 받아들이지 않았다.

이성계는 압록강 위화도에서 홍수를 만나 강물이 불어나 수백명이 빠져 죽자, 군사를 회군시켰다. 결국 최영은 제거되고 우왕도 폐위되며 창왕이 옹립됐으나 위화도회군 4년 만에, 고려는 1392년 475년간 33대왕으로 멸망하였다.

고려사회의 특성 "본관제(本貫制)"와 토지제도 "전시과(田柴科)"

1. 고려왕조는 지방세력이 세운 왕조이다.

고려는 태조 18년(935년) 신라가 자진 귀부한 그 이듬해에 후백제 신검군과 지금의 경북 선산에서 결정적인 전투를 치루었다.

당시 고려군은 총 8만7천5백명이였는데, 이중에 지방의 성주나 장군 38명이 이끈 군사는 약 6만3천명이였다. 즉 70%가 지방세력이였다. 따라서 후삼국통일은 지방세력의 역할이 절대적이였고, 지방세력이 세운 왕조라 할 수 있다.

후삼국이 통일되기 전 지방에는 크고 작은 지방세력이 독자적으로 할거하고 있었다. 태조왕건은 통일 전쟁 후 지역·계급간의 갈등과 대립, 등의 후유증을 치유하는, 명실상부한 민족통합을 위한 제도적 장치가 필요하였다.

태조는 즉위 23년(후삼국통일 후 4년)에 중요한 3가지 정책을 시행하였다.

첫째: "토성분정(土姓分定) 정책"을 시행하였다.

이는 후삼국 통일시 중요한 역할을 한 지방세력에게 성씨(姓氏)와 본관(本貫)을 부여하여, 그 지역의 지배를 인정(위임)해 줌을 말한다. 국가가 각 지역의 현황을 파악하기 위해 지역단위로 적(籍)을 만들어 묶고 본관을 정해주었다.

둘째: 토지제도 "역분전(役分田)"을 시행하였다.

역분전은 이후 고려의 토지제도로 정착되는 전시과제도의 전신이다 이는 통일전쟁시의 기여도나 충성도, 인품 등에 따라 토지를 지급하였다.

셋째: 군현제도를 시행하였다.

이는 교통의 요지나 전략적 거점 등, 비중에 따라 군현의 격을 정하는 군현제와, 국가에서 필요로 하는 금·은·동·먹·종이·소금 등 중요한 물자를 생산하는 지역이나, 개발이 필요한 지역을 향, 소, 부곡 등으로 지정하는 "부곡제"를 편성하였다.

2. 본관제

신라가 삼국을 통일했을 때, 진골귀족은 여전히 지배귀족이였고, 문화적으로도 불교문화를 축으로 진골귀족문화가 유지되었다. 즉 신라의 삼국통일은 단순한 정치적·물리적인 민족통일의 출발점은 되었지만, 삼국이전의 삼국의 문화를 아우르는 인적·문화적 바탕을 마련하기에는 역부족이였다.

반면 고려 태조는 통일신라말기에 소외되었던 지방세력이 주도하여 후삼국을 통일한 왕조였다. 따라서 태조는 건국에 참여한 다양한 지방세력을 융화하지 않으면 갈등과 대립으로 왕조체제가 지탱하기가 어렵다고 보았다. 그래서 채택한 것이 "본관제"이다.

본관제는 통일신라말부터 이어오던 지역의 지배권을 그 지방세력에게 위임함으로서 왕조의 지배질서로 포섭하여 사회를 통합시키려 한 것이다. 그 뿐만 아니라 지역과 혈연을 앞세워 지방세력을 안정화시키고 지역민의 이탈을 방지하고자 하였다. 반면 왕조로서는 재정기반인 조세와 역역을 안정적으로 수취가능하게 하였다. 중앙과 지방이 상호 공생·의존 관계라 할 수 있다. 오늘날 지방자치제와 유사하다고 볼 수 있다.

1) 본관제의 특성

후삼국의 통일전쟁은 견훤이 후백제를 건국한 892년부터 45년간 지속된 내전이다. 고려 태조는 통일 후 지방세력을 해체시키지 않고 이들에게 본관과 성씨를 주고 본관지역에 대한 지배권을 위임해 주었다. 조세수취나 역역등에서 중앙지배를 보조하는 의무를 부여하면서, 그 지방의 권농의무와 지방을 이탈하는 유망을 방지하게 하는 의무도 함께 주었다. 당시 유망자는 떠돌이이기 때문에 국가에서 조세나 역역을 부과할 수 없기 때문이다.

본관제는 크게 구분하여 편제상 군현제와 부곡제로 나눈다.
군현제는 주현과 속현으로 나누는데, 총 250여개로 편성되어 있다. 주현은 경·목·

도호부·군·현 등으로 나누어지고, 속현은 속군과 속현으로 나누어진다.

부곡제는 그 기능에 따라 향·부곡·소·장·처·진·역 등으로 나누어지고, 현재 확인된 곳만 약900여개소이다. 이와 같이 고려사회 구조는 일명 "벌집구조사회"라고도 한다.

본관제도의 특징은 영역단위로 묶어서 직업선택이나 이동에 상당한 규제를 받았다. 일반양인이 본관지역을 벗어날 수 있는 경우는 군인이나 향리가 되거나 과거 등을 통하여 신분상승이 있을 때만 가능하였다. 특히 지방세력의 자제를 중앙에 데려다 놓게 하는 "기인(其人)제도"가 있어 일종의 인질제도를 시행하였다. 반면 중앙관료로 있다가 다시 자기지방의 사심관으로 내려가 지방을 통치하게 하였다. 즉 중앙과 지방의 유대를 공고히 하고자 하였다.

통일신라시대에는 진골출신만이 고위관료가 될 수 있었으나, 고려는 이같은 폐쇄성을 극복하고 소외되었던 지방세력을 축으로 지역·계층간의 분열상을 극복하는 새로운 사회통합을 이루어냈었다.

군현제는 조선의 경우 330여개소이나, 고려 때는 520여개였다. 조선 때는 모든 군현에 지방관을 파견하여 중앙에서 장악했으나, 고려는 130여개 소에만 지방관을 파견하였다. 즉 주현에만 지방관을 파견하였고 속현에는 파견하지 않았다.

원래 향·부곡·소 등 "부곡제도"는 신라시대부터 존재하였고, 중국·일본에서도 존재했는데, 이들은 세력가에 예속된 천민을 뜻하였다.

고려의 부곡은 특수행정구역을 의미하며, 이들은 양인신분으로 국가에 대한 조세의무와 역역의무를 지며, 그 반대급부로 토지를 지급받거나 관리가 될 수 있었다. 반면 고려의 천인은 국가에 대한 의무는 일체 없었고, 소속주에 대한 의무만 있었다.

부곡은 후삼국 통일과정에서 반 왕조적인 집단을 주로 편제하였다. 그리고 토지를 소유하지 못한 농민들이 오지나 산간벽지에 들어가 개간하여 새로운 촌락이 생긴 경우나, 기근·전쟁 등으로 본관지역을 이탈하여 촌락을 형성한 경우이다.

2) 고려시대의 신분제

고려시대는 본관으로 신분을 알 수 있다.

조선시대는 어느 지역에 사느냐 하는 것으로 그 사람의 위상이나 처지를 가늠하기가 어려우나, 고려 때는 본관을 보면 군·현이나 부곡지역에 사는 것을 알 수 있고, 신분지위나 위상이 달라진다. 그래서 첫 대면사 때 "본관이 어디요?"하고 묻기도 한다.

고려시대의 신분제는 양인과 천인, 양천제였다.

○ 양인: 관료·군인·향리 등 지배질서에 참여한 "정호층"과 일반농민인 "백정층" 그리고 부곡지역에 거주하는 "잡척층" 3개 계층으로 구성된다. 고려에서 민(民)이라면 주로 백정층과 잡척층을 말한다.

○ 천인: 노비로서 호적이 없고, 전체 인구의 약 40%에 달한다.

○ 정호(丁戶): 정호는 지방세력의 후예로서, 태조로부터 본관과 성씨를 부여받은 지방의 유력자를 말한다. 백성(百姓)이라고도 한다. 고려초기에는 정호층에게만 과거에 응시자격을 주었다. 지방향리나 지방군 장교 등의 직역을 담당하는 층이다.

○ 백정(白丁): 백정은 군·현지역에 거주하며 조세와 역역을 부담하는 일반농민층이다. 백정에는 민전(民田)을 경작하는 자연농민층과 남의 토지를 경작하는 전호(田戶) 농민층이 있다.

○ 잡척(雜尺): 이들은 국가토지에 경작을 위해 동원된 향(鄕), 부곡(部曲)의 주민이나, 금·은·동·소금·먹·종이 등에 동원된 소(所)의 주민, 그 외 도살업, 노젓는 사람, 등의 최하층 양인을 말한다. 고려 때는 관청이나 관료가 직역을 수행하는데 필요한 경비나 비용은 중앙으로부터 배분받지 않고 이들 잡척층의 토지 등을 운영하여 충당하였다.

잡척층은 주로 후삼국 통일과정에서 반왕조적인 집단으로 편제되었다.

조선시대는 이들 정호·백정·잡척 모두가 양인으로 단일화되었다.

3. 전시과(田柴科)제도

고려시대의 토지는 공전(公田)과 사전(私田)으로 구분된다. 공전은 국가에 조세를 내는 토지로서, 전 토지의 40%정도이다. 사전은 군인·향리 등 개인이나 각 기관에 귀속된 것인데, 전체의 약 60%이다.

조선시대는 초기에 모든 토지를 공전으로 했고, 관리들에게는 과전법에 따른 과전만을 사전이라 했으나, 그것도 100년 후에는 사전이 없어지고 국가가 전 토지에 대해 수조권을 가지며, 관리 등에게는 녹봉으로 대치하였다.

전시과는 태조 23년에 시행한 역분전제도를 기초로 경종, 목종을 거쳐 문종(1074년) 때 완성되었다. 전시과 토지는 고려말 조준의 토지개혁상신에 의하면, 모두 50만결이였다. 그런데 불과 30여년후인 세종때는 170만결로 급격하게 증가하였다. 당시 토지 1결은 오늘날 1,200평 정도(고려후기는 수확량이 20석 정도)이다.

 전시과제도란;

농민 B가 토지 100결을 가지고 있는 경우, 관리 A가 전시과토지 50결의 조세수조권을 국가로부터 받았다면, A는 B로부터 50결에 대한 수조권조세 1/10을 받고, B는 나머지 50결에 대해 조세를 국가에 납부한다.

이때 A관리는 전주(田主)라 하고, 실제 토지소유주 농민 B는 전객(田客)이라 한다. 오늘날 개념으로 보면 주객이 전도된 느낌이다. 당시 B는 토지를 매매하거나 상속할 수 없었다.

이 전시과제도는 고려후기로 갈수록 전주 A가 조세를 갖은 핑계로 불법 조정함으로서 문란하게 되었다. 이 제도는 당시 유통로나 교통로가 발달되지 않아서, 수취한 생산물을 중앙으로 운반하는데 행정 및 재정부담이 많았다. 때문에 중앙에서는 지방군현이나 개별기관에 맡김으로서 행정의 간편화와 자율성을 인정해주었다.

그러나 전시과를 지급받은 관리가 임의 또는 불법으로 민(民)을 수탈하는 폐단(탈점현상)이 나타났다. 뿐만 아니라 12세기 이후에는 부곡지역에서 과중한 역으로 인해 본관지역에서 도망가는 "유망현상"이 대규모로 발생하였다. 경기지역의 경우 10집 중 8~9집이 빌 정도였다.

이는 고려후기로 갈수록 몽골과의 전쟁, 홍건적과 왜구의 침입 등으로 정호, 백정, 잡척에 관계없이 병력동원이 이루어지자, 본관제가 사실상 해체되면서 신분혼돈현상이 심각해졌기 때문이다.

조선시대에 농민항쟁이 빈번했던 것은 지주와 전호간에 소작료 분쟁이였던 것에 비해, 고려시대는 소유권분쟁, 탈점분쟁 등이 농민항쟁의 원인이였다. 이는 제도상의 문제로서, 농민들이 국가에 대한 불만과 불신이 원인이였다.

이성계 일파가 위화도회군 후 전제개혁을 단행할 때, 하층민의 지지를 받았던 것은 이 탈점현상과 유망현상이 만연했기 때문이다. 이는 토지에 대한 수조권을 관청 또는 개인에게 위임했기 때문이다. 이것이 이성계 일파의 전제개혁 명분이였다.

거란과의 전쟁

chapter

04

고려가 건국될 즈음 요하상류에서 거란이 건국(916년)되며 발해를 멸망(926년)시키고 국호를 "요"라 하였다. 이어 거란은 북경과 요동반도 사이에 있는 연운16주를 점령하였다. 중국대륙에서는 송나라가 건국(960년)되며 5대 16국을 통일하였다.

송나라는 연운16주를 수복하려고 고려에 사신을 보내어 원병을 요청하였다. 고려와 송은 전통적으로 유교국가이고 지리적으로 서로 연대해야 할 입장이었다. 양국은 거란을 만주족 오랑캐의 나라로 여겨왔다.

이때 거란은 여진을 정벌하고 발해의 후신인 정안국마저 점령하자, 고려는 송의 원병요청을 거절하였다. 고려로서는 북진정책을 펼쳐야겠지만 실리외교를 전개할 때였다. 그러나 고려는 태조 때부터 거란을 "발해를 멸망시킨 멸도"라며 사신을 유배시키는 등 적대시하고 송나라와는 친교정책을 썼다.

이후 거란은 송과의 전쟁에 앞서 배후의 걸림돌인 고려를 먼저 침입해야만 하였다. 거란의 침입은 성종 12년(993년)부터 30여년간 6차례 있었다. 제2차때부터는 연속하여 침입했으나, 대체로 크게 3차로 구분한다.

1. 거란의 제1차 침입과 서희의 외교승리

거란의 제1차 침입은 요양유수 소손녕이 압록강을 넘어 침입하여 고려의 선봉 윤서안 등을 포로로 잡고는 "우리 대요가 이미 고구려 옛 땅을 차지하고 있는데, 너희가 국경지대를 침탈하기에 80만 대군으로 징벌하고자 한다"면서 시급히 항복하고 화평을 구하라는 것이다.

고려 조정에서는 서경 이북땅을 내주고 화친하자는 의견이 다수였다.

이때 중군사(中軍士)인 서희가 "군량이 충분한데 성을 지킬 수 있고 이길 수 있다. 전쟁의 승부는 군대의 강약이 아니라, 적의 약점을 잘 이용하는 것이다.

● 강동6주와 천리장성

싸워보지도 않고 항복할 수는 없다 …"면서 「손자병법」의 "고공편"을 예시하며, 자신이 가서 담판해보겠다고 나섰다.

서희가 적진에 가자, 소손녕은 "너희가 신라땅에서 일어났고, 고구려땅은 우리 소유인데 너희가 침략했다. 그리고 너희는 우리와 접하고 있는데도 바다 건너 송나라를 섬기기 때문에 오늘 출병하게 되었다. 만약 땅을 분할하여 바치고 조공을 잘한다면 무사할 것이다"고 하였다.

이에 서희는 "우리나라는 고구려의 뒤를 이었고 국호도 고려라 하였다. 국경문제를 말한다면 요나라의 동경(요동)도 모조리 우리땅이여야 하는데, 어찌하여 우리가 침략했다고 하는가? 게다가 압록강 안팍도 우리땅인데, 지금 여진이 훔쳐 살고 있어서 길이 막혀 당신네 요와 수교하지 못하는 것이요. 만일 여진을 내쫓고 우리 옛땅을 돌려주면 앞으로 조공을 잘하겠오"라고 하였다.

결국 거란은 여진이 차지하고 있던 강동 6주(압록강 이동 280리)의 관할권을 고려에 인정해주고, 대신 고려는 그들이 요구한 상국(上國)조건과 강화를 수용함으로서, 거란군은 철수하였다. 당시 거란도 송과 대치상태여서 장기간 이곳에 머물을 수 없었다.

이후 고려는 성종 13년(994년) 강동 6주를 정벌하여 압록강을 서북경계로 완성하였다. 이것이 유명한 "서희의 외교승리"이다.

이때부터 고려는 흥화진 북쪽에서 동해안 도련포까지 12년간 천리장성을 쌓았다. 이후 거란은 고려와 강화 후 1004년 송을 굴복시키고 송과 "전연의맹"을 맺었다. 그러나 송은 이후 금(여진)이 건국(1115년)되면서 금과 맹약을 맺고 거란을 공격하여 결국 거란은 1125년 멸망하였다.

그런데 금나라는 1127년 송의 수도 북경을 침공하여 송(북송)을 멸망시켰다. 이때 송나라는 흠종과 휘종 두 부자 황제를 금나라로 잡아가는, 중국 역사상 이 민족에게 가장 큰 치욕을 당하였다.

이후 송은 양자강 이남으로 쫓겨나 남송을 건국하였다.

2. 강조의 정변과 거란의 제2차침입

경종(5대)은 태조왕건의 아들 왕욱의 두 딸(경종과 사촌)을 헌애왕후와 헌정왕후로 삼았으나, 그는 6년만에 죽었다. 이때 아들(목종)은 두살이여서 왕욱의 아들이 성종(6대) 으로 즉위했다.

이후 언니 헌애왕후는 아들이 목종(7대)으로 즉위하자 천추태후로 추대되면서 권신 김치양과 사통하여 아들을 낳자, 임금자리마저 넘보았다.

동생 헌정왕후 역시 언니 못지않게 생활이 문란했는데, 아저씨뻘인 왕욱의 동생 종욱 과 사통하여 아들을 낳은 후 죽었다. 이에 성종은 종욱을 간통죄로 귀양보냈다.

이후 성종은 헌정왕후의 아들(대량원군)을 불쌍히 여겨 대궐에서 키웠는데, 성종이 죽고 목종(7대)이 즉위하자 양주 삼각산에서 중으로 살았다. 대량원군은 18세가 되자 자신의 위치를 알며 세상물정에 눈을 떴다.

이 무렵 김치양은 천추태후와 공모하여 자신의 아들을 왕위에 앉히려고 역모를 꾸몄 다. 그러나 태조왕건의 유일한 후손인 대량원군이 걸림돌이였다. 김치양은 대량원군을 암살하려 했으나, 대량원군은 이를 눈치채고 한양 북한산으로 피하여 모면하였다.

이후 김치양은 반란을 일으켰는데, 목종은 고려왕씨의 대가 끊어질 것을 우려하여, 서경을 지키는 강조에게 시켜 5천군사로 김치양을 진압하였다. 그런데 강조는 여세를 몰아 목종마저 제거하고(1009년) 대량원군을 현종(8대)으로 추대하였다.

이 무렵 거란(요)은 고려에 상국임을 과시하며, 지난 제1차 침입 때 고려가 정벌한 강동 6주가 천연의 요새임을 알고 반환을 요구하였고 또한 목종을 죽인 강조를 문책한 다면서 현종1년(1010년) 요의 성종이 직접 40만 대군으로 침입하였다.

먼저 흥화진(신의주 부근)을 지키는 양규와 접전했으나, 여의치 않자 우회하여 통주에서 고려본진 강조와 접전하였다. 강조는 신형무기 검차(檢車)로 삼각진법을 펼쳐 처음 두 차례 대결에서는 승리했으나 이후 전술이 간파되어 참패하였고 강조도 포로가 되어 죽임을 당하였다.

요의 성종은 이어 다시 흥화진과 서경(평양)을 침공했으나 함락이 쉽지 않자 개경으로 침공하였다. 고려 현종은 부득이 양주를 거쳐 나주까지 피신하였다.

그동안 개경은 잿더미가 되며, 고려는 절망에 빠졌다. 그때 충신 하공진이 요와 담판하고 오겠다며 요의 군진으로 찾아갔다.

요임금은 "항복문서를 가져왔느냐? 우리가 철수하면 너희 임금이 요에 입궐하겠느냐?"고 협박하자, 하공진은 조리있게 침략의 부당성을 따지며 설득하였다. 결국 요는 고려국왕의 입조를 강화조건으로 하고 하공진 등을 인질로 삼아 철군하였다. 당시 요는 장시간 이곳에 머물 수 없는 사정이였고, 또한 후방이 흥화진 양규에 의해 차단될 것을 염려하였다.

그런데 요는 철군할 때 큰 비가 내려서 고려군의 추격으로 수만명이 죽었고, 이어 압록강을 건널 때도 계속 추격전과 매복작전으로 수많은 피해를 입고 철수하였다. 이때 흥화진에서 추격전을 벌이던 양규도 장렬하게 전사하였다.

3. 거란의 제3차 침입과 강감찬의 "귀주대첩"

요는 고려가 2차 침략에서 약속한 현종의 친조와 강동 6주의 반환에도 응하지 않고, 오히려 1013년 요와 국교를 끊고 송나라와 재 교류함으로, 이의 응징으로 다시 침략을 감행하였다.

1018년 12월 요는 소배압이 10만 대군으로 침입해왔다.

이때 고려는 "강감찬"을 상원수로 삼아 20만 대군으로 대비하였다. 강감찬은 흥화진 대전에서 소가죽 수천장으로 냇물을 막아 수공전과 매복작전으로 거란군 3만명이 희생되었다. 거란군은 잔류병 7만여 명을 수습하여 개경으로 와 포위하며 항복을 종용하였다. 고려가 이에 응하지 않자, 소배압은 위장회군으로 고려군을 성밖으로 유인했으나, 오히려 고려군은 맹추격을 감행하였다. 결국 거란군은 퇴각할 수 밖에 없었고 위수에 도착했다. 마침 그때 폭우가 쏟아지며 강물이 넘쳐서 거란군은 산산이 흩어지며 오합지졸이 되었다. 이 기회를 틈타 고려군은 맹공격을 가해, 거란군은 10만명 중에 불과 수천명만 살아 돌아갔다.

이것이 유명한 "강감찬의 귀주대첩"이다. 이후 강동 6주는 고려의 영토로 확정되었다. 후세 사람들은 강감찬을 고구려의 을지문덕과 조선의 이순신과 함께 우리나라의 3대 명장으로 기록하고 있다.

묘청의 난과 농민항쟁

chapter 05

인종(17대)은 장인 이자겸의 공헌으로 즉위하였다. 이때 이자겸은 최고권력자에 오르며 권력을 독점하였다. 당시 이자겸은 "십팔자(十八子)"가 왕이 된다는 도참설을 믿고 왕위찬탈을 시도하였다. 인종은 자기를 제거하려는 것을 알고 이자겸 제거 계획을 세웠으나 오히려 반격을 받아 왕궁이 불타며 점령당했다. 이때 인종은 척준경을 불러들여, 1126년 이자겸은 제거되고 왕권이 회복됐으나 국내정치는 물론 여진족의 압박 등으로 매우 혼란하였다.

이 시기에 서경 출신 승려 묘청은 고려가 어려움을 겪는 것은 풍수지리설에 의거 개경의 지덕(地德)이 쇠약한 때문이라고 역설하였다. 당시 인종은 물론 백수환, 정지상 등 많은 사람이 이를 지지하자, 인종은 1127년 서경에 대화궁(大花宮)을 짓게 하고 천도 계획을 추진하였다. 특히 천도론자들은 천도하면 천하를 통일할 수 있고 금나라의 항복은 물론 많은 나라가 조공을 바칠거라 하였다.

그런데 대화궁 준공 후에 대화궁 근처에 벼락이 치고, 인종이 서경 거동 중 큰 폭풍우가 내려 인마가 살상하였다. 이에 김부식 등 반대파는 묘청 등 서경파를 배척하는 소리가 높아지자, 마침내 인종은 서경천도계획을 단념하였다.

묘청일파는 서경천도운동이 실패하자, 서경을 거점으로 반란을 일으켰다.

묘청일파의 정치적 목표는 부패하고 무기력한 개경 귀족 대신에 서경인 중심의 새 정권을 세우고자 하였다. 그 과정에서 금국정벌론 등 자주적 기백과 내정혁신의 의욕을 보였다.

묘청은 1135년 1월 서경의 분사시랑 조광, 병부상서 유참 등과 반기를 들었다.

이들은 자비령 이북을 차단하고 서북면 내의 모든 군대를 서경에 집결시키며, 국호를 「대위(大爲)」, 연호를 「천개(天開)」라 하였다.

정부는 김부식을 평서원수(平西元帥)로 임명하여 반란군을 진압하게 하였다. 김부식은 먼저 개경에 있던 백수환, 정지상, 김안 등 묘청일파를 처형하여 후환을 없앴다. 김부식은 좌, 우, 중 3군을 이끌고 서경에 다다르자 반란군에게 여러 차례 항복을 권유하였다. 반란군의 실권자 조광은 형세가 불리해지자, 묘청·유참 등의 목을 베어 윤첨 등에게 주어 개경에 보냈으나, 개경정부는 윤첨 등을 옥에 가두었다.

이 사실을 듣자 조광 등은 항복해도 죄를 면할 수 없음을 알고, 끝까지 싸울 것을 결심하여, 오히려 강을 따라 성을 쌓으며 저항하였다.

정부군은 서경성을 포위하고 가능한 살상이 적도록 공격했으나, 반란군의 결사적인 항전으로 1년 넘게 항전이 계속되었다. 결국 식량이 부족해지고 아사자가 속출하며 사기가 크게 떨어졌다. 마침내 1136년 2월 정부군은 총공격을 감행하여 서경성을 함락시켰다. 조광 등 반란군의 지도자들은 자결함으로서 반란은 끝나게 되었다.

이 난에 대한 평가는 후세에 다소 의견이 있었다.

이 난의 특징은 왕권에 도전하지 않았다는 점이다. 국호·연호 등을 제정하면서도 왕을 새로 옹위하지 않았고, 왕에게 거사소식을 직접 전달한 점에서 볼 때, 이는 서경세력과 개경세력 간의 다툼이였다.

단재 신채호는, 이 난을 "조선 역사상 일천년 이래 가장 주체적이고 자주적인 사건"이라면서 독립당 대 사대당의 싸움이며, 진취사상 대 보수사상의 싸움으로 규정하였다.

이 난이 실패함으로서 유가의 사대주의가 득세하여 고구려적인 기상을 잃게 되었다고 하였다. 이 난이 고려사회에 끼친 영향은 컸다. 고려의 권력 구조상 서경세력이 쇠퇴하게 되고 개경의 문신 귀족세력이 독주하게 되어 왕권마저 능멸하게 되었다. 따라서 문신 귀족사회가 안고 있던 정치·사회·경제적인 모순과 폐단이 이후 무신정변을 일으키는 원인이 되었다.

 농민항쟁

고려 중기 이후 무신정권까지 본관제로 인해, 특히 속현·부곡지역에서 전업적인 역을 담당하고 이동이 제한됨으로서 인해 민중들의 항쟁이나 유망이 대거 발생하여 거의 통제불능상태가 되었다. 대표적으로 묘청의 난 30년 후에 서경지역에서 정중부에 반기를 든 "조위총의 봉기"(1174년), 공주 명학소(대전 인근)에서 천인신분 해방을 외친 "망이·망소이 형제의 봉기"(1176년), 경주 운문사를 기점으로 "김사미·효심의 신라부흥운동"(1193년), "서경지역 고구려 부흥운동"(1217년) 등이다.

특히 조위총의 봉기는 이의민, 최충헌이 이들을 진압했는데, 결국 이들이 최고권력자가 되었다. 이때 최고사령관은 윤인첨이였는데, 윤인첨의 아버지는 윤언이로서 묘청의 난 때, 또한 할아버지 윤관은 여진정벌 때 공을 세워, 이들이 파평윤씨로서 고려의 명문가가 되었다.

그리고 "김사미·효심의 봉기"때는 경상도 운문·초전에서 강원도 삼척·강릉일대까지 수만명이 합세했는데, 이때 죽은 자가 7천명이나 되었다.

이같은 농민항쟁은 고려의 본관제와 토지제도 전시과의 모순 때문에 왕조질서를 부정하고 새 왕조건설운동으로 나타난 것이 특징이다.

「삼국사기」와 「삼국유사」

chapter 06

1. 삼국사기(三國史記)

「삼국사기」는 우리나라에서 현존하는 가장 오래된 정사체(正史體)의 역사서이다. 김부식이 고려 인종23년(1145년) 왕명을 받아 완성한 삼국시대사인데, 주로 신라, 고구려, 백제 삼국의 정치적 흥망변천을 기록하였다.

현전 완본은 옥산서원 판본 (보물525호), 경주부 정덕본(보물723호)이며, 성암본(보물722호)이 전해진다.

「삼국사기」의 편찬에 참여한 편수관은 감수국사 김부식을 필두로 최산보, 이온문, 허홍재, 김효충, 정습명 등 총11명이며, 상당수가 대관출신이라서 다소 비판적 성격을 띠고 있다. 김부식은 학자로서 문신이며 역사가이다. 당시 이자겸의 국정농단 시기에 묘청, 백수환, 정지상 등 서경파(평양)들이 이자겸 일파를 제거한 뒤, 서경천도를 주장하며 반란을 일으켰다가 반대파인 김부식 등에 의해 진압 되었다.

이후 인종은 지금까지 우리 역사를 중국사서, 특히 「사기(史記): 전한사마천저」에 주로 의존해 옴을 보고는 우리도 역사의 자주성을 찾아야한다면서 「삼국사기」를 편찬하게 하였다.

「삼국사기」는 「고기」, 「해동고기」, 「삼한고기」, 「본국고기」, 「신라고기」 등의 한국 고유 기록과 중국사료를 참고 했는데, 한국사료를 우선적으로 사용하였다. 그러나 고조선, 부여, 가야, 동예, 옥저, 발해 등의 역사가 빠져있는데, 이는 삼국사기 보다 먼저 출간된 「구삼국사」에서 이들을 취급하여 생략한 것으로 보이나 「구삼국사」가 현전되지 않아 그 상황을 알 수 없다.

삼국사기는 총50권 10책으로 구성되는데, 기전체로서 〈본기本紀〉, 〈연표年表〉, 〈지

志), 〈열전列傳〉으로 구성되어 있다. 기전체란 사마천의「사기」에서 시작된 일반적인 역사서 서식을 말한다.

〈본기〉는, 총 28권으로 삼국의 역사를 편년체(년월일순)로 서술했는데, 신라본기 12권, 고구려 본기 10권, 백제본기 6권이다.

〈연표〉는, 총 3권으로 중국역대왕조의 연호를 기준으로 삼국의 왕계를 표로 작성하였다.

〈지〉는, 잡지로서 총9권으로 삼국의 제도, 문화, 지리등을 분야별로 서술했는데 주로 신라중심이다.

〈열전〉은, 총10권으로 인물의 전기이다. 김유신 열전(3권)이 가장 많고, 주로 충효, 화랑, 문인(文人), 반역인 등의 전기이다. 김부식은「삼국사기」를 편찬하면서 "군자불어 괴력난신(君子不語怪力亂神), 술이부작(述而不作) : 군자는 괴이쩍은 것에 대하여 말하지 않고, 있는 것을 적을뿐 새로운 것을 지어내지 않는다."는 원칙아래 쓰여진 책이라고 말하고 있다.

1123년 중국 송나라의 서긍은 고려에 국선사로 다녀와서 김부식에 대하여, "박학강식 (博學强識)해 글을 잘 짓고, 고금을 잘 알아 학사의 신복을 받으니, 그보다 위에 설 수 있는 사람이 없다"고 평했고, 한편 현대 한국사학 1세대로 평가받는 역사학자 이기백은, "「삼국사기」는 합리적인 유교사관에 입각하여 쓰여진 사서로 이전의 신이적(神異的)인 고대사학에서 한단계 발전한 사서"라고 하였다.

「삼국사기」는 한국고대사 연구에서 없어서는 안 될 귀중한 자료로서, 이후 고려사와 조선왕조실록의 편찬 등에 큰 영향을 주었다. 그러나 「삼국사기」에 대한 비판도 제기되었다. 그 주요 내용은 다음과 같다.

1) "신라 위주의 서술이다"

신라에 편중된 내용이고 고구려, 백제의 기록이 부족하며, 후삼국시대를 삼국의 재건이 아닌 신라에 대한 반란으로 기록하였다.

이에 대해서는,

당시 백제, 고구려가 멸망한지 수백년이 지나면서 사료들이 많이 망실되었고, 반면 신라는 고려에 평화적으로 정권이양이 되었기 때문에 사료가 풍부하여 신라기록이 많은 것으로 보이며, 또한 신라계승의식의 표출 보다는 삼한일통의식이 더 잘 나타나고 있다.

2) "사대주의적 사서이다."

이 비판은 신채호가 "묘청의 난"을 "조선 역사상 일천년래 제일대사건"이라고 비판한 데서 시작되었다. 「삼국사기」는 묘청의난 후에 편찬됐는데, 신채호는 당시 "김부식이 패하고 묘청 등이 이겼더라면, 조선사가 독립적이며 진취적으로 진전됐을 것이다" 면서 서경파와 개경파의 대립상황을 "자주와사대"의 대립으로 보았다. 개경파의 김부식이 승리함으로서 사대주의가 승리하였고 따라서 「삼국사기」에 대해서도 사대주의적인 역사서라고 혹평하였다.

그러나 이에 대해서는, 그 당시의 국제상황이 어쩔 수 없는 "사대"가 현실적이었다. 김부식이 활동하던 시기는 고려중기로 유학이 활짝 피어난 시기였고, 많은 유학자들은 중국(당, 송)을 큰 나라로 섬기며 유교적 정치이념을 확립하던 시기였다. 당시 중국은 정치, 군사측면 뿐만 아니라, 학문, 정신적인 측면에서도 동아시아세계를 지배하고 있었다. 이 같은 분위기에서 김부식등 유학자들은 사대주의, 중화주의 정신에 동화되어 「삼국사기」를 편찬하게 된 것이다.

3) "「삼국사기」의 초기기록의 신뢰성문제"

초기기록에 대하여 학계(서울대중심)에서는 「삼국사기」보다도 중국 「삼국지」〈위지 동이전〉을 더 신뢰하는 경향이 있다. 「삼국지」는 서진의 진수(233~297년)가 편찬한 중국 삼국시대(위·오·촉)(220~280년)의 정사(正史)이다. 진수는 280~289년 사이에 편찬했는데 「위지」는 총 30권으로서, 그 중 「동이전」은 부여, 고구려, 동옥저, 읍루, 예, 한(韓), 왜인(倭人)의 열전이다. 「삼국지」는 「삼국사기」보다 900년 앞선 당대의 기록이다. 「삼국지」 이전에도 「사기」, 「한서」 등이 있으나 이들은 중국과의 교섭 기록이 전부이다. 「삼국지」〈위지동이전〉은 동이족의 다양한 사회, 의식주, 풍속, 신앙, 정치, 위치, 강역 등이 수록되어 있다. 가령 그 예로서,

- 무덤의 형태가 「삼국지」〈위지-동이전〉과 일치하는 점
- 「삼국사기」에서는 2-3세기에 백제, 신라에서 한반도 서남부와 동남부 지역을 석권한 집권국가로 묘사했으나, 삼국지에서는 70~80개의 소국이 병립된 것으로 묘사되었다. 그런데 유물발굴결과 중앙집권화의 흔적이 「삼국사기」의 기록보다 훨씬 후대로 나타나고 있다.

- 「삼국지」에서는 한반도 남부에 나타났던 "편두문화"까지 상세히 기록하였다. 편두(偏頭)문화란 아이가 태어나면 돌이나 천으로 감아서 아이의 머리를 눌러 납작하고 길게 만드는 풍습인데, 이것은 하늘(하느님)을 이고 살라는 한민족 고유의 가르침과 상통한다. 고대 우리 민족이 아프리카, 수메르(메소포타니아), 바이칼을 거쳐 만주까지 오는 경로에서 이문화가 많이 분포되어 있다. 특히 수메르인들은 한국인처럼 머리카락이 검고 넓은 단두형 인종이고 광대뼈가 나와있고 눈이 가늘며 편두를 하며 한국의 언어와 비슷한 언어, 어휘를 사용하였다.

이에 대하여 일부 학계(서강대중심)에서는, 풍납토성의 탄소연대측정결과「삼국사기」와 일치하고 있고, 초기기록을 불신하는 것은 "식민사학"에서 유래되었다고 비판하고 있다.

2. 삼국유사

「삼국유사」는 구산문 선종승려 일연이 고려말 충렬왕(1281년)때 편찬하였다. 「삼국사기」보다 136년 후에 저술하였다. 당시는 원의 침략과 간섭을 받던시기로 왕도도 강화도로 옮겨 원에 맹렬히 대항하던 최씨 무신정권시대였다. 일연은 22살에 당시 승려들의 과거시험인 승과에 장원급제하여 계속 수행하다 44살 때 비로소 세상에 출도하였다.

1259년에 대선사에 올랐고, 1268년에 운해사에서 원종의 조지를 받아 대장경 낙성회 맹주도 지냈다. 그는 학식과 덕망이 높아 최씨정권에서 충렬왕에게 설법을 하기도 하였다. 그는 78세에 나라의 정신적지도자인 국사(國師)로 추대되었으나 세속정치와는 별로 연을 맺고 싶지 않다며 노모의 봉양을 위해 고향으로 돌아갔다. 그러나 곧 노모가 타계한 후 경북 군위 인각사에서 삼국유사를 집필하였다. 84세에 세상을 떠났는데, 충렬왕은 그에게 "보위"라는 시호를 내렸다.

「삼국유사」는 고조선부터 통일신라시대까지 기록한 역사서이다. 현재 초판은 전해지지 않으나, 14세기말의 목판본이 국보 306호로 지정되어 남아있고 1512년 경주에서 인쇄된 판본도 남아있다. 비슷한 시기 비슷한 성격으로 고려 충렬왕 13년(1287년) 이승휴가 제왕운기(帝王韻紀)를 편찬했다. 이는 상권은 중국의 신화시대, 삼황오제, 하, 은,

주에서 원(元) 나라까지, 하권은 단군시대에서 발해·고려까지 시 형식으로 쓴 역사책이다. 원나라 간섭시기에 충렬왕 및 부원세력에 불만을 표하다 파직되어 강원도 삼척에서 집필하였다. 제왕이 알아야 할 역사책으로서, 단군을 시조로 발해를 고구려의 계승국으로 하였다. 발해를 최초로 우리 역사에 포함시키며 우리 민족이 중국과 확연히 구별되는 자주적 독자적인 국가임을 강조하였다. 제왕운기는 제왕의 역사서의 성격이 강해, 보통 사서라 하면 정사로 「삼국사기」와 야사로는 「삼국유사」를 일컫는다.

「삼국유사」는 전체 5권 9편으로 구성되어있다.
제1부에서는 "기이(紀異)편"을 중심으로 「삼국사기」, 「고기」, 「향전」 같은 옛 기록들을 함께 비교하면서 이야기가 전개되는데, 단군신화, 부여 및 고구려의 건국신화와 백제, 가야왕들에 대한 신화, 그 외 왕들의 신비하고 특이한 일, 김유신, 장보고 같은 특이한 인물의 신통한 이야기들이 펼쳐진다.
제2부에서는 「삼국사기」에서 제대로 다루지 않았던 불교이야기로서 사찰, 불상, 고승, 사상(신앙)과 마지막에는 보통사람들의 감동적인 효도, 덕행 같은 미담을 담았다. 일연은 「삼국유사」를 쓰면서, 「삼국사기」에는 삼국에서 원효 등 이름을 드날린 승려들이 많은데 불교분야가 소외되어 「삼국사기」에 강한 불만을 품었다. 그리고 고의건 실수건 간에 신이(新異)한 사건이나 황당무계하다고 빠트린 이야기들을 모아 즉 "유사"(遺事: 남아있는 일)라 하여 기록한 것이다. 일연은 합리적 유학자가 아니라 승려였다. 그래서 부처님의 기적처럼 세상에는 논리적으로 설명되지 않는 신이한 일이나 기적이 일어날 수 있다고 생각하였다. 그러나 신이하고 황당한 사건도, 가령 신화나 설화 등에 대해서는 일연은 최대한 근거를 명시함으로서 조작되지 않았음을 입증시키고자 하였다.

「삼국유사」의 특징과 가치는 아래와 같이 요약 할 수 있다.
① 현전 역사서중 단군신화를 최초로 수록한 책이다. 이후 다른 책에서도 단군신화가 많이 나오나 대부분 삼국유사에서 인용 내지는 변형되었다. 이는 당시 원의 침략과 지배를 받던 시기에 단군신화를 내 세워 우리역사의 유구함과 민족의 자긍심을 드높여 주었다.
② 신라인들은 한자를 이용하여 "이두" 또는 "향할"이라는 기록방식을 만들었는데, 〈처용가〉, 〈서동요〉 등이다. 이로 인해 신라인의 언어체계와 정신세계 나아가 우리

말의 원형을 연구하는데 도움을 주고 있다.

③ "가락국기"의 내용을 요약해 실은 덕분에 500여년의 가야 역사를 부분적이나마 알 수 있게 되었다.

④ 설화중심의 야사형식이나 우리고유의 문화와 전통을 중시하여, 특히 신라의 생생한 모습을 볼 수 있는 귀중한 사료이다.

3. 「삼국사기」와 「삼국유사」 비교

「삼국사기」는 대체로 신라 중심적이고 유교중심적이며 왕조의 정치외교사 중심의 사관이라는 평이 많다. 특히 신라왕조 중심의 충군과 애족같은 유학적 덕목을 드날린 인물위주로 구성되어있다. 그리고 유학자 김부식이 왕명에 의해 편찬한 것이다. 따라서 "왕조사관"이라 할 수 있다.

「삼국유사」는 일연 개인의 역사의식을 바탕으로 사사로이 저술한 책이어서 표현이나 내용면에서 한결 자유로워 "민중사관(또는 신이사관)"이라 할 수 있다. 역사란 왕조사관과 민중사관이 조화를 이루어야 진정한 역사의 가치를 발휘 할 수 있다는 의미로 일연은 삼국유사를 편찬한 것이다.

당시 고려후기는 중국 중심의 세계질서가 몽골에 의해 무너지고, 유학자들이 섬기던 송나라도 몽골에 패하였고, 고려역시 몽골의 침략과 억압을 받으며 큰 시련을 겪고 있었다. 이 같은 상황에서 고려의 지식인들은 민족의식을 각성하게 되고 민족자존과 긍지를 드높이는 일이 당시의 시대정신으로 떠올랐다. 「삼국유사」는 바로 이 시대의 산물이였다.

그러나 「삼국유사」는 그 시대 및 조선조에서도 성리학자들이 "허황된 책"이라며 신랄한 비판을 받았으나 「세종실록지리지」, 「동국여지승람」 같은 인문지리지에서는 지명, 유적, 전설 등에 대해 「삼국유사」의 내용을 많이 인용하였다. 정약용같은 실학자들도 "황당하고 경전에 맞지 않아 믿을 바가 못된다"고 혹평하면서도 우리나라 고대지리와 관련해서는 「삼국유사」를 보지 않을 수 없었다.

그러다 일제 강점기에 「삼국유사」가 재조명을 받았다. 당시 20세기 초에는 일본의 식민지배에 저항하면서 민족의식이 고조되던 때였고, 「삼국유사」 역시 13세기 고려 후기에 몽골의 침략과 지배에 저항하던 시기여서 일맥상통할 수 있었다. 이때 최남선이 1927년 일본유학때 「삼국유사」 임신본을 〈계명〉이라는 잡지에 소개했는데 반응이 아주 좋았다. 오랫동안 외면을 받다가, 마침내 세상에 드러나며 「삼국사기」와 더불어 우리민족의 고대사를 밝히는 중요한 역사서로 자리매김 하였다.

무신정권과 대몽항쟁

1. 무신정변(정중부의 난)

외척 인주이씨가 4대 80년간 권력을 독점했는데, 인주이씨가 다시 어린 헌종(14대)을 내세워 모후가 섭정을 하자, 이자의가 난(1095년)을 일으켜 권력을 독점하려하였다. 헌종의 숙부 계림공 회가 이들을 제거하고 숙종(15대)이 되었다.

이후 1126년 "이자겸의 난"과 그 10년후 "묘청의 난"은 모두 개경의 문벌정치를 타파하기 위한 전조라고 볼 수 있다. 무신정변은 묘청의 난 30년 후에 일어났다.

쿠데타로 즉위한 숙종과 그 아들 예종(16대)은 문벌들의 정치적 기반을 와해시키려고 노력했으나 여의치 않았다. 그 예로 1·2차 여진정벌을 단행했으나 당시 사령관 윤관(문관)은 실패하여 패군의 죄를 물은 바 있고, 또한 숙종의 아우 대각국사 의천의 건의에 따라 화폐유통을 통해 문벌들의 경제적 기반을 와해시키려 하였다. 더욱이 숙종은 수도를 남경(한양)으로, 예종은 서경(평양)으로 천도하여 개경문벌들의 정치적 기반을 약화시키려 하였다.

그러나 예종 다음의 인종(17대)이 외척의 지원 아래 즉위하자, 다시 이자겸 등의 문벌이 발호하면서 지배층 내부에 갈등과 대립이 격화되면서 결국 무신정변이 일어났다고 할 수 있다.

인종 때 12월 어느날 잔치 때, 나이 어린 김돈중(김부식의 아들)이 정중부의 수염을 촛불로 태우자 화가 난 정중부가 욕을 하며 주먹으로 갈겼다. 이 사실을 안 김부식이 인종에게 참하자고 고했으나 인종의 선처로 위기를 모면한 바 있다.

인조에 이어 의종(18대)이 즉위했는데, 의종은 태자때부터 경박하고 방종하여 왕위계승패 논란이 많았다. 그러나 시독관 정습명의 옹호로, 학문을 좋아하고 재주가 있다며 왕위에 올랐다. 이후 의종은 김돈중과 정항을 주요보직에 등용하고 이들의 감언으로 방종하여 유흥과 사치로 소일하였다.

「고려사」에 의하면, "민가 50여채를 헐고 태평정을 짓고 … 정자 남쪽에는 연못을 파고 관한정을 지었으며, 북쪽에는 양이정을 세워 청자기와로 덮고 … 아첨무리가 온갖 진귀한 물건을 민가에서 뺏어다 바치는 …" 등으로 기록하고 있다.

이런 가운데 흉년이 들고 질병이 일어나 민생의 피해가 많아지자, 시독관 정습명이 선정을 간곡히 상주했으나 오히려 역정을 내자 결국 그는 자살해 버렸다.

의종 24년(1170년) 4월 이날도 의종은 문신들과 화평재에서 시짓기와 주연이 있었다. 무신들은 추위와 배고픔에 시달리며 불평이 많았는데, 이어 보현원으로 재차 이동하여 또 주연을 베풀면서 무신들에게 권법시범인 수박회를 시켰다.

이 놀이에서 힘겨루기를 하던 중 나이 많고 체력이 약한 대장군 이소응이 버티지 못하고 달아나자, 하위관리인 문신 한뢰가 이소응의 뺨을 때려 계단에서 구르게 되었다. 이 광경을 보던 정중부가 "이소응이 비록 무부이나 벼슬이 3품인데 어째서 그렇게 나무라는가!"하고 한뢰를 꾸짖었다. 사태가 심상치 않자 의종이 정중부의 손을 잡고 만류했으나, 무신들은 드디어 폭발하였다.

정중부, 이의방, 이고, 이의민 등은 "무릇 문관을 쓴 자는 모두 죽여라"면서 정변을 일으켰다. 무신들은 개경으로 돌아와 문관들을 모두 도륙하였고 감악산에 피신 중인 김돈중도 찾아내어 죽였다. 의종은 거제현으로 귀양보내고 아우 명종(19대)이 왕위에 옹립되었다. 이후 의종은 유배지가 경주로 바뀌었는데, 문신들이 의종복위운동을 벌이다, 경주에서 이의민에 의해 의종이 시해되었다. 드디어 무인천하가 되었다. 이것이 "정중부의 난"이다.

무신들이 권력을 잡자 그들 간에 권력투쟁이 일어났다. 이고가 딴 마음을 품고 승려 2천여명을 동원하다 발각되어 이의방에 의해 소탕되었고, 이의방 역시 정중부의 아들에 의해 살해되었다. 당시 권력의 핵심은 정중부였다. 무신들은 정치경력이 짧기 때문에 권력쟁탈이 심했고 날로 횡포해지면서 공포정치의 대명사가 되었다.

정치는 무인들의 회의기관인 "중방"을 통해 국정을 펴나갔다.

결국 정중부 역시 경대승에 의해 제거되었고, 경대승은 30세의 나이로 요절하였다. 이때 이의민이 경대승에 위협을 느끼고 경주에 내려가 세력을 키우고 있다가, 경대승이 요절하자, 명종이 이의민을 개경으로 불러올렸다. 이의민은 원래 천민으로 힘이 장사였으나 권력을 잡자 본색이 들어났다. 아들이 남쪽지방 도적떼들과 손잡고 군수품을 빼돌리는 등 온갖 횡포를 부렸다. 그러다가 이의민 역시 최충헌에게 피살되었다(1196년).

이로서 최충헌의 4대 60여년의 "최씨 무신정권시대"가 열렸다.

2. 최씨 무신정권시대

최충헌은 정통무인 집안 출신으로 상당한 학식과 경륜을 갖춘 무인이였다. 이의민의 아들 지영이 최충헌의 동생집 비둘기를 강탈해 간 사건이 도화선이 되어 최충헌 형제가 이의민을 살해하여 개경거리에 효시하였다.

최충헌은 집권하면서 "봉사십조(封事十條)"라는 개혁을 상소하고, 문신 이규보, 진화 등을 우대하여 상당한 호평을 받았다. 그러나 명종은 오랜 무신천하를 보아오면서 최충헌도 달갑게 생각지 않았고 최충헌을 제거하려다가 발각되어 폐위되고, 신종(20대)이 옹립되었다.

최충헌은 이후 과거 무인정권 때와 마찬가지로 모살위협에 시달리다가 수천명의 사병을 거느리며 강력한 독재적 통치기구인 "도방(都房)"을 만들어 왕을 능가하는 권력을 행사하였다. 또한 정치문제는 "교정도감(교정별감)"을 두고 전권을 행사하였다.

이후 최충헌은 신종·희종·강종·고종(23대)의 4대왕을 옹립하여 왕은 사실상 유명무실하게 되었다.

최충헌에 이어 아들 최이(첫이름은 최우), 최항, 최의에 이르는 4대 62년의 최씨정권시대가 열렸다. 이때는 대체로 집권 안정기이고 정치실무를 위해 문신들도 등용했는데, 이들 문신들은 사설기관인 "정방(政房)"을 설치하여 인사문제 등을 대행하였다.

최이는 문무양반의 지배자로서 위치를 확고하게 장악하였다. 그리고 최이는 "마별초"라는 기병부대를 조직하였고, 또한 도적을 막기 위해 "야별초"를 두었는데, 나중에 확대되어 "좌별초 우별초"로 분리되었다.

무신정권이후 인사권과 군사권을 장악한 중방, 도방, 교정도감, 정방이 설치되고, 무신권력자의 무력집단인 사병(私兵)이 등장하면서 토지제도인 전시과가 무력화되며 농장같은 대 토지소유자가 발달하였다.

그러자 고려왕조를 부정하는 삼국부흥운동 등이 일어나며 하층민의 유망과 항쟁이 대대적으로 일어났다. 특히 이의민같은 천민출신이 권력의 정상에 오르기도 하여 신분제도에도 크게 흔들리며 민중봉기가 끝없이 일어났다.

대표적으로, 공주에서 천인신분의 해방을 외친 "망이·망소이의 난"(1176년), 최충헌의 집 사노인 만적이 "장상의 씨가 따로 있는가!"라며 개경에서 우리나라 최초의 천민해방운동인 "만적의 난"(1198년)등이다.

3. 몽골의 침입과 대몽항쟁

고려가 무인천하로 하극상과 내분에 휩싸여 있는 동안, 12세기말 경 동아시아의 정세는 북중국과 만주에 금나라가, 남중국에는 남송이, 몽골서쪽에는 서하가, 한반도에는 고려가 자리잡고 있었다.

몽골 대초원에서는 테무진(징기즈칸)이 몽골족을 통합하여 1206년 칸에 오르며, 정복전쟁을 시작하여 서하·금을 정복하고 고려에도 침입하였다. 1231년부터 1259년까지 30여년 동안 몽골은 6차례나 침입하였다.

1219년 고려는 몽골과 형제관계를 맹약한 이후, 몽골은 고려에게 과도한 조공을 요구해오자 견딜 수 없었다. 이런 중에 고려에 사신으로 온 저고여가 피살되자 양국관계는 급냉하였다.

제1차 침입은, 칭기즈칸이 서역정벌을 마치고 서하를 치려다 죽고 아들 태종이 금국을 정벌한 후 요동 태수 살리타이에게 남정을 명했다.

당시 살리타이는 대군으로 침공하면서 귀주성에서 발이 묶였다. 귀주성은 서북 병마사 박서와 김경손의 활약이 컸다. 당시 전투기록을 보면, 몽골군이 성밑으로 굴을 파고 들어오자 쇳물을 끓여부어 섬멸시켰고, 불로서 공격하자 물로서 막지 못하자 진흙에 물을 부어 불길을 잡았다. 이때 남문을 맡은 김경손이 결사대 12명을 차출하여 성을 나와 결사항전하자 그 위세에 놀란 몽골군은 퇴각했다. 당시 김경손은 어깨에 화살을 맞은 상태에서 굴함이 없이 항전하였다. 이를 본 고려군은 크게 분전하였고, 박서는 눈물을 흘리며 무릎을 꿇고 김경손에게 큰절을 하였다. 이렇게 30여일이 지나도 함락시키지 못하자 귀주성을 포기하고 우회하여 개경으로가 고려를 항복시켰고, 결국 고려왕족이 귀주성으로 가 투항을 권유하여 항복하였다.

당시 이 전투에 참가한 70세의 몽골 노장수는 "내가 20세부터 전투에 참가하여 천하의 무수한 성을 공격했으나, 이처럼 맹렬하고 오랜 공격을 버티며 항복하지 않는 곳은 본 적이 없다"고 하여 고려인의 감동적이고 끈질긴 저항정신을 칭찬하였다.

이때 몽골군의 주력은 서북 9개의 구주성에 묶여 있었으나, 몽골의 지파들은 광주, 충주, 청주 등에서 무참하게 짓밟히게 되자, 결국 강화조약을 맺었다. 몽골은 "다루가치"라는 행정감독관을 서북 40개성에 두고서 간섭하기 시작하였다.

당시 무신정권(최이)은 몽골군이 수전(水戰)에 약하다는 점을 알고 고종 19년(1232년)에 강화도로 천도하였다. 그러나 몽골군은 왕이 육지로 나와 항복하지 않는다며, 이후 계속 침공군을 보냈다. 이때 신라 황룡사9층탑과 대구 부인사에 있던 대장경도 소실되었다.

제2차 침입은 역시 살리타이가 왕이 강화도로 천도했다는 소식을 듣고는 공물을 바치지 않고 천도했다는 이유로 재침하였다. 이때 처인성(용인)에서 승려 출신 김윤후가 처인성 부곡사람들과 몽골군에 맞서 싸웠다. 이때 김윤후가 쏜 화살에 적장 살리타이가 맞아 죽자 몽골군은 결국 철수하였다.

제5차 침입 때가 가장 참혹했다. 이때 가장 격렬했던 전투는 역시 김윤후가 지휘한 70일간의 충주성 전투였다. 김윤후는 식량이 거의 떨어져가는 주민들에게 "힘을 다해 싸운다면 귀천을 가리지 않고 모두에게 관직을 내리겠다"고 말한 후 관노비문서를 불태웠고 노획한 우마를 나누어 주었다. 이로인해 경상도로 진출하려는 몽골군을 격퇴하였다.

이후 김윤후는 상장군이 되었고, 공적이 많은 농민, 관노비 등에게 관작을 내렸다. 「고려사」에 의하면 제5차 침입때 볼모로 끌려간 고려인이 20만명에 이르고, 이때 수만명의 공녀(貢女)도 끌려갔다. 그런데 이들이 귀환하면서 주위에서 "화냥년(환향녀還鄕女에서 어휘변화)"으로 취급받던 슬픈 역사를 남기였다. 오늘날 일제 강점기때 끌려갔던 위안부 할머니들을 상기시키게 한다.

최의가 집권한 후, 그는 어리고 우둔하여 주위의 참소에 속아 무고한 사람을 죽이는 등 횡포가 심해졌다. 이때 백성들은 강화천도와 대몽항쟁으로 고통받는다며, 천도반대와 몽골과의 강화를 요구하면서 불만이 많았다. 더욱이 최의가 함부로 사람을 죽이는 것을 보고는, 결국 장군 박송비가 야별초를 동원하여 최의 일파를 일망타진하고 드디어 최씨무신정권은 4대 62년만에 종말을 고했다.

이후에도 10여년간 무신정권이 이어졌으나, 결국 왕권이 회복되고 왕도도 개경으로 환도하였다. 당시 몽골은 남송을 정벌하던 중 헌종이 사망하고 동생 쿠빌라이가 제위(세조)를 계승받던 시기였다. 이때 고려태자가 화친차 몽골에 갔을 때인데, 태자와 쿠빌라이 간에는 매우 우호적인 관계였다. 이후 고려고종이 승하하고 태자가 원종(24대)이 되었다. 쿠빌라이도 원의 세조가 되며 양국간 강화는 순조롭게 진행되었다. 강화조건은 고려가 왕도를 개경으로 옮기는 것과 고려왕이 원의 황제에게 친조한다는 조건이었다. 이 조건은 매우 우호적인 조건이었다.

당시 고려태자(원종)가 1259년 쿠빌라이를 만나 강화를 요청했을 때, 쿠빌라이는 "고려는 만리나 되는 큰 나라이다. 옛날 당태종도 정복하지 못했는데, 그 태자가 왔으니 하늘의 뜻이다"라며 반가워하였다.

쿠빌라이는 당시 남송정벌사업과 왕위계승전의 와중이여서 더욱 고려태자의 강화요청에 큰 의미를 부여하였다. 이는 30년간 고려를 공략했으나 고려의 끈질긴 항쟁으로 끝내 굴복시키지 못한 것을 잘 표현한 것이다. 이때 쿠빌라이는 고려의 제도와 풍습을 존중하겠다는 뜻으로 이른바 "불개토풍(不改土風)"의 원칙을 밝혔다.

칭기즈칸의 정복활동에서 몽골의 정복정책은 이른바 "육사(六事)정책"을 시행하는게 전통인데, 만약 이를 수용하지 않으면 무자비한 파괴나 살육이 뒤따랐다.

① 정복 민족의 왕족이나 자제를 몽골에 인질로 삼고
② 해당국가의 재정원을 파악하는 호구조사를 실시하고
③ 몽골군에게 식량과 조부(祖賦)를 바치고
④ 정복사업에 군사를 제공하고
⑤ 몽골의 관리인 다루가치를 주둔시키고
⑥ 몽골군의 물자보급과 연락을 위한 역참을 설치한다.

그동안 몽골이 6차례나 침입해 온 것은 몽골이 남송을 공략하는데 고려가 남송과 연합하지 못하게 하는데 있었다.

고려가 항복하자, 왕의 지위는 ~조(祖), ~종(宗) 대신에, ~왕(王)을 쓰게 하고 왕 이름 앞에 충성을 맹세하는 "충(忠)"자를 붙여 충렬왕, 충선왕 등이 되었다. 왕도 몽골왕실과 혼인하여 부마국이 되었고, 태자도 인질형태로 원에 가서 자랐다.

4. 삼별초의 난

삼별초란 야간 좀도둑을 잡기 위한 순찰을 강화했던 야별초에서 시작하여, 농민항쟁시 진압군 역할을 했던 좌·우별초와 몽골에 포로로 잡혀갔다온 사람으로 구성된 신의별초로 구성되나, 어디까지나 무신정권의 친위부대였다. 대몽항쟁을 하다 원나라에 굴욕적인 강화를 맺고 개경환도를 단행하자, 이에 반항하여 1270년 배중손, 노영희, 김통정 등이 봉기하였고, 왕족 승화후 "온"을 왕으로 추대하였다.

처음에 근거지를 진도로 옮겼으나 려·몽연합군의 대규모 토벌작전으로 승화후 온과 배중손은 전사했고, 이때 잡힌 포로는 남녀 1만명이 넘었다.

이후 삼별초는 김통정의 지휘 아래 제주도로 옮겼으나 2년여간 려·몽연합군에 항전하다, 1273년 결국 삼별초군은 모두 전사했다. 현재 북제주도 애월읍에 당시 삼별초군이 세웠다는 "항파두리성"이 남아있다.

그런데 일본기록에 의하면, 1268년과 1271년에 고려에서 서장을 가져왔는데, 첫 서장의 내용은 몽골의 덕을 찬양했는데, 다음 서장은 몽골의 풍습을 야만시하는 내용으로 "강화도로 도읍을 옮긴지 40년에 가깝고 … 이어서 또 진도로 천도한다"고 적혀 있었다. 그러나 일본 조정에서는 연일회의를 하다가 결국 결론을 못내렸다고 기록하고 있다. 이 1271년 서장은 삼별초군이 진도에서 보내어 일본과 연합하여 몽골군에 대항하자는 문서인 것이다. 그러나 당시 일본의 조정이나 막부에서는 고려의 정황을 정확하게 파악할 수 없어서, 이 요청에 답변하지 못한 것이다.

고려사회의 문화

chapter 08

1. 가족제도와 혼인문화

1) 왕실은 "근친혼(近親婚)"이였다.

고려는 통일신라말기에 소외되었던 지방세력을 축으로 건국하였다. 그렇기 때문에 왕조기반이 취약하였고 이를 보완하기 위해 태조는 지방세력을 흡수 통합할 목적으로 유력지방세력과 정략혼인을 하고, 또한 지방세력에게 본관과 성씨를 주어서 그 지역에 대한 지배력을 인정해 주었다.

이후 근친혼형태를 취하여 왕실의 정치·경제적 기반을 강화하려 하였다.

고려의 국왕은 34명인데 19명이 왕족과 근친혼을 하였다. 왕비는 평균 4명인데, 그중 태조는 29명의 비를 가졌고 자식은 34명이였다.

그러나 원간섭기 이후에는 원에서 근친혼을 반대하여 권문세가(權門勢家) 15개 가문(재상지종宰相之宗이라고도 한다)과 결혼하였다. 그러나 제1비는 반드시 근친혼을 하였다.

고려의 대표 권문세가는 아래와 같다.

◦ 정주류씨: 태조의 첫부인 집안
◦ 해주최씨: 최충을 비롯하여 5대에 걸쳐 재상을 배출
◦ 인주이씨: 이자겸의 집안으로 문종에서 인종까지 7왕 중 5왕에 딸을 출가시킨 외척 가문
◦ 경주김씨: 김부식집안으로 태조의 6번째 부인집안이고 현종의 부인도 경주김씨이다.

국왕의 평균수명은 42.3세였고, 일반인은 39.7세였다. 고려의 최장수왕은 충렬왕으로 73세까지 살았다. 충렬왕은 최초로 원의 공주를 맞았으며 재위기간은 34년이였다. 고려 고종은 46년간 재위했으나 68세까지 살았다.

고구려 장수왕은 79년 재위하였고, 조선의 영조가 52년 재위하였으며, 고려고종은 재위기간이 세 번째이다.

왕실의 근친혼 예를 들면;

혜종(2대)의 비는 경기도 광주의 왕규의 딸이였는데, 태조의 15, 16비가 역시 왕규의 딸이였다. 즉 부자지간이면서 동서간이다.

정종(3대) 역시 혜종의 배다른 동생인데, 견훤의 사위인 박영규의 두 딸을 비로 맞았고 태조 역시 박영규의 딸을 제17비로 맞았다.

근친혼은 태조, 혜종, 정종, 광종, …, 목종(7대)까지 나타난다.

광종(4대)은 아버지 태조의 딸과 형 혜종의 딸을 비로 맞았다. 누이·조카와 혼인했다. 경종(5대)은 제1비는 아버지 광종의 친누이의 딸이고, 제5비는 광종의 여동생의 딸이며, 제2비는 광종의 친동생의 딸이고, 제3·4비는 외사촌이였다.

근친혼에서 벗어난 때는 현종(8대)때이다. 현종은 13명의 비를 두었는데, 3명의 비(아우의 딸)를 제외하고 이성과 혼인하였다.

우리나라 고대풍속에 "취수혼(娶嫂婚)"이 있었다. 형이 죽으면 동생이 형수를 맞았다.

고구려때 고국천왕이 죽자 부인 윤씨는 시동생 연우와 발기에게 누가 자신을 부인으로 삼겠냐고 제의하여 발기는 거부하고 연우가 받아들여 산상왕(10대 197~227년)이 되었다. 이 역시 근친혼이라 할 수 있다.

신라시대 선덕·진덕·진성여왕 등 3명의 여왕이 있었는데, 이 역시 왕실집단을 유지해 나가려는 고육책이였다.

이 취수혼 형태는 중동지방과 아랍지역에서도 상당히 성행하였다.

성경에도 형이 죽자 그 부인이 둘째와 혼인하고, 또 둘째가 죽자 셋째와 혼인하며, 그렇게하여 7형제와 혼인했다는 이야기가 나온다.

이같은 근친혼이나 취수혼 형태는 고구려같은 북방유목민들에게서 많이 나타난다. 이들은 이동생활을 하기 때문에 정착민과 같이 다른 부족과 혼인을 통해 가계나 공동체의 재산 또는 세력을 유지할 수 없었다.

이러한 풍습에서 고려도 태조왕건이 하나의 지방세력으로서 왕권이 불안하여 왕조기반을 강화하기 위해 근친혼 내지는 일부다처제 형태를 꾀하였다.

2) 일반인은 "단혼(單婚)소가족제도(일부일처제)"였다.

고려의 가족제도는 당시의 호구단자(호적신고서)가 남아있다.

고려시대는 3~4명의 자녀를 둔 일부일처제가 기본이며, 일부다처제는 법으로 금지시켰다.

그 한 예를 들면, 충렬왕(25대)때 대부경 박유가 다처제를 시행하자는 상소를 올린바 있다.

"우리나라는 전쟁 등으로 남자가 적고 여자가 많은데, 외국에서 온 자들은 다처제를 하고 있으니 남자들이 북으로 빠져나가고 있다. 국가 백년대계를 위해 다처제를 시행하자 … 청컨대 신하 관료들의 직급을 정하여 여러 처를 두게 하고, 여러 처에서 낳은 자식은 똑같이 처우하자"

이 소문이 퍼지자, 연등행사에 왕이 참석하면서 박유가 왕을 호위해 동행했다. 이때 한 노파가 박유에게 손가락질을 하며 "저놈이 첩을 두자는 놈이다"고 하자 여자들이 우루루 몰려들어 마구 욕을 하고 손가락질을 하였다. 이 광경을 보던 재상이 역시 공처가인데, 부인에게 그 문제로 공박을 받은바 있어, 결국 다처제는 묵살되고 말았다는 기록이 있다.

이와 같이 고려는 일부일처제도이나 일부 권력층이나 부유층에서는 일부다처제도 있었다. 그러나 고려말에 가서는 전쟁 등으로 남녀성비가 불균형을 이루자 몽골풍습의 영향으로 다처제현상이 묵인되기도 하였다.

조선시대는 자녀가 평균 5~6명이였고, 한 가족도 3~4세대가 함께 사는 경우가 많았다(64%). 따라서 남자 장자가 상속자가 되어 장자가 제사를 지내고, 장자 중심의 씨족사회가 되면서 남아선호사상이 자리잡았다.

고려시대는 일부일처제가 기본이며, 남자는 결혼하면 자식을 낳아 장성할 때가지 여자집에 거주하는 "솔서혼제도(데릴사위형태)"가 있었다.

대표적인 예로, 고려중기 대 문장가 이규보가 솔서혼으로 살면서 장인의 제사 때 제문(祭文)에 "사위가 되어 밥 한 끼와 물 한 모금을 다 장인에게 의지하였다"고 기록하고 있다.

고려시대는 노비는 물론 토지도 부부간에 동등하게 상속받는 남녀균등 상속이였고, 호주도 여성이 되는 경우도 많았다. 그러므로 조선사회와 같이 장자상속으로 대가족제를 유지할 수 없었고, 각자 상속받아 사는 독립된 단혼 소가족제도를 유지할 수 밖에 없었다.

특히 고위관료나 공이 있는 관료의 자손에게 관직에 진출할 수 있는 특혜를 주는 "음서제(5품이상)"에서도 아들이 없는 경우에는 딸의 자손에게도 음직이 계승되었다. 즉 여성이 재산상속, 호주, 제사의 주체가 될 수 있었다.

또한 시집간 딸이 남편이 죽으면 친정에 들어와 사는 경우도 많으며 재혼도 자유로웠다.

이러한 제 풍속을 볼 때 대체로 여자의 목소리가 컸고 성풍속도 다소 개방적이였을 것으로 보인다.

2. 고려의 대표공예 "고려청자와 나전칠기"

신라 미술은 불교와 관련되어 왕실 생활공예품이 우수했으나, 고려시대는 귀족이나 호족들의 생활공예품이 발달한 것이 특징이다.

대표적으로 고려귀족들의 품격을 보여주는 고려청자, 즉 상감청자이다. 상감청자란 바탕에 구름·학·화초문양 등을 새겨 넣은 상감기법이 고려청자의 진수이다. 그중에 비취색이 나는 비취청자가 일품이다.

이 기법은 목칠공예 등에서도 금이나 은·조개껍질 등을 가늘게 잘라넣은 입사기법으로 화려한 문양을 만든 나전칠기로 발전하였다. 주로 문갑이나 소형 책상 등에 이용되고 있다.

이러한 상감기법이나 입사기법은 1천년이 지난 지금도 문양 위에 덧씌운 칠이 떨어지지 않고 원형 그대로 남아있다. 고려의 고급문화, 이른바 질의 문화가 어떤 수준인지를 가늠하는 잣대가 되고 있다.

당시 12세기초 송나라 사신 「서긍」이 작성한 〈선화봉사 고려도경〉에서 특히 우아한 비색의 고려청자의 우수성을 높이 평가했다.

고려청자는 주 생산지가 전라도 강진, 부안 등 서해안 일대에 많은데, 이곳은 해로로 중국이나 수도 개경으로의 교통이 편리하기 때문이다.

이 지역은 일찍부터 선종이 유행하면서 차(茶)문화가 발달하여 다기(茶器) 등의 수요가 많았기 때문이다.

조선시대에도 왕실 및 중앙기관에서 소요되는 도자기, 그림 등의 전업체계가 경기도 광주에 분원을 두고 도자기를 생산하고 도화원을 두어서 각종의궤·의례 등의 그림을 제작했으나 조선시대는 대체로 유교문화로 인하여 소박하고 현실주의적인 경향이 있었다.

고려시대에 이러한 고도의 예술성이 발달한 것은 부곡제의 하나인 "소(所)제도" 때문이다.

금·은·소금·지물·자기·종이 등 수공업이 고려시대에는 소 275개소에서 전문적으로 생산하였기 때문이다. 특히 통일신라시대 이후에 진골귀족이나 문벌들, 그리고 당시 송나라의 고급문화생활의 취향에 맞게 소지역에서 전문직업직으로 만들었다.

그런데 이 비법은 아쉽게도 명맥이 이어지질 못했다. 지금 비슷한 수준까지는 올라와 있으나 어딘가 부족함이 있어 천년전 만큼은 못하다는 평이 있다. 이같은 단절은 중국의 지배세력이 송에서 금·원으로 바뀌면서 종래의 송의 고급문화생활에서 이후 금·원에서의 수준 낮은 생활로 변하였고, 또한 조선시대에는 고급화보다도 실용적이고 대중적인 백자를 더 선호하여 수요가 급감한 때문이다. 그래서 고도의 기술과 까다로운 공정이 요구되는 청자는 점차 수요가 감소되면서 단절된 것이다.

3. 고려문화의 진수 "팔만대장경과 금속활자"

고려의 팔만대장경과 금속활자는 고려문화의 진수를 보여주고 있다.

팔만대장경은 경판의 숫자가 무려 8만장이나 되기 때문에 붙여진 이름이다.

원래 초조장경은 고려현종2년(1011년)에 발원하여 선종4년(1087년)에 완성되었는데, 현종 재위기간인 1011~1029년간이란 설도 있다. 거란군의 침입을 부처님의 힘으로 격퇴했다고 믿었다. 그런데 몽골 침입 때 소실되었고, 이후 재차 만들었으나 역시 몽골 침입때 소실되었다.

이 팔만대장경은 고종23년(1236년)에 시작하여 16년 만에 조성되었는데, 몽골의 침략을 부처의 힘으로 물리치려는 염원으로 조성되었다.

이 팔만대장경의 고려시대의 판본은 우리나라에는 남아있지 않고, 조선태종 14년(1414년)때 경기도 여주 신륵사에 있던 판본을 일본국왕에게 선물로 보냈는데, 그것이 가장 오래된 팔만대장경 판본으로 일본 교토 오타니 대학에 보관되어 있다. 이 판본은 고려우왕(1381년)때 목은 이색이 공민왕의 명복을 빌기 위해 "대반야 바라밀다경"의 발문 내용을 수록한 전10권이다.

정착 세계에서 가장 오래된 목판 인쇄물은 1966년 경주 불국사 석가탑 사리함에서 발견된 불경 두루마리로서 8세기 통일신라시대에 만든 「무구정관대다리니경」이다.

이 팔만대장경은 경판이 8만여 장에, 새겨진 글자는 무려 5천2백만 자이고, 총280톤 무게로서 10톤 트럭 28대 분량이다. 연 동원인력은 약 130만 명이며, 지름 40cm의 원목으로 2만7천 그루 분량이다.

이 시기에 금속활자의 인쇄술도 활발하였다. 이는 왕실의 예를 정리한 상정예문 총50권으로, 당시의 집권자 최의가 몽골 침략때 강화도로 천도하면서 한질을 보관했던 것이다. 이 인쇄물은 사본으로서 인쇄연도는 측정할 수 없으나 최소한 1239년 이전에 인쇄된 것으로 추정된다.

한편 현존하는 세계 최고의 금속활자 인쇄본은 우왕3년(1377년) 충청북도 청주목에 있던 흥덕사의 백운화상 경한이 선의 요체를 내용으로 하는 〈백운화상초록불로 직지심체요결(약칭:직지)〉이다. 이 불교서적은 1972년 유네스코 세계 도서박람회에서 공개되었고 또한 2001년 유네스코 세계유산에 등재되었다. 원래 진본없이 목판목만 남아있다. 이것은 서양 최초의 금속활자 〈구텐베르크성경〉(1450년)보다 73년 앞섰다.

4. 고려생활상을 보여주는 호족 전주(田主)의 위상 "미륵상"

고려시대의 생활단면이나 외형적인 모습을 보려면 당시의 불상이나 불화같은 것을 보면 대체로 추정할 수 있다. 그 중에 대표적으로 논산 관촉사에 있는 '은진미륵'이다. 신라시대의 석굴암의 불상은 매우 온화한 느낌을 주나 은진 미륵은 머리가 몸체에 비해 너무 크고 얼굴도 단아한 느낌을 주지 못하며, 어딘가 크고 투박한 느낌을 준다.

관촉사는 고려광종(4대)때 승 혜명이 창건했는데 39년이나 걸려 만들었다. 이 불상(18m)은 당시 지방호족 등이 자신의 세를 과시하기 위해 위엄과 권위를 담고 있다고 볼 수 있다. 그 얼굴 모습에서 당시 호족들이 원했던 사회적인 모습이 아니었나 생각된다.

당시 고려의 토지제도는 "전시과"인데, 이 제도는 토지자체는 왕의 소유이나 그 징수

권 즉 수확량의 1/10을 관리가 거두게 된다. 이
때 징수권을 가진 전주(田主)와 경작자 전객(田
客)간에 수확량 1/10을 놓고 전주가 전객에게 갖
은 이유로 횡포를 부리면서 수많은 갈등을 빚게
된다. 이때 전주(호족)들의 권능을 은진미륵에서
보여주고 있다.

과전은 원칙적으로 당대에만 지급받는데, 갖
은 편법으로 후손에게 물려주어 사유화해버린
다. 따라서 토지는 점차 줄고 신규관료에게 줄
토지는 없게되며 또한 국가 재정수입도 줄어들
게 됨으로 결국 고려말에 가면서 1/4이상(사유
지 1/2)으로 증세됨으로서 이 토지제도는 언제
나 문제를 안게 된다.

이 토지문제는 결국 고려를 멸망의 길로 가게
한 원인으로 작용하였다.

논산 관촉사 은진미륵

당시 이러한 농민들의 생활상을 이인로의 「파한집」의 가요에 잘 나타나고 있다.

「해 종일 밭 갈아도」

"햇볕에 등 쪼이며 해 종일 밭 갈아도
농부에게 차려진 것 한말 조도 없다.
이 내 팔자 바꾸어서 관청에 앉았으면
놀고도 쌓인 곡식 만석에 이르련만"

5. 고려의 문학

고려후기는 신흥사대부들이 등장하면서 새로운 문학으로 「경기체가」를 들 수 있다.
한문을 사용하면서 우리의 전통을 살린 것으로 이전에 없던 새로운 형식의 시가이다.
경기체가의 시초는 「한림별곡」으로 무신정권 때 한림제휴들이 사대부들의 정서와
생활을 표현한 시가이다. 한림별곡은 고려고종(1216~1230년)때 유원순, 이인로, 이공

로, 이규보, 유충기, 민광균, 김양균이 명문장과 시(詩)·부(賦) 등을 한사람씩 돌아가며 지은 모두 8장의 경기체가이다. 그 외에도 안축의 「관동별곡」, 또한 사대부들의 전원생활을 묘사한 「어부가」도 있다.

한편 일반 민중의 정서를 표현한 문학 형태로서 민요체의 장가가 있다. 대표적으로 「청산별곡」, 「가시리」, 「쌍화점」 등이 있다. 「청산별곡」은 작가 연대 미상으로 서민들 간에 많이 애용되었다.

> "살어리 살어리랏다 청산(靑山)에 살어리랏다.
> 머루랑 다래랑 따먹고 청산에 살어리랏다 … "

로 시작된다.

청산별곡은 우리 서정시의 시원(詩原)으로서 현실적응에 실패한 후 떠돌이 생활을 담은 서정시이다.

「가시리」 역시 작가·연대미상의 고려가요이다.

> "가시리 가시리잇고 나는 ㅂ리고 가시리잇고(후렴: 나는 위 증즐가 태평성대)
> 늘러는 엇디살라ㅎ고 ㅂ리고 가시리잇고 … "

4연의 민요체 가요로서 섬세한 감정과 애절한 심정을 잘 묘사하였다.

「쌍화점」은 남녀간의 솔직하고 노골적인 애정시이다.(쌍화점: 만두파는 가게)

또한 신라향가풍의 작품으로 승려 균여대사가 지은 「보현신종원앙가」, 「정읍사」 등이 있다.

한편 패관문학으로는 무신난 이후 문신들이 중국의 현실도피적인 '죽림칠현'을 모방하여 음주와 시가를 즐기는 분위기 속에서 설화문학의 형태로 나타났는데, 우리나라 소설문학의 기원이라 할 수 있다. 죽림칠현이란 중국의 위·진 남북조시대에 완적, 혜강 등 7명이 죽림에서 자연과 더불어 살면서 노장사상(노자·장자)을 신봉하여 형식적인 격식이나 예절을 싫어하며 자유분방하게 산 사람들이다. 이들 패관문학에는 이인로의 「파한집」, 이규보의 「백운소설」, 「이상국집」, 최자의 「보한집」, 이제현의 「역옹패설」 등이 있다.

한국불교의 역사

chapter

09

 불교는 삼국시대 중국 전진의 순도가 372년에 고구려에 처음 전래하였고, 이어 백제, 신라 순으로 전파되었다.

 삼국시대는 삼존론·미륵신앙 등 경전중심인 교종(敎宗)이였고, 주로 호국불교로서 그 대상이 왕실·귀족들 위주였다. 신라말기에 이르자 사회가 혼란해지고 골품제가 무너지기 시작하자 선종(禪宗)이 출현하였다. 교리 중심에서 참선과 수행중심으로 바뀌면서 그 대상이 확대되자, 소외받던 지방호족이나 6두품, 서민들이 선호하게 되었다. 특히 원효는 불교 대중화에 힘썼고, 이로 인해 선종이 급속히 확대되면서 도의국사 등이 구산선문(九山禪門)을 개창하였다.

 고려 때는 태조 왕건이 불교보호정책을 훈요십조(訓要十條)에 넣어 후대 왕들에게 장려하도록 하였고, 광종(4대) 때는 불교를 국교로 정했다. 고려중기 이후에는 거란족·몽골족의 침입을 불심으로 막자면서 팔만대장경을 간행하여 호국불교의 성격을 띄었다.

 그러나 중기이후 불교가 왕실 및 귀족들과 결탁하여 교단이 혼란해지자, 교종 및 선종의 대립이 심해지며 균여, 의천, 지눌 등에 의해 교·선 통합운동 및 결사운동이 전개되었다. 대표적으로 지눌의 정혜결사와 백련사의 백련결사이다.

 고려말기가 되자 불교의 퇴폐상이 극에 달하자 유학적 소양을 가진 정도전의 "불씨잡변" 등 사대부들이 배불정책을 펴면서 역성혁명이 일어나며 조선이 개창되었다.

 조선시대에는 숭유억불정책에 의해 불교가 탄압을 받았고, 특히 중종 때는 한양의 모든 사찰을 폐쇄시키기도 하였다. 그러나 명종(문정왕후 섭정)때는 선·교양종이 부활되며, 봉은사는 선종, 봉선사를 교종의 본찰(本刹)로 지정하였다.

 현 조계종은 신라시대(821년) 가지산문의 도의국사가 개산조이다. 고려때 보조지눌의 정혜결사, 태고보우의 구산선문통합 등으로 이어오다가 1941년 태고사(太古史: 현

조계사)를 총본산으로 조계종이 탄생하였다. 이어 1970년에 대처승단 태고종이 출범하였다.

1. 삼국시대의 불교

고구려불교는 소수림왕2년(372년) 중국 전진의 왕 부견이 승려 순도에게 불경과 경문을 고구려에 보낸 것이 최초의 불교전래이다. 순도는 소수림왕의 지원을 받아 374년 최초의 절 초문사를 건립하였다.

당시는 호국불교로서 왕실불교였고 주로 삼존불을 신봉하였다. 삼존불이란, 본존과 그 좌우에 두 분의 부처나 보살을 모신 것을 말하는데, 석가삼존, 미카삼존, 약사삼존 등이 있다. 이는 속세에서 받들어 모셔야 할 임금, 스승, 아버지 세 사람을 일컫는다.

당시 유명한 승려로는 중국 삼존론에 영향을 끼친 승랑, 신라에 가서 최초의 국통이 된 혜량, 일본 성덕태자의 스승 혜자, 일본 삼존론의 시조 혜관 등이 있다.

담징은 일본 호류지 〈법륭사〉 벽화를 그렸다고 전해지는데, 이는 일본 최고의 벽화로서 인도 아진타석굴과 중국 둔황막고불과 함께 세계적인 벽화의 걸작으로 꼽힌다.

백제불교는 고구려보다 12년 후인 침류왕 원년(384년)에 동진의 마라난타가 전래하였다. 최초의 절은 385년 한산(하남 위례성)에 있는 한산사이다.

백제불교는 성왕(523~554년) 때 인도 유학승 겸익이 불교경전을 가져와 급속히 전파되었고, 미륵신앙이 성행하였다. 미륵신 앙이란 미륵보살이 세상을 열어 준다(기독교의 메시아구세주)고

담징의 〈금당 벽화〉 (고교한국사)

하는데, 그 핵심은 참회하고 자비를 베풀어 스스로 미륵이 되는 것이다.

특히 성왕때 일본에 불교를 전파하였고, 이때 일본 여승 신선니가 유학와서 계율을

배우기도 하였다.

신라 불교는 고구려보다 45년 뒤 눌지왕(417년)때 고구려 승 묵호자(아도)에 의해 전해졌다. 처음에는 보수적인 왕실·귀족들이 도교나 샤머니즘을 믿고 있어 반발이 심했다. 법흥왕 14년(527년)에 이차돈의 순교로 인해 공인되었다.

신라 역시 호국불교의 성격을 띠었고, 주로 미륵신앙인 계율종으로 대국통 자장 율사가 신라 불교를 이끌었다. 신라는 황룡사, 불국사, 사천왕사, 석굴암 등 많은 불사를 남겼다.

법흥왕(23대)을 이은 진흥왕(24대)~진덕여왕(27대)까지는 왕들이 석가모니를 자처하며 진종설(眞宗設)에 의해 "진"자가 들어갔다. 신라왕실이 석가모니를 탄생시킨 인도 왕실과 같다는 일종의 신성의식을 나타낸 것이다.

통일신라시대는 법상종·화엄종 등 교종이 발달했으나, 말기에 가자 골품제가 무너지고 사회가 혼란해지면서 법랑·도의 등에 의해 선종이 전래되었다. 이로서 선종이 급속히 확장되며 구산선문(九山禪門)이 창건되었다.

가야불교는 「삼국유사」에 의하면, 시조 김수로왕 때 인도 아유타국에서 허황옥 왕후가 배로 석탑을 가져왔다는 기록이 있다(기원후 48년 7월). 이후 제8대왕 질지왕때(452년) 허황후의 명복을 빌기 위해 왕후사를 건립하였다.

2. 교종과 선종(5교 9산)

신라불교는 통일 이전부터 소승불교와 대승불교가 전래되었다. 소승불교란 개인의 해탈을 지향하며 동남아에 널리 퍼져있고, 대승불교는 다수 대중의 구제를 지향하고 있다. 중국·한국·일본에 많이 퍼져 있다.

우리나라는 삼국시대에 불교가 들어오면서 대승불교인 교종이 호국불교의 성격을 띠다가 통일신라시대에는 교종과 선종이 함께 확산되었다. 여기서 교종의 5교나 선종의 9산 등의 "종파"란, 불교사상체계에 따라 많은 경전이 있는데 그 중에서 어느 경전을 상위에 두고 중시하느냐에 따라 여러 종파로 나누어진다. 따라서 화엄경을 토대로 한 화엄종, 법화경을 토대로 한 천태종, 열반경을 토대로 한 열반종, 해밀심경을 토대로 한 법상종, 아미타경을 토대로 한 정토종 등 수많은 종파들이 생겨났고, 이를 통털어 교종이라 하며 이중에 대표적인 종파 5가지를 "5교"라 한다. 교종은 경전을 중심으로 교리 연구나 이론적인 체계에 중점을 두고 있다.

그러나 선종은 선(禪)을 통해 깨달음의 세계로 들어간다는 것이다. 일반적으로 깨달음은 선문답(禪問答) 중에 그 경지에 도달하는 경우가 많은데 이때를 화광동진(和光同塵)이라 한다. 대표적으로 성철 스님의 "산은 산이요 물은 물이로다"고 한 선문답이다. 즉 선종은 이심전심(以心傳心)으로 문자 없이 마음에서 마음으로 전달하는 세계를 토대로 한다. 이 화광동진때 깨달음의 경지가 나타나는데 이를 "염화시중의 미소"라 한다. 대표적으로 부처님의 불상미소나 "반가미륵사유상"의 미소를 들 수 있다. 특히 원효에 의해 전파된 정토교는 문맹·무학자라도 "아미타불"만 열심히 외우면 서방정토로 갈 수 있다고 하니 무지한 일반 백성들 간에 널리 퍼졌다. "아미타불"이란 헤아릴 수 없는 광명(아미타바)과 수명(아미타유스) 두 불(佛)에 귀의합니다란 의미이다. 따라서 어려운 문자에 약한 호족들이나 무사들에게 매력적인 사상인 것이다. 결국 불교 토착화의 종착역은 선종이다. 이 선종은 중국에서 크게 발전했으나 우리나라는 9세기 전반이후(37대 선덕왕이후) 꽃피웠다.

신라는 중대(29대 무열왕~36대 혜공왕: 654~780년) 까지는 교종이 크게 발전했는데, 대표 종파는 화엄종과 법상종이었다. 이 종파들은 지나치게 관념적이고 이론적이었다. 하대에 접어들면서 골품제가 붕괴되면서 중앙에서는 6두품이, 지방에서는 호족이 성장하였다. 결국 기존 교종의 한계와 호족들의 후원 등이 선종의 대두를 낳았다.

헌덕왕 13년(821년)에 승려 도의가 중국에서 귀국하여 선 사상을 전파하려 했으나 당시 교종의 큰 벽에 부딪쳐 은거하고, 826년 홍척이 다시 지리산에 실상사를 창건하여 설법하는데 성공하였다. 그래서 처음에는 「실상선문」이라 불렀다. 한편 도의는 은거 중 제자 임기와 채징에게 전하여 859년 전남 장흥의 가지산에서 보림사를 창건하고 「가지산문」을 열었다. 이렇게 전파되어 선종산문이 9산문으로 늘어났다. 그러나 산문은 종파와는 달리 대표적인 절을 말한다. 선종 사찰은 대체로 산속에 많다. 이는 수행하는데는 조용한 산속이 좋기 때문이다. 일부에서는 조선시대에 불교가 탄압을 받았기 때문이라 하나 그 보다는 수행상 산이 좋기 때문이다.

기존의 교종은 호국불교적인 성향이었으나 선종은 참선과 사색, 명상으로 진리를 깨우치는 것을 참된 수련으로 보았다. 따라서 선종은 몰락한 진골귀족, 6두품 출신, 당나라 유학승 등 반 신라적 지식층의 지지를 많이 받았다. 이러한 선종이 지방호족들과 결합하여 신라의 붕괴를 촉진시켰고, 고려를 여는 사상적 토대가 되었다.

3. 신라의 대표 명승 원효와 의상

1) 원효의 불교 대중화

명승 「원효대사」는 삼국항쟁 중 통일시기에 우리 불교사에서 가장 널리 알려진 인물 중의 한 사람이다. 그는 중국 유학출신이며, 요석 공주와의 사랑과 설총을 낳은 것, 다시 환속한 것, 그리고 수많은 저술 활동과 불교 대중화 운동... 등 다양한 경력의 특이한 인물이다. 또한 그는 삼국 통일 후 고구려와 백제의 불교를 흡수 통합하여 불교 교학의 성립을 주도한 인물이다.

원효는 중국 불교계에서 새바람을 일으켰던 현장법사의 문하로서 의상대사와 함께 유학하고 돌아왔다. 현장법사는 17년간 인도에 있다가 돌아와 73종의 방대한 경전을 번역하여 새 시대를 열었다는 신역(新譯)이란 평을 받았다. 그는 손오공에 나오는 서유 기의 주인공이기도 하다.

원효는 문무왕 1년(661년) 의상과 함께 중국 유학을 가던 중 밤 늦게 경기도 화성의 어느 토굴에서 자다가 목이 말라 더듬던 중 물을 발견하고 마셨는데, 아침에 일어나 보니 해골바가지에 고여있던 더러운 물이었다. 구역질을 하다 그는 홀연히 깨달았다.

"이 세상에서 온갖 현상은 모두 마음에서 일어나며, 모든 법은 오직 인식일 뿐이다. 마음밖에 법이 없는데 어찌 따로 구할 필요가 있겠는가!"라는 큰 깨달음을 얻었다.

그는 "깨달음이란 책을 통해서보다 인생의 체험에서 얻는게 중요하다"는, 즉 주관과 객관의 문제를 파헤친 유식학(唯識學)의 대가가 되었다.

원효는 무열왕의 딸 요석공주와 정을 통한 후 파계하였다. 이후 이두를 창안한 설총 을 낳았다. 그는 환속한 후 소성거사라 하고, 파계 하면서, "식(食)과 색(色)의 대욕은 인간 본연의 길이다. 부처님도 자연의 길을 막지 못한다. 어려운 고행의 길이지만 절망 의 길을 갈 것이다"하고 파계승의 길을 걸었다.

어느 날 그는 창우가 탈을 쓰고 꺼리낌 없이 노는 것을 보고는 "이것이 화엄경에서 나오는 일체무애(一体無碍) 이다."라면서 모든 집착에서 해방된다. 즉 해탈한다고 한

후 대중 속에 들어가 무애춤을 추고 무애가를 노래하기도 하였다.

이 무애가가 전래되어 이후 조선조에서 「아악」이라는 궁중무용으로 전승되었다. 원효사상의 특징은 "화쟁(和諍) 사상"이다. 이는 그의 저서 「십문 화쟁론」에 나온 이론인데, 여러 종파의 모순을 보다 높은 차원에서 융화 통일하려는 이론이다.

그는 "모든 인간은 평등하다는 기본 원칙하에 화쟁을 이야기해야 한다. 또한 이는 성인만이 아니라 악인도 성불할 수 있다"고 주장하였다.

후에 최남선은 원효에 대하여,

"이론의 불교를 실행의 불교로, 또한 철학자의 손에서 부처의 심원으로 불교를 돌아가게 했고, 그리고 불교가 중국까지 오는 동안 원심적 경향으로만 발전해 오다가 한반도에 이르러 차츰 구심점으로 변모했는데, 마침내 원효를 만나 단일한 교리로 완성하게 된 것이다"라고 평했다.

그는 80여종의 150권이 넘는 저술을 한 대 저술가인데, 대표적으로 「십문 화쟁론」, 「금강 삼매경」, 「화엄경론」 등으로 그의 저술은 중국은 물론 일본에도 큰 영향을 끼쳤다. 그 외 그는 화엄학, 유식학, 인명학, 훈고학 등 다방면에 뛰어난 저술 활동을 하였다.

2) 의상의 「해동화엄종」

의상은 원효와 함께 신라 불교계의 쌍벽을 이루며, 해동화엄종의 시조로 추앙받고 있다. 그는 원효보다 8살 아래로서 37세 때 당나라 동남산에 있는 지상사에서 화엄종정인 지엄에게서 10년간 화엄학을 수업하였다.

당시 문무왕의 동생 김인문이 당에 갇혀 있으면서 신라가 삼국 통일 후 대당항쟁 때, 당이 대규모 군사로 신라를 공격 할 것이란 정보를 듣고 이를 신라에 전할 길이 없어 의상에게 알려 급히 서둘러 귀국시켰다고 한다. 동시에 그 때 종정인 지엄이 죽자 해동화엄을 펼치고자 겸사하여 귀국하였다.

그의 특징은 저술을 거의 남기지 않았고 「화엄일습법계도」라는 화엄경 60권의 내용을 7언 30구로 모두 210자로 된 요약된 저술을 남겼다. 이 짧은 글은 그 후 제자들이 끊임없이 연구하여 주석서가 나왔고, 고려때는 균여가, 조선때는 김시습도 주석서를 썼다.

그는 실천을 중시하고 인간의 평등과 존엄 등을 강조했으며, 그런 의미로 굳이 번잡한 저술을 남기지 않았다고 평가된다.

낙산사는 의상이 국내에 돌아와 최초로 세운 절(강원도 양양)이다. 낙산사에는 인도·

중국·일본에 이르는 관세음보살의 진신을 의상이 이곳에 옮겨왔기 때문에 낙산사로 불렀다고 한다. "관세음보살"이란 "모든 것을 내려다 보시는 지배자"란 뜻으로, 석가모니가 입적한 이후 미륵이 출현할 때까지 중생들을 고통으로부터 지켜주는 대자대비(大慈大悲)의 보살이다. 티베트에서는 「달라이라마」를 관세음보살의 현신으로 보고 있다.

낙산사 다음으로 세운 절이 영주 부석사이다. 부석사 건립에는 설화가 있다.

의상이 중국에서 유학 도중 한번은 등주로 놀러 갔는데, 그 곳 군수의 집에서 머물면서 선묘라는 딸이 의상에게 반하여 구애를 하였다. 그러나 의상은 이를 뿌리치고 돌아간 후 10년동안 공부를 마쳤다. 그 후 귀국하면서 선묘를 찾았으나 선묘는 출타중이였다. 의상은 어쩔 수 없이 귀국 배를 탔는데, 나중에 선묘가 돌아와 의상이 자신을 찾았다는 소식을 듣고 배로 찾아갔으나 배는 이미 저만치 떠나고 있었다. 선묘는 너무나 안타까워서 물에 빠져서 죽은 뒤 용이 되었다. 그리고는 그녀는 의상을 따라 배를 보호하면서 따라갔다. 이후 낙산사를 창건하고, 이어 영주에서 큰 절을 지나는데 보니 절터는 아주 좋은데 승려들이 많이 우글거리지만 하나같이 덕이 없어 보였다. 이 때 의상이 안타까워하는데, 그 때 선묘의 넋이 의상의 뜻을 알아차리고 곧 하나의 커다란 반석이 되어 공중에 붕 떠 있으니, 승려들은 반석이 떨어져 죽을까봐 모두 도망가 버렸다.

그래서 이곳에 절을 세웠으니, 공중에 붕 떠 있던 돌을 기념하여 부석사라 하였다. 이 부석사에 선묘정이란 우물과 선묘각이 있다. 이 설화는 덕 없는 승려는 물리치고 화엄의 도리를 펴자는 의미이다. 이 설화는 일본에까지 전파되어 일본 고산에는 선묘가 일본 화엄종을 수호하는 신으로 신격화되어 있다.

원효는 교단 조직이나 제자 교육 등에는 큰 관심이 없었으나, 의상은 이에 심혈을 기울였고, 지통, 표훈, 진정 등 당대 고승 10명의 제자를 두었고 화엄십찰이란 큰 절도 세웠다. 부석사, 해인사, 범어사, 갑사, 미리사 등이다.

화엄학은 화엄경을 토대로 하여 그 사상을 철학적이고 교리적으로 체계화하였다. 특히 화엄신앙을 전파하기 위하여 설화나 노래도 지어 전파하였다. 그 예로 "금강산 찾아가자! 일만이천봉"의 노래가사를 전파했는데, 금강산에 법계보살이 1만2천봉에 있다는 화엄경에서 유래되었다.

원효와 의상은 신라 불교의 쌍두마차로서 형제같이 친하게 지냈으나, 성격상 많은 차이가 있다. 원효는 설씨로 6두품이고, 의상은 김씨로 진골이다. 성격도 원효는 스케일이 큰 편이나 의상은 얌전한 선비 스타일이다. 원효는 요석공주의 유혹에 빠져 결혼을 했으나 의상은 선묘의 유혹에 꿈쩍도 하지 않았다.

그러나 이 둘은 모두 도를 통했고 신라 불교의 기틀을 마련하였다.

4. 신라 불교의 대표 건축 "불국사와 석굴암"

불교가 신라에서 크게 확산되자 불사도 많이 발달하였다. 신라의 대표 건축으로는 황룡사, 불국사, 석굴암이다.

황룡사는 553년에 창건됐는데, 목조 9층탑으로 80m의 높이로 장차 9개국을 정복하여 조공을 받는다는 의미였으나 아쉽게도 고려 때 몽골 침공시 불탔다.

불국사·석굴암은 김대성이 창건했는데, 김대성은 원래 키가 크고 추물이며 머리가 성처럼 평평하다하여 대성이라 이름 지었다.

불국사는 8세기 중반에 건축되어 원래는 "화엄불국사" 즉 화엄불의 나라, 번뇌망상이 일어나지 않고 늘 편안한 불국정토라는 뜻이었다. 김대성이 50세(750년)에 재상 벼슬을 그만두고 중건했는데, 현생의 부모를 위해 불국사를 중건했고, 전생의 부모를 위해 석굴암을 토함산에 세웠다. 이 창건 작업은 착수한지 40년 만에 그가 죽은 뒤 국가에서 계속 맡아 완성시켰다.

석굴암은 원래 석굴사였으나 조선조때 석굴암으로 불렀다. 불국사가 대중 또는 중생의 세계로 돌아와 불법을 펼치고 전개하는 곳(교학)이라면, 석굴암은 동해로부터 오는 빛을 받으며 깨달음의 세계(선학)를 상징한다.

석굴암은 그 설계면에서 평면구성이나 천장의 돔 형태 등에서, 또한 불국사의 석가탑과 다보탑의 균형 잡힌 비례구성과 통풍장치의 설치 등에서 수학과 과학의 높은 수준을 보여주고 있다. 특히 석가탑에서 나온 "다라니경 두루마리"는 세계에서 가장 오래된 목판인쇄술로 주목 받고 있다.

그러나 불국사는 불행히도 목조건물로서 임진왜란때 소실되고 다시 복원되었다.

석탑으로는 석가탑, 다보탑, 화엄사의 네 사자탑이 통일신라시대의 최고의 석탑이다. 탑은 원래 부처님의 사리 등을 보관하기 위한 묘탑이다. 옛날에는 탑을 중요한 신앙의 대상으로 삼았으나 점차 불상으로 옮겨졌다. 고대에는 부처님을 감히 불상이나 그림으로 형상화 할 수 없었기 때문이다. 그러나 서양의 그리스·로마의 헬레니즘 문명이 인도 등으로 침투해 오자, 그들의 형상문화가 전파되면서 불교도 탑 신앙에서 불상 신앙으로 형상화 되었다.

신라는 중대까지는 사찰·불상·3층 석탑 등이 발달했으나, 하대(37대 선덕왕 이후: 780년~)에는 선종의 확산으로 "원탑" 등이 많아졌다.

원탑은 자신의 행복이나 염원을 기원하면서 탑 주위를 빙빙 돌며 기도한다. 대표적인 원탑으로는 문성왕(46대)을 위한 경주 창림사의 삼층석탑, 민애왕(44대)을 위한 팔공산의 동화사 및 비로암의 삼층석탑, 헌안왕(47대)을 위한 장흥 보림사의 삼층석탑 등이다.

석굴암

봉덕사종(에밀레종)

다보탑

석가탑

범종으로는 오대산 "상원사종"이 현존 가장 오래된 것이고, 예술성으로는 "성덕대왕신종"(봉덕사종: 일명 에밀레종)이 크기도 최대이지만 용두비천상, 연화무늬 등이 동양 최고로 꼽힌다. 황룡사의 종은 지금은 없어졌지만 에밀레종보다 4배나 컸다고 한다.

종은 소리의 신비함이 특징이다. 서양종은 종 안에 추가 달려있어 추가 종을 때리면 메탈음 소리가 나지만, 동양의종은 밖에서 치면 그 은은한 소리가 신비스러움을 더해주는데 그 중에 에밀레종이 으뜸이다. 범종의 은은하고 신비스러운 소리는 부처님의 "염화시중의 미소"와 일맥상통한다.

5. 고려의 호국불교와 대각국사 의천

고려 불교는 태조 왕건의 "훈요십조(訓要十條)"에서 국교로 신봉되고 왕실과 귀족들에 의해 보호하도록 장려했다. 즉 "유교는 치국(治國)의 교로, 불교는 수신(修身)의 교"로 공존하게 했다. 특히 풍수지리상으로 취약한 곳은 부처의 힘으로 보완한다는 것이다. 이러한 비보사찰이 태조때만 10여개 세워졌고, 개경에는 큰 사찰이 70여개 있었다.

그 중에 문종(11대)때 개경부근에 세운 "흥왕사"는 2,800칸이 넘는 대표적인 비보사찰이다. 고려 불교는 이와같이 호국불교로 성장하면서 민속신앙과 풍수도참사상과 점차 융합되면서 토착화 되어 갔고, 불교행사도 국가 행사로 치루어졌다. 대표적으로 상원(1월 15일)의 연등회와 중동(11월 15일)의 팔관회가 있는데, 연등회는 전국적인 불교행사로 치루어졌고, 팔관회는 개경과 서경(평양)에서만 지내는데, 호국 영웅에 제사지내고 국가와 왕실의 태평을 기원했다. 불교가 융성해지자 승려를 뽑는 승과제도를 시행했는데 이에 합격하면 "대선" 법계(法階)를 받고 국가에서 토지도 받으며 역역에서도 면제되었다.

한편 사원에서는 인적자원이 확보되자 자위책으로 승병을 조직했는데, 이들은 여진정벌 때의 "항마군"처럼 국가가 위기에 처했을 때 많은 역할을 하였다.

고려불교의 사상은 신라 때의 교종과 선종의 대립이 계승되었으나 숙종의 아우(문종의 아들)인 「대각국사 의천」이 화엄종을 중심으로 천태종을 창시하여 교·선의 대립을 극복하려고 노력하였다. 이후 선종(9산)을 조계종으로 불리며 조계종과 천태종을 "양종"이라 하였다. 다시 교종(5교)까지 합하여 "5교 양종"이라 불렀다.

고려의 호국 불교는 대장경 간행에서 잘 보여주고 있다. 초조장경은 선종 4년(1087년)

에 거란 침입을 불법으로 막아보자는 호국 불심에서 완성되었고, 대구 부인사에 보관했다가 몽고 침입 때 소실되었다. 그 후 2차로 의천이 고려 초조장경을 보완하여 송·요·일본에서 가져온 불교서적 4,700여권으로 「속장경」을 간행하여 부인사에 보관했으나 역시 몽고 침공으로 소실되었다.

의천의 속장경은 원효의 사상을 중심으로 신라불교의 전통을 다시 확인하고, 동아시아 각국의 불교학설을 널리 통합하여 고려불교의 기반을 국제규모로 확대시켰음을 의미한다.

세 번째로 대장경을 조판한 것이 몽골 침입 때 강화에서 간행된 「8만대장경」으로 현재 합천 해인사에 보관중이다.

1) 「대각국사 의천」

고려 문종(11대)은 아들이 13명인데, 이 중에 3명이 왕위를 이었고 2명이 승려가 되는 우리나라 역사에서 유례가 없을 정도이다. 의천은 문종의 넷째 아들이자 숙종의 아우이다.

그는 11세에 출가하여 화엄경은 물론 5교에도 능통하고 유학에도 박식하여 "우세승통"이란 칭호를 받은바 있다. 그는 당시 거란과의 미묘한 외교관계로 인해 왕실에서 반대 했음에도 몰래 송나라로 갔다. 이 때 송과 거란은 격렬한 대립관계였다. 송의 철종황제는 의천에게 국빈으로 대접하여 황제의 추천으로 각엄사 유성법사를 스승으로 모시고 천태종과 선·교 양종을 배웠다. 이어 상국사·흥국사 등에서 천태사상을 배웠고 인도의 범서도 배웠다.

의천은 선종 3년(1086년) 고려로 돌아오면서 인예태후의 간청으로 불경 3,000 여권을 가져왔고, 흥왕사 주지가 되어 교정도감을 설치하고 불경 4,740권을 간행하고 천태종을 가르쳤다. 그는 교종과 선종의 종파통합을 위한 노력으로 천태종을 개창하였다. 천태종은 이른바 셋을 모아 하나가 된다는 회삼귀일(會三歸一) 사상에 근거를 두고 있다.

이 무렵 선종이 46세로 죽고 맏아들 현종(14대)이 11세로 즉위했는데, 삼촌 계림공이 압박을 가해오자 위협을 느끼면서 1년 5개월 만에 계림공에게 양위하니 그가 숙종15대)이다. 이 때 숙종은 동생 의천을 왕사로 봉했는데, 숙종이 조카를 밀어내고 왕위를 뺏은 것에 대하여 백성들의 원망에 불안해하였다. 그래서 의천에게 "이 누명을 어찌하면 벗을 수 있을까?"하고 물으니, 의천은 "모든 것은 인연으로 되는 것이니 새롭고 밝은 정치로 누명을 벗으십시오"라고 답했다. 이후 숙종은 나라를 어질고 평안하게 다스렸다.

한편 의천은 송에 있을 때 물건을 사고 팔 때 화폐로 통용하는 것을 보고 와서, 숙종에게 이를 건의했다. 숙종은 1097년 「주전도감」을 만들어 백성들에게 통용하게 했다. 지금까지는 무거운 쌀을 지고 다니면서 거래를 하다가 「해동통보」 화폐로 통용하니 매우 편리하였고 의천에 대한 칭찬이 자자했다.

의천은 숙종 6년(1101년) 40세로 세상을 떠났으나, 숙종은 그에게 「대각국사」란 시호를 주었다.

6. 불교의 통합운동과 결사운동

고려전기 불교계는 교종인 화엄종과 법상종, 그리고 선종으로 나뉘어 발전하였다. 불교계의 분열은 단순히 교리상의 문제뿐만 아니라 당시는 호국불교로서 왕실 및 정치세력과 밀접한 관계를 맺으면서 전개 되었다.

고려는 건국시부터 지방호족들이 강력한 세력을 형성하고 왕권을 위협하였다. 이에 광종(4대)은 왕권을 강화하면서 불교를 국교로 하고 승과제도를 실시하면서 분열된 각 종파를 통합시키고자 하였다. 이때 「균여」가 교종 통합 작업에 착수하였다.

우선 북악·남악으로 분리된 화엄종을 통합시키고 이어 화엄사상을 중심으로 법상종을 통합시켜서 불교계를 교·선 양종으로 분리하여 통합시키고자 하였다. 그러자 당시 화엄종 위주의 교종은 왕실에, 선종은 호족 위주로 정치이념으로 대변되었다. 균여는 당시 정치상황을 고려하여 교·선을 양립시키면서도 화엄사상(왕실)을 근간으로 선종(호족)을 융합해야 한다는 정치이론을 주장하였다. 그 외 균여는 특히 "보현십원가"라는 향가를 지어 불교와 세속간의 경계를 없애는 불교 대중화에도 힘썼다.

이후 「의천」은 균여의 통합 노력에도 불구하고 왕실이 후원하는 화엄종과 당시의 집권 세력인 경원 이씨(인주 이씨: 이자겸 등)가 후원하는 법상종간에 계속 대립하고, 여기에 선종이 교종과도 반목하는 시기에 통합운동을 벌렸다.

의천은 원효의 "화쟁사상"을 바탕으로, 화엄종을 중심으로 교종을 통합하려 하였고, 나아가 교종의 입장에서 선종을 통합하기 위해 「천태종」을 창시하였다. 의천은 통합을 위한 이론으로는 교학과 선을 함께 수행하되, 교학의 수련을 중심으로 선을 통합한다는 "교관 겸수"를 주장하였다. 그러나 의천의 교·선 통합은 교리적인 완전한 통합이라기보다 교단 통합에 그쳤고, 그 외 사회·경제적으로 문제되는 폐단에 대해 적극적인 대책이 부족하였다.

고려중기 이후 무신정권이 들어서자 교종세력은 무신 세력에 대항하다 점차 쇠퇴해지고, 반면 선종 세력은 무신 세력과 연결되어 성장하였다. 그러나 무신정권 이후 선종 내부에서도 불교계의 폐단을 비판하며 불교본연의 수행을 목표로 하자는 "결사운동"이 전개되었다. 대표적으로 지눌중심의 수신사(지금의 전남 송광사)의 "정혜결사"와 요세 중심의 백련사의 "백련결사(전남 강진)"이다.

그 중심인물이 「지눌(1158~1210)」이다. 그는 선종을 중심으로 한 결사운동이 결국 교종과 선종을 통합하는 이른바 교·선 일치의 단계로 발전시켰다. 「균여」가 화엄종을 교·선으로 양립시켰고, 「의천」이 천태종을 통해 교·선의 절충 또는 통합을 시도했다면, 「지눌」은 조계종을 탄생시키면서 교·선 일치의 완성된 철학 체계를 이루었다고 할 수 있다. 결사의 중심체였던 수신사는 16명의 국사와 왕사를 배출한 사찰이다.

지눌의 뒤를 이은 혜심은 "유불일치설"을 주장하여 심성의 도야를 강조했는데, 이는 장차 성리학을 수용하는 사상적 토대가 되었다.

지눌은 1190년 팔공산 거조사에서 그 유명한 "권수정혜결사문"을 발표하고 10년 후 송광산 조계사(현 조계산 송광사)로 옮기면서 정혜결사는 절정단계에 올랐다.

정혜(定慧)결사문은 아래와 같다

"우리들이 아침저녁으로 하는 행적을 돌이켜 보니
불법을 빙자하여 자기를 꾸미면서 남과 구별하고는
구차스럽게 이익 가르는 일만 도모하고 풍진의 세상일에 골돌하여
도덕을 닦지 않고 의식만 허비하는구나.
비록 출가하였다 하더라도 무슨 덕이 있겠는가..."

당시 무신집정자들은 자신들에게 적대적이었던 교종보다 선종을 추구하는 불교정책을 추구하였고, 정혜결사가 조직되자 「수신사」라는 사액을 내리고 적극 지원하였다.

지눌의 사상적 요체는 선과 교를 함께 닦는 "정혜쌍수(雙修)"와 "돈오점수(頓悟漸修)"인데, 즉 인간의 마음이 곧 부처의 마음이고 이것을 스스로 찾아내어 깨닫는 것이 "돈오"이며, 깨달은 뒤에는 계속 수행·정진하는 것이 "점수"이다. 즉 이치를 먼저 깨우친후

번뇌와 나쁜 습관을 차차 제거해 나간다는 것이다. 이는 돈오는 선종의 특징이고 점수는 교종의 특징이므로 돈오점수란 바로 선종의 입장에서 교종 즉 화엄종의 장점을 취한 것이라 할 수 있다.

이 결사운동으로 인해 불교계는 화엄종과 법상종은 쇠퇴하고 수신사 중심의 교단이 되었다.

선종은 지눌에 이어 혜심 등이 이어 받았고, 고려 말에는 태고, 나옹 같은 고승들이 원에 가서 수학하고 돌아와 조계종을 확산시킴으로서 오늘날 우리 불교의 주류를 이루고 있다. 태고의 법통은 조선조의 선문에 영향을 주었고, 나옹의 제자 무학대사는 이성계를 도와 조선건국에 참여 했는데 후일 왕사로 추대 받았다.

비슷한 시기에 「요세」(1163~1245)는 당시 불교계의 분위기에 실망하여 전남 강진에서 토호 세력의 지원을 받아 백련사를 창건하였다. 지눌의 수신사가 지방의 지식인층을 주된 대상으로 교화한 반면, 요세의 백련사는 지식층은 물론 농민이나 천민을 대상으로 활동함으로서 지눌보다 피지배층의 지지를 더 받았다.

그러나 결사운동은 최씨 정권과 밀착된 결과 실패로 끝났으며, 이후 원의 간섭기에도 불교계 역시 정치권력과 밀착되었다. 불교 교단은 비대해지고, 토지를 과점하여 농장을 경영하는 등 다시 폐단을 드러냈다. 이에 「보우」가 원으로부터 임제종을 들여와 불교계를 정화하려고 노력했으나 성과를 얻지 못했다. 결국 불교는 귀족화되면서 점차 대중의 지지를 받지 못하자, 사상의 주도권은 점차 성리학으로 넘어가게 되었다.

7. 조계종(曹溪宗)의 역사

조계종의 종조(宗祖)는 신라시대(821년) 가지산문의 개산조인 「도의국사」이다. 조계종은 선(禪)을 본체로 "직지인심(直指人心) 견성성불(見性成佛)"을 근본으로 삼고 있다. 조계란 말은 중국 선종의 6대 조사 혜능선사가 설법하던 지명을 말한다.

선종은 초조(初祖)인 달마대사로부터 출발하는데, 조계종은 도의국사에 이어 고려 때 보조국사 지눌, 태고보우국사를 거쳐 중창되어 현 조계종으로 이어졌다.

선종은 신라 말기에 우리나라에 전해졌는데, 신라말기 사회가 혼란해지면서 종래 교학 위주의 불교계에 큰 충격을 주었다. 이때부터 고려 초기까지 9개의 선문이 개창되었는데, 이를 구산선문(九山禪門)이라 한다. 이중에 해동(海東) 조계종조로 추대된 도의국사가 가지산문(迦智山門)을 개산하였다.

당시 불교는 화엄종, 법상종 등 교학 중심이어서 선을 쉽게 받아들이지 않자, 도의국사는 설악산 진전사(지금도 절터와 부도탑이 남아있다)에 은거하며 법을 이어갔다.

보조 「지눌」은 고려 의종 때 활동했는데, 당시 불교는 왕권과 결합하여 교단이 매우 혼란하여 교종과 선종의 대립이 심하던 때였다.

지눌은 뿌리 깊은 교·선의 갈등을 직시하고 승가들의 수행기풍을 되살리기 위해, 스스로 선과 교를 폭넓게 수학해야 한다는 "정혜결사(定慧結社) 운동"을 일으켰다. 그 핵심은 "세존께서 설하신 말씀은 곧 교이며, 조사들에게 마음으로 전한 것이 곧 선이다"이는 화엄사상과 간화선(看話禪; 화두로서 깨달음을 얻는 것)을 서로 회통하여 한국불교의 사상적 척도를 한층 높이는 초석을 마련하였다.

태고보우는 오늘날 한국 선종법맥과 전통을 대표하는 대한불교 조계종 법맥을 통합하였다. 고려시대에 들어서며 분열과 갈등을 보이던 구산선문을 통합하여 하나의 선문으로 일치시킴으로서 선문을 중흥시켰다.

이후 1941년 태고사(太古寺: 현 조계사)를 총 본산으로 조계종이 탄생하였다.

(조계종의 기록에서 발췌)

고려는 왜 멸망했는가?

chapter 10

한 왕조가 멸망하게 되는 것은 그 원인(적폐)이 상당기간 쌓이고 쌓여 어느 순간 멸망하게 된다. 고려왕조 역시 멸망하게 되는 그 원인을 살펴보면 아래 몇 가지로 요약될 수 있다.

첫째: 고려는 말기에 몽골화되어 가면서 원을 등에 업은 부원세력과 권문세족들이 수취제도(전시과) 등에 편법과 횡포를 일삼으며 토지강탈(탈점)과 역역이 과도해졌다. 농민들(특히 부곡지역)이 본관지역을 떠나는 유망현상과 농민항쟁이 대규모로 일어나면서 백성들은 물론 성리학으로 무장된 신진사대부들이 등을 돌리게 되었다.

둘째: 공민왕은 즉위하자 처음에는 개혁정치에 박차를 가했으나 부원세력의 저항과 홍건적의 침입으로 좌절되고, 이때 노국공주가 죽자 실의에 빠지며 정치에 흥미를 잃었다. 그때 승려 신돈이 나타나 공민왕의 개혁정치를 뒷받침하다가 점차 권력을 농단하며 요승으로 변해갔다. 이로인해 공민왕은 결국 시해되며 개혁정치는 무위로 끝났다.

셋째: 부원세력 및 권문세력에 대항하여 신진사대부들이 등장했는데, 고려왕조의 적폐를 개혁하는 과정에서 고려왕조를 이으면서 개혁하자는 정몽주 중심의 온건개혁파와 역성혁명을 주장하는 정도전 중심의 혁명개혁파간의 세력다툼에서 혁명개혁파가 승리한 것이다.

넷째: 결정적인 원인은, 당시 원나라가 쇠퇴하고 명나라가 흥기한 가운데, 명이 원에서 강점했던 철령 이북땅을 반납하도록 고려에 요구했다. 이때 우왕과 최영은 요동을 선제공격하자는 "요동정벌론"을 내세웠고, 이성계는 "4대불가론"을 주장했으나 결국 북벌론이 결정되었다. 그러나 이성계는 출정중 위화도에서 장마를 만나 인명피해가 속출하자 회군하여 최영 등을 제거하고 정권을 주도하게 되었다.

다섯째: 이성계가 홍건적 및 왜구침략때 공훈을 크게 세워 그 이름을 떨치자, 정도전

등 신진사대부 등이 이성계를 중심으로 역성혁명의 꿈을 키웠다.

1. 토지제도, 적폐가 되어 고려멸망의 원인이 되다.

고려태조는 후삼국을 통일한 후 지방세력을 흡수 통합하기 위해, 본관제와 군현제와 함께 토지제도 역분전(役分田)을 시행하였다.

역분전은 건국 공신에게 주는 논공행상이였다. 이후 집권체제가 안정화되자 경종1년 (976년)에 역분전을 기초로 "전시과(田柴科)"를 시행하였으며 몇 차례 수정을 한 후 문종 (1074년)때 완성하였다.

전시과란 토지와 임야를 관직의 고하나 인품 등에 따라 지급하는데, 토지의 소유권은 국가가 가지고 그 수조권(收租權)만 주는 것이다.

토지는 종류에 따라 공전(公田)과 사전(私田)으로 나눈다.

공전은 국가에 조세를 내는 토지로서 전체 토지의 약 40%이고, 사전은 관리, 공신, 군인, 향리, 교육기관, 왕실, 사원 등 개인이나 각 기관에 수조권을 위임시킨 것으로 전체 토지의 약 60%에 달한다.

토지에 대한 수조권은, 사전의 경우 대체로 생산물의 1/2이고 공전은 건국 초기에는 1/10이였으나 점차 확대되어 1/4까지 국가에 바쳤다. 그 외 금·은·동·소금·먹·종이 등 국가에서 필요한 특산물은 각 지역(특히 부곡·소 지역)에서 국가에 바치며, 또한 병 역의 경우 군포(軍布)로서 대납할 수 있다.

이때 실제 토지를 소유한 농민은 전객(田客)이라 하고 수조권을 가진 관리, 등을 전주 (田主)라 하는데, 오늘날 우리의 개념과는 상반된다.

문제는 권력가인 전주가 갖은 편법과 불법으로 농민들을 착취함에 있다.

전주가 벼슬을 그만두거나 사망하면 수조권을 나라에 반납해야 하는데, 갖은 편법으 로 반납하지 않고 자식에게 물려주곤 하였다. 뿐만 아니라 권문세족들은 자신의 정치력 을 키워나가면서 갖은 횡포로 토지 점유(탈점현상)를 확대시켜 나갔다.

이런 탈점현상은 특히 고려후기에 갈수록 원을 등에 업은 왕실외척가문에서 심했다. 그러다보니 국가에서는 재정이 점차 줄게 되었다. 특히 군인이나 신규 관료·공훈자 등 에 지급해야 하는 토지도 부족하여 점차 조세를 확대시켜 나갔다.

그래서 양민들은 토지를 잃고 점차 노비로 전락하거나 또는 본관지역을 벗어나 도망 (유망)가거나 도둑이 되기도 하였다. 기록에 의하면 한 토지에 전주가 심지어 7~8명이 되는 경우도 있었고, 경기지역의 경우 10집 중 8~9집이 빌 정도였다.

이같은 상황을 「고려사」에 의하면, 공민왕은 아래와 같이 명한바 있다.

"이자에 또 이자가 생겨나 가난한 백성은 자녀를 팔기까지 하니 심히 불쌍하다. 감찰사 등은 마음을 다하여 살펴서, 무릇 이자에서 또 이자를 취하는 것을 모두 금지시켜라"

그 결과는 당시 고려가 원의 간섭을 벗어나지 못하고 자주성이 없다보니, 결국 문제 만 야기시키고 실패하고 말았다. 가령 원에 결탁된 자의 농장을 조사하려면 부원세력들 이 갖은 방해공작을 하게 된다. 심지어 정동행성(원의 고려주재 행정기관)에서 이를 방 해하거나 역으로 잡아가 옥에 가두는 형태로 되어 버렸다.

이와 같이 토지문제는 갈수록 심각해져 갔다. 이에 조준·정도전·이색·정몽주 등 성 리학으로 무장된 신진사대부들은 토지개혁을 부르짖었다.

그러나 방법론에 있어, 새 왕조개창을 주도하고 있는 조준·정도전 등은 국가에서 사 전을 몰수하여 공전으로 만든 후 모든 백성에게 나누어 주는 "개구수전식"을 주장했으 나, 기득권을 가지고 있던 권문세족들은 완강하게 반대하였다.

그중에 특히 이색·정몽주 등 온건파들은 토지개혁에는 동의했으나 점차적인 개혁을 주장했다. 그러나 신진개혁파들은 새 왕조개창을 위해 민심획득상 토지개혁이 필수요 건이였다.

결국 공양왕 2년 모든 토지문서를 도성 한복판에 쌓아 놓고 불을 질렀다. 국왕은 대대 로 내려오던 사전(私田)이 당대에 와서 개혁되자 애석하여 눈물까지 흘렸다. 이후 공양 왕 3년 토지 재분배를 위한 "과전법"을 시행하였다. 이는 모든 백성에게 나누어 주는 개구수전식이 아니고 국가에서 조세를 거두어 관리들에게는 녹봉을 주는 형태였다. 권 문세족들의 완강한 반대 때문이었다.

이로서 고려는 토지제도의 문란으로 망했다는 정도전의 진단은 비교적 정확했고, 과 전법으로 역성혁명파는 민심획득에 성공한 셈이다.

2. 공민왕의 개혁정치, 홍건적의 침입으로 좌절되다.

역사상 최대의 영토를 다스렸던 원나라도 세조 이후에 왕권다툼과 권신들의 발호로 사방에서 반란이 일어나며 멸망의 조짐이 엿보였다. 이 시기에 공민왕(31대)은 원에서 돌아와 국왕이 되었고(1351년) 원의 사정을 잘 알고 있었다. 심지어 원의 남부지역에 반란이 일어나 원의 요청으로 고려군대가 가서 진압하는데 참여하기도 하였다.

공민왕은 곧 자신의 변발을 풀고 고려의 실지회복과 국권회복 및 반원 정책을 시행하였다. 먼저 공민왕은 원의 기황후의 친척인 기철 일파와 국내 친원세력인 조일신 일파를 제거했고, 정동행성마저 폐지시켰다. 이어 강중경을 서북면 병마사로, 부사로 최영, 유홍 등을 임명하여 압록강 서쪽을 공략하게 하고, 또한 유인우를 동북면 병마사로 임명하여 쌍성총관부지역을 탈환하게 했다. 또한 권세가들이 겸병한 서북면의 토지를 거두어 국고로 충당시키는 등 사회 경제적 폐단을 시정하는 조치들을 취했다. 그러자 원에서 고려에 무력정벌를 하겠다고 위협해 왔으나, 이때 홍건적이 침입해 왔다.

홍건적은 원의 쇠퇴기에 백련교신자들이 한림아를 왕으로 삼고 국호를 「송」이라 하며 중국 하남에서 일어난 농민반란이다. 원에 반기를 들고 북중국을 휩쓸었다. 정의의 군대라면서 붉은 수건을 휘장으로 삼았다하여 「홍건적」이라 불렀다.

이들은 원에 밀려 두 차례나 침입하였다. 두 번째(공민왕 10년)는 10만대군으로 침입하여 개경까지 함락되고 궁궐마저 소실되며 왕이 복주(안동)까지 피난갔다. 이때 고려는 원과 제휴하여 20만 군사를 총동원하여 압록강 넘어로 퇴치시켰다. 이 후 반원정책은 퇴색되고 정동행성도 다시 설치되며 공민왕의 개혁정치는 좌절되었다. 이 당시 이성계가 무장으로서 크게 활약하여 존재가 부각되었다.

3. 요승신돈, 공민왕 시해 원인이 되다.

공민왕은 귀국하여 왕이 되자 개혁정치를 단행했으나, 홍건적이 침입하여 개혁은 좌절되고, 친원파가 다시 득세하여 친원·친명파간 세력다툼이 계속되었다.

공민왕은 원에 있을 때 노국공주와 결혼하여 금슬이 좋았다. 노국공주가 늦게야 임신(공민왕 14년)하여 해산하다 사망하였다. 이때부터 공민왕은 7일마다 큰 재를 올리는 등 나날이 슬픔과 실의에 빠졌다. 당시 공민왕은 자주 및 개혁정책을 추진했으나 이를 뒷받침할 신하가 없었는데, 마침 중 신돈이 나타나 국정을 장악하면서 이를 대행해 주었다.

신돈은 적폐가 되어 있는 토지제도도 "전민변정도감"을 설치하여 토지질서를 바로잡아주자, 백성들은 신돈을 크게 좋아했으나, 반면 토지소유주인 공신 등은 크게 반발하였다.

왕이 노국공주의 사망으로 정치에 흥미를 잃어갈 때, 신돈은 공민왕의 총애를 한몸에 받으며 국정 전반에 관여하며 왕에게 자문하였고, 권력을 잡자 점차 방자해졌다. 당시 항간에는 "진사(辰巳)에 성인이 나온다"는 참언이 나돌았는데, 그 진사가 자기라며 큰소리치기도 하였다. 그러자 당대 대학자 이제현(공민왕비의 부친) 등 권신들이 왕에게 신돈을 멀리하라고 충언했으나, 왕은 오히려 신돈을 두둔하였다.

신돈은 궁궐 뒤쪽 조용한 곳 성에 쪽문을 내고 살았다. 그 옆집에 일찍이 퇴직한 이문옥이란 자가 살았는데 이자가 신돈에게 미모의 처녀를 바쳐서 신돈은 이에 빠졌다. 그리고 공민왕 역시 신돈의 집에 "반야"라는 애첩을 두고 드나들었다.

당시 이문옥은 대호군까지 승진하고, 신돈 및 그 측근에게는 벼슬아치들이 줄을 이었다.

공민왕은 시간이 지날수록 신돈이 권력을 휘두른다는 것을 눈치채기 시작하며 신돈을 멀리하기 시작하였다. 신돈은 이 사실을 알자, 결국 공민왕을 시해할 음모를 꾸몄다.

당시 실력자 이인임이 이를 감지하고 신돈의 측근들을 국문한 결과 신돈의 역모사실이 들어났다. 공민왕은 신돈과 그 패거리를 모두 척결했으나, 결국 신돈의 권력남용이 고려를 멸망의 구렁텅이로 빠트리는 원인이 되었다.

이 역모사건 후 공민왕은 이인임에게 "짐이 후사가 없던 차에 신돈의 집에 드나들다가 「모니노」라는 아이를 낳았는데, 나의 후사를 잘 보살펴 주시오"라고 부탁한 바 있다.

이인임은 모니노를 태후궁에서 기르게 했는데, 후에 강령대군으로 봉해졌다.

당시 공민왕은 신돈을 처형했지만, 마음이 허전하여 자제위(남자 시종)를 두고 침식을 같이 하며 달랬다. 하루는 공민왕이 정릉(노국공주묘)에 갔다가 술에 만취하여 돌아오는데, 내시 최만생이 왕에게 은밀히 "익비가 수태를 하였다"고 고해바쳤다. 왕은 깜짝 놀라 수태일을 추정해보니 자신이 아님을 알고는 상대가 누구냐고 다그치니, 최만생은 「홍윤」이라고 고했다.

왕은 "이를 아는 자가 누구냐?"고 물으니, 최만생은 "다행히 소인밖에 모릅니다"고 답했는데, 이때 왕이 "홍윤과 자네는 죽어야겠다"고 놔아렸다. 그러자 최만생은 급히 홍륜에게 찾아가 그 사실을 이야기하고는 결국 왕을 암살하기로 둘은 음모를 꾸몄다. 두 사람은 몰래 침실로 들어가 공민왕을 살해하고는 뛰쳐나오면서 "자객이다!"면서 거짓으로 고함을 질렀다. 시중 이인임이 중신회의를 열고 우선 내시부터 조사한 결과 당시 피가 병풍에 튀었는데 최만생의 옷자락에도 핏자국이 있었던 것을 발견하고 마침내 범인을 찾아냈다.

이후 이인임이 "생전에 폐하께서 소신에게 강녕대군만이 유일한 혈통이다"고 말한바 있음을 태후 등에게 상주하여, 결국 11살의 강녕대군이 제32대 우왕으로 즉위했다. 이 우왕의 출신내력 때문에 후에 이성계는 역성혁명을 기도한다.

공민왕은 말기에 황음하여 미소년들에게 왕비를 강간하게 하고 그 결과 익비가 수태를 하자 공민왕이 살해됐다고 「고려사절요」에 기록하고 있다. 즉 우왕·창왕이 공민왕의 후손이 아니라는 추론이다. 이에 대하여 일부는 조선개국을 합리화하기 위한 창작일 가능성이 높다고 말하고 있다. 이 당시 명태조 주원장은 공민왕 23년 사신을 보내어 탐라(제주도) 말 2천필을 요구해왔다. 그때 명나라 사절일행들이 횡포가 심하고 대신들을 능욕하여 국고가 빌 정도가 되었다. 당시 실력자인 이인임은 공민왕시해사건으로 명에서 문죄될 것을 우려하여 김의에게 명의 사절을 호송도중 죽일 것을 명했고, 김의는 명사절을 죽인후 갑사(甲士) 3백명과 말 2백필을 데리고 북원으로 도망가 버렸다.

이 사건의 내면에는 친명파와 친원파의 대립이 깔려 있고, 당시 이인임은 원에 우왕을 인정해 달라는 청원사로 정도전을 보내려 했으나 친명파는 이를 거부했다. 이에 실력자 이인임·경복흥 등은 정도전을 전남나주로 유배보냈다. 이때까지만 해도 정몽주와 정도전은 같은 성리학자로서 친명정책을 주장했었다.

4. 신흥사대부의 성장과 왜구의 창궐

최씨 무신정권이 몰락하자 문신우대정책을 펴면서 과거의 문벌귀족관료들은 몰락해 가고 신흥사대부들이 등장했다. 이들은 학문적인 교양은 물론 정치와 실무에도 능하여 이후 조선건국의 1등 공신이 된다. 이들 사대부들은 기존 문벌귀족들의 특권인 "음서" (추천에 의한 등용)와는 거리가 먼 향리출신으로 과거에 의해 중앙에 진출하였다. 이들은 성리학을 기초로 "청백리"를 이상으로 삼음으로서, 사리사욕만 채우는 권문세가와는 달랐다. 그리고 잦은 외침을 받자 사대부출신인 신흥무신세력 등이 등장할 수 있는 배경이 조성되었다. 이때 정도전, 조준, 하륜 등 신흥사대부들이 무신세력인 이성계에게로 모여들어 조선건국의 중추역할을 하게 되었다.

고려후기에는 왜구의 창궐이 극심했다. 이는 일본열도에 불어 닥친 내란과 이에 따른 군사력이 증강되고, 또한 려·몽 연합군이 일본 침공에 실패한 후, 그 보복적 성격으로 고려를 침략하기 시작했는데, 여기에 식량부족 문제도 맞물려있었다.

왜구는 때로는 수백척의 선박으로 전해안을 노략질하며 전라도, 양광도(경기·충청)연안에서는 부녀자들을 학살하고 그들이 지나간 곳은 마치 폐허 같았다. 심지어 강화도까지 침범해 개경을 위협했고, 명나라까지도 약탈해갔다.

우왕 6년(1380년) 왜구 500여척이 진포(군산)에 쳐들어 와 서남해안을 휩쓸고 닥치는 대로 노략질하여, 심지어 아이들을 산채로 배를 갈라 쌀과 술을 넣어 제물로 바치는 등 그 행패가 이루 말 할 수 없었다.

이때부터 조정에서는 강력한 토벌대책을 강구하였다. 최무선이 제작한 화포로 진포에 있는 왜선을 모두 불태웠다. 그러자 갈 곳이 없게 된 왜구는 연안을 약탈했는데, 최영이 홍산에서, 정지는 남해에서 그리고 이성계는 황산에서 왜구를 크게 무찔렀다.

이후 창왕(1389년)때는 박위로 하여금 대마도를 정벌하게 하였다. 한편 왜구의 침략은 최영, 이성계 등의 신흥무인들이 크게 두각을 나타내면서, 이들 무인들이 권력을 잡음으로서 결국 고려왕조의 멸망을 초래하였다.

5. 요동정벌론과 위화도 회군

우왕은 성장하면서 방탕해지며 망조를 부채질하고 있었다. 당시는 원이 장성북쪽으로 쫓겨나고 명이 흥기 할 때이다. 명은 원의 쌍성 총관부가 관할하던 철령 이북땅에 철령위를 설치하고 자신의 땅이라고 통보해왔다. 이어 명이 요동-철령간 역참 70군데를 설치했다는 장계를 받고는, 우왕과 당시 실권자 최영은 "요동정벌론"을 제기하였다. 당시 대부분의 군신들은 반대했고, 이때 전 동북면 존무사 이지송이 극력반대하자 전라도로 귀양 보냈다가 처형하였다. 결국 1388년 우왕은 최영과 비밀회동 후 요동정벌을 실행에 옮기게 하였다.

그러자 이성계는 "꼭 요동을 치고 싶다면 여름을 보내고 곡식을 거둔 뒤 가을에 출사하자"면서 「4대불가론」을 내세웠다.

① 작은 나라가 큰 나라를 치는 것은 보국의 길이 아니다.
② 농사철에 군사를 일으키는 것은 민본의 길이 아니다.
③ 요동을 공격하게 되면 왜구에게 침입할 틈을 주게 된다.
④ 여름철이라서 비가 잦고 아교가 녹아 활이 눅으며 군사들이 질병을 앓게 된다.

그러나 우왕은 이지송의 사례를 협박성으로 들며 묵살하였다. 이 당시 이성계는 요동정벌을 통해 자신을 제거 할 것으로 판단하였다.

드디어 요동정벌군이 편성되었다. 최영이 8도 도통사, 조민수가 좌도 도통사, 이성계가 우도 도통사로 임명되었다. 공교롭게도 요동정벌을 반대하는 이성계와 조민수만 출병하였다. 총병력 3만 8천명(이중 기마병 2만 2천필), 심부름꾼 1만 1천여명이었다. 당시 최영은 8도 도통사였으나 우왕이 곁에 두고 싶어하여 출전하지 않았다. 당시 우왕의 영비가 최영의 딸이었다. 정벌군이 위화도에 닿자 큰비가 와서 강물이 불어 익사자가 수백명씩 발생하였다. 이로 인해 성안에 머물고 대기하니 군량 소모가 계속 증가하였다. 이성계는 또 한번 조민수와 협의한 후, 요양성까지 진군하려면 큰 강들이 많아 진군하기 어렵다는 긴급 서한을 보냈다.

"더위와 비 때문에 활의 아교가 풀리고 갑옷이 무거워 견고한 성을 쳐봐야 이기기 힘들고, 또한 이런때 군량보급이 어려워지면 진퇴유곡이 될 것이다."는 내용이었다.

이 긴급서한을 받고 우왕과 최영은 회군을 허락하던가, 아니면 최영이 직접 현장에 가서 상황을 보고서 강력한 대책을 시달해야 하나, 환관 김완을 보내어 진군만 독촉했다. 당시 최영이 독려차 가려고 하니 우왕이 따라 나서려고 하자 최영은 나서지 못하였다. 그러자 이성계와 조민수는 김완을 억류해 버렸다. 결국 우왕의 욕심이 자신은 물론 고려의 운명을 재촉하게 만든 셈이다. 이때 요동쪽 정보에 의하면 요동성내에는 군사들이 북원토벌차 차출되고 고려대군이 닥치면 그냥 항복 받을 수 있었다고 한다.

한편 요동 정벌군이 북상하자 왜선 80여척이 진포에 들어와 여러 고을을 난장판으로 만들었다. 우왕은 진여의를 전라·양광도에 보내어 양반자제, 노예, 노병들을 차출하여 진압시켰다.

이러한 상황에서 최영은 심복을 원나라에 보내어 명을 배후에서 협공하도록 요청하였다.

그러나 이성계는 수차례의 회군요구가 묵살되자 회군을 결심하였다. 그는 예하장수들에게 "우리가 소국으로 상국의 영토를 범하면 천지에 죄를 지어 화가 미칠것이고, 공민왕이 친명정책을 폈으면 아들로서 당연히 이에 따라야 한다. 그동안 수차례의 회군요청에도 왕은 알아듣지 못하며, 특히 최영은 노망하여 들어주지 않는다. 이에 여러분과 함께 왕에게 찾아가 화복(禍福)을 밝히고 왕 곁의 악(최영 등)을 제거하여 생령을 편안하게 하려한다"고 선언하며 회군을 강행했다. 이것이 이른바 역사적인 '위화도회군'이다. 당시 이성계는 우왕이 공민왕의 아들이 아니기 때문에, 즉 신돈의 아들이기 때문에 선왕의 친명정책을 따르지 않는다고 보고 있었다. 우왕 14년(1388년)에 말머리를 돌렸고 조민수는 단기로 쫓아와 말렸었다.

6. 최영의 최후와 우왕 창왕의 폐립

당시 성주에 있던 우왕과 최영은 회군소식에 당황해하며 급히 개경으로 돌아왔다. 이때 같이 있던 이성계의 장·차남, 방우·방과와 여진족심복 이지란의 아들 등은 탈출하여 이성계에게 합류했다. 이성계는 억류했던 김완을 우왕에게 보내며 현릉(공민왕)이 천자(명)를 섬기는 뜻을 그르치게 한 최영을 제거하라고 요구했으나, 우왕은 왕명을 어김을 문책하였으며, 최영은 이성계의 체포명령을 내렸다. 또한 우왕은 이성계에게 군신의 대의와, 요동정벌이 선조들의 땅을 회복하는 것이라고 설득했으나 이미 여의치 않았다. 이성계의 세력은 점차 증강되어갔다. 이때 동북면 여진족도 천여 명이 이성계에게 합세하였다. 양측은 전열을 정비했다. 우왕측도 긴급히 전국8도에 긴급파발을 보내어 군사를 모집하였으나, 대세는 이미 결정되었다. 이성계가 황룡대기를 들고 숭인문 안으로 들어가니, 용맹한 최영도 노구로 어쩌지 못하고, 우왕과 왕비를 보호하기 위해 이성계에게 투항했다. 이성계는 최영을 보며 본심은 아니나 나라가 편하지 못하고 백성들의 원성이 하늘에 이르렀으니 부득이한 일이라며 마주보고 눈물을 흘렸다.

당시 최영은 72세였고, 그는 평소에 "황금보기를 돌 같이 하라"고 하였다. 그는 죽으면서 얼마나 한이 맺혔으면 "내가 평생에 탐욕한 마음을 조금이라도 가졌으면 무덤위에 풀이 날 것이고, 그렇지 않으면 풀이 나지 않을 것이다"고 했는데, 그의 예언대로 풀이 나지 않았다고 야사는 전하고 있다. 그래서 후세 사람들은 최영의 무덤을 '적분'이라 불렀다. 최영은 당시 권세가들의 풍조에 반해 청렴하고 신망이 높았다. 이어 이튿날 이성계는 궁궐을 에워싸고 우왕에게 강화로 갈 것을 요구했다. 우왕은 안장을 말에 얹으며 "오늘도 벌써 날이 저물었구나"하고 한탄하며 강화로 떠나갔다. 이후 9세의 창왕 (33대)이 즉위했다.

당시 최영의 생질인 전 대호군 김저가 우왕 복위운동을 기도하다 발각된 바 있다. 이로서 우왕을 다시 강릉오지로 유배시킨 후 이들의 처리문제를 정도전, 조준, 정몽주 등과 의논하였다. 이때 정도전은 우왕, 창왕의 제거가 우선이라며 "우 와 창은 원래 신돈·반야에서 태어난 신씨"라고 하였다. 결국 신종의 7대손 정창군을 「공양왕(34대)」 으로 추대하였다. 우왕·창왕은 서인으로 강등시켰다. 여기서 우왕·창왕이 신돈과 반야 의 씨라는 정도전의 논리는, 새 왕조의 명분을 살리기 위한 것으로 본다는 후세의 비판 을 받았다. 대표적으로 조선조 광해군 때 '홍길동전'을 지은 허균이다.

7. 정몽주, 동지에서 정적으로

고려사회는 공민왕이후 우왕에 이르기까지 원나라의 권세에 의지하는 권문세족과 개혁을 부르짖는 신진사대부 간의 세력 갈등이 잦았다. 그러나 우왕때는 신진사대부들 도 어느 정도 세력이 형성되면서 개혁방향에서 고려왕조를 지키면서 개혁하자는 '온건 개혁파'와 이미 무너져가는 고려를 바꾸어야한다는 '혁명개혁파'로 분리되었다. 온건개 혁파로는 이제현, 이색, 정몽주 등으로 대개 관직이 높고 잘사는 귀족들이지만, 혁명개 혁파는 정도전, 남은, 조준 등 같이 집안이 별로 좋지 않고 넉넉하지 못한 부류였다.

당시 이성계는 함경도에 살면서 홍건적 격멸과 왜구 침략때 큰 공을 세워 백성들 간에 명망이 자자했고, 이때 혁명파들이 이성계와 뜻을 같이 모았다. 위화도 회군을 통해 최영 등을 처단하고 권력을 손에 쥐었다. 그러나 새 왕조를 세우는데 가장 큰 걸림 돌은 정몽주였다.

정몽주는 고려에 성리학이 처음 들어올 때 가장 탁월한 학자였고, 명나라 등 외국과 의 외교관계에서 주도적 역할을 한 외교가이기도 하다. 그러나 그는 혁신이라는 뜻에서는 이성계와 뜻을 같이하나, 정몽주는 역성혁명을 반대하고 고려왕조를 지켜야 한다는 주장이었다. 당시 재상이었고 백성들의 존경을 받았다.

이러한 상황에서 하루는 이성계의 아들 이방원이 정몽주를 집으로 초대하여 주안상을 놓고 시 한수를 읊으며 정몽주를 설득하고자 하였다.

「하여가(何如歌)」

이런들 어떠하며 저런들 어떠하리
만수산 드렁칡이 얽혀진들 어떠하리
우리도 이같이 얽혀 백년까지 누리리라

이 이방원의 시는 정몽주에게 고려왕조를 섬기나 새 왕조를 섬기나 마찬가지이니, 새 왕조를 여는 일에 서로 뜻을 같이하자는 의미이다.

이때 정몽주는 얼굴빛이 굳어졌고, 이로서 그는 고려왕조에 대한 충성심을 저버릴 수 없음을 굳게 마음을 먹고는 이에 대한 응답 시 한수를 읊었다.

「단심가(丹心歌)」

이 몸이 죽고 죽어 일백번 고쳐죽어
백골이 진토되어 넋이라도 있고 없고
임향한 일편단심이야 가실줄이 있으랴

즉 죽더라도 고려왕조에 대한 충성심을 버릴 수 없다는 뜻을 밝힌 셈이다. 이방원은 정몽주에 대한 존경심이 일어 저절로 고개가 숙여졌으나, 새 왕조 건설에 걸림돌인 정몽주를 제거해야 되겠다고 이때 결심하였다.

이후에도 온건파와 혁명파간의 대립은 계속되었다.

당시 공양왕은 세자 석을 명에 사신으로 보내어 세습보장 등 명과의 현안문제를 처리하도록 했다. 이때 세자 석이 명과의 외교문제를 성공리에 마치고 돌아오는데, 이성계가 황주까지 가서 세자를 맞고는 해주에서 사냥을 하다가 말에서 낙상하는 사고가 발생하였다.

한편 세자가 명황제에게 환대를 받고 돌아오자, 구 세력들은 크게 분발하여 역성혁명파에게 총공세를 취했다. 이 기회를 이용해 정몽주는 이성계를 비호하는 조준, 정도전,

남은 등을 삭탈관직하고 귀양을 보냈고 이성계마저 쫓아내려 하였다.

이성계일파가 위기에 몰리자, 이성계는 부상한 몸으로 급히 개경으로 돌아오면서 호송하는 아들 방원과 부자간에 정몽주에 대한 평가 대담이 있었다. 방원은 "사태가 급박하게 돌아가는데 어찌하면 좋습니까?" 하고 물으니, 이성계는 곰곰히 생각에 잠기더니 "죽고 사는 것이 다 천명이니 순응할 따름이다"고 할 뿐이었다. 그러나 방원은 순응하지 않았다. 그는 "우리 이씨가 왕실에 충성을 다한 것은 온 세상이 다 아는 일인데, 지금 정몽주의 모함으로 악명을 뒤집어쓰면 누가 우리이씨의 잘잘못을 분간하겠습니까?"라며 분노를 표출했다.

이성계가 개경에 도착한 후에 사헌부에서는 연일 역성혁명파를 목베야 한다는 주창 속에, 정몽주는 이성계가 위독하다는 소문에 확인차 문병을 갔다. 이때 결단의 사내 이방원이 가신 서얼출신 조영규 등 4~5명에게 명하여 선죽교에서 대기하다 병문안을 마치고 돌아가는 정몽주를 쇠도리깨로 쳐 죽였다. 당시 정몽주는 55세였다. 이 소식을 접한 이성계는 크게 노해 방원을 나무랐지만 이미 일은 저질러진 후였다. 그러나 방원은 후에 자신이 재위하자 정몽주를 영의정에 추증하며 그를 기렸다.

정몽주가 죽자 사태는 다시 재역전되었다. 정몽주편에 섰던 사람들이 제거되면서 사태가 급변하자, 정몽주측에 섰던 공양왕은 이성계를 찾아와 동맹을 제의했으나 이미 때는 늦었다. 역사상 국가간의 동맹은 있으나 군신간의 동맹이란 사례가 없었다. 이성계측은 왕대비를 찾아가 폐위를 청했고, 남은은 교지를 가지고 북청동 사화궁으로 가서 공양왕을 부복시키고 폐위를 선언했다. 이후 두 아들과 함께 원주로 물러났다.

마침내 고려는 1372년 7월 11일 34대 475년 만에, 위화도 회군 4년만에 역사의 최후를 맞았다.

PART **05**

조선시대

두 혁명가 이성계와 정도전의 만남

「조선」이란 "아침의 땅 아사달"이라는 뜻으로, 고조선의 후예라는 자부심과 사명감 때문에 이름지었다.

태조 이성계는 본관이 전라도 전주이다. 고조부때 당시 원나라 세력권(여진족지역)인 함경도 쌍성총관부지역으로 이주하여 원의 천호(千戶)라는 지방관으로 지냈다.

아버지(이자춘)때 공민왕이 반원정책을 펴면서 쌍성총관부를 탈환할 때, 당시 동북병마사 유인우에게 협력하여 큰 공을 세웠다. 이때 아버지는 고려에 귀순하여 동북면지방에서 실력자로 급부상하였다. 당시 이성계는 20대로서 아버지의 활약을 도왔고, 그는 활의 명수로서 여진족과 고려인들을 수하로 두고서 장수로서의 자질을 키웠다.

1361년 홍건적 10만명이 침입하여 수도 개경이 함락됐을 때, 이성계는 2천명의 친위 사조직으로 수도 탈환에 참여하여 홍건적 두목을 활로 쏘아 죽이고 맨 먼저 개경에 입성하는 큰 공을 세운바 있고, 또한 1362년 원나라 장수 나하추가 수만명의 군사로 침입했을 대, 그는 동북병마사로 임명되어 함흥평야에서 적을 격퇴시켜 그의 명성이 크게 떨쳤다. 그리고 삼남지역에 왜구가 침입했을 때 황산에서 왜구를 섬멸(황산대첩) 하여 그의 명성은 하늘을 찔렀다. 그 외에도 수많은 전공을 세워 그는 "불패의 장수"로 이름을 날렸다.

이성계는 귀화 24년만에 남원땅 황산에서 왜구를 섬멸하는 대승을 거두고 꿈을 꾸었는데 "노인이 금척(金尺:금자)을 주면서 세상을 바꾸라"고 말하였다. 이 꿈은 길몽으로 이때부터 그는 역성혁명을 꿈꾸기 시작했다.

정도전은 조선을 개국할 즈음 취중에 "한고조가 장자방(장량)을 쓴 것이 아니라, 장자방이 한고조를 쓴 것이다"고 그의 저서 「정도전 졸기」에 기록하고 있다. 정도전이 이성계를 이용해 조선을 개국했다는 이 이야기는 널리 알려져 있다.

이를 뒷받침 하듯 태조(7년)는 정도전에게 동북면 선무순찰사 임무를 주고는, 그를 군신관계를 넘어 동지라는 뜻으로 자신의 잠호인 "송헌거사" 명의로 옷까지 보내기도 하였다.

풍운아 정도전은 아버지 정운경이 형부판서까지 지냈으나, 어머니는 정8품 말단 여종의 딸로서 서얼신분이였다. 정운경은 목은 이색의 부친과 학우여서, 정도전은 이색의 문하가 되었다. 당시 이색의 문하로는 정몽주, 이숭인, 이존오 등 당대 최고학벌들이였다.

정도전은 공민왕 11년에 진사시에 합격하여 하급관리로 있었으나, 공민왕 19년에 성균관 박사로 등용되어 성리학 학자로서 자신의 정체성을 확립하였다.

당시 중국은 원·명 교체기인데, 고려는 우왕 즉위후 이인임일파들이 집권할 때였다. 명태조 주원장이 제주도 말 2천필을 요구하며 사신을 보냈는데, 그 사신의 횡포가 심하자 실권자 이인임 등은 명사신이 귀국하는 길에 김의를 보내어 사신을 살해하고 김의는 북원으로 도망을 가버렸다.

이후 고려는 원에 우왕의 즉위를 인정받는 청원사로 친명파인 정도전에게 맡기자, 정도전이 이를 거부하여 나주로 유배를 갔다.

정도전은 나주목 부곡땅에서 유배 중 마을 사람들에게 의외로 후한 대접을 받으면서 유배생활을 적은 「소재동기」를 남겼고, 당시 한 늙은 농부와의 대담과 당시 세태를 평한 시문집 「삼봉집」을 펴냈다. 이때 그의 혁명사상이 싹트게 되었다.

정도전의 호는 "삼봉"인데, 이 호는 아버지 정운경이 단양의 삼봉을 지나다 관상가를 만났는데, 10년 후에 이곳에서 혼인하면 재상이 될 아이를 가진다는 말을 듣고, 10년 뒤에 다시 들렸다. 그는 이곳에서 신분이 낮은 우원이라는 사람의 딸을 만나 교합하여 정도전을 낳았다. 그래서 정도전은 자기가 태어난 지역 "삼봉"을 호로 삼았다.

정도전은 유배가 풀리고 고향 영주, 한양 삼각산, 김포 등으로 유랑생활 9년째로 접어들자, 일생일대의 승부수를 펴기로 마음먹었다. 우왕 9년 42세로 당시 이름을 떨치고 있는 이성계를 함경도로 찾아갔다. 그는 이성계를 만나 "이 군대가 질서가 있고 훈련이 잘 되어있다. 이 군대로 무슨 일인들 성공하지 못하겠습니까?"라고 칭찬을 하자, 이성계는 "그 뜻이 무엇이오?"하고 물었다. 그는 "왜구를 동남방에서 치는 것"이라고 답했다. 이성계는 그 뜻이 왕위를 뜻함을 깨달았다. 정도전은 떠나면서 막사 앞에 있는 늙은 소나무 껍질을 벗기고 시 한수를 써놓았다.

"창창한 세월 한 그루 소나무, 몇 만겹의 청산에서 성장했구나.

다른 해에 서로 만날 수 있을까? 인간을 굽어보면 문득 지난 일이라네"

이 시구는 천명(天命)이 있음을 암시하는데, 「태조실록」과 「용비어천가」에 기록되어 있다.

이성계가 제왕이 되고자 하는 꿈을 한 일화에서 엿볼 수 있다. 부친이 사망했을 때 장지를 정하지 못하여 애를 태우고 있는데, 함관령 아래 어느 길가에서 한 승려와 제자(나옹선사와 무학대사)가 쉬고 있다가 한 곳을 가리키며 왕이 날 명당이라고 말했다. 그때 그 옆에서 쉬고 있던 이성계의 종이 그 소리를 듣고 급히 이성계에게 고하여 장지를 정했다고 한다. 이 이야기는 이긍익의 「연려실기술」에 기록되어 있으나, 조선개국의 미화일 가능성이 엿보인다.

정도전은 이때부터 사실상 이성계의 군사(軍師)가 되었다.

그는 정몽주를 따라 우왕의 승인과 시호책봉을 위해 명의 금릉에 갔었다.

정도전은 10년전 "친명배원정책"을 펴다가 귀양갔던 자신의 매듭이 비로소 풀린 것이다.

스승 이색은 "정도전은 학문의 강명함이 정몽주와 같고 서술은 이숭인과 같다"고 평했다.

당시 정몽주는 정도전보다 5살 위였다.

이듬해 그는 종 3품으로 승진했다가 경력관리상 경기도 "남양부사"를 자원했는데, 이때부터 "요동정벌과 위화도회군"의 정치격변에 휘말린다.

개국기반 조성

조선이 개국되자 가장 시급한 문제는;

◦ 개국을 반대했던 고려후손들의 처리문제와

◦ 개국공신들을 단합시켜 미완의 요동정벌의 꿈을 펼치고

◦ 고려의 멸망원인이 되었던 토지개혁을 단행하며

◦ 이미 지덕이 쇠한 개경에서 한양으로 천도하는 것 등이다.

1. 고려 후손의 처리

고려 개국 때는 신라 마지막 경순왕이 순순히 왕위를 바쳤으나, 공양왕때는 정치상황이 경직되어 있었다. 공양왕과 아들들에 대한 처리는 대간 및 형조에서 처치를 주장하자, 태조가 계속 불허하다가 "도평의사사"에 일임했다. 그러자 "고위관료는 후환을 위해 제거하고 하급관료는 섬에 유배하자"고 결의되었다. 그러나 태조는 너무 과하다고 재심의를 명했으나, 결국 정해진 수순에 따랐다.

이때 왕씨들은 삼척, 강화, 거제에 모이게 하여 배가 이륙 후 배에 구멍을 내어서 수장시켜 버렸다. 야사에 의하면 이성계의 꿈에 왕건이 나타나 저주를 하는 꿈을 꾸자, 왕씨족보를 한장 한장 찢으며 명단에 있는 왕씨들을 사면해 주었다고 한다.

한편 수장소식이 전해지자 나머지 왕씨들은 뿔뿔이 도망갔는데, 나중에 어머니성을 따르거나 성을 바꾸어 전(全), 전(田), 옥(玉), 용(龍)씨 등으로 바꾸었다. 후에 왕자의 난이 일어나 자식끼리 죽이는 것도 왕건의 저주라는 소문이 나돌았다.

그 외 고려의 충신들은 태조의 즉위교서에서 "우현보·이색 등 고려의 마지막 도당

56명에 대해서는 반란을 모의했으나 사형을 면제하고 유배, 귀양으로 처리했다"고 기록하고 있다.

고려말 "삼은(三隱)"(목은 이색, 포은 정몽주, 야은 길재)은 모두 고려에 대한 절개를 지켰다.

그 외 김진양, 이숭인, 안원 등 온건개혁파 72인은 개경근교의 두문동에서 세상을 등지며 집단으로 모여 살았다. 여기서 "두문불출"이란 용어가 유래되었다. 이들은 과거 시험에도 불응하자, 태종때 누차 정권에 협력하도록 권했으나 끝내 응하지 않자 두문동에 불을 질러 모두 태워버렸다. 이후 영조때 이들을 충신으로 예우해 주었다.

이 외에도 많은 학자들이 향리에 은거하며 후학을 가르쳤는데, 이들이 나중에 공신집단 "훈구파"에 대항하는 신흥사대부의 온건개혁파 "사림파"를 형성하였다.

2. 요동정벌의 꿈

태조는 정도전·남은의 충언을 듣고 고구려의 고토회복을 위한 요동정벌을 결심하였다. 이는 위화도 회군에 대한 보상심리이기도 하였다. 그러나 군권의 또 한축인 조준의 반대에 부딪쳐, 과거 위화도회군 때의 이성계와 최영의 분열을 상기시켰다. 결국 정도전과 조준이 이 사건으로 대립현상을 보이게 되었다. 당시 태조실록에 의하면 전쟁준비가 상당히 진척된 상황이였다.

이 시기에 태조의 현비 강씨가 사망하자, 명에서 "표전문"사건으로 억류되어 있던 정총·노인도·김약항이 흰상복을 입었다는 이유로 처형되었다. 표전문사건이란, 개국에 대한 사은사로 정도전이 명나라에 다녀오면서 요동지역의 정보를 수집하고 또한 여진족 500여명을 포섭하여 조선에 편입시켰다. 이에 대해 명측에서 여진족을 돌려보내라며 따졌다.

이에 대한 해명으로 표전문을 명에 보냈는데, 오히려 오해만 사며 명측에서 정도전을 제거하도록 요구하고 표전문을 쓴 3인을 호출하여 억류한 것이다.

정총 등 3인이 처형당하자 태조는 매우 분개했고, 정도전은 북진준비에 더욱 박차를 가했다. 그러나 정도전이 제1차 왕자의 난때 죽자, 요동정벌의 꿈은 그야말로 꿈으로 끝났다.

3. 토지개혁 "과전법" 시행

이성계는 고려말 최고의결기구인 "도평의사사"의 추대를 받아 왕위에 오르면서, "자신은 고려를 잇는다"고 선포했는데, 예상보다 반발이 적었다. 이는 과전법 때문으로 풀이된다.

고려말기는 왕권이 약화되면서 권문세족과 친원세력 등이 토지를 탈점함으로서, 국가재정은 물론 농민경제가 파탄에 이르고 농민항쟁과 유망이 대대적으로 일어났다.

이때 성리학으로 무장된 신진사대부들이 대안세력으로 부상하였다. 신진사대부들은 사전(私田)개혁을 둘러싸고, 이제현, 이색, 정몽주 등 온건파는 고려왕조를 유지하며 점진적으로 개혁을 주장했고, 반면 정도전·조준 등은 이미 만성화된 기존세력으로는 돌이킬 수 없다며 역성혁명을 통해 개혁해야 된다는 급진파로 분류되었다.

결국 급진파는 공양왕 3년(1391년)에 토지대장을 불태우고 새 토지제도인 "과전법(科田法)"을 반포하였다. 이는 권문세족의 경제적기반을 무너뜨리고 국가재정 및 신진사대부들의 경제적 기반을 확충함에 있다. 그 방법은 왕족과 관료에게는 경기지역 토지에 한하여 품계에 따라 지급하는 제도이다.

4. 한양천도와 건국정책기조 발표

한양천도는 정도전이 주도하여 도선, 무학대사와 함께 한양을 답사한 후 풍수지리상 명당이라 결론지었다.

한양천도는 공양왕때 옮긴바(1390년) 있으나, 큰 비바람으로 불길한 일이 계속 터져 5개월만에 다시 개경으로 환도하였다.

한양은 고려때는 남경 또는 한양군으로 불렸고 "열수(한강)가 흐르는 남경, 예성강이 흐르는 개경, 패강(대동강)이 흐르는 서경(평양)"이라며 중요시한 도시였다.

수도조성작업은 정도전이 주도하여 1395년 시작되었다. 궁궐은 백악기슭의 명당자리에 건립하고, 「주례(周禮)」의 "고공기(考工記)"에 따라 좌측에는 조상신을 모시는 종묘를, 우측에는 토지와 곡식의 신을 모시는 사직(社稷)을 두었다. 궁궐앞 대로에는 육조(六曹)를 비롯한 관청을, 또한 흥인지문·돈의문·숭례문을 丁(정)자로 연결하는 중심대로에 상업시설인 시전을 설치하였다.

　수도의 경계가 되는 도성은 한양을 둘러싸고 있는 내사산(內四山)인 백악, 인왕, 목멱, 낙산을 잇는 총 18.6km의 도성을 쌓았다. 사대문으로는, 동쪽의 흥인지문, 서쪽의 돈의문(일명 서대문, 일제시 철거), 남쪽의 숭례문(정문), 북쪽의 숙정문이다. 사소문은 동북의 흥화문, 동남의 광희문, 서북의 창의문(일명: 자하문), 서남의 소덕문이다.

　이 서울 성곽은 처음 태조때 연 11만8천명이 동원되어 창축하였고, 이어 세종때 개축되고, 숙종때 수축하여 오늘에 이른다.

　태조는 한양수도 건설과 함께 나라를 이끌어나갈 "4대 기본정책"을 수립하였다.

첫째: 사대교린정책, 큰 것에 거슬리지 않고 주변국과 선린우호한다.

둘째: 억불숭유정책, 불교를 억제하고 유교를 정치의 기본이념으로 한다.

셋째: 토지제도혁파, 전국의 토지를 국가소유로 하되 백성에게 나누어 준다.

넷째: 농본주의, 중농정책을 편다.

chapter 03

왕자의 난과 정도전의 죽음

1. 제1차 왕자의 난과 정도전의 죽음

이성계는 두 부인을 두었는데, 향처인 첫부인은 신의 왕후 한씨로서 즉위 얼마전에 죽었고, 둘째부인은 신덕왕후 강씨이다. 한씨 소생은 맏이와 막내가 죽고 방과, 방의, 방간, 방원 4명이고, 강씨소생은 방번과 방석이다.

이성계 나이 58세때 세자책봉문제가 제기되었다. 이성계는 강씨소생 방번을 염두에 두었으나 의견수렴결과 방번은 광망경솔하고 볼품이 없어 가장 막내인 방석(10세)으로 결정하였다. 이로서 한씨 소생 아들들이 불만이 많았다. 당시 개국의 공로로 따진다면, 세자책봉 1순위는 방원이였다. 그러나 정도전은 "왕권보다 신권(臣權)으로 나라를 다스려야 국정이 안정된다"는 신권주장론자인데, 방원이 왕위에 오르면 자기들을 제거할까 두려워하였다. 이때 정도전·조준·남은 등은 한씨소생들의 반발을 고려하여 왕자들을 지방각도로 보내자고 태조에게 비밀리에 주청하였다. 이는 왕자들의 사병(私兵)을 혁파하여 공적체제로 편입시키는데 목적이 있었다.

이즈음 정도전은 요동정벌을 획책하면서 왕자들과 공신들의 사병을 혁파하여 군사를 늘릴 필요가 있었다.

태조7년 정도전은 동북면도 선무순찰사 일을 마치고 돌아와서, 요동정벌에 관해 이야기를 개진했는데, 왕자들과 공신들이 격렬하게 반대하였다. 이후 이들은 진법훈련에 사병들을 참가시키지 않았다. 태조는 불참자에 대해 크게 비판하며 탄핵 또는 태50대 (부하장수가 대신)를 쳤다.

일이 이쯤되니 훈련에 참가시키지 않을 수 없었는데, 그때 태조가 병으로 눕게 되었다. 당시 방원(정안군) 등 왕자들은 사병들을 폐하고 영중군기도 불태워버렸다.

그러나 정안군 부인 민씨와 동생 민무질은 만약을 대비하여 병장기를 별도로 준비해두었다.

이즈음 충청도 관찰사로 발령된 하륜이 정안군을 찾아왔다. 둘이 대작을 하는 도중 하륜이 술 취한 척하며 술상을 꽝 치니 술잔이 엎어졌다. 곧 하륜은 "지금 정도전·남은이 세자를 추대하고 있는데, 술잔이 뒤엎어지는 뜻을 모르겠습니까?"라며 세상을 뒤엎자는 것을 암시한 것이다. 그때야 방원은 하륜의 뜻을 알고 서로 공감하였다. 하륜은 계획을 상세히 설명하였다. 때는 무르익어 가는데, 왕자들을 모두 외지로 내보낸다는 소식이 궁중에서 흘러나왔다.

한편 정도전·남은·심효생 등은 남은의 집에 모여 정안군의 행동을 예의주시하며, 하륜·이숙번 등이 정안군에게 드나드는 것을 보고는 빨리 화근을 막아야겠다고 우려를 하고 있었다. 그런데 그 자리에 있던 이무(정안군 부인의 인척)가 곧 정안군을 찾아가서 다소 과장되게 정도전 등이 정안군에 대해 모의를 하고 있다고 알렸다.

아니나 다를까 곧 궁중에서 전갈이 왔다. "상감마마의 병환이 위중하니 모두 입궐하라"는 것이다. 정안군은 입궐도중 궁궐주위의 분위기가 아무래도 수상한 생각이 들어 발길을 돌렸다. 바로 송현동 남은의 첩집(지금의 한국일보 부근)으로 가서 정도전과 남은을 죽이고 그 길로 군사를 광화문 안으로 보내어 잔여세력을 제거해 나갔다. 방원이 전광석화로 거사를 일으키자 궁중에서는 속수무책이었다.

이어 방원은 강씨소생의 방번과 방석, 외동딸 경순공주의 남편 이제 마저 죽였다.

이것이 "제1차 왕자의 난"이다.

정도전의 죽음으로 결국 중원정복기도는 고구려 연개소문, 최영, 정도전, 이성계만이 꿈꾼 혁명적인 기도였으나 물거품이 되었다.

세자책봉에는 거사에 공이 있는 4남 방간과 5남 방원 중에서 되어야 하나, 방원은 결국 맏형 방과를 추대하고 후일을 보기로 했다. 당시 대신들은 방원에게 세자를 권했으나, 이때 방간의 불만이 또다른 불행의 씨앗이 되었다.

2. 제2차 왕자의 난

태조는 재위 7년(63년)에 왕위를 방과에게 물려주고 상왕으로 물러났다. 그는 강씨소생 두 아들을 잃고 불교계에 귀의하여 "소와 말을 죽이지 말라"고 태조실록에 기록되고 있다.

제2대왕 정종은 원래 문무에 능하여 태조를 도와 많은 공을 세운 바 있으나 아주 온순한 성품이였다. 정종은 자신을 왕위에 올려준 방원일파를 공신으로 올려줌으로서 방원의 세력은 날로 커졌다. 그러나 정종은 적자가 없었다.

그런데 당시 방간(희안군: 방원의 바로 위 형)은 다음 임금은 자기 차례라고 믿고 있어서 골육상쟁을 다시 예고하고 있었다. 이에 불을 지른 것이 지중추원사 박포와 방간의 아들인 명궁 맹종이였다. 박포는 제1차 난때 방원에게 결정적인 공헌을 했으나 공신 2등으로 떨어져 불만이 많았다.

박포가 희안군을 찾아와 모함을 하며 거사를 부추겼다. 먼저 음모를 꾸며 정안군을 암살하려 했으나 여의치 않았다. 그러자 정안군이 사냥나가는 날을 맹종이 알고 같이 사냥을 나가면서 개성 한복판 선죽교에서 만나 양군은 접전이 벌어졌으나 결국 상대적으로 우수한 군사를 가지고 있던 방원쪽이 승리하였다.

정종과 방원은 형제간에 피를 묻히고 싶지 않아 방간은 유배보내고 박포는 목을 베었다. 이것이 "제2차 왕자의 난"이다.

이 난이 벌어지고 있는 도중 이숙번의 말이 화살에 맞아 방원의 마굿간으로 들어오자 방원의 부인 민씨는 패한 줄 알고 싸움터에 나가 함께 죽으려 하였다.

상왕 이성계는 이 난으로 부끄러워하며 시종의 옛집으로 가서 문을 잠그고 지냈다.

이 난 이후 정종은 정치에 뜻이 없어지고 왕비 정안왕후의 권고로 재위 2년만에 방원에게 양위하였다.

이후 논공행상이 있었는데 방원의 인맥이 대부분이였다. 개국11년만에 개국공신, 제1차 왕자의 난 등 세 차례에서 공신이 천여명에 달했다. 공신에게는 막대한 토지와 노비가 세습되자 개혁은 실종되고, 특권층인 "훈구파"라는 거대한 정치집단이 형성되어 가고 있었다.

전제군주 태종(3대)과 성군 세종(4대)

1. 태종은 외척발호에 인정사정이 없었다.

태조는 오대산에서 왕자의 난때 죽은 두 아들의 명복을 빌고 있다가 정종이 왕위를 정안군(태종)에 이양했다는 소식을 듣고, 탄식하며 모든 것을 자신의 업으로 받아들였다. 이후 태조는 한양 흥천사에 있다가 태종이 한양으로 환도해 오자, 아들 태종이 보기 싫다며 멀리 함흥으로 옮겼다.

그러나 태종은 과거 고려말 때 과거에 급제하여 10년간 관리로 있었고, 유학에 조예가 깊었으며 효심이 깊었다. 그는 어떤 식이든 부왕을 모시고 싶었다. 상왕의 마음을 돌리기 위해 함흥으로 사람을 여러차례 보냈으나 가는 사람마다 다시는 돌아오지 않았다. 즉 피살되어 "함흥차사(差使)"가 된 것이다.

방원은 세제가 된 이후 사병(私兵)혁파에 반대하는 인물은 가차없이 처벌하였다. 자신이 제거한 정도전일파나 각 지역실권자들이 사병을 거느리면 반기를 들 수 있다는 위기의식 때문이다. "병권은 주군만이 가질 수 있다. 이는 공신·종친 등에도 예외가 없다"는 것이다. 왕권의 안정과 강화를 위해서는 자신을 등극시켜준 공신이나 특히 외척에도 가차없었다.

태종의 이같은 노력이 바탕이 되어 당대와 다음의 세종때 정치적으로나 문화·군사적으로 안정을 기할 수 있었다.

그 사례를 보면;

◦ 태종이 즉위 직후 "이거이 부자"가 거슬렸다. 이거이는 태조와 태종과 겹사돈이였다. 그는 사병문제에 불만을 토로했는데, 당시는 즉위 초라서 기회를 보다가 4년후에야

기여이 사건을 공개하여, 사형에 처하려 했으나 태상왕의 부름을 받고는 부득이 서인으로 강등시키고 지방으로 내려보냈다.

○ 태종 부인 민씨와 네 동생에 관한 것이다. 태종 부인 여흥민씨는 재상지종의 가문으로 동생 민무구 민무질과 함께 제1·2차 왕자의 난때 병장기의 준비 등 거사시 방원을 도와 승리하게 하였다. 그런 뜻에서 방원과 민씨는 동지관계나 다름이 없었다. 그러나 태종은 절대군주로서 원경왕후 민씨를 수하로 보았고, 민씨는 동지로 본 것이 화근이였다. 이후 태종이 권홍의 딸을 후궁으로 맞이하면서 민씨가 지나친 투기를 부리고, 민씨 형제들이 궁중을 자주 드나들며 정치에 관여하는 듯한 소문이 돌았다. 이 역시 4년 뒤에 가뭄과 흉년이 들어 양위소동을 벌렸는데, 그때 민씨 형제가 얼굴에 희색을 띠었다가 복위시 불쾌한 기색을 나타냈다는 상소를 받고, 민무구, 민무질, 민무휼 등 처남 4명에게 모두 자진하게 하였다. 이로서 태종이 외척발호를 크게 경계함을 보여주었다. 그런데 태종은 실제 가뭄에 얼마나 한이 맺혔는지 죽으면서 유언으로 "죽는 날 만큼은 비가 오게 하겠다"고 했는데 실제로 비가 왔고, 그래서 음력 5월 10일 내리는 비를 "태종우"라 부르고 있다. 민씨부인은 왕이 후궁을 거느리자 지나치게 투기를 하고 후궁들을 냉대하자, 태종은 민비 칭호를 "민정이"로 바꾸고 사실상 교태전에 유폐시키게 하였다.

○ 세종이 즉위하자 세종의 장인 심온을 영의정부사로 임명한 뒤 세종의 즉위 사은사로 명에 보냈다. 그런데 심온이 출발할 때 그 행사가 어마어마했고 「세종실록」에 의하면, 전송으로 인해 장안이 텅 빌 정도라 했다. 이에 태종은 심기가 불편했다. 상왕태종은 왕위를 세종에게 이양했으나 병권과 인사권은 가지고 있었다.

당시 심온의 동생 심정이 금위권(임금보호) 행사시 임금에게만 보고하고 상왕에게 보고하지 않았다는 핑계(트집?)를 잡고, 심온이 떠난후 병조참판 강상인과 병조판서 박습을 구금하여 무수한 고문을 하였다. 결국 심온이 이에 관련되었다고 진술하였고, 심온이 돌아오기 전 심정 등이 처형되고, 심온 역시 돌아와서 관련되었음을 자백받아 사사받았다.

이 사건은 상왕이 죽은 후 심온형제가 실권을 잡을 것으로 해석한 것이 화근이였다. 이 사건으로 세종의 장모 안씨가 8년간 의정부의 여종으로 전락되었다가, 이후 세종이 복권시켰다. 소헌왕후 심씨에 대해서는 역적의 딸이라며 폐출해야 된다는 주장이 있었으나, 상왕 태종은 며느리에 대해서는 상당히 관대한 편이였다.

2. 태종의 최대 치적은 세자를 충녕으로

　세자 양녕대군은 13세가 되자 김한로의 딸을 숙빈으로 맞았다. 양녕은 자라면서 자유분방하여 학문을 게을리 하였고, 양녕의 스승 계성군은 태종에게 교육이 어려움을 호소하였다. 양녕은 수시로 기생을 대궐로 끌어들였는데, 태종이 이를 알고 기생에게 곤장을 쳐서 내쫓기도 하였다.

　이때 양녕은 태종에게 부왕이 후궁을 많이 거느린 것을 언급하였다. 태종은 민씨를 포함하여 부인이 12명이고 자녀는 총 29명(민씨소생 4남4녀)을 두었는데, "뭐 어떠냐(?)"는 것이다.

　이 사건으로 태종은 1418년 세자를 양녕에서 충녕으로 바꾸었다. 이때 양녕의 장인 김한로가 반발할 가능성이 있어 유배를 보냈다.

　이후에도 양녕의 처신은 매우 괴이하였다. 태종이 승하했을 때 동네 사람들과 집을 고치며 술을 많이 먹고는 군수를 잡아다 조사하고, 세종에게 처벌을 요구하기도 하였다.

　한번은 승려가 된 효령대군의 초청을 받자, 사냥꾼을 데려다 포획물로 고기를 굽고 술을 마시면서 "나는 복이 많아 살아서는 임금의 형이요, 죽어서는 부처의 형이 아닌가" 하는 자유분방하고 능숙한 처세술을 가졌다. 양녕에 대해서는 아래 시 한 수로 잘 표현하고 있다.

　"산 안개로 아침밥 짓고 이끼낀 달로 등불을 삼네,
　덩그런 바위 밑 홀로 잠자니, 있는 것은 오직 탑 한층 뿐이라네."

　현 숭례문 현판은 양녕대군의 글씨이다.

　양녕이 세자에서 폐위될 무렵, 효령대군이 세자를 기대하며 열심히 글을 읽고 있으니, 양녕이 이를보고 서안을 발로 차며 "성덕이 충녕에게 있는 것을 어찌 모르느냐?"며 꾸짖었다. 효령은 부끄러워 뒷문으로 빠져나가 절에 가서 하루종일 북을 두드리니 그 가죽이 늘어났다고 한다. 그래서 세간에는 부드럽게 늘어난 북가죽을 "효령대군의 북가죽"이라고 부르게 되었다.

　태종은 재위 18년간 양위소동을 4차례 벌렸는데, 네 번째 소동은 충녕대군이 세자가 된 직후로써, 전에 민씨형제의 황천객도 양위소동에서 연유된바 있으므로 모두들 통곡하며 충성심을 보인 바 있다. 그러나 결국 양위되었다. 이때 세종은 21세였는데, 당시 실질적인 정사는 상왕에게 일일이 여쭈었다.

태종은 그간 다음 왕에게 강력한 왕권을 물려주기 위하여 외척·공신 등 걸림돌을 전부 제거하는 악역을 자처했다고 볼 수 있다.

3. 세종의 정치와 치적

상왕태종이 세종2년에 역모·살인이 아닌 한 백성들의 "수령고발권"을 허용하였다. 그러자 지방수령들이 하극상 문제로 이 법의 폐지를 주장하자, 태종이 사망한 후 세종은 다시 "수령고소금지법"(다만친고제)을 시행하였다. 이는 백성이 향리나 지방관에게 반항하는 행위를 규제하는 것이다. 그러자 민심 이반이 심각해졌다.

"훈민정음"의 창제와 훈민정음 반포 1년 반 전에 "용비어천가"를 배포한 것도 이 악법으로 인한 민심이반을 고려한 자기변명이라 할 수 있다. 그러나 계속 반발이 잇다르자, 결국 세종 29년에 비로소 수령의 부패나 정사 잘못에 대해 고소가 허용되었다.

그 예로서 세종 재위 32년간 관찰사 8개소와 부사·목사 360개소 중에 탄핵을 받은 자는 관찰사 30여 명 등 총 50여 명이었다. 반면 지방관은 총 360개 현에서 20명이었다. 여기서 관찰사가 많고 하위직급인 지방관이 적은 것은 하급관리들이 백성들과 직접 접촉하다보니 규제의 성역 밖에 있었음을 시사하고 있다.

그리고 김종서·최윤덕 등에 명하여 북방야인을 정벌하고 4군과 6진을 개설하여 북방 국경선을 압록강과 두만강으로 구축하였다. 또한 왜구의 침입을 징벌하고자 대마도를 정벌하였다.

백성들에게 공정한 세법을 마련하기 위해 여론조사까지 실시하였다. 5개월 동안 17만명이 참가하여 찬성 98,657명, 반대 74,149명으로 조사한 후 세법을 제정하였다.

조선조가 개창되어 제9대 성종까지 100여년간 평화적으로 선위되고 공신책봉이 안된 것도 세종이 처음이었다. 그런 의미에서 태종이 세종에게 양위한 것은 태종의 가장 큰 치적이라 할 만하다. 양녕은 총명하나 놀기를 좋아했고, 태종의 피의 의미를 이해하지 못하였다.

세종은 32년간 재위했는데 이 시기를 조선의 "르네상스"라고 부른다. 훈민정음을 창제하여 1997년 유네스코 세계 기록 유산에 등재되였고, 세계 최초로 강수량을 측정한 "측우기", 천문관측용 "혼천의", 해시계인 "앙부일기", 물시계인 "자격루" 등 많은 과학기구를 발명하여 제작하였다.

세종은 학문을 숭상했는데, 「고려사」가 지나치게 사대적임을 지적하여 사실대로 기술한 「고려사절요」를 편찬하였다. 학자를 양성하고 활자를 개량하여 많은 저술을 편찬했다. 부처의 공덕을 칭송한 「월인천강지곡」, 조선의 창업을 찬양한 「용비어천가」, 농업기술을 모은 「농사직설」, 윤리 덕행을 찬양한 「삼강행실도」, 한국의 지리책 「팔도지리지」, 석가의 일대기 「석보상절」, 의학백과사전 「의방유취」, 그 외 아악기구도 정립하였다.

이러한 일들은 주로 집현전 학사가 담당했는데, 세종의 학자 사랑은 대단하였다.

한 예로서 신숙주가 청년 때 집현전에서 숙직을 하고 있는데, 왕이 내시에게 네 번이나 순찰을 시켰었다. 그때마다 매번 책을 읽고 있었다고 고했다. 그후 세종이 새벽에 직접 가보니 그때 신숙주는 책상 앞에서 꾸부려 자고 있었다. 이를 본 왕은 자신의 수달피 덧옷을 덮어 주었다. 나중에 잠에서 깬 신숙주는 감읍한 마음을 어쩌지 못했다는 일화가 있다.

단종애사와 사육신사건

chapter 05

1. 단종(6대) 12세에 즉위하다.

세종은 비만하여 운동을 싫어하고 육식과 학문을 좋아하여 평생 종기·소갈증(당뇨)·풍질·안질 등으로 고생했다. 부인은 6명에 자녀를 22명을 두었다. 왕비 소헌왕후 심씨에게 8남2녀를 두었는데, 장남 문종(5대)은 세종을 닮아 학자풍의 현군기질이었다. 그러나 동생 수양대군은 정치적인 야심이 큰 인물이었다.

문종은 동궁시절 김씨 봉씨와 두 번 가례를 올렸으나 행실이 좋지않아 둘다 쫓겨났다. 세 번째는 세종 23년에 권전의 딸 사이에서 홍위(단종)을 낳았으나 그녀 역시 산후조리부실로 3일만에 사망했다. 이후 문종은 재혼을 하지 않고 홍씨, 양씨 두 후궁만 두었다.

문종은 평소 집현전 학사들과 토론을 좋아했는데, 한번은 어린 단종을 무릎에 앉히고는 자신의 병약함을 한탄하며 "이 아이를 잘 부탁한다"고 하고는 어탑에서 내려와 술을 권하기도 했다. 그러다 이들이 술에 취해서 밤늦게 숙직실에 데려다 눕혔다. 아침에 학사들이 일어나보니 초피(임금용 담비모피)를 덮고 있는 것을 보고는 임금이 직접 덮어 주었다는 것을 알고 감격의 눈물을 흘리며 충성을 맹세하였다(축수록). 그러나 나중에 신숙주의 거취에 대해 비판이 일었다.

문종은 평소 세종을 극진히 보살폈는데, 세종이 병이나서 차도가 없자, 유교국가임에도 불사를 벌렸다. 이때 사간원 황효원이 불사에 제동을 거니, 수양대군과 안평대군이 발끈하며 모반·대역죄라며 상소를 올렸다. 이때 두 동생에게 종친의 정사관여 금지에도 불구하고 이를 엄금시키거나 문책 또는 질책을 못한 것이 후환을 낳게 하였다.

문종은 병약하여 결국 2년 5개월만에 39세로 요절했고, 단종이 12세였다. 문종은 문무를 겸비한 왕이였다.

단종은 세손시절 정인지에게 글을 배웠는데, 세종은 정인지·신숙주 등에게 "세손은 지혜가 총명하고 임금의 자질과 인품을 갖추고 있으니 후일에 꼭 부탁한다"고 당부하였다. 세종은 아들 중 문종이 병약하고 동생 수양대군이 야심이 커서 걱정되었기 때문이다.

어린 단종이 즉위하자, 섭정은 관례로 대비 몫이나 대비가 없으므로 영의정 황보인을 중심으로 우의정 김종서, 좌의정 정분이 보필하였다.

당시 최고실력자는 김종서였다. 김종서는 당시 최고의 맹장으로 수양 등 종친들이 가장 두려워하던 인물이었다. 세종 15년 여진족을 정벌하고 6진을 정벌한 후, 이때부터 우리의 국경이 두만강·압록강으로 정해졌다. 그는 6진을 설치한 후 백두산에 올라 호기에 찬 시 한수를 남기기도 하였다.

"삭풍은 나무 끝에 불고 명월은 눈 속에 찬데,
만리 변성에 일장검 짚고서서 긴파람 큰 한 소리에 거칠 것이 없어라"

한편 종실에서는 정권의 폭주를 막기 위해 종실대표를 참여시키기로 하였다. 무사기질인 수양보다 시·서·화에 능한 안평을 참여시키기로 하였다. 당시 36세인 수양의 반발이 컸다. 두 대군에게 종친의 정치관여를 우려하여 "분경(인사청탁)"을 금지하게 하였다.

2. 책사 한명회와 계유정난

한명회의 이름은 「조선왕조실록」에서 2천번 이상 등장한다. 한명회는 칠삭동이(7개월만에 출산)로 태어났으나, 지모가 남달리 뛰어났다. 일찍부터 세상을 뒤엎고 천하를 흔들고 싶은 야심찬 인물이였다.

한명회는 우의정, 영의정을 역임한 당대 최고의 관직을 지냈고, 세조와는 사돈간이고 예종과 성종의 장인으로서 훈구세력의 대표적 인물이었다. 이후 갈매기가 노닌다는 "압구정"을 한강가에 지어 후세에 많은 이야기 거리가 되었다.

수양대군은 단종이 12살에 왕위에 오르자, 약해진 왕권을 회복한다는 명분으로 은밀히 전국의 책략가와 한량을 모집하고 있었다. 이때 한명회는 「역대병요」 편찬사업에 참여하고 있던 죽마고우 권람에 의해 수양대군과 인연을 맺었다. 당시 한명회는 38세로 개경의 경덕궁 문지기였다. 수양대군은 여러모로 한명회를 시험하고는 "그대야 말로 나의 자방(子房:장량)이로다"라며 수양대군의 책사가 되었다.

한명회는 곧 홍윤성, 유수, 강곤 등 불평분자 무사와 임금의 경호부대인 대금위의 도성순찰 감독자 홍달손, 그리고 수양대군이 직접 집현전학사 신숙주까지 끌어들였다.

한편 단종의 즉위 사은사로 명나라에 사신을 보내는데, 수양대군이 자청하여 떠나면서 큰 환송을 받으며 그 위세를 과시하였다. 이때 종친의 어른인 양녕대군도 "수양은 천명(임금)이 있는 사람"이라고 평한바 있다.

수양은 명에 가서 환심을 사는데 열중했고, 명에서 대장군, 국왕, 전하 등의 칭호를 받았다는 기록이 있다.

그는 귀국길에 오르면서 정변을 결심하였다.

당시 국정은 황보인, 김종서 등이 단종을 섭정했는데, 수양이 종친을 소외시킨다고 비난을 하자, 그들은 안평을 정사에 참여시켰다. 안평은 유약한 선비형으로 적어도 그는 왕위를 꿈꾼다고 보지는 않았기 때문이다.

어느날 안평대군이 생일을 맞아 마포강가에 있는 망원정에서 30여명이 모여 연회를 연바 있다. 이때 수양측은 사람을 모은다면서 비난을 했고, 이어서 황보인, 김종서 등이 장차 임금을 폐하고 안평대군을 추대하려한다는 소문이 나돌았다. 이 소문의 진위에는 많은 의문을 주고 있지만, 바로 수양측은 실권자 김종서의 집으로 갔다. 김종서를 불러내어 바로 철퇴로 내리쳤고, 뒤따라 나온 아들마저 칼로 내리쳐 부자를 죽였다. 그길로 수양은 홍달손을 대동하고 단종의 처소로 갔다.

수양은 "황보인·김종서 등이 안평대군과 결탁하여 거사를 획책하므로 시간이 촉박하여 김종서를 죽였고, 나머지 황보인 등 잔당들을 처단하겠습니다"고 말했다. 이 소리를 들은 단종은 벌벌 떨며 "숙부 살려 주시오" 하였다.

곧 단종의 명으로 한밤중에 소집령이 내렸다. 하인없이 혼자들게 하여 한명회의 살생부에 따라 문에서 차례로 살해하였다. 이것이 "계유정난"이다.

안평대군과 아들은 강화로 유배했으나 결국 사약을 내렸다. 김종서는 워낙 강골이라 당시 죽지 않고 숨어 있다가 결국 살해되었다.

수양대군이 영의정이 되어 정권을 장악하였다.

계유정난 주도세력들이 단종에게 계속 압력을 가하자, 결국 단종은 전위의 뜻을 전하였다. 수양은 눈물로 사양했으나 결국 성삼문이 옥새를 수양(세조)에게 전하고 통곡하였다. 이때 명 사신도 참가했는데 그는 기꺼이 인정하였다. 당시 박팽년은 연못에 빠져 죽으려 했고 성삼문의 아버지 성승은 두문불출하며 눈물로 보냈다. 이후 추강 남효온이 「육신전」에서 성승 대신 성삼문을 성씨 집안의 대표자로 넣었다.

세조가 태종과 다른 점은 집권 후 숙청을 하지 않고 공신들을 끝까지 보호한 점이다.

단종은 말이 상왕이지 수창궁으로 쫓겨난 후 그 처지가 말이 아니였다. 이후 단종의 복위운동이 일어나자, 1457년 단종은 상왕에서 노산군으로 강등되어 강원도 영월로 유배되었다. 이어 수양대군의 동생이며 노산군의 숙부인 금성대군이 경상도에서 복위운동을 벌이다 사사되자, 노산군에서 서인(庶人)으로 되었다가 끈질기게 자살을 강요당하여 1457년(세조3년) 10월 영월에서 목매어 죽었다. 당시 17세였다.

이곳 영월 유배지는 전에 영월수령을 지냈던 신숙주가 천거했다.

야사 「병자록」이나 「음애일기」에서는 자살이 아니라 타살을 암시하였다.

3. 사육신(死六臣)사건

사육신은 세조2년(1456년) 단종의 복위를 꾀하다 발각되어 죽은 성삼문, 박팽년, 하위지, 이개, 유성원, 유응부 6명을 가리킨다. 이 사건을 "병자사화(士禍)"라고도 불린다. 이들 외에 이 사건과 관련되어 권자신, 김문기, 성승 등 70여명이 모반혐의로 처형 또는 유배되었다.

이들은 세종때 설치된 집현전 학사들이 대부분인데, 세조의 왕권강화에 반발하여 단종복위운동을 꾀하다 처형된 것이다. 이들은 태종이후 신권(臣權)을 존중하는 체제인 "의정부서사제"를 강화했던 자들이다. 세조는 즉위하자 이를 "육조직계제도"로 바꾸었다. 의정부서사제란 오늘날 "의원내각제"의 일종인데, 육조에서 의정부의 의결을 거쳐 국왕에게 보고하는 체계이고, 육조직계제는 육조에서 왕에게 바로 보고하는 전형적인 전제주의 체제이다.

이들은 세조2년 6월 창덕궁에서 명나라 사신을 맞이하는 자리에서 성승·유응부 등이 임금을 호위하는 별운검(別雲劍)으로 참여하게 된 기회를 이용하여 세조일파를 제거하고 권력을 장악하려 하였다. 이때 한명회가 이상한 낌새를 느끼고는, 연회장소가 좁다는 이유로 별운검을 취소하고 세자를 불참시켰다. 이때 거사를 실행하느냐 연기하느냐를 놓고 논의하다, 결국 무장들의 실행주장이 성삼문, 박팽년 등 문신들의 신중파에 밀려 연기되었다.

그런데 집현전학사 김질이 불안하여 장인 정창손에게 고했는데, 정창손은 김질을 대동하고 세조에게 고변하였다.

계획을 주도한 성삼문 이하 사육신은 조정 대신들이 모두 입회한 상태에서 수레에 찢겨 죽임을 당하는 거열형을 당했고, 유성원은 잡히기 전에 집에서 아내와 함께 자진하였다. 이들의 친자식들도 목매는 교형에 처했으며, 여성들은 노비가 되고 가산도 몰수되었다.

당시 국문 장면을 예로 들면, 성삼문의 경우, 세조를 끝까지 "나리"라고 부르며 왕으로 인정치 않았고, 그때 세조 옆에 있던 신숙주를 보고는 "이놈 숙주야! 집현전에 있을 때, 세종대왕께서 세손을 당부한 말씀을 잊었느냐?"하고 호통을 치니, 신숙주는 얼굴을 붉히고 자리를 피했다. 후세사가들은 이때의 신숙주의 변신을 보고 여름에 쉽게 상해버리는 녹두나물을 "숙주나물"에 비유했다.

그러나 무신인 이개는 고문을 당하면서 성삼문을 보고는 "예로부터 나약한 선비들과는 큰 일을 할 수 없다"면서 발각된 것을 분해하였다.

세조는 이후에 "나에게는 불충했지만 후세 사람들은 충신이라고 하겠다"고 하며 무참히 죽은 그들의 절의를 칭찬하며 측은해하였다.

수일후 새남터에서 김시습이 시체를 거두어 노량진 산 위에 묻었고 오늘날까지 충신의 상징으로 칭송받고 있다.

그러나 사육신과 뜻을 같이 한 사람들이 많아, 불씨는 계속 남아 있었다.

그중에 이 사건에 가담하지는 않았지만 세조 정권을 부정하고 벼슬까지 거부한 생육신 6명이 거론되었다. 이들이 김시습, 원호, 이맹전, 조려, 성담수, 남효은이다.

4. 세조(7대)의 명암

세조는 재위기간 내내 정통성 때문에 시달렸고, 그러나 확고한 정치철학을 가지고 국가의 기초를 다지는데 치중하였다. 특히 「경국대전」의 편찬, 신라에서 고려까지의 역사 「동국통감」의 간행 등 문화창달에 힘썼다. 그리고 그를 떠난 선비들의 마음을 돌리려고 애를 많이 썼다. 그중에 천재 시인 매월당 김시습은 한양 삼각산 밑에서 공부하다, 단종의 사망 소식을 듣고 "아, 세상이 끝났구나, 글을 읽어 무엇하랴!"면서 대성통곡하고 책을 불사르며, 미친 사람처럼 방랑하였다. 김시습은 나중에 한양 수락산에 은거하며 많은 시를 남겼는데, 현재 서울 수락산 입구 "명상의 숲"에 전시되어 있다.

춘원 이광수는 「단종애사」에서 수양을 일제로, 단종을 조선에 비유하였고, 금동 김동인은 「대수양」에서 "국가는 명분보다 힘이 중요하다"면서 세조에게 정당성을 부여하였다.

세조는 나이 50세가 되자 피부병에 시달렸고, 또한 자신의 죄 많음을 한탄하며 불교에 심취하였다. 그는 피부병 치료차 오대산 상원사에서 지냈는데, 그때의 옷가지가 지금도 상원사에 남아 있다.

🍃 이시애의 난

세조는 백성들에게 애민사상을 펼치는 반면 강력한 중앙집권정책을 펼치면서 "호패법"을 시행하였다. 그러자 함길도에서 여진족 등이 자유이주가 제한되자, 전 절도사 이시애가 큰 세력을 형성하여 반란을 일으켰는데 3년이나 걸려 평정되었다.

이 지역은 고려초까지는 여진족 지역이였으나, 윤관이 9성을 쌓은 후 고려영토로 되었다.

세조는 군사비 등 때문에 여진족이 재침하지 않는다는 약속하에 이를 돌려주면서, 여진족에게 무역소를 설치하여 생필품 등을 거래하게 했고, 추장에게는 관직도 주었다.

세종때부터 4군 6진을 설치하여 이주정책을 쓰며 천인은 양민으로 신분상승시켜 주며 많은 혜택을 주었다. 이때 호패법을 실시하여 이주민들의 발이 묶인 것이다.

5. 남이장군, 모함으로 옥사되다.

이시애의 난 1년후 세조는 재위 14년(1468년) 52세로 사망하자 문둥병이란 소문이 자자했다. 둘째 아들 예종(8대)이 18세로 왕위에 올랐으나 병약했고, 어머니 대비윤씨가 수렴청정하였다. 신숙주 등이 "원상제"를 실시하며 국정을 처리했는데, 원로들의 권한이 상승하며 왕권이 약화되었다.

남이는 태종의 외손이며 좌의정을 지낸 권람의 사위이다. 그는 힘이 장사고 무예가 뛰어났으며 호탕한 성격이라 외증조부 태종을 빼닮았었다. 그는 17세에 무과에 등과하고 21세에 장군이 되어 이시애의 난 토벌과 여진정벌에 큰 공을 세워 공신이 되었다. 26세에 병조판서까지 오르며 출세가도를 달렸는데 그것이 화근이었다.

구 공신들이 "분경(인사청탁) 금지를 이용하여 한명회를 제거하려 한다. 심지어 어린 왕을 끼고 정권을 농단한다"는 등의 짜여진 고변으로 공격하였다.

결정적인 것은 남이장군이 북벌 중에 백두산에 올라 그 장대한 산하에 감탄하여 호기에 찬 시 한 구절을 남겼는데 그것이 화근이었다.

「장검을 빼어들고」
"백두산의 돌은 칼을 갈아 없애고, 두만강 물은 말을 먹여 없애라.
남아 20세에 나라를 평정하지 못하면, 후세에 누가 대장부라 칭하랴"

여기서 유자광이 "남아 20세에 나라를 평정하지 못하면(男兒二十未平國)"을 "나라를 얻지 못하면(未得國)"으로 고쳐서 역모의 증거라는 것이다.

남이는 결백을 주장했으나, 모진 고문에 정강이 뼈가 부러지고 병신이 되었다. 그러자 남이는 "신이 결백을 주장한 것은 폐하와 나라를 위해 이 몸을 바치려고 결심했기 때문입니다. 이제 병신이 되었으니 무슨 소용이 있겠습니까?"하고는 역모를 꾸몄다고 거짓 자백을 하였다. 왕은 다시 "누구와 역모했느냐"고 재촉하자, 남이는 서슴치 않고 영의정을 보면서 "영의정과 함께 모의했습니다"고 고했다.

영의정 강순은 80노인인데, 그 역시 국문을 받으며 모진 고문에 못이겨 거짓 자백을 하였다. 둘은 형장에서 만나 강순이 남이에게 "왜 죄없는 나를 끌어 들였느냐?"고 꾸짖으니, 남이는 껄껄 웃으면서 "영감, 난들 죄가 없음은 대감이 잘 알면서 한마디 말씀도 없었지 않았소. 그게 영의정으로서 취할 행동입니까? 더구나 대감은 오래 사셨는데 이제 죽는다고 한들 무슨 여한이 있겠소"하였다.

　남이가 옥사된 후, 이시애 사건때 반란군과 내통했다는 혐의로 하옥되었던, 한명회가 화려하게 영의정으로 복귀하였다.

낮에는 성군, 밤에는 호색한 성종(9대)

chapter 06

1. 성종, 13세에 즉위하다.

세조의 둘째 아들 예종은 즉위 1년 2개월만에 의문의 죽음을 맞았고, 당시 예종의 아들은 4살이었다. 이때 궁중의 최고 어른인 대왕대비 정희 왕후 윤씨(세조의 왕비)가 원상 신숙주, 한명회 등과 내통하여 세조의 첫 아들 의경세자의 둘째 아들 지산군을 추대하였다. 지산군(성종)은 왕비가 한명회의 딸로서, 정희왕후와 한명회는 사돈간이다.

성종 2년 느닷없이 "좌리공신"이 책봉되었다. 좌리란 군주를 도와 나라를 잘 다스린다는 뜻이다. 이같은 책봉에 사헌부·사간원 등 사림파측에서는 태평시대에 공을 논한다는게 문제라며 극구 반대했다. 역대의 개국·정사·좌명·정난·좌익·적개·익대 공신은 모두 환란평정과 관계되었다. 문제는 이러한 공신책봉이 본인 외에 자제, 사위, 수하에게까지 칭호를 주었는데, 그 수가 좌익공신의 경우 2,060명이고 이번 좌리공신때도 1,059명이었다. 결국 토지가 공신들에게 집중됨으로서 과전법은 사실상 붕괴되고 고려말과 비슷한 상황이 재연된 것이다. 이에 사림파가 훈구파에 맞서 등장하게 된다.

성종6년 한명회가 명나라에 사은사로 갔다오는데, 농사철인데도 군사들을 요동까지 보내는 등 한명회는 왕권이상의 권력을 누렸다. 세간에서는 "이씨조선인가? 한씨조선인가"라는 말까지 돌았다. 그러나 성종은 자신을 임금으로 만들어준 원상들에게 불만이 많았으나, 시간은 자기 것이라며 성인이 되어 친정하기만을 기다렸다.

2. 성종의 친정과 "금삼의 피"

성종은 13세에 즉위했으나 윤대비가 수렴청정을 하다가 20세에 친정을 했다. 성종은 매우 총명하고 다재다능하여 경사와 성리학에 밝으며 글씨, 그림, 활쏘기 등 다방면에 출중한 재주를 보였다. 안으로 문운(文運)이 일어나고 밖으로는 사대교린정책이 성공하여 국방이 안정되는 등 그야말로 태평성대를 꽃피웠다.

특히 성종은 편찬사업에 치중하여 세조때부터 시작된 「경국대전」과 「삼국사절요」 및 「동국통감」이 편찬되고, 세종때 착수된 「국조오례의」와 「악학궤범」도 만들었다.

성종이 친정을 시작하면서 "의정부서사제"는 받아들이지 않았으나 "원상제"는 폐지함으로서 본격적인 친정체제를 갖추었다.

성종은 많은 치적을 남긴 현군이였으나 "낮에는 요순, 밤에는 걸주였다" 걸주란 고대 중국의 "하"나라 걸임금이 매희에게 빠져, 또한 "은"나라 주임금이 달기에게 빠져 술이 연못을 이루고 고기로 숲을 이루어 "주지육림(酒池肉林)"이란 고사까지 만든데서 유래되었다.

성종은 왕후 4명 후궁 8명 등 부인이 12명이였고 28명의 자식을 두었다. 11살에 한명회의 딸과 혼인했는데, 재위4년 17세때 대비전 후원을 거니는 윤기현의 딸을 보고는 곧 후궁으로 만들었다. 그런데 한씨가 19세에 죽자 윤씨는 왕비가 되었고, 윤씨가 아이(연산군)를 낳자, 성종은 또 다른 여자를 찾게 되었다. 그때 성종은 한창 나이인 20세였고 여러 후궁을 거느리며 호색하는데 이것이 문제를 낳았다.

중전 윤비는 후궁전에만 드나드는 성종의 마음을 돌리려고 애를 많이 썼다.

이때 후궁들은 윤비의 아름다움과 왕자를 낳은 것에 질시를 하면서 인수대비(성종의 어머니, 연산군의 할머니)를 부추겨서 윤비를 몰아낼 음모를 꾸몄다. 그럴즈음 성종은 후궁들의 윤비 험담에 점점 윤비가 싫어졌다. 그때 왕비 윤씨의 방에서 비상과 방향서(굿하는 비법)가 발견됐는데, 윤비의 동생 윤구의 아내와 여종 삼월이가 개입되어서, 결국 장모신씨의 직첩을 뺏고 삼월이는 교형에 처했다.

이후 윤비는 점차 투기가 심해지고, 한 번은 성종이 총애하는 후궁방으로 가자 뒤따라 가다가 성종과 시비가 붙었는데, 성종의 얼굴에 손톱자국이 나며 성종에게 뺨까지 맞은 일이 있었다. 성종은 "칠거지악"을 거론하며 윤비를 폐서인하고 친가로 폐출시키려 했으나, 유생들이 원자를 거론하며 동정론이 많았다.

이후에도 윤씨의 투기는 멈추지 않았고 윤씨에 대한 모함이 계속 올라오자, 특히 인수대비가 강경했다. 결국 성종은 한명회, 정창손 등과 논의한 결과 원자의 장성후를 고려하여 사사토록 하였다.

　폐비 윤씨는 아무 영문도 모른채 사가에서 새옷으로 단장하고 궁중을 향해 절을 한 후 사약을 마셨다. 곧 붉은 피가 금삼의 치마를 적시었다. 윤씨는 피묻은 금삼자락을 모친 신씨에게 주면서 훗날 원자에게 전하게 하였다.

　이후 역사전개는 다음 장 "사림(士林)과 사화(士禍)", "임진왜란과 충무공 이순신" 그리고 "우리민족사 최대의 치욕 '삼배구고두(三拜九叩頭)'"로 이어진다.

사림(士林)과 사화(士禍)

chapter 07

사림이란 조선이 개국되면서 성리학을 학문적 토대로 삼고 이를 정치와 사회에서 실현하고자 하는 선비들을 말하고, 사화는 조선조를 건국한 건국 공신들과 사림파간의 정국 주도권 싸움을 말하는데, 사림파가 수난을 당하다가 결국 시간은 사림파에게 승리를 안겨주었으나…?

1. 조선조, "성리학(性理學)을 통치이념으로 삼다"

고려 불교가 부패와 타락의 늪을 벗어나지 못하자, 조선조에서는 사회적 지도이념을 불교에서 유교 즉 성리학으로 삼았다.

성리학이란 12세기 남송의 주희가 집대성한 것으로 주희(주자)의 이름을 따서 주자학이라고 한다.

우리나라에 주자학(성리학)이 들어온 것은 고려말 "안향"이 「주자전서」를 들여오면서부터이다. 이후 고려 충선왕(26대)이 세자시절 원나라에 있을 때 백이정과 함께 당시 신학문이였던 성리학을 연구하였다. 충선왕은 퇴위 뒤에도 청나라 연경(북경)에 만권당을 세우고, 이제현, 조맹부 등과 함께 성리학의 체계를 갖추면서 고려에 전파했다.

성리학의 핵심은 "리기론(理氣論)"이다. "리"는 도덕과 정신, 명분과 형이상학이고, "기"는 물질과 경험론을 말한다. 또한 사람의 본성을 "리"로, 감정을 "기"로 규정하기도 한다. 성리학에서는 기본적으로 "인간은 모두 평등한 존재, 즉 천민(天民)으로 인정한다"는 것인데, 이같은 사상체계는 당시 사대부들이 일반인에 대한 의식의 변화를 요구하는 것이다.

즉 "공(公)"에 대한 정치윤리를 제공하는 것이였다.

성리학은 정치적으로는 명분과 도덕을 강조하고, 사상적으로는 성리학을 정통으로 삼으면서 나머지는 모두 이단이거나 사교로 간주하는 정통론을 내세웠다. 이들은 당시 불교의 세속적 부패를 배척했고 종래 귀족들이 신봉하는 불교자체를 부정함으로서 귀족등 기존세력에 대한 전면적인 도전이기도 하였다.

그런데 새로운 개혁사상으로 성리학을 받아들이면서, 성리학계는 견해차가 나타났다. 이제현이나 이곡, 이색, 정몽주 등의 온건개혁파와, 정도전, 조준 등 급진개혁파가 대립하게 되었다. 특히 토지문제에서 나타났다. 고려가 멸망하게 된 요인 중에 토지문제가 가장 큰 원인이었다. 온건 개혁파는 사전(私田)을 점진적으로 없애자는 것이고 급진개혁파는 아예 사전자체를 폐지하고 그 수조자를 다시 분배하자는 것이다. 이들의 입장차이는 당시 사회경제적 기반의 차이에서 일어났다고 볼 수 있다. 온건파는 신진세력인 급진파에 비해 그 기반이 좋기 때문이다. 따라서 온건파는 기본 지배질서를 유지한 가운데 제도 운영상의 문제만을 개정하자는 것이다.

이같은 대립은 배불운동에서도 나타났다. 온건파는 불교 자체의 배격보다는 사원의 폐해나 승려의 비행을 공격하는 반면, 급진파는 불교 자체를 말살하자는 것이다.

결국 양측의 대립은 급진파가 주도하여 고려를 멸망으로 이끌게 되었다. 정몽주등 온건파는 대부분 역성혁명을 반대하다가 제거되었다.

시대변화에 순응 못하는 사상, 이념은 결국 퇴조 할 수밖에 없다는 교훈을 남겼다.

2. 퇴계 이황과 율곡 이이의 이기론(理氣論)

성리학의 이기론에서 인간의 이성을 강조하는 측면에서 특히 정신적인 면과 도덕적인 면을 중시하는 "주리설"과, 반면 인간의 감성을 중시하고 현실문제에 관심을 가지는 "주기설" 등이 나오게 된다. 주리설은 영남학자인 이언적, 이황, 류성룡, 김성일 등(영남학파) 이고, 주기설은 기호(경기·호남)지방에서 서경덕, 기대승, 성흔, 이이, 김장생 등(기호학파)이다. 이중에서 16세기 후반 이황과 이이가 성리학을 집대성하여 토대를 마련하였다.

이황은 중종 23년 27세때 진사시에 합격하고 성균관에 들어갔고, 당시는 권신 김안로가 집권할 때인데 이들이 중종의 외척 윤원로 형제와 격렬하게 다투던 시기였다. 이황은 훈구파와 외척들이 활개치는 을사사화를 보면서 46세때 병을 구실로 낙동강상류에서 학문에 전념하며 호를 "퇴계"(물러날 퇴)로 고쳤다.

명종은 그가 사림파의 영수이므로 그를 얻고자 했으나 계속 사양하다가 결국 외직을 수락했다. 이후 명종을 이은 선조때도 간곡한 요청으로 이황을 예조판서에 등용했고, 이어 홍문관 대제학에 오르나 곧 사직하고 낙향하였다.

이황은 정몽주이래 가장 뛰어난 학자이다. 그는 고향 예안(안동)에 낙향하여 성리학에 관한 핵심만 골라 도설한 "성학10도(聖學十圖)"를 만들어 선조에게 바쳤다. 당시 10대인 선조는 이를 열심히 공부하였다.

그는 1570년 세상을 떠난 뒤 "동방의 주자"로 칭송받았고, 그의 학문과 문장은 중국, 일본에도 광범위하게 영향을 미치기도 하였다. 후손들이 그를 기리기 위해 도산서원(선조7년)을 지었고, 편액을 선조가 내렸다.

이때는 사림파의 집권이 거부할 수 없는 대세였다.

율곡 이이는 글씨·그림에서 뛰어난 조선중기의 대표 여류화가 신사임당의 아들이다. 그는 13세에 진사에 합격하고 20대에 성리학에 통달하여 이황을 찾아가 학문을 논하기도 하였다.

특히 이이는 1583년 여진족 이탕개가 2만 병력으로 함경도를 침범했을 때 이를 물리쳤다. 이때 국방의 중요성을 깨닫고 "10만양병설을" 주장했으나, 조정은 당시 동인·서인으로 당파 싸움에 몰두하여 누구도 이에 귀 기울이지 않았다. 그는 동·서 붕당을 화해시키려고 무던히 애썼으나, 오히려 오해만 받고 양파로부터 배척받다가 결국 세상을 떠났다.

이황의 사상은 "이기 이원론(理氣二元論)"으로 집약된다. 이는 남송의 이기론과 일맥상통된다. 이황의 이기이원론은 율곡이이의 "이기일원론"으로 진화되어 조선의 성리학으로 자리 잡았다.

이 두 이론을 정치적으로 조명해 보면, 이황의 이기이원론이 재야 또는 야당의 정치 이론(영남학파 또는 동인) 이라면, 이이의 이기일원론은 집권여당의 정치이론(기호학파 또는 서인)이라 할 수 있다.

주희가 주자학(성리학)을 정립할 당시의 중국은 여진족이 세운 금나라에 중국 한족이 억압당하던 남송의 비참한 정치상황 속에서 나온 중세적 세계관이었다. 이황 역시 훈구파의 억압속에서 살면서 시대와 공간을 뛰어넘어 주희와 같은 이기이원론을 이끌었다. 즉 부패한 훈구파들에게 사림파가 억압받는 상황에서 나온 것이 조선사림의 "이기이원론"이다.

당시의 정치 상황에서 이상과 현실을 "이(理)"와 "기(氣)" 로 표현했는데, "이"를 사림이라면 "기"를 훈구공신으로 비유한 것이다. 사화시대의 정치가였던 이황에게는 훈구가 장악한 현실을 부정의 대상인 "기"로 보았고, "이"는 "기"를 극복해야 할 대상이었다. 이황의 "이기이원론"은 훈구공신들이 집권하던 시기의 야당으로의 이기론이라 할 수 있고, 이이의 "이기일원론"은 사림이 집권한 후의 여당으로서의 이기론이라 할 수 있다.

율곡이이는 집권이후에 현실은 이상과 별개가 아닌 분리할 수 없는 일체라는 것이다. 이것이 이황과 이이의 사상적 차이이다. 사림이 집권하면서 그간의 부정적인 논리만으로는 나라를 이끌 수 없고 사회가 요구하는 이상과 현실은 분리할 수 없다는 게 이이의 사상론이다. 당시 사림파의 영수였던 이이는 당시를 대대적인 개혁이 필요한 경장기(更張期)로 본 것이다.

성리학은 대체로 세상을 극단적으로 보는 경향이 있는데, 재야 또는 야당의 정치이론으로는 환영받을지 모르지만 집권여당의 현실인식으로는 부족하였다. 성리학은 이미 명나라에서는 쇠퇴하는 상황이었다.

당시 사림은 집권연장을 위해 당쟁으로 이어졌다. 신진사림에 대한 훈구공신의 공격이 사화라면, 사림내부의 분열이 당쟁으로 나타났다.

당시 동아시아는 명·청의 전환기, 일본의 통일 등 격변하는 질서 속에서 조선의 사림만이 변하지 않았다.

3. 사림의 기반, 서원(書院)과 향약(鄕約)

사림은 사화를 통해 대 수난을 당하면서도 서원과 향약을 통해 성장하였다.

서원은 성리학을 연구하고 성현의 제사나 후진양성을 위하여 교육하는 곳이다. 그러나 서원이 정치적으로 이용되면서 사림의 여론형성을 주도하는 정치적 중심이자 한편 붕당의 근거지이기도 하였다.

서원의 기원은 고려때의 "서재"에서 비롯되었다. 특히 사학(私學)의 원조인 최충(984~1068)의 "9재학당"에 연유된다. 최충은 고려문종(11대)때 「해동공자(동방의 공자)」칭호를 받았다. 9재학당은 전국에 설치된 사학 중 대표 학당으로서 주로 과거시험을 위한 사립교육기관이라 할 수 있다. 당시 국가 최고교육기관인 "국자감"을 능가하였고, 9재학당에서 배운 학도들은 최충의 시호를 따 "문헌공도"라 불렀다.

조선시대 최초의 서원은 중종38년(1543년) 사림파인 경상도 풍기군수 주세붕이 고려말의 최초 사림주창자인 "안향"을 기리기 위해 풍기에 "백운동 서원"을 세웠다. 이후 역시 풍기 군수였던 퇴계 이황이 명종에게 상소하여 이 백운동 서원을 "소수서원"이라 하고 명종으로부터 편액(현판)을 하사 받음으로서 사액서원의 효시가 되었다. 사액서원은 국가로부터 서적·토지·노비를 제공받고 면세, 면역의 특권을 받았다. 서원은 명종때 17개였고, 선조때는 사액서원만 100여개이며 조선후기 고종때는 천여 개였다. 서원은 처음 관학인 향교와 비슷한 위치였으나 차츰 권위가 높아져 양반자제들은 주로 서원에, 일반 평민의 자제는 향교에 들어갔다.

향약은 서원과 함께 사림의 지위를 강화하는데 크게 기여하였다. 향약은 최초 중종때 조광조일파가 훈구파를 비판하기 위해 그들과 연결된 지방토호들의 유향소(지방수령을 보좌하는 자문기관)중심의 향권을 뺏음으로서 향촌의 재정비와 안정을 꾀하는데 있었다.

당시 조광조 일파는 중국 송나라때의 「여씨 향약」을 「소학」과 함께 한글로 번역하여 전국적으로 보급했다. 여기에 관권보다 더 강력한 처벌권을 마련하여 토호들의 횡포를 막으려 했다. 이 향약은 지방사림의 농민지배를 강화시켜 주었고 주민통제와 교화의 수단으로 이용하였다.

향약은 아래 4대 덕목을 바탕으로 규약을 제정한 향촌의 자체규약이다.

"향촌의 4대 덕목(德目)"

① 좋은 일은 서로 권한다. (덕업상권 : 德業相勸)

② 잘못은 서로 규제한다. (과실상규 : 過失相規)

③ 좋은 풍속은 서로 교환한다. (예속상교 : 禮俗相交)

④ 어려운 일을 당하면 서로 돕는다. (환난상휼 : 患難相恤)

4. 사화와 붕당정치

1) 「무오사화」, "사림의 씨를 말리다"

사림은 그 뿌리가 고려말 안향, 최충, 이제현 같은 유학자들이 들여온 성리학에 있는데, 조선이 개국되자 고려에 절개를 지킨다면서 야은 길재 같은 유생들이 산간벽지로 들어가 오직 학문에만 정진하며 후학을 가르치는데 만 열중하였다.

그러나 점차 새 왕조에서 문흥(文興)에 힘입어 벼슬길에 올랐는데, 이때 길재의 제자 김숙자와 그의 아들 김종직이 중앙에 진출하였다.

성종은 훈구공신들의 원상제를 폐지하고 홍문관이란 왕립학술기관을 세워 김종직등과 강론하며 개혁을 추진하였다. 성종18년 훈구공신 한명회, 정창손이 마지막으로 죽자 그 공백을 사림파로 채움으로서 양파는 비등하게 배분되어 갈등이 시작되었다.

훈구공신은 수양대군(세조)이 단종의 왕위를 찬탈한 "계유정난" 이후 성종의 친정때 까지 23년간 주로 형성된 공신집단이다. 이들은 왕이 홍문관에 자주 나타나자 사림(언론)과의 접촉을 막자는 뜻으로 만류하였다.

당시 훈구파의 거두로는 도승지(왕의 비서실장) 임사홍과 영의정 윤필상이었다. 임사홍은 효령대군의 손녀사위이고 세 아들을 두었는데 두 아들이 임금의 사위였다. 이런 연유로 사림파에서는 임사홍을 간신이라고 몰아 붙였다. 윤필상은 이시애의 난 때 적개공신 1등과 좌리공신도 받았고, 임금의 인척인 관계로 당대 정계의 최고 거물이었다. 따라서 사림에서는 홍문관 및 대간을 통해 연일 두 사람을 공격하였다. 이들은 세조시절의 훈신들에게는 이제 그 능력에 따라 가려야 한다고 상소하기도 하고, 훈구측에서는 경력과 능력을 고려해야 한다며 반박하곤 하였다. 심지어 김종직의 제자 이목 등은 가뭄이 들자 "윤필상을 솥에 넣어 삶아 죽이면 하늘이 비를 내려 줄 것이다"는 극단적인 상소를 하곤 하였다. 이에 훈구공신들은 분노에 치를 떨었다.

그러나 당시 성종은 사림파를 보호하고 있었고 훈구파나 사림파간에 어느 쪽에도 치우치지 않고 줄을 타는 셈이였다.

그런데 성종이 즉위 25년에 사망하자 사림파는 수난을 당하는데 다음 왕이 연산군이였기 때문이다.

성종은 재위10년에 폐비윤씨에게 사약을 내리고, 정현왕후 윤씨를 새 왕비로 맞았다. 새 왕비 윤씨는 훈구공신 집안으로 아버지 윤호와 사촌인 윤필상은 폐비윤씨의 폐비 사사 사건에 일조를 한 바 있다.

세자 융(연산군)은 생모 폐비 윤씨가 사사된 후 1년 후에 세자로 책봉되었고 융이 13세때 정현왕후 윤씨에게서 진성대군 역(중종)이 태어났다. 성종은 만 38세에 죽고 그때 융은 18세, 역은 6세였다.

연산군은 즉위하자 대신들 특히 사림출신들을 못 마땅해 했다. 그 첫 충돌은 성종의 명복을 빌기 위해 수륙재를 여는데, 대신들이 성균관에서 불사는 안된다며 반대하였다. 심지어 반대하는 태학생 157명을 하옥시켰으나 이들은 굽히지 않았다. 그러자 연산군은 수륙재를 폐하기로 했는데, 다시 왕권확립이 중요하다면서 번복시켰고, 이후 또다시 폐하도록 하는 등 왕과 사림간에 충돌하였다.

연산군은 재위3년 어느 날, 술이 반쯤 취해 공신의 품계를 올려주라고 갑자기 하명했다. 이때도 대간(언론)에서 인품 등을 선별하여 올려야 한다고 극력반대하자, 연산군은 "너희들은 논쟁으로 이기려고 한다"며 꾸짖었다.

그러던 중 "조의제문(弔義帝文)" 사건이 터졌다.

이 사건은 세조가 사망한 얼마후에 김종직의 제자 김일손이 사관(史官)으로 있을 때 이를 실록에 기재한 것이다. 조의제문은 옛날 초나라 항우가 의제인 초나라 회왕을 죽이고 자기가 서초패왕이 된 것을, 단종을 의제로 세조를 항우로 비유한 글이다.

이후 훈구파인 이극돈이 연산군 4년 무오년에 성종실록 당상관이 되었는데, 김일손이 사관으로 있을 때 이 조의제문 등 세조를 공박한 내용을 보고는 훈구공신 유자광, 윤필상, 노사신, 신수근(연산군 장인 및 도승지)에게 보이며 의논하였다. 특히 이극돈은 과거 전라 관찰사 시절에 불미사건이 있었는데 이를 김일손에게 사초에서 빼달라고 부탁했으나 거부당한 앙금이 있었다. 그러자 사관은 일체 제외시키고 과거비사를 연산군에게 이야기 해주었다.

결국 당시 청도에서 풍병을 앓고 있던 김일손이 급히 잡혀와 국문을 당했다. 이때 훈구파들은 "세조가 사망시는 김일손이 불과 5세인데, 그 같은 궁중비사는 스승 김종직이 그 배후이다. 사초에 불순한 내용이 있다"는 것이다. 이때 뜻밖에 연산군은 김일손의 사초를 모두 가져오라고 명했다. 이극돈은 임금이 사초를 보아서는 안된다며 절충을 하여 6개조목만 간추려 올렸다.

- 황보인, 김종서가 수양대군에게 참살당한 경위
- 세조가 박팽년을 회유하기 위해 신숙주를 보낸 사실
- 세조때 승려 학조가 영응대군(세조의 이복동생) 부인 강씨와 사통한
  사실 등이다.

이 사건이 조선최초로 국왕이 사초를 보게 된 사건이다. 이 사건은 훈구파가 사림파를 잡기위한 것이었으나, 훗날 갑자사화의 화근이 되었다.

이 조의제문을 계기로 연산군은 김종직의 무리를 형장심문하라는 명이 하달되고, 확대되는 중에 "술수시 사건"이 터졌다.

"술수시 사건"이란 도연명의 시인데, "동진의 공제가 유유에게 재위를 선위하고도 끝내 목숨을 빼앗긴 비운의 군주"로 묘사된 것인데, 그 서문(현재 전해지지 않음)을 김종직이 쓴 글이다.

윤필상이 이글을 보고 연산군에게 보고하면서 조의제문보다 더 심하다고 악의적으로 고했다. 연산군은 분개하여 그 제자 모두를 추액하라고 명했다. 특히 연산군은 "김종직이 과거에 급제하고 성종때 많은 관직을 역임했는데, 세조즉위를 부정했다면 당시 출사를 거부하고 초야에 묻혀서 후학을 가르치는 것이 성리학자 다운 자세"라 하였다. 훗날 「홍길동전」을 쓴 허균도 비슷하게 비판하였다.

결국 옥사의 범위는 김종직의 문인 전체로 확대되었다. 김종직은 부관참시(시체에 난도질)되고, 이목, 이심원, 김일손 등 사림자를 단자는 모두 능지참사 또는 참형을 당했다.

이목에 대해서는 일화가 있다. 성종이 병이 나서 대비가 성균관 안에서 굿판을 벌리자, 이목은 유생들을 이끌고 무당을 매질하며 내 쫓았다. 대비는 이를 듣고 격노하여

성종에게 고했다. 그런데 성종은 성균관에 가서 일부러 성을 내며 주모자를 적어 내라고 하니 모두 도망가 버리고 이목만이 도망가지 않았다. 이에 성종은 대사성에게 "이목은 여러 유생을 이끌며 선비의 기품을 바로 세웠다."면서 오히려 술까지 내렸다. 그러나 이후 불과 6년 후에 또다시 갑자사화가 일어난다.

2) "금삼의 피" 사건 재조사 「갑자사화」

연산군은 즉위 3개월 만에 생모윤씨가 죽은 사실을 알고 수라를 들지 않을 정도로 충격을 받았다. 그런데 5개월 후에 다시 윤씨가 성종에게 버림받았고 폐위된 사실도 알게 되었다. 그는 내시를 통해 생모 윤씨의 묘를 알아보고는 큰 충격을 받아, 바로 이장하여 "회묘"라 하고 사당을 "효사묘"라 했다. 그리고 유배중인 외삼촌 윤구를 석방하였고 생모윤씨의 형제들을 후대하였다. 그러나 이때까지 윤씨가 사약을 받고 죽은 사실은 모르고 있었다.

어느 날 연산군은 부마 임사홍의 아들 임숭재 집에 놀러 갔다가, 임사홍이 울며 "엄숙의와 정소용이 모후를 참소하여 폐비가 되었다"고 하였다. 연산군은 바로 환궁하여 엄, 정 둘을 붙잡아 왔고, 특히 정소용의 두 아들을 잡아와 손수 엄, 정씨를 마구 때리게 한 후 연산군이 엄, 정 두 사람을 죽였다. 더욱이 두 사람의 부모, 동생들도 연좌 시키며 갖은 횡포를 다 부렸다. 이어 자순대비 정현왕후 윤씨 (성종의 폐비윤씨 다음의 왕비)에게 가서 칼로 위협하다가 왕비 신씨의 만류로 진정하였다.

연산군은 곧 폐비윤씨를 "제헌 왕후"로 추증하고 회묘를 "회릉"으로 승격시켰다. 이어 폐비 사건을 재조사하게 하니 광풍이 몰아쳤다. 이후 폐비윤씨와 관련된 실록을 가져오게 하여 모든 사실을 알게 되었다.

한편 임사홍은 어느 날 장녹수를 찾아가 당시 사약을 가지고 간 사람이 이세좌 였다는 것, 연산군의 외할머니가 살아있다는 것 등을 귀뜸하여 연산군에게 흘러들어가게 하였다. 연산군은 그 소리를 듣자 깜짝 놀라며 이튿날 임사홍을 도승지로 임명했다. 드디어 연산군은 외할머니 신씨를 불러 15년만에 조손이 부둥켜 안고 울었다. 신씨는 피로 얼룩진 금삼자락을 연산군에게 보이며 "내 아들이 왕위에 오르면 꼭 보여 드려라"라고 유언한 사실을 알려주었다. 연산군은 피로 얼룩진 금삼자락을 얼굴에 비비며 울부짖었다.

이어 사약을 가져간 이세좌도 단죄되었다. 그는 이미 1년전에 연산군이 내린 술을 엎질렀다는 이유로 무안에 유배간 바 있고, 또한 연산군의 후궁 장녹수가 사가(私家) 부근의 마을민가를 헐라고 명했는데, 이를 불가하다고 아뢰다가 다시 영월로 유배되는 등 계속 핍박을 받았다. 더욱이 아들, 동생, 사위등도 연좌되어 귀양 또는 곤장을 맞았다. 이는 표면적으로는 연좌이지만 사약을 가져갔다는 화풀이 때문이었다.

이세좌가 약사발을 전하고 온 날 그 부인은 "집안에 씨가 남지 않겠구나"라고 예언했는데 결국 온 가족이 도륙되었다.

영의정 윤필상 역시 폐비 논의때 찬성한 사실을 들어 사약을 받았고, 특히 그는 집이 5채에다 재산이 너무 많다고 하여 "식화재상"이란 논박도 받았다.

3) "중종반정"과 「기묘사화」

연산군은 갑자사화로 연일 사람들이 죽어가는데, 그는 아랑곳하지 않고 장녹수와 후궁들과 방탕생활에 끝이 없었다. 전국에서 운평(기생)을 뽑아 들여 이를 "흥청"이라 하고 그 보증인을 "호화청춘"이라 하여, 여기서 "흥청망청"이란 말이 유래되었다. 당시 운평은 1,300여 명이였고, 궁중에서 부부동반 잔치를 벌여 미모여인을 유인해 강간하기도 했다. 백모 월산대군 부인 박씨도 강간하여 박씨가 잉태하자 자결하였고, 이로 인해 동생 박원종이 반정을 결심하였다.

연산군은 후궁중에 장녹수를 가장 총애했는데, 장녹수는 제안대군의 여종이였고, 시집도 여러 번 갔으며 아들도 하나 있었다. 특출한 미모는 아니나 왕을 노예처럼 부렸다고 한다. 한번은 후궁 최전향과 그녀의 궁녀 수근비가 장녹수를 투기 했는데 이들을 투기 죄목으로 귀양을 보냈다. 그런데 나중에 장녹수 집에 익명서가 나붙었다. 그러자 두 여인의 소행이라면서 전 가족, 일가, 심지어 의심되는 이웃 60여명까지 모두 능지참사하고 가산도 몰수하였다. 또한 최, 수 두 여인의 머리, 팔, 다리를 잘라 외딴섬 진도에 따로 묻고 그 죄명을 새기게 했으며 두 집을 모두 파헤쳐 연못으로 만들었다.

한편 연산군은 자신의 사냥터를 위해 도성에서 가까운 양주, 파주, 고양 등의 민가를 허물게 했는데, 하루는 내관 김처선이 마음먹고 "나라를 생각하시라!" 하고 간언했다가 팔다리는 물론 배, 혀까지 잘렸으며 7촌까지 연좌되었다. 김처선은 일처리를 잘한다고 말 한필을 하사받은바 있고 단종때부터 5대조를 섬겼다. 가산은 몰수되고 집은 연못으로 만들었다. 심지어 김처선과 이름이 같은 자는 고치게 했고, 모든 문서에 "처(處)"자를 못 쓰게 하였다.

갑자사화의 피해는 무오사화의 몇 갑절이나 되었다. 일년 넘게 죽음의 행렬이 이어졌다. 당시 종친 이심원이 능지처사 당했고 그 자식들도 목을 벴는데, 이를 백관 및 종친들이 모두 구경하게 하였다. 연산군은 모친에 대한 복수일념으로 판단력이 마비되었고 정신 분열 현상까지 보인 것이다.

「연산일기」에 그의 행태가 기록되고 있다.

> "왕은 몇 년 전부터 꾕질이 생겼다. 때로는 한밤중에 소리를 지르고 후원으로 달려 나가기도 했으며, 푸닥거리를 좋아하고 왕 자신이 신들린 것 같은 짓을 보이기도 하고, 친히 노래를 짓거나 춤을 추기도 하였다."

연산군은 오직 여색과 환락에 몰두했고, 두모포에 놀러갈때는 1천여 명의 궁녀를 대동하였다. 양화도 동쪽에 있는 망원정(과거 월산 대군의 별장)을 확장하여 2천여명이 앉을 수 있게 하였다. 마포부근의 집은 모두 헐어서 망원정에서 보이지 않게 하였다. 정승부터 승지까지 모두 "지당하옵니다"만 반복하고, 연산군은 모친의 기일에도 춤추고 즐기며 난잡하게 놀았다.

결국 월산대군 부인의 동생 박원종(전 함북 병마절도사), 전참판 성희안, 이조판서 유순정 등이 주동이 되어 거사하였다. 정현왕후 윤씨(자순대비)의 아들 진성대군 역을 추대하고 반정에 성공하였다.

연산군은 강화도에 위리 안치되었으나 두 달 뒤에 역질이 걸렸다는 보고와 함께 사망하였다. 그러나 독살로 보고 있다. 역질이라면 지키던 나인이나 군졸이 전염되었을 것이나 그렇지 않았다.

 ## 중종 즉위

천하는 반정삼대장 박원종, 성희안, 유순정의 세상이 되었다. 반정공신에 대한 논공행상이 있었다. 모두 117명이였는데 여기에는 연산조에서 책임이 있는 유자광, 신윤무, 장정 등도 포함되었다. 따라서 가짜 공신이 많아서 대간에서 불만이 많았다.

특히 반정 삼대장에 대해서도 유생들 간에 말이 많았다.

박원종은 부친이 적개, 익대, 좌리, 공신이고, 할머니는 세종의 장인 심온의 딸로서 소헌왕후의 동생이며, 그의 누이는 월산대군의 부인이고, 여동생은 제안대군의 부인이다. 성희안도 대대로 벼슬가문이며, 유순정은 할아버지가 심온의 사위였고, 박원종과 유순정은 할머니 간에 자매였다.

박원종은 반정후 중종으로부터 흥청 300명을 받았는데 청렴함과는 거리가 멀었다. 이는 성희안과 유순정도 마찬가지였다. 반정때 진성대군 역은 군사들이 집을 둘러싸자, 당시 연산군이 자신을 죽이려는 줄 알고 자살하려 하였다. 이때 부인 신씨가 군사들의 말머리가 바깥으로 향했다면서 우리를 보호하려는 것 같다며 말리어 자살하지 않았다. 부인 신씨의 아버지 신수근은 연산군의 처남으로 좌의정이었는데 반정때 호출되어 철퇴를 맞아 죽었다. 반정세력은 그러한 신씨를 국모로 모시기 곤란하다며 폐위시켰다. 이때 중종은 신씨와 부둥켜 안고 울었다고 한다. 이 신씨는 단 7일간의 비운의 왕비가 되었다. 그때의 신씨와 중종은 "치마바위설"로 유명하다.

중종은 신씨가 그리워지면 높은 누각에서 신씨 사가 쪽을 수시로 보았다고 한다. 이 소식이 신씨에게 전해지자 신씨는 인왕산바위에다 즐겨입던 붉은색 치마를 펼쳐 놓았다고 한다.

허수아비 군주 중종의 처지를 잘 말해주고 있다.

중종 5년에 박원종이 죽고 이어 삼대장이 2~3년 사이에 모두 죽었다. 이때 중종은 만 25세였다. 이후 중종반정에 대한 논공행상 때 불만이 많은 자들이 거사를 일으키는 등 권력쟁투가 일어났다. 당시 중종은 공신세력에 둘러쌓여 있다가 왕권 강화를 위해 동조세력이 필요했는데, 이때 등장한 인물이 풍운정객 "조광조"였다.

 조광조의 등장

조광조는 소학동자로 불리는 김굉필의 제자이다. 김굉필은 김종직의 제자로 무오사화때 유배되어 있다가 갑자사화때 사사되었다. 그는 중종5년에 장원급제 한 후 성균관에 들어갔다가 청년학자로 능력을 인정받아 단번에 종 6품을 하사받았고, 성균관 정언(定言)에 뽑혀 중종이 참석한 가운데 중용을 강의하기도 했는데 특히 왕도정치를 강조하였다. 그는 중종 10년에 성균관의 추천으로 등용됐으나 추천이 싫다며 바로 문과에 응시하여 합격된 후 드디어 간쟁을 주로하는 대간이 되었다.

어느 날 중종의 계비 장경왕후 윤씨가 세자(인종)를 낳다가 죽자 신수근의 딸이라는 이유로 폐비된 신씨를 복위시키자는 상소가 올라왔다. 중종은 왕비문제로 신하가 언급하는것에 불쾌해 하였다. 그러자 상소자 2명에 대한 처벌문제가 대두되었다. 이때 조광조가 개입하였다.

"언로의 막힘과 통함은 국가에 가장 중대사이므로, 비록 같은 사림이지만 대간에서 언로를 막는 것은 옳지 못하며, 두 사람의 상소는 따지지 말아야 한다"고 주장했다. 이에 중종은 삼공과 논의 끝에 조광조의 말에 동조했다. 조광조의 원칙주의가 주목되었고 이후 정권은 사림의 대표인 조광조에게 넘어갔다. 그러나 신씨는 복위되지는 못했다.

이후 조광조는 홍문관 직제학 김구와 함께 개혁정치를 해나갔다. 특히 궁중행사에서 불교식 기전제와 도교식 소격서(제사지내는 관청)를 혁파하고자 했다. 이 행사들은 비용이 많이 들어 백성의 부담이 크고 조정안에 무당이 기승을 부리고 있었기 때문이다. 그 중에 기전제는 궁중 비빈이나 훈구파들이 왕실재정을 맡은 내수사와 결탁하여 백성들에게 고리의 이자놀이를 하고 있기 때문에 사회문제화 되고 있었다. 그리고 소격서 문제는 대비나 왕비등 왕실이 아프거나 할 때 쾌유를 비는 제사이기 때문에 중종은 쉽게 허락하지 않았다. 당시 조선은 외형상 "숭유억불정책"을 썼으나, 태조가 무학대사를 왕사로 임명했고, 세종때 석가의 공을 찬양하는 「월인 천강지곡」을 편찬했으며, 세조 때는 월인천강지곡과 석보상절을 합편한 「월인석보」를 편찬하는 등 왕비, 후궁, 민간에는 불교숭상이 계속되고 있었다.

한편 조광조는 시부(詩賦)로 뽑는 과거시험이 너무 편협하다면서 학행이 뛰어난 자를 추천하는 "현량과"를 만들었다. 이로서 무오, 갑자사화 때 잃은 동지들을 대사헌, 대사간등 언론기관에 포진시켰다.

그러나 중종은 조광조의 사림파가 개혁을 주도하면서 밀어붙이기식의 방식에 점차 지치게 되고 훈구공신들의 역풍이 심했다.

먼저 토지개혁에서 충돌하였다. 사림에서는 "토지 한정법"과 수·당에서 실시했던 "균전제"를 주장했다. 토지를 국유화하여 백성들에게 나누어 주는 방식이다. 그런데 현실적으로 토지소유자는 대부분 훈구공신들이었으므로 강한 역풍을 맞았다. 결국 위훈삭제에 칼을 댈 수밖에 없었다.

 위훈 삭제로 발단된 「기묘사화」

위훈삭제는 중종반정 때 실제 공훈은 반정삼대장 등 소수였으나 불어나서 117명이 되었다. 특히 주도세력의 친인척이 많이 포함되었는데 이들에게 지급된 토지와 노비가 엄청났다. 중종14년 대사헌 조광조와 대사간 이성동이 위훈삭제에 대한 전면전을 선포했다. 대간에서 7번이나 중종에게 간했으나 윤허되지 않자 대간은 전원사직을 선포하였다. 특히 조광조일파는 "훈구파를 죽이자"는 등 너무 과격하고 과감한 정책을 밀어 붙이자 중종은 점점 사림이 지겨워졌다. 결국 "개정불가"로 못 박았으나, 영의정 정광필의 중재로 급수 낮은 76명에 대해서만 공훈삭제하여, 일단은 사림이 승리하였다. 이때 남곤, 심정은 중종이 사림파에 싫증을 내는 것을 간과하지 않았다. 남곤은 원래 김종직의 문하였으나 조광조 등의 배척으로 변심했고, 심정은 위훈삭제로 토지와 노비를 모두 잃었다.

이들은 중종의 후궁 희빈홍氏와 경빈박씨에게 접근하여 조광조를 헐뜯게 하고 특히 경빈박씨에게는 "주초위왕(走肖爲王)"(走와 肖을 합치면 趙가 되는데 조씨가 왕이된다)이라는 글자를 나뭇잎에 꿀을 발라 벌레가 파먹게 한후 그 나뭇잎을 대궐로 통하는 냇물에 띄워 보내어 중종에게 보이게 하였다. 이어 경빈박씨의 여종을 꾀어서 "조씨가 나랏일을 마음대로 하는데 사람들이 모두 칭찬합니다"라는 말을 전하게 하였다. 그러던 어느 날 중종은 홍경주(희빈홍氏 아버지), 병조판서 이장곤, 심정, 남곤을 호출하여 "주초위왕" 문제를 꺼냈다. 이에 남곤, 심정은 "위훈삭제가 연산을 폐한 죄를 물으며 정변을 일으키려고 한다."고 하였다. 조씨가 왕이 되려고 한다는 것이다. 결국 중종은 특명을 내려 조광조, 김식, 김정, 이자 등 사림파전부를 체포하였다. 조광조 등이 체포됐다는 소식이 전해지자 성균관 및 유생들 1천여명은 광화문에 모여 통곡하며 항의하니 모두 체포되어 옥이 가득찼다.

당시 대사헌 조광조 38세, 형조판서 김정 36세, 부제학 김구 32세, 대사성 김식 등은 모두 죄없음을 항변하였다.

"임금을 위해 열심히 일 했는데, 우리에게 무슨 죄가 있습니까?"하고 항변하였다. 이들은 세월을 기다릴 줄 몰랐고, 언로만으로 무력을 이길 수 없다는 것을 몰랐다. 결국 영의정 정광필의 눈물어린 호소로 사형은 면하고 유배형을 내렸으나, 불과 한달뒤 조광조는 사약을 받았다.

조광조는 죽는 순간까지도 중종에 대한 미련을 버리지 않았고, 끝까지 당당하게 죽음을 맞았다. 이것이 심정, 남곤, 홍경주등 훈구파가 중종에게 은밀히 참소함으로서 하루 아침에 일어난 「기묘사화」이다.

조광조가 떠난 1년 후 퇴계 이황은 기묘사화를 아래와 같이 지적하였다.

"조광조로 말미암아 선비들은 학문의 지향할 바를 알게 되었고, 그로인해 나라정치의 근본이 더욱 드러났다. 그런 의미에서 한때의 화는 애석하지만 선생의 도를 드높이고, 학문의 뜻을 확립한 공로는 후세에 크게 영향을 미쳤다고 볼 수 있다. 즉 민심을 얻는 자가 미래의 승자가 되는 것이며, 이것이 역사가 가르치는 흐름이다."

4) 마지막 시련 「을사사화」와 「정미사화」

조선초·중기에 왕비중에는 유독 윤씨가 많았다. 세조비 정희왕후, 성종의 폐비와 그 다음의 정현왕후, 중종의 장경왕후와 문정왕후, 모두가 윤씨이다. 그 중에 중종의 장경 왕후 집안이 "대윤"이고, 계비 문정왕후 집안이 "소윤"이다.

장경왕후 큰 아들이 세자가 되어 인종이 되고, 문정왕후가 아들이 없다가 아들을 낳 았는데 그가 경원대군(명종)이였다.

 대윤과 소윤의 대결 「을사사화」

중종이 39세로 죽자 인종이 즉위했는데, 백성들 간에 추앙을 받았고 야사에서는 "요 순 임금이시다"는 풍문이 있었다. 그런데 인종은 시름시름 앓다가 8개월만에 후사도 없이 죽었는데 경원대군에게 양위하도록 유언하였다.

야사에서는 인종이 주 다례이후 이질 및 심한 설사에 시달리다 사망했다고 한다. 이 에 문정왕후에게 의구심을 가지는 사람이 많았다. 특히 문정왕후는 두 동생 윤원로와 윤원형을 시켜 인종과 경원대군을 이간질시키게 하여 인종의 병이 더 악화되었다고 사람들은 믿고 있었다. 명종은 만 11살에 즉위했고 문정왕후가 직접 섭정을 했다. 그러 나 원상들은 인종의 죽음에 문정왕후의 책임이 있다고 믿고있어 우려를 하였다.

명종이 즉위하자 그동안 떠도는 낭설에 대해 문정왕후는 불문에 붙이려 했으나 원상 들이 윤원로를 치죄하자 함으로, 부득이 윤원로를 전직시키고 대신 동생 윤원형을 등장 시켰다. 그러면서 문정왕후는 윤원로의 공격배경에는 윤임 등 대윤이 개입되었다고 믿 고 있었다.

어느 날 문정왕후는 윤원형에게 밀지를 보내어 대윤을 치죄하도록 명했다. 그리고 조정회의에서 "윤임은 종사의 간적이니 제거해야 한다"고 하였다. 그러자 많은 중신들 이 증거도 없이 제거하려는 왕후의 방식에 대부분 반대를 했다. 특히 문정왕후가 밀지 를 보내면서 경로를 밟지 않은것에 문제를 삼았다.

결국 윤임등 3명은 유배를 보냈으나 유배지에 도착하기 전에 사약이 내려졌다. 그 외 문정왕후의 밀지에 이의를 제기한 사헌부, 사간원들도 모두 관직을 삭탈당했다. 이 때 윤임의 처벌을 주장한 정순봉, 이기, 임백령, 이자 등이 "위사공신"(사직을 지켰다)에 책봉되었다. 이들은 모두 과거 윤임 등 3명에게 원한관계가 있었던 자들이였다. 이것이 「을사사화」이다. 이후부터 윤임과 관련된 자는 철저히 제거 되었다.

 양재역 벽서사건 「정미사화」

명종 2년 부제학 정언각의 딸이 전라도로 시집을 가는데, 전송중 양재역에 벽보가 붙어 있었다. "여주(女主:문정왕후)가 정권을 잡고, 간신 이기 등이 권세를 농단하고 있으니 장차 나라가 망한다"는 내용이었다.

그런데 문정왕후는 이를 윤인경, 이기 등에게 처리하게 했더니 이들은 엉뚱하게 2년 전 을사사화 때 처벌이 가벼워서 이런 일이 일어났다면서, 생존자들을 무겁게 가벌해야 한다는 것이다. 이로 인해 을사사화 때의 윤임과 관련된 봉선군 이완(중종의 6남, 희빈 홍씨 소생) 등 21명에게 사형 등 중형이 내려졌다.

이 양재벽서 사건은 이듬해 사관 "안병세의 사초"가 문제가 되었다. 그는 을사사화를 비평했는데, 이기가 역적을 옹호했다면서 안병세를 혹독하게 고문한 후 사형시켰다. 안병세는 "예로 사관은 죽인 일이 없는데, 자식들에게 글을 가르치지 말라"하고 유언하였다.

명종4년 윤임의 사위 이홍윤은 양재벽보사건으로 부친이, 또한 을사사화로 장인이 모두 사형을 받자 이를 불평하다 옥사되었다.

그런데 이홍윤이 윤임의 사위라는 점에 사건을 확대하여 이홍윤의 아버지 이약빙이 살았던 고향 충주에서 한 마을 선비 300여명을 학풍이 문제라며 별다른 증거없이 죽임을 당해 한 고을이 텅빌 정도였다. 뿐만 아니라 문정왕후는 충주를 역적의 도시라면서 "유신현"으로 고치게 했고, 더욱이 충청도 이름에서 충(충주를 의미)을 빼고 홍주(지금의 홍성)를 넣어 "청홍도"로 부르라고 하였다. 여자의 어떤 한(恨)을 잘 나타내 주고 있다.

5) 사화의 종식과 붕당정치

명종은 역대왕 중에서 불행한 왕의 한사람이다. 그는 모후 문정왕후 윤씨와 외숙 윤원형에 의해 만 11세에 왕이 되었으나, 재위 23년간 모후나 외숙의 끊임없는 간섭을 받아왔다. 뿐만 아니라 권신들의 권력쟁투, 요승 보우의 발호, 천하도적 임꺽정의 난,

게다가 왜구 및 북방야인의 침입 등으로 하루도 편할 날이 없이 가시방석이었다. 다만 요승 보우에 대한 평가는 다양하다. 율곡 이이 등 사림에서는 문정왕후의 비호를 받은 "요승"이라고 매도하나 불교계에서는 억불정책의 광풍속에서 불교를 중흥시킨 "순교승"으로 재평가 하고 있다.

명종은 재위 8년만에 20세가 되면서 문정왕후의 섭정을 종식시키고 친정을 하였다. 윤원형 등 소윤이 정권을 마구 농단할 수 있었던 것은 그 힘이 문정왕후 때문이였다. 명종은 어린시절 죄 없는 수많은 신하들을 죽인 것을 후회하였다.

윤원형은 본부인을 내쫓고 기생출신인 첩 정난정을 정경부인으로 봉했고, 난정의 서자들을 적자로 만들고 서자도 벼슬을 할 수 있도록 법을 바꾸는 등 무소불위의 권력을 누렸다. 명종 20년 문정왕후가 사망하자 윤원형은 몰락했다. 윤원형은 이리저리 도망다니다 손가락질 받고 심지어 돌팔매질까지 받다가 얼마후 죽었다. 정난정도 전처 김씨의 계모가 "난정이 김씨를 독살했다"고 밝히자 결국 난정은 자살했다. 이로서 을사사화는 훈구공신들의 마지막 공세였고, 이때부터 사림파의 집권은 훈구공신들의 어떠한 칼부림에도 막을 수 없는 도도한 역사의 흐름이였다.

훈구공신은 기득권을 위해 신진사림에게 공격한 것이 "사화"라면, 사림내부의 분열이 "당쟁"으로 나타났다. 사림은 사화를 거치면서도 서원과 향약을 기반으로 성장하였다. 그러나 명종때부터 학습방법론과 철학적 인식등에서 서로 차이가 나타나고 또한 선후배 및 지역간 인맥 등으로 인해 붕당을 지어 서로 대립하고 투쟁하는 형태로 변모했는데, 이를 이른바 "붕당 정치"라 한다. 이는 선조때부터 본격적으로 나타난다.

당시의 인사권은 이조에서 결정하여 왕에게 상신하는데, 특히 직급이 낮은 관직은 이조정랑이 추천하게 된다. 당시 이조정랑 김효원(정 5품)은 자신이 물러나면서 후임자 문제가 발생하였다. 김효원은 이발을 추천했는데, 반면 이조참의 심의겸(명종의 비 심씨의 오빠(정 3품))은 아우 심충겸을 추천했다. 그래서 김효원과 심의겸이 대립하게 되었다. 이때 심의겸은 김효원을 비판하면서, 이조정랑에 발탁될 당시 윤원형이 밀어서 되었다 하고, 반면 김효원은 심충겸이 왕실 외척이기 때문에 안된다고 반박하였다.

당시 나이 많은 구신들은 과거 심의겸과의 친분 등으로 대체로 심의겸편이고, 젊은층은 구신을 물리치고 나라를 깨끗하게 이끌어야 한다면서 김효원의 편에 섰다. 그런데 심의겸파는 한양서쪽 정릉주위에 많이 산다하여 "서인"으로, 또한 김효원파는 한양동쪽

건천동 주위에 많이 산다하여 "동인"으로 부르게 되었다. 김효원의 동인들은 주로 경상도에서 이황과 조식에게 배운 젊은 층이였다. 후배 동인들은 선배 서인들의 사류들을 속된 선배라 하여 "소인"으로 몰았다.

이 당시 부제학 율곡이이는 동인 이발과 서인 정철을 만나 서로 화해시키려고 무던히 애썼으나, 오히려 양쪽에서 배척받다가 세상을 떠났다. 이렇게 하여 붕당이 되며 동인, 서인이 탄생하였다.

그런데 동인이던 정여립이 전주에서 "정씨도참설"을 믿고 민란을 일으키려다 미수에 그쳤는데, 이때 정철의 주도로 동인들이 3년간 천여명 처형되었다(1589년, 「기축옥사」 또는 「기축사화」). 이로서 동인·서인간의 골이 깊어지게 되고 당쟁이 확대되어 3년후에 일어나는 임진왜란을 제대로 대처하지 못하고 대 참화를 맞았다.

사화와 당쟁은 권력의 무상함을 보여준다.

선조때 이조정랑 보직을 놓고 김효원(동인), 심의겸(서인)으로 분당되었다가 동인이 득세했는데, 동인은 다시 이발중심의 북인과 영남 유성룡중심의 남인이 형성되었다.

이때 정여립사건으로 동인들이 몰락하고 판도는 다시 서인이 득세하였다.

그런데 서인 역시 조광조의 공과를 논의하던 중, 부정적인 대사헌 김개 등의 노장파와 이에 반발한 기대승 등 신진사류간에 충돌하여 노론·소론으로 파당이 만들어졌다.

이후 동인계파인 북인이 대북·소북으로, 서인인 노론이 다시 시파·벽파로 갈라지는 등 끊임없는 붕당정치가 이어졌다.

율곡이이는 이같은 붕당정치를 보면서 국가 안위를 걱정하며 "10만양병설"을 주장했으나, 조선조정에서는 붕당정치에 몰입되어 아예 관심이 없었다.

5. 사화와 붕당정치가 주는 교훈

「기묘사화」때 사림파의 영수 조광조 등이 대거 숙청되고, 그 뒤를 휘재 이언적이 사림의 영수로 이어 졌는데, 명종(문정왕후 섭정)때 「을사사화」가 다시 일어나 사림파는 또 다시 대거 수난을 당하였다.

그런데 이 당시 이 사건의 수사추관을 이언적에게 맡겼는데, 이때 이언적은 사림파를 적극적으로 구하지 못했다는 비판이 있었다.

이에 대하여 후에 선조때 사림내에서 율곡이이와 영의정 유성룡간에 그때의 이언적의 행적에 대해 비판이 있었다.

- o **이이** : "이언적은 학문은 뛰어 났으나 나라의 정사담당의 경영이나 조정에 몸을 세우는 큰 결의가 없어 보인다. 을사사화때 사림파의 당당함을 밝히지 못하고 추관으로서 소극적으로 처신했다"하고 비판하였다.
- o **유성룡** : "지금 사람들은 아무 일 없이 평지위에 서서 자기생각에 따라 옛 사람의 시비득실을 점검하기는 아주 쉬운 일이다. 말을 만들어 내어 보이지 않는 흠을 찾아 내려한다면, 천하에 어찌 존경하고 숭상할 만한 현인군자가 있겠는가? 중요한 것은 을사사화때 이언적의 행적에 대한 선명성 여부가 아니라, 그 어려운 시기(사림파의 수난시대)에 이미 사림파가 추관으로 임명될 정도로 조정에 자리를 잡았다는 사실이다."

이후 사림파는 훈구공신을 물리치고 계속 정권을 잡았지만, 사림파 역시 이후 명나라의 쇠퇴, 청나라의 흥기, 히데요시의 일본통일 등 동아시아의 격동적인 세계화를 인식하지 못하였다.

특히 안타까운 것은 사림파들이 집권이후에도 자신들의 성리학적 사고를 바꾸려 하지 않았고, 국론이 분열되어 당쟁으로 이어졌으며, 결국 조선조를 멸망의 사조(思潮)로 이끌게 된 점이다.

6. 사화중에 꽃피운 서경덕과 황진이 이야기

화담 서경덕은 9살에 무오사화(연산군 4년)를 겪고 이어 중종반정, 기묘사화를 보면서 권력투쟁의 피바람에 진저리를 냈다. 18살에 대학을 나왔으나 자연 속에 파묻히며 오직 학문에만 열중하였다.

그는 '기(氣)일원론', '주기론'을 주장했다. 서경덕은 학파로 볼 때는 이황·조식과 함께 동인에 속한다. 그는 리(理)와 기(氣)는 별도로 존재하면서 리가 기를 주재하나 기는 원래 내재적인 속성을 가지고 있다는 것이다. 이는 서양철학에 비추어 보면 '유물론'에 가깝다고 할 수 있다. 그러나 이황·이이 등은 서경덕의 주리와 주기의 이분법이 유학의 이기론을 설명하는데는 다소 이의를 제기하였다. 이황과 이이가 자연·도덕주의자 였다면, 서경덕은 자연주의자에 가깝다.

이 시기 조선 중종때 진랑이라는 여자가 있었다. 그녀는 남자같은 성격이나 외모가 아름답고 거문고·노래·글에 두루 재주가 좋았다. 그녀는 모친이 기생이었는데 황진사댁의 첩으로 들어갔다가 진이를 낳았다. 진이는 자라면서 모친이 구박을 많이 받는 것을 보아왔고, 그녀가 15세 때 모친이 눈이 멀자 쫓겨났으며, 18세 때 기생이 되었다. 그녀는 자라면서 남자에 대한 혐오감을 가졌다.

그녀는 미모와 기예가 뛰어나서 명성이 자자했다. 하루는 벽계수(세종대왕의 증손자 이원홍)가 황진이의 소문을 듣고 자신만은 황진이의 유혹에 넘어가지 않는다고 말해왔는데, 이 이야기를 들은 황진이는 사람을 시켜 그를 유인해왔다. 어느 달이 뜬 저녁에 나귀를 탄 벽계수가 아름다운 경치에 취해있는데, 이때 황진이가 나타나 거문고를 뜨으며 시를 읊었다.

"청산리 벽계수야 수이감을 자랑마라,
일도창해(一到蒼海)하면 돌아오기 어려워라
명월이 만공산(滿空山)하니 쉬어간들 어떠리"

벽계수는 달빛 아래 나타난 한 여인의 아름다운 자태와 고운 음성에 놀라 그만 나귀에서 떨어지고 말았다. 이 광경을 보던 진이는 웃으며 "이 사람은 명사가 아니다. 단지 풍류남일 뿐이다"며 가 버렸다.

그녀는 많은 남자들을 농락하고 미모와 재주로 많은 돈을 모으자 경치 좋은 곳을 찾아 유람하였다. 어느 날 그녀는 화담 서경덕의 소식을 듣고 술과 거문고를 들고 화담을 찾아갔다. 그러나 화담은 가르칠게 없다면서 계속 거절을 했다. 이후 그녀는 매일 술을 가지고 가서 청했으나 그는 미동도 하지 않았다. 한번은 "인생은 무엇이옵니까?"하고 물으니 "인생은 허무한 것이라네"하였다. 그때 밖에는 비가 내리고 있어 하는 수 없이 둘은 하루 밤을 초옥에서 같이 지내게 되었다. 이때 진이는 화담을 유혹하려 했으나 역시 난공불락이었다. 결국 그녀는 이튿날 하산하며 "과연 스승님 다우십니다"라며 이후 다시는 화담을 시험하지 않았다.

얼마 후 그녀는 다시 세상 구경을 떠나면서 인사차 화담을 찾아와 "송도에 세 가지 삼절이 있는데 아십니까"하고 물었다, "그것이 무엇이오?"하고 반문하니, 진이는 "박연폭포의 절경과 선생님의 도학 그리고 소녀의 얼굴"이라고 말하자 화담은 "진이의 얼굴? 그것만으로는 부족하네, 얼굴은 청춘이 지나면 못쓰는 것이니, 글과 가무라고 해야 옳을 듯 하네"라고 답하였다.

이후 진이는 한양 제일의 소리꾼이며 선전관이던 이사종을 만나 6년간 사랑에 빠졌다. 아래 시들은 많이 애송되는 황진이의 대표 시이다.

〈상사몽(相思夢)〉

"서로 그리워 만나는 건 다만 꿈에 의지할 뿐
내가 임찾으러 갈 때 임은 날 찾아왔네
바라노니, 아득한 다른날 밤 꿈에
동시에 함께 일어나 길에서 만나지기를"

(이 시는 현실에서 이루지 못한 상황을 꿈속에서라도 이루어보려는 마음을 노래한 것이다.)

〈동짓날 기나긴 밤〉

"동짓날 기나긴 밤을 한 허리를 베어내어
춘풍이불아래 서리서리 넣었다가
얼운님 오신날 밤이어든 구비구비 펴리라"

(황진이 이사종과 열정적인 사랑을 읊은 시, "얼운님": 추위에 얼어있는 님)

"산은 옛산이로되 물은 옛물이 아니로다
주야에 흐르거든 옛물이 있을소냐
인걸도 물과 같도다 가고 아니오는 것을"

(기생생활을 끝내고 연하의 남자, 재상의 아들 이심과 함께 팔도 여생을 떠나기 직전에 지은 시)

임진왜란과 충무공 이순신

chapter 08

1. 전쟁의 배경

역사는 우연적으로 진행되지 않는다. 전쟁은 이미 예고되어 있었다. 당시 조선은 마냥 태평성대를 노래하면서 조정은 당쟁에만 휘말리고 백성들도 평화의 몽상에 잠겨 「둥둥곡」만 부르고 있었다.

에라 놀아보세 젊어서 노세 늙으면 못노나니
내년이면 싸움판이 된다네 먹고나 노세 아니먹고 어찌하리
절대가인 내몸을 아끼지 마라 한번 황천가면 오지 못하네
오늘은 남산 내일은 삼청동 그 다음은 염라대왕 계신곳이라네
어화둥둥 놀아보세.

율곡이이는 세상을 떠나기 전 "10년이 못가서 토붕(土崩)의 화가 있을 것이다. 미리 10만명의 병사를 양성하여 도성에 2만 각도에 1만씩 배치하여야 한다.(10만 양병설)"고 주장했으나 당쟁에 혈안이 된 조정의 동인들은 서인인 이이의 주장을 일언지하에 폐기하고 말았다.

당시 16세기 후반 일본사회는 100여년 간의 군웅할거의 '무로마치막부'의 막바지 시대였다. 이때는 하극상은 물론 오직 힘만을 앞세운 전국시대였는데, 용장 「오다노부나가」가 천하통일작업을 착수하여 교토에 입성한 후 무로마치 막부를 타도하였다. 전국통일을 앞두고 교토의 혼노지(절)에서 부하 영주 미쓰히데의 배반으로 포위되어 죽음을 맞았다. 이때 타고난 재치와 민첩함으로 노부나가에게 발탁되어 승승장구하던 「토요토

미 히데요시」가 노부나가에 이어 최초로 천하통일작업에 성공했다. 그는 노부나가의 마굿간 일을 한 자였다.

히데요시는 100여년간의 전국시대의 막을 내리면서 강력한 정책을 시행하였다. 지방 세력의 무기몰수와 토지몰수 등으로 지방세력이 약화되자, 그들은 히데요시의 정책에 불만이 비등해졌다. 히데요시는 이의 무마책으로 해외에서 영토를 빼앗아 이들에게 나누어주어야겠다고 생각하였고, 더욱이 그는 "대 아세아 제국건설"이라는 대 야망에 사로잡혔다. 다만 도쿠가와 이에야스처럼 조선침략을 반대하는 다이묘도 있었고, 결국 그는 조선침공때 군사를 참여시키지 않았다.

히데요시가 대륙침공의도를 최초로 밝힌 것은 통일의 마지막 단계인 규슈 정벌을 마친 1587년에 조선을 잘 아는 대마도주에게 밝혔다. 대마도주는 무모한 짓임을 알고 통신사를 먼저 보내자고 제안했다. 그해 통신사가 부산에 도착하여 서한을 보내면서 조선통신사를 파견 요청했다. 그런데 사신의 영접문제와 서계의 내용이 전과는 달리 매우 오만하여 문제가 되었다. 결국 조정에서는 논란 끝에 수로 파악이 미비하다며 통신사 파견을 거절했다. 이어 1588년과 1589년에 두 차례 조공과 함께 통신사 파견을 재 요청해왔고 이때 왜구의 앞잡이 노릇을 했던 조선인도 잡아보냈다.

마침내 1590년 통신사로 정사 황윤길(서인), 부사 김성일(동인)을 일본에 보냈고 이듬해 답서를 가지고 왔는데 매우 무례한 내용이었다. 그 내용 중에 '정명가도(征明假道)'(명나라를 칠 터이니 길을 터라)라는 침략의도가 분명한 글이 있었으나, 황윤길은 반드시 침공한다. 김성일은 침범할 동정이 없다고 상반된 보고를 하였다. 조정은 당파적인 상반된 의견으로 분란을 일으키고 있는 중에, 한달 후 3차 통고를 받았다. '가도입명(假道入明)' 이란 통고에 그때야 놀라 서계 내용을 명나라에 알리는 등 침공에 대비해 신립, 이일 등을 연안 요충지로 내려보냈다.

2. 전쟁의 시작과 선조의 몽진

히데요시는 오랜 내전으로 단련된 제후들을 앞세워 총 16만명의 대군을 선조 25년 1592년 4월 13일 조선으로 출전시켰다. 왜선 700여척이 동래부 다대포로 접근하자 응봉봉수대에서 경상, 전라 감영과 중앙에 긴급히 전달했다.

14일 왜군선발대 고니시 유키나가(소서행장)는 1만 8천명으로 부산성을 공격하여 십여시간만에 점령했다. 당시 부산진 첨사 정발은 절영도에서 놀다가 수많은 배들이 몰려오자 처음에는 상선인줄 알았다. 정발은 군사 3천과 민병을 소집하여 대항했으나 창과 활로는 조총을 당해 낼 재주가 없었다. 왜군은 "명을 칠터이니 길을 비키고 불응하면 모조리 도륙한다."는 것이다. 결국 정발은 전사했다. 이튿날 동래성도 부사 송상현이 목책을 세우고 항전했으나 역시 함락되고 순국했다. 이어 4월 18일 가토기요마사(가등청정)의 제 2군 2만 2천명은 부산에, 구로다 나가마사(흑전장정)가 이끄는 제 3군 1만 1천명도 다대포를 거쳐 김해로 상륙했다. 왜군은 미리 조선의 지리를 염탐한 후라서 파죽지세로 북상했다. 왜의 수군은 구키 요시다카와 도도 다카도라 등이 수군 9천명으로 바다에서 이들을 응원했다.

제 1군 중로군은 대구, 충주를 거쳐 한양 동쪽으로 접근하고, 제 2군 좌로군은 경주, 용인을 거쳐 한강에 이르고, 제 3군 우로군은 추풍령, 청주를 거쳐 한양에 이르게 했다. 조정에서는 급보를 받고 이일, 김여울 등을 보내어 조령방면의 왜의 중로군을, 그리고 유극량과 변기에게는 조령과 추풍령에서 막게 했다. 도 순변사 신립과 도 제찰사 유성룡은 이들을 지원하게 했다.

그러나 왜의 북상군이 거침없이 올라오자, 신립장군이 충주 달래 강에서 배수진을 치고 결사항전하였다. 그러나 조총에 활과 창으로 대항했으나 역시 역부족이었고, 결국 모두들 탄금대에서 강물에 뛰어들어 8천여명의 피와 시체로 메웠다. 결국 20일 만에 한양이 점령되었다. 당시 히데요시는 계속되는 승전보고에 의기충천하여 "천황을 중국 북경에 모시고 자신은 영파(절강성 항주남쪽)로 이동한다"는 과대 망상적인 계획을 발표하였다.

충주에서 신립장군의 패배가 알려지자, 왕은 왜군 침략이 시작된 불과 보름만인 4월 29일 개성으로 몽진했다. 백성들은 "임금이 달아났다."며 궁중에 난입하여 궁안을 뒤졌고 경복궁에 불을 지르기도 했다. 반면 임금이 몽진 했다는 소문에 장안은 눈물바다가 되었다.

왕이 개경에 도착하자 많은 백성들이 통곡하기도 하고, 일부 성난 군중은 "주상이 백성은 생각지 않고 후궁만 중히 여겼다. 김공양을 편애 했으니 그를 보내어 왜구를 막게 하라..."면서 심지어 왕에게 돌을 던지는 자도 있었다. 선조는 개경에서 민심을 달래기 위해 4월 29일 광해군을 왕세자로 책봉하였다. 곧 한양이 함락되자 왕은 다시 평양으로 이동했고, 어느덧 반년이 흘러 결국 의주까지 피난했다.

이때 선조는 유성룡(좌의정 겸 이조판서)에게 명장을 추천하도록 명하였다. 유성룡은 이순신(전라), 원균(경상), 권율 등을 천거하였다. 이들이 이후 왜란에서 나라를 구하는 간성이 되었다. 특히 이순신이 누명을 쓰고 백의종군 후에 재등장시 유성룡의 적극적인 역할이 컸다.

한편 왕은 왕자 임해군과 순화군을 함경도 및 강원도로 보내어 근왕병을 모집 시켰으나, 오히려 백성들에게 붙잡혀 왜군에게 인도해 버렸다. 왜군은 부산을 상륙한지 두달도 안되어 개성, 평양까지 함락하였다.

3. 충무공 이순신의 등장

육지에서 연전연패했으나 바다에서는 이순신이 거북선을 앞세워 경상, 전라 서해안을 재패하여 재해권을 잡았다. 1592년 4월 14일 처음 왜선단이 부산을 침입하자, 경상 좌, 우수영에서는 제대로 싸움도 못한채 대패했으나 전라좌수사 이순신은 왜군침입을 보고받자 곧 출동했다. 다음은 이순신의 주요 해전상황이다.

○ 제 1차 출격(옥포해전 5월 4-9일) : 이순신은 함대 85척을 이끌고 옥포, 웅천, 적진포에서 왜선 총 41척을 격파했고,

○ 제 2차 출격(당포해전 5월 29일~6월 10일) : 이때 최초로 거북선을 앞세워 전라우수사 이억기의 25척과 함께 총51척으로 사천앞바다, 당포, 당항포, 율포에서 왜선 총 60여척을 격파하고 200여명을 사살했다. 특히 왜장 기메이는 중위장 권중장군의 활에 쓰러지고, 또한 적의 총대장 구로시마를 사살했다. 이때 이순신도 왼쪽 어깨에 총탄을 맞았으나 칼끝으로 파내었다.

○ 제 3차 출격(한산대첩 7월 6일~13일) : 전라 우수영 25척과 원균의 7척등 총55척이 출격하여 왜선73척을 맞아 견내량의 빠른 유속을 이용하여 그 유명한 "학익진"으로 왜선 47척을 격파하고 12척을 나포하며 왜군 총 9천여명을 사상케하는 '해전사상' 유례없는 전과를 올렸다.

○ 제 4차 출격(부산포해전 8월 24일~9월 1일) : 이억기와 연합하여 낙동강 하류에서

왜의 대형전함 14척을 격파시키고, 이어 부산포에 정박 중인 왜선 100여척을 격퇴시켰다. 이때 왜군은 해안으로 달아나 조총으로 반격했으나 적은 지상군의 식량 및 보급이 어려워지며 이때부터 휴전을 진행하였다. 이 전투에서 이순신의 우부장 정운이 전사했다.

다음은 정유재란(임진왜란 5년 후) 때의 원균과 이순신의 해전상황이다.

ㅇ 원균의 대패, 칠천량 해전(1597년 7월 16일) : 1597년 정유재란시 삼도수군 통제사 이순신은 반대파들이 공을 시기하여 "이순신은 왜군의 본거지를 보다 적극적으로 공격하지 않고 소극적이었다."는 이유로 하옥되고, 그 뒤를 원균이 통제사가 되었다. 원균은 부산절영도 앞바다에 수많은 왜선이 있다는 정보를 듣고 200여척으로 한산도를 출항했다. 부산앞에서 전투가 벌어졌으나 하루 종일의 전투에서 전세가 불리해지면서 수군이 피로에 쌓이자 가덕도로 후퇴하여 휴식차 상륙했으나, 왜군의 복병을 만나 400여명이 전사했다. 다시 칠천량으로 도피했으나 이때 왜군은 조선수군의 동정을 파악한 후 칠천량에서 일제히 기습공격하여 거북선은 거의 가라앉았다. 여기서 원균과 전라수사 이억기, 충청수사 최효 등의 수군은 전멸 했고, 원균은 육지로 도주하다 왜병의 칼날에 죽었다. 이 칠천량 해전은 7년간의 왜란을 통해 조선수군이 참패한 유일한 해전이었다.

ㅇ 명량대첩(1597년 9월 16일) : 이때는 이순신이 백의종군에서 풀려나 통제사로 복귀

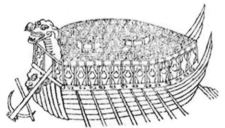

이순신과 거북선

한 뒤 원균이 칠천량 해전에서 대패한 후 남은 12척(1척 추가 확보 13척)의 전함으로 왜전함 133척을 맞아 31척을 격파시켰다. 이때 이순신은 진도의 명량해협 울돌목(회오리 조류)에 쇠사슬을 깔아놓고 유인작전을 하여, 쇠사슬에 걸린 왜선들이 꼼짝 못하게 되었고 더욱이 썰물이 되자 도망갈 수 없어 수많은 사상자를 내고 왜군은 대패하였다. 이 해전은 세계 4대 해전으로 평가되고 있다.

이때 난중일기에 기록된 내용이다.

적 133척을 맞아 압도된 적 세력에 부하들이 전투를 피하려하자 이순신이 쏟아낸 절규이다. "안위야! 군법에 죽고 싶으냐! 네가 군법에 죽고 싶으냐! 도망간다고 어디가서 살 것이냐!" 이 사람의 영혼을 절규시키는 강렬한 격동적인 힘에, 부하들은 절대적인 불리에서도 절로 온 힘으로 뛰어들었다.

○ 노량해전(1598년 11월 19일) : 1598년 8월 히데요시가 사망하자 유언으로 철군명령을 내렸다. 이때 순천의 고니시 진영에서는 남해안 왜선을 노량 앞바다로 집결시켰다. 이 정보를 입수한 이순신은 명의 수군 진린과 연합하여 300여척으로 왜선 500여척을 노량 앞 바다로 몰아넣어 왜선 200여척을 격파 시켰다. 이 전투에서 이순신은 적탄에 맞아 전사하였다.(당 54세)

4. 이순신의 평가

이순신은 해전에서 23전 23승을 한 해전사상 유례없는 위업을 이루었다. 후대에 많은 전략 전술가들이 이순신의 연전연승한 승리원인을 분석한 바 있다. 대부분의 학자들은 지도자로서의 품성은 말할 것도 없고 전술 운용 면에서 승리를 이끌어낸 그 특징을 아래와 같이 요약할 수 있다.

첫째 : 내가 항상 유리한 위치에서 기다리도록 계획함으로서 승리를 이끌어냈다.
둘째 : 확실한 승리를 위해 힘을 합친다. 이억기, 원균, 명의 수군과 연합하였다.
셋째 : 이순신은 아군의 피해를 최소화하는데 중점을 두었다. 즉 무리하고 적극적인 공격을 피하다보니 오해와 모함을 사기도 하였다.
넷째 : 이순신은 전세를 보는 안목이 높았다. 무리한 승리나 확실한 승리보다는 후일을 보는 임기응변이 뛰어났다.

다섯째 : 적보다 우수한 전선과 화력을 최대한 이용하였다.

특히 거북선과 판옥선은 바닥이 평평하여 기동성이 좋기 때문에 근접전투에 유리했다. 화력 면에서도 천자포, 지자포는 사정거리가 500~350m임으로 적의 사정거리 밖에서 선제 공격시 유리했다.

거북선은 임진왜란 발발 1년전에 여수에서 제작되었다. 거북선은 조선의 주력선인 판옥선을 개조하여 '나대용' 군관이 만들었다. 판옥선은 2층(1층노젓기, 2층 전투) 구조이나 거북선은 판옥선에 덮개(철창)를 덮어 3층 구조(승선인원 150명)로 하였다. 1층은 무기창고, 식량저장, 2층은 노젓기, 3층은 전투구역인데, 적과 근접시 덮개의 철창 때문에 적이 침입하지 못하게 하는 구조이다.

원래 전투시는 거북선이 거북머리에서 연기를 내뿜으며 위압감을 주면서 먼저 돌진하고 판옥선이 뒤따른다. 먼저 적의 사정거리 밖에서 천자포, 지자포를 500~350m 밖에서 선제공격하고, 이어 300~200m 거리에서 현자포, 황자포, 송자포 등을 쏘기 때문에 근접전에서 훨씬 유리하다.

원래 거북선은 1415년 태종 때 탁신이라는 문신이 거북선의 제작과 전법을 상신하여 임진강 나루에서 왕이 연습하는 광경을 보았다는 기록이 있다. 당시는 크기가 임진왜란 거북선보다 작았다고 한다.

거북선은 판옥선을 개조한 배이다. 판옥선은 원래 고려말기 최무선이 왜구의 침범을 막기 위해 화포를 전함에 장착한데서 유래되었다. 육중한 화포가 발사될 때의 반동 문제와 파도에 이길 수 있는 구조로 만들다 보니 판옥선은 배 바닥을 평평하게 만들었다. 이 판옥선은 려, 몽 연합군의 두차례 일본 침공시 태풍으로 원의 배들은 대부분 침몰되었으나, 이 판옥선은 튼튼하여 태풍에 견뎌냈고 생환자들을 싣고 철수 할 수 있었다.

임진왜란시 육지에서 연전연패하여 왕이 의주까지 몽진했으나 바다에서의 연전연승의 소식은 왕은 물론 전 백성들에게 큰 기쁨과 용기를 주었다. 그러나 이순신은 전국토가 전화에 휩싸이자, 한산도에서 국운을 근심하며 술루에 올라 나라와 백성을 걱정하며 아픈 가슴을 시로 남기기도 하였다.

한산섬 달 밝은 밤에 술루에 홀로 앉아
큰 칼 옆에 차고 깊은 시름 하는 적에
어디서 일성호가는 남의 애를 끊나니.

이후 이순신은 그의 공을 시기하는 사람들에 의해 보다 적극적인 공격전술을 펴지
않는다며 모함을 당해 죽음직전까지 몰렸으나, 유성룡 등의 탄원으로 겨우 사형은 면하
고 다시 백의종군을 하였다. 그러나 원균의 대패로 다시 삼도수군 통제사로 복귀하여,
정유재란 때 명량 대첩을 이루고, 이어 노량해전에서 대승했으나, 적의 탄환에 맞아
54세의 일기를 마쳤다. 그는 죽는 순간에서도 전세를 걱정하며 자신의 죽음을 적에게
알리지 못하게 하였다.

5. 조선의 반격

왜군은 한양 도성을 점령하자 각지대로 흩어지며 각 도로 전쟁을 확산시켰다. 그러나
이때부터 조선군도 전열을 정비하여 곳곳에서 승전보가 울려왔다.

1) 연안성 싸움

연안성은 개성 서남방의 예성강 입구 서북 연안에 위치하는데, 해서지방의 요충지이
다. 임진왜란은 개전 20일만에 한양이 함락되고, 한달만에 임진강 방어선이 무너지자,
이때 이조참의 이정암은 선조의 어가를 따라 움직이다 선조는 평양으로 가고, 세자 광
해군은 황해도로 이동하자 세자를 따라갔다.

이정암은 전에 연안부사를 지내며 크게 인심을 얻은바 있고, 이때 해서지역 요충지인
연안에서 김덕성, 박춘영과 함께 의병을 일으키자, 세자 광해군으로부터 이 지역 초토
사로 임명 되었다. 당시 병력은 의병과 합세하여 1,400명 정도였다. 이때 왜군 제 3군
구로다의 선발부대가 이곳에 도착하여 항복을 권해왔다. 많은 사람이 성을 버리자고
했으나, 이정암은 "나는 죽을 곳을 찾았다."며 장작과 풀을 쌓고 그 위에 앉아 "너희들이
떠나고 성이 함락되면 이 풀섶에 불을 질러라."고 하니 온 백성이 감동하여 결사항전
하기로 하였다.

1592년 9월 1일 구로다 본진 5천여명이 도착했다. 구로다는 센고쿠시대에 이름을 날린 다이묘였고, 수많은 전공을 쌓은 맹장이었다. 그러나 왜군의 공성전에 끝까지 대항하며, 기어오르는 사다리에 끓는 물을 붓고, 짚섶을 쌓아 올리자 불화살을 쏘아올리는 등 대항하였다. 이때 역관 김효순이 왜군에 사로잡혀 있다가 그들간의 이야기를 엿들었다. 그는 적이 실탄부족으로 내일 퇴각한다는 소식을 듣고는 탈출하여 이정암에게 그 정보를 제공해 주었다. 당시 조선군도 화살이 거의 바닥이 난 상태였다. 드디어 적의 소총소리가 멎고 퇴각하기 시작하자, 9월 2일 성문을 열고 추격전을 벌이며 백병전이 벌어졌다. 이후 이정암군은 우마 90여필과 군량미 130석을 노획했고 수많은 왜병을 격살시켰다. 이로서 최초로 조선군이 육상전투에서 대승한 전과를 올렸다.

2) 진주성 싸움

1592년 10월 5일부터 11일까지 진주성에서 왜군을 격퇴한 싸움이다. 왜병은 전라도와 경상도로 갈라지는 요충지인 진주성에 적장 가토가 군사 2만명을 이끌고 김해, 창원을 거쳐서 접근했다. 이때 진주성에는 진주목사 김시민의 군사 3,700명과 곤양군수 이광학의 군사 100명 등 총 3,800여명이 전부였다. 왜군은 선발대가 5일 천여기의 기마병으로 공략했고, 이어 6일 본대가 3지대로 나누어 진주성을 일제히 공격했다. 김시민은 성주위에 수많은 깃발을 세우며 병사가 많음을 과시했고, 적이 조총을 쏘면 대응하지 않다가 조용하면 일제히 고함을 지르고 응전했다. 적의 공성전에는 끓는 물, 불화살 등으로 끝까지 대항했다.

이때 경상도 순찰사 김성일이 각지에 격문을 보내어 응원하러 온 의병 김경희, 임계영, 권유경 등 2천여명이 원거리에서 적의 후미를 교란하였다. 공성전에 큰 성과를 못 얻자 후퇴하는 척 위장하기도 했으나 흔들리지 않고 대항했다. 10일에는 적이 2대로 나누어 북문과 동문에서 총 공격을 가하며 기병 천여기도 조총으로 지원사격을 하였다. 이 와중에 김시민은 적탄을 맞았고 곤양군수 이광학이 대신 지휘하여 끝내 적을 막았다.

결국 이튿날 새벽에 적은 퇴각하기 시작했고 이때 의병들이 맹추격하여 적을 수없이 격살시켰다. 이것이 '제 1차 진주성 싸움' 이다.

이 싸움은 임진왜란 3대첩 중의 하나로 역사에 길이 빛나는 전투이다 김시민은 부상을 끝내 회복하지 못하고 며칠 후 전사하였다.

임진왜란이 일어난 1년후 1593년 6월 '제 2차 진주성 싸움'이 일어났다. 왜군은 한양을 철수하여 부산을 중심으로 집결하였다. 이때 왜군은 강화회담을 추진하고 있었고, 명군은 왜군을 따라 충주로 내려오며 남해안은 긴장감이 감도는 시기였다. 왜군은 제1차 진주성 싸움때 패전을 설욕하고 전라도 곡창지대로 가는 교두보인 진주성을 확보하기 위해 총 공격을 가하였다. 당시 부산지역에는 왜군 12만명이 진주 해 있었고, 진주성 전투를 위해 적장 가토, 고니시, 구로다 등 명장이 자신의 신무기인 귀갑차 등을 동원하여 5만명의 병력을 동원하였다. 이에 맞선 조선군은 충청병사 황진, 경상병사 최경회, 의병장 김천일 등으로 3,000여명에 불과했다. 당시 신임 진주 목사 서예원은 압도된 적 세력을 대하자 몹시 두려워하므로 의병장 김천일이 전투를 이끌었다. 6월 10일부터 10여일간 치열한 전투가 벌어졌다. 마침 장마철이라 큰 비로 성둑이 무너지고 또한 왜군이 성밑땅을 파자 성이 무너지며 결국 이를 막던 최경회, 김천일, 이종인 등이 촉석루까지 밀려나 모두 강물에 몸을 던져 전사하였다. 그와 함께 진주성은 함락 되었다. 성안에는 6만 여명의 백성들이 남아있었고 이들은 왜병에게 수없이 유린당했다.

진주성 싸움이 끝나자 적장들은 촉석루에서 연회를 베풀었다. 성내의 모든 기생들을 불러 모았다. 당시 경상병사 최경회를 사랑했던 논개는 최경회의 죽음을 보고는 눈물로 지새우며 슬픔에 잠겨 있었다.

논개는 기생소집령을 받자. 마지못해 촉석루 연회에 참석했다가 불현 듯 최경회에 대한 복수심이 불타올랐다. 술에 취해 자신을 추근거리는 적장(게아무라)을 유인하여 촉석루 강가 바위에서 적장을 가슴에 껴안은 채 남강물에 함께 몸을 던졌다. 이후 역사는 "의기(義技)논개"로 기록하며 사당을 지어 추모하였고, 그 바위를 의암(義巖)이라 부르고 있다.

3) 행주대첩

권율은 임진란 초 광주목사로 있다가 '배티싸움(또는 이치: 금산인근)'에서 왜군에 대승한 공으로 전라도 관찰사 겸 순찰사가 되었다.

당시 일본군은 총퇴각을 감행하여 서울부근으로 집결할 때였다.

명군은 조선의 김응서 군과 함께 평양을 수복한 뒤 한양 탈환을 위해 내려오고, 권율은 북상하다 요충지 행주산성에 진을 치고 목책을 설치하고 성을 보수하여 이중으로 성벽을 쌓았다. 전라병사 선거이에게 병사 4천명을 주며 금천(시흥)에서 한양에 있는 왜군을 견제하게 했다. 이때 행주산성에는 승병장 처영의 승병 1천명을 포함하여 병력은 총 1만명이 채 못되었다.

1593년 2월 12일 당시 왜군은 한양 서남쪽의 전략적 요충지 행주산성을 확보해야 전쟁에 승리할 수 있다며 총 공격을 감행하였다. 총대장은 히데요시 최고 무관들인 마시다, 오타니 등 세 봉행이며 총 3만 병력의 7개 부대였다.

조선군은 활, 창, 칼, 외에 변이중이 만든 화차, 권율의 지시로 만든 수차석포, 진천뢰, 총통 등이 등장했다. 한편 조총에 대비한 흙 제방을 만들고 병사들에게는 재를 담은 주머니를 지참하게 하였다. 그리고 권율은 조선의 운명이 행주산성에서 좌우된다며 배수진을 쳤다.

왜군은 제 1대장 고니시가 평양싸움의 패배를 설욕하자며 기마대를 앞세워 맹공격을 했으나 권율군은 화차포 등을 쏘며 결사항전하였다.

이때 부녀자들도 도와서 긴치마를 짧게 잘라 입고 돌을 날라다 적에게 투석함으로서 왜병에게 큰 피해를 주었다. 여기서 '행주치마'란 명칭이 생겼다. 당시 왜군은 성안에 병력과 무기가 부족함을 알고는 맹공격을 가했으나, 그때 경기수사 이빈이 화살 수만개와 지원품을 배로 지원하였고, 또한 적의 후방에서 의병들에 의해 계속 교란을 당하자, 결국 적은 후퇴하기 시작했다. 권율은 이 기회를 놓치지 않고 맹추격하여 130여명을 사살하고 적의 갑주, 도창등 노획물이 272건이었다. 적이 미처 회수해가지 못한 시체만 200구였으며 타다 남은 시체도 수없이 많았다.

이 행주대첩을 들은 명의 이여송 사령관은 벽제관에서 왜군에 패하여 평양으로 회군했던 것을 크게 후회했다고 한다.

이 행주대첩 이후 권율은 병력을 파주산성으로 옮겼고, 이어 도원수 김명원의 뒤를 이어 도원수가 되었다.

4) 의병의 활약

 '홍의장군' 곽재우

그는 34세에 과거에 급제했으나 고향인 경남 의령에서 소일하다 임진왜란이 일어나자 청년 수백명을 모아 의령, 초계 등지의 식량창고를 탈취하여 군사들에게 먹이며 왜군에 대적했는데, 처음에는 도둑으로 비난을 받았으나 경상감사 김성일이 권장하여 왜군과 싸우게 되었다. 그는 적의 다소를 불문하고 저돌적으로 대항하여 수 많은 왜병을 무찔렀다. 특히 그는 싸울때는 붉은 옷을 입고 있어 '홍의장군' 이라고 불리었다.

그는 적은 인원으로 적군에 돌입하거나, 멀리서 밤새도록 횃불을 올리고 함성을 지르며 교란하는 게릴라 작전에 능했다. 특히 그는 의령 남강의 정암진에서 적 2천여 명을 늪지로 유인하여 매복작전으로 큰 타격을 준 바 있다. 그러나 그는 무질서하게 작전을 전개함으로 정규군과는 사이가 좋지 않았고 때로는 광동(狂童)으로 불리었다. 조정에서는 그의 행동에 의심을 하고 동정을 살피고 있는데, 마침 의병장 김덕형이 불미사건으로 피살되는 것을 보고는 그는 깊은 산속으로 자취를 감추었고, 기인으로 보인다.

 ## 충의로 뭉친 고경명

고경명은 과거시험 문과에 장원급제하여 동래부사를 지내다 당파싸움에서 서인으로 실각되어 고향에서 은둔하였다. 임진왜란이 발발하자, 전 나주부사 김천일, 전정언, 박광옥과 함께 왜군에 패한 관군 등 6천여 명을 모았다. 전라좌도 의병대장에 추대되어 담양에서 유팽로, 양대박등과 함께 의병군을 결성하였다. 1592년 7월 금산에서 관군과 함께 왜군을 맞아 싸우다, 관군이 먼저 무너졌다. 그러나 의병들은 비록 오합지졸에다 규율이 없었으나 오직충의로 뭉쳐 싸웠다. 그러나 결국 그는 아들과 함께 전사하였고, 그의 충의는 가슴을 뭉클하게 하였다.

 ## 조헌의 "700의사총"

조헌은 율곡이이의 제자이다. 충청도 보은 현감을 지냈으나 시국에 대해 과격한 상소문을 올리다 유배까지 간 바 있다. 또한 그는 임진란 직전 일본사신이 무례한 서계를 보내 왔을 때, 궁궐앞에서 도끼를 들고 일본사신을 죽이겠다고 상소한 사건으로 이름을 떨쳤다.

임진왜란이 일어나자 격문을 돌려 옥천, 공주, 청주등지에서 의병 1,600명을 모았다.

그는 1592년 8월 청주성전투에서 영규대사의 승병 1,000과 함께 왜군을 격퇴시킨바 있다. 이후 충청도 순찰사 윤선각이 조헌의 전공을 시기하여 의병들을 방해함에 의병은 모두 700명만 남았다. 그때 의병장 고경명이 금산싸움에서 전사했다는 소식을 들었으나, 금산 인근에서 왜군 1만여 명을 맞아 중과부적으로 모두 장렬하게 전사하였다.

당시 영규대사 등이 극구 만류했으나 불의를 못 참은 조헌은 문생 700명과 함께 전사하였다. 이에 700명의 시체를 한곳에 모아 묻었는데 이것이 "700의사총"이다.

 ## 노승휴정(서산대사 : 일명 청허선사)

그는 당대 제일 명승으로 일찍이 정여립사건에 관련되어 문초를 받은바 있다. 왕이 평양으로 피난시 임금을 뵙고 국난을 극복할 대책을 논의하기도 했다. 임금이 승병을 일으켜 도우라는 어명을 받고 수제자 의엄을 총섭으로 삼고 순안 법흥사에서 승병을 훈련시키며 전국사찰에 격문을 돌렸다.

그의 제자중에 처영은 호남에서 또한 행주산성에서 활약하였고, 유정(사명당)은 관동에서 궐기하였다. 유정은 스승의 격문을 보고 승도들을 모아 격문을 읽으며 눈물을 흘리자 주위승려들이 결집하여 2천여 승병을 만들어 1593년 1월 평양성 탈환에 혁혁한 공을 세웠다.

하루는 휴정이 금강산 표훈사에 있을 때, 적이 동정을 살피러 왔으나 조금도 흔들리지 않고 불경을 외우자, 왜병은 감히 행패를 못 부리고 오히려 경의를 표하고 간 바 있다.

5) 명군의 지원

명나라는 송음창을 경략으로 이여송을 제독으로 하여 4만 5천 군사를 보내왔다. 이여송이 압록강을 건널 때는 왜군이 평양성을 점령한 상태였다. 이여송은 유성룡과 함께 전략을 짜며 평양성 수복을 꾀하였다. 이여송은 조선의 김응서 군과 합동으로 대포를 앞세워 공격하여 평양성을 하루만에 수복 하였다. 이어 개경, 파주까지 밀고 내려와 한양을 향해 진격하면서 각지의 의병들과 합류했다.

당시 이여송은 강력한 주력부대인 요동군만 이끌고 내려오면서 왜군을 얕잡아 보았고 또한 서울 탈환의 공을 탐내어 기세등등하게 밀고 내려왔다. 그러나 벽제관에서 왜군 1만여명의 매복작전에 휘말리고 말았다. 이여송은 사면초가에 빠지며 겨우 목숨을 부지하여 조선장군들의 반대에도 불구하고 파주를 넘어 평양으로 퇴각했다.

이때 권율군이 행주성 싸움을 벌리고 있을 때인데 평양퇴각을 적극 말렸으나 이여송은 듣지 않다가, 권율이 행주성 싸움에서 승리하자 크게 후회한 바 있다.

6. 한양수복과 선조의 귀환

전쟁은 소강상태로 들어갔다. 명군이 참전하고 각지에서 의병이 창궐하며 이순신의 수군이 맹활약함으로서 왜군의 해상 보급로가 차단되면서 특히 행주산성에서 왜군이 대패하자 왜군은 크게 전의를 상실했다.

이때 왜군은 한양으로 집결하기 시작했으나, 조선군은 미리 도성의 곡창을 불사른 뒤여서 왜군은 기아에 허덕이기 시작했다. 그러자 왜군은 남하를 계획하며 평양에 있는 이여송에게 강화를 요청해 왔다.

이여송은 붙잡혀간 왕자와 대신들을 보내주고 물러난다면 우리도 압록강을 넘어 돌아가겠다고 했으나, 선조는 "왜가 명을 치기 위해 길을 빌리자고 했으므로, 죽음으로 이를 막으며 복수해야 한다."며 극구 반대했다. 그러나 왜군은 한강을 건너 철수했다. 한양은 이미 죽음과 불탄 궁전만이 남아 있으며 폐허가 되어 있었다. 이를 본 유성룡은 밤새 앉아 통곡을 하였다. 한편 선조는 왜군이 왕릉을 도굴했다는 소식을 듣고는 전쟁의 화도 갔기 때문에 급히 서울로 환도 했다. 당시 도굴은 조상 숭배의 관념이 강했기 때문에 큰 충격이었다. 선릉, 정릉이 도굴 되었는데, 선릉은 관속이 텅 비어 있었고, 정릉은 수의가 없어진 채 시체가 옆으로 뉘어져 있었다. 선조는 사흘간 조곡을 하였다. 이때 거리에는 시체가 넘치고 폐허의 참상은 왕릉만이 아니었다. 선조는 이러한 모습을 목격하자 왕세자에게 양위의 뜻을 전했으나 왕세자와 대신들은 눈물로 양위를 만류하였다.

7. 강화회담

왜군은 남한산성에서 패하자 한양철수를 서둘렀다. 이때 임진강을 끼고 양군이 한참 대치할 때 일본측의 고니시가 강화회담을 제의하였다. 교섭은 명의 심유경 및 조선의 이덕형과, 일본의 야나가와 초신 및 겐소 4자간에 시작되었다. 강화회담은 조선측의 반대에도 불구하고 명의 적극적인 개입으로 진척이 되면서 심유경이 일본에 파견되고 우리측도 황진을 통신사로 보냈다. 강화회담 동안 전쟁은 소강상태가 되면서, 명은 왜의 재공격이 없을 것으로 판단하여 주력부대를 철수시켰다.

그러나 강화회담은 1596년 9월 일본 오사카회담에서 결렬되고 말았다. 당시 일본측은 명에게 강화요구조건으로

첫째 : 명의 황녀를 일본천황의 후비로 삼을 것

둘째 : 조선 8도중 남부 4도를 일본에 할양할 것

셋째 : '감합인' 무역, 증서제 무역을 다시 복구할 것

넷째 : 조선왕자와 대신 12명을 인질로 삼는다.

반면 명나라에서는

첫째 : 조선에서 일본군의 완전철수

둘째 : 조선의 두 왕자 소환

셋째 : 관백 히데요시가 공식 사과할 것

이 양측 주장은 서로 도저히 받아들일 수 없는 조건이었다. 그러나 심유경은 명황제에게 "히데요시는 일본국왕으로 책봉되기를 바라고, 신하로서 영구조공을 바치겠다."고 회담결과를 위조하여 보고하였다. 이에 명황제는 히데요시를 일본국왕에 봉한다는 국서와 국왕지인의 금인 및 명의 관복을 일본에 보냈다.

히데요시는 명의 국서를 받고 강화조건을 받아들인 것으로 알고 국서를 확인해 보니 '특봉이위국왕'이라 써 있는 것을 보고는 불같이 화를 냈다. 제 2차 출병을 명하였다.

8. 정유재란

1597년초 왜군은 14만 1,500명으로 재침하였다. 이것이 '정유재란'이다.

이때 왜의 목표는 조선의 남부를 점령하여 할양받는 것이었다.

조선은 승장 유정(사명대사)에게 이원익과 함께 남한산성을 보수하고 군량미를 비축하였고 조령, 죽령, 제천 등에 복병을 배치하며 산성들도 보수해 두었다. 한편 임진란 때 부모, 처자식을 잃은 사람들로 복수군을 조직했고, 명에서도 지원군 2만명을 보내왔다.

왜군은 1596년 말에 고니시군을 선발대로 부산에, 이듬해 년초에 가토군이 다대포에 상륙하여 양산을 함락시키고 서생포에 진을 쳤다. 이들은 3개군으로 편성했다. 좌군은

남해, 사천, 고성, 하동 방면으로, 우군은 김해, 창원, 광양, 순천으로, 그리고 가토군은 밀양, 초계, 거창을 거쳐, 각군은 전주에서 집결하도록 하였다. 왜군은 황석산성에서 고전 끝에 승리했으나 고령에서 상주목사 정기룡에게 패하고, 직산에서도 패하여 더 이상 북진하지 못하게 되자 남하하여 순천, 울산등지의 연해안에 주둔하였다.

한편 이순신은 모함을 당해 파직상태였으나, 원균의 부산포 및 칠천량해전의 참패로 남해안 일대가 일본 수군의 세상이 되었다. 특히 왜군은 남해안 일대와 곡창지대인 전라도를 마구 유린하고 있었다.

그러자 조정에서는 이순신을 다시 수군 통제사로 임명했다. 당시 조선 수군은 원균이 칠천량해전에서 대패한 후 남은 병선을 모아보니 모두 12척(추가 확보 1척 13척)으로 보잘 것 없었다. 왜군은 이순신이 재등장 했다는 소식을 듣자 잔뜩 긴장하며 진격속도를 늦추었고 이순신을 섬멸하기에 여념이 없었다.

이때 이순신은 1597년 9월 왜군의 대병단 300여척이 진도로 향하는 것을 발견하고 이중 133척을 명량해협으로 유인하여 우군 13척으로 적 31척을 격파시켰고 나머지는 도주시키는 대승을 거두었다.

당시 왜군은 북진을 멈추고 남하하여 경상, 전라지역에서 군량미를 비축하며 장기전 태세를 취했다. 이때의 전쟁양상은 전과 달리 왜군을 성안으로 몰아넣고 포위공격하는 형태로 변했다. 이 경우가 유명한 "울산성전투"이다.

당시 울산성에는 1만5천명의 가토기요마사가 수성하고 있었고, 조·명 연합군은 4만 7천명으로 포위하고 있었다. 가토군은 식량이 부족하여 말까지 죽여 식량으로 대치하였다. 그러나 왜군은 고니시군 등 8만명의 구원병이 도착하자 조명 연합군이 철수함으로서 13일간의 전투는 종결되었다. 당시 가토군은 1만 5천명 중 500명만 살아남았고, 조명연합군도 1만 5천명의 전사자를 냈다. 이때 갑자기 히데요시가 사망했다는 소식이 전해지며, 왜군은 철군을 준비하면서 화의를 청해왔다. 그러나 조, 명 양군은 공격의 기세를 늦추지 않고 화의에도 응하지 않았다.

히데요시는 62세로 죽고 도쿠가와 이에야스가 일본의 실력자로 등장하였다. 히데요시는 철군을 유언하였고, 왜군은 철수를 시작했다. 경상 방면에서는 사천 및 울산에서 쓰시마로 쉽게 퇴각이 가능하나, 전라 방면에서는 순천에 진주한 왜군이 명량해전에서 재해권을 잃고 보니 퇴각이 쉽지 않았다. 왜군은 번번이 이순신에게 혼쭐이 난 바 있어 전 병선을 순천방향으로 집결시켰다. 여기서 최후의 해전인 노량 해전이 벌어졌다.

1598년 11월 19일 왜선은 노량 앞바다에 500여 척이 몰려들었고, 이순신은 명의 수사 제독 진린과 합세하여 300 여척으로 새벽 두시부터 시작된 해전은 오전까지 벌어졌으며, 이때 왜선은 200여척이 격파되고 수많은 사상자를 냈다. 그러나 이 해전에서 이순신이 유탄을 맞고 전사하였다. 조, 명 양군이 추격을 멈추자, 왜군은 재빨리 철수하며 전쟁은 끝이 났다.

일본은 이후 이순신을 높히 평가하여 '동양의 넬슨'이라고 격찬하였고, 동양3국에서 최고의 영웅이라고 「근세 일본 국민사」에 기록하고 있다.

9. 전란의 영향

이 왜란의 전투양상은 기본적으로 조총과 활의 싸움이었다. 반면 7년간의 보급의 싸움이라 할 수 있었다. 당시 이순신이 재해권을 장악하였기 때문에 왜는 보급로가 차단되어 더 이상 전쟁을 진행할 수 없었기에 강화회담을 서두른 것이다. 가령 명의 이여송 군대 4만5천명이 1년 군량으로는 48만6천 석이 필요했는데, 이를 조선에서 지원했으나, 당시 조선의 1년 세입은 60만석 이었다(송복). 이로서 볼 때 왜군이 이순신에 의해 보급로가 차단됨으로서 보급에 얼마나 애로가 많았음을 짐작할 수 있다. 그래서 미 해양전략가 「마한」은 "바다를 제패하는 자, 세계를 제패한다"고 하였다.

이 7년간의 왜란은 조선, 명, 일본에 크나큰 영향을 주었다. 우리나라에서는 이 전쟁을 '임진, 정유재란' 이라고 부르나, 일본에서는 '분로쿠, 게이초 전쟁' 이라 부른다. 이 전쟁으로 인해 조선인에게는 무한한 고통을 주었고 대일 감정을 극도로 악화시켰다. 조선 왕조는 쇠퇴일로를 걷게 되었다. 명나라 역시 쇠퇴하며 청국이 발흥하게 되었다. 일본은 히데요시의 시대가 지나고 도쿠가와 이에야스의 250여년간의 「에도」 막부 시대를 열었다.

전란 이후 조선은 정치, 군사, 사회, 문화 등 각 분야에서 복구가 시급하였다. 우선 정치, 군사면에서, 중종 때 변경 방비를 위한 군사 총괄기구인 '비변사'를, 문무 협의기관으로 하고 국가의 모든 정무를 처결하게 했다. 종전의 의정부는 유명무실해지자 대원군 집정 때 폐지되었다.

군사제도도 조선 초기에 설치된 5위제를 보강하여 왜란 후 선조 27년 '훈련도감'을 신설하고 '삼수병'(포수, 살수, 사수)이란 특수병을 편성했다. 지방에도 양반, 노비 등 모든 계층에서 징발하는 '속오군'을 창설했다. 조선후기에는 중앙의 '5군영'과 지방의 '속오군'이 군의 핵심으로 등장했다. 화력면에서도 난중에 발명한 이장손의 비격진천뢰, 변이중의 화차, 왜의 조총과 명의 서양식 대포인 불랑기포를 모방하여 총포를 만들었다.

그 외 대동법(大同法)을 광해군 때 시행했다. 대동법은 특산물에 대한 공납을 미곡으로 환산하여 납부하는 제도이다. 그외 균역법의 시행, 환곡, 도곡의 회수책 등을 제도화하여 국가재정을 튼튼히 하였다.

또한 전쟁으로 인한 질병 퇴치를 위해 허준의 「동의보감」 의학서가 발간되고, 사상면에서는 의병, 승병들의 애국심이 고취되어 백성들에게도 자아 반성하는 계기가 되었다.

이 전쟁으로 일본도 조선에서 금속활자 인쇄술이 처음으로 도입되었다. 또한 포로들에 의해 고도의 도자기 기술을 전수받아 요업이 획기적으로 부흥하였다.

특히 정유재란때 일본에 잡혀가 3년간 억류된 성리학자 "강항"은 일본의 야만적인 사생관을 질타하였다(간양록). "삶을 좋아하고 죽음을 싫어하는 것이 사람이나 동물이나 같은 마음인데, 너희들(일본인)은 죽음을 좋아하고 삶을 싫어하는 것을 어쩐일인가?" 하였다. 이로서 강항은 성리학을 전수하는 등 일본학문에 크게 기여하였다. 이후부터 에도막부는 점차 화해 무드가 조성되며 교류가 확대되었다. 임진왜란때 히데요시와 쌍벽을 이루었던 도쿠가와 가문은 조선출병 때 군사를 파견하지 않았다.

우리 민족사 최대의 치욕
"삼배구고두(三拜九叩頭)"

1. 서출 광해군의 등장

선조는 재위기간 내내 당쟁과 두 번의 왜란(임진, 정유)으로 바람잘 날이 없다가 임종하였다. 세자 광해군은 후궁에게서 난 서출이고, 늦게 새왕비 인목대비에게서 영창대군 "의"를 두었다. 선조는 늦게 태어난 영창대군을 총애했고, 그러자 조정에서는 후계자 문제가 대두되었다. 이때 세자 광해군을 지지하는 파당이 "대북파"로서 이이첨, 정인홍, 이경전 등이고, 영창대군을 지지하는 파당이 영의정 유영경 등의 "소북파"이다.

그런데 천지풍파를 예고하는 듯 조그만 사건이 발생하였다.

어느날 선조는 원로대신 이항복, 이덕형, 이홍로, 유영경을 침전으로 불러 한폭의 아름다운 묵화를 보여 주었다.

"내가 심심해서 그린 것인데, 경들이 보기엔 어떠오?" 하였다.

이때 이항복(무당파)이 무심코 말했다.

"과연 잘 그렸사옵니다. 역시 전하의 묵죽은 천하일품입니다. 싱싱한 대나무가 아직도 하늘을 찌를 듯한 기상을 가지고 있는 듯합니다."고 아뢰었다.

그러나 이홍로(소북)는 그 묵화를 보고 눈물을 흘리며 말했다.

"큰대나무는 전하를 상징하는 것이고 곁가지에 잘 번성한 것은 세자이옵고, 큰 나무 밑에 나오는 새싹은 원자의 상징이외다. 원자가 장성하려해도 곁가지가 어찌 가만히 자라게 두겠는지요?"하였다.

그 얼마후 선조는 병을 얻어, 3정승을 불러 양위의 뜻을 전했다.

"내 병이 위중하여 오래 못 갈듯하오"라면서, "세자가 장성했으니 전위시키거나 필요하면 섭정을 두도록 하고, 이 일은 왕비 및 신하들에게 전하고 원로대신들과도 의논하시오"라고 명했다.

그런데 당시 영의정 유영경(소북)은 선조의 명을 유보하고 있었다. 이때부터 대북파 이이첨 등은 유영경이 무슨 흉계가 있다면서 혈전이 벌어졌다.

결국 대북파들이 소북파에 밀려 귀양을 갔는데, 이 무렵 선조가 갑자기 사망하였다. 이런 혼란한 와중에 세자 광해군은 잽싸게 왕위를 계승하였고, 곧이어 귀양갔던 대북파 들이 돌아와 실권을 잡았다.

광해군이 왕이 되자 파당은 더욱 치열해졌다. 임진란때 왜국에 포로로 잡혀갔다온 임해군이 성질이 난폭해지고 남의 첩을 뺏는 등 물의를 일으키자, 대북에서 "임해군이 철을 사들여 병기를 만드는 것 같다"는 상소를 올리게 하여 죽이려 하였다.

그러나 광해군은 "우리 형제는 둘 뿐인데, 중대사이니 대신들과 상의하라."고 했다. 대북은 끝내 죽이려하자 원로 대신들이 만류하여 귀양을 보냈으나, 결국 사람을 보내어 임해군을 죽여버렸다. 이어 당시 실권자 이이첨은 영창대군의 외조부 김제남에게도 역 모의 누명을 씌워 그의 일가를 죽게 만들었다. 그런데 광해군은 이 사건을 역모로 몰아 영창대군을 죽이려고 나인을 보냈으나, 생모 인목대비가 막자, 광해군이 달려와 대들며 "역모를 꾸몄는데 그냥 있으란 말입니까?" 하였다.

인목대비는 "다섯살 아이가 무슨 역모를 꾸미겠소, 차라리 나를 죽이시오!" 하였다. 이 사건을 빌미로 영창대군은 강화도로 유배됐으나, 강화부사 정황이 온돌방을 뜨겁게 달구어 영창대군을 질식시켜 죽였다. 인목대비 역시 서궁에 유폐되었다가, 어느날 대북 파들이 새벽에 자객을 보냈으나, 재빠른 궁녀가 인목대비를 급히 대피시키고 대신 이불 을 뒤집어 쓰고 있다가 자객의 칼에 맞아 죽었다. 대북파들은 암살에 실패하자 인목대 비를 폐비시킨후 제주도로 유배를 보냈다. 이때 인목대비의 폐비 및 유배를 반대하던 이항복(영의정)마저 귀양을 갔다.

이항복은 25세에 벼슬길에 올랐으나, 당시 조정은 파당싸움이 치열했어도 일처리를 공정하게 하여 칭찬을 많이 받았고, 백성들의 신망을 많이 받았다. 그는 어느 파당에도 속하지 않는 초연한 태도를 취하고 있었다.

그는 양주에서 늙은 나이에 농부생활로 귀양살이를 하다가, 다시 귀양살이가 북청으 로 옮겨졌다. 그는 북청으로 가는 높은 철령고개를 넘으며, 다시 이 고개를 넘지 못할 것을 예감하고 시 한수를 지어 불렀다.

철령 높은 재에 쉬어가는 저 구름아
늙은 신하의 억울한 눈물을 비 삼아 띄어다가
임 계신 구중궁궐에 뿌려 본 들 어떠하리

이 노래는 하도 처량하여 지나가는 이도 듣고 눈물을 흘렸고, 나중에 궁녀들에게도 퍼져 임금의 귀에까지 들어갔다. 광해군은 이 노래가 "북청으로 귀양가던 오성대감이 지은 노래"라는 소리를 듣고 눈물을 흘리며, 북청사자에게 어명을 내려 오성을 잘 보살펴 주게 하였다. 그러나 오성(1556~1618)은 귀양이 풀리지 않은채 63세의 나이로 죽었다. 오성은 어린이 동화집에 "오성과 한음"에 대한 장난끼 많은 해학 이야기가 많이 나온다. 대표적으로 오성은 권율(행주산성 장군)과 이웃해 살았는데 오성의 집 감나무가 담을 넘어가자, 권율집에서 감을 가로챘다. 오성은 권율집의 방문에 주먹을 찔러넣고 "이 주먹이 누구 주먹이요?" 하고 물었다. 권율이 "네 주먹이지 누구 주먹이겠느냐"라고 말하자, 감을 가로 챈 일을 추궁한 일은 유명한 일화이다. 이후 오성은 권율의 사위가 되었다. 오성이란 이름은 오성 부원군을, 한음은 한음 부원군 이덕형을 말한다. 이 둘은 임진왜란의 격동속에서 이를 극복하는데 중심적 역할을 하였다.

광해군은 원래 총명하여 처음에는 국사를 공정하게 처리했으나, 당시 조정은 이이첨 같은 간신들이 발호하게 되니 이항복 같은 충신도 귀양을 가고, 어쩌면 광해군도 당파싸움의 피해자라 할 수 있다. 그러나 간신들에 휘말려 이 같은 패륜을 저지르고 말았으니, 당시의 사림에서는 금기시되면서, 결국 「인조반정」으로 광해군도 물러나고 대북도 몰락하며 서인이 집권하게 된다.

2. 광해군의 정치외교와 강홍립의 한(恨)

희대의 간신 이이첨이 붕당정치를 강화하고 있음에도 불구하고, 광해군은 국내외적으로 비범한 정치역량을 발휘하고 있었다. 그는 그간 숙제였던 역사실록을 편찬하고 토지를 개량하여 양전으로 만드는 사업을 벌렸고, 임진란시 불탄 궁궐을 보수하여 10년만에 옛 모습을 되찾았다.

중국과의 외교문제에서도 임진란 동안 여진족의 누루하치가 명의 세력권 밖에서 후금을 세우고(1616년) 중국 동북지방의 강자로 등장하면서, 광해군은 당시 명나라가 기울고 후금이 강성해지자 이중외교를 펼쳤다. 이때 명에서 임진란시 도와준 것을 빌미로 "후금을 정벌할 것이니 같이 참여하시오!"라고 요청해 왔다. 반면 금에서는 명의 침공 소식을 듣고 조선에 "귀국과는 아무런 상관이 없으니 출병하지 말라"는 위압적인 전갈이 왔다 그러나 광해군은 출병을 결심하고 도원수 강홍립에게 1만명을 주면서, "우리는 대의명분 때문에 출전하니, 불리하면 시기를 보아 후금에 항복하라" 라고 암시를 주었다.

강홍립은 전장에 나가보니 명나라군사들은 전의를 잃고, 사기도 저하되어 있는 것을 보고는, 후금에 서신을 보낸 후 싸우는 척 하다가 후금에 투항해버렸다.

이후 후금은 위장 투항임을 알고는 강홍립 등 장수 몇 명만 조선국왕의 체면 때문에 붙잡아 두고는, 나머지 군대는 전부 돌려 보냈다. 이로서 조선은 후금의 군사적인 보복을 면할 수 있었다. 이후 명은 심양, 요동 등을 후금에 빼앗겼고 궁지에 몰리게 되자 조선의 태도가 불분명 하다면서 책망하였다.

한편 강홍립은 광해군때 조정의 명령으로 금나라에 투항했으나, 조정에서는 어느 누구도 책임지지 않았다. 이후 조선의 사정이 바뀐 것이 죄이다. 조선에서는 인조반정이 일어나고 정권이 바뀐 것이다.

강홍립은 금의 황제 누루하치에게 본국소환을 요청했지만 이를 들어주지 않았다. 이미 그의 집안은 김자점의 모략으로 처자식은 죽었고, 고향에 가봐야 죽을 것이 뻔한 상황이었다. 그런데 강홍립은 후금에서 지내던 중 소동파의 자손이라는 한인(漢人)소학사가 자신과 비슷한 처지여서 친하게 지내고 있었다. 그러다 소학사에게는 소봉녀란 딸이 있었는데, 소학사는 소봉녀를 강홍립의 후실로 주었다. 이에 누루하치는 금은보화를 내려주며 축하해주었다.

이후 강홍립은 정묘호란때 양국간의 화약을 중재하기도 했는데, 이때 조선의 친명파들에게 집요한 공격을 받기도 하였다. 그후 강홍립은 고향이 그리워서 아들을 금에 볼모로 잡히고 10년만에 고향에 돌아왔다. 어머니 산소를 돌본 후 여생을 소봉녀와 함께 고향에서 살려고 하였다.

그러나 그의 뜻과는 달리 조선의 대간에서는, "강홍립은 오랑캐 두목에게 매우 사랑받는 자로 오랑캐가 첩까지 주고 우리땅에 보냈으니 앞으로 무슨일이 있을지 모른다.

강홍립을 죽이고 첩을 돌려보내야 한다" 하고 아우성이였다.

뿐만 아니라 대간에서는 "오랑캐 여자가 염탐할 위험이 있으니 따로 살게 해야 한다"면서 소봉녀는 아무 영문도 모르고 붙들려가 조그만 암자에 보내졌는데, 그곳이 지금의 서울 관악산 연주암이다.

소봉녀는 격리생활을 하면서 강홍립에게 자신의 처지를 알리려고 무진 애를 쓰다가, 결국 자신의 심경을 적은 편지를 강홍립에게 전하게 되었다. 강홍립은 너무나 야속했다. 고국의 평화를 위해 헌신했고 고국산천에서 여생을 보내려고 돌아온 것인데, 그에게 돌아온 것은 오히려 역적 누명과 고통뿐이였다. 그는 곧 소봉녀를 찾아 다니다 누명을 쓰고 옥에 갇혔다. 그는 자신의 처지가, 낭패가 되고 보니 세상이 너무나 허무하고 소봉녀가 너무나 불쌍하여 옥에서 취조를 받던중 울화통에 그만 목매어 죽고 말았다. 그 얼마 후 자신을 데리러 올 줄 알았던 소봉녀는 강홍립이 죽었다는 소식을 듣고는 그녀도 그만 자결하였다. 참으로 안타깝고 한심한 역사의 한 장이 였다.

이 소식을 들은 인조는 강홍립에게 관작을 주면서 예조에 그를 후히 장사지내게 했다. 이때도 대신들은 맹렬히 반대 했으나, 인조는 "그의 행적은 본 마음이 아니다"면서 강행시켰다.

3. 인조 반정과 이괄의 난

광해군이 명과 후금에 이중외교를 펼치고 있을 때, 안에서는 점차 음모가 꾸며지고 있었다. 북인에 밀리던 서인들은 희대의 간신 김자점과 이귀가 주동이 되어 광해군의 총애를 받고 있던 김상궁을 매수하고 역모를 꾸미고 있었다. 이때 정언(正言)을 맡고 있던 한유상이 이소식을 듣고 임금에게 고하고, 이어 대사헌 남근마저 상소했으나, 그 때마다 김상궁의 능란한 혀 끝에 "김자점은 절대 그런 사람이 아니다."며 번번이 무마되었다.

그때 평산일대에서 호랑이 출몰이 잦아 피해가 많다는 상소가 올라왔다. 왕은 마침 평산부사로 가 있는 이귀에게 호랑이를 잡으라는 명을 내렸다. 그러나 이귀는 호랑이의 활동 범위가 넓으니 인근의 송도, 장단등도 연합하여 잡도록 주청하여 허가를 받으니, 그야말로 역모에 날개를 달아준 셈이었다.

결국 장단부사 이서, 그리고 당시 명망이 높은 김유, 최명길, 장유, 심의원등이 거사에 합류하였고, 궁에서도 도감대감 이홍립도 가담했다. 광해군은 그때야 역모소식을 듣고 자신의 호위와 궁궐수비를 강화하였으나, 이미 이서군대와 평안감사 이괄, 이귀 등이 능안군의 친병과 합류하여 궁안을 급습하였다.

당시 광해군은 김상궁과 주연을 베풀고 있다가 결국 붙잡혔다. 광해군은 도승지 이덕형의 반대로 처형은 면했으나, 제주도에 유배되어 67세로 생을 마감했다.

인조가 즉위하자 김자점 등 서인이 집권했다. 그런데 인조반정에서 공이 가장 컸던 이괄이 처음에 한성판윤에 임명되었다가 다시 평양으로 좌천되자, 괄괄한 성격인 이괄은 불만을 품고 당시 비슷한 불만이 있던 윤인발과 함께 의기투합하였다.

이괄의 음모를 감지한 이귀, 최명길이 이괄을 소환하여 문초하려고 금부도사를 평양에 보냈으나, 이괄은 금부도사를 단칼에 베어 버렸다. 이어 이괄은 본격적으로 한양으로 진군 하였다. 황해도를 휩쓸고 곧 한양을 위협했다. 조정에서는 이서에게 개경을, 수원부사 이홍립, 파주부사 박호병에게 임진강을 지키게 하였다. 그러나 개경, 임진강 방어선이 무너지자 인조는 다급하여 남쪽으로 피난을 떠났다. 이괄은 유유히 한양으로 들어오면서 뒤따라 흥안군이 곤룡포를 입고 들어섰다.

그러나 이괄이 한양으로 진군하자, 평양도원수 장만이 이괄군을 진압하고자 추격해 왔다. 양군은 한양근교 질마재에서 맞딱들여 접전이 벌어졌다. 결국 잘 훈련된 장만군에게 이괄군이 패하였다. 이괄은 달아나다 자신의 부하에게 살해되고, 흥안군 역시 하루동안의 영화만 맛보고 죽음을 맞았다.

4. 정묘호란

광해군과 북인정권은 명과 후금에 등거리 외교를 폈으나, 인조와 서인들은 현실정치를 외면하고 친명 배금 정책으로 전환했다. 후금은 1619년 사르호산 싸움에서 명을 크게 꺾고 심양, 요하까지 내려가 중원을 평정할 기세였다. 이때 조선이 해로를 통해 명과의 관계를 복원하자, 후금은 중원진출을 앞두고 후방의 조선이 문제였다.

당시 후금에는 광해군때 투항한 강홍립 등이 포로로 머물고 있었고, 또한 이괄의 난때 관련됐던 한윤이 후금으로 도망가 있었다. 한윤은 이들에게 서인들의 횡포를 토로하면서 후금과 싸울 준비를 한다며 다소 과장하여 부추겼다. 후금은 한윤의 말에 아연 긴장했다. 그렇지 않아도 후금이 요양으로 진출했을 때 명의 요동부사 모윤통이 조선으로 넘어가 의주에 자리잡고 후금을 집요하게 괴롭히고 있었다. 당시 후금은 누루하치를 이은 홍타이지가 태종이 되었는데, 중원을 공략하기 전에 화근이 되는 조선을 침공하기로 하였다. 1627년 1월 후금은 강홍립 등 투항한 조선장수들을 앞세워 4만명을 이끌고 압록강을 넘어왔다. 인조는 일단 강화도로 피난가고 충청병사 유임에게 임진강을 수비하도록 했으나 금군은 승승장구하며 남하했다. 평양이 함락되고 한양을 금방 점령할 기세였다. 금군장수 야민은 조선의 죄목을 장황하게 늘어놓으며 화(和), 전(戰)을 분명히 하라며 압박해왔다. 이에 조정에서는 이귀와 최명길이 나가서 강홍립의 주선으로 회담 끝에 "형제의 맹약"을 맺고 금군은 철수하였다.

5. 병자호란과 "삼전도(三田渡)"의 굴욕

조선에서 철군한 후금은 만리장성을 넘어 북경까지 위협하였다. "형제의 맹약" 이후 금국은 조선에 군량을 요구하면서 노골적으로 공물까지 요구해왔다. 그리고 형제의 예에서 다시 군신관계인 사대의 예를 요구해 왔다. 이에 이귀등은 배금감정이 격화되면서 노골적으로 명을 돕자면서 사대의 예를 받아들이지 않았다. 한편 금은 병자년이 되자 국호를 "대청"으로 고치고 황제국으로 승격시켰다. 이때 인렬왕후가 죽자, 청은 용골대 등을 사신으로 보내면서 염탐하게 했으나, 당시 조선은 배금정책에 따라 이들을 홀대하였다. 거기다 양국사이를 중재하던 강홍립마져 박대하여 죽음에 이르게 했으니 전화(戰禍)는 피할 수 없는 상황이 되었다. 그러나 조선은 잇단 전화로 인해 전쟁을 수행할 형편이 아니었다.

당시 조정에서는 척화파와 주화파로 갈리면서 공리공론을 일삼았으나, 척화파가 계속 강세를 보였다. 이때 주화를 주장하는 최명길이 상소를 올렸다.

"국가가 위험한 지경에 이르렀으니 속히 사신을 보내어 평화를 도모하여 종묘와 사직을 보존해야한다" 고 하였다.

그러자 척화파들은 여기저기서 최명길의 목을 베라고 고함을 쳤다.

그러나 최명길도 맞고함을 치며,

"국가가 위기에 처해 있는데, 수비할 계획도 세우지 않고 그렇다고 적의 침입을 완화시키지도 못하면서 아무런 결정도 못하고 있으니, 그냥 앉아서 당하기보다 낫지 않소" 라며 결국 외교적인 노력이라도 해서 이 난국을 해결하자는 것이다.

조정에서 척화, 주화가 계속되는 동안 청은 접경지역에 군사를 집결시켰다. 어느날 마고대가 의주에 와서 임경업장군에게, "우리나라가 황제국이 되는 것을 명나라도 금하지 않는데, 어찌 너희나라만 그리도 완고하게 거부하느냐, 만약 사신을 보내어 강화조약을 맺지 않으면 쳐들어 갈 것이다"라고 엄포를 놓고 간후, 다시 청태종으로 부터도 엄포성 전갈이 왔다.

"만약 대신이나 왕자를 보내어 강화하지 않으면 정벌 할 것이다."하였다

당시 청은 중원정복을 앞두고 후방인 조선을 지나치게 핍박하여 적으로 만들고 싶지 않았다.

그러나 조선은 완고하게 버텼다.

드디어 청군은 압록강이 얼자 인조 14년(1636년) 10만(3만4천 명이라는 주장이 있음) 대군으로 밀고 내려왔다. 청군은 조선의 맹장 임경업이 지키는 백마산성을 돌아서 경기지방으로 내려왔다. 길목에서 지키던 황적의 군대와 충돌했으나 황적은 싸우지도 않고 곧 항복하여 청나라 복장을 하고는 길안내를 하면서 한양으로 들어왔다. 인조는 강화로 가려 했으나, 청군은 이미 용골대가 염탐을 한 바 있어 벌써 낌새를 알고 강화길목을 지키고 있으니 갈 곳이 없었다. 이때 최명길이 나서며, "종사의 멸망이 경각에 달려있소, 신이 홀로 적진에 들어가 담판을 하리다. 전하는 그사이 남한산성으로 들어갔다가 기회를 보아 강화로 가도록 하옵소서" 하였다. 이때 쯤에는 청나라를 정벌해야 된다던 척화론자들은 대개가 도망간지 오래였다. 인조는 "미안하오 내 어리석어 경의 참 뜻을 몰랐으니 말이오"라며 떨리는 손으로 최명길의 손을 잡았다.

최명길은 곧 적진으로 들어가 용골대를 만났다. 상호 예를 갖춘 후에, 최명길은 선수를 쳤다. "귀국은 형제지국의 의로서 이렇게 많은 군사를 데리고 화의를 하자는건 너무한 것 아니오?" 이렇게 하여 최명길과 용골대는 밤을 밝히며 담판을 진행했다.

최명길이 적진으로 떠나자 인조 또한 급히 행장을 꾸려 남한산성으로 향했다. 그러나 사태가 워낙 급하다보니 임금은 허둥지둥 말을 타고 수구문을 빠져나갔다. 도성은 온통 쑥대밭이 되고 있었다. 장안은 피난가는 백성들로 북새통을 이루었다. 그런데 임금이 자고로 시체나 나가는 수구문을 통해 나가는 모습을 본 백성들 입에서 탄식의 소리가

나왔다. 인조는 그 소리를 듣고 회한의 눈물을 주루룩 흘렸다.

임금의 행렬은 점차 줄어들고 대신들도 한둘 떨어지더니 결국 동궁과 내시 하나만 외로이 따라가고 있었다. 밤새 눈비가 내려 길이 꽁꽁얼어 붙어 겨우겨우 남한산성에 도착했다. 곧 최명길이 돌아와 회담결과를 아뢰었다. "적은 왕제 및 대신을 인질로 삼겠다 하오" 이에 조정에서는 청의 요청에 따라 왕제와 대신을 급히 가짜를 만들어 보냈으나 곧 탄로 났고, 그러는 사이 왕이 있는 남한산성은 겹겹이 포위되었다. 강화도 역시 청군에 점령되어 세자 및 비빈들이 적에게 사로 잡혔다.

임금을 구하려고 각도에서 군사들이 몰려 왔으나 그야말로 오합지졸이였다. 대표적으로 경기도 광주 쌍령싸움이다. 전국에서 차출된 인원은 4만명이였다. 이들은 대부분 농사짓던 농민이나, 옷감·곡식을 받고 대리로 나온 양민, 서당의 선비들이였다. 쌍령고개에서 적의 기병 300명에 의해 도륙되어 전멸되다 시피하였다. 국가가 존망의 위기에 놓인 상태인데, 성안에서는 아직도 척화냐, 주화냐를 놓고 계속 격론이 벌어지고 있었다.

곧 청의 태종황제가 도착했다.

"내가 이번에 쳐들어 온 것은 살인을 좋아해서 온 것이 아니다. 서로 화의를 맺고 싶었는데 너희나라 신하들이 먼저 화의를 끊고 말썽을 일으켰기 때문이다. 만일 다시 항거한다면 반드시 죽이고 순종하는 자는 용서해 주겠다. 그러니 살고 싶으면 마땅히 성에서 나와 명을 받아들이던지, 싸우고 싶으면 나와서 싸우던지 하라"는 최후의 전갈이 왔다.

결국 45일을 버티다. 최명길은 척화파의 만류가 있었으나 항복문서를 작성했다. "조선국왕은 삼가 대청국 황제폐하께 글을 올리오, 엎드려 생각하건데 대국의 위엄과 덕이 널리 퍼져있으되 소국은 이것을 모르고 있었오. 지금 원하는 것은 귀국의 어명을 받들어... 충성하려 했으나 아직도 황제께서 크게 노해 있으니..."

김상헌이 이 글을 보고는 통곡하며 찢어버렸다.

"대감은 항복하는 글을 만들기 위해 글을 배웠소이까? 선대부는 그래도 유학자로 한 생을 사신분이오. 조상이 두렵지 않소"하였다.

최명길이라고 어디 하고 싶어 하겠는가, 최명길은 눈물을 흘리며 묵묵히 문서를 다시 작성했다. 김상헌은 그 광경을 다만 눈물로 지켜볼 뿐이었다.

후세 사가들은 이 상황을 어떻게 평가할까? 최명길과 김상헌은 둘 다 이름높은 학자요 충신이었다. 다만 난국을 대처하는 방식만 다를 뿐이었다.

청태종은 항복문서를 보더니 늦게 가져온 것을 꾸짖고는, 먼저 척화의 주모자를 몇명 잡아오라고 했다. 그러나 조선조정에서는 누구를 보내야하느냐 하고 열띤 공방이 벌어졌다. 시시각각 청의 압박은 조여왔다. 언제 성이 함락될지 모를 상황이였다.

마침내 "종사가 이미 기울었으니 어쩔 수 없다"며 출성하여 항복하기로 결정했다(1637.1.30.). 삼전도에서 유사이래 왕이 직접 가장 치욕적인 항복을 하는 것이다. 장막을 치고 9층 단위에 청황제가 버티고 앉아 있고, 인조가 단 아래에서 3번 절하고 그때마다 이마를 땅에 세 번 찧으며 9번 머리를 조아리는 예를 한후 다시 올라가서 황제앞에서 다시 절하고 한층 더 올라가 황제에게 술을 따른다. 이 의식을 "삼배구고두(三拜九叩頭)"라 한다. 결국 책임도 못 질 척화론자가 임금을 이 지경으로 몬 것이다. 그리고 청태종의 공덕을 기리는 공덕비를 세웠다(서울 송파구 잠실로 148).

항복 조건으로 칭신의 예와 함께 소현세자와 봉림대군 두 왕자가 볼모로 잡혀갔고, 청이 명을 침공할 때 원병을 보내는 것 등이다.

두 차례의 호란은 임진란시 왜적의 침입에 비해 기간이 짧았고 국토도 일부만 짓밟혔지만, 오랑캐로 여기던 여진족에 당했다는 것이 조선의 자존심을 크게 손상시켰다. 이러한 청에 대한 반감은 북벌운동으로 모아졌고, 특히 그 선두에 임경업장군이 명과 연결하면서 청을 칠 것을 도모하였다. 인조의 뒤를 이은 효종(봉림대군)은 북벌을 계획하며 북한산성과 남한산성을 보수하며 국방에 치중하였다.

그 후 강경 척화파 신하인 홍인한, 윤집, 오달제 이들 "삼학사"는 청에 잡혀갔으나 끝까지 자신의 뜻을 굽히지 않다가 결국 처형되거나 옥사하였다.

한편 청에서는 명을 정벌하는데 징병을 요구해 오자 김상헌이 이를 반대하다가 청에 끌려갔다. 김상헌은 포박을 당한 채 언제 올지 모르는 고국산천을 떠나면서 인조가 있는 궁궐을 향해 마지막일지 모르는 큰 절을 올리며 비분의 눈물로 시 한수를 남겼다.

가노라 삼각산아 다시보자 한강수야
고국산천을 떠나고자 하랴마는
시절이 하수상하니 올동 말동 하여라

곧 최명길도 잡혀갔다. 그는 종묘사직을 살리기 위해 애국의 일념으로 청과의 화친을 선두에서 노력한 사람이다. 그는 임경업장군이 명과 연결하여 청을 칠 것을 도모한다는 것을 알고, 명에 "호란이 어느 정도 수습되면 명과 다시 관계를 열겠다."는 밀서를 명에 보냈는데, 이 사실이 명 조정에 있는 청의 밀정에 의해 발각된 것이다.

최명길은 청에 끌려가 용골대에게 문초를 받았다. 그는 사실대로 임경업과 자신이 꾸민 일이라고 실토하였다.

낯선 땅 이국의 감옥에서 최명길과 김상헌이 만나 대담한 말이다.
김상헌: "내가 대감을 잘못 보았소, 용서하시오"
최명길: "대감의 의지가 강함은 이미 알고 있었지만, 이렇게 대쪽인줄 몰랐소"
김상헌: "대감은 나보다 한 수 위요"라며 둘은 화통하게 웃었다.

용골대는 이들을 문초한 후 일벌백계의 차원에서 두 사람 모두 참형을 내리도록 청태종에게 주청했으나, 청태종은 사람을 알아보는 인물이었다.

한편 임경업도 나중에 청에 압송되었으나 호송도중 포승을 풀고 도망쳐 왔고 최명길도 그 후 풀려났다. 김상헌은 심양옥에서 6년간 갇혀 있으며 절개를 굽히지 않자, 청태종은 의로운 선비라며 풀어주어 귀국하여 다시 조정에 복직하였다.

한편 강화도가 점령될 때의 일이다. 당시 '강화도 수비대장은 영의정 김유의 아들 김경집이였다. 그는 강화도의 천연적인 요새만 믿고 술로서 보내고 있었다. 조선을 사전 염탐한 바 있는 용골대는 뗏목으로 밤사이 잽싸게 갖곳이 나루를 건너 강화도로 침입하였다. 김경집은 도망가고 강화성이 함락되며 왕자와 왕비 등이 사로 잡혔다. 이때 강화성을 책임진 김상용은 분을 이기지 못하여 화약고에 들어가 폭약을 입에 물고 자폭하면서 화약고를 폭발시켰다.

이 김상용은 바로 김상헌의 형이였다. 김상용, 김상헌 두 형제의 애국충정은 후세 사람들에게 기리 심금을 울렸다.

병자호란의 개전이 무르익었을 때 청태종은 용골대에게 조선의 상황을 알아보라고 염탐차 조선에 보낸바 있다.

이때 통지를 받은 조선조정에서는 호조판서 김시양에게 용골대의 접대를 맡겼다. 김시양은 당시의 상황에서 용골대의 속셈을 알아차리고 접대천막을 서대문과 동대문 양쪽에 준비해 두었다. 용골대는 한양에 도착하자 처음에는 통상 사신들의 행로인 서대문으로 가려고 했으나, 갑자기 길을 바꾸어 동대문쪽으로 진입했다. 그런데 동대문에도

영접준비가 되어 있는 것을 보고는 깜짝 놀라 그곳 조선관원에게

"누구를 위한 장막이냐?"하고 물었더니,

"대인께서 남한산성으로 가려 할 것이라면서, 호조참판께서 조촐한 잔치자리를 마련하였습니다"고 답했다.

용골대는 다시 한번 깜짝놀라며 자신의 의중이 꿰뚫리자

"조선에도 큰 인물이 있구나, 내가 가보지 않아도 그곳의 방비는 충분히 짐작하겠구나."라며 김시양을 보지도 않고 떠났다. 용골대는 떠나면서 숙소의 벽에 "청(靑)"을 써놓고 떠났다. 그러나 그 뜻을 아무도 알지 못했으나, 김시양은 그해 겨울에 청이 쳐들어오니 대비해야 한다고 건의했다.

그러나 당시 실권자 김자점은 그 무슨 망령된 소리냐면서, 오히려 모함을 한다고 공박하자, 김시양은 한숨을 쉬며 벼슬을 버리고 고향으로 내려가 버렸다.

그런데 결국 청조는 그해 겨울에 쳐들어와 우리역사상 최대의 치욕을 당했다 김자점은 인조반정의 주역이었고, 또한 고국으로 돌아온 강홍립을 모함하여 역적으로 몰은바 있다. 강홍립은 조정의 지시로 후금에 투항했고, 정묘호란때 조선의 평화를 위해서 강화를 이끌어 내기도 하였다. 이 김자점은 조선조 3대 간신(유자광, 임사홍)의 한 사람으로 190년전 사육신사건때 이를 세조에게 밀고한 김질이 김자점의 고조 할아버지이다. 역사는 참으로 아이러니하다.

효종의 북벌론과 후기 당쟁시대

삼전도의 굴욕은 우리 역사상 최대의 치욕이였다. 당시 조선은 개국이래 사대사상이 뿌리깊게 박혀 명나라를 어버이로 인식했다. 명이 청나라의 공격을 받자, 청에 대해서는 어버이를 해친 원수로 생각하였다. 병자호란이 끝나자, 조선은 곧 명과 긴밀한 공조 관계를 회복하여 북벌계획을 착착 진행하였다.

그러나 효종이 10년만에 죽자 북벌론은 무위로 끝나고, 당쟁이 격화되면서 산림당과 남인간에 대립하다가, 이어 다시 남인·서인으로 분리되었다.

1. 효종(17대)의 북벌론

병자호란이 끝나자 청은 패망직전의 명나라를 치고자 조선에 계속 출병을 압박해왔다. 조선은 마지못해 임경업을 보냈으나, 임경업은 명도독 진계성과 내통한 사실이 들통나 청으로 압송되었다.

한편 주화파의 영수 최명길이 청에 끌려간 후에도, 조선은 청의 연호도 사용하지 않고 명나라와 계속 통신을 유지하였다. 이와 관련하여 "이경여, 이명헌, 허계, 신익성, 신익정" 등 5명은 청의 사신에게 붙잡혀 관소 울타리에 양손을 묶여 심문을 당했는데, 후세 사가들은 이들을 "척사오신"이라 하여 "삼학사"와 함께 높이 칭송하였다.

당시 청나라는 서양과 교류가 활발했는데, 그 영향으로 조선에도 서양문물이 많이 전파되었다. 청나라에 볼모로 가 있던 소현세자는 선교사이자 과학자인 "아담샬"을 만나 서양문물을 많이 배웠고, 1645년 귀국시 천문절기, 세계지도 등의 진기한 물품을 많이 가지고 귀국하였다. 그러나 인조는 오랑캐의 제도를 본받는다며 이들 서양문물을 모두 불태우게 했다. 이후 소현세자는 귀국 두달만에 갑자기 죽었다.

이 시기에 천주교의 전래도 많았다. 천주교는 이미 광해군때 이수광이 예수회 신부 마테오리치의 "천주실의"를 얻어온 바 있고, 이후 인조1년에 죽은 유몽인이 그의 「어유야담」에서 "기리단(크리스찬)이라는 한 개의 도(道)가 있는데 하늘을 섬긴다. 이 도는 유교도 아니고 선도 불교도 아닌데, 일본에는 많이 전파됐으나 조선에서만 모르고 있다"고 하였다.

1649년 인조가 죽자 봉림대군이 제17대 효종으로 즉위했다. 그는 볼모생활과 청의 침략 및 항복 등을 겪으면서 최우선 과제로 북벌을 내세웠다.

효종은 즉위 후 김자점 등 친청파를 몰아내고, 초야에 있던 김상헌과 김집, 송시열등 호서학파를 불러들였다. 이들은 인조시절에는 부름에 응하지 않았다. 이들은 율곡이 죽은 뒤 그의 제자 김장생이 호서에서 길러낸 문하생들인데, 산림에 묻혀 학문에 정진했다하여 "산림학파"로 불린다. 이들은 청을 응징하는 것이 명나라에 대한 신자국(臣子國)으로서 당연한 의무로 생각하여 효종의 북벌의지를 지원하였다.

그러나 북벌론자 중에도 박제가 등은 청이 비록 오랑캐지만 중국을 좀더 배워 힘을 기른 후에 북벌을 하자는 신중론자도 많았다. 반면 김자점 등 친청파들이 북벌계획을 청에 알림으로서 효종의 즉위 초기에는 적극적인 군사계획을 펼칠 수 없었고, 은밀히 진행하였다. 이때 대표자는 대명의리 논자인 문신 송시열과 무신 이완이 각자 정치·군사를 맡아 군량미를 비축하고 군사훈련에 치중하였다. 그러나 친청파의 파당으로 애로가 많았다. 김육이 "산림학자들은 이상과 현실을 조화시키는 임기응변이 부족하다"고 비판하자, 송시열은 한때 관복을 벗어던지고 사라지기도 하였다.

그러나 효종은 북벌을 준비하다 실천에 옮기지 못하고 즉위 10년만에 아깝게 세상을 떠났다.

2. 현종(18대), 숙종(19대)때의 파당싸움

현종이 즉위하자 조모인 자의대비(인조의 계비) 조씨에 대한 복상문제가 일어났다. 이때 예론에 밝은 송시열이 "효종은 차자이므로 전례로 1년(기년제)으로 하자"고 하여 채택됐는데, 1년 지나자 장령 허목이 몇가지 전례를 들추며 3년으로 연장하자고 주장하였다. 이로써 남인과 서인간에 논쟁이 시작되었다.

허목은 "인조의 장자는 소현세자이나 일찍 죽었으니, 차자인 현종이 장자가 된 것이다. 효종의 경우 장자이므로 3년 상을 치루어야 한다"는 것이다.

이런 와중에 고산 윤선도가 "송시열이 기년을 주장하는 것은 효종이 정통이 아니라고 보는 것인데, 이는 소현세자의 자손을 보고 하는 것이다"고 하였다. 윤선도의 이같은 강한 발언에 궁궐안이 술렁이자, 현종은 또 당파 싸움으로 번질까봐 윤선도를 귀양보내고 기년제를 채택하였다. 고산 윤선도는 시인으로도 유명하다. "오우가(五友歌)", "산중신곡(山中新曲)"등, 우리말을 아름답게 잘 표현하여서 지금도 많은 사람들의 사랑을 받고 있다.

제1차 예송논쟁 15년후, 현종의 어머니 인신대비 장씨가 죽었다. 다시 예송문제가 거론됐는데, 영상 김수홍이 과거의 예로 대공(9개월)을 하자는 것이다. 이때 현종이 불쾌해 하며 "효종의 왕비되시는 대비도 작은 며느리이기 때문에 대공이냐?"며 화를 냈고, 기년제로 명한 후 김수홍을 귀양보냈다. 그리고 남인 허적이 영의정에 올랐다.

그런데 현종이 갑자기 병으로 사망하고 세자돈이 14세로 숙종이 되었다.

숙종은 첫 아내가 병으로 죽자, 인현왕후(15세)가 숙종의 왕비로 들어왔으나 왕자를 생산하지 못했다. 그때 숙종은 미모가 빼어난 궁녀 장옥정에게 빠져들어 아들을 낳고 그녀를 왕비 다음 서열인 "희빈"으로 격상시켰다.

이후 숙종은 인현왕후가 투기가 많다며 궁궐에서 내쫓고 장희빈에게 왕비자리를 내주었다. 그런데 장희빈이 왕비가 되자, 오빠 장희재가 득세하며 횡포가 심했고, 장희빈 역시 질투심이 심해지자 숙종은 다시 장희빈을 내쫓고 인현왕후를 불러들였다. 그러나 인현왕후는 끝내 아이를 생산하지 못하고 병으로 세상을 떠났다. 이때 숙종은 인현왕후의 죽음이 장희빈의 책임이라며 장희빈에게 사약을 내렸다.

당시 조정의 권력암투는, 인현왕후를 둘러싼 세력이 서인이고, 장희빈측이 남인이였다. 장희빈이 왕비가 되자 서인의 대표 사상가 송시열이 권력다툼에서 사약을 받았다. 이때 서인이였던 김만중도 남해로 귀양갔는데, 그는 그곳에서 한글 소설 「구운몽」과 「사씨남정기」를 썼다. 사씨남정기는 숙종·인현왕후·장희빈을 대상으로 쓴 작품이다.

3. 백두산 정계비

숙종은 당쟁과 연관하여 허다한 옥사를 만들며 세월을 허송했으나, 말기에는 자신의 과오를 뉘우치고 당론을 공정하게 처리하면서 많은 치적을 남겼다.

먼저 두만강 방면에서 자주 괴롭히던 여진족지역(백두산 부근)에 대하여 청나라는 청태조의 고향이라며 성역시하여 청에 흡수시키고 철수해버리자 행정상 공백이 되었다. 이때 조정에서 이곳에 행정력을 뻗어 "백두산 정계비"를 세웠다. 이는 백두산을 발원으로 하는 압록강과 두만강을 우리의 국경으로 삼았다. (Part 02~03장 "1. 간도는 우리땅이였다." 참조 바람)

또한 역시 행정상 공백이며 당시 무인도였던 울릉도를 우리의 권역으로 포함시키고, 이곳에 사람들을 이주시켜 조선땅으로 편입시켰다.

이같은 영역 확대문제는 인접국인 청나라나 일본과 마찰을 가져왔으나, 숙종은 단호하게 대응함으로서 이후 우리 영토로 고착화되었다.

조선의 르네상스 영·정조시대

chapter
11

흔히들 영·정조를 성군이라 부르고, 또한 이 시대를 조선의 르네상스시대라 부르며 문예부흥기를 맞는다. 이 시대는 유학의 증진과 함께 청나라를 통해 서학을 접하여 근대를 이끄는 새기운이 일고 있었다. 그러나 숙종·경종이래 당쟁으로 인해 국내 정치가 소란하여 결국 영조 때 사도세자를 뒤주에 갇혀 죽게 만든다.

1. 당쟁의 희생자 "사도세자"

영조(21대)는 즉위 전 노론·소론의 신임사화의 당쟁 와중에서 죽음의 위기까지 몰리면서 곤혹을 치른바 있다. 그는 즉위 후 "파당과 관계된 글은 아무리 훌륭하여도 받아들이지 않는다"는 칙령까지 내리며 파당을 금지시켰다.

그는 노론·소론을 비슷하게 등용하여 노·소론의 연립정권을 모색하는 "탕평책"을 썼었다. 특히 당시 파당은 지방에까지 파생되어 있었는데, 그는 무당파인 박문수를 "암행어사"로 임명하여, 당시 이인좌의 난, 괴서사건 등으로 어수선했던 지방으로 파견하였다. 지방 영수들을 감시하고 민심을 안정시키는게 그의 주 활동이였다.

영조는 재위 11년에 후궁 영빈이씨가 39세(당시 영조41세)로 "선(장헌세자)"을 낳자, 중전의 양자로 삼았고 돌이 지나자 세자로 삼았다. 큰 아들 효정세자는 9세에 죽고 아들이 없었다.

선은 어릴 때는 영특했으나 10세 이후 "말이 없고 행동이 날래지 못했으며 공부에 관심이 없고 칼싸움이나 말타기를 좋아했다"(세자빈 혜경궁 홍씨의 「한중록」)

영조는 점차 나이가 들면서 성격이 엄격해졌다. 영조는 자신이 숙종의 후궁최씨 소생의 서출이고 세자 역시 서출이라서 특히 세자에게 엄하게 대하였다.

그러자 세자는 영조를 점점 피했고, 그럴 때마다 영조는 세자를 심하게 꾸중하였다. 어떤 때는 심하게 꾸중을 듣고 파랗게 질려 울음을 터트리기도 했고 기절하기도 하였다.

영조31년(1755년) 약방 도제조 이천보는 세자가 정신적 질환이 있는 것 같다고 영조에게 고한바 있다.

이후부터 기생이나 여승까지 끌어들여 유흥에 빠지기도 했다.

한편 영조는 세자가 15세때부터 정무를 대리청정하게도 했는데, 그러자 조정에서는 세자를 편드는 세력(시파)과 세자반대세력(벽파)이 형성되었다. 이때 영조의 총애를 받던 문숙원의 동생 문성국이 세자를 모함하였다. "왕세자는 창덕궁에서 늙은 개만 보아도 때려죽인다. 나라가 바로 서려면 늙은이부터 죽여야 한다"는 말을 퍼트려, 결국 영조의 귀에 들어갔다. 그럴 즈음 나경연이란 자로부터 세자의 비리를 영조에게 상소했는데, 이때 나경연은 국청을 하면서 소문을 과장해서 일일이 고해 바쳤다. 영조는 세자의 난잡한 행동을 낱낱이 알고는 진노하였다. 이후 나경연은 무고혐의로 참형을 받았다.

영조는 이미 마음을 굳혔다. 세자를 서인으로 강등시키고 "속히 자진하라"하자 대신들이 간곡하게 말렸다. 결국 영조는 큰 뒤주 안에 세자를 들어가게 하여 뒤주를 묶었다. 세자는 9일만에 27세의 나이(1762년)에 죽었다. 당시 세손(정조)이 달려가서 살려줄 것을 애원했으나 소용없었다.

며칠후 궁중 밖에서는 문숙원 등이 세자를 모함하여 뒤주에 가두어 죽였다는 소문이 나돌았다.

나중에 영조는 세손(정조)에게 "아마도 내가 당파싸움에 농락되어 네 애비를 죽였나 보다"며 한숨을 쉬었고 「사도세자」란 시호를 내렸다.

영조는 재위 52년동안 탕평책을 쓰며 당쟁을 무마시켰다. 그리고 균역법을 개선하여 군포세(병역면제세)를 반으로 줄이고, 형벌제도에서 고문하는 악형을 대폭 완화하였다. 특히 연인원 21만명을 동원하여 청계천을 대대적으로 준설하는 등 많은 치적을 쌓았다.

2. 정조(22대), 실학의 절정을 이루다.

정조는 즉위하자 제일 먼저 아버지 사도세자를 죽음으로 몰았던 "벽파"계열의 핵심들에게 사약을 내렸다. 그리고 정조를 시해하려다 발각된 홍술해의 아들 홍승범 일당도 소탕하였다. 이들은 정조의 배다른 아우 은전군을 임금으로 추대하려 하였다.

정조는 사도세자를 지극히 추모하여 수원에 "현륭원"을 짓고 매달 성묘를 갔었다. 정조는 학문에 뜻이 깊어 규장각을 만들고 천주교 및 청나라로부터 들어온 새로운 학풍인 실학을 장려하여 그 절정을 이루었다. 그래서 영, 정조시대는 조선의 문예부흥기로서, 새로운 조선의 르네상스 시대라 불렀다.

이 당시 실학은 유형원의 「반계수록」 - 이익의 「성호사설」 - 박지원의 「열하일기」 - 박제가의 「북학의」로 이어오면서, 정약용이 실학을 완성하였다.

「반계수록」은 토지공전제(균전자영농), 노예제도 폐지, 교육제도 개편(서원 철폐, 소학·중학·대학설치) 등 제반폐단을 시정하고 현실 또는 실무위주의 정책을 강조했다.(총 26권)

「성호사설」은 지구가 둥글다는 등 천문지리, 정치, 경제, 역사, 군사 등에서 다양한 연구와 개혁을 주장한 일종의 실학 백과사전이다.(총 30권)

「열하일기」는 청나라 건륭제의 만수절(칠순)때 사절을 따라 갔다 오면서 보고 들은 것을 남긴 견문기이다. 당시 상업을 천시한 것을 통렬히 비판하고 농·상의 병진을 주장했다.(총 26권) 다만 박지원의 「허생전」에서는 무정부주의자적인 사상이 담겨 있다.

「북학의」의 저자 박제가는 박지원의 제자로서 북경에 사은사로 갔다 와서 지은 책으로 "재물은 생물과 같아서 퍼내면 다시 차고 버려두면 말라버린다"면서 절약과 소비를 강조했다. 물건을 사고 파는 상업이 발달해야 전 산업도 발달한다고 하였다. 인구의 반인 양반도 일을 해야 하고 신분제도를 타파하자고 했다. 이는 근대 경제학 이론과 흡사한 것으로 평가되었다. (내·외 2편)

정약용은 부국강병문제를 다룬 「경세 유포」, 관리들이 지켜야 할 「목민심서」, 생명의 소중함을 다룬 형법서 「흠흠신서」 등 실학을 완성했으며, 조선 최고의 지식인으로 평가받고 있다.

그는 경기도 광주 출신으로 나중에 "신유사옥"에 연루되어 겨우 목숨을 부지했으나 경상도 장기, 전라도 강진으로 유배되어 18년간 귀양살이를 하면서 위의 방대한 저술을 남겼다.

정조가 49세(1800년)에 죽자 11세의 순조(23대)가 즉위하며, 영조의 계비 정순왕후 김씨가 수렴청정 했으나, 이때부터 나라가 어수선 하였다.

정순왕후의 안동김씨 일족들이 김조순을 필두로 "세도정치"가 순조, 헌종, 철종(강화 도령)으로 65년간 이어졌다. 이때 매관매직은 물론 이른바 전정, 군정, 환곡의 "삼정의 문란"이 극에 달하며 민란이 이어졌다.

3. 천주교의 수난 "신유사옥"

조선후기 중국에 사신으로 갔다 온 사람들이 서양 선교사들과 교류하며 과학·기술분 야를 많이 습득하고 돌아왔다. 대표적으로 이수광이 마테오리치로부터 천주교책 「천주 실의」, 세계지도 「만국여지도」 그리고 천리경, 자명종, 화포, 역법등을 가져왔는데 큰 충격을 주었다.

당시는 성리학 외의 종교나 학문을 옳지 않다고 거리를 두는 때인데, 서양문물과 천주교가 전해지자 중국이 세계의 중심이 아니라 세계는 보다 넓다는 시각이 싹트게 되었다.

천주교에서는 사람은 누구나 평등하고 양반·노비의 신분이 따로 없고 제사는 우상숭 배라고 하니, 당시의 지배층은 유교의 전통을 무너뜨리는 요사한 종교라며 탄압하기 시작했다. 당시 천주교는 정계에서 밀려난 남인들이 적극 수용하였고 이승훈, 이벽, 권 일신 등을 중심으로 교세가 확장되었다.

당시 천주교를 엄금하자는 주청이 많이 올라왔으나, 정조는 이를 대수롭지 않게 여겼 다. "사설(邪說)은 일시적으로 현혹시킬 수 있으나, 우리나라의 공맹(공자·맹자)이 정당 하므로 곧 자멸할 것이다"고 하였다.

그러나 교세가 점차 확산되고, 이승훈, 권일신 등이 북경 주교와 접촉하여 1794년 청의 신부 주문모가 조선으로 들어와 포교하면서 신자는 계속 늘어나 4천여명에 이 르렀다. 이때 "제사는 미신이므로 하지 말자"고 전파하자, 이 "제사거부"가 천주교

금지에 불을 질렀다. 처음에는 제사를 거부한 몇 명만 본보기로 처형하고 관대하게 처리했다.

그후 정조가 죽고 어린 순조가 즉위하여 대왕대비 김씨가 수렴청정을 했는데, 그녀는 정조시절 친정이 시파에 크게 화를 입었고 또한 사도세자와도 사이가 좋지 않았다.

이에 그녀는 천주교 금지령을 내렸다. 특히 반대세력인 남인과 시파에서 천주교 신자가 많았기 때문이였다.

결국 1801년 신유년에 이승훈은 즉시 처형되고 천주교 지도자급 이가환, 권철진, 정약용, 정약전 등 100여명이 처형 또는 투옥되었다. 이를 "신유사옥"이라 한다.

이때 천주교를 믿지 않았던 정적들도 싸잡아서 억울하게 많이 죽였다. 이때부터 천주교는 지하로 잠적하여 포교활동을 하였다.

안동김씨의 세도정치와 민란

1. 안동김씨의 등장과 삼정(三政)의 문란

정조가 갑자기 죽자 11세의 순조(23대:1800년)가 즉위하여 대왕대비 정순왕후 김씨가 수렴청정을 하였다. 그녀는 영조의 계비이나 정조의 친할머니는 아니었다.

당시의 권력구도는, 정조때는 아버지 사도세자를 보호했던 시파 홍국영이 권력을 잠시 장악했으나, 순조가 즉위하자 정조의 유탁을 받은 김조순이 왕의 후견인이 되었다. 특히 김조순은 그의 딸을 순조의 왕비로 들여 보냄으로서 정치적 기반이 더욱 공고해졌다.

김조순은 "안동김씨"를 조정의 요직은 물론 지방수령까지 친족으로 배치하여, 그 세도정치는 헌종과 철종때까지 3대 65여년간 지속되었다.

순조의 뒤는 왕세손 헌종이 8세로 즉위하자, 권력은 김조순의 아들 김좌근에게 넘어갔다. 이때 헌종의 외가인 "풍양조씨" 조만영에게 권력이 잠시 넘어갔으나, 헌종의 비가 또 안동김씨에서 나오자 권력은 다시 안동김씨에게 넘어갔다. 그러나 헌종이 후사가 없이 죽자 안동김씨들은 강화도에서 농사꾼으로 사는 사도세자의 손자 전계군의 셋째 아들 원범을 찾아내어 왕위(철종)에 앉히고 세도정치를 계속하였다.

철종(25대)은 19세에 왕위에 올랐으나 아무것도 모르고 대비김씨가 다시 수렴청정을 하였다 허수아비 임금에 불과하였다. 철종은 조부때 당파싸움으로 강화도에 유폐된 몰락한 집안의 후손이다.

철종은 즉위 이듬해에 김문근의 딸을 왕비로 맞자, 김문근은 영은 부원군이 되며 정권을 장악하였다. 김문근일족의 위세는 역사상 유례가 없을 정도로 막강하여 왕실의 종친마저 사약을 내리기도 하였다. 종친 중에는 오직 이하응만 남았는데, 그는 보신을 위해 시정잡배(천하장안)들과 어울리며 미친 행동을 함으로서 화를 모면할 수 있었다.

이하응은 인조의 넷째 아들 안평대군의 6대손 남연군의 넷째 아들이다.

철종 역시 후사없이 죽자, 흥선군 이하응의 아들이 고종(26대)으로 즉위하게 된다. 마침내 안동김씨의 세도정치는 무너지고, 이때부터 모든 권력은 흥선대원군 이하응이 쥐게 된다.

안동김씨가 세도정치를 하던 19세기 전반에는 권력이 견제세력이 없어져 관료체제가 크게 문란해졌다. 특히 과거제에서 연고에 의한 급제자가 남발되고, 매관매직이 공공연하게 행해졌다. 그러다보니 지방 수령들의 농민에 대한 수탈은 더욱 기승을 부렸다. 이같은 부패는 전정, 군정, 환곡의 이른바 3정(三政)의 문란을 낳으며, 결국 조선후기에 사회를 혼란으로 몰아갔다.

"전정(田政)"이란, 농민이 수확의 일부를 조세로 나라에 바치는데, 땅의 크기, 기름진 정도, 풍년 등에 따라 세금이 달라진다. 흉년에는 세금이 적은데 아전들이 상관없이 거두고는 나라에서 깎아준 액수는 자기들 몫으로 돌리기도 했다.

"군정(軍政)"은, 농민을 더욱 힘들게 하는데, 16~60세의 남자가 군역의 의무를 가지나 돈이나 베로서 대신하고 군역에서 빠질 수 있다. 이것을 군포라 하는데, 군포는 영조때 베 한필로 줄여 주었고, 양반은 군역의 의무를 지지 않았다. 또한 양반집 종이나 딸린 사람, 양반의 묘와 산을 지키는 산지기, 관아창고를 지키는 고지기 등도 군역의무에서 빠졌다. 또한 사원·향교에서 일하는 노비조차 빠지자 군포를 내는 사람이 항상 모자랐다. 더구나 이때는 신분제도가 어지러워 평민이나 노비도 돈으로 양반신분을 사는 경우가 많아 이래저래 군역에서 빠졌다.

부족한 군역이나 군포는 고을 아전들이 갖은 이유로 농민에게 강탈했다. 군포를 낼 수 없거나 도망간 집에 대하여 그 친척에게 내게 하는 "족징", 죽은 자를 그대로 두고 가족이 대신 내게 하는 "백골징포" 등이다.

군정의 문란은 숙종조에서 군역 인원이 총 30여만 명이였는데, 1751년 균역법을 시행하자 약 50만 명으로 늘었고, 19세기에는 군역 인원이 100여만 명으로 늘었다. 인구의 자연 증가율을 훨씬 상회하여 결국 일인이 두 사람의 군역을 부담해야 했고, 결과적으로 농민을 파산하게 하는 요인이 되었다.

"환정(還政)"이란, 환곡이라고도 하는데, 봄철 춘궁기에 곡식을 빌려주고 가을 추수때 1/10 이자와 함께 갚는다. 이는 봄철에 굶주리는 사람과 파종할 씨앗이 없는 사람을 위한 것이다 그런데 관청에서 중앙에 보낼 세금이 부족하거나 재정이 부족하면 주로 이 환곡이자로 메웠다. 이때 줄때는 겨가 잔뜩 섞인 곡식을 주고 환곡 때는 질이 좋은 곡식을 받으며, 또 봄에는 쌀값이 비싸니까 돈으로 주고 가을 추수때는 곡식으로 돌려 받는 등, 갖은 횡포를 부렸다.

안동김씨의 세도정치 초기인 1807년 전국 환곡은 999만석 이였는데, 세도 말기인 1862년에는 230만석으로 줄어들었다.

결국 삼정의 문란은 양반사회의 근간을 해체하기 시작했다. 철종은 삼정의 문란을 바로 잡기 위해 "삼정이정청"이란 개혁기관을 만들었으나 실권이 없다보니 무위로 끝 났다. 결국 삼정의 문란은 민중저항으로 직접 연결되었다.

2. 민란의 확산

1) 홍경래의 난

조선후기 실학자 이중환은 그의 저서 「택리지」에서 "양반들은 평안도 사람들과 혼인 하려하지 않고 사귀는 것조차 꺼렸다"라고 적고 있다. 평안도는 청나라와 가까워 무역 이 활발하고 금, 은 등 광산이 많아 타 지역보다 산업이 크게 발달할 수 있는 조건을 갖추었다. 당시는 상업을 천시하는 시대라서 업신여김과 차별을 받게 되어 평안도 사람 들은 큰 응어리를 가지고 있었다.

평안도 가산군 다복동은 큰 진두장이 있고 강을 끼고 있어 지리적으로 편리한 곳이 다. 이곳에서 홍경래가 1811년 12월 난을 일으켰다.

홍경래는 원래 양반이였으나 몰락한 농사꾼의 아들이였다. 그는 인물이 비범하여 일 찍이 초시에 뽑혀 홍초시로 불렸다. 그는 우연히 풍수꾼하는 우군칙을 만났다. 우군칙 은 양반출신이나 서얼출신이라서 과거를 볼 수 없었다. 그리고 진사출신인 유생 김창 시, 금광을 경영하는 지방부호 이희저 등이 의기투합하여 다복동에 모였다.

이들은 안동김씨의 세도와 벼슬아치들의 횡포를 보며 "세상을 바꾸어야 한다" "선천 일월봉 아래에서 성인이 나와 나라를 구한다더라"는 소문을 퍼뜨리며 사람을 모았다. 드디어 부대를 구성하여 봉기하였다. 그는 가는 곳마다 관아창고를 열어 백성들에게 곡식을 나누어주고 억울하게 옥살이 하는 백성들도 풀어주니, 백성들은 눈물을 흘리며 기뻐하였다.

그는 10여일 만에 7개 마을을 점령하였다. 그러나 진압군이 정주성을 포위하여 4개월간 공방을 벌였으나 결국 식량이 바닥나며 함락되었다. 이때 항복하는 농민들을 닥치는 대로 죽여서 희생자가 3천여 명에 이르렀다.

이 사건이후 "왕후장상의 씨가 따로 있나! 홍경래도 우리와 같은 처지이다"며 사람들을 자극 하여 농민봉기가 이어졌다.

2) 진주민란

안동김씨의 세도정치가 기승을 부리며 삼정의 문란이 극에 달한 철종 때 전국 70여곳에서 민란이 일어났다.

최초의 민란은 1862년 진주에서 타올랐다. 병마철도사 백낙신이 고리로 환곡을 걷어들이면서 촉발되었다. 특히 백낙신은 부호들을 모아 도결(都結) 6만량을 요구하고 불응자는 감옥에 가두었다. 이에 장날에 유계춘이 "도결을 없애고 관의 민폐를 척결하자"면서 선동하여 관아로 쳐들어가 아전을 밟아죽이고 창고를 풀어 백성들에게 나누어 주었다. 이 진주민란은 전국으로 확산되어 경상도 15개 고을, 전라도 8개 고을, 충청도 9개 고을, 그리고 함경도 함흥, 경기도 광주, 황해도 황주 등에서 수천명이 가담하였다. 이 농민봉기는 전국적인 조직과 사상통일의 미비로 모두 실패로 끝났지만, 동요하던 조선 근대사회를 붕괴로 이끌었다.

결국 농민들은 점차 스스로의 한계를 인식하면서도 19세기 후반 동학농민운동으로 나타났다.

3) 제주민란

당시 제주도는 나주·함평 등 민란 주동자들이 많이 귀양가 있었는데, 이들이 민란 이야기를 파급시켰다. 특히 서울의 장사치나 관리들이 세도가를 앞세워 섬사람들을 현혹하여 막대한 수익을 올리자, 그 원성이 쌓여 있었다.

대정현에서 화전을 일구는 화전민들과 어민들이 함께 들고 일어났다. 아전들의 농간이 심하여 엄청난 세금이 부과되자 "서울에서 온 목사와 아전놈을 죽여라"면서 섬 전체가 술렁이었다. 군중들은 관아로 몰려가 아전들을 몽둥이로 때려죽이고 목사를 짚둥우리에 태워 거리를 돌아다니며 조롱하였다. 나중에 목사가 사죄글을 올리고 진상조사가 내려와 주동자들을 효수하였다.

이 사건은 외부사람들이 섬에 들어와 온갖 권익을 독차지 하는 것에 대한 거부감 때문이다.

PART 06

통한(痛恨)의
조선근대사

대원군과 쇄국정책

1. 풍운아 흥선대원군과 고종

순조(23대)를 이을 세자는 효명세자였는데 갑자기 죽자, 효명세자의 아들이 8살에 헌종(24대, 1834년)으로 즉위했다. 헌종에게는 왕자는 물론 6촌 이내의 왕족도 없었다. 집권세력 안동김씨들은 자신의 입맛에 맞는 사람을 찾다가 찾은 사람이 강화도에서 농사꾼으로 살아가는 무식꾼인 강화도령 원범(철종)이였다. 그는 사도세자의 손자 전계군의 셋째 아들이다. 그는 당쟁으로 강화도로 쫓겨나 신분을 숨기고 사는 왕족 후손이였다.

철종이 1863년 후사없이 죽자, 이때 옥새는 헌종의 어머니 조대비가 쥐고 있었다. 조대비는 왕실의 제일 큰 어른으로 임금을 결정할 권한을 가지고 있었다. 이 사실을 잘 알고 있는 흥선군이 사전에 조대비와 교감하여 자신의 둘째 아들 명복에게 철종의 뒤를 잇게 하였다. 조대비 역시 안동김씨의 세력을 막고자 명복을 제26대 고종으로 선택하였다. 당시 안동김씨들은 철종 때를 생각하며 미리 후사를 준비하지 않았음을 후회했으나 이미 때는 늦었다. 고종은 겨우 12살에 왕위에 올랐다.

흥선군 이하응은 인조의 넷째 아들 안평대군의 6대손 남연군의 넷째 아들이다.
영조의 고손자가 되는 셈이다.

이하응은 소년기에 부모 모두를 잃고 청년기를 불우하게 보내다가 24세때 흥선군으로 봉해졌으나 벼슬은 도총관이 전부였다. 당시 안동김씨들은 유능한 왕손들을 갖은 핑계로 척살했는데, 그때 그는 화를 피하기 위해 일부러 시정잡배들과 어울리며 방탕생활을 했는데, 심지어 안동김씨를 찾아가 술을 구걸하고 개짖는 시늉도 서슴치 않아 "상가집개 궁도령"이란 별명을 붙였다. 그는 때를 기다릴 줄 아는 풍운아였다.

망나니, 궁도령으로 불리면서도 회심의 미소를 지으며, 집에서는 묵화를 그리고 정치의 도를 닦고 있었다.

이러한 흥선대원군에 대해 「한국의 역사」를 쓴 헐버트는 "지배자로서 위엄 있는 개성과 꺾이지 않는 의지의 소유자로 한국 근대사에서 가장 뚜렷한 성격의 인물"이라고 평가했다. 반면 "한낱 민중선동가"라고 평가한 사람도 있다.

조대비는 처음에는 수렴청정을 했으나 곧 흥선군을 흥선대원군으로 봉하고 나랏일을 대원군에게 맡기고 물러났다. 이후 흥선대원군은 운현궁에서 천하를 내다보면서 10년간 섭정을 하게 된다.

2. 대원군의 정치개혁

1) 인재를 고루 등용하다.

대원군은 집정 제일 목표로 하늘 높은 줄 모르는 안동김씨의 세도정치를 타도하고 왕권을 확립하는데 두었다. 인재를 초당적으로 등용하여 안동김씨 세력을 견제하고자 했다.

어느날 김씨의 장로 김병기가 대원군을 초대하여 단신으로 찾아갔다. 김병기가 "우리 김씨들이 그동안 세도를 부리기는 했으나 남에게 악한 일은 한 적이 없고 …"라며 대원군의 의중을 떠보았다. 이때 대원군은 한편의 시로서 응대하였다.

"천리를 끌어서 지척으로 하고
태산을 깎아서 평지를 만들며
남대문을 삼층으로 높히려 한다."

천리처럼 소원해 있는 종친을 가깝게 하고, 태산같은 노론 즉 김씨 세력을 억누를 것이며, 남인을 높이 등용하겠다는 뜻이다. 김병기는 곧 그 의중을 알아차렸다.

드디어 대원군은 물갈이를 했다. 영의정에 조두순, 좌의정에 김씨 중 괜찮게 보았던 김병학 우의정에는 유성룡의 후손인 남인 유후조를 발탁했다. 대원군은 남인·북인·종친을 고루 등용했다.

이런 일화가 있다. 대원군이 건달로 다방골 기방을 출입할 때, 중군(中軍)에 있는 청년 이장령과 대판 싸워서 대원군이 일방적으로 얻어 맞은 바 있다. 그 이장령이 대원군을 찾아오자 "지금도 나를 때리려 왔느냐?"고 하니, "지금도 대감께서 다방골 기생집에서 술에 취해 난동을 부리면 때릴 수 밖에 없소"하고 아뢌다. 그러자 대원군은 노한 표정을 지으며 물러가라고 호통을 쳤다. 이장령이 곧 댓돌을 내려서자, 대원군이 "게 섯거라!" 하고 군로사령을 불렀다. 그러자 이장령과 주위 사람들은 "아이쿠, 이제 죽었구나!" 생각했는데, 대원군은 "금위대장 나가신다, 길을 비켜라!"하고 명령을 내렸다. 과연 대원군다운 처신이었다.

2) 붕당의 원인 서원을 철폐하다.

서원은 중종(1543년)때 풍기군수 주세붕이 백운동서원을 만든 것이 시초였다.

원래 서원은 선비들의 독서장소로 만들어졌으나, 나중에는 양반들의 특권과 폐단을 보여주는 장소로 변해 버렸다. 양반들은 놀고 먹으며 시류만 논하고 세금도 내지 않으며 서원의 힘으로 상놈만 학대하거나 재산을 뺏고 하여, 결국 조선조를 혼란에 빠트린 붕당의 바탕이 서원이었다.

대원군은 1864년 전국의 서원을 조사하여 47개소만 남겼다. "서원이 글읽는 소리는 들리지 않고 백성을 괴롭히는 일이 비일비재하여 철폐한다"는 단호한 명령을 내렸다. 그러나 이 서원철폐는 유학자들의 반발을 사 대원군의 정치생명을 단축시키는 한 원인이 되었다.

3) 경복궁을 중건하다.

경복궁은 임진왜란때 불타고 200년이나 방치되었다. 대원군은 먼저 심복인 "천하장안(千河張安)" 네 명에게 시켜 여론조성을 만들었다. 재원은 자진해서 돈을 내는 "원납금제"를 만들어 재건했다. 그런데 공사장에 큰 불이 나 건축자재들이 불타버렸다. 그러나 대원군은 중단하지 않고 "당백전"(상평통보의 100배가치) 화폐발행, 도성출입세 등으로 충당했으나 재정이 부족하여 백성들로부터 원성이 많았다.

4) 탐관오리의 숙청

대원군은 시정잡배로 돌아다닐 때, 백성의 원성이 깊은 곳에 민란이 극성을 부린다는 것을 잘 알고 있었다. 탐관오리의 횡포와 민폐근절에 힘을 기울였다.

특히 양반과 토호들의 면세전결권을 반납하게 하고, 삼정의 문란에 관련된 폐단척결, 그리고 백성에게만 받던 군포도 호포제로 바꾸고 양반에게도 군포를 받았다.

5) 국방의 강화

당시 러시아 기마대가 두만강을 넘나들며 통상을 요구해 왔다. 이에 수군을 강화하고 임진왜란이후 비변사를 두고 군사업무를 정치와 분리해 왔으나, 비변사를 폐지하고 정치·군사업무를 한데 묶어 건국초기의 의정부 기능을 부활하면서 "삼군부"를 설치하였다.

훈련대장 신관호의 "군무 6조"를 받아들여 군비를 강화하고 신무기개발에 박차를 가했다. 지금의 방탄조끼와 비슷한 "면제배갑", 철모와 비슷한 투구, 수뢰포 등도 개발하였다.

3. 천주교 대 탄압과 병인·신미양요

1) 당시의 동아시아 정세

 중·영전쟁

유럽의 강자 영국은 18세기말 산업혁명으로 직물 등이 과잉 생산되자 중국에 수출하고 대신 차·도자기 등을 수입했는데, 중국 수출은 부진하고 수입이 증가하여 보유한 은이 점차 고갈되었다. 그러자 식민지 인도에서 아편을 중국에 수출하였고, 이에 중국은 아편중독자가 200만명에 달하자, 아편금지령을 내렸다.

이에 흠차대신 임칙서가 영국의 밀무역선에 있는 아편을 압수하자, 이를 계기로 "중·영전쟁"이 발발하였다. 그 결과 영국이 승리하여 홍콩의 할양 및 상해·광주 등 5개항의 개항, 치외법권 등 불평등조약이 체결되었다.

영국은 제1차 중·영전쟁 후에도 중국무역이 호전되지 않자, 12년후 조약개정때 시장확대를 모든 연안 및 내지로 요구하자 청조는 이를 거부했다.

이때 광주에 정박 중인 "에로호"에 승선 중인 중국인 승무원 12명을 해적행위로 중국측에서 연행하였다. 영국측은 에로호가 영국 조차지인 홍콩이 선적지이고, 선장이 영국인인데 임의로 선원을 연행했다며 시비가 걸렸다. 당시 영국은 의회의 반대에도 불구하고, 병력 5천명을 보내어 제2차 중·영전쟁이 발발하였다. 이때 프랑스·러시아·미국 등도 연합군을 편성하여 중국에 문호개방과 천주교 포교자유 등을 외치며 참여했는데, 북경을 함락시킨 후 「북경조약」을 체결하였다(1860년). 당시 프랑스의 개입명분은 프랑스 선교사가 지방에서 선교하다가 처형된 사건을 구실로 삼았다.

 일본의 문호개방

1853년 미국 페리제독이 미 군함(흑선) 4척을 이끌고 우라가에 정박하여 통상을 요구하였다. 일본은 이에 불응하다 반년후 다시 페리제독이 군함 7척으로 에도만에 정박하여 시위를 하자, 일본은 중·영전쟁의 결과를 듣고 결국 통상조약을 체결하였다. 이어 영국·러시아·네덜란드도 동등한 자격을 요구하며 조약을 체결하였다. 이러한 영향으로 일본은 1868년 도쿠가와 막부가 붕괴되면서 "메이지유신"을 단행하였다.

 베트남 종속문제로 일어난 "청·불"전쟁

1861년 프랑스는 자국 선교사의 박해를 구실로 스페인과 함께 베트남 남부를 침공하여 사이공조약을 체결한 후 프랑스의 보호국으로 만들었다. 그런데 당시 중국은 베트남이 자신의 종속국이기 때문에 이를 인정하지 않았다.

그러나 1882년 프랑스가 베트남 북부의 광산개발 문제로 중국측과 시비가 붙자, 청·불전쟁이 일어났는데 중국이 패하였다. 중국은 베트남에서 군대를 철수하였고 베트남에서의 중국의 종주권 지위를 완전히 상실하였다.

2) 천주교 대 탄압

당시 아라사(러시아)는 동북아에서 적극적인 남진정책을 펼 때인데, 수시로 두만강을 넘나들며 조선에 통상을 요구해 왔다. 이때 국제정세에 어두운 조선은 마땅한 대안을 찾지 못하고 있을 때, 천주교를 통해 다소 이해가 있는 천주교인이 조정에 조언을 하기 시작하였다. 특히 아라사와 프랑스가 적대관계라는 것, 청나라가 아라사의 등살에 황제가 몽진까지 했다는 것, 그 아라사가 우리나라까지 넘본다는 것이다.

이 기회에 천주교인들이 국정에 적극 참여하고, 더불어 신앙의 자유를 얻자는 것이다.

이때 천주교측은 고종의 유모 박소사를 통해 대원군과 연을 맺게 하였다. 박소사의 남편 홍봉수는 3대째 천주교신자로서 남인의 거물이였다.

홍봉수는 평소 대원군과 안면이 있는 남종상을 통해 프랑스 신부 베르네를 대원군에게 연결하였다.

당시 대원군은 청국까지 항복시킨 프랑스의 힘이 천주교에 미치고 있다는 점과 가능하면 그 힘을 이용해 보는 것도 유용한 방법이라고 생각하여 베르네를 만나려고 했었다. 그런데 남종상이 게으르고 무성의하여 차일피일 미루고 있던 중에 아라사의 통상요구가 잠잠해졌다.

대원군은 과감하고 기민한 사람이어서, 남종상 같이 무성의한 사람의 말을 믿을리 없었다. 결국 아라사의 통상요구는 단지 기우였음이 밝혀지자, 대원군은 홍봉수는 물론 프랑스인 선교사들을 잡아들이라는 체포령이 내려졌다.

베르네 신부는 끌려왔다. 대원군은 베르네에게 질문하였다.

대원군: "천주교는 어찌하여 대대로 내려온 전통을 부정하고 하물며 조상을 기리는 제사까지 반대하는 이유가 무엇이요?"

베르네: "천주교에서는 하나님을 섬기는 이외에는 모두 사교로 인정하는 까닭이요"

대원군: "쓸데없는 소리 당장 집어 치워! 어서 너희 나라로 돌아가라!"

베르네: "나는 이곳을 떠날 수 없소. 죽어도 내 생각은 변함이 없소!"

이때 대원군은 외교문제를 고려하여 베르네를 돌려보내려 했으나, 베르네는 이미 순교를 각오하고 있었다. 결국 베르네를 포함한 신부 12명중 9명이 순교하였고, 이후 3년 동안 죽은 천주교도는 남종상등 8천여명에 이르렀다.

이때 살아남은 신부 3명중 리델신부가 김영희를 앞세워 인천을 빠져나가 중국 천진에 있는 프랑스 함대 로스제독에게 조선의 천주교 대 탄압을 전하게 되었다.

3) 병인·신미양요

북경 주재 프랑스 공사 벨로네는 천주교 탄압소식을 듣고 한반도 진격을 결심했다. 당시 프랑스는 나폴레옹 3세가 등장하여 유럽의 강자로 군림하던 때였다.

벨로네는 청국 영친왕에게 "조선왕국이 우리 동포에게 박해를 가한 그 날은 조선왕조의 최후의 날과 같은 것이다 …" 운운하며 조선의 정벌을 통고하였다.

영친왕은 사태의 심각성을 인식하고 급히 조선에 사신을 보내어 이 사실을 알렸으나, 조선에서는 완강한 입장을 담은 회신만 보냈었다.

로스제독은 먼저 군함 3척으로 한강수로를 답사한 후, 전함7척을 이끌고 강화도 갯곶이에 닿아 해병대 600명을 상륙시켜 강화성을 손쉽게 함락한 후 마구 유린하였다.

대원군은 전국에 의용군을 모집하는 한편 로스제독에게 부당성을 꾸짖는 서한을 보냈다. 이어 평안도 산포수 300명을 잠입시켜 기존 군대와 합세하여 정족산성으로 들어가 프랑스군을 모두 죽였다. 또 한편으로는 매복작전으로 프랑스 지원군 169명도 전원 산포수의 화살에 전멸시켰다. 결국 로스제독은 군함 7척과 해병대 600명으로는 도저히 안되겠다며 철수하였다. 이것이 "병인양요"이다.(1866년) 이때 프랑스군은 강화도 외규장각에 있던 조선왕실의궤 등 보물을 훔쳐갔다.

정부에서 의궤반납 운동을 벌려 2011년에 프랑스 정부로부터 "외규장각의궤 297권"을 145년만에 대여형식으로 돌려받았다.

프랑스함대가 패주한지 5년후, 미국 제너럴서먼호가 황해도 황주목에 나타났다. 처음 조선은 융숭한 대접으로 돌려보냈으나, 얼마후 중무장을 하고는 다시 대동강변에 닻을 내려서 평안도 관찰사 박규수에게 통상요청을 해왔다. 조선은 국법으로 양이와 통상을 금지한다는 입장을 통지했으나, 이들은 함부로 교역을 하고 평양까지 가곤하였다.

조선측은 돌아가도록 재촉하자, 오히려 조선인을 붙잡아 가두었다. 이에 군중들이 분발하여 일제히 배에 불을 던져 셔먼호를 불태우고 선원들을 모두 죽였다.

이후 천진에 주둔하던 미국측이 셔먼호의 행방을 찾다가 평양에서 정체불명의 배 한척이 불에 탔다는 소문을 듣게 되었다.

이때 독일상인 오베르트가 조선에 교역차 왔다가 번번이 거절당하자, 조선 천주교인을 만나 충남 예산에 있는 대원군의 선친묘인 "남연군묘"를 도굴하였다. 그러나 대원군이 곤궁할 때 만든 묘여서 값진 물건이 없었다. 이 사실을 안 대원군은 진노하여 천주교도를 오베르트와 한 통속이라 생각하여 천주교도 색출바람이 다시 일었고, 쇄국의 빗장은 더욱 공고해졌다.

결국 미국 정부는 셔먼호의 사건전말을 알게 되었다. 청국주재 미국공사 프레드릭은 이 기회에 조선과 통상을 열고자 태평양 함대사령관 로즈스에게 군함 6척으로 가서 위협을 하도록 하였다. 이들은 남양부 풍도에서 통상을 요구하다가 다시 한강으로 진입하였다.

　당시 조선은 양이와의 교역은 땅을 내주는 것이 되고 천주교만 성행시켜준다고 생각하며, 이를 선전포고로 간주하였다. 강화가 결렬되자 미군은 수륙양면으로 공략하여 초지진이 점령당하고, 광성진마저 점령당했다. 강화성만 남게 되자 강화부사 이장렴은 돌격대 500명을 이끌고 초지진에 잠입하여 선제공격하며 백병전을 벌렸다.

　비록 미군이 신예무기를 가졌지만, 백병전에는 도리가 없어 미군은 많은 사상자를 내고 철수하였다. 이것이 "신미양요"이다.(1871년)

　대원군은 이 두 양요에서 승리하자, 전국에 "척양비"를 세웠다 서양 오랑캐가 오면 모두 싸워 물리쳐야 하고, 싸우지 않으면 그것은 곧 매국행위라고 매도하였다.

　흥선대원군에 대한 평가는 상반된 견해가 있다.

　먼저 과감한 개혁으로 근대사회로 가는 발전에 계기가 되었고, 국가의 자주권을 확립했다는 점과, 반면 대외적으로 쇄국정책으로 인해 근대사회로 나아가는 발전에 역행했다는 것이다.

　여하튼 조선이 근대사회로 발전하는 중요한 분기점이 되었다.

대원군과 척양비

고종의 친정과 민비(명성황후)의 정권장악

민비는 한국사에서 왕비로서 권력의 정상에 오른 유일한 여인이다. 여자가 권력을 쥔 경우는 많지만 대부분 남편인 왕이 죽고 난 뒤 아들이나 손자가 어려서 수렴청정하는 경우이거나, 아니면 명문가인 친정의 후덕으로 왕을 뒤에서 조종하는 경우이다.

민비는 자력으로 국정의 중심에 있었던 여성이다. 그러나 조선은 민비와 함께 망국으로 이르게 된다.

1. 민비의 등장

민비는 여흥민씨로 여주에서 자영으로 태어났다. 아버지 민치록은 인현왕후(숙종의 왕비)의 아버지 민유중의 5대손이다. 민비는 8살에 아버지를 잃고 어머니와 함께 서울로 올라와 외롭게 살았다. 12촌 민승호가 양자로 들어와 집안제사를 관리하였다.

민비는 무척 똑똑하고 스스로 글과 글씨를 깨우쳐, 먼 친척인 대원군의 부인 민씨(민승호의 누나)의 마음에 들어, 대원군이 직접 간택한 왕비였다.

대원군은 오랫동안 안동김씨의 외척세력에 시달리다보니, 민비에 대하여 정치에 관여하지 않고 자신에게 순종할 것으로 보이며, 혈육이라고는 양자인 민승호뿐인 점이 간택 이유이다.

민비는 1866년 16살에 국모 자리에 오르자 처음에는 왕실 어른들에게 효성이 지극하고 궁인들에게도 기품있게 대하였다.

민비가 정치적으로 시아버지 대원군과 대립하게 된 것은 신혼 초부터 쓰디쓴 질투의 감정을 맛보면서부터이다. 그때 고종은 궁인이씨를 총애하였고 이씨가 아들 완화군을 낳자, 국왕은 물론 대원군이 완화군을 세자로 봉하려 하며 총애하였다. 민비는 이때 자신은 아직 젊은데 내심 질투와 의구심을 가지며, 이때부터 민비는 대원군을 증오하게 되었다.

그러나 완화군은 13세에 죽었고, 이후 궁인이씨는 민비에 의해 궁중에서 쫓겨났다.

그리고 민비는 고종 8년에 아들을 낳았으나 요절하였다. 이때 민비는 대원군이 원자에 대한 약처방에 문제가 있었다고 믿으며 원망이 컸었다.

민비는 겉으로는 은인자중하는 척 했지만, 타고난 능력으로 대원군의 주위 인물들을 자기 세력으로 끌어들였다. 대원군의 형 이최응, 대원군 큰 아들 이재면(고종의 맏형), 그 외 대원군의 정적이였던 안동김씨, 대원군의 쇄국정책을 반대했던 개화파, 서원철폐에 반기를 들었던 최익현 등의 유생들, 등을 망라하여 자기세력으로 만들었다.

고종과 민비는 이렇게 자신의 정치적 입지를 강화한 후, 고종이 22세 되던 해에 유생들의 지도자인 최익현에게 대원군의 실정과 정책을 비판하는 상소를 올리게 하여 고종의 친정을 선포하였다.(1873.11.4.)

이어 고종 11년에 민비는 둘째 아들 척(순종)을 낳아 왕세자로 책봉했다.

민승호가 민비의 수장이 되며 척족의 세도정치가 다시 등장하였다. 정부요직은 영의정 이유원, 좌의정 이최응, 우의정 박규수 등을 중용했다. 이 중에 박지원의 손자 박규수(신미양요때 평안도 관찰사)외에는 경륜이 변변찮은 인물들이였다. 따라서 고종은 친정을 하자, 쇄국을 풀고 일본과는 물론 열국과도 수교하였다. 그러나 그간 쇄국정책으로 미쳐 준비가 안된 상태여서, 개방으로 인해 많은 문제를 유발하였다. 더욱이 민비는 왕자와 공주를 낳았으나 죽거나 병약하여, 이를 해결해 보려고 무당을 불러 궁중에서 굿을 하거나 명산대천을 찾아다니며 치성을 드렸다. 또한 민비는 굿과 풍악을 좋아하여 거의 저녁마다 잔치를 열어 막대한 국고를 낭비하였다. 대원군이 10년 동안 노력하여 궁중재정을 흑자로 만든 것을 민비가 이를 탕진하였다. 민비에 대한 원성이 높아지고 반면 대원군의 인기는 상승했다.

대원군은 양주골 깊은 곳에 묻혀 나오지 않았다. 대원군측은 민비세력을 약화시키기 위해 공작을 시도하였다.

어느날 민승호 일가족이 희귀품을 선물받아 개봉하자 폭발하여 죽었다. 또한 민비의 침소에 불이 났으나 민비는 무사했다. 이최응(대원군의 형)의 집에 불이 나기도 하였다.

2. 임오군란

고종이 친정하자 권력기반은 민씨일족으로 채워지면서 모든 정책은 대원군시대와는 반대로 시행되었다.

1882년 봄가뭄이 계속되자 거리는 굶주린 부랑자들이 들끓었다. 그런데 궁중에서는 세자가 9살이 되자, 민비는 민태호의 딸을 세자빈으로 맞으며 연일 경축과 연회가 계속되었다.

1875년 8월 일본 운요호가 강화도에 진입하여 해안에서 위협사격을 가하자 포격전이 벌어지며 영종도가 점령당하고, 1876년 2월 "강화도 조약"이 체결되었다. 이것이 일본의 조선침략의 서곡이었다. 일본과 통상이 재개되면서 쌀수출은 늘고 쌀값이 폭등했고, 더욱이 민씨친족들은 매관매직과 횡포가 극에 달했다.

1882년 세금·쌀을 취급하는 선혜청장 민경호는 예산을 갹출해 7,000냥을 황실 혼인비에 보탰다. 이때 구식군대는 봉급이 13개월치나 밀렸는데, 당시 군제개편으로 천대받던 구식군인들은 "이러다간 구식군대는 언제 폐지될지 모른다"는 위기감이 팽배하였다.

드디어 임오년 6월 한달치 봉급(쌀)이 지급됐는데 쌀이 썩었고 모래가 많이 섞여 있자 하사관 4명이 항의를 하였다. 그러자 이들을 옥에 가두었고 이튿날 처형된다는 소문이 돌았다. 왕십리·이태원에 모여살던 구식군대와 가족들이 총출동하여 사대문 안의 민씨네 집들을 다 불태우고 민경호의 집도 때려부수고 죽였다. 대원군을 찾아가 지휘를 맡겼다. 이때부터 군중들은 조직적으로 움직여 일본공사관을 습격한 후 창덕궁을 함락시켰다.

민비는 난동을 피하여 장호원 목사 민응식 집에 있으면서, 청나라 천진에 출장 중인 어윤중과 김윤식에게 연락하여 이 사태(임오군란)의 주모자는 대원군이라며 지원을 요청하였다.

청의 마건충이 군대 3,000명을 이끌고 와서, 대원군을 체포하여 중국 천진으로 압송해 갔고 민비는 돌아왔다. 당시 대원군은 민비가 죽었다고 선포하고 국장까지 치르려고 하였다.

　대원군은 임오군란으로 집권 33일만에 청나라 천진에 끌려가 4년을 보냈다.

　임오군란이 진압된 후 7월 15일 밤 청나라 군대가 왕십리·이태원의 구식병사지역을 포위하여 군자를 단 자는 모두 죽이거나 체포하였다.

　이때부터 청일전쟁이 일어나기 전까지는 실제 왕노릇은 청나라 원세개였고, 조선은 청나라에 예속된 것이나 다름없었다.

　그 2년 뒤 이 광경을 보던 젊은 혁명가들이 "반청(反淸)자주"와 "부패민씨타도"를 외친 것이 "갑신정변"이다.

3. 개화의 여명 "갑신정변"

　1854년 미국에 개항한 일본은 1868년 왕정복고후, 1872년 조선에 근대적인 조약체결을 요구하였다. 1686년 숙종때 부산초량에 왜관을 설치할 때의 대일 무역에 관한 "계해약조"가 불평등하다는 것이다. 대원군이 이를 거부하자 일본 강경파들은 "정한론"을 주장하였다.

　이때 2년간 구미 각국을 시찰하고 돌아온 이와쿠라도모미(정사), 이토 히로부미(부사) 등은 "실력부터 쌓고 하자"면서 정한론을 잠재웠다.

　중국은 오랫동안 세계의 중심(중화)으로 자처하며, 다른 나라를 오랑캐로 취급하였다.

　그러나 1840~1860년 사이에 벌어진 제1, 2차 아편전쟁은 세계의 질서가 문명국(구미) - 야만국(중국) 구도로 바뀌었다. 중국은 구미열강으로부터 침략을 당해 이권찬탈이 일어나며 수많은 민중봉기가 일어났다. 대표적인 난리가 "태평천국의 난"이다.

　이 난을 제압한 인물이 이홍장인데, 그는 황제 다음의 권력자가 되었다. 그는 망해가는 청나라를 살리기 위해 "양무운동"을 시작하였다. 이는 유교문화와 제도를 유지하면서, 서양의 군사 및 과학기술을 도입하자는 제도였다.

　그런데 일본은 천황제인 입헌군주제를 내세우면서도 군사 및 과학기술을 받아들이는 데 서양과 똑같이 개혁하자는 명치유신을 단행하였다. 이 개혁은 이토 히로부미가 주도하였다.

양무운동이 절름발이라면, 명치유신은 완벽한 개혁이였다.

조선의 개화파의 아버지는 제너럴셔먼호를 제압한 박규수이다. 그는 북학파의 실학자 박지원의 손자이다. 베이징을 여러 차례 다녀오며 아편전쟁을 통해 개화의 중요성을 실감하였다. 그래서 그는 김옥균 유길준, 박영효, 홍영식, 서재필 등에게 서양지식을 전수하였다. 이들 개화파의 보스는 김옥균이였다. 그는 노론계 안동김씨의 영수 김병기의 양자였다. 유길준은 조선 최초의 국비 유학자였다(미국). 박영효는 철종의 딸 영혜공주의 남편이였다.

개화파의 형성에 크게 기여한 인물로는 봉원사 주지스님 이동익이다. 그는 일본 게이오의숙에서 개화사상을 배웠다. 게이오의숙은 후꾸자와 유키치가 창설자인데, 일본 제일의 현자이고 영웅으로 불리고 있다. 그는 일본의 만원지폐에 인쇄된 인물이다. 이자가 갑신정변을 뒤에서 조종했다고 할 수 있다. 김옥균 등 개화론자들은 봉원사를 드나들며 개화사상을 익혔다.

박규수는 처음에는 이홍장의 양무운동을 받아들이는 온건개혁파와 상통했으나, 결국 유교를 바탕으로 한 중화사상이 허구임을 알고서 청과의 단절을 주장하였다.

박규수가 죽자 중인 출신 역관 오경석이 승계했고, 오경석 뒤는 역관 겸 한의사 출신 유대치(본명 유홍기)가 승계하였다.

개화파는 온건개화파(또는 수구파, 사대파)와 급진개화파(또는 독립당)로 분리되었다. 온건파는 김홍집, 김윤식, 어윤중, 민영식 등으로, 이들은 청나라 이홍장의 양무운동을 추종하는 친청사대세력이다. 급진파는 김옥균, 박영효, 서재필, 홍영식 등이며, 이들은 조선의 자주독립과 개혁을 일본의 명치유신과 같이 하자는 주로 친일세력이다.

청나라는 임오군란때 조선에 파견한 군대 3,000명을 그대로 조선에 주둔시키며, 민씨 일족에게 압력을 가하여 불평등한 무역장전을 체결하는 등 조선의 재정과 외교마저 장악하다시피 하였다. 그러나 민씨 수구파들은 청국의 조선 속방정책에 오히려 순응하는 듯 개의치 않고 사리사욕만 채우기에 급급하였다.

더욱이 청국은 김옥균 등 개화파들의 조선독립과 개화운동을 갖은 방법으로 탄압 및 방해함에, 이들 개화파들은 정치적으로 큰 위기에 몰렸다.

1883년 홍영식이 미국 보빙사 부사(유길준이 수행원겸 유학생)로 가던 중 일본에서 유길준, 김옥균을 만났다. 이때 5년후 "개혁을 위한 모종의 거사를 벌이기로 약속했다" (유길준 전서). 1984년 청·불전쟁이 일어나자, 조선에 주둔하던 청군 1,500명이 안남으로 이동하였다.

이때 5년 뒤로 약속했던 거사가 1884년 갑신년 10월 17일(양력 12월 4일) 저녁 9시 우정국 개국파티에서 정변이 시작되어 6일 오후 7시 30분 북묘 앞에서 끝났다. 3일천하도 아닌 46시간 천하이다.

당시 병력은 일본 공사관 병력 약 150명, 사관생도 및 평민 수십명(서재필 포함), 궁궐수비대 병력 1,000여명과 친영군의 무기고에 있는 소총이었다. 그런데 김옥균이 무기고를 열어보니 총이 녹슬어 있어 경악하였다. 탄환을 장전할 수 없었다.

이때 청나라 군사 1,500명이 궁궐을 향해 사격을 개시하였다. 일본공사 다께조에는 일본군 철수를 선언하고 퇴각하였다.

홍영식은 북묘까지 고종을 수행했다가 청군에게 난자당했다.

갑신정변과 관련되어 체포된 사람은 23명인데, 20명은 처형되고 2명은 유배, 1명은 고문사 당했다. 홍영식을 제외한 혁명가 4명은 일본으로 망명하였다. 이후 서재필과 서광범은 미국으로 망명하였다. 이들의 가족과 친척은 삼족이 멸문당하였다.

홍영식의 집은 우정국 거사때 민씨일족의 거두인 민영익을 치료해준 댓가로 미국 의사 알렌에게 주었는데 병원으로 바뀌었다.

이후 알렌은 왕실시의가 되었고 광혜원과 제중원을 설립하였다.

김옥균도 1894년 고종의 자객 홍종우에 의해 상해에서 암살당했다.

고종은 갑신정변 때 피란했던 북묘를 기념하여 1887년 비석을 세웠다. 북묘는 임오군란때 왕비민씨가 피란지 장호원에서 만난 무당 박창렬(일명 진령군)이 살던 사당이다. 그 사당으로 피신해 살았다고 해서 비석을 세웠다. 이 비석은 현재 서울 용산 국립중앙박물관 뒤쪽에 있는 "북묘 묘정비"이다(조선일보 "땅의 역사").

조선 멸망의 비밀을 담은 '북묘 묘정비', 서울용산 국립중앙박물관에 있다.

이후 1885년 5월 중국 천진에서 이홍장과 이토 히로부미 간에 "천진조약"이 체결되었다. 양국군대는 조선에서 철수하고 이후 조선으로 출병할 때는 서로 통고하기로 하였다.

한편 러시아는 제2차 아편전쟁때 청국을 도와서 1860년 북경조약을 체결한 댓가로 블라디보스토크가 있는 연해주를 넘겨받았다. 이로인해 러시아는 조선과 두만강을 경계로 국경을 이루며, 부동항을 얻고자 조선을 넘겨다 보았다. 당시 영국은 러시아와 패권다툼 할 때이다.

임오군란과 갑신정변 이후 청국은 조선을 직접 지배하는 것이나 다름없었다. 고종은 러시아를 끌어들여 청국을 견제하려 하였다. 이 낌새를 알아차린 영국은 1885년 거문도를 점령하고 청국에 알렸다. 청국은 러시아가 조선에서 영향력을 행사하는 것을 달갑게 여기지 않던 참에 이를 환영하였다. 이후 원세개가 갑신정변을 제압하고 귀국했다 나오면서 대원군을 대동하였다. 민비는 반대했으나, 원세개는 무시했다.

민비는 한달 사이에 대원군세력을 30명이나 숙청했고, 원세개는 조선의 감국(왕의 감독)이 되었다. 청국의 조선통치는 1894년 청일전쟁이 일어나는 10년간 계속되었다.

영국은 1887년 2월 2년간 머물던 거문도에서 철수하여, 영국이 조선을 점령할 의사가 없음을 밝혔다. 러시아는 영국이 철수하자 웨베르 공사와 그 처형 사교계의 여왕 손탁(본명: 존다크)을 보내어 손탁호텔(정동 16번지)을 운영하며 친러파라는 소위 "정동파(정동구락부)"를 만들었다.

이때 고종과 민비는 재정적자를 메우기 위해 열국들과 통상조약을 맺으며 외국에 광산개발 등 특권을 주는 경제정책을 취했다. 특히 청국상인에게는 조선인상인보다 더 많은 권리를 주었고, 이때 원세개와 함께 들어온 중국상인들에 의해 인천 차이나타운과 짜장면집, 호떡집이 만들어졌다.

4. "을미사변(민비시해)"과 아관파천

동학농민운동(1894년)을 진압하기 위해 출병한 청·일양국은 결국 청·일전쟁으로 이어졌다. 일본이 승리하여 전후처리(시모노세끼 조약: 1895년)에서 일본이 요동반도를 차지하며 동북아 정세를 주도해 나가자, 러시아는 이를 간과하지 않았다. 러시아는 남진정책을 강화하여 프랑스·독일과 함께 동양의 평화가 위협받는다면서 소위 "3국간섭"에 의해 요동반도를 반납하도록 압박하여 결국 일본은 중국에 돌려주었다.

이 3국간섭은 조선에도 그 영향이 미쳤다. 민비일족은 국제역학관계에서 러시아의 역할을 보고는 러시아를 이용하여 외교적으로 "친러배일정책"으로 전환하여 일본을 축출하고자 하였다. 이에 일본은 좌시하지 않고, 특히 대원군과 교감을 이루며 일명 "여우

사냥"이라는 후안무치한 음모를 꾸몄다.

1895년 8월 20일 새벽 일본 낭인들이 경복궁의 건천궁에 있는 민비를 단칼에 살해하여 시신을 불태워 향원정의 녹원 연못에 뿌려버렸다. 이를 "을미사변(민비시해사건)"이라 한다. 이 사건은 불과 1시간도 채 걸리지 않았다.

30여년간 정권을 농단하던 민비는 45세로 한가닥 푸른 연기로 화하였다. 이때 친일파 궁궐수비대장 이두황이 앞장서 광화문을 열어주는 등 안내했기 때문이다.

이 이두황은 청일전쟁시 평양전투에서 일본군 선봉장을 섰고, 동학혁명시 토벌군 우선봉장으로서 동학농민학살에 앞장섰다. 이후 그는 이토 히로부미의 양자가 된 뼛속까지 녹은 친일파이다. 전주에 그의 무덤이 있다.

이 사건은 국내외적으로 큰 충격을 주었다. 국내 여기저기서 국모에 대한 원한을 갚자는 을미의병이 일어났다. 이때 대원군은 잠시 정권을 되찾았다.

고종은 아버지마저 믿지 못하여 러시아공사관으로 "아관파천"하였다.

당시 일본공사 고무라 주타로는 국왕이 아관에 도피할 것이란 소문이 들리자 일본식 군사훈련을 받은 훈련대가 궁궐을 엄중히 호위하였다.

이때 상궁엄씨(이후 순헌 황귀비 엄비)는 10년전 민비에게 쫓겨났다가, 민비참변 5일만에 다시 궁궐에 불려왔다. 10년전 왕과 동침한 뒤 사실을 알리기 위해 치마를 뒤집어 입고 방을 나서며 민비에게 도발했던 당찬 여성이었다.

을미사변 2달후 11월 28일 새벽 남만리 등 800명이 임금을 구출하기 위해 경복궁을 쳐들어 갔으나(춘생문사건) 대대장 이진호의 배신으로 궐문을 열어주지 않아 실패하고 주모자는 처형되었다. 이후 피신자 중 이범진, 이완용 등 친러파와 궐 안의 엄상궁과 모의하여 2차 구출작전을 벌렸다.

「매천야록」에서는, 이때 엄상궁을 매수하기 위해 은4만량을 건넸다고 했으나, 엄상궁은 돈 때문만이 아니라 자신의 미래를 걸고 가담하였다. 그녀는 수시로 가마를 타고 궐문을 드나들며 경비병들에게 은자와 먹을 것을 뿌리며 치밀하게 계획하였다.

1896년 2월 11일 새벽 가마 두 대로 고종과 태자(순종)를 시녀와 함께 나누어 타고 건춘문(경복궁 동문)을 평소대로 빠져 나갔다.

거사 전날 인천항에 정박 중이던 러시아 군함 소속 수병 120명과 대포·탄약 등이 은밀히 아관으로 옮겨졌다. 뒤늦게 출동한 일본군은 발만 굴렀다.

고종은 러시아 공관에 피신 후, 첫 명령으로 총리 대신 김홍집, 내부 대신 유길준, 농상부 대신 정병하 등을 잡아 죽이라고 명했다. 개화파 거두 김홍집은 광화문 앞 거리에서 백성들에게 갈가리 찢겨 죽었고, 정병하는 이완용의 부하에게 경무청 앞에서 피살됐다.

그 외 유길준 등 개화파는 조선을 탈출하였다.

1897년 10월 엄비는 43세의 나이로 마지막 황태자 영친왕 이은을 낳았다.

엄비는 배포가 크고 영특하였다. 순종이 성불구자 이므로 그가 요절하면 자기 아들이 황위에 오를 수 있다는 꿈을 꾸었다. 엄비는 진명·숙명여학교를 세우고, 양의 의숙에 거액을 기부하였다.

고종은 독립협회의 건의로 경운궁(덕수궁)으로 돌아온 뒤 대한제국을 선포하고 황제로 즉위했으나, 을사보호조약으로 나라가 기울자, 영친왕은 일본에 볼모로 갔다. 민비는 "명성황후"로 추봉되었다.

민중의 봉기 "동학혁명"

chapter

03

1. 동학이란?

천주교가 사학(邪學)으로 규정되어 금지시켰음에도, 그 물결은 도도하게 전파되어 갔다. 백성들은 나라가 서학의 세상이 되어 서양 오랑캐에게 빼앗길 것이란 우려가 높았다.

이즈음 철종 11년(1860년) 경주에서 몰락한 양반이였던 최복술(이후 최재우로 개명)이 전통 전래사상인 무격신앙(무당·굿 등 신내림)을 바탕으로 도교, 유교, 불교의 가르침을 망라하고 천주교의 교리도 일부 흡수한 종합종교라 할 수 있는 "동학(東學)"을 창시하였다.

동학의 경전 「동경대전」과 「용담유사」에는 현세 구복적인 교리와 정치사회에 대한 개혁의지도 담겨있다. 또한 불로장생(不老長生)이나 귀신의 조화와 기물의 이용을 강조하는 기철학(氣哲學)적인 인식론도 포함되어 있다. 기본적으로 "사람이 곧 하늘이다"는 인내천(忍乃天) 사상인데, "평등주의와 인도주의"를 기본으로 하고 있다.

동학은 지식층, 몰락한 양반, 농민층 등에서 다양하게 호응을 얻어 삼남일대에 널리 퍼졌다. 조정에서는 처음에 서학에 대한 견제세력으로 생각하여 관대한 처분을 내렸으나, 날로 교세가 확장되자 최재우를 잡아들였다. 동학이 홍건적이나 백련교와 다름없이 우민을 현혹시키고 재산을 약탈하며 나라를 뒤엎을 작정이라며, 사교로 규정하여 금지시키고 결국 최재우를 처형시켰다. 동학의 교세는 일시적으로 약화되었지만, 제2대 교주 최시형에 이르러 교세는 다시 크게 확장되었다.

2. 동학교조 신원회복운동

동학교조 최재우가 혹세무민의 죄로 처형당한 후, 제2대 교주 최시형은 난관을 잘 극복하여 「동경대전」, 「용담유사」 등을 편찬하여 종교적인 체제를 갖추어 나가면서 삼남일대에서 교세를 크게 확장시켜 나갔다.

최시형은 교세가 확장되자, 1892년 11월 삼례역에 수천명이 모여 충청·전라 관찰사에게 청원서를 보냈다. "교조 최재우가 무죄이고, 동학이 결코 서학의 일파가 아니라는 것, 또한 양민인 교인을 학살한 것"에 항의하였다.

그러나 관찰사는 동학이 국가에서 금하니 미혹치 말라는 답변만 왔다. 결국 동학교도들은 지방 관헌에게는 한계를 느껴, 한양 광화문 앞에서 사흘 밤낮으로 호곡하며 복합상소를 올렸다. 그러나 조정에서는 오히려 포교금지와 대표자의 체포명령만 내려왔다.

동학에 대한 탄압이 갈수록 심해지자, 최시형은 전국에 통발을 보내니, 수만명이 보은에 모여들었다. 조정에서는 어윤중을 내려보내어 동학대표들과 결국 합의를 보았다. 동학측은 5일 이내에 해산할 것과, 정부는 동학측의 충청관찰사 조병기, 공주영장 윤영기 등 지방관헌들의 불법 횡포 등을 근절한다는 조건으로 일단락되었다.

3. 고부민란

보은집회 이후에도 동학교도들이 주장하는 탐관오리의 횡포는 줄지 않고 날로 더해 갔다. 중앙에서 민씨척족들이 매관매직하니 지방수령들까지 기승을 부렸고 특히 전라도지역에서 더욱 심했다.

그때 조대비의 척족인 조병갑이 고부군수로 내려왔다. 그는 큰 만석보를 개수하여 수세를 받고, 부친의 송덕비를 세우는 등, 횡포를 부리자, 백성들의 원망이 높았다.

특히 조병갑이 전근이 되면서 세금문제 등을 청산하고 가야 하는데, 수세를 내지 않은 백성들에게 악형을 가하자, 백성들은 "우리가 수축한 보인데 왜 우리가 수세를 내야 하느냐?"며 크게 반발하였다.

이때 이 지역 동학접주 전봉준이 간부들과 이 문제를 논의했으나, 뾰족한 방법이 없자, 농민들과 합세하여 깃발을 올리기로 하였다. 모두들 동헌으로 몰려가 항의를 하자 조병갑이 나타나 오히려 크게 꾸짖으니, 성난 군중들은 폭도로 변해 버렸다(1894년). 조병갑은 놀라 변장하고 전주로 달아났다.

농민들은 일시적인 군중심리로 난동을 부렸으나 통솔이 되지 않던 차에, 키가 작고 녹두같이 생긴 사람이 나타났다. 바로 동곡에 사는 녹두장군 「전봉준」이였다.

그는 동학접주로서, 군중들을 타이르고 질서를 잡아나갔다.

동학군은 질서가 잡히자, 고부에 이어 장성, 전주까지 쳐들어가 전주감영을 아무 저항없이 접수하였고, 기관포 등 무기를 대량 확보하였다. 전봉준은 전주를 본영으로 정하고 집정을 시작하였다.

조정은 홍계훈을 초토사로 명해 내려보냈다. 홍계훈은 임오군란때 민비를 등에 업고 달아난 공으로 벼슬을 한 사람이다. 동학군과 홍계훈의 관군은 전주성에서 대치하였다. 당시 동학군의 저항이 만만치 않자, 조정에서는 청의 원세개에게 구원병을 요청하였다. 섭지초가 청군 3,500명을 이끌고 아산만에 상륙하였다.

당시 청은 천진조약에 의해 일본에 출병을 통지하자, 일본은 거류민 보호 등을 명분으로 군함 7척과 병력7,000명을 인천에 상륙시켰다.

전봉준은 동학군 토벌을 위해 청·일군이 쳐들어온다는 소식을 접하자, 외국군을 내쫓기 위해서는 관군에 협조해야만 백성의 도리라며 자진 해산하기로 결정하였다. 이때 조정에서는 왕명으로 생명 및 생업을 보장해 주기로 약속하였다.

이후 삼남지방은 사실상 동학군의 지배상태로 들어갔고, 각 집강소에서 시행할 "정강 12항"을 시달하였다.

"탐관오리, 불량한 유림 및 양반을 엄징하고, 노비문서를 태우고, 왜와 내통한 자는 엄징할 것, 토지는 평균 분작할 것" 등이다.

4. 동학군의 재봉기

전봉준은 고부민란 이후 세태를 관망해오다 갑오경장과 청일전쟁을 통해 일본의 행태와 조정대신들의 무능함을 보면서 재봉기를 결심하고 그 뜻을 글로 써서 호서순상(湖西巡相) 박제순에게 보냈다. 그런데 일설에 의하면 동학의 재봉기는 대원군이 관련되었다는 설이 있다. 대원군은 임오군란 이후 청나라에 억류되었다가 갑신정변의 덕으로 다시 소환되어 대궐에 들어왔으나, 사방이 친일파로 둘러싸여 있어 이 상황을 타개하려고 박동진을 전봉준에게 보내어 성사됐다는 견해도 있다.

전봉준은 호서·호남에 있는 동지들을 삼례로 모아 재봉기에 대한 토론을 벌렸다. 괄괄한 성격인 남원의 김개남 등은 바로 한양으로 진격해 가자고 주장했다. 최교주는 "아직 시기가 아니다. 우리 교도의 목적은 경천 아민이다. 그 목적에 충실해야한다"며 완곡하게 만류했다. 그럼에도 불구하고 전봉준과 김개남은 남접단독으로라도 한양으로 쳐들어갈 생각이였다. 전봉준은 각지에서 궐기한 동학군을 정비하여 삼례역에 진을 쳤다. 10만 명의 대군이 모였다. 이때 북접에서도 호응하여 왔다. 결국 교주 최시형도 호응하며 남·북접이 합하여 총21만 명의 동학군이 논산벌에 모여 전국을 뒤엎을 기세였다.

드디어 남·북접 전봉준과 손병희가 감격의 포옹을 하며 주력부대를 이끌고 한양으로 향했다. 일부 병력은 손화중·최병선에게 광주 방면에서 후방을 지키게 했다. 마침내 항일·구국을 외치며 거의 전국적인 규모로 동학군이 봉기했다. 1894년 9월 21일 정부는 호위부장 신정희를 양호 순무사로 임명하고 진압작전에 들어갔다. 당시 조선 군대는 일본 측의 강요로 거의 해산되다시피 하여 겨우 소총 200여정을 돌려 받았는데 그것도 일본군 장교의 감독으로 장위영에 새로운 교도 중대를 편성할 정도였고 불과 4천명 정도였다. 이들로 20만 명이 넘는 동학군을 진압하려 한 것이다. 그러나 아산에 주둔해 있던 일본군 2개 대대가 진압군에 가담했다.

첫싸움은 9월말 호남·호서에서 한양으로 가는 전략 요충지인 천원군 세정산에서 전개됐다. 동학군 선진부대는 성을 쌓고 진지를 구축하여 토벌군을 기다렸다. 토벌군이 새벽 6시에 양쪽에서 교란작전을 전개하자 전투경험이 없는 동학군은 일시에 혼란에 빠지며 큰 피해를 입었다. 세정산은 온통 동학군의 시체로 쌓였다. 지휘자 김복영도 사로잡혀 참형을 당했다. 한편 논산에 진을 치고 있던 동학군은 훈련을 한다고 우물거리다 때를 놓치고 말았다. 애당초 9월 초에 치밀하게 계획을 세워 남·북접이 공동전선을 폈으면 소수인 관군과 일본군을 기습공격하여 충분히 성공할 가능성이 있었다. 당시 일본은 청국과 전쟁상태였으므로 일본이 크게 당황하지 않을 수 없었고, 그 이후의 상황은 다르게 전개 될 수도 있었다.

한편 전봉준은 일본군이 공주로 내려온다는 소식을 접하고 대군을 움직이기 시작했다. 이때 김원식이 대군의 출동문제로 전봉준과 내분이 일어나면서 김원식이 먼저 출동했다가 곧 진압되어 사망하였다. 10월 24일 동학군은 전열을 가다듬고 공주성을 압박해 갔다. 당시 공주성은 무방비 상태였는데, 성밖에서 우물거리다 때를 놓치고 말았다. 그 사이 세정산에서 대승한 관군과 일본군이 공주성에 집결한 것이다. 공주성에서 공방이 벌어졌다. 처음에는 팽팽한 접전이었으나 오합지졸인 동학군이 점차 남쪽으로 밀렸다. 이때 전주방면에서 급히 올라온 김개남과 합류하면서 다시 북상했다. 당시 농민들은 남색옷에 머리끈을 묶은 열네댓 살 소년을 수호신 신동(신의아이)으로 부르며 목마를 태워 깃발을 흔들면서 일사불란하게 움직였다. 이때 농민들은 신동과 함께 주문을 외며 깃발을 흔들면 총알도 비켜간다고 생각했다(매천야록). 당시 진압군은 우금치 고개에서 매복작전을 펼쳤는데, 동학군은 인산인해를 이루며 우금치고개를 넘어오다 일시에 공격을 받아 대혼란에 빠지며 죽음의 고개가 되었다. 그런데 동학군은 전황을 제대로 파악하지 못하고 무모하게 40여 차례나 꾸역꾸역 올려 보내다 우금치 고개는 동학군의 시체로 산을 이루었다. 이 싸움을 끝으로 동학군은 패주하여 해산되었다. 전봉준과 동학접주들은 산간벽지로 피신했으나 하나하나 붙잡혀 효수되며, 서소문 밖에 내걸렸다.

천운을 맞아 궐기한 동학이 천운을 놓쳐 결국은 통한의 종말을 맞았다. 얼마 후 최시형도 동학괴수란 죄명으로 처형되었다. 이로써 반제(反帝) 반봉건의 기치를 내걸은 동학의 깃발은 허무하게 조·일 관군에 의해 꺾였다. 지도자들의 전략 전술에 대한 경험부족과 전투경험이라고는 없는 오합지졸이 남긴 우리 농민들의 민족혼은 이후 우리 민족사에 큰 아픔과 교훈을 남겼다.

1894년 11월 관군 및 일본군에 몰살된 2만6천명의 위령탑이 지금 공주남쪽 우금치에 지난날의 한을 되새기며 서있다.

우금치에 있는 동학혁명군 위령탑

chapter 04
조선왕조, 세계지도에서 사라지다.

1. 19세기 중엽 동아시아 정세

중국은 아편전쟁(중·영전쟁)으로 영국에 패하자 세계의 중심(중화)이란 이름뿐이며 구미열강에 개방되어 열강들의 각축장이 되었다.

당시 일본은 17세기초 임진왜란의 원흉인 토요토미세력이 세키가하라전투와 오사카 여름전투에서 도쿠가와의 동군에 패하자, 토요토미세력은 절치부심하며 재기를 기다렸다. 1853년 미국 페리제독이 군함 4척을 이끌고와 위협함으로서 결국 통상조약을 맺고 문호를 개방하였다. 마침내 때를 기다리던 토요토미세력은 사쓰마(현 가고시마)와 조슈(현 야마구치) 두 번이 주축이 되어 도쿠가와 막부를 붕괴시키고 "메이지유신"을 단행하여 천황중심의 근대국가체제를 수립하였다. 오늘날 일본정치의 중심인 아베총리도 야마구치 출신이다.

일본은 19세기 중반 메이지유신을 단행하자, 이와쿠라 도모미 등 총 107명의 해외시찰단을 서양 12개국에 보내어 해외문물을 적극적으로 받아들였다. 당시 이 시찰단의 부사(副使)가 「을사보호조약」을 주도했던 33세의 "이토 히로부미"였다 이 시기에 조선은 대원군이 병인·신미양요에 승리했다며 전국곳곳에 척화비를 세웠다.

일본은 자신들이 서구에 당했던 개방논리를 이용하여 조선, 대만, 만주를 정복하자는 "정한론"이 대두되었다. 그 중심에는 "요시다쇼인"으로, 그는 초대 일본천황 신공천황의 "한반도 남부 경영설"과 임진왜란때 토요토미 히데요시가 이루지 못한 조선에 대한 황도(皇道)를 이루자고 주장하였다. 이를 실현하기 위해서는 막강한 군함이 필요하다면서, 이때부터 일본은 해양강국을 건설하기 시작하였다.

그 당시 조선은 1863년 12살의 고종이 즉위하자, 아버지 흥선대원군이 섭정을 하며,

국내적으로 붕당의 원인인 서원을 철폐하고, 인재의 탕평 등용, 탐관오리의 숙청, 경복궁의 중건, 국방의 강화 등 대대적인 정치개혁을 단행하여 백성들로부터 많은 호평을 받았다.

그러나 대원군은 조상에 대한 제사를 거부하는 천주교를 탄압하고 외세를 "양이"라면서 쇄국정책을 강화하였다.

결국 이로 인해 프랑스 천주교신부 9명 등 8천여 명의 순교자가 발생하자, 프랑스 로스제독이 이끈 전함7척이 강화도에 들어와 강화성이 함락됐으나, 이들을 산포수 300여명을 동원해 퇴치시킨 「병인양요」(1866년)가 발생하였다.

그 5년후 미국 제너럴셔먼호가 대동강에 들어와 교역을 강요하는 등 행패를 부리다 군중들에 의해 선박이 불타고 선원들이 모두 죽는 사고가 일어났다. 이의 책임을 물으며 통상을 요구한 미국 로즈스제독이 군함 6척을 강화도에 보내어 초지진·광성진 등을 점령했으나, 이때도 돌격대 500여명을 잠입시켜 퇴치시킨 「신미양요」가 발생하였다.

대원군은 두 양요에서 승리하자 "척양비"를 세우고, 서양 오랑캐가 오면 모두 싸워 물리쳐야 하고 싸우지 않으면 그것은 곧 매국행위라며 쇄국정책을 더욱 강화하였다.

1868년 일본에서 메이지유신으로 왕정복고가 되었다는 통지를 조선에 보내왔는데, 그 서계(書契)가 종전과는 달리 일본자신을 천황이라 칭하고 조선에 대해서는 "대인(大人), 공(公)"으로 격하되어 있어 국가 간 상호 대등성이 손상된다면서 수신을 거부한 바 있다. 그러자 일본측은 정한론(征韓論)이 더욱 거세어지면서, 먼저 군함 운요호를 부산에 보내어 시위를 벌리게 했으나, 대원군은 "일본은 양이와 같다"면서 이에 대응하지 않았다.

이후 고종은 22세(고종 10년, 873)가 되자 민비(23세)는 당대 최고의 유생인 최익현에게 상소문을 쓰게 하여, 대원군을 섭정에서 퇴출시키고 고종이 친정하게 되었다. 이때부터 민비가 등장하여 정권을 잡기 시작하였다.

2. 일본의 침략서곡 「병자수호조약」 (제1차 한일협약)

민비는 정권을 잡자 대원군과 반대되는 정책을 쓰기 시작하였다. 부산에 있는 동래부사를 민비측근으로 바꾸면서 사전 대비책도 없이 일본과의 교역이 시작되었다.

이때부터 일본은 조선침략을 노골화하기 시작하였다. 일본은 고종 12년(1875년)에 군함 운요호를 다시 강화도로 보냈다. 초지진 포대에서 경고사격을 하자 운요호는 응전하며 육전대를 상륙시켜 영종도를 초토화시켰고, 이때 쌍방간에 사상자를 내고 운요호는 철수하였다.

이것이 일본이 최초로 도발한 "운요호사건(운양호라고도 함)"이다. 일본측은 이때의 도발을 마실 물을 구하려고 접근했다고 핑계를 대었고, 국기를 달고 있었는데, 왜 포격을 했느냐고 따졌다. 조선정부는 이때부터 국기(태극기) 제작의 필요성이 제기되었다.

당시 일본은 조선에서 대원군이 물러나자 조선이 의외로 허약하다는 것을 알고는 군함

운요호(일명: 운양호)

8척을 부산에 보내어 함포를 쏘고 무력시위를 하며 통상을 요구하였다. 이어 다시 군함 7척을 강화도로 보내며, 전권대사 구로다를 사신으로 보내며 조선에 근대적인 통상을 요구해 왔다.

이때 조선은 아무 대책도 없이 신헌, 윤자성을 전권대사로 보내어 세 차례 회담을 했으나, 일본은 개관통상을 요구했고, 조선은 국법으로 금한다고 맞섰다.

당시 최익현은 "왜국은 가짜 양인 행세를 하니 이들과의 통상은 매국노이다"라며 강경한 상소를 올리자, 그를 외금부에 가두어 버렸다.

고종과 대신들은 아무 경험이 없으니 어쩔 수 없이 청국 칙사에게 문의하였다. 그는 "현재 각국은 통상을 하는 분위기이니 통상을 해도 무방할 것"이라고 답했다. 이때 부호군 윤치현이 "조약이란 한 조문씩 잘 상의해서 해결하면 되는 것이다"고 상소하자, 결국 신헌을 재 파견하여 12개조의 「조·일수호조약(강화도 조약)」이 체결되었다(1876년). 그 내용은 "… 조선을 자주국(청의 종주권 부인)으로 인정하고, 부산·인천·원산의 개항, 조차지의 설정, 치외법권의 인정, 일본 상관의 설치 …" 등인데 이 조약은 일본이 미국 등에 당했던 불평등 조약과 같았다.

특히 이 조약이 일본의 조선 침략의 서곡이 됨을 후일 역사는 증명하고 있다. 이어 1882년 미국과, 1883년 영국, 독일과, 1884년에 러시아, 이탈리아, 1886년 프랑스와 조약을 맺으며 조선은 외세의 각축장이 되어 갔다.

3. 침략의 제1보 갑오경장과 을미사변(민비시해사건)

개화의 선구자 김옥균, 박영효, 홍영식 등이 우정국 낙성식을 기회로 일본을 등에 업고 「갑신정변(1884년)」을 일으켰으나 청군의 개입으로 3일천하로 끝났다. 그러나 갑신정변으로 인해 청·일은 「천진조약」을 맺고 조선에 비상사태가 발생시는 서로 통고한 후 개입할 수 있는 계기가 되었고, 이 틈에 러시아 등 타 열강들도 조선왕국을 보호한다는 명분으로 진출 할 기회를 얻었다.

한편 동학교도들은 교조 최재우의 처형에 대한 신원회복운동을 하는 중에 탐관오리 고부군수 조병갑의 폭정으로 폭발하여 동학농민혁명이 일어났다. 이때 조선 정부의 요청으로 청에 지원군을 요청했는데, 청·일은 천진조약에 의거 동학군 토벌을 명분으로 조선으로 출병하였다. 동학군측은 청·일의 출병 소식을 듣자 자진 해산했는데도, 청·일 군대는 철수하지 않고 조선의 평화를 지킨다는 명분으로 잔류하였다.

이때부터 일본군은 조선의 내정에 깊숙히 개입하여 한양을 무력으로 점령하다시피 하였다. 당시 조선군은 동학진압차 많은 병력이 내려가 있었다.

일본공사 오오토리는 내정개혁안을 마련하여 일본군대가 경복궁을 포위점령한 가운데 고종에게 강요하였다. 이것이 침략의 제1보인 「갑오경장」(1894년)이다.

오오토리 공사와 내부 대신 박영효에 의해 사직단에서 갑오개혁의 개혁정신을 문서로 밝힌 것이 "홍범 14조"이다. 우리나라 최초의 근대적 헌법이다.

온건 개혁파인 김홍집의 제1차 내각이 발족하였다. 초 정부적 기관인 군국기무처가 설치되며 개화가 급속하게 진행되었다. 과거제의 폐지, 왕실사무는 궁내부에서, 노예제 등 신분제도 폐지, 기타 정치·사회·경제 분야에서 광범위하게 개혁이 단행되었다.

갑오경장의 본질은 일본이 조선의 문호를 개방하며 경제침투를 강화하면서 한일합방과 내선일체(內鮮一體)로 가는데 있었다.

당시 일본육군의 아버지인 "야마가타 아리토모"는 그의 저서 「외교전략론」에서 "일본이 지켜야 할 주권의 경계선은 청과 국경인 압록강"이라고 역설했는데, 이때 이미 조선을 일본의 군사 지배하에 두려는 목적을 분명히 드러내고 있었다.

한편 동학군 평정을 위해 조선에 진출한 청·일 양군은 서로 조선에서 철군하라고 요청하며 주도권을 다투다가 결국 청·일 전쟁이 발발하였다. 전쟁은 해·륙상에서 일본이 청에 대승하였다(1894년). 이때 평양에서의 전투상황 기록을 보면 청·일의 전투력을 잘 알 수 있다.

> "당시 중국군은 으스대며 자신만만해 하며 쓸데없는 늑장을 부리다 시간과 정력을 낭비하였다. 반대로 일본군은 모든 출입구를 막고 병력이 증원되며 … 적을 덮쳤는데, 청군은 절망적인 혼란에 빠져 2만여 명이 북문에 몰려들었다가 달아나지 못하자 다시 짐승떼처럼 남문으로 돌아섰다. 그러는 동안 사방에서 공격을 받고 수없이 쓰러졌다. … 이는 짐승에 대한 도살이었다. … 평양시는 온통 시체로 뒤덮혔고 주민들은 하나도 보이지 않았다."

청·일 전쟁후 일본은 배상으로 만주의 요동반도를 차지했으나, 당시 동아시아에서 남진정책을 강화하던 러시아는 일본의 팽창을 좌시하지 않았다. 러시아는 프랑스, 독일과 함께 3국간섭에 의해 일본을 압박하여 요동반도를 청에 반납시켰다. 이때 민비는 국제역학관계에서 러시아의 힘을 알고 "친러배일" 정책을 채택하였다. 이에 분개한 일본 미우라 공사는 대원군과 교감하여, 건천궁에 있는 민비에게 자객을 보내어 민비를 단칼에 죽이고 시체에 석유를 뿌려 태운 후 뼛조각을 향원정 연못에 뿌렸다.(일명: 여우사냥) 이로서 30여년간 홀로 정권을 농단하던 민비는 45세로 한가닥 푸른연기로 화하였다.(「을미사변」: 1895년).

4. "아관파천"과 대한제국 선포

을미사변 후 정국이 혼란해지자, 고종은 평소의 배일감정이 더욱 고조되면서 친러파 이범진, 러시아 공사 웨베르 등의 건의에 따라 러시아 공사관으로 "아관파천"하였다(1896년). 일부에서는 이를 "아관망명"이라고도 한다.

이후 일본인 고문과 무관은 물론 재정 고문도 러시아인으로 교체되었고, 이틈에 열강들도 공평한 지분을 요구하며 금광, 광산, 철도 부설권 등을 차지하며 전 국토가 외세에 의해 유린되었다.

한편 갑신정변으로 일본을 거쳐 미국으로 망명했던 서재필은 미국에서 의학박사 학위를 받고 미국 시민권까지 얻었으나, 젊은 시절 목숨을 바쳐 조국의 개화 독립에 헌신했던 꿈을 실현하고자 귀국하였다. 당시 조선은 전 국토가 외세에 의해 유린되고 국왕마저 러시아 공관으로 피신해 있는 것을 보고는 구국전선을 형성한 후 "독립협회"를 조직하였고, 이어 옛날 중국사신을 맞던 모화관자리에 "독립문"을 세웠으며, 「독립신문」도 발간하였다(1986.4).

독립협회 인사들은 고종에게 나라의 체면상 환궁을 강력하게 건의하여 곧 경운궁(덕수궁)으로 환궁하였다. 그리고 조선의 자주성과 독립성을 내외에 과시하기 위해 서구 열강과 동등한 "황제"를 칭하고 1897년 10월 12일 즉위식을 성대하게 거행하였다. 이 칭제는 갑신정변때 김옥균이 수시로 제기한 바 있다. 국호는 우리나라가 삼한 땅에서 나와서 삼한을 합친 후 영토를 압록강·두만강까지 더 넓혔으므로 「대한제국」으로 정했고, 연호는 광무로 하고, 을미사변때 시해된 민비도 이때 명성황후로 추증하였다.

이어 1897년 광무개혁을 단행하였다.

"대한제국은 황제권을 강화하여 입법, 사법, 행정, 외교, 군사 통제권을 가지고, 황제의 전제권을 법적으로 보장 ..." 등이다. 정치에서는 보수적이었으나, 반면 교육, 공공시설 등에는 근대적인 성격을 띠었다.

그러나 대한제국은 독립협회의 지나친 진보개혁 정치를 보면서 이를 견제하기 위해 황국협회를 만들어 독립협회를 견제, 방해 하였다. 특히 대한제국은 일본, 러시아 등의 외세간섭으로 광무개혁의 자주성에는 한계를 보여 주었다.

5. "러·일 전쟁"과 「한·일 의정서」 체결

러시아는 청·일 전쟁 후 3국 간섭으로 요동반도를 청에 반납시켰으나, 그 댓가로 그 지역에 있는 여순, 대련을 청에서 조차하였다. 더욱이 1898년 청에서 의화단사건(외국인 퇴출 궐기)이 발생하자 출병했던 러시아군이 점차 만주를 점령해 나가면서 시베리아 철도의 만주 통과 등의 남진정책을 강화하자, 일본은 러시아군의 만주철수 등을 주장하며 첨예하게 대립하였다.

러·일 전쟁이 발발하게 되는 결정적인 배경은 아래와 같다.

첫째, 1903년 일본 가쓰라 수상이 제시한 "만·한 교환론" 때문이다. 만주에서 러시아의 지배적 지위를 인정하고, 한국은 일본이 확보해야 한다는 주장이다. 그러나 러시아는 그간의 한국에서의 역할과 남진정책을 고려할 때 이를 인정 할 수 없었다.

둘째 : 당시 국제사회는 영국과 러시아 간에 대립이 심했는데, 특히 동남아시아에서 이익이 상충되었다. 일본은 당시 야마가다 및 가쓰라의 의견에 따라 결국 1902년 당시 세계 최강인 영국과 동맹을 맺었고, 영국을 배경으로 러시아와 한판 승부를 벌릴 수밖에 없다는 결론을 내렸다. 영국측에서 볼 때도 일본을 대리로 내세워 일으킨 전쟁이라 할 수 있다. 실제로 일본은 러·일 전쟁 시 비용 17억엔 가운데 영국, 미국에서 모집한 외채가 40%에 달했다. 이후 러·일 전쟁 종료 후 미국의 주선으로 체결된 "데프트·가쓰라 협정"에서 영미는 한국에서의 일본의 우월적 지위를 인정하였다. 당시 미국으로서는 서태평양에서 러시아의 남하를 막고 미국의 필리핀 지배를 인정받기 위해 일본의 한국 지배를 인정하게 된 것이다.

당시 1901년 미국 루즈벨트 대통령의 일본에 대한 인식은 루즈벨트의 다음 말에서 잘 나타나고 있다:

"러시아의 남하위협을 제거하고, 본국의 만주진출을 용이하게 하기 위해 먼저 만주에서 일본의 힘을 러시아와 대등하게 끌어 올려야 한다. 이를 위하여 아직도 러시아보다 힘이 약한 일본에 조선을 넘겨주어야 한다".

셋째 : 가장 핵심적인 것은 당시 일본은 러·일 전쟁을 일으킴으로서 한국에서 일어나고 있는 다양한 개혁시도와 독립에 대한 한국민의 노력을 좌절시킬 수 있고 또한 향후 일본의 식민지화에 결정적인 기여를 할 수 있다고 판단하였다. 당시 1900년에 주일공사 조병식과 이듬해 외부대신 박제순이 일본을 방문하여 한국의 "영세 중립국화" 구상을 제시한 바 있으나, 일본은 이를 식민지화 계획관계로 적극적으로 방해하였다. 실제로 1904년 1월 러·일 전쟁이 눈앞에 닥쳐오자, 대한제국은 열국에 "전시에는 국외 중립국"임을 선언하였고 이를 영국, 독일, 프랑스, 이탈리아, 덴마크, 청나라 등이 승인하였다.

이때 일본은 러·일 전쟁을 위한 선발부대가 이미 2월 8일 인천에 상륙하고 있었고 개전은 돌이킬 수 없는 상황이었다. 당시 한국은 영국 등 열국의 승인을 받은 중립국이었으나 국제적으로 인정받기에는 너무 늦어 있었다.

러시아가 남진을 계속하자 영·일은 재빨리 동맹을 맺고 공동저지에 나섰다. 이들은 표면적으로는 한·청의 독립과 그 영토를 보장한다면서, 일본은 한국에서 영국은 청국에서 일정의 이권을 보장한다는 것이다.

한편 러시아는 1900년 한국을 압박하여 마산항을 조차하고, 이어 1902년에는 마산 부근의 진해를 해군기지로 조차하려 하였으며, 또한 한·만 국경에 있는 용담포를 점령하였다.

드디어 양국은 전운이 무르익자 1904년 2월 8일 개전이 시작되었다. 전쟁은 해·륙상에서 전개되었다. 육군은 봉천, 요동반도, 요양에서 러시아군 30만명, 일본군 25만명이 2주간의 대 혈전을 벌여 수많은 사상자를 내며 일본이 승리하였다. 해전에서는 러시아 발틱 함대가 아프리카 남단 희망봉을 거쳐 오면서 지칠대로 지쳐 있다가 대한 해협에서 일본의 최신예 전함 미까사 등과 교전하여 역시 패하였다. 러시아 함대는 총 38척 중 33척이 격침 또는 나포되었다. 육·해상에서 모두 일본군이 승리한 것이다.

드디어 일본은 승리에 도취하여 한국을 한 손아귀에 쥘 수 있었다.

1904년 2월 23일 일본 하야시 공사는 고종에게 「한·일 의정서 (제1차 한일협약)」를 내밀었다.

"한국이 제3국의 침해나 내란이 발생할 시 일본이 필요한 조치를 취할 수 있고, 군사상 필요한 지역을 임의로 이용할 권리가 있으며, 또한 제3국과 조약을 맺을 시 일본의 승인을 받을 것 ..." 등이다.

일본은 한·일 의정서를 최대한 이용하였다. 한국에 군대주둔은 물론 통신망 이용 등을 핑계로 광대한 토지를 접수하였고, 그 외 경부·경의 철도 부설권, 나아가 연해 어업권, 심지어 13도의 황무지 개발권도 일본에 내주었다. 이때 "독도"도 은밀히 일본 영토로 편입시켰다(1905년).

6. 「을사보호조약」(제2차 한일협약)

러·일 전쟁이 막바지로 치닫고 있을 때, 미국 루즈벨트 대통령은 미국 포츠머스에서 러·일 양국간 강화회담을 체결시켰다. 이 회담은 이미 "데프트·가쓰라 밀약"에서 미국이 양해한 사항이었다. 일본은 한국에 대한 특수한 이익을 러시아로부터 인정받고, 그외 러시아의 남 사할린도 양도 받는 내용이다. 이 포츠머스 회담은 한국의 주권이나 의사를 전혀 고려하지 않았다.

일본은 이미 러시아는 물론 영국, 미국, 독일 등 세계 5대 강국으로부터 일본의 한국 침략을 공식적으로 인정받은 것이나 다름없었다. 당시 이들은 한국의 정세가 독립성을 유지하기엔 너무 허약하다고 본 것이다. 참으로 참담한 현실이었다.

포츠머스 회담이 체결되자, 1905년 11월 이토 히로부미는 특명대사로 한국에 중책을 들고 왔다.

"신협약"은 외교권부터 박탈하는 것인데, 이토는 외부대신 박제순에게 협약안을 전달한 후 고종에게 세 차례나 재가하도록 압력을 가했고, 또한 그의 숙소 정동호텔에 정부 각료와 중진들을 불러 기탄없이 위협했다.

이 문제로 어전각의를 열었지만 5시간 동안 결론을 내리지 못했다. 그러자 이토는 하세가와 군사령관과 헌병대장을 대동하고 수십 명의 일본 헌병의 호위아래 각의 회의장에 들어가 직접 위협하며 마치 죄인 다루듯 한 사람 한 사람씩 가부를 강요하였다.

당시 황제는 다만 "정부에서 협상 조처하라"고 책임을 회피했을 뿐이다. 참정대신 한규설은 무조건 불가로 주장했고, 탁지대신 민영기와 법무대신 이하영도 불가에 동조했다. 이때 끝까지 뜻을 굽히지 않는 참정대신 한규설에게 이토가 한 말이다. "내가 야심이 있는게 아니라 단지 귀국이 실력이 없어 이렇게 하지 않으면 동양이 위태롭기 때문이다"고 했다.

반면 학부대신 이완용, 군부대신 이근택, 내부대신 이지용, 외부대신 박제순, 농·상공부대신 권중현 등은 모두 책임을 고종에게 전가하면서 찬의를 표하고 말았다.

이때의 상황을 이토의 측근 "니시오 쓰쓰지 간타카"가 쓴 「한일외교비사」(1930년)와 일본측 조약 책임자 "하야시 곤스케" 주한공사가 쓴 「나의 칠십년을 말한다」(1935년) 및 「견한대사 이토 히로부미 봉사일기」에서 자세히 볼 수 있다.

"이토 후(候)는 서슴없이 회의장으로 들어와서 … 언제까지 우물쭈물 한다해도 결말이 날 이야기가 아니니 … 한 사람, 한 사람씩 반대냐 찬성이냐 의견을 물을테니 분명히 답해주기 바란다"며 대신들을 추궁했다.

"다음은 박제순 외부대신이다. 절대 반대는 아니므로 찬성쪽에 넣어서, O인(印)" 등과 같은 방법으로 맨탈 테스트(Mental Test)를 시행했는데, 반대자는 두 사람 밖에 없었다고 처리된 것이다.

당시 박제순은 외부대신으로 조약조인의 한국측 책임자로서 후에 나라를 팔아먹은 "5적"가운데 가장 평판이 나쁜 인물로 지칭되었으나, 조인장면을 좀 더 자세히 보면;

  • 박제순 : "… 본 조약안에 대하여 결코 동의하지 않기 때문에 이것을 외교
               담판으로 삼아, 본 대신이 그 중요한 업무를 맡아서 타협하는 것은

감히 할 수 없는 바지만, 만일 명령이 있다면 어찌 할 도리가 없는
실정이다"

- 이 토 : "명령이란 어떤 의미인가? 폐하의 명령이 있다면 이에 복종해 조인
할 것이라는 의견으로 해석해도 좋은가?"
- 박제순 : 침묵
- 이 토 : "그렇다면 귀 대신은 절대적으로 본 협약에 반대한다고 간주할 수
없다"

박제순은 찬성했던 것이 아니라 "침묵"을 했는데, 절대 반대가 아니라고 하여 이토는
"찬성"에 넣었다. 이렇게 볼 때 다른 대신들의 "찬성"도 거의 마찬가지인데, 그 내용을
잘 읽어보면 찬성은 오로지 「이완용」 한 사람 뿐이었다.
또한 최후까지 저항했던 참정대신 한규설의 상황이다.
하야시 공사의 기록에는 다음과 같이 적고 있다.

"그는 생각다 못해 황제에게 가려고 방을 나섰지만, 허둥된 나머지 왕비 방으로
들어갔다. 이어서 여성의 비명소리를 듣고 한규설은 우리들이 있는 회의실 앞까
지 되돌아와 "음"하고 졸도해 버렸다"

이 장면을 또 니시오 쓰쓰지는 "한 참정대신이 돌연히 소리를 지르면서 슬프게 통곡
하다가 마침내 별실로 연행되었다. 이때 이토 후는 '너무 떼를 쓰면 죽여 버리겠다'고
(일부러) 큰 소리로 속삭였다. 그런데 조인단계가 됐는데도 그 참정대신이 보이지 않았
다. 누군가 의아해 하자, 이토는 중얼거리듯 '죽인 것 같다'라고 하면서 시치미를 뗐다.
그때 대신 중에 누군가 일본말을 알아듣고 금세 옆으로 이 일을 소곤거리며 전달했고,
조인은 어려움 없이 후다닥 끝나버렸다"고 적고 있다.
이토는 각료대신 중 5명이 찬성했으니 문제는 해결됐다고 선언한 후 궁내 대신을
통해 그날 밤 황제의 칙재까지 강요했다.(요시노마코토 : 한일2천년사)
조약이 체결된 지 한 달도 안되어 경성에 통감부가 설치되고 이토 히로부미가 초대
통감으로 부임했다. 공사관은 폐지되고 통감부에서 대행하였다. 한국을 보호할 의무,
병력 사용권, 한국의 시정 및 정책 감독권 등이 본격적으로 시행되었다. 1906년 3월부터
대외 외국 공사관도 모두 폐쇄되었다. 심지어 황제가 의병과 내통한다며 경운궁 등 대
궐의 경위사무도 일본군으로 대치되었다.

한편 일본과 청은 만통선 개축을 교환조건으로 간도 협약을 맺어 우리 조상의 옛 땅 간도를 청나라에 넘겨주었다.(1909년)

이 조약이 체결되자 고종은 미국에 체류 중인 헐버트를 통해 미국정부에 을사보호조약이 무효임을 호소했다. 이어 조약은 자신이 서명하지 않아 무효라며 그 친서를 「대한매일 신보」에 발표했다. 그러나 미·영등 강대국들은 이미 은밀히 양해가 되어 있었기 때문에 외면당했다.

역시 국제관계란 약육강식의 생존원리만 형성되고 있었다.

을사보호조약의 체결은 청천하늘에 날벼락이었다. 황성신문 사장 장지연 선생은 끓어오르는 분노와 단장의 슬픔을 "시일야방성대곡(是日也放聲大哭)"이란 사설에서 아래와 같이 적고 있다.

> "전일 이토가 내한 할 때 어리석은 우리 인민들은 그가 반드시 우리나라의 독립을 공고히 길러줄 방략을 가지고 왔을 것이라고 믿어 인천항에서 서울로 올라올 때 관민상하가 열심히 환영하였다. … 아! 분하다. 우리 2천만 동포는 죽음이냐 삶이냐. 단군기자이래 4천년의 국민정신이 하룻밤 사이에 멸망하였구나. 통재로다! 이 날이여, 방성대곡할 날이구나"

7. 「한·일 합방(合邦)」 "조선왕조 세계지도에서 사라지다"

1) "헤이그 밀사사건"과 고종의 강제퇴위

고종은 네덜란드 수도 헤이그에서 1907년 6월 제2회 만국평화회의가 열림을 알았다. 고종은 이회영의 건의에 따라 특명전권공사 이상설, 이준, 이위종(주러한국공사 이범진의 아들) 3명을 보냈다. 이위종은 영어·불어·러시아어에 능통했다.

이들은 만국평화회의 의장 넬리도프를 찾아가 한국정부가 왜 초청되지 않았는지(?)와 발언기회를 주도록 요청했다. 그러자 넬리도프는 매우 당황해 했다. 이 사실은 바로 헤이그주재 일본공사를 통해 급전을 보냈고, 일본정계는 발칵 뒤집혔다.

그동안 한국 황제는 감금되다시피하여 대궐을 감시했는데 이런 일이 벌어진 것이다. 일본은 넬리도프 의장에게 압력을 넣어 한국대표의 참석을 막게 하였다.

이때 이위종은 평화회의를 계기로 개최된 국제협회에 참가할 기회를 얻어 "한국의 호소"라는 제목으로 호소했다. 이 사실이 세계각국의 신문에 발표되었고 이위종은 기자회견도 가졌다.

드디어 1907년 7월 8일 평화회의가 열리자, 이준은 방청석에서 묵묵히 방청하다가 연단에 올라가 영국·일본·러시아 대표의 만류에도 불구하고 한국의 독립을 연설하고 품에서 단도를 꺼내어 할복자살하였다.

헤이그 밀사사건이 발생하자, 이토는 고종을 찾아가 "일본에 선전포고를 하는 것이냐"며 항의했으나, 고종은 "나는 모르는 일이요"라고 했다. 이때 어전회의에서 송병준은 고종에게 "… 일본의 호의를 버리고 … 그동안 밀사를 15회나 보냈는데, 폐하는 언제나 모르는 일이라고 하고 …, 폐하가 스스로 일본천황을 방문하여 사과하고 황태자를 일본에 교육(볼모)하게 하거나 …" 하였다.

고종은 "너희가 정녕 이 나라의 대신인가 아니면 일본의 대신인가…"라며 통탄해 했다. 이완용 총리는 각료회의에서 고종의 퇴위를 정식 거론했고, 고종은 결국 양위의 불가피성을 깨닫고 양위조칙을 발표하였다.

순종황제의 즉위식이 끝나자, 일본은 1907년 7월 24일 「한·일 신협약(정미7조약)」을 체결했다. 이 협약은 일본의 한국내정상의 권한을 명확하게 규정한 이른바 "차관정치"의 시작이었다.

2) 합방전운(合邦戰雲)

일본은 "한·일 합방"을 앞두고 사전 정지작업을 하였다. 군대의 해산과 의병들, 특히 남한지역에서의 의병토벌이었다. 문제의 불씨를 사전에 제거해야만 하였다.

1907년 7월 20일 "헤이그 밀사 사건"을 빌미로 고종황제를 폐위시키고 7월 24일 신협약을 체결하여 내정상의 권한을 장악한 후 7월 29일에는 「보안법」이란 것을 공포하여 집회결사의 자유를 박탈하였다.

군대는 이미 1905년 그 절반 이상을 해산하여 겨우 7천명 정도 밖에 남지 않았는데, 그것마저 해산시키려는 것이다. 군대해산은 반란 등을 고려하여 상당히 신중을 기하였다.

군대해산 조칙이 발표되는 날은 하세가와 일본군사령관 관저에 여단장 양정환과 각 연대장, 기병 및 포병대장을 모아놓고, 군부대신 이학무는 황실 호위 1개 대대만 남기고 모두 훈련원에 집결시켜서 해단조칙을 발표하였다.(1907년 8월 1일)

한국군대는 아무 영문도 모른채 모였다가 이중삼중으로 일본군에 의해 둘러싸여 무장해제를 당했다. 대대장 소령 박승환은 그 날 아침 소집에 불길한 예감이 들어 중대장을 대리로 보냈는데, 해산 전말을 듣고는 극도로 흥분하여 통곡했지만 이미 글렀음을 깨달았다. 결국 피스톨 한방으로 자결하였다. 대대장의 자결 소식을 듣자 대대원들은 흥분하여 즉시 탄약고를 부수고 무장궐기 하였다. 이 소식이 전해지자 인근의 2대대도 궐기하였다. 결국 일본군과 접전이 벌어졌으나 인원수나 화력 면에서 형편없는 한국군이 몰리며 나중에는 남대문 주위에서 시가전이 벌어졌다. 결국 일본군의 기관포에 무참하게 살육되고 말았다.

이후 해산을 반대하는 항거가 계속됐으나, 이들은 결국 의병이나 독립군에 합류하였다.

남한 대토벌 작전으로 의병들은 대부분 간도나 연해주로 이동하여 독립군에 가담하였다. 당시 전통 사상에 젖어있던 양반 및 유생들의 지도력에는 결국 한계를 드러냈다. 대표적으로 서울 진공 작전 때의 이인영의 예에서 단적으로 드러났다. 그는 서울 진공 작전 중에 부친상을 당하자, 바로 내려갔다. 통한만 남을 뿐이다.

1909년 3월 일본 외무성은 "한국 병합에 관한 건" 문건을 작성하여 가쓰라 수상에게 제출하였다. 한국에서도 이미 이토가 "한·일 일가(一家)"라는 가족주의를 내세우며 병합의 의지를 노골화 하였다. 이때 이토는 "한국은 이미 병합된 것이나 다름없다. 굳이 병합하여 국고의 부담만 늘리는 것은 득책이 아니다"라고 본국의 급진적인 합병책을 반대하였다. 이 일로 이토는 추밀원 원장으로 발령나고 만만한 부통감 소네가 제2대 통감이 되었다.

이즈음 합병 계획이 확정되자 7월 이른바 「기유각서」가 발표되며 감옥사무 등 사법권도 일본측에 위탁되었다. 즉 한국의 사법권은 자동 폐지되었다. 이와 같이 군대해산, 남한 대토벌 작전, 사법권 박탈 그리고 친위대마저 장악하면서 합방을 위한 사전 포석을 착착 진행하였다.

이때 이토가 안중근 의사에 의해 피살되자, 일본은 합방을 실행에 옮겼다. 우선 일진회 등 친일단체를 이용하기로 하였다. 일본의 밀지를 받은 일진회 회장 이용구를 통해 1909년 12월 서울 회원 200명을 긴급 소집하여 합방 문제를 만장일치로 가결시켰다.

일본이 일진회 등 친일단체를 이용한 것은 한일합방이 기본적으로 한국인이 원하고 있다고 대외적으로 적극 홍보함에 있었다.

이에 맞서 대한협회, 흥사단 등에서 "국민 대연설회"를 여는 등 반대 움직임이 확산되어 갔다. 당시 이완용 내각은 대한협회 등 합방 반대파와 제휴하고 있었다. 그러자 합방 문제를 놓고 국론이 첨예하게 양분되었다.

이완용은 처음에는 합방을 반대하는 입장이었다. 이는 자신의 지위를 위한 자위 행위였고 또한 일진회의 강경성을 견제하면서 미국, 러시아에 힘입어 일진회를 분열시키기 위한 것으로 역공작도 추진하였다. 그러나 합방 계획이 확정되자 다시 돌아섰다.

3) 조선왕조, 세계지도에서 사라지다

가쓰라 수상은 제2대 통감 소네를 불러들이고 데라우찌를 3대 통감으로 임명하였다. 일본은 한일합방을 앞두고 이토의 암살 및 친일정객들의 잇따른 암살사건 등을 겪으면서, 일본 헌병 1천여명을 증파한 후 한국의 경찰권을 일본에 위탁시켰고 동시에 헌병 경찰제를 강화하였다.

데라우찌는 도쿄에서 부통감 야마가다를 먼저 보내고 한국 합병에 대한 상세한 계획을 마련한 후 1910년 7월 23일에야 한국으로 부임하였다.

당시 일본은 「한국 병합 조약」을 기초하면서 어구 문제에 상당한 신경을 썼었다. 당시 조약문 작성에 핵심 역할을 한 사람은 일본 국제법 학자 "구라치 레쓰끼치"였다. 조약의 내용은 한국의 황제 폐하에게 "한국에 관한 일체의 통치권을 완전하고도 영구히 일본국 황제폐하에게 양여한다"고 청했고, 이를 일본 황제 폐하는 "수락"하는 동시에 "한국을 완전히 병합하는 것"을 "승인" 했다는 내용으로 되어 있다. 여기서 "병합(倂合)"이 강조되는 형태이다.

그는 단어 선택에 많은 고심을 하였다. 한국이 일본에게 "완전한 궤멸"을 명확히 하면서도 침략적인 본질이 나타나지 않는 단어의 선택이다. "합방, 병탄" 등의 단어로는 아무래도 침략적인 냄새가 나기 때문에 "병합"이라는 단어를 만들어 냈다고 후술하고 있다. "합방"은 우리나라가 완전히 동등한 수준으로 합한다는 의미이다. 오스트리아와 헝가리의 합방처럼 "오스트리아·헝가리 제국"으로 국호를 써야한다. 즉 국호가 "일본·대한제국"이 되는 것이다. 또한 병탄이란 용어도 "다른 나라의 영토를 한데 아울러 제 것으로 만든다"로 되어 침략적인 본성이 나타나게 된다.

데라우찌가 통감으로 부임하자 테러를 당했던 이완용은 7개월간 온양온천에서 요양한 후 상경하여 내부대신 박제순, 농상공부대신 조중응 등과 시국 대책에 대하여 비밀리에 논의했다. 이완용은 1909년 보호조약 이후 명동성당 앞에서 청년 이재명에 의해 회칼로 테러를 당한 바 있다. 그는 보호조약 때는 일제에 붙어 한몫을 하였고, 그 뒤 일진회의 합병 제의 때는 미국·러시아에 붙어 이를 제지하려 했으며, 이제는 또 변신하여 일본측에 접근하여 자신의 명맥을 유지하려 한 것이다.

데라우찌는 도쿄에 머무는 동안 계획한 "병합 처리 방안"을 총리대신 이완용에게 제시했으나, 이완용은 몇 가지 문제에 대해 이의를 달았을 뿐 통합에 반대하지는 않았다. 이완용은 8월 18일 병합안을 각료회의에 제시했다. 각료라야 군부가 폐지된 뒤이므로 총리 이완용, 내부 박제순, 탁지부 고영희, 학부 이용직, 농상공부 조중응 5명 뿐이었다. 이때 병합안은 학부대신 이용직이 죽음을 각오하고 반대함으로서 각의는 해산되었다. 그러자 이완용은 이용직을 일본의 수해위문을 빙자하여 일본으로 내쫓았다. 그리고 궁내부 대신 민병석, 시종원경 윤덕영 등을 통감 관저로 불러다 회유와 협박으로 결국 병합안을 수락 받았다.

이어 이완용은 8월 21일 밤에 순종 황제를 알현하고는 이의 없이 동의를 받았다. 덕수궁에 있던 고종은 "합병이 천명인가! 지금은 어떻게 할 수가 없도다"며 절망적인 탄식을 하였다.

4) 조선왕조 최후의 날

1910년 8월 22일 순종은 창덕궁 대조전에서 최후의 어전 회의를 소집하였다. 곧 합방에 대한 조칙이 마련되고 이완용이 전권위원으로 임명되었다. 모두가 데라우찌의 각본에 의한 것이었다. 곧 이어 이완용이 데라우찌를 찾아가 폐하 스스로 서명하시고 국새를 찍으셨다며 조약문서를 제출하였다. 이렇게 조선왕조가 망하는 일이 간단하게 정리되어 버렸다.

그 후 데라우찌와 이완용은 합방 조약이 체결된 것을 비밀에 붙이고 있다가 일주일 뒤인 8월 28일에야 통감 관저에 군경을 배치해 놓고 신문기자 등을 소집하여 발표했는데 세상을 공포와 경악의 도가니로 몰아넣었다.

이 희대의 사기극이야말로 반만년 역사에서 한 번도 경험한 일이 없는 사상 최악의 비극이라 하여 "경술국치(庚戌國恥)"라고 하였다. 이로서 조선왕조 500년사는 막을 내렸다. 드디어 1910년 8월 22일(순종 3년)에 대한제국은 일본에 합방되며 고종은 아태 왕으로 격하되었고 순종 역시 왕으로 임명되었으며 황태자도 왕세자로 격하되었다. 국호도 조선으로 개칭되었다. 조선왕조는 27대 519년 만에 멸망하였다.

이로서 일본은 4세기경 신공 황후가 한반도 남부를 지배했다는 "임나일본부설"이래 일본 천황의 권위를 위해 한반도를 제후국으로 두어야 한다는 억지 주장을 한 바 있고, 이후 백제가 멸망할 때 역촌강 전투에서 부여풍을 "백제왕"으로 책봉하여 백제를 제후국으로 두려 했으나 실패했고, 또한 16세기 말 히데요시가 임진·정유왜란을 일으키며 한반도 남부를 할양 요구 했으나 모두 실패하였다.

그러나 이번 한일 합방으로 실제로 대한제국 왕이 천황에게 책봉 받으며 신종하게 되고 드디어 국토마저 병탄되면서 500여년 역사의 "조선왕조는 세계지도에서 사라졌다."

5) 조선 총독부 탄생

드디어 무단통치가 시작되었다.

일본은 구두선(口頭禪)처럼 외쳐왔던 동양의 평화, 한국의 안녕 그리고 민중의 복리 증진 등의 한낱 기만적인 미사려구로 장식된 매국과 양도의 합병 계약서였다.

당시 「오사카 아사히 신문」은 아래와 같이 보도하였다.

> "한(국)인이 일본인이 되는 것은 한(국)인을 위해 행복한 일이다. 대체로 한국에
> 서 일본의 행동은 문명을 의미하며, 따라서 인민의 안전과 평화를 보장해 주기
> 때문이다. … 그러므로 합병을 기뻐해야 할 사람은 누구보다도 한(국)인이고, 국
> 민적 경사의 표시로 제등행렬을 거행할 만한 가치가 있으며 … "

이렇듯 한국의 문명 발전을 위하고 역사·인종·언어 등의 측면에서 보더라도 필연적인 조치였다는 점이 강조되었다.

일본은 합방을 실현하기 위한 기본정책으로는 한국민의 자주성과 독립정신을 뿌리채 뽑으려는 철저한 우민(愚民) 정책을 실시하고, 또한 한국민을 영구히 지배하기 위해서는 민족동화정책(황국신민화) 대신에 민족 말살 정책을 써야 한다는 것이다. 그러면서 식민통치의 본질은 "무진장한 자원약탈과 대륙침략을 위한 기지화"였다. 러·일 전쟁때 지게 된 막대한 외채(전쟁 비용의 40%)를 해결하기 위한 수단이였고, 또한 대륙침략을 위한 중화학공업의 육성이 절실하였기 때문이다.

1910년 10월 1일 총독부가 설치되고 초대 총독은 육군 대장 "데라우찌" 전 통감으로서 그가 한일합방을 주도하였다. 데라우찌 총독은 모든 일을 군대식으로 처리하려 하였

다. 이는 개인의 성격 탓만도 아니다.

총독부 관제에 의하면 조선 총독은 육·해군 대장중에서 선발하도록 규정하고 있다. 그리고 조선 총독은 천황에게만 직속되는데, 이점에서 수상과 동격의 존재이다. 그러나 수상은 일본 헌법과 의회에 구속을 받는데, 총독은 자신의 판단으로 제령(制令)을 정할 권리가 주어져 있고, 한국에 주둔하는 군대에 대한 통솔권 등도 인정받고 있다. 즉 군사력을 전제로 식민지배가 행해지므로 군대를 통솔하기 위해서라도 총독은 현역대장이 되어야하기 때문이다.

그야말로 총독은 "소천황"으로서 식민지 민중의 위에 군림하는 것이다.

조선총독부청사는 일제 강점기때 남산 왜성대의 통감부청사를 이용하다가 1926년 경복궁 흥례문 구역에 신청사를 건축하여 옮겼다.

1948년 대한민국 정부 수립후 정부청사 "중앙청"으로 이용되다가 정부청사 신축 후에는 1986년 "국립중앙박물관"으로 사용되었다.

이후 중앙청은 1996년 김영삼 정부때 해체하였다.

조선총독부청사 (위키백과)

PART 07

일제의 식민통치
시대

일제의 무단통치와 구국운동

 일제는 조선군대를 해산하고 남한대토벌을 통해 의병항쟁을 초토화시킨 후, 1910년 9월 22일 한일합방을 강행하였다. 이로서 우리민족과 역사는 말살되고, 조선은 세계지도에서 사라졌다. 일제의 조선식민통치는 아래 세 단계로 진행되었다.

 1910~1919 : "무단통치"
 1919~1930 : "문화통치"
 1931년 이후 : 이때는 일본이 만주사변(1931년), 중일전쟁(1937), 태평양전쟁(1941년)
　　　　　　　시기로서 "민족말살통치" 기간이다.

 1910년 10월 1일 조선총독부가 설치되고, 육군대장 데라우찌가 총독으로 임명되었다. 이때부터 본격적인 탄압과 수탈이 시작되었다. 당시 일제는 청·일 및 러·일전쟁을 치르면서 총 전쟁비용이 17억엔이 소요됐는데, 그 40%를 영국·미국으로부터 외채로 충당했다. 이를 식민지 조선으로부터 탈취하려는 것이다.

 토지조사사업을 통해 전국 농토의 40%를 소유하였고, 광업의 경우 한국인 소유의 생산량에 비해 220배에 달했다. 그 외 어업, 상공업, 산림 등도 일제가 지배하였다.

 그러자 국내외에서 구국운동이 벌어졌다.

 국내에서는 「독립협회」, 「만민공동회」를 통해 민중계몽운동이 전개됐으나, 일제의 압제와 이완용 등의 매국세력에 의해 실패하였다. 1907년 안창호, 이갑, 양기탁 등이 비밀결사단체인 「신민회」를 만들었으나 역시 실패하였다. 이때 일제는 신민회를 데라우찌 총독의 암살음모를 날조한 "105인 사건"으로 몰아 와해시켰다.

 1912년 고종의 밀명을 받고 최익현과 의병장 임병찬의 주도로 「독립의군부」를 조직하여 국권반환운동을 전개했으나 역시 실패하였다. 이어 1916년 한훈, 노백린, 김좌진 등이 「대한광복단」을 만들어 전국적으로 조직하던 중 자금모집 때 발각되어 해외로 도피하거나 지하로 은신하였다. 이 당시 국내 최초의 여성비밀결사단체인 「송죽회」가 평양 숭의여학교와 숭현여학교를 중심으로 조직되어 독립운동자금을 모금하였다.

국외에서는 간도 및 연해주, 중국, 미주, 일본에서 독립운동이 활발하게 전개되었다. 간도지역에서는 이회영 6형제가 전 재산 40만원(현 약 4천억 원)을 처분하여 만주로 가서 경학사와 신흥무관학교를 설립하여 애국청년들을 양성하였다. 이곳에는 단군민족 주의를 신봉하는 "대종교" 교인들이 주축이 되어 장차 고구려 및 발해의 옛 땅을 수복한 다는 "대조선" 재건이 목표였다. 이들은 1918년 12월에 39인이 모여 「대한독립선언서」 (일명: 무오독립선언)을 발표했는데, 이는 이듬해 "3·1운동"에 큰 영향을 끼쳤다.

연해주에서는 이상설, 이동휘 등이 1914년 「대한 광복군 정부」를 세웠는데, 최초의 임시정부였다. 이들은 1914년 러·일전쟁 10주년을 맞아 러시아와 합작으로 대일무력항 쟁에 참가하였다. 이후 「한인사회당」을 거쳐 1921년 「고려공산당」으로 개편되었다. 그러 나 스탈린시대(1937년) 이들 연해주 한인 1만7천명은 일본에 협력세력이 될 수 있다며 중앙아시아로 강제이주시켰다. 이들은 오늘날 중앙아시아에서 소수민족으로 살고 있으 나 소연방이 해체되면서 러시아 옐친대통령이 이들의 강제이주를 공식 사과한 바 있다.

중국에서는 프랑스 조차지인 상해를 중심으로 대종교인 신규식이 1911년 중국의 신 해혁명에 참여하여 국민당 손문 등과 친교를 맺은 후 1912년 「통제사」를 세웠다. 박은 식, 김규식, 신채호, 조소앙, 문일평 등 저명인사 300여명의 회원이 구성되었고 국내 및 구미 각지에 지사도 두었다. 이후 "3·1운동"이 일어나면서 해외 각지의 운동단체를 통일하자는 논의가 일자, 1919년 9월 상해에 「대한민국 임시정부」를 수립하였다.

미주에서는 1908년 샌프란시스코에서 "스티븐스 암살사건"이 일어나자 항일의식이 크게 일깨워졌다. 재미한인 전명운, 장인환에 의해 일제의 외교 앞잡이인 스티븐스를 오클랜드 역에서 저격 사살하였다. 이 사건을 계기로 1908년 박용만, 안창호, 이승만을 주축으로 「국민회」가 창설되었고 미주지역 독립운동의 중추역할을 하였다.

일본에서도 1917년 러시아 혁명과 세계 제1차 대전 후 민족자결주의에 자극을 받아 유학생을 중심으로 독립운동기운이 고조되었다. 1919년 1월 「조선기독청년단」이 조직 되어 2월 8일에 「2·8독립선언서」를 이광수가 기초하여 발표했는데, 이 선언은 "3·1운 동"에 큰 영향을 미쳤다.

"3·1 독립만세운동"

chapter 02

1. "고종독살설". 3·1운동의 도화선이 되다.

　제1차 세계대전(1914~1918년)은 세계인구의 8할인 30여 개국 15억 인구 중에서 병력 6,000만 명이 동원되어 3,700만 명이 희생되었다.

　이 참혹한 피해를 보며 1918년 영, 불, 미, 러 등 연합국이 파리에서 회의를 열었는데 이때 미국 윌슨 대통령은 "각 민족은 정치적 운명을 스스로 결정할 권리가 있으며, 다른 민족의 간섭을 받을 수 없다"는 "민족자결주의 원칙"을 제시하여 채택되었다. 피압박민족은 자결에 큰 희망을 가지며 독립의 불길이 일었다.

　이즈음 1919년 1월 21일 아침 6시 고종황제가 덕수궁 함녕전에서 향년 68세로 갑자기 서거하였다. 이를 놓고 뇌일혈 또는 심장마비가 사인이라는 자연사설과 독살설이라는 이야기가 난무하였다.

1) 자연사설

　당시 임종을 지켰던 일본인 여의사 도가와 이수코에 의하면, 4~5일전부터 뇌출혈 전조를 보였지만 담당 의료진이 이를 간과했다는 증언이 있다.

　당시 영친왕과 이방자 여사의 결혼을 앞두고 있었는데, 고종 서거에 대한 발표가 늦어졌음에 국민적 분노와 의혹이 증폭되며 3·1운동의 도화선이 되었다.

2) 독살설

　독살설의 기록은 개화파 윤치호의 일기에서이다.

고종의 시신을 본 명성황후의 동생 민영달의 기록인데, 건강하던 고종이 식혜(커피라고도 함)를 마신 후 30분도 안되어 심한 경련을 일으키며 숨을 거두었다.

검시 결과 시신의 팔다리가 1~2일 만에 크게 부어올라, 황제의 바지를 벗기기 위해 옷을 찢어야 했다. 시신의 이는 모두 빠져있고 혀는 닳아 없어졌다. 30cm 정도 검은 줄이 목에서 복부까지 길게 나있고, 승하직후 궁녀 2명이 한 달도 안되어 의문사했다. 이에 대해서는 일본의 작위를 받은 윤덕영과 민병석 등이 독살했다고 주장했다(서울대 명예교수 이태진).

1918년 파리 제1차 세계대전 후 미 윌슨 대통령의 민족자결주의에 고무되어 밀사를 보내려 했기 때문에 일제가 독살했다고 주장하고 있다.

또한 만주신흥학교 설립자인 이회영이 고종을 중국으로 망명시켜 망명정부를 수립할 계획이었다는 것이다. 이때 고종은 망명을 결심했으나, 당시 일제는 고종의 뜻과는 반대로 세자 영친왕을 일본의 왕족인 이방자와 혼인을 추진하고 있었는데, 고종이 갑자기 급사하였다.

결국 고종의 독살설은 학계에서는 정설로 받아들이지는 않지만, 이로 인해 3·1만세 운동의 기폭제가 되었고, 고종의 죽음으로 인해 독립운동의 방향은 왕정으로부터 민주 공화정으로 가야한다는 분위기가 조성되었다.

2. 3·1독립만세운동의 전개

고종의 국장일은 3월 3일로 정해졌다.

"3·1독립만세운동"은 1919년 3월 1일 고종의 장례 예행연습일에 맞추어 실시하였다. 손병희(천도교), 이승훈(기독교), 한용운(불교) 등 각계지도자 33인이 최남선이 기초한 「대한독립선언서」를 인사동 태화관에 모여 낭독하였다. 군중 및 학생 대표들은 탑골공원에서 낭독하고 만세시위를 벌였다.

"오등(吾等)은 자(玆)에 아(我) 조선(朝鮮)의 독립국(獨立國)임과 조선인이 자주민(自主民)임을 선언하노라 …"

이 만세운동은 기본적으로 "대중화, 일원화, 비폭력"의 3대원칙 아래 벌어졌다. 만세운동은 전국 방방곡곡에서 5월말까지 220개군 중에서 211개군 103만명이 참가하여

1692건의 시위가 있었고 934명이 사망하였다(국사편찬위원회).

당시 일본군은 육군 2개 사단과 헌병경찰 1만2천명이 조선에 주둔하였다.

일본공식보도로는 체포 4만6천명, 부상자 1만6천여 명으로 집계되었다.

이 "3·1운동"은 다른 나라의 민족운동에도 큰 자극을 주었다.

대표적으로 중국 북경대학생들이 1919년 5월 4일 천안문광장에서 "제1차 천안문사태"가 있었다. "조선인들도 독립운동을 하면서 부르짖었다. 독립을 하지 못하면 죽음이 있을 뿐이다"라고 외치며 일본의 제국주의에 항거하여 "5·4운동"을 일으키는데 큰 영향을 주었다.

인도에서는 마하트마 간디와 네루가 영국의 식민통치에 반대하는 "불복종, 비협력, 비폭력"의 무저항주의 운동에 큰 영향을 미쳤다. 네루는 감옥에서 딸 인디라 간디(이후 인도 최초의 여성총리)에게 쓴 편지에서 "3·1운동은 조선민족이 단결하여 자유와 독립을 찾으려고 수없이 죽어가고 일본 경찰에 잡혀가서 모진 고문을 당하면서도 굴하지 않았던 숭고한 독립운동이었다 …"고 적고 있다.

한편 제1차 세계대전의 참상을 보고는, 세계적으로 평화주의 풍조가 일기 시작하자, 일본 역시 이를 외면할 수 없었다. 더욱이 3·1만세운동이 전국적으로 확산되며 저항이 커지자, 세계의 이목을 고려하여 식민지배방식을 "무단통치"에서 "문화통치"로 전환했으나, 어디까지나 허구였다. 이는 오히려 한국의 전통문화를 말살시키고 정신문화를 일본화하려는 고도의 기만술책이었다.

1) 다음은 대표적인 3·1운동 진압장면이다.

"수원 화수리 장날이다. 4월이 되면서 다시 만세소리가 울려 퍼졌다. 일본순사가 칼을 빼들고 마구 휘두르자 군중들이 한꺼번에 달려들어 그 순사를 밟아 죽였다. 이때 수원 제암리 일대에는 일본군대가 주둔하고 있었는데, 일본군 중위 1명이 군인 10여명을 인솔하고는 주민들에게 유시할 말이 있다며 근처 예배당에 모이게 하였다. 이곳 사람들은 예수교와 천도교인들이 대부분인데 30여명이 모였다. 그런데 갑자기 교회문을 닫은 후 총을 마구 쏘았다. 한 여인이 '아이만은 살려달라'면서 아이를 내보냈으나 사정없이 무차별로 아이를 죽이고 교회에 불을 질렀다.

이들은 일본순사를 죽였다는 죄명으로 조선인 30여명을 죽여 복수했다고 하였다. 이 소문이 퍼지자 인근에 살던 주민들은 공포에 떨며 모두 산속으로 도망갔고, 일경은 산속까지 쫓아와 뒤졌다. 인근 15개 부락을 샅샅이 뒤져가면서 특히 젊은 사람만 보이면 폭도로 보이는지 닥치는 대로 죽였고, 도망가고 없는 집은 모두 불태우곤 하였다"(독립운동 지혈사)

2) 유관순의 애국혼

유관순은 지금의 천안시 병천면에서 1902년 기독교 가정에서 태어나, 선교사의 도움으로 이화학당에 다니는 16세의 소녀였다. 고종이 서거하자 일제에 의해 독살되었다는 소식이 떠돌고, 이어 남대문에서 "3·1만세운동"이 벌어지자 상복을 입고 참가하였다.

학생들의 시위가 극심해지자 전국에 휴교령이 내려 고향으로 내려왔다. 이곳에서 서울의 만세운동을 전하며, 약소민족이라도 독립을 쟁취해야 한다면서 만세시위를 할 것을 역설하였다. 마침 김구용이란 사람을 만나 뜻이 맞아, 병천 아우내시장에서 1919년 4월 1일 독립만세 운동을 하기로 하였다.

드디어 김구용이 "대한독립만세!"라고 쓴 큰 깃발을 들고 나서자 그 뒤를 수백 명이 따르며 대한독립만세를 외쳤다. 이때 일본헌병이 나타나 기수 김구용에게 해산하도록 위협했으나, 계속 행진하며 만세를 부르자, 일경은 김구용의 팔을 칼로 치자 피가 낭자하게 흘렀다. 김구용은 "무기 없는 사람을 죽이려한다. 비겁한 자여 물러가라!"하고 울분을 토하자, 뒤에 있던 일경이 총을 난사했다. 이 광경을 보던 김구용의 어머니가 달려가 울부짖자 어머니마저 다시 총탄에 쓰러졌다. 이때 군중들이 도망가자 마구 총을 난사했고, 그때 유관순의 아버지 유준권과 어머니마저 참혹한 죽음을 당했다.

유관순은 공주 지방법원에서 5년형을 언도 받았고 6월 30일 경성복심법원에서 3년형을 언도받아 서대문 형무소에서 수감되었다. 1920년 3월 1일 옥중에서 만세운동을 전개하여 수감자 3천여 명이 크게 호응하여 만세소리가 밖으로까지 퍼져나갔다. 형무소 주위에 인파가 모여들었고, 전차의 통행이 마비되어 일경 기마대까지 출동하였다. 이 사건으로 유관순은 모진 고문을 당하였다. 이로 인해 고문과 영양실조로 1920년 9월 28일 향년 18세로 옥중에서 순국하였다.

대한민국 임시정부 수립과 광복군 창설

chapter 03

1. 대한민국 임시정부 수립

제1차 세계대전이 끝난 1918년 영·불·미·러 등 연합군은 파리 베르사이유에서 회의
가 열렸다. 이때 미국 윌슨 대통령은 "민족자결주의 원칙"을 제시하여 채택되었다.
이 소식은 약소국가의 독립운동에 큰 불길이 타오르게 하였다.

대한제국도 고종황제가 사망하자 일제의 독살설이 퍼져나가며 "3·1독립만세운동"이
전개되어 반일감정이 높아졌다. 이때 민족지도자들은 여러 곳에 흩어져 있던 독립운동
단체를 통합하여 우리나라를 대표하는 임시적인 근대정부를 세우자는 목소리가 높았
다.

3·1운동을 전후하여 국내외에서 7개의 임시정부가 수립되었다. 그 중에서 대표적인
것은 아래 3곳이다.

○ 1919년 3월 21일에, 망명인사들이 많은 소련 연해주의 블라디보스토크에서 국민
  의회가 설립한 「노령정부」이다. 손병희를 대통령으로, 이승만을 국무총리, 이동휘
  를 군무총장으로 선출하였다. 이곳은 이동휘 중심의 한국사회당이 주축이다.

○ 1919년 4월 11일에, 프랑스 조계지인 상해에서 「대한민국 임시(가)정부」가 세워지
  며, 행정수반인 국무총리에 이승만, 내무총장 안창호, 외무총장 김규식, 군무총장
  이동휘 등 국무위원을 선출하였다. 국호를 "대한민국"으로 정하고 정부형태는 민
  주공화제를 표방하였다.

○ 1919년 4월 23일에, 3·1운동 주도세력 및 13도 대표들이 서울에서 「한성임시정
  부」를 선포하였다. 집정관 총재에 이승만, 국무총리에 이동휘를 추대하고 12명의

정부각료를 임명하였다. 워싱턴에 집정관 총재 사무소를 개설하고, 이 사실을 미국 언론에도 보도함으로서 법통상으로 가장 권위가 있었다.

이와 같이 소련, 중국, 한국에서 각각 임시정부가 수립되자, 이의 통합이 제기되면서 통합 임시정부는 망명 정치인들이 지리적으로 활동하기 쉬운 프랑스 조계지 상해로 결정하였다.

드디어 1919년 9월 6일 제1차 개헌형식을 거쳐서 "대통령 중심제"를 채택하였고 「대한민국 임시정부」로 통합하였다. 대통령에는 한성임시정부의 집정관 총재를 대통령으로 바꾸어 이승만이, 국무총리에는 노령지역의 대표적인 이동휘를, 그 외 각료를 임명하였다.

통합임시정부의 조직과 각료구성은 한성임시정부의 것을 따랐다.

국기는 대한제국의 "태극기"로 하고 국호는 "대한민국"으로 하였다. "대한"은 대한제국의 정통성을 계승하며 동시에 3·1운동 당시 전 국민이 "대한독립만세"를 외친 뜻도 받아들인 것이다. "민국"은 "국민이 주인이 되는 민주공화국"의 뜻이 담겨있다. 따라서 「대한민국 임시정부」는 대한제국의 정체(政體)인 "제정(帝政)"을 "공화정(共和政)"으로 바꿈으로서 새 정부의 출현을 의미하였다. 즉 "대한"이란 글자는 이어지고 정부가 "민국"으로 바뀌었다.

그러나 대한민국 임시정부는 출범 초기부터 서로 다른 정파 간의 대립, 일제의 탄압 등으로 어려움이 많았다. 특히 대통령 이승만과 사회(공산)주의자인 국무총리 이동휘간에 대립이 심했다. 이동휘는 "나는 그 대통령(이승만) 밑에서 일 안 하겠다"고 정무회의에서 고함을 질렀고, 신채호, 박용만도 이승만을 반대하여 떠났다.

결국 노령인사들은 한인사회당수 이동휘를 중심으로서 대부분 통합정부에 참여하기를 거부하며 이후 고려공산당에 합류하였다.

임시정부 설립 당시 고종의 둘째 아들 이강(귀인장씨 소생)을 추대하자는 의견도 있었다.

이강은 명성왕후 시해사건과 한일합방의 무효주장 및 고종황제의 죽음 등에 대하여 1919년 가을 중국 언론에 폭로함으로서 만주에서 일본관헌에 체포되어 추대에 실패하였다. 만약 이강이 합류했다면 통합정부의 위상은 달라졌을 것이다. 그래도 양녕대군의 후손인 이승만이 대통령에 임명됨으로서 통합정부의 정통성을 높이는데 기여하였다.

임시정부 수립 후 개헌은 5차례나 시행했는데 정부형태도 5번이나 바뀌었다.

제1차 개헌 때는 대통령중심제를 도입했으나 국무총리가 한인사회당 당수 이동휘였으므로 연립내각의 형태였다. 정부형태의 주류는 의원내각제였다.

이동휘는 1920년 소련 지원 자금을 독자 처리함으로서 물의를 일으켰고, 또한 이승만 대통령도 독주하여 정부기반이 흔들렸다.

초창기 임시정부는 독립전쟁은 독립군 단체에 일임하고 외교활동에만 전념했다. 그러나 국제법상 정부로 인정받지 못했으므로 대미외교가 주종을 이루었다. 임시정부가 활발한 외교활동을 전개하자, 사회주의 계열의 인사들은 외교보다 적극적인 무장투쟁이 우선이라며 노선갈등이 일어나며 이승만의 사임을 요구했다.

1923년 1월 이승만은 "국민대표회의"를 소집하여 국내외 대표자 100여명의 의견을 수렴했으나 실패하였다. 이 모임에는 임시정부의 조직만 개조하자는 "개조파"(안창호, 상해 공산주의파), "현상유지파"(김구, 이동녕 등), 임시정부를 완전히 해체한 후 새 정부를 수립하자는 "창조파"로 갈려 내분이 일어났다.

창조파는 무력항쟁을 강조하면서 조선공화국을 수립하자는 민족주의 좌파계열과 소련 공산주의자로서 원세훈, 김규식, 김창숙, 박은식, 신채호, 이동휘, 이상룡 등이다.

이 내분 후 개조파 및 창조파는 대부분 상해를 떠나고 현상유지파만 남아 있었으나 이승만도 탄핵을 받아 떠나고, 제2차 개헌을 하여 국무령 중심의 "의원내각제"를 채택했으며, 제2대 대통령은 창조파인 박은식을, 국무령에는 이상룡을 추대하였다.

1923년 창조파와 개조파가 탈퇴하여 임시정부는 활동이 크게 위축되었으나, 1927년 다시 개헌을 하며 집단지도체제인 주석제를 채택하여 이동녕과 김구가 잇달아 주석이 되었다.

당시 정당은 한국독립당, 한국국민당, 조선혁명당의 3당이 통합하여 "한국독립당"(당수 김구)과 사회주의 계열인 조선민족혁명당(당수 김원봉)의 양대 정당으로 통합 정비되었다. 한국독립당이 임시정부의 기반이 되었다.

한국독립당은 김구의 지도 아래 "한국애국단"을 조직하여 테러투쟁을 전개했는데, 이봉창의 히로히토 천황공격, 윤봉길의 상해 홍커우공원의 폭탄투척 등으로 국내외에 큰 충격을 주게 되었다. 이때 김구와 중국국민당 장개석 간 회담 후 중국의 지원을 받게 되며 임시정부는 활기를 띠었다.

임시정부의 청사는 일본의 지속적인 압박과 중국국민당 정부의 내전 및 중·일전쟁(1937년)으로 중국 각지로 옮기는 수난을 당했다. 상하이(1919년), 항저우(1932년), 전장

(1935년), 광동(1938년), 류저우·치량을 거쳐 충칭(1940년)으로 옮겼다.

1941년 임시정부는 일본의 패망이 예견되자 건국강령을 발표하였다. 그 요지는;

① 홍익인간(弘益人間)을 최고의 공리(公理)로 하고

② 정치, 경제, 교육을 균등 실현한다.(삼균주의)

③ 토지와 규모가 큰 생산기관은 국유화하고 중소기업은 사영(私營)한다.

④ 빈농을 우선으로 토지를 분급한다.

⑤ 적산(일본재산)은 국유화한다. 등이다.

이 같은 정강정책은 자유민주주의와 사회주의를 절충한 사회민주주의에 가깝다.

1942년 충칭에서 모든 당파가 참여하는 임시정부의 "통합의회"에 조선민족 혁명당 김원봉도 참여하였다. 그는 임시정부에서 야당 총수와 같은 역할을 하며 각료구성에도 참여하였다.

1944년 광복을 대비하여, 1941년 발표한 "건국강령"의 이념을 구체화하여 제5차 개헌을 하였다.

주석 김구, 부주석 김규식, 외무 조소앙, 군무 김원봉, 내무 신익희 등 각료를 선출하였다.

"삼균(三均)주의"란,

조소앙이 당시 좌·우파 등 난립한 독립운동에 대하여 기본방략과 조국건설을 위한 지침을 삼기 위해 1931년 체계화한 민족주의적 정치사상이다. 개인과 개인, 민족과 민족, 국가와 국가 간에 완전한 균등(均等)을 실현하기 위해서 정치적·경제적·교육적 균등을 실현하는 것이다 이는 1941년 건국강령과 임시정부의 기초 정당인 한국독립당 및 독립군에도 강령이 되었고, 1948년 신생 「대한민국 헌법」에도 반영되었다.

1941년 12월 7일 태평양 전쟁이 발발하자, 임시정부는 바로 12월 9일 대일 선전포고 하는 성명서를 발표하였다. 그리고 미국 워싱턴에 다시 "구미 외교 위원부(위원장 이승만)"를 설치하였다. 그 성명서는 중국·미국·영국 등에 공지하는 내용으로서,

① 임시정부는 반 침략전선의 한 전투단위로 참가하고

② 1910년의 합병조약 및 일제의 불평등조약의 무효를 선포하고

③ 일제의 장춘, 남경의 괴뢰정권을 절대로 승인하지 않는다.

는 등의 5개항이다.

2. 광복군의 창설

초기 임시정부시절의 국외 대일 군사항전은 봉오동 전투, 청산리 대첩 등 주로 간도지역에서 활발하였다. 당시 정부산하에는 서간도의 "서로군정서"와 북간도의 "북로군정서" 등을 두었는데, 1920년 청산리 대첩 당시 일제의 간도지역의 한국독립군 소탕작전으로 와해된 뒤로는 사실상 임시정부와 관계가 단절되었다.

이후 임시정부의 군사활동은 주로 "의혈투쟁"에 집중하였다. 의혈투쟁이란, 한두 사람의 무장투쟁으로 일제의 관공서나 기관, 일본고관, 친일 한국인 등을 처단하는 것이었다. 대표적으로 1932년 윤봉길의 상해의거로 인해 중국정부와 관계가 친밀해지면서 장제스(장개석)의 배려로 중국의 중앙군관학교 분교에 "한인특별반"을 설치하였다. 여기에 만주에서 온 지청천, 이범석이 이 한인특별반을 주관하였다. 이곳에 한인 92명이 입학하여 1935년 4월 62명이 졸업하였고, 이들이 후일 광복군의 기간요원이 되었다.

임시정부가 충칭에 안착하면서, 산하에 1940년 9월 17일 "광복군"을 충칭에서 창설하였다. 광복군은 1941년 11월 중국정부와 협정을 체결하여 공동전선을 펴나갔는데, 사실상 중국국민당에 예속되었다. 그러다 광복군은 광복 직전에 임시정부에 이관되었다.

1942년 5월 김원봉은 조선 의용대(주로 연안파) 일부를 데리고 광복군에 합류하여 군사면에서는 좌우합작이 이루어졌다.

광복군은 총사령관 지청천, 부사령관 김원봉, 총참모장 이범석이였다. 당시 광복군은 3개 지대를 두었는데, 제1지대장은 김원봉, 제2지대장은 이범석, 제3지대장은 김학규였다. 광복 후 김원봉의 제1지대는 북한에 가담했고, 제2·3지대는 우리 국군의 뿌리가 되었다.

1941년 태평양전쟁이 발발하자, 미측은 임시정부에 대일참여를 요구해 왔다. 광복군은 인도·버마전투에도 출정하고, 특히 제3지대는 중국전선에서 일본군에 예속된 한국인을 광복군에 복귀시키는데 큰 공을 세웠다.

1944년 5월 주 중 미공군 워드마이어 중장의 지원으로 제2·3지대는 미 특수부대 OSS(전략첩보국)부대와 협동으로 국내진입을 위한 낙하산 훈련을 실시하였다.

1945년에 들어 미군이 필리핀을 점령하고, 6월에 오키나와를 점령한 후, 한반도 상륙작전이 임박했음을 임시정부에 예고하였다. 이때 김구주석은 제주도를 점령하여 대일전을 전개하도록 미국 측에 건의하였다.

이 같은 계획에 따라 광복군은 50명을 선발하여 미 OSS 책임자 도노반장군과 협의하여 8월 4일 수료한 공작대를 국내에 진입시키려고 추진했으나, 8·15광복을 맞았다.

김구주석은 "천신만고 끝에 수년간 애를 써서 참전할 준비를 한 것도 허사"라며 한탄하였다.

1945년 8월 당시 광복군 병력은 약 1,000명으로 전해진다. 1945년 8월 18일 광복군은 광복 3일후에 지금의 여의도에 미 C-47 비행기로 상륙하였다.

이와 같이 임시정부는 적극적인 항일전쟁을 벌렸음에도 끝내 연합군의 일원으로 승인받지 못하였다. 이에는 소련의 반대로 인해 중국과 미국 등이 소극적인 태도를 보였기 때문이다. 당시 장개석이나 루즈벨트는 대한민국 임시정부에 대해 "민주적 선거로 수립된 정부가 아니다"면서 승인하지 않았다.

광복을 맞자 김구 등 임시정부 주요간부들은 11월 29일 개인자격으로 귀국하였다. 이때 국내에서는 정치혼란으로 임시정부의 법통을 바로 이어받지 못하였다.

그러나 임시정부의 지도이념인 "자유민주주의"와 "삼균주의"이념은 1948년 대한민국의 헌법에 반영되며 광복 한국의 기초이념으로 되었다.

우리 대한민국의 헌법 전문에는 "우리 대한민국은 3·1운동으로 건립된 대한민국 임시정부의 법률과 …"라고 명시되어 있다. 3·1운동으로 건립된 임시정부가 한국독립의 모태가 되었고, 이로서 임시정부는 대한민국 건국의 정신적·사상적인 기반으로 확립되었다.

대일항쟁

chapter 04

1. 의병항쟁

구한말 의병활동은 갑오개혁 때부터 시작되는데, 크게 구분하여 을미의병, 병오의병, 정미의병으로 구분할 수 있다.

1) "을미의병"

국모(민비)시해에 대한 복수심과, 특히 단발령 때 최익현이 "머리는 자를 수 있지만 상투는 자를 수 없다"고 반발한 유생들이 주로 가담했다. 이들은 동학운동에 가담했거나 위정척사운동에 가담한 자가 대부분이었다. 이들은 전투력의 열세로 희생자가 속출하자 고종의 해산권고로 대부분 해산하였다.

2) "병오의병"

을사조약 폐기와 "을사5적"의 처단을 요구하며 일어난 저항운동과 의병항쟁을 말한다. 시종무관 민영환이 "2천만 동포에 고함"이란 유서를 남기고 자살하였고, 이어 조병세, 이상설, 홍만식, 송병철, 안병환 등이 연이어 자결했다. 특히 나철과 오기호는 5적암살단을 조직하여 5적의 집을 불사르고 일진회를 습격하여 매국노들을 처단하였다.

언론통제 속에서도 「황성신문」이 조약체결의 실상을 보도하며 특히 장지연이 "시일야방성대곡(是日也放聲大哭: 이날, 목놓아 통곡하노라)"라는 사설을 통해 대일항쟁을 호소하다 정간되었다. 이로 인해 전국적으로 저항운동과 의병들의 무장항쟁이 활발했는데 이를 "병오의병"이라 한다.

3) 정미의병

고종의 강제퇴위와 군대해산때의 전국적인 무장항쟁시기를 말한다. 그 대표적인 의병항쟁은 아래와 같다.

 최익현의 저항운동:

병오의병 이후에는 의병투쟁이 전국적으로 확대되었다. 전참판 민종석은 500여 명을 조직하여 충청도 홍주를 점령한 뒤 일본순사 수명을 죽이고 일본군대와 싸우기도 하였다. 이 소식이 전해지자 당시 유림을 대표하던 최익현이 "무성서원"의 제자 임병찬 등을 통해 450여명을 동원하여 "을사조약을 체결한 죄 등 일본의 죄 16가지"를 나열하여 일본에 보냈다. 이어 그는 직접 행동으로 들어가 태안·순창에서 진압군과 대치했으나 고종황제의 명으로 "왜적이 아닌 동족과 싸울 수 없다"고 하자 해산했으나, 그는 일본헌병에 체포되었다. 그는 3년 징역형을 언도받고, 대마도로 귀양을 갔다. 거기서 그는 적의 곡식을 먹을 수 없다고 하며 음식을 전폐하자 하는 수없이 부산에서 가져다 먹였는데, 그는 귀양살이 4개월 만에 74세로 세상을 떠났다.

이 완고한 학자는 처음에 대원군의 독재정치를 비방하면서 민비 편을 들며 고종의 친정을 호소하는 상소문까지 올렸는데, 결국 민비에게 이용만 당한 것을 알고 20년간 정계에 나오지 않았다가 만년에 국난을 타개한다면서 나섰던 것이다.

 평민출신 의병장 신돌석의 활약:

그는 1906년 영해·울진을 중심으로 의병을 일으켰는데, 처음에는 불과 수십 명으로 시작했으나 나중에는 수천 명으로 늘어났다. 그는 뛰어난 전략과 과감한 공격으로 영남 일대에서 이름을 떨쳤다. 그러나 거액의 현상금을 탐낸 그의 고종사촌인 김자정에 유인되어 체포되었다.

그 외 평해 군수 강재천이 300여 명의 의병을 이끌고 동북지역 및 순창에서 복병전으로 일본군 50여 명을 사살한 바 있고, 또한 우동선은 관서지방 문화에서 "정동의려대장"이란 기치를 들고 몇 년 동안 관서지방을 석권한 바 있다.

서울진공작전:

1907년 12월 전국 13도의 의병들이 결집하였다. 총대장 이인영, 군사장 허위를 뽑아 경기도 양주에 모여 서울진공작전회의를 한 후 연합의병 1만여 명이 서울 동대문 12km 까지 진군하였다. 이때 이인영은 각국의 외교사절단에게 자신들은 국제법상 "교섭단체" 로 승인해 주도록 호소한 바 있다. 이는 일본의 침략에 대하여 의병들이 나선 "전쟁"이 라는 주장이었다. 이 같은 주장은 이후 1909년 안중근이 하얼빈역에서 이토 히로부미를 저격한 뒤 체포되어 재판에서 "자신은 의병참모중장으로 살인범이 아니라 포로로 취급 해 달라"고 한 것과 같은 맥락이다. 당시 이인영은 각도의 의병을 분산시켜 동대문에서 집결하여 서울진공작전을 펼 예정이였으나, 이인영이 갑자기 부친상을 당해 급히 내려 가 버렸다. 군사장 허위가 먼저 선발대 300여명을 이끌고 동대문에 도착했으나, 그 정보 를 일본군이 알고 매복해 있다가 급습당하여 허위는 체포되어 사형당하고 서울진공작 전은 실패하였다.

2. 일제의 남한 대 토벌작전

병오의병 이후 1907년 군대가 해산되자, 이들 군인들이 국내 의병에 합류(약 3만명)하 거나 만주지역 간도나 연해주의 독립군에 합류하거나 하였다. 이때의 의병활동은 보다 조직적이면서 전국적으로 확대되어 "서울진공작전"등이 이루어졌다. 이때는 의병이라 기보다 "전쟁"이라 할 수 있었다.

당시 의병활동은 일본군 공식보고에 의하면 1907~1909년간이 가장 활발하였고, 그중 에 1908년 한 해에만 1,453회의 전투와 69,000명의 의병이 참가하였다.

이와 같이 의병이 전국 규모로 봉기하자 일본은 정예군대를 투입하여 "남한 대 토벌 작전"을 벌렸다. 1909년 9월부터 2개월간 일본군 보병 2개 연대와 해군 수뢰정대, 현지 군경들이 총동원되어 토끼몰이식 토벌작전을 벌렸다.

이때 일본군 전과자료에 의하면, 의병장급의 체포·살해·자수가 103명이였고, 총 의 병 수는 4,138명이였다.

당시 의병진압상황을 황형의 「매천야록」에서 그 참상을 잘 기록하고 있다.

"일본군은 사방을 그물치듯 해놓고 촌락을 수색하고 집집마다 뒤져서 조금이라
도 혐의가 있는 자라면 다 죽였다 … 강한 자는 뛰쳐나가 싸우다 죽고 약한 자는
기어서 도망다니다 칼에 맞았다. 그리하여 무려 수천 명이 죽게 되었다."

또한 당시 의병진압상황을 캐나다 종군기자 "맥켄지"가 1908년 보고한 내용이다. 맥
켄지는 친일 종군기자로서 러·일전쟁 때 참가했는데, 그는 일본군의 엄정한 규율 등을
칭찬했던 사람이다. 충청북도 제천군의 진압작전에 관한 기록이다.

"일본군은 증원병을 급파하여 몇몇 전투를 치른 끝에 재점령하였다. 그들은 그때
제천을 지방주민들에게 보여줄 보복의 본보기로 삼기로 작정했다. 온 마을을 불
태워 버렸다. … 불쌍한 개와 관아 외에는 아무것도 남지 않았다. 한국 사람들이
피난 갈 때 몸을 다쳐 따라가지 못한 남자 5명, 여자 1명, 그리고 어린아이 1명
만 남아 있었다. 이들은 모두 불길 속에서 사라졌다."

당시 의병들의 지도자는 양반이나 유생들인데, 이들은 전통사상에 젖어 있어 지도력
에는 결국 한계를 드러냈다. 대표적으로 최익현이 고종황제의 해산 명령에 순응하여
해산하고, 이인영같이 서울진공작전을 앞두고 부친상으로 내려가는 예에서 단적으로
드러났다. 통한만 남을 뿐이다.

3. 의혈투쟁

의혈투쟁이란 한두 사람의 무장투쟁으로 일제의 관공서나 기
관, 일본고관, 친일 한국인 등을 처단하는 경우이다. 이때 무력
항쟁으로 순국하면 "의사"라 부르고 이준열사같이 맨몸으로 저
항하며 지조를 지킨 경우를 "열사"라 부른다.

 안중근 의사의 쾌거

안중근은 본관이 경북 영주로서 기독교신자였다.
1904년 러·일전쟁이 나자 해외망명을 결심하고 상해로 갔는

안중근

데, 거기서 프랑스 신부로부터 교육사업을 통해 독립사상을 고취시키는 것이 급선무라는 충고를 듣고 진남포로 돌아왔다.

1906년 그는 진남포에서 석탄회사를 경영하다가 정리하고 삼흥학교를 설립하였고 이어 돈의학교도 인수하여 학교경영에 전념하였다.

1907년 국채보상 기성회 관서지부장을 지내다, 그해 7월 한·일신협약이 체결되는 것을 보고 블라디보스토크로 갔다. 이곳에서 이범윤 등 동지들을 규합하여 300여명의 의병을 모았다. 안중근은 대한 의군 참모 중장에 임명되고 김두성·이범윤을 총독과 대장으로 추대하였다. 1908년 6월 함경북도 홍의동 및 경흥에서 일본군 정찰대를 격파하고, 이어 회령전투에서 5,000명의 적을 만나 중과부적으로 처참하게 패배하였다.

그는 천신만고 끝에 탈출하여 1909년 3월 2일 노브키에프스크에서 엄인섭, 김태훈, 김기룡 등 12명의 동지가 모여 "단지회(斷指會)"라는 비밀결사를 조직하였다. 안중근, 엄인섭은 침략의 원흉 이토를, 김태훈은 이완용을 암살하기로 단지(斷指)의 피로서 맹세하였다. 3년 이내에 성사하지 못하면 자살로서 국민에게 속죄하기로 하였다.

그해 9월 안중근은 10월 26일 이토가 하얼빈역에 도착하자, 이토는 러시아의 대장대신 코코프체프와 열차 한에서 약 25분간 회담을 마치고 내려와 러시아 장교단을 사열하고 환영 군중쪽으로 발길을 옮기는 순간, 안중근은 권총을 꺼내어 처음 4발을 쏘았다. 이어 혹시나 오인한 것을 우려해 이토 옆의 일본인에게 3발을 더 쏘았다. 처음에 쏜 4발 중 3발이 이토에게 명중하여 절명했다.

그는 체포되어 심문에서 한국 의용병 참모중장이고 나이는 31세로 밝혔다. 그는 관동지방법원에서 6차례 재판을 받으면서 "자신은 의병참모 중장으로서 일반 살인피고가 아닌 전쟁포로로 취급해 달라"고 주장하였다.

그는 옥중에서 "장부는 비록 죽어도 마음은 쇠 같고, 역사는 위험한 때를 당해도 그 기개는 구름과 같다"는 글을 담담한 심정으로 남겼다.

그는 1910년 2월 14일 사형을 언도받고 안정근, 안공근 두 아우에게 "내가 죽거든 시체는 우리나라가 독립하기 전에는 반장(返葬)하지 말라 … 대한독립의 소리가 들려오면 나는 마땅히 춤을 추며 만세를 부를 것이다"라고 유언하였다.

그해 3월 26일 여순감옥 현장에서 순국하였다. 그의 의거는 역사에 길이 남았다.

그의 동상과 유물은 서울 남산 밑에 있는 안중근 박물관에 남아있다.

윤봉길 의사의 쾌거

윤봉길은 파평윤씨로서 1908년 충남 예산에서 태어났다. 19세의 나이로 농촌계몽운동에 뛰어들어 야학당을 개설하여 계몽운동을 하였으나, 이때 계몽운동만으로는 독립을 이루는데 한계를 느끼게 되었다.

1930년 "장부(丈夫)는 집을 나가서 살아서 돌아오지 않는다"는 편지를 써놓고 만주로 망명길을 떠났다. 이때 일본경찰의 심문에 걸려 45일간 옥고를 치루기도 하였다.

1931년 상하이로 건너가 안공근(안중근의 동생) 집에 거주하던 중, 백범 김구를 찾아가 독립운동에 신명을 바칠 것을 맹세하였다.

윤봉길

당시 일본은 1931년 9월 만주사변을 일으켜 "만주국"을 세우려고 하자, 중국대륙에서 항일운동이 확대되었고 특히 영국, 미국, 프랑스 등 구미열강들의 비판이 심하였다. 이에 이목을 돌리려고 조작한 사건이 "상해사변"이다.

1932년 1월 일본은 중국인 자객을 사서 상해에 있는 일련종 승려 1명을 죽이고는 이의 책임을 물어 전쟁을 벌렸으나, 의외로 중국 제19로군의 저항이 완강하였다. 결국 일본은 사라카와 대장을 총사령관으로 하는 대군을 증파하여 상해사변을 일으켰다.

이때 김구의 「애국단」은 윤봉길 등 5명을 부두 노동자로 위장하여 일본 군수물자를 폭파시킬 계획을 세웠으나, 당시 중국이 전면전을 피하고자 제19로군을 철수시키고 일본과 휴전협정을 맺었다. 결국 이 계획은 실패하였다.

이후 김구와 윤봉길은 4월 29일 일본천황의 생일인 천장절 기념 및 전승 기념행사가 상해 홍구공원에서 거행된다는 것을 알고 거사계획을 세웠다.

당일 행사가 거행되며 천황을 향한 묵도가 진행되는 순간 경축대를 향해 폭탄이 든 물통을 던졌다.

상해 총사령관 사라카와와, 일본 거류민 단장 가와바다는 즉사하고, 제3함대 사령관 노무라 중장, 제9사단장 우에다 중장, 주중공사 시기미쓰, 그 외 총영사 등 5명이 중상을 입는 일대장거가 일어났다.

그는 군법회의에서 사형을 선고받고 일본 오사카 형무소에서 1932년 12월 19일 당년

25세로 총살형으로 순국하였다.

 이 거사로 안창호 등 한국인 교포 11명이 검거되었고, 김구는 이 거사를 한국애국단의 거사임을 언론에 밝혔다. 중국의 지도자 장제스(장개석)는 "중국 100만 군대가 하지 못한 일을 조선의 한 청년이 능히 해내니 이 어찌 장하지 않으랴!"며 격찬했다.

 이후부터 우리 임시정부는 중국정부로부터 동맹국정부로 인정받으며 많은 지원을 받았다.

 이봉창 의거

 백범 김구는 1940년 임시정부의 국무령으로 취임하자, 일본의 수뇌암살을 목적으로 국무령 직속에 「애국단」을 조직하였다.

 이봉창은 서울 출신으로 19세에 남만주철도회사에 견습생으로 들어갔다가, 일본으로 들어가 노동일을 하였다. 그때 그는 한국 거류민단에 찾아가 독립운동에 헌신하겠다는 뜻을 밝히자, 애국단에 가입되었다.

이봉창

 때마침 김구는 일본천황을 저격 계획하던 중 그 실행자를 찾다가 이봉창을 지목했는데 그는 눈물을 흘리며 감격하였다.

 1932년 1월 8일 일본천황 히로히토가 만주국황제 부의와 도쿄 교외 요요기 연병장에서 관병식을 마치고 돌아갈 때, 사꾸라와 문 앞에서 수류탄을 던졌으나 거리가 맞지 않아 실패하였다. 그는 바로 체포되어 사형선고를 받고 10월 10일 이치가야 형무소에서 순국하였다.

 이 사건은 중국신문에 대서특필되었다. 특히 중국국민당 기관지 「국민일보」는 "한인 이봉창이 일천황을 저격했으나, 불행히도 명중되지 않았다"고 보도하자, 일본군이 국민일보를 습격하여 파괴하고, 그 외 이를 보도한 지방신문도 강력 항의하여 신문사들을 모두 폐쇄시켰다.

 "의열단" 김원봉의 활약

 약산 김원봉은 경남 밀양에서 태어나, 1916년 19세로 중국으로 들어갔다. 1919년 2월 만주 신흥무관학교에 들어가 군사학 및 폭탄제조법을 배웠다. 그해 11월 신흥무관학교

출신 등 13명을 모아 "의열단"을 결성하였다. 이들은 일본수뇌부 및 관공서, 친일파 암살을 주도하는 무정부주의적 투쟁을 하였다. 당시 김원봉의 활약상은 「동아일보」에 대서특필되었다.

김원봉

이들은 민중의 폭력혁명에 의해서만 강도 일본을 무너뜨릴 수 있다고 말하며 "민중의 조선 건설"을 목표로 삼았다. 의열단의 초기 노선과 행동강령은 "조선혁명선언"(1923년)에서 잘 나타나고 있다.

1926년에는 계급타파와 토지균등분배 등 사회주의적 지도이념으로 하는 20개조의 강령을 만들었고, 1935년 9개 독립운동단체를 묶어 "조선민족혁명당"을 창당하였다.

1938년에는 무장부대인 "조선의용대"를 결성하였고, 이어 중국화북에서 활동하는 김무정(약칭: 무정)의 "조선의용군"에 합류하였다. 1941년 6월 "조선민족혁명당"이 임시정부에 참가하기로 결정하자, 김원봉의 "조선의용대"도 광복군 제1지대에 1942년 합류하였다.

김원봉은 임시정부에서 군무부장, 광복군 부사령관을 지냈다. 그러나 김구 주석은 "김원봉은 임정을 눈엣가시로 생각한다"고 하였고, 1945년 광복군의 한반도 침투훈련 때도 김원봉을 배제시켰다. 사상계 편집인 장준하는 "김원봉은 판에 박힌 공산분자"라고 하였다(조선일보).

광복이후 귀국하여 조선민족혁명당을 "인민공화당"으로 개칭하여 위원장이 되었다. 그는 신탁통치를 지지하여 여운형과 함께 좌우합작을 추진하였고, 특히 토지의 무상몰수와 무상분배, 인민위원회 조직 등을 주장하여 우파로부터 많은 반박을 받았다.

1948년 "남북협상"시 김구와 함께 평양으로 갔다가 돌아오지 않았다. 이후 북한정권 수립에 참여하여 북한노동상, 북한최고인민회의 부의장 등을 역임하였다. 그러나 결국 1958년 김일성에 의해 숙청당하였다. 6·25남침 때 미국이 참전하여 전쟁이 장기화될 것이라고 건의한 이유 때문이다.

문재인 정권에서 김원봉을 독립유공자로 서훈해야 한다는 논의가 있었다. 2015년 김원봉의 활약상이 영화 "암살"의 주인공으로 나왔는데, 1,200만 명의 관객을 모았고, 당시 문재인(야당대표)이 이를 보고 독립유공자로 서훈하고 싶다고 말한 바 있다.

이에 대하여 정치권에서는 찬반논쟁이 벌어졌다.

현행 서훈법상으로는 불가능하지만, 광복 이후 김원봉은 남북대결상황에서 자신의 의지에 의해 북한을 선택하였고, 6·25전쟁 때 참전하여 북한훈장을 받은바 있다. 만약 서훈한다면 대한민국의 정체성을 뒤흔들게 된다.

강우규 의사의 우국충정

강우규는 평안남도 덕천군에서 태어나, 함경남도 홍원에서 한약방을 하며 인술(仁術)을 베풀었다. 이동휘 선생과 친교하면서 독립운동에 참여하였다.

1924년 블라디보스토크에서 계봉우가 저술한 「만고의사 안중근」 책을 보고는, 자신도 안중근과 같이 산화하기로 결심했다. 1915년 만주 길림으로 이주하여 한인마을 신흥동을 세우고 광동학교를 설

강우규

립하여 교육사업에 정진하였다.

3·1운동 후 이동휘의 부친 이승교 등이 결성한 "대한국민 노인동맹당"에 가입하여 요하현 지부장을 맡았다. 그때 일제가 무단통치에서 문화통치로 바꾸면서 조선을 영구 식민지화하려는 책략을 간파하고, 신임 조선총독을 처단하기로 결심하였다.

신임총독 사이토마코토가 1919년 9월 2일 부임한다는 것을 알고 거사준비를 하였다. 드디어 당일 오후 5시 신임총독이 남대문역에서 환영행사가 끝나고 마차로 관저로 향할 때, 명주수건에 싼 폭탄을 던졌으나 총독은 무사했고 일본관헌 37명이 중경상을 입었다.

이 사건은 세계만방에 우리민족의 독립의지를 전달하기에 충분하였다.

강의사는 9월 17일 가회동 하숙집에서 재 거사를 계획하던 중 체포되어 1920년 2월 25일 경성 지방법원에서 사형선고를 받고, 11월 29일 단두대에서 일제 검사의 최후의 물음에 짤막한 시를 남기고 순국하였다. 향년 65세였다.

"단두대 위에 서니 오히려 봄바람이 이는구나
몸은 있으되 나라가 없으니 어찌 감상이 없겠는가!"

다음은 선생이 죽음을 앞두고 남긴 유언이다.

"내가 죽는다고 조금도 어쩌지 말라. 내 평생 나라를 위해 한 일이 아무것도 없음이 도리어 부끄럽다. 내가 자나깨나 잊을 수 없는 것은 우리 청년들의 교육이다. 내가

죽어서 청년들의 가슴에 조그마한 충격이라도 줄 수 있다면 그것은 내가 소원하는 일이다. 언제든지 눈을 감으면 쾌활하고 용감히 살려는 전국 방방곡곡의 청년들이 눈앞에 선하다."

 광주학생 의거

1929년 11월 3일 전남광주에서 일어난 "광주학생의거"는 사상 최대 규모의 학생시위이다. 17세의 박기옥이라는 여학생이 같이 통학하는 일본인 남학생으로부터 집적임을 당하자 사촌동생 박준재에게 이야기함으로서, 일본학생과 시비가 붙었다.

이 사건이 확대되면서 조선인 학생들과 일본인 학생들 간에 수백 명이 난투극이 벌어졌고 만세운동을 벌인 사건이다. 이 사건은 전국적으로 확대되어 전국 194개 학교에서 5만4천명이 만세운동에 참가하였다. 이로서 퇴학 582명, 무기정학 2,330명, 구금 1,642명이였다.

이날을 기념하여 11월 3일을 "학생의 날"로 정하였다.

박기옥의 사촌동생 박준재는 이후 조선대학교 학장과 대학원장을 지냈다.

4. 만주독립군의 항일투쟁

한일합방이후 일제의 조선군대해산(1907년)과 남한 의병 대토벌 작전(1909년)때 해외로 쫓겨난 의병은 어제오늘의 오합지졸이 아니고, 정규군대식 훈련을 받으며 조국광복을 위해 싸우는 자랑스런 군대로 발전해 나갔다.

만주독립군은 힘차게 "어서가자 조국으로!" 독립군가를 부르며 조국을 향해 진군해왔다.

만주지역은 약 50만 동포들이 3·1운동을 전후하여 만주 및 연해주를 근거지로 독립전쟁의 기지를 구축하기 시작하였다.

이들은 북로군정서군(김좌진), 서로군정서군(지청천: 주로 신흥무관학교 출신), 대한독립군(홍범도), 군무도독부군(최진동), 국민회군 등을 편성하였고 만주 일대에서 대일무장투쟁에 큰 성과를 거두었다.

봉오동전투

홍범도군은 두만강을 넘어 국내로 진입하여 일본헌병·경찰부대를 습격하고 다시 만주로 돌아오는 작전을 벌렸다. 이에 1920년 6월 4일 일본군 남양 국경수비대가 독립군을 뒤쫓아오다, 삼둔자에서 독립군에게 패하는 사건이 벌어졌다. 함북나남에 주둔하는 일본 제19사단소속의 야스카와 소좌가 1개 대대를 이끌고 독립군을 추격하여 간도까지 들어갔다. 이들은 6월 7일 안산 후방에서 독립군의 공격을 받고 상당한 타격을 입고는 지린성 허룽현 봉오동까지 독립군을 추격하였다.

당시 봉오동에는 홍범도 군과 최진동 군이 연합부대를 편성하여 주둔하고 있었는데, 이 부대는 북로 제1군사령부 부장 홍범도가 맡은 약 700명의 병력이였다.

이때 일본군 1개 대대가 접근한다는 보고를 받고, 홍범도는 우선 마을 주민들을 대피시킨 후 봉오동 골짜기와 주변산에 포위태세로 포진하였다. 1개 분대를 차출하여 일본군을 유인하게 하였다. 먼저 일본군 전위중대가 접근하자 독립군이 공격하여 상당한 타격을 주었으나, 본대가 대오를 정비하여 봉오동 골짜기 속으로 들어오자, 드디어 공격명령과 함께 집중 공격하였다. 일본군은 3시간 동안 대항하다가 많은 희생자를 내고 후퇴하였다. 이어 도주하는 일본군을 추격하여 또다시 상당한 타격을 주었다.

이 전투에서 일본군은 전사 157명, 중상 200여 명이였으나 독립군은 전사 4명, 중상 2명이였다. 이 싸움에서 일본군은 큰 충격을 받고 이후 일본 관동군을 동원하여 대대적인 토벌세력을 수립하게 된다.

 청산리대첩

간도지방에서 독립군이 활약하자, 일본은 큰 위협을 느끼며 독립군을 토벌할 계획을 세웠다. 그러나 당시 간도지역은 중국의 관할영역이여서 대규모 병력파견을 할 수 없게 되었다.

그래서 1920년 "훈춘사건"을 조작하여 병력을 출병하게 되었다.

당시 만주·연해주일대에는 일본군 제19사단과 제21사단 및 제13사단 일부가 독립군을 소탕하기 위해 작전을 전개하고 있었다.

독립군은 일본군이 간도 출병에 앞서 일본군의 진출경로를 염탐하였다. 독립군은 일본군의 이동경로를 고려하여 백두산지역에 새로운 진지를 구축하려 이동하였다.

그곳은 백두산 청산리 계곡으로서, 이곳은 계곡이 251km에 달하고 계곡이 깊으며 산림이 울창하여 인마(人馬)의 통행이 어려운 천연의 요새였다.

당시 독립군은 김좌진부대, 이범석부대, 홍범도부대 등으로 김좌진 사령관예하 전투병력은 1,600명에 전투보조원을 포함하여 2,800여명으로 청산리 백운평계곡 주위에 매복작전을 펼쳤다.

1921년 오전 9시경 야스가와(安川)가 이끄는 척후추격대가 계곡에 들어오자 이범석부대가 일제사격을 가해 그들을 전멸시켰다. 뒤이어 야마타(山田)본대가 도착하면서 양군간에 치열한 총격전이 벌어졌다.

이때 유리한 위치에 있던 독립군은 조준사격을 통해 공격하자 일본군은 200명이 넘는 전사자를 남기고 패주하였다. 그러나 김좌진은 일본군을 추격하지 않고 갑산촌으로 철수시켰다.

김좌진부대가 철수하면서, 저녁부터 새벽까지 전투가 계속됐는데, 이때 일본군은 자기들끼리 전투하는 촌극을 벌렸다. 당시 독립군과 일본군은 군복 색갈이 비슷하였기 때문이다.

김좌진부대는 어량촌을 거쳐 고등하계곡에서 공방전이 벌어져 일본군을 수없이 격퇴시켰다. 이 당시의 치열했던 전투상황을 보여주는 예로서 "김좌진 사령관의 전투모가 포탄에 날아가고 이범석대장의 지휘도가 파편으로 두 동강이 났다. 보조원 동포는 비 오듯 하는 총탄 속에서 주먹밥을 병사들의 입에 넣어주고 부상병을 치료하였다. 특히 최인걸 중대장은 기관총을 자신의 몸에 묶고 일본의 야포공격을 피하려고 철수하는 독립군을 끝까지 엄호하다 장렬하게 전사하였다. 최인걸 중대장의 용맹은 역사에 길이 남을 것이다"라고 기록하고 있다.

청산리대첩은 1920년 10월 21일부터 26일 새벽까지 10여회의 전투에서 적의 연대장을 포함하여 1,200여 명을 사살하고 2,000여 명의 부상자를 낸 전과를 올렸고, 독립군 측은 100여명의 전사자를 낸 독립군 역사상 최대의 빛나는 승리였다.

 천인공노할 "북간도 대학살사건"

1920년 봉오동 전투, 청산리 대첩 등에서 조선의 만주독립군이 맹활약을 하자, 일제는 대대적인 토벌작전을 전개하였다. 이들은 당시 만주군벌 장작림과 협의한 후 4개월간 중·일합동으로 독립운동단체에 대하여 수색작전을 벌렸다.

이때 일제는 마적단을 매수하여 훈춘 일본 총영사관을 습격하게 하였다. 이들은 훈춘을 점령하여 중국군 70명, 조선인 7명, 일본인 7명을 학살하고 일본영사관을 불태웠다.

일본군은 이를 구실로 일본인 거류민을 보호한다는 명목으로 만주에 출병하여 조선독립군을 소탕하도록 명령하였다. 이 정보를 입수한 독립군은 러시아 지역으로 월경하여 피신하였다. 이때 일본군은 그 보복으로 한인동포에게 저 천인공노할 "북간도 대학살사건"을 벌렸다.

일제는 3~4개월간 북간도에서 인간사냥이 시작되었다. 남녀노소 구별없이 수천 명이 잔혹한 죽임을 당하는 그야말로 생지옥이였다. 산사람의 얼굴 껍질을 벗겨내기도 하였고, 팔다리를 절단하고 눈을 칼로 찌르기도 하였다.

당시 이러한 참혹한 광경을 목격한 서양인 기자 스텐리 마아틴은 그의 수기에서 한 예수교 촌마을에 대한 생생한 현장을 증언해 놓았다.

"… 타다남은 19집을 돌아다니며 사진을 찍는데, 한 곳에서 할아버지, 할머니, 며느리가 통곡을 하면서 잿더미 속에서 타다남은 시체 하나를 끌어내어 잘라진 팔다리를 주어모아 제자리에 놓는 것을 보고 … 어찌나 분하여 사진을 네 번이나 다시 찍었고 … 내가 알고 있는 36개촌에서 피살자가 모두 140명이나 되었다. 이 같은 만행을 저지르고도 일본군은 병영으로 돌아가 천황의 탄생일을 경축하며 즐겼다"고 기록하고 있다.

또한 이 같은 참혹한 학살현장을 취재하던 동아일보 장덕준 기자는 20여호의 부락민을 한 곳에 가두고 태워 죽이는 것을 보고 울분을 참지 못하여 일본군 지휘관에게 항의했는데, 그 지휘관은 기자가 신문에 공포하는 것이 두려워 장기자를 유인하여 암살해버렸다. 당시 상해 임시정부에서 이 같은 일제의 만행을 박은식은 그의 「조선독립운동지혈사」에서 더욱 세밀하게 기록하고 있다.

한편 러시아 스보보드니(자유시)로 이동했던 대한독립군단(총재: 서일)은 러시아 혁명부대인 적군에게 무장해제를 당하면서 수백 명이 희생되었고, 이로서 독립군부대는 사방으로 흩어져 약화되었다. 이때 북로군정서 김좌진 장군도 만주로 되돌아왔다.

일제 강점기 때의 사회와 문화

1. 산미(産米)증식계획과 경제수탈

일본은 제1차 세계대전이후 농촌인구가 대거 도시로 몰리고 농업인구가 줄자, 물가가 치솟고 특히 쌀값이 4배나 폭등하여 1918년 쌀폭동이 일어났다. 이의 대처방안으로 조선에서 산미증식계획을 실시하여 반입한다는 것이다.

일제는 한국에서 1920년부터 15년간 43만 정보의 토지를 개량하고 일본인 지주들과 연합하여 수리조합을 설치하는 등 산미증산을 추진하였다. 이로인해 미곡은 1920년도 1,270만석에서 1928년에는 1730만석으로 460만석이 증산되었다. 이때 대일 미곡반출은 740만석으로 무려 565만석이 증가했다(다카하시의 "현대조선경제론").

당시는 세계공황때인데 한국은 쌀값 폭등으로 쌀소동이 일어났으나, 일본은 한국에서 미곡의 반입 등으로 대풍작을 이루었다. 당시 한국의 쌀 소비량은 일본의 1/3정도였는데, 쌀 부족으로 만주에서 수입된 조·콩·수수 등 잡곡으로 대치하였다. 이로 인해 소작인들은 화전민이 되거나 간도·연해주 등으로 이민을 떠났다.

상공업분야에서도 회사령을 철폐(1920년)하고 관세 역시 철폐(1923년)하였으며 회사 설립을 허가제를 신고제로 바꿈으로서, 일본의 거대자본의 한국진출을 용이하게 하였다.

이후 일본투자가 급증하여 1928년 현재 한국에 있는 회사자본은 일본인이 70.94%를 차치하고 한일합작자본은 19.3% 그리고 한국인자본은 불과 8.65%였다(조선총독부 농림국).

당시 한국인이 운영한 회사는 호남 고창 출신의 김성수와 아우 김연수의 경성방직 주식회사가 규모가 큰 편이고, 대구와 평양의 메리야스 공장, 부산의 고무신 공장 등이 민족기업으로 성장하였다.

당시 일제의 경제수탈 수법은 한국에서 쌀 등 농수산물과 지하자원을 싸게 사서 가공제품으로 만들어 다시 한국에 비싸게 되팔아 약탈하는 방식으로서, 한국의 경제를 완전히 일본에 종속시키는 구조로 만드는 것이었다.

1919년 한국의 대일무역은 수출 90% 수입 65% 비중이였으나, 1931년에는 수출 95% 수입 85% 비중을 차지하였다.

1930년대에는 일본의 독점기업인 미쓰이, 미쓰비시, 노구치 등이 한국에 들어와 광공업을 지배하다시피 하였다. 노구치는 수력발전을, 미쓰이는 섬유, 방적, 제분, 화약, 술을 장악했고, 미쓰비시는 맥주 등을 장악했는데, 이로 인해 이들이 대재벌로 성장하였다.

1938년 한국의 공업은 일본인 자본이 87.7%였고, 한국인 자본은 불과 12.3%였다.

한국인 사업가로는 김성수의 동생 김연수가 1931년 삼양사를 세워 간척사업을 벌렸고 만주에서 방직회사를 경영하기도 하였다. 평안도 용강의 소농 출신 박흥식은 고향에서 쌀장사와 인쇄업을 하다가 서울로 올라와 1937년 종로 네거리에 화신백화점을 세워 장안의 명물이 되었다.

그러나 이들은 태평양전쟁 때 총독부의 강압으로 항공산업, 석유, 제철 등 군수산업에 참여했다가 해방 후 친일행적으로 지탄을 받았다. 대한민국 초창기에 경제를 이끈 공로도 적지 않았으며, 장학사업을 통해 후진 양성사업에도 기여하였다.

2. 조선학(국학)운동

일제가 1930년대 이후 조선말살정책을 강화하자, 이에 대항하여 민족문화를 수호하고 나아가 근대학문으로 체계화하려는 노력이 활발하게 전개되었다. 특히 일제는 단군조선을 부정하고 우리 상고사를 날조하는 식민사관을 강화하자, 먼저 민족주의 역사학자들을 중심으로 "조선학운동"이 일어났다.

1) 국어분야

종전에 한문만 쓰다가 국한문이 병행되는 추세로 되자, 국어문법을 통일시킬 필요성이 제기 되었다. 초기에는 유길준, 이봉운, 지석영 등에 이어 주시경이 「국어문법」(1906년)과 「말의 소리」(1914년)을 편찬했고, 특히 주시경, 지석영 등은 "국어연구학회"(1908

년)를 창립했는데, 이것이 "조선어 연구회(1921년: 이후 조선어학회로 바뀜)"로 발전하였다. 조선어연구회는 훈민정음 반포 480주년을 맞아 동인잡지 「한글」을 창간하고 숙원사업인 "조선어 사전" 편찬작업과 "한글 맞춤법 통일안"을 발표하였다. 그러나 일제가 다시 민족문화말살정책을 시행하면서 1924년 "조선어학회"(조선어 연구회 후신)는 총검거사건을 맞아 활동이 정지되었다.

2) 국사분야

국사분야는 갑오개혁이후 근대학교가 설립되면서 교과서 편찬에 참여하며 활발해졌다. 장지연, 김태역, 현채 등이 18세기 말 안정복이 편찬한 「동사강목」을 서양식 편찬체인 장·절로 간추려 편찬했다. 그러나 갑오개혁이후 일본이 개입하여 침략의도가 일부 반영되었다.

그러자 1905년 보호조약 이후에 민족주의 의식이 거세게 불자, 교과서에 대한 비판이 일기 시작했다. 그 선구자로는 단재 신채호(1880~1936)와 백암 박은식(1859~1925)이다.

신채호는 충북 청원 출생으로 중국에서 망명생활을 하면서, 1920년대에 조선일보와 동아일보에 「조선사」, 「조선상고사」, 「조선상고문화」 등을 연재했는데 많은 감동을 주었다.

그는 만주에서 꽃핀 부여, 고조선 및 고구려의 정치·문화에 대해 중국에 절대 못지않다는 애국주의적인 내용을 펼쳤다. 1930년대에 활동한 위당 정인보(1893~1950)와 민세 안재홍(1891~1965) 등에 큰 영향을 미쳤다.

그는 역사교과서는 단일민족, 영토, 주권을 존중하는 민족주의사관으로 써야한다고 비판하였다. 그는 을지문덕, 강감찬, 최영 등 애국명장들의 전기를 써서 애국심을 고취시키는데 주력하다가, 1908년 「독사신론(讀史新論)」을 발표하였다. 이는 만주와 부여족(단군족)을 동북아의 중심에 두고 역사를 새롭게 해석하였고, 고조선과 고구려를 동북아 역사의 주류로 부각시켰으며, 중국과의 우호선린관계를 중요시하는 유교를 반민족적인 사대주의로 비판하였다.

박은식은 황해도 황주 출생으로 근대사 연구에 큰 업적을 남겼고, 임시정부 제2대 대통령을 역임했다. 1915년 「한국통사(通史)」를 편찬하며 일본의 한국침략과정을 폭로했고, 이어 1920년 그 후속편인 「한국독립지혈사(之血史)」를 펴내 3·1운동에 이르기까지 우리민족이 일본에 맞서 항쟁한 것을 정리하였다.

특히 그는 우리가 나라를 빼앗긴 원인으로서 대원군의 쇄국정책, 갑신정변과 갑오경장 및 독립협회의 조급성, 그리고 동학운동의 무식함 등을 지적하였다.

"대원군은 과단성이 있었으나 세계사의 변화를 읽지 못했고, 갑신정변, 갑오경장 및 독립협회는 이들을 이끌어간 개화파들이 민족적 기반이 없이 일본에 의지하여 조급하게 개혁을 달성하려다가 일을 망치고 말았다. 동학혁명은 생존권을 위한 정당한 항거였으나 지도자들이 국가를 운영할만한 경륜이 없었다"고 말했다.

1930~1940년대의 조선학운동은 조선후기 실학의 대가인 다산 정약용의 99주기인 1934년에 민세 안재홍, 위당 정인보, 호암 문일평 등이 주도하였다.

이들은 과거의 민족주의 역사학이 지나치게 폐쇄적이고 종교적·영웅주의로 흐르게 된 것을 반성하고 나아가 고대뿐만 아니라 조선시대도 긍정적으로 이해하려고 노력하였다.

안재홍은 평택 출신으로 일본 와세다 대학을 나온 후 조선일보 사장을 역임했다. 특히 신채호의 고대사 연구를 계승 발전시켜 「조선상고사감」(1947년)을 편찬했는데, 가야가 일본에 미친 영향에 주목하였다. 또한 우리 전통 철학을 정리하여 「불함(不咸)철학대전」(1940년)과 「조선철학」(1944년)을 펴내 한국철학의 특징을 화합정신으로 펴냈다.

그는 광복 후 「신민족주의와 신민주주의」라는 글을 발표하여 극우와 극좌를 배격하고 만민공생의 "다사리"이념에 입각하여 모든 계급이 통합된 민족국가를 건설하려 했으며 "국민당"을 창립했다. 그러나 6·25전쟁 때 북으로 납치되었다.

정인보는 서울 소론 가문에서 태어났다. 철종 때 영의정 정원용의 4대손이다. 광개토왕 비문을 연구하여 일본학자가 잘못 읽은 "임나일본부설"을 바로 잡는데 기여했다. 조선시대의 양명학을 발전시켜 "조선의 얼"을 찾으려고 노력하였다.

그 역시 6·25전쟁 때 북으로 납치되었다.

문일평은 평북 의주 출신으로 일본 와세다 대학을 나온 후 조선일보 고문을 역임하였다.

그는 주로 조선시대 민중을 위해 노력한 개혁파와 혁명가를 부각시켰다. 세종대왕과 실학의 정신을 높이 평가하여 이를 현대사상으로 계승하려고 노력하였다. 그는 국제관계에서 실리적인 감각이 중요함을 느끼며 「대미관계 50년사」를 저술하여 최초로 한미관계사를 정리하였다.

한편 "조선어학회"는 일제의 국어말살정책에 저항하여 우리말을 지키려고 1942년

「조선어사전」을 편찬했는데, 일제는 이를 "내란죄"라는 터무니없는 죄를 뒤집어 씌워 33명을 기소했는데 이중에 16명이 형을 받았다.

3) 문학분야

지금까지 문학은 계몽과 교화의 수준이였으나, 서양문화를 접하면서 신문학이 나타났다.

전통적인 유교도덕을 봉건적인 유산으로 간주하고, 자유, 평등, 자유연애, 미신타파 등을 소재로 한 순한글문학이 등장하였다.

신소설의 개척자는 이인직으로서 「혈의루」(1906년), 「귀의성」, 「치악산」 등이 있고, 안국선의 「금수회의록」(1908년), 이해조의 「자유종」(1910년), 최찬식의 「추월색」(1912년) 등이 유명하다. 그러나 이들은 점차 친일문학으로 흘러갔다.

시(詩) 분야는 최남선이 1908년 11월에 창간한 「소년」 잡지의 권두시로 발표한 "해(海)에게서 소년에게"가 서양식 신체시로는 선구로 평가되고 있다.

고등학교 국어책 및 강원도 묵호등대에 새겨져 있는 우리나라 최초의 자유시이다.

"처…ㄹ썩, 처…ㄹ썩, 척, 쏴…아,
때린다, 부순다, 무너 버린다.
태산같은 뫼, 집채같은 바윗돌이나,
요것이 무어냐, 요게 무어냐.
나의 큰 힘, 아느냐, 모르느냐, 호통까지 하면서
때린다, 부순다, 무너 버린다.
처…ㄹ썩, 처…ㄹ썩, 투르릉 콱"

일제 식민시대의 문학은 주로 일본유학에서 돌아온 문인들에 의해 서양문학을 배웠던 신지식인들이 주도하였다. 이들은 대체로 세 부류로 구분할 수 있다.

먼저 일제에 정신적으로 저항하는 부류, 저항성 문인이다.

대표적으로는 윤동주(만주 용정), 이상화(대구), 이육사(안동) 등이고 대부분 옥고를 치루기도 하였다. 윤동주의 대표시는 "별헤는 밤", "참회록", "서시" 등이다. 이상화는 "빼앗긴 들에도 봄은 오는가", "역천" 등이며, 이육사는 "청포도", "광야", "황혼" 등이 유명하다.

다음 부류는, 저항성을 노골적으로 드러내지 않고 한국인의 토속적인 민족정서를 잘 표현한 문인이다. 대표적으로 여성적인 감성으로 아름답게 표현하여 널리 사랑받고 있는 김소월(평안도 구성), 비슷한 시인으로 오늘날 노래로 만들어 널리 애용되고 있는 "향수"의 정지용(충북 옥천), 소설 「까마귀」의 이태준(철원) 등이 있다. 이태준은 광복후 월북하였고, 정지용은 납북되었다는 설이 있었으나 북한 발표에 의하면 1950년 9월 동두천 부근에서 미군폭격으로 사망했다고 보도했으나 분명치 않다.

그리고 일제말기에 "청록파" 시인으로 한국의 자연의 아름다움을 노래한 박목월, 박두진, 조지훈 등이 광복 후 한국시단을 주도했다.

그 다음 부류로는, 전통적 가치를 부정하고 서구형 인간상을 추구한 계몽적인 문인이다. 대표적으로 춘원 이광수이다. 그는 1917년 매일신문에 "무정(無情)"을 연재했는데, 서구적 가치와 자유연애에 대한 동경과 공리적 출세주의를 주제로 한 대표적인 장편소설이다.

그 후 「흙」(1932년), 「사랑」(1938년) 등의 소설을 남겼다. 이 작품들은 그가 쓴 "민족개조론"에서 전통적 가치를 부정하려는 정서와 일맥상통한다.

4) 문예잡지분야

1920년 이후의 문학의 성격은 인도주의 또는 순수예술을 추구하는 문학과 사회주의적 프로레타리아문학으로 나누어졌다.

순수문학으로는 1919년 1월 도쿄 유학생 김동인, 주요한 등 동인이 창간한 「창조」잡지가 최초의 문예잡지였다. 이 잡지는 계몽주의를 거부하고 사실문학을 건설하려함으로서 근대문학을 한 단계 높였다. 다음으로 1920년 창간한 「폐허」의 동인으로 이병조, 남궁벽, 나혜석, 염상섭, 이병도, 김동인, 김억 등인데, 다소 퇴폐적이고 이상주의적인 색채를 띠었다.

김동인의 "배따라기"(1921년)와 염상섭의 "삼대"는 지금도 많이 알려져 있다. 그 후 황석우의 주관으로 변영호, 노자영, 박종화 등이 한국 최초의 시(詩)전문지 「장미촌」을 발간하며 낭만주의적인 시를 발표했으나 창간호로서 폐간되었다. 이어 1922년 잡지 「백조」로서 낭만주의가 꽃피웠는데, 동인은 홍사용, 노자영, 나빈, 박종화, 박영희, 현진건, 이광수 등으로 3호까지 발간되었다. 당시 장미촌에서 싹튼 낭만주의가 문단에 선풍을 일으켰다.

사회주의적 성향의 문인은 1920년 창간한 종합지 「개벽」으로서, 이 잡지의 "문예"란에서 많은 작가가 양성되었다. 대표적으로 작가 이기영, 시인 조명희, 소설가 심훈 등이다.

이들 작품은 주로 농촌문제에 관한 작품인데, 심훈의 소설 "상록수"가 유명하다. 그러나 이 역시 1930년대에 일제의 탄압을 받기 시작하였고, 광복후 주로 북한에서 활동하였다.

5) 음악, 미술 등 예술분야

예술분야 역시 일본, 미국에 유학 갔다 온 신지식인들에 의해 새로운 형식으로 등장하였다.

음악은 도쿄에 유학 갔다 온 홍난파가 "봉선화"를 작곡하여 윤심덕이 불렀는데 많은 사람들의 애창곡이 되었다. 그 외 윤극영의 "반달", 현제명의 "고향생각"은 지금도 많이 애창되고 있다.

윤심덕은 대중 성악가로서 특히 "사의찬미"를 불러 인기를 끌었다.

홍난파는 관현악뿐만 아니라 작곡에서도 현저한 업적을 남겼다. "조선동요 일백곡집"(1929년), "특선가요집"(1936년)을 비롯하여 1939년에는 제1회 "조선창작 발표 대음악회"를 개최하였다. 그러나 이들은 일제 말기에 전쟁홍보에 동원됨으로서 친일오명을 받게 되어 안타깝다.

안익태(평양)는 숭실학교를 나온 후 일본과 미국에 유학하여 음악을 배운 후 해외에서 활동하다가 1936년 "애국가"를 작곡했는데, 지금 우리의 애국가는 이를 다시 편곡한 것이다.

그는 말년에 스페인에서 살다가 세상을 떠났다.

미술은 조선후기까지는 중국의 영향을 받아 주로 상상속의 풍경이나 전래하는 성인들의 일화를 상상으로 그렸다. 18세기에 들어 실학과 국학이 대두되면서 우리 고유의 문화에 관심이 높아지면서 변화가 일기 시작하여 사실 그대로 실감나게 그리는 "진경산수화"로 자리잡혔다.

대표적으로 겸재 정선(광주: 1616~1759년)의 "인왕재색도", "금강산도" 등이다. 당시 "시는 김병연(방랑시인 김삿갓), 그림은 정선이다"는 말이 나왔으며 영조로부터 종2품 벼슬을 받았다.

단원 김홍도(김해: 1745~1806년)는 백성들의 생활모습을 담은 그림을 주로 그렸다. 그는 도화서에 들어가 인물화와 동물화는 물론 기록화, 진경산수화까지 다양하게 그렸다. 대표적으로 "자리짜기", "대장간", "씨름" 등이 있다.

또 다른 풍속화가로는 혜원 신윤복(고령: 1758~?)이 있다. 그는 김홍도와는 달리 주로 도시사람들의 생활과 부녀자들의 풍속을 그렸다. 대표 그림은 "단오풍경"이다.

단오날 그네타고 머리감는 여인들을 생동감 있게 표현하였다.

일제식민시대에는 전통 한국화와 서양화의 두 부류로 나타난다. 전통화가로는 이상범(공주), 변관식(옹진), 김은호(인천), 노수현(개성) 등으로 이들은 구한말 궁중화가였던 안중식과 조석진의 문하로서 한국의 산수와 인물을 아름답게 그렸다. 이상범은 담채화를, 변관식, 노수현은 서양화풍의 강력한 색채를 즐겨 그렸다. 변관식의 "누각청류"(1939년), 이상범의 "귀려"는 유명하다.

페인트를 사용하는 서양화가도 이때 처음 등장하는데 고희동(서울), 박수근(양구), 이중섭(평안도 평원)이 대표 작가이다. 고희동은 처음 조석진(함안)의 문하로 한국화를 배우다 일본에 유학하면서 서양화로 바꾸었다. 박수근은 독학으로 서양화의 대가가 되었다.

이중섭은 일본에서 서양화를 배우고 돌아와 부산, 통영, 제주 등지에서 작품 활동을 하였다.

이중섭의 "흰소", 박수근의 "빨래터" 등은 한국의 토속적인 풍경을 그렸는데 대중의 사랑을 받고 있다.

〈단오풍경〉 - 신윤복
큰 타래 머리의 여인들과 목욕하는 여인들, 그리고 바위틈으로 이 광경을 엿보는 동자승들의 모습을 사실적으로 묘사하였다

〈인왕재색도〉 - 정선
(정선이 76세 때 비온 뒤인 인왕산 경치를 그린 것)

이중섭의 〈흰 소〉

박수근의 〈빨래터〉

　영화는 윤백남, 안종화가 개척하여, 1926년 나운규가 각본, 감독, 출연한 "아리랑"으로 인해 종전의 활동사진에서 예술영화로 발전시켰다. 그 후 그는 "벙어리 삼룡" 등을 내놓으며 눈부신 천재성을 보였다.

　무용분야는 여성 무용가 최승희가 그 대표적이다. 그녀는 서울 출생으로 숙명여학교를 나와 일본에서 춤을 배운 후 세계 각국에서 공연하여 격찬을 받았다. "보살춤", "칼춤", "부채춤" 등 고전무용을 현대적 예술로 승화시켰다. 광복 후 북한에서 활동했으나 정치성을 띤 "주체예술"을 거부하다가 숙청당했다. 그녀는 전통적인 궁중 무용인 기생의 정재(呈才)를 독자적인 예술로 끌어올린 공로가 크다.

　그러나 이러한 신문화 및 예술은 1937년경부터 일제의 강력한 탄압을 받으며 자생적인 발전의 싹이 꺾이면서 친일문화로 굴절되거나 아니면 예술을 포기해야 하는 길을 걷게 되었다.

3. 독립협회와 신간회

1) 독립협회

　독립협회는 1896년(고종 33) 7월에 한국의 자주독립과 내정개혁을 위해 설립된 정치사회단체이다. 회원은 서재필을 중심으로 이상재, 이승만, 윤치호, 남궁억 등 30여 명이 발기인으로 참여했는데, 발족 당시는 이완용, 안경수 등 정부요인들도 다수 참가하였다. 독립협회는 발족 3개월도 안되어 회원수가 1만 명을 넘었다.

　1896년 4월 7일 「독립신문」을 창간했고, 모화관을 "독립관"으로 개칭하여 집회장으로 이용하였고 영은문자리에 "독립문"을 세워 독립정신의 상징으로 삼았다. 모화관은 원래 중화를 숭모하기 위한 건물로서 명·청 시절에 사신이 오면 연회를 베푸는 장소이다.

서재필은 갑신정변이 실패하자 일본을 거쳐 미국으로 망명하였다. 미국에서 의학 공부를 하여 박사학위를 받았고 미국 시민권까지 받았다. 그는 오랜 망명생활 중 젊은 시절에 목숨을 바쳐 조국의 개화독립을 이루고자 했던 정열은 조금도 식지 않았다.

그가 귀국했을 때는 고종이 러시아 공사관에 파천해 있을 때였다. 총리 대신 김홍집이 그에게 외부대신을 권했으나 그는 이를 거절하고 중추원 고문관으로만 활동하였다. 그는 정계에는 뜻이 없었고 우리 국민을 지도 계몽하려고 귀국했다고 하였다.

당시 조선은 러시아 공사 웨베르와 일개 통역관인 김홍록의 농간에 좌우되고 있었다. 이 광경을 본 서재필 등 독립협회 인사들은 고종에게 나라의 체면상 환궁을 강력하게 건의하자, 곧 경운궁(덕수궁)으로 환궁하였다. 이후 「대한제국」을 선포하였다.

대한제국이 선포됐으나 왕권은 형식뿐이고, 실제로는 러시아와 열강에 의해 조선은 여전히 농락당하고 있었다. 이에 서재필을 주도로 독립협회는 1898년 3월 종로 네거리에서 수천 명이 모인 가운데 "만민공동회"를 열었다. 이때 이승만, 홍정후 등이 러시아의 부당성을 지적하며 열변을 토하였다.

독립신문에서는 제33호 논설에서 독립문 건설의 취지를 아래와 같이 밝혔다.

> "조선인민들은 독립이라는 것을 모르는 까닭에 외국 사람들이 조선을 업신여겨
> 도 분한 줄을 모르고 … 조신인민은 청국에 속한 사람들로 알면서 … 속국인체
> 하고 있다 … 어찌 불쌍한 인생들이 아니겠는가?"

이후 협회는 정부에 시국에 대한 "6개조 개혁안"을 요구하자, 정부 수뇌급은 불안을 느끼며 황국협회를 시켜 "독립협회가 황제를 폐하고 공화제를 실시하려한다"고 무고(誣告)하여 보부상 수천 명을 동원하여 독립협회에 테러를 가하였다.

결국 독립협회는 1898년 12월에 해산되며, 그 후 대한자강회(1906년)와 대한협회(1907년)로 그 정신이 이어졌다.

2) 신간회(新幹會)

신간회는 1927년 조선민족의 정치적·경제적 해방과 조선의 독립을 부르짖으며 설립된 항일단체이다. 회원수가 3만9천여 명으로 전국에 140여개의 지회를 두었고, 특히

근검절약운동을 전개하거나 청년운동을 적극 지원하였다.

1927년 2월 민족주의 진영과 사회주의 진영이 제휴하여 "민족주의"를 표방하며 창립된 민족운동단체이다. 초대 회장에 이상재, 부회장 권동진이 추대되며 안재홍, 백관수, 신채호, 신석우, 권동진 등 34명이 발기하였다.

이들은 소작료를 낮추자며 농촌운동을 지원하였고, 원산 노동자 파업에 격려금을 보내는 등 노동운동을 지원하였다. 광주학생운동이 발생하자 진상조사단을 파견하기도 하였다.

표면적으로는 좌우익합작으로 만든 단체이나, 그 주도권은 민족주의 진영에서 가지고 있어 사회주의 진영에서는 불만이 많았다. 이들은 신간회 주요간부들이 민중대회를 열려고 하다 투옥되자, 기독교 청년회에서 대의원 77명이 해산을 결의함으로서 1931년 5월 발족한지 4년 만에 해산되었다.

4. 민족개조론(改造論)과 자치론(自治論)

3·1운동이 일어나자 일제는 무단통치에서 문화통치로 전환하였다. 국내의 우익세력들은 대한제국 때의 실력양성운동을 계승하자면서 실력이 쌓일 때까지 총독부와 어느 정도 타협하자는 부류가 나타났다. 이들 실력양성론자는 이른바 "민족개조론"과 "자치론"을 들고 나왔다. 우리민족의 좋지 않은 민족성을 개조하여 근대산업사회에 적응할 수 있는 시민정신을 길러야 한다고 역설하였다. 그 대표 지식인으로 일본 유학생 출신의 춘원 이광수(1892~1950)와 육당 최남선(1890~1959) 등이다.

1) 민족개조론

민족개조론은 1922년 「개벽」지에 발표된 이광수의 논문 내용으로 "조선이 일제의 식민지가 된 것은 오로지 게으르고 신의 없고 비사회성 등의 우리 민족성 때문이므로, 독립운동보다 먼저 민족을 개조하고 실력을 쌓는 것이 중요하다"는 내용이다.

실력양성론자들은 그 구체적인 방법으로 언론을 통한 주민계몽운동과 문맹퇴치, 민립대학설립, 물산장려운동 등을 들고 나왔다. 당시 「동아일보」가 이 같은 운동을 후원하였다.

그 후 그는 1924년 "민족의 경륜"이란 글을 발표하면서, 당시 총독부가 내세운 "자치론"을 지지하고 나섰다.

그는 1919년 도쿄 유학생의 "2·8독립선언서"를 기초하였고, 임시정부에서 독립신문 사장을 지냈다. 1937년 안창호와 함께 투옥됐으나 1939년 친일 어용단체인 문인협회장을 지냈다. 광복 후 반민법으로 구속됐다가 6·25전쟁 때 납북됐는데 1950년 병사하였다.

2) 자치론

최남선은 서울의 중인 출신으로 최초(1904년)의 일본 와세다대학 유학생이였으나, 곧 중퇴하였다. 귀국 후 신문관을 설립하고 1908년 11월 잡지 「소년」을 출판하였다.

1910년에는 "조선광문회"를 설립해 민족고전을 편찬하는 일에 앞장섰다.

1922년에는 총독부산하 "조선사 편찬위원회"에 참여하였고, 1925년에는 "불함문화론(不咸文化論)"을 발표하였다.

불함문화론은 인도를 포함하는 유럽문화권과 중국문화권, 여기에 우리민족이 3대 문화권의 하나로 자리매김한다는 것이다. 불함문화권은 한국과 일본, 몽골 등이 포함되며, 태양과 밝음을 숭상하는 종교(샤머니즘)가 특징이며 그 중심지는 백두산 일대라고 주장하였다.

그의 주장은 학술적 가치가 높았으나, 후에 일본이 이 주장을 한국인의 신사참배를 정당화하는데 이용하였다.

그는 "역사를 통하여 본 조선인"이라는 글에서 "우리 국민성 가운데 사대주의, 타율성, 조직력 부족, 형식병, 낙천성과 같은 나쁜 점이 있다"고 지적하고, 이를 극복하지 않으면 "불구미성년자(不具未成年者)"가 된다고 주장하였다.

그는 3·1만세운동 당시 "독립선언문"을 쓴 이유로 일제에 체포되어 2년 8개월간 투옥되었다.

최남선과 이광수는 2009년 노무현 정권시절 "친일인명사전"을 발표했는데, 여기에 포함되었다. 이 두 사람에 대한 평가는 의견이 분분하다.

5. 월북시인 백석과 기생진향(김영한)의 사랑 이야기

월북 서정시인으로는 대표적으로 백석(1912~1996: 평북 정주)이 있다. 그는 현대 10대 시인으로 대표 시 "통영" "고향" "적막강산" "국수" 등 100여 편의 주로 지방적, 민속적 서정적인 시를 남겼는데, 월북 후에는 김일성대학 교수로서 우파적 성향이라며 상당한 핍박을 받은바 있다고 전해진다.

백석에게는 「길상사」(서울 성북동 우측 계곡에 위치)에 얽힌 기생 진향(김영한)과의 애뜻한 사랑 이야기는 유명하다.

백석은 당시 16세에 기생이 된 김영한과 사랑을 하다가, 백석이 월북하자, 김영한은 요정 "대원각"을 지어서 이남에 남았다. 이후 법정 스님의 「무소유」 글을 읽고 감동을 받아 당시 싯가 1,000억원인 대원각을 굳이 법정 스님께 시주했으나, 법정 스님은 10년이나 사양하다가, 결국 절로 만들어 달라는 간청을 받아들여 당시 김영한의 법명 길상화를 따서 「길상사」로 이름지었고 3년 후 1999년에 김영한은 사망하였다. 원래 대원각은 해방전후 삼청각, 명월관과 함께 3대 요정이기도 하다.

김영한이 대원각을 시주한 계기가 되는 법정 스님의 무소유(1976년)의 글 일부를 소개한다.

> "우리들의 소유관념이 때로는 우리들의 눈을 멀게 한다. 그래서 자기의 분수까지도 돌볼 새 없이 들뜨게 되는 것이다. 그러나 우리는 언젠가 한번은 빈손으로 돌아 갈 것이다. 내 육신마저도 버리고 훌훌히 떠나 갈 것이다. 하고 많은 물량일지라도 우리를 어떻게 하지는 못할 것이다. 크게 버리는 사람만이 크게 얻을 수 있다는 말이 있다.
> 물건으로 인해 마음을 상하고 있는 사람들에게는 한번쯤 생각해 볼 말씀이다. 아무것도 갖지 않을 때 비로소 온 세상을 갖게 된다는 것은 무소유의 역리(逆理)이니까"

김영한은 젊을 때 문학소녀였고, 백석과 사랑할 때 "내 사랑 백석"이란 자서전을 썼으며, 백석은 그런 김영한에게 "자야(子夜)"라는 별호를 지어 주었다.

김영한은 대원각을 시주할 당시 누가 "아깝지 않느냐?"고 물었더니, "그 돈은 그분의 시 한줄만도 못하다"는 유명한 일화를 남겼다.

다음은 백석이 김영한에게 만주로 같이 도피하자며 지은 시이지만, 김영한은 백석의 장래를 생각하며 거절하였다.

"나와 나타샤와 흰 당나귀"

가난한 내가
아름다운 나타샤를 사랑해서 오늘 밤은 푹푹 눈이 내린다.

나타샤를 사랑하고
눈은 푹푹 나리고
나는 혼자 쓸쓸히 앉아 소주를 마신다.
소주를 마시며 생각한다.
나타샤와 나는
눈이 푹푹 쌓이는 밤 흰 당나귀타고
산골로 가자 출출이 우는 깊은 산골로 가 마가리*에 살자.

눈은 푹푹 나리고
나는 나타샤를 생각하고
나타샤가 아니 올 리 없다.
언제 벌써 내 속에 고조곤히 와 이야기한다.
산골로 가는 것은 세상한테 지는 것이 아니다.
세상 같은 건 더러워 버리는 것이다.

눈은 푹푹 나리고
아름다운 나타샤는 나를 사랑하고
어데서 흰 당나귀도 오늘밤이 좋아서 응앙응앙 울을 것이다.

*: 마가리: 오막살이집

이승만과 김구

chapter
06

1. 이승만의 생애

1) 성장기

이승만은 1875년 4월 18일 황해도 평산리 마산면 능내동에서 몰락한 양반(양녕대군 16대손) 집에서 3남 2녀의 막내로 태어났다. 위로 두 형이 있었으나 그가 태어나기 전에 죽고 장남 역할을 했으며, 사실상 6대 독자가 되었다.

초명은 승룡(乘龍)이고 호는 우남이다. 그는 3살 때 서울로 이사 왔다. 서당에서 한학을 공부하던 중 1894년(고종 31년)에 과거제도가 폐지되

이승만   김구

자, 이듬해 선교사가 세운 서울의 배재학당에 입학하여 근대문명을 접하였고 서재필, 윤치호 등의 영향을 받아 독립협회에 가입하여 활동하였다.

1898년 독립협회에서 제1차 만민공동회를 열 때, 그는 러시아의 이권침탈을 규탄하는 연사로 참가하여 큰 인기를 얻으며 그의 이름이 알려지기 시작하였다.

그는 1899년(고종 36년) 박영효일파 등과 고종 폐위 음모에 가담했다는 혐의로 투옥되었다. 그는 옥중에서 「독립정신(총 52편)」을 저술하여 큰 인기를 끌었다. 이 책에서 그는 정신·제도·외교적 측면에서 한국을 완전한 서구화와 기독교화하자고 제안하였다.

그는 옥살이 중 탈옥을 시도하다가 무기징역을 선고받고 5년 반 동안 옥살이 하던 중, 1904년 러·일전쟁이 발발하자 민영환·한규설 등의 도움으로 특사로 풀려났다.

1904년 말 민영환을 통해 고종의 밀서를 받고 미국 대통령을 만나기 위해 도미하였다.

1905년 그는 루즈벨트 대통령을 만나 호의적인 반응을 얻었으나, 이런 일은 외교적인 일이므로 주미 공사관을 통해 하라는 권유를 받았다. 그러나 당시 주미 공사관은 친일파 김윤정으로서 이를 외면당했다.

당시 미국과 일본 간에는 일본총리 가쓰라와 미 국무장관 테프트 간에 "가쓰라-테프트 밀약"으로 한국의 식민지 분할을 합의한 뒤였다. 이승만은 미국이 한국을 일본에 팔아 넘긴다는 것을 확신하면서, 그의 밀사 활동이 실패했음을 알고, 미국에서 공부하기로 결심하였다.

1905~1910년 사이에 조지워싱턴대학교, 하버드대학교, 프린스턴대학교에서 각각 학사, 석사, 박사 학위를 받았다. 박사 학위 논문은 "미국의 영향을 받은 영세중립론"이였다.

유학을 마치고 귀국하여 황성기독교 청년회(YMCA)에 잠시 몸담았다가, 일제가 조작한 105인 사건에 연루되어 1912년 박용만의 초청으로 다시 미국 하와이로 망명하였다.

2) 독립운동기

이승만의 독립운동 방략(方略)은 "외교독립노선"과 "실력양성론"으로 집약할 수 있다.

그는 하와이에서 박용만과 함께 한인민족 교육에 열중했는데, 당시 김종학, 박용만이 "국민회"를 조직하여 대일무장투쟁을 이승만에게 제의해오자, 이에 반기를 들며 박용만과 결별하였다. 이후 박용만은 하와이를 떠나고 이승만이 한인사회를 장악하였다.

1919년 3·1운동이 일어난 후 각 지역 독립운동단체들은 임시정부설립을 서둘렀다.

제일 먼저 3월 21일 연해주에서부터 상해, 만주 길림성, 평안북도, 인천, 한성에서 이승만이 집정관 총재, 국무총리, 대통령으로 추대되었다.

그러자 그는 미국 워싱턴 DC에「한성임시정부」집정관 총재 사무실을 열고 대통령 행세를 하였다. 그리고 그는 "대한공화국 대통령" 이름으로 미국, 영국, 불란서, 이탈리아, 일본의 원수들과 파리 평화회의 의장에게 한국의 독립을 선포하는 공문을 보냈고 또한 대내외에 독립을 위해 헌신을 촉구하는 "대통령선언서"도 발표하였다.

당시 상해임시정부(이하 임정)에서는 그의 대통령(President) 칭호 사용문제로 논란이 벌어졌다. 임정 내무총장 안창호는 "임정은 대통령제가 아니므로 대통령 호칭을 사용하지 말라"고 전보를 보냈다.

1919년 9월 11일 각 지역 임시정부가 통합되어 「상해임시정부」가 설립되자, 초대 대통령에 추대되었다. 그러나 그의 미국 체류기간이 길어지자 임정의 요청으로 1920년 12월 처음으로 상해로 건너왔다. 당시 임정에서는 이승만의 자유민주주의파와 공산주의자 이동휘, 사회주의자 여운형 등 여러 정파간 대립이 계속되자, 1921년 그는 상해를 떠나 미국으로 갔다.

1921년 이승만이 미국에서 국제연맹에 위임통치를 청원한 사건이 발생하였다.

당시 이승만은 은사 윌슨(프린스턴대총장)이 미국 대통령이 되면서 "민족자결주의"를 선포하자, 미국을 이용하여 한국의 독립을 이루고자 한 것이다. 이는 미국 한인회나 임정과도 사전논의도 없이 독단적으로 이루어져 거센 비난이 있었다.

이 위임통치문제와 장기간 임정대통령 직무실 부재 등으로, 1925년 임시 대통령 박은식 명의로 탄핵을 받았다. 이후 그는 구미 외교위원부에서 활동하였다. 이때 유학생 조병옥, 장택상, 허정 등이 그를 보좌하였다.

한편 당시(1923년)는 소련공산혁명과 레닌에 대해 세계 지식인들이 열광하던 시기인데, 이승만은 잡지 "태평양"의 기고문에서 공산주의가 멸망하는 이유를 아래와 같이 열거하였다.

① 재산을 나누면 근로의욕이 떨어진다.
② 기업가를 없애면 혁신이 이루어지지 못한다.
③ 지식인을 없애면 모든 사람이 우매해진다.
④ 종교를 없애면 도덕이 타락한다.
⑤ 소련을 조국으로 믿으면 배반당한다.

이승만은 1932년 11월 임시정부에서 국제연맹 전권대사로 임명되어, 1933년 1월 스위스 제네바에서 오스트리아 출신 프란체스카와 호텔 식당에서 합석하여 만나게 되었다. 여기서 그는 국제연맹에 "대한독립청원서"를 제출하고 각국 대표에게도 독립을 청원하였다.

1934년 4월 그는 임시정부 외교위원으로 선임되고, 1934년 9월 뉴욕에서 프란체스카와 결혼하였다.

1939년 이승만은 「일본을 벗기다(Japan Inside Out : The challenge today)」를 출판했

는데 여기서 일본이 한국과 중국 등 동아시아지역을 침공했던 역사를 열거하며, 근시일 내에 일본이 알라스카나 하와이를 침공할 것을 예언했는데, 그 2년 후 하와이를 침공하였다. 당시 미국은 이승만을 전쟁광이라 불렀으나, 순식간에 저명인사가 되었다. 당시 「대지」를 쓴 펄벅은 이 책에 대해 "무서운 진실을 담고 있다"고 평가하였다.

이해 9월 「광복군」 창설 소식을 듣고 축전을 보냈으나, 이어 의혈단 김원봉 등이 입각된다는 소식을 듣고는 김원봉 의열단은 절대 안된다고 김구와 조소앙에게 항의하였다.

1941년 12월 미·일이 전쟁에 돌입하자, 임시정부로부터 받은 "대한민국 임시정부 포고문"을 미정부에 제출하고 임시정부의 승인을 요구하였다. 특히 러시아의 참전을 우려하였다.

그러나 당시 미국은 자국의 사정에 의해 한국을 승인할 수 없다는 입장만 통보받았다.

이후 1945년 2월 얄타회담에서 미국은 소련 스탈린과 한국의 신탁통치를 합의하였다.

3) 광복 후 - 정부수립까지

1945년 8월 15일 광복이 되자, 미국은 이승만을 기피인물로 여기면서 여권발급이 늦어져 2개월 후 귀국하였다. 그런데 귀국전 박헌영 등은 그를 「조선인민공화국 주석」에 선임했으나, 그는 귀국하자 바로 취임을 거부하였다.

10월 16일 그가 귀국하자, 군정청장 하지중장은 그를 극진히 환대하였다. 그의 귀국 첫 일성은 "나를 따르시오, 뭉치면 살고 흩어지면 죽는다"였는데 국민들로부터 큰 반향을 받았다.

귀국 후 그는 하지와의 첫 대미교섭에서 "임정을 정부자격"으로 귀국해 줄 것을 요구했으나 하지는 이에 대답을 회피하였다. 당시 이승만은 그의 측근에게 "하지가 임정을 불한당집단으로 생각하는 것 같다"고 언급한바 있다. 그는 귀국당시에는 공산주의도 포용하겠다고 선언하면서 대동단결을 강조하였다.

1945년 10월 23일 허정, 장덕수, 윤치영, 이기붕 등이 주축이 되어 각 정당, 단체대표 200여명이 모여 "독립촉성중앙협의회"를 설립하고 이승만이 회장으로 선출되었다.

이때 박헌영의 조선공산당도 포함되었으나 이후 통일방안에 대해 논의하던 중 노선차이가 나타나며, 조선공산당은 이승만의 통일방안에 반대성명을 내며 맹비난을 하였다.

이후 11월 3일 임정요원이 귀국하자, 김구, 김규식과 함께 회동하면서, 특히 공산주의 자들의 파괴행동에 경계해야 된다고 하였다. 이어 12월 28일 모스크바 삼상회의에서 한국의 신탁통치가 결정되자 이승만, 김구, 김규식 등은 "신탁통치반대"를 결의하였다. 이때 공산당은 친탁으로 돌아가자, 이승만, 허정 등은 공산당이 소련지시로 친탁으로 돌아섰다면서 "좌익의 사대주의 때문이다"면서 공산당을 매국노로 단정했고, 공산당과 의 타협은 일체 거부하였다.

1946년 1월 미소공동위원회(미소공위)가 설치되자 이승만과 김구는 이에 불참했으 나, 김규식은 공위에 찬성하는 입장으로 취하였다. 이어 김구가 "신탁통치반대 국민 총동원 위원회"를 설립하자 이승만의 "독립촉성 중앙협의회"와 합하여 "대한독립촉성 국민회의"를 구성하였고 이승만이 총재가 되고 김구, 김규식, 조만식, 권동진, 오세창, 홍명희 등이 대의원이 되었다.

한편 이승만이 반탁, 반소, 반공위를 선언하자, 미소 공위가 난항을 겪게 되었다. 군정 청은 이승만을 이화장에 가택연금하다시피 하였고, 김규식을 의장대리로 앉혔다. 이승 만이 계속 고집을 부리자, 미 군정청은 이승만 제거계획까지 세웠다.

1946년 5월 이승만은 그의 정치노선, 특히 반공주의에 대하여 분명한 의견을 제기하 였다.

"공산주의자는 소련으로 보내야 한다. 가족의 일원이라도 보내라. 공산주의자들은 파괴주의자이므로 전부 체포할 것이다. 미소공위가 결렬되면 남조선에 단독정부를 세워 38선을 깨트리고 소련군을 내쫓고, 북조선을 차지할 것이다"고 분명하게 말하 였다.

드디어 6월 3일 전북 정읍에서 "선거가 가능한 지역에 한해 정부를 수립하자"고 촉구 하였고, 또한 서울정동교회에서 "소련사람을 내보내고 공산당을 이땅에 발을 못붙이게 하자"고 역설하였다. 이어 9월 돈화문 앞에서 공산주의자에 의해 이승만이 권총 저격을 받았으나 미수에 그쳤고, 11월에 서북청년단이 결성되었다.

1947년 5월 미소공위가 열리면서 이승만과 김구가 반탁투쟁을 벌이자, 하지중장은 이승만을 위험인물로 취급하여 연금상태로 들어갔다. 이어 9월에 대동청년단(단장 이청 천)의 총재에 취임하였다. 이어 11월 유엔총회에서 유엔 감시하에 한반도 자유선거가 가결되자, 김구는 "남한단독선거는 국토양분의 비극을 초래한다"며 반대하였다.

그러나 김구는 이승만이 제시한 "소련의 방해가 제거되기까지는 북한의 의석을 남겨 둔다"는 조건을 제시하자, 다시 단독정부수립에 찬성하였다.

이승만과 김구가 본격적으로 결별하게 된 동기는 "장덕수 암살사건"때 김구가 배후로 지목되고부터이다. 장덕수는 「사상계」 편집인으로서 광복이후 한국민주당(한민당) 창당에 참여하여 정치부장을 지냈다. 이 사건은 우파통합과정에서 한민당(당수 김성수)이 빠졌는데, 당시 김성수는 찬성했으나 장덕수가 반대했기 때문이다. 이를 계기로 한독당원에 의해 암살되었다. 이 당시 김구가 배후로 지목되면서 미군정청에 소환당하게 되자, 김구는 이승만에게 도움을 청했다. 그러나 이승만 역시 김구를 강력한 배후자로 지목하여 응하지 않고 방관하였다. 이때부터 이승만과 김구는 결별하였다.

1948년 1월 유엔 한국임시위원단이 도착하자, 단장이 북한과 좌우합작을 요구했으나 이승만은 거부했고, 북한에서는 소련대표 그로미코가 아예 이들의 입국을 거부하였다.

1948년 5월 10일 제헌국회의원 선거에서 이승만은 동대문갑구에 단독 입후보하여 당선되었다. 당시 최능진이 동대문갑구에서 같이 맞섰으나, 이승만 측의 방해로 입후보 등록을 못 하였다.

4) 대통령시대

1948년 5월 31일 제헌의회가 열렸다. 이승만은 총 198명중 188표를 얻어 의장이 되었고 부의장에는 신익희와 김동원이 선출되었다. 이어 헌법과 정부조직법 및 국회법초안을 위해 기초위원회를 두고 서상일이 위원장이 되었고, 여기서 내각책임제 안을 만들었다. 그러나 이승만은 신생국가로서 내각책임제는 아직 시기상조라며 대통령제를 고집하여 이승만의 뜻대로 헌법에 대통령 책임제를 채택하였다. 당시 국내여론은 이승만이 대통령에 뽑힐 것이라는 의견이 팽배하였기 때문이다. 1948년 7월 17일 헌법을 공포하면서 이날을 제헌절로 삼았다. 이것이 민주공화국 「대한민국」의 탄생(수립)이다.

헌법에는 대한민국이 3·1운동 이후 건립된 「대한민국 임시정부」의 위대한 독립정신을 계승하여 민주독립국가를 재건한다고 표방함으로서, 정신적으로나 역사적으로나 1919년에 건립된 대한민국을 계승한다고 선언하였다. 그런데 임시정부의 주석이던 김구가 남한단독 정부수립을 반대했으므로, 과연 임시정부의 법적인 계승이냐를 놓고 일부에서는 이의를 제기하였다. 그래서 현행헌법은 1987년에 다시 만들었는데, 여기서 헌법 전문(前文)에 "대한민국이 임시정부의 법통(法統)을 계승한다"고 밝혔다.

이어 대통령선거가 실시되어 이승만(74세)이 김구, 안재홍 등을 누르고 초대 대통령으로 당선되었다. 부통령에는 이시영(80세), 총리는 청산리전투의 주역이자 임정시 광복군 참모장이였던 이범석, 대법원장에는 일제 강점기 때 인권변호사였던 한국민주당의 요인 김병로(62세)가 되었다 초대정부의 3부 요인이 모두 독립운동가였다.

한편 조병옥, 장면, 김활란을 유엔 및 세계 각국에 특사로 보내어 12월 15일 유엔총회에서 한반도의 유일한 합법정부로 대한민국이 찬성48표, 반대6표, 기권12표로 가결되었고, 북한의 승인 안은 부결되었다.

그러나 대한민국의 탄생과정은 순탄하지 않았다.

정부가 수립되자 1948년 9월 「반민족 행위자 처벌법(반민특위)」이 제정되었다. 이때 이승만은 대동단결을 주장하여 "제주4·3사건" "여순반란사건" 등에서 보듯 공산당의 준동을 척결하는 것이 우선이라며 "선통일 후 친일파청산"을 주장하면서 정부 수립후 친일관리들을 대거 수용하였다. 내면적으로 이들의 국가경영경험을 이용하자는 것이다. 그런데 이것이 처음의 패착이였다. 결국 반민특위는 "국회프락치사건"과 "특별경찰대사건"(친일경찰의 특경습격)을 겪으면서 해산되었다.

"국회프락치사건"은 제1공화국의 정책노선이 외국군(미, 소) 완전철수와, 평화통일 및 자주통일을 불온시하고 북진통일을 하자는 주장인데, 좌파계열인 국회부의장 김약수 등 13명이 남로당과 접촉하여 국회에 침투한 후 정국을 혼란시켰다는 혐의의 사건이다.

이어 이승만은 1949년 1월 일본에 "대마도 반환"을 요구하는 기자회견을 하였고, 그리고 친일파 청산에는 신중해야 한다고 발표하였다.

1949년 12월 미군이 철수하자, 이승만은 「가쓰라-테프트」 밀약에서 보듯 미국의 친일정책을 심각하게 우려하였으며, 이어 기자회견을 통해 무력북진통일을 피력하였다. 이에 미국은 한국의 방어능력을 우려하며 1950년 1월 「한미 상호방위 원조협약」을 체결하고 미국의 한국방위원조책임을 천명하였다. 이어 1953년 10월 한·미간 동맹인 「한미상호방위조약」을 체결하였다.

2. 김구의 생애

1) 성장기

김구는 1876년 황해도 해주에서 경주김씨(경순왕33대손)로 태어났다. 그는 조선조 역신 김자점(11대조)의 후손으로, 이로 인해 멸문당해 해주로 피신해 숨어살던 가문의 후손이다. 이때부터 양반신분을 숨긴 채 상민으로 연명하며 살아왔다. 아버지 김순영은 학식은 없었으나 양반들과 자주 다투어 해주감영을 제집 드나들 듯 하였다. 김구가 이후 투쟁정신이 강한 것이 아버지의 성품을 닮은 것 같다. 그의 호는 "백범(白凡)"인데 미천한 백성을 상징하는 백(白)과 범부의범(凡)자를 따서 지었다.

그는 어린 시절 양반자제들로부터 천대를 많이 받아서 양반에 대한 거부반응이 많았다.

17세(1892년)때 양반이 되려고 과거에 응시했으나 낙방하였다. 당시 과거장은 대작(代作), 대필(代筆) 등 난장판이였다.

부정·부패로 얼룩진 세상을 보고는 이듬해 개혁을 꿈꾸며 동학(東學)에 입교하였다.

그는 황해도 대표 접주가 되어 부하 700여명을 이끌고 선봉장으로 해주성을 습격했으나 실패하고 피신하다가 안태흠(안중근 아버지)의 도움으로 성리학에 심취하기도 하였다.

1896년(20세)에 황해도 치하포구에서 한국인으로 변복한 일본인을 만났는데, 당시 명성황후시해사건(을미사변)의 울분으로 폭행 후 살해하였다. 그 일본군은 소지품조사 결과 일본군 중위(쓰치다로스케)였으나 이후 일본 측 조사결과 일본 상인이였다. 석 달 후 자택에서 체포된 후 사형선고를 받았으나 명성황후시해 사건의 울분으로 살해했다는 기록을 고종이 보고는 사형집행을 중지시켰다. 이때 감옥에서 대학 세계역사 등을 읽고 개화사상과 신학문에 크게 눈을 떴다.

2년 후 탈옥에 성공하여 공주 마곡사에서 승려(법명 원종)생활을 했으나 당시 쫓기는 몸으로 심화(心火)를 숨기고 있다가 1년 후 다시 환속하여 방랑하다 결국 애국운동에 투신하기로 마음먹었다.

1903년 개신교(감리교)에 입교하였고, 이어 공립학교 교원과 농상공부 종상위원이 되었다. 이것이 대한제국의 유일한 관직이였다. 이후 28세 때 최준례(천주교명: 줄리아)와 결혼하였다. 이와 같이 김구는 동학, 유교, 불교, 신교 등 다양한 신앙생활을 했으나 이후부터는 정책 연설에서 성경을 인용하는 경우가 많았다.

1907년 국권회복운동의 비밀결사조직인 「신민회(新民會)」에 가입하여 황해도지부 총감이 되었다. 이어 1911년 "105인사건"에 연루되어 종신형을 받고 서대문 형무소에서 복역 중 김좌진장군을 만났고, 이때 수감동료로부터 의혈투쟁 방법을 배웠으며 1915년 가출옥되었다.

"105인 사건"이란 안명근(안중근 사촌)이 무관학교를 설립하고자 자금모금 활동을 했는데, 일제는 이를 총독 데라우찌 암살미수범으로 조작하여 당시 신민회회원 및 기독교 신자 등 민족지도자 600여명을 검거했었다. 이중 105명만 기소되었고, 결국 6명만 유죄 선고 되었다.

이와 관련하여 이승만은 미국으로, 김규식은 몽골로 망명했고, 이승훈이 10년, 윤치호 6년을 선고받았고 이동휘는 3년간 유배되는 등 민족지도자들이 대거수난을 당한 사건이 "105인사건"이다.

2) 임시정부시절

1919년 3·1운동 직후, 김구는 상해로 가서 처음에는 임시정부청사 문지기를 자청했으나, 내무총장 도산 안창호 선생이 김구의 사람됨을 보고 경무국장으로 발탁하였다.

당시 임시정부는 시작부터 대통령 이승만의 민주주의세력과 국무총리 이동휘의 공산혁명세력간에 심한 갈등을 빚었다. 1921년 이승만이 상해로 부임해 집무를 시작하자, 이동휘는 총리직을 사직했고 이승만도 결국 넉 달 만에 미국으로 돌아갔다. 이후 임시정부는 허울만 남게 되었다.

1922년 김구는 내무부총장에 취임했는데, 당시 국무총리 이동휘로부터 공산혁명(코민테른)에 참가하자는 제안을 받았으나, 제3국공산당의 지시를 받기 싫다며 거절하였다.

임시정부가 노선 갈등으로 시끄러울 때 2년간 6명의 국무령이 바뀌면서 혼란이 계속되다가, 1926년 김구는 임시정부 국무령에 취임하였다. 당시 임시정부는 자금난에 계속 시달렸다. 심지어 김구 자신이 소지한 권총 4자루 중 두 자루를 팔아 운영자금에 보태기도 하였다. 당시 나라 안팎에서 독립운동을 지휘하기 위해 조직한 "연통제"가 일제의 탄압으로 위축되었기 때문이다.

그러나 김구가 조직한 "한인애국당"(1931년)의 두 청년 이봉창과 윤봉길이 벌인 의거로 인해 국내외는 물론, 특히 중국의 지원이 컸었다. 당시 중국은 자신들이 하지 못한

일을 조선청년들이 능히 해냈다며 찬사를 아끼지 않았다.

이때 그 배후가 김구임이 알려지자 임시정부에서 사퇴하고 장진구라는 이름으로 도피생활을 하였다. 일본경찰은 1933년 김구에게 현상금을 걸고 "한인애국단"도 어렵게 되어 해체하고 "한국특무대 독립군"으로 재편하였다.

1935년 조소앙, 김두봉, 김원봉 등 좌파계열 등은 임시정부의 해산과 단일신당을 결성하자고 주장했으나, 김구는 임시정부를 계속 유지하면서 여당격인 「한국국민당」을 창당하였고 이때부터 중국 장개석 국민당으로부터 적극적인 지원을 받았다.

1937년 중·일전쟁이 일어나자, 김구, 이승만은 조소앙, 지청천등 민족주의 등 좌파들과 연합하여 「대한민국 광복운동단체 연합회」를 결성하고 중·일전에 대한 선언문도 발표하였다. 이때 1938년 후난성 장사에서 지청천 등과 민족주의 진영 3당의 통합문제를 논의하던 중 김구는 조선혁명당 단원 이운찬에 의해 저격을 받았다. 심장 옆에 총탄을 맞았으나 워낙 강인한 체력이여서 치료는 되었으나 가슴에 총탄이 남아있어 활동에 불편을 느꼈다.

1940년 김구는 주석에 취임하여 중화민국 정부의 협조아래 「한국광복군」을 편성하였다. 이때 김구는 충칭에서 각 단체의 통합을 주장했으나 이승만이 김원봉, 김규식 등의 공산주의자나 사회주의자 등과는 단합하는 것을 극력 반대하여 실패하였다.

김구가 주석이 되자 이후 승인이 거부되었던 구미위원회를 승인하고 위원장에 이승만을 임명했다. 또한 「광복군」을 중국국민당군에 예속 시켰다. 이때 중국은 "국공합작" 중이였는데, 중국 측에서 임정도 좌우 통합하여 대일항전하자는 제의가 있었다. 이어 한국국민당, 한국독립당, 조선혁명당을 통합하여 임정의 여당으로 「통합한국독립당」을 창당하고, 이때 이승만을 통해 미육군 OSS와 합동훈련으로 국내 침투계획도 세웠다.

1942년 김원봉, 장건상 등 좌파들을 임정에 참여시키고 김원봉을 군무부장에 임명하였다. 당시 미주에서는 이승만이 김원봉 등 민혁당계는 받아서는 안된다고 강경 항의하였다. 이 당시 민혁당 측은 김구 등 국무위원 5명을 암살하여 제거한 후, 민혁당 김원봉을 대신 입각시키려고 모의하다 미수로 끝났다.

1943년 김구는 한국광복군의 통수권을 중화민국으로부터 되돌려 받음으로서, 임정의 수반, 광복군 통수부주석, 한독당 중앙집행 위원장이 되며 당권, 정권, 군권을 모두 장악하였다.

1945년 4월 김구는 광복군의 OSS훈련을 승인하였고, 8월 서안에 가서 미로노반 장군을 만나 광복군의 국내진입작전에 합의했으나, 결국 8·15광복이 되면서 김구는 외국의 힘으로 해방된 것을 통탄해 하였다.

3) 광복이후

1945년 11월 23일 김구는 제1진으로 한독당계열, 민족혁명당당수 김규식(임정부주석)과 함께 귀국하였다. 미군정에서 임정의 자격으로 입국하는 것을 반대했기 때문이었다. 그는 최창학이 기증한 경교장에서 정치활동을 시작하였다.

귀국시 중국 장개석총통이 전별금 20만불(현 약 20억원)을 김구에게 주었으나 군정청에서 반입이 허락되지 않아 반입은 실패했다.

그는 귀국 기자회견에서 "내가 이박사보다 더 나은 수단을 가지고 왔다고 생각해서는 잘못이요, 다만 근 30년 동안 해외에 있다가 돌아온 터이므로 현 시세에 어둡고, 정세를 모르고 판단을 내리기는 어렵소"라고 하였다.

12월 28일 모스크바 삼상회의결과로 신탁통치가 결정되자, 이승만과 함께 신탁통치반대(반탁)를 결의하였다. 그러나 김규식, 안재홍, 여운형은 반탁에서 이탈하였다. 이어 경교장에서 임정주체로 정당사회단체대표(우익, 좌익, 중간파, 남로당)들이 모였다. 여기서 김구는 감회의 눈물을 흘리며 목멘소리로 "우리 민족은 다 죽는 한이 있더라도 신탁통치만은 받을 수 없다. 우리들은 피를 흘려서라도 자주독립정부를 우리들 손으로 세워야한다"고 절규하였다. 그리고 "신탁통치에 찬성하는 자는 매국노"라고 규정하였다. 이때 송진우만은 "침착하고 신중하게 대처하자"면서, 그는 미국을 적으로 돌리면 공산당이 어부지리를 얻을 수 있다면서 김구에 맞섰다. 이 사건으로 송진우는 김구 추종자들에 의해 저격 되었는데, 조병옥, 군정청, 부르스커밍스 등은 그 배후로 김구를 지목하였다.

1946년 1월 김구는 이시영, 신익희, 조소앙, 염상섭등과 함께 미군정사령관 하지로부터 호출을 받았다. 이때 하지는 격분하여 김구에게 신탁통치 반대에 대하여 명령을 거역하면 죽이겠다고 경고를 하자, 김구는 하지 앞에 다가가 이 자리에서 죽겠다고 항변하였다. 그러자 하지는 김구를 추방시키겠다고 위협하였다.

당시 하지는 임정요원이 입국할 때 미군정의 법과 질서에 복종하겠다고 맹약을 했음에도, 신탁통치반대를 빙자하여 미군정을 접수하고 미군을 축출하려 한다면서, 김구를 다시 중국으로 추방하겠다고 하였다. 이때 국립경찰의 책임자인 조병옥이 중재하였다.

지금 북한은 공산주의자들에 의해 붉게 물들고 있고 한반도 전체가 공산화될지 모르는 상황인데, 우리민족은 미군의 도움이 없이는 자유독립을 완수하지 못한다고 김구에게 진언하여 화해를 시켰다.

이 당시 조선공산당 등 좌익에서는 신탁통치를 찬성하였고, 김규식, 안재홍은 신탁통치가 중요한 것이 아니라 정부수립이 우선이라면서 반탁의 입장을 철회하였다.

한편 1946년 1월 미소공위가 결정되자, 김구와 이승만은 미소공위반대와 공위불참을 선언하였다. 이에 미국에서는 이승만을 완강한 정치인으로, 그리고 김구는 극렬한 반탁운동 때문에 둘다 정치적으로 제거할 계획을 세우기도 하였다.

3월에 김구는 한국독립당 중앙집행위원장에 선출되면서, 한독당은 국민당 등 우파정당을 통합해 가면서 이승만에게 한독당 중앙집행위원장을 권고했으나, 그는 "초당적인 국민운동"을 내세우며 이를 거절하였다.

6월 이승만이 국민운동의 총본부조직으로 「민족통일총본부(민총)」을 구성하고 이후 본격적인 단독정부수립을 전개해 나갔다. 이때 민총총재는 이승만, 부총재는 김구였다. 한편 1946년 북한의 3.1절 행사때 임정의 정치공작대와 백의사 청년당원들이 김일성에게 폭탄을 투척했으나, 소련군 경비원이 되잡아 던지다가 팔이 잘리는 등 크게 부상했고 김일성은 무사하였다. 또한 최용건과 김책의 집에도 폭탄을 던졌으나 실패하였다. 북한측은 이들이 임정의 지시였다는 증거를 확보했다면서 그 배후를 김구와 이승만으로 지목하여 맹비난을 하였다. 이어 11월에는 북한에서 인민위원회 위원선거가 있었는데 월남자 중 일부 반공세력이 다시 월북하여 "선거가 비민주적이다"면서 방해 하였다.

1947년 3월 임정은 법통을 유지하기위해 임정국무위원을 보선했는데 주석에 이승만 부주석에 김구가 추대되었고 김규식, 장건상 등 중도파는 국무위원에서 배제시켰다.

1947년 12월 장덕수가 저격당해 사망한 사건이 발생하였다. 그 범인은 임정요원이며 한독당원이였는데 그 배후로 김구가 지목되었다. 이 사건은 우파통합과정에서 「한민당」(당수 김성수)이 빠졌는데, 이때 김성수는 찬성했으나 정치부장인 장덕수가 강력하게 반대했기 때문이다. 당시 용의자들은 장덕수가 미소공위참여를 주장했고 또한 민족주의자로 조직된 공산당에서 "장덕수는 공산당 이론가였다는 점. 그리고 일제 강점기 학병을 장려하는 등 친일행동을 했다"는 점이 암살동기라고 주장하였다.

당시 허정은 김구의 관련을 확신했고, 장택상(수도경찰청장)은 김구를 체포내지는 경교장 수색영장을 내리려고 했으나 하지중장이 만류하여 실행하지는 못하였다.

장덕수사건이 일어나자 김구는 당국의 조사를 받으며 크게 모욕을 받았고 이승만에게 도움을 요청했으나 이승만은 이를 방관하였다. 이때 김구는 이승만과의 결별을 결심하였다. 김구는 한 살 위인 이승만을 깍듯이 형님으로 부르고 이승만이 나가던 교회도 따라 나갈 정도로 이승만을 극진히 대접하였다. 이승만은 "김구주석이 고의로 이런 일에 관련되었으리라고는 믿을 수 없다"면서도 사실상 김구의 관련설을 강하게 암시하였다. 이로서 김구가 이끌던 국민회의와 이승만의 한국민족대표자회의의 통합은 무산되었다.

1948년 1월 김구가 남북협상에 참여할 뜻을 굳히자 신익희, 조소앙, 이철승이 찾아와 극구 말렸다. 이어 김구는 통일정부수립을 절규하는 「3천만 동포에 읍소함」이란 제목으로 단독정부수립반대 성명을 발표하였다. 김규식과 공동으로 남북협상을 제안하는 서신을 북한에 보내고 3월 김규식, 김창숙, 조소앙, 조성환, 조완규, 홍명희등과 7인공동성명을 발표하고 남한 총선거에 불참을 표명했다.

1948년 4월 19일 김구가 북행길에 오르려하자 이때 이철승 등 수백명의 청년들이 방북을 극력 반대하였다. 당시 아들 김신, 비서 선우진에게는 북행길을 포기한다고 말하고는 담을 넘어 차를 타고 출발하였다.

김구의 출발소식이 알려지자 주저하던 김규식도 역시 출발하였다. 이어 북한에서 남북연석회의에 참석했으나 이는 소련군정청이 세운 각본대로 진행됨을 알았다. 김구는 4월 22일 회의에만 참석하여 형식적인 인사말만 하였다. 4월 30일에는 김두봉의 집에서 김구, 김규식, 김일성, 김두봉의 4강회동이 열렸다. 김구와 김규식은 단선, 단정 반대를 주장하면서 김일성에게 북한의 단독정부건설을 중단하도록 부탁하였으나 받아들여지지 않았다. 연석회의에서는 모두가 김일성만세를 불렀으나 김구는 함구하였다.

귀환하면서 김구는 김일성에게 조만식을 데리고 가게 해달라고 했으나, 김일성은 자신에게는 권한이 없고 소련군 당국의 양해가 있어야한다며 거절하였다. 김구는 남북협상에 다녀온 후 김일성에게 이용당한 것을 알고 침울하게 보냈으며, 이후 김일성이 2차 회의를 제안 했으나 이를 완강히 거절 하였다.

이때 이승만은 "김구는 혁명가는 될 수 있어도 정치가는 못되고, 그저 곡괭이들고 나가서 부수라고 하면 하겠지만 정치 다루는 건 못해"라고 조롱하였다.

1948년 10월 국무총리 겸 국방장관 이범석은 언론과의 인터뷰에서 "여순사건은 공산주의자가 극우파와 결탁해 일으킨 반국가적 반란"이라고 규정했고, 사실상 그 배후로 김구를 지목하였다. 국군내의 주모자는 여수 14연대장 오동기라고 밝혔다.

이에 대해 김구는 반박성명을 발표하였다.

"나는 극우분자가 금번 반란에 참여했다는 말을 이해할 수 없다. 그들은 극우라는 용어에 관하여 다른 해석을 내리는 자신만의 사전을 가지고 있는 것으로 보인다"고 하였다. 김구는 분명 남한만의 단독정부수립이 조국을 영원히 분단시킬 것이며 결국은 군사 대결로 치닫을 것이라고 확신하였다. 이어 11월에는 미소양국이 철수하고 나면 통일 정부수립이 가능하다는 담화를 발표하였다.

4) 김구 암살

대한민국 정부가 출범한지 약1년 후인 1949년 6월 29일 한낮에 백범 김구가 암살되었다. 그는 남북협상이 결렬되고 남북에 각각 다른 정부가 들어서자 민족의 분단을 몹시 가슴 아파하며 조용히 집에서 칩거하고 있었다.

그는 남북 연석회의에 참석하러 가면서 온갖 비난의 여론이 분분할 때도 "가야 한다, 어떤 일이 있어도 가야한다! 만일 나의 목적이 성취되지 않으면 나는 38선을 벼게로 삼고 자결하겠다"라는 비장한 각오로 38선을 넘었다.

그러나 당시는 주의나 이념이 민족보다 앞섰던 게 당시의 현실이였고, 허약한 민족이 세계 초강대국인 미·소의 장벽을 넘을 수 없었다.

당일 한낮에 포병 소위 안두희는 서대문 밖의 경교장으로 가 백범을 면회하였다. 백범은 허망함 속에서 붓글씨를 쓰고 있다가, 안두희의 인사를 받고는 계속 책상 위로 고개를 숙이고 붓글씨를 쓰고 있었다. 안두희는 진땀을 흘리다 허리에서 권총을 뽑아 쏘았다. 백범이 흘린 피가 화선지 위를 흥건히 물들였다. 74세의 노혁명가는 그렇게 비통하게 죽었다.

당시 국방부는 "안두희가 김구와 한국독립당(당수 김구)의 노선을 둘러싸고 언쟁을 벌이다 김구를 살해했다"고 발표하였다.

안두희는 재판정(군법)에서 조금도 양심의 뉘우침이 없이 암살동기를 "김구선생이 있음으로 인해 대한민국의 발전에 지장이 오고, 민주정부가 자라나는데 방해가 된다는 생각이 들었기 때문에 김구를 죽였습니다"고 말했다.

정부는 재판이 진행되는 중에 "이 사건은 대한민국 정부를 전복하려 한 친공산주의적인 한국독립당의 음모에 맞선 의거"라면서 안두희를 대위로 특진시켰다. 그러나 최종심에서 안두희는 종신형을 선고 받았다가 다시 15년형으로 감형되었다. 6·25전쟁이 일어나자 특사되며 소령으로 진급하였다.

안두희는 김구가 이끌던 한국독립당(한독당)당원이었고, 또한 서북청년회 회원이였다. 조사과정에서 서북청년회 출신인 포병사령관 장은산의 지시를 받았다고 하였다.

안두희는 1996년 버스기사 박기서에 구타당해 생을 마쳤다.

3. 이승만·김구의 평가

우리는 역사를 평가할 때, 특히 정치인에 대해서는 그 공과(功過)를 분명히 하여야 한다. 그리고 그 시대적 상황을 고려하여야 한다.

이승만과 김구는 둘다 궁핍한 가정에서 각각 독자로 태어났으나, 이승만은 왕족출신이라는 자만의식을, 김구는 역신(김자점)의 후손이라는 심한 상놈 컴플렉스를 가지고 있었다.

이승만은 25세에 박영효 일파의 고종폐위음모에 가담했다는 혐의로 5년 7개월간 투옥되었고, 김구는 20세에 일본군 중위(이후상인으로 밝혀짐)를 명성황후 시해사건의 울분으로 살해하여 1년 10개월간, 또한 36세때 "105인사건"에 연루되어 4년 반 동안 투옥되었다.

이승만은 신앙생활에서 개신교(감리교)를 믿었으나 김구는 유학, 동학, 불교, 개신교를 두루 섭렵하였다.

임시정부시절에는 이승만은 대통령, 김구는 경무국장으로 만났으나, 이후 김구는 임정국무위원회 주석, 이승만은 주미 외교위원으로 역전되어 광복을 만났다. 그러나 김구는 언제나 한 살위인 이승만을 깍듯이 형님으로 부르고 한발 물러서곤 하였다 이승만은 "외교독립론"을 독립운동의 방략으로 삼았다. 그가 31세때 「테프트-가쓰라 밀약」(한국을 일본의 보호국으로 한다)이 성립되던 시기에 미국 루즈벨트대통령을 만나고서 국제

질서의 냉엄함을 절감하여 그의 독립운동 방향을 청원외교와 여론 환기 등 "외교우선주의"로 결론을 내렸다.

그는 향후 한국사회에서는 미국이 한국에 미칠 정치적 영향을 정확하게 간파했다고 볼 수 있다. 그는 폭력적인 방법으로는 승리할 수 없고, 이는 한국에 대한 탄압을 가중시킬 것이라고 하였고, 그런 뜻에서 공산당 등 좌파와의 연합이나 특히 「광복군」 창설도 반대하였다. (이승만 정치 고문 올리버 증언)

김구는 의혈투쟁(테러리즘이라고도 부른다)에 몰두하였다. 3.1운동에서 보듯 식민지 배하의 냉혹함 속에서 민중의 육성이나 민중봉기, 지지 등으로는 사실상 독립국가 건설이 불가능하다고 보았다. 이같은 결과로 이봉창·윤봉길 같은 순교자적인 희생정신에 대한 기대감으로 테러리즘에 몰두 한 것이다.

이승만과 김구는 신탁통치반대, 미소공위반대, 반공(反共)에서는 둘다 같은 노선을 걸었으나 독립국가 건설이라는 방향에서는 엇갈린다.

이승만은 신탁통치가 결정된 마당에 이남에서만이라도 독립된 자유민주주의 정부를 세우자는 입장이고, 김구는 남북통일 정부를 세워야 한다면서 북한공산당의 김일성과도 통일을 논의하는 "남북협상"에 임해야 한다는 입장이었다.

이승만은 국가를 중시하는 현실론자이고, 김구는 민족을 중시하는 민족주의자로서 노선충돌이 일어났는데, 장덕수 저격사건으로 그 배후로 김구가 지목되면서 결국 서로 결별하였다.

이승만은 서구적 정치현장에서 활동한 관계로 술수와 책략을 체득하였고, 김구의 단순한 열혈노선과는 상당한 차이가 있었다. 따라서 이승만은 임정에 대해서는 회의를 가지고 있었는데, 광복 후 임정세력은 해체되어야한다고 생각하고 있었다.

이승만, 김구는 이 나라 역사상 처음으로 근대국가를 창건한 대표적인 두 정치 지도자이다. 비록 한나라에 국부(國父)는 한 사람 뿐이라고(김구자신은 거부)하나 두 사람은 우리 대한민국의 상징적인 국부이다.

1) 이승만의 평가

이승만은 우리 대한민국을 건국할 때까지는 그 역할이 절대적이어서 찬사를 아끼지 않을 수 없다. 그러나 건국이후 말년에 가면 과연 이분이 건국의 아버지였을까 하는 의구심이 들기도 한다. 이승만에 대한 평가는 아래와 같다.

장면 (제2대국무총리, 제4대부통령)

"그분은 장점도 많고 단점도 많다. 그분의 애국심은 의심할 여지가 없다. 일평생 독립운동에 바친 공적이 이를 말하고도 남는다. 특히 대외적으로 철석같은 반공태세, 의연한 대 일본태도, 과감한 반공포로석방 등은 이승만박사의 용단이 아니고는 아무도 따를 사람이 없다. 독립주권의식의 철저한 시범도 경탄할 만큼 위대하였다"

"그분의 성격 소치인지 자존심이 너무 지나쳐 「나」 이외에는 이 나라를 다스릴 사람이 안중에 보이지 않는 양, 정치면에 나타난 그분의 개성은 독재의 전형적인 감을 주었다. 정적을 용서하지 않고 때로는 고도의 술책과 잔인성을 주저하지 않고 드러냈다. 국회에서 통과된 법률도 비위에 안 맞으면 공포안하기도 일수였다. 장기집권을 위하여 때로는 비민주적인 방법의 정치파동도 일으킨 사실은 우리가 다 알고 있는바다"

 허정

부정선거에 항거하는 4.19의 노도가 장안을 휩쓸었을 때, 비로소 민의의 소재를 정확히 파악한 그는 "부정을 보고서 일어나지 않은 백성은 죽은 것이다"라며 깨끗이 권부에서 물러났다. 또한 "젊은 학생들의 애국사상을 가상히 여기고 국민이 원한다면 사퇴하겠다."면서 자진해서 대통령직을 내던지고 하야함은 이승만이 아니고서는 하지 못할 결단이었다. 그리고 "우리는 그의 마지막 모습만 보고 그의 전부를 평가해서는 안될 것이다. 남한단독정부 수립으로 한반도 전체의 적화를 막은 그의 슬기와 용기와 용단만으로도 우남은 한국현대 정치사에 커다란 공적을 남긴 것이다"

또한 "부정이나 거짓을 보면 육친이라도 용서함이 없는 반면, 곧은 말이면 삼척동자의 말이라도 곧이듣는 성미였다. 또한 부드럽고 자애롭고 유머센스가 풍부하면서도 한번 화를 내면 호랑이처럼 무서우나 한편 죠크도 아주 잘 한다"

 윤치영(서울시장), 이승만 재평가론 제기

특히 윤치영은 "제1공화국 기간중의 부패와 선거관련 문제는 이승만과는 무관하다고 확신한다"고 하였고. "얼마간의 무리가 따른 것은 사실이다. 그러나 50년대 들어 자유당 정권의 부패세력들에 의해 주도 되었다. 가령 이기붕, 박마리아 등이 자신들의 권력을 더욱 유지하려고 심지어 대권 욕심에서 저지른 짓들이다"

"이승만이 독재자라는 주장은 낭설이다. 우의마의에 대해서도 이승만이 3선으로 퇴진하려 했으나, 이승만을 등에 업은 자유당 측근들의 간계에 이승만이 속은 것에 불과하다"고 주장했다.

 ### 김영삼 대통령

"이박사는 너무 노인이였고 기억력이 약했던 것 같다. 밑의 사람들이 보좌를 잘못했고, 이기붕이 건강이 안좋은 사람인데도 대통령 욕심이 있었다"

 ### 정부수립 이후에 대한 부정적 평가

이승만은 1949년 "반민특위 습격사건"에서 최종 승인결정과 지시를 내린 것, 친일경찰, 군인, 관료출신들을 반공투사라 하여 대거 등용한 점, 한국전쟁시기에 대통령의 행동과 책임, 토지개혁과 귀속재산 처리문제에 소극적인태도, 자유당과 사사오입개헌, 3.15 부정선거, 진보당 사건으로 정적 조봉암 숙청, 인의장막에 가려져 있었던 점, 집권욕과 고집 등이다.

 ### 최능진사건(또는 혁명의용군사건)

이 사건은 이승만의 일면을 볼 수 있는 사건이다. 최능진은 평남강서 출신으로 미국 스프링스대학 출신의 지식인이였다. 일제치하에서 독립운동과 투옥 생활도 했는데, 광복후 경무국 수사과장으로 있으면서 당시 친일적 분위기 속에서도 양식과 능력있는 경찰로 추앙 받았다. 그는 경무국장 조병옥과 의견충돌이 자주 발생하여 결국 퇴임하였다. 그런데 그 이면에는 건국 초기에 최능진이 국가주석으로 서재필을 추대했다는 유감이 게제되어 있었다. 이후 1948년 5월 10일 제헌국회의원을 뽑을 때 동대문갑구에 이승만이 출마했는데 최능진이 이에 맞섰던 것이다. 당시 이승만은 건국대통령을 꿈꾸며 무투표당선을 바랐다. 결국 서북청년단을 통해 입후보 신청 마지막 날에 최능진의 입후보서류를 탈취하여 이승만은 무투표 당선이 되었다.

이후 최능진에 대한 억압이 계속되면서 "혁명의용군사건"으로 비화되었다.

이 사건은 정부전복음모사건으로서, 최능진이 전 여순반란사건 때 그 배후인물인 제14연대장 오동기와 함께 러시아 혁명기념일에 서울로 진격하여 정부를 전복할 계획이였다는 것이다. 당시 오동기는 김구의 열렬한 추종자였다. 실제로는 최능진과 오동기는 서로 얼굴도 모르는 사이였다. 그러나 일부보도에 의하면, 오동기는 최능진의 동대문갑구 제헌의회의원 출마시 운동원으로 참가했다는 보도가 있다.

이후 최능진은 복역을 마치고 출옥했으나 한국전쟁이 나자 다시 체포되어 처형되었다. 당시 이승만세력은 김구와 최능진을 단일사건으로 처리하고자 했는데 이 드라마의 연출자는 김창룡이였다.

김창룡은 일본관동군 헌병오장출신의 육군특무부대장(중장)으로서 김구선생 암살에 배후로도 지목되었다.

그런데 역사는 아이러니하게도 최능진은 "정수장학회 회장" 최필립(2013년 사망)의 아버지였다. 박정희 역시 여순반란사건으로 숙군작업시 체포되어 사형까지 구형 받은 바 있고, 이후 두 집안은 손잡고 현대를 이어나갔다.

(신복룡, 주간조선 2015/6/24)

한편 최능진에 대해서는 "남북협상에 나서려는 김구, 김규식을 남한 우익진영에서 '공산주의자'로 매도하고 비난했음에도, 이에 대항하지 못하는 남한청년들은 다 썩었다고 분개한 민족주의자에 불과하다고 평했다"며 보도되었다.(연합신문 1949. 2. 9)

2) 김구의 평가

 미국의 시각

미국은 김구를 부정적으로, 또한 파시스트로 보았다.

미군정은 김구 암살직후 그를 무자비하고(Ruthllss), 파렴치한인물(Umserupulous), 그리고 기회주의자(Opportunist)로 묘사하였다.

특히 미국이 보기로는 김구는 정치적 감각이 전혀 없거나 어두운 인물로 평가하였다. 그 예로, 1945년 11월 23일 개인자격으로 임정요원과 함께 미군 수송기로 귀국할 때의 일이다. 당시 김구는 미육군 아시아 전구사령관 워드마이어 장군에게, 임정의 법통을 내세우면서 임정요원은 귀국후 미군 헌병의 보호를 받지 않을것과 입국후 치안유지는 임정이 맡을 것, 임정이 군대를 편성할 것, 군정은 임정의 정치활동에 간섭하지 말 것 등을 요구하였다.

점령군으로 진주하는 미국의 지휘책임자에게 이런 요구를 하니 워드마이어 장군은 기가 막혔다. 그는 김구가 지금 사태를 몰라도 너무 모른다고 판단했지만 김구에 대한 한국국민의 애정과 비중을 잘 알고 있었으므로 정치적으로는 큰 의미를 두지 않았다.

그런데 미국은 이승만 역시 전적으로 신뢰하지는 않았다. 심지어 "이승만제거계획(EVER READY PLAN)"까지 세우며 그를 혐오하였다. 미국측은 이승만이 집권하면 건국 초기에 독재자가 될 것을 예측했고, 미국의 입지를 곤란하게 만들 것으로 보았다. 특히 이승만은 평소 조선조의 왕손으로 행세했으며, 미국인에게는 프랑스 혁명전야의 브루봉 왕조의 후손처럼 눈에 비쳤다.

특히 김구는 일제 강점기때 이봉창, 윤봉길거사를 실행함으로서 한국의 독립운동을 세계에 널리 알리는 계기가 되었다. 또한 이념을 넘어 민족통합을 통한 완전한 독립국가를 모색하였으나 현실은 순수하지 않았다. 그러나 이는 결과적으로 과격한 반탁투쟁과 반공주의의 확산을 불러왔다는 부정적인 시각도 있었다.

그리고 멀리 중국 충칭에서 「한국광복군」을 창설한 것, 1946년 초에 김일성을 살해하려 시도한 것 등은 1919년 임정수립후 임정의 수많은 지도자 중에 유일하게 김구만이 실행에 옮겼다.

 이범석(광복군참모장, 국무총리)

"그는 끝까지 대의명분을 주장하면서 민족통일을 관철하고자하여 국제정세를 외면하다 시피하고 오직 소신대로 나간분이 백범선생이다. 그런 까닭에 이박사는 마침내 현실정치가로 일어섰고, 백범선생은 이상의 정치가로 주저앉게 되었다"

 윤치영(서울시장)

"남한만의 단독정부수립을 반대한다는 백범의 명분은 옳았지만, 이것은 우리가슴에 칼을 내지르는 소리요, 결과적으로 백범망신에 그치고 만 것이 다행이지, 만약 그때 남북합작(合作)을 한다고 덤볐다가는 나라가 망했을 것이다. 이에 대해 백범선생이 국제정치적 감각이 없었기 때문에 그런 어리석은 판단을 했을 것이다.

강준만 및 도진순 교수

"김구는 이데올로기에 대한 자신의 정체감이 부족했고, 전통적인 유학적 또는 의병적 신의를 중시하는 완고함을 지닌 행동지향적인 인물이었다. 또한 격렬한 반탁운동을 이끌면서 국수주의적 민족주의에 정당성을 부여함으로서, 이로 인해 무분별한 반공주의 확산에 기여하였다"

 남로당원 출신 박갑동(공산당 해방일보기자출신)

"경교장에 가보면 김구선생은 언제나 한복차림인데, 외출때는 비서가 두루마기를 입히고 모자도 씌워주고, 문도 열어주고 구두도 신겨주고 손에다 지팡이를 쥐어주는 모습이 영락없는 조선왕과 다를 것이 없다"

 최상천, 이영훈(뉴라이트 대안교과서)

"김구는 점령국가의 상황을 제대로 읽지 못하고 대책없이 반탁운동에 뛰어 들었다가 허송세월을 보냈다"

"김구는 독립운동에는 족적을 남겼지만 건국에 대한 비젼이 부족했다. 특히 건국을 반대한것에 대해 비판하였다".

 노무현 대통령(일본순방 중 도쿄 공개인터뷰)

"가장 존경하는 사람이 누구냐?" 는 질문에 "과거에는 김구선생이였으나 정치적으로 성공을 못해 그뒤 링컨으로 바꿨다"고 말했다.

3) 김구에 대한 의혹과 논란

 반 이승만 쿠데타 기도의혹.

1948년 8월 제1공화국 수립이후, 김구는 이승만정권을 전복시킬 쿠데타의혹이 여러번 제기되었다. 이범석은 김구가 극좌파와 손잡고 정부전복을 기도한다고 주장했고 또한 여순반란사건도 직접적인 언급은 피했으나 극우정객이 극좌파와 손잡고 정부전복을 기도했다고 그를 사건배후로 지목하였다.

또한 미국정보기관 방첩대의 보고에 의하면, 1949년 김구는 염동진과 손잡고 이승만 정부를 전복시킬 쿠데타를 기도하였다고 보고하였다. 북한의 평안남도, 평안북도, 황해도에서 소요와 폭동이 있은 직후 우익군사파벌(국군 창군주역 제4연대 소속장교)이 쿠데타를 일으켜 이승만 정부를 전복하려는 음모의 형성단계에서 김구와 염동진이 같이 관여했다는 것이다.

이 사실이 총리 이범석과 미국방첩대에 전달되면서 그 내용이 일부 외부에 알려지기도 하였다. 당시 염동진은 김구와 비밀연락 및 접촉관계를 가지고 있었고 또한 염동진은 김구 및 우익진영의 A급 정보를 미국 방첩대에 전달하는 주요 정보원으로 등장한 바 있다. 그의 의도는 우익 쿠데타의 당위성을 설명하는 것이였는지는 모르지만 미국은 그것을 반대로 활용하였다. 이것이 바로 김구의 암살에 대하여 뉴욕타임즈의 "한국고위소식통을 인용"하여 이승만 정부를 전복하려는 음모가 발각된 결과라고 보도하였다. (위키백과)

대한민국의 건국은 언제인가?

현 우리 헌법에는 1948년 수립된 대한민국이 3·1운동 직후 수립된 대한민국 임시정부의 위대한 독립정신을 계승하여 민주독립국가를 재건한다고 표방함으로서, 정신적으로나 역사적으로 "1919년에 수립된 임시정부의 법통을 계승한다"고 선언하였다.

1949년 8월 15일 정부는 "대한민국 독립 1주년 기념식"을 거행하였다. 이날 이승만 대통령은 "이날은 민국(民國)건설 제1주년 기념일"이라고 했다. 그해 10월에 4대 국경일을 정했는데, 그 명칭은 3·1절, 헌법공포기념일, 독립기념일, 개천절이였는데, 국회심의 과정에서 각각 "3·1절, 제헌절, 광복절, 개천절"로 바뀌었다.

이후 1950년 8·15때는 대구에서 제2회 광복절, 1951년 8·15때는 부산에서 제3회 광복절 기념식이 열렸고, 1958년 8·15때는 건국 10주년 행사가 열렸다.

1950년부터 일부 언론이 광복절 주기를 1945년으로 기년(起年)으로 하기 시작하여 6·25전쟁이 끝날 때쯤에는 이것이 굳어졌다.

한편 해방정국시 박헌영 등 좌파들은 "임정은 망명자 클럽일 뿐"이라며, 처음에는 폄하했으나 우파에서 건국절 논쟁이 일자 이들은 갑자기 임정 옹호론을 폈다.

이후 4·19혁명이 일어나고, 5·16 군사 쿠데타 등을 통해 불명예로 퇴진한 이승만 대통령의 건국을 깎아 내리면서 건국에 대한 관심이 희미해졌다. 이때 좌파세력이 민중 민족주의 역사관과 한국 근현대사의 기본과제가 "반제(反帝), 반봉건" 민주혁명이였는데, 미군정과 대한민국에 의해 좌절되었다고 주장하였다.

특히 김대중·노무현 정권이 들어서면서 우리 근현대사를 "친일세력이 중심이 되어 지배해왔다", "정의가 패배하고 기회주의자가 득세했다"고 규정하였고, 지난 2017년 문재인 대통령의 8·15광복절 기념사에서 "2019년은 건국 100주년", "내년 8·15는 정부수립 70주년"이라고 밝힘으로서 대한민국의 건국 시점에 대한 논란이 재점화되었다.

원래 대한민국의 건국시점에 대하여는 학자들 간에 논쟁이 있었다. 독립운동에 관련된 학자나 단체들(주로 김구주의자)은 "1919년 건국론"을 주장하였고, 역사적 사실을 중시하는 사회과학자(주로 이승만 주의자)들은 "1948년 건국론"을 주장하고 있다.

이 논쟁은 보수세력 내에서 김구주의자와 이승만주의자의 갈등으로부터 비롯되었는데, 여기에 진보 또는 좌파세력의 일부가 김구주의자에 가세함으로서 대립구도가 형성된 것이다. 특히 현재 남북 분단상황에서 남북은 각각의 정부를 수립하고 있으므로, 향후 북한과 벌리는 민족사적 정통성 대결에서도 중요한 의미를 가질 수 있다.

그런데 사회과학적인 측면에서 "국가"의 정의개념에서 보면, 국가의 성립은 "국민, 영토, 주권"의 3요소에 "국제사회로부터 인정(승인)"이 있어야 한다고 정의되고 있다.

1. 1919년 건국론

현행헌법은 1987년에 다시 만든 것인데, 여기서 헌법전문에 "대한민국이 임시정부의 법통을 계승한다"고 밝히고 있다. 그러므로 1919년을 건국으로 해석하여야 한다는 것이다 기본적으로 대한민국의 오늘이 있기까지는 그 밑거름이 된 독립운동을 한 선열(先烈)들의 희생을 기리고 그 뜻을 이어받기 위해서도 대한민국 임시정부수립을 "건국"으로 보아야 한다는 논리이다. 1919년에 수립된 대한민국 임시정부가 임시헌법을 통해 국민, 영토, 주권 등 국가의 3요소를 규정했으므로 국가로 보아야 한다는 것이다.

이에 대하여 대표적인 의견은 아래와 같다.(한사준 교수)

> "3.1 독립선언을 통해 독립국임을 선언했고, 그 독립국으로 세운 것이 대한민국 임시정부이다"
> "대한민국의 건국시점과 관련하여 가장 중요한 1차 자료는 1919년 임시의정원 회의록과 1948년 제헌국회 회의록이다. 임시의정원 회의록에는 국호를 제정하고 영토와 국민을 규정함으로써 대한민국이란 국가를 세웠다는 점을 분명히 밝혔다. 또한 제헌국회 회의록에도 임정의 법통을 계승했다는 점이 거듭 강조되었고, 이승만대통령은 우리 민주정부가 미국이 세워준 것이 아니라 3.1운동의 결과로 수립된 임시정부의 역사를 토대로 한다는 점을 역설하였다. 결국 이는 임정요원이나 제헌요원들이 1919년에 대한민국이 건국되었다고 생각한 것은 분명하다."

이에 대하여 "1948년 건국론자"들은 임정은 전국민의 투표로 구성된 것이 아니라서 대표성에 문제가 있다고 주장했다. 이에 대해서는 "1919년 4월에 구성된 임시의정원은 독립운동가들이 모여서 만든 것이지만, 1919년 9월 출범한 통합임시정부는 내무부주관으로 인구 30만명 당 1명의 의원을 선출하는 절차를 밟아 임시의정원을 다시 구성하였다."

또한 "국제적인 승인문제에 대해서도, 당시 삼상회의 강대국들이 자국의 이익에 급급하여 대한민국의 국가승인에는 관심이 없었다. 당시 신생국들은 우선 국가성립을 먼저 선포하고 이의 국제적 승인은 오랜시간을 두고 점차적으로 추진해 나갔다고 보아야 한다."

2. 1948년 건국론

대한민국은 3.1운동의 독립정신과 임정을 뿌리로 하여 사상적, 정신적 맥을 이어받아 건국한 것은 분명한 사실이다. 그러나 우리가 주목해야 할 것은 역사가들의 해석에 너무 치우치지 말고 역사적 "사실"에 중점을 두어야 한다. 근대국가의 성립3요소와 국제적인 승인이 있어야만 비로소 국가로서 인정 할 수 있다.

1) 이에 대하여 대표적인 의견은 아래와 같다(김영호교수).

1948년 건국론의 핵심논리로는 "대한민국정부는 1948년 5월 10일 우리민족역사상 최초로 95%가 넘는 국민이 선거에 참여하여 자결권을 행사한 민주혁명의 결과로 수립되었다. 이어 1948년 12월 파리에서 열린 제3차 유엔총회에서 한반도의 유일합법정부로 승인 받음으로서 국제적으로도 주권국가로 인정받았다. 대 내외적인 측면에서 대한민국이 1948년에 건국했다고 보아야 한다."

"1919년 수립된 대한민국 임시정부는 전국민의 투표로 구성된 것이 아니다. 더 중요한 것은 국제정치적으로 '내가 국가'라는 선언적의미보다 국가간 상호 인정이 중요한데, 임정은 인정을 위해 노력은 많이 했으나 아쉽게도 성공하지 못했다"

"임정요원들은 1941년에 '대한민국 건국 강령'을 발표했고, 환국직전에 '건국'을 다짐한 바 있으며, 김구주석이 환국 후 '건국실천원 양성소'를 설립한것등은 임정이 건국을 미래과제로 인식하고 있었다는 점"이다

임정의 통합임시정부와 대한민국정부에서 모두 초대대통령이였던 이승만은 1949년 8월 15일 경축사에서 "민국건설 제 1회 기념일" 또한 1950년 8월 15일 대구에서 열린 광복절 기념사에서 "민국독립 제2회 기념일"이라 했다. 그리고 1958년 "건국 10주년 기념식, 대한민국 10년지(誌)간행"을 정부에서 주관하였다.

다만 1948년 건국론이 북한과 벌리는 민족사적 정통성대결에서 대한민국을 약화 시킬 수 있다는 지적에 대해서는 :

"우리가 오늘 누리는 자유와 번영은 대한민국이 건국된 결과이다. 분단정부가 과제로 남겠지만 대한민국의 합법성이나 국가성에 문제를 초래하는 것은 아니다. 대한민국의 건국은 당시 주어진 여건에서 최선을 다한 현실주의적 선택이였고, 그 선택이 성공했기 때문에 그런 시각에는 동의하지 않는다."

3. 결론적으로

좌파역사 학자들은 1980년대 이래 민중사학이 대두되면서, 임시정부는 독립운동단체에 불과하다고 주장해 왔다.
특히 북한은 "임시정부는 2000만이 피흘릴 때 팔장만 낀 자산계급이 만든 단체" "부패한 부르조아들의 파벌싸움" 등으로 폄훼했다.
대한민국 임시정부의 법통성(1987년 헌법)을 인정하면, 민족의 정통이 대한민국에 있다는 것, 조선민주주의인민공화국이 "괴뢰"라는 것이 명확하게 드러나게 된다. 1948년 12월 유엔총회에서 한반도의 유일합법정부로 대한민국이 인정(1948년 건국론) 받았으나, 조선민주주의인민공화국은 인정받지 못했다는 것이 중요한 의미이다.

PART 08

대한민국,
혼돈과 비극을
딛고 성장하다.

일제 중국을 삼키려하다(중·일전쟁)

chapter
01

제1차 세계대전 후, 미국은 세계 최대의 부를 가진 자본주의국가로 부상하였다. 그러나 미국은 자본과잉으로 과잉생산을 하여 대공황(1929~1933년)을 맞았고, 그 여파는 전 세계로 확산되었다. 당시 미국 루즈벨트 대통령은 영국의 경제학자 케인즈의 이론을 일부 받아들여 "뉴딜정책" 즉 국가가 통제하는 보호정책을 취하여 공황을 극복할 수 있었다.

이 대공황 때 후진자본주의국가인 일본 역시 대공황에 자유롭지 못하였다. 일본은 이에 대한 방안으로 전아시아를 하나의 경제공동체로 지배하려는 "대동아 공영정책"을 펼쳤다.

이는 결국 군사적인 파시즘정책과 군국주의로 나가게 되었다. 원래 일본은 태생적으로 호전적인 무사도 전통을 이어오다가 1868년 메이지유신도 군벌중심의 근대화였으며, 1910년의 한국의 강점도 무력시위로서 달성하였다.

일본은 대공황 이후 군국주의로 정책방향을 바꾸면서, 먼저 만주를 삼킨 후 중국본토를 장악한다는 전략을 세웠다.

일본은 먼저 만주침공의 구실을 찾다가 결국 "유조구 사건"을 조작하였다.

1931년 9월 만주 봉천의 유조구에서 남만주철도를 폭파하고는 이를 중국군의 소행이라고 뒤집어 씌우고는 일본 관동군의 출병을 구실로 삼았다. 결국 1932년 3월 일본군은 당시 만주의 실권자 장학량을 삽시간에 굴복시키고, 청왕조의 마지막 황제 선통제 "부의"를 괴뢰정부로 세우고 만주를 제2의 식민지로 삼으며 대륙침공의 발판으로 삼았다. 이것이 "9·18 만주사변"이다.

그러나 이듬해 국제연맹은 "만주사변" 이후 일본이 차지한 만주를 열국이 공동관리하는 자치지역으로 하자면서 "만주에서 일본군의 철수안"을 국제연맹에 회부하여 42:1:1 (찬·반·기권)로 가결하였다. 이에 일본은 주저 없이 국제연맹에서 탈퇴하였다.

한편 1921-22년간 워싱턴에서는 일본의 호전성을 우려하여 해군주력함 비율을 미5:영5:일3으로 채택하였다. 그러자 일본은 이 조약에 불만을 품고, 결국 이 조약의 폐기를 미국에 통고한 후 군비확산태세를 갖추었다.

이후 일본은 1926년 2월 26일 육군청년장교 22명이 하사관 1,400여 명을 이끌고 수상, 대장상을 살해하고 정계원로, 경시청, 아사히신문 등을 습격한 이른바 "2·26사건" 쿠데타를 일으키며 군벌독재를 낳았다.

이 당시의 중국의 정세는, 1915년 일본이 중국을 제2의 조선처럼 식민지화하려고, "21개 요구사항"을 중국에 주며 압력을 가하였다. 당시 중국은 안휘파군벌 "단서기"가 정권을 장악하면서, 일본이 거액의 차관을 제공하는 조건으로 "중·일 방적협정"(1918년)을 비밀리에 체결하였다. 이때 한국에서 "3·1독립만세운동"이 일어나자, 이에 힘입어 중국의 북경대학 학생들이 21개 조약 등은 무효라며 천안문에 모여 1919년 5월 4일 이른바 "제1차 천안문사태(5·4운동)"가 일어났다. 이로 인해 북경대학의 일부 학생이 체포되고 채원배 총장이 해임되면서, 반정부·반일운동이 전국적으로 확대되었다.

이후 1920년대 전반 북양군벌에 대항하여 손문이 "국민당"을 창건하는 과정에서 1925년 손문이 죽자, 장개석(장제스)이 북벌을 감행하여 군벌을 타도하고 1931년 5월 남경을 수도로 "장개석 국민정부"가 탄생하였다.

이때 장개석은 처음에는 국공합작으로 항일전쟁에 임했으나, 공산당이 준동하자 내부의 적 공산당 소탕이 우선이라며 공산당 토벌에 치중하였다.

공산당이 서금을 중심으로 농촌·노동자들에게 토지혁명 등을 주장하며 반정부 폭동을 일으키자, 1930년부터 5차에 걸쳐 공산당 소탕작전을 전개하였다. 공산당은 이에 견디지 못하고 1934.10~1935.11까지 섬서성으로 탈주하는 이른바 "대장정"을 하였다.

일본은 다음 단계로 중국 본토를 침공할 구실을 찾던 중 1937년 7월 "노구교사건"이 터졌다. 이 사건은 일본군이 북경 부근의 노구교에서 야간훈련을 하는데, 이 지역은 중국 제29군 지역인데 일본 측에서 중국 측이 일제사격을 해와서 일본군 1명이 실종되었다고 하였다. 그러나 중국 측은 일본군대가 갑자기 야밤에 습격을 가해오므로 자신들은 진지를 버리고 후퇴하였다고 발표하였다. 양군은 만나서 담판을 했으나 서로의 주장이 엇갈리어 맞서고 있었는데, 당시 일본군은 전쟁 준비가 완료된 상태로 북경으로 이동 중이었다. 결국 일본군은 7월 26일 "노구교사건"을 핑계로 최후의 통첩을 보냈다. 이때 중국 국민당 정부는 공산당 소탕작전을 하고 있었으므로 이 문제를 가능한 외교적으로 해결하려 했으나, 일본은 이에 상관없이 북경을 침공하여 결국 함락시켰다.

이때 상해 방면에서도 일본군은 국민당정부의 수도인 남경을 향해 상해침공계획을 세우며, 이곳 역시 침공 구실을 찾고 있었다. 이때 한국의 이봉창 의사가 일본 히로히또 천황에게 수류탄을 투척한 사건이 발생하였다. 이를 중국 측에서는 중국인이 못한 쾌거라며 대대적으로 찬양하였다. 일본은 천황에 대한 모독이라며 보복할 구실을 만들었다. 일본은 중국인 자객을 고용하여 상해의 일본 일련종 중 1명을 살해하고는 이를 구실로 상해를 침공하였다. 이것이 "제1차 상해사변"이다.

장개석 정부는 재차 국공합작으로 대항했으나, 결국 3개월 만에 패주하였다. 당시 우리 임시정부도 외곽민족진영인 "한국광복전선"과 좌익진영인 "조선민족전선"이 연합하여 중국군과 함께 항일투쟁에 참가하였다.

일본의 중국대륙 침공 작전은 전면적으로 치열하게 전개되었다. 북쪽에서는 북경을 점령한 후 몽고까지 들어가 몽고연맹자치정부를 만들었다.

상해방면에서는 상해함락이 쉽지 않자 상륙작전으로 포위작전을 폈다. 그러자 장개석 국민정부는 수도를 사천성으로 옮기고, 무한 삼진을 최후의 항전거점으로 삼았다.

이때 일본군은 참모본부에서 남경저지선을 넘지 않도록 지시했으나, 일본군은 중국군을 추격하다가 남경을 점령한 후 그 악명 높은 "남경대학살 사건(20~30만 명)"을 자행하였다. 이후 극동군사 재판에서는 희생자 수를 12만 명으로 판결했었다.

북지나방면에는 데라우찌 대장이 지휘하여 연전연승을 거두고 있었다.

한편 중국의 국민당정부는 일본의 포병 및 기계화부대가 접근하기 힘든 내륙지역에 포진하여 장기전태세를 갖추었고, 백만에 가까운 일본군대를 중국 내륙전선에 묶어둠으로서 화평교섭을 시작하였다. 이때 일본군은 가도가도 끝이 없는 중국 땅을 마치 늪을 지나는 것 같은 전쟁을 계속해갔다.

이즈음 일본은 독일·이탈리아와 "삼국동맹"을 맺었고, 미·영 등 연합국과 적대관계에 놓이면서 연합국이 중국을 지원하고 있었다.

태평양전쟁의 배경과 일본의 패망

일본이 만주사변으로 국제연맹을 탈퇴하자, 이어 나치독일도 1933년 국제연맹을 탈퇴한 뒤 제1차 세계대전때 제약했던 군비증강을 선언하였다. 이때 이탈리아 무솔리니는 일본·독일이 국제연맹을 탈퇴해도 별다른 제재를 받지않자, 용기를 내어 1925년 에티오파아를 침공하였다. 1936년 독일·이탈리아는 파시스트 국가로서 "베르린·로마주축" 협정을 체결하였고, 일본이 이들과 방공협정에 가입함으로서 1940년 9월 세 국가는 "3국동맹"을 성립시켰다.

이후 독일 히틀러는 군비확장을 계속하여 오스트리아, 체코슬로바키아를 합병하고, 러시아와 불가침조약을 맺은 후 폴란드를 침공하여 폴란드를 동서로 분리하여 러시아와 함께 차지하였다. 이 폴란드 침공으로 제2차 세계대전이 발발하였다.

파시즘 및 군국주의 국가인 독일, 이탈리아, 오스트리아, 오스만, 불가리아, 루마니아 등 전체주의 동맹국과 민주주의(이후 공산주의도 합류)를 지지하는 영국, 프랑스, 미국 등 49개국 간에 세계대전이 벌어진 것이다.

일본은 중·일전쟁이 장기화되자, 극심한 물자부족을 타개하기 위해 인도차이나 북부로 진격하여 근거지로 삼으려 하였다. 그러나 일본은 이 지역에 식민지를 가지고 있는 프랑스, 영국, 네델란드, 미국과의 적대관계를 각오하기로 하였다.

1941년 4월 일본은 소련과 중립조약을 체결한 후, 드디어 프랑스령 남인도차이나에 진군하였다.

미국은 일본의 만주사변, 상해사변, 인도차이나 진군 등을 보면서, 일본의 호전성을 비난하며 일본인의 미국이민, 심지어 입국마저 금하고 석유수출도 금하며 미·일 통상조약을 파기하고, 일본자산까지 동결하며 적대관계를 분명히 하였다. 이에 일본은 치명적인 타격을 입으며 미국과 대화 교섭을 계속했으나, 미국이 "일본은 1931년 이전으로 돌아갈 것"을 요구하였다.

즉 장개석 정부를 인정하라고 하므로 일본으로서는 더 이상 받아들일 수 없었다.

드디어 어전회의에서 미국과의 전쟁이 논의되었다. 히로히또 천황은 육군참모총장에게 "미국과 전쟁 시 어느 정도 소요되겠는가?"라고 질문하자, "남방정도라면 3개월로 충분합니다"라고 답하자, 천황은 다시 '일·중전쟁도 질질 끌고 있는데, 그게 무슨 소리인가?"하고 호되게 꾸짖었다.

한편 중국에서 일본군을 철수하자고 주장한 고노에수상은 물러나고, 육군 대신 "도죠 히데끼"가 수상이 되며, 1941년 12월 7일 일본은 하와이 진주만을 기습공격함으로서 태평양전쟁이 발발하였다.

일본은 20여척의 군함과 잠수함, 비행기 440여대를 발진하여 진주만에 있는 미국함정 19척을 침몰시키고 328대의 비행기를 격파시켰으며 2,403명의 군인이 사망하였다. 일본은 초기에는 동남아 등지에서 연전연승했으나 작전범위가 너무 확대되면서 1942년부터는 도처에서 고립되기 시작하였다. 6월 5일 미드웨이 해전에서 일본항모 4척과 항공 병력이 태반이 상실되며 전세가 역전되기 시작하다가, 솔로몬군도의 과달카날 전투에서 결정적으로 전세가 역전되었다.

미군은 사이판에서 장거리 폭격기로 도쿄 등 대도시를 밤낮으로 폭격하였다. 결국 1945년 8월 6일 히로시마에, 또 9일 나가사키에 원자폭탄이 투하되고, 이어 8월 9일 소련이 전쟁에 참가함으로서 1945년 8월 15일 히로히또 천황은 항복을 선언하였다.

유럽에서도 연합군 사령관 아이젠하워가 1944년 6월 프랑스 노르망디에 상륙작전을 감행함으로서 엘베강에서 서남진하는 소련군과 미군이 만나 악수하면서 독일은 무너졌다. 1945년 무솔리니는 이탈리아 유격대에게 체포되고 5월 1일 소련군이 독일 수도 베를린으로 입성하자, 히틀러는 전일 자살하며 5월 7일 무조건 항복하였다.

이 세계대전 중 인명손실은 5,000만 명으로 인류 역사상 전쟁 사망자 수에서 신기록을 세웠다. 아시아권에서는 태평양전쟁에서 중국이 1,000만 명 이상, 안남 200만 명, 필리핀 100만 명, 그리고 한국·중국에서 강제 징용된 사람도 100만 명이 넘었다. 일본 측에서는 1937년부터 종전 시까지 총병력 720만 명 중 전사·병사자 233만 명, 외국에서 행불자 6만3천 명, 공습으로 일반 민간 사망자 80만 명 이상이 사상되어, 총 340만 명 이상이 피해를 보았다.

광복의 기쁨도 잠시, 국토분단되다.

chapter
03

1. "38선"분할의 배경

일본은 1895년 청·일전쟁을 시작으로 1904년 러·일전쟁, 1931년 만주침략, 1937년 중·일전쟁에서 승승장구하였으나, 1941년 태평양전쟁에서 미국과 소련의 반격을 받고 참담하게 패배하였다. 미국의 원자폭탄 투하와 8월 9일 소련이 참전하여 만주로 밀고 들어온 것이 결정적인 참패 원인이였다.

제2차 세계대전이 끝나자, 세계는 다시 미국 위주의 자유진영과 소련 위주의 공산진영으로 서로 이해가 엇갈리며 새로운 긴장상태(냉전)가 조성되었는데, 이때 가장 큰 피해를 받게 된 것이 우리 한반도이다.

미국 루즈벨트 대통령과 영국 처칠 수상, 중국 장개석 총통은 1943년 11월 "카이로회담"에서 전후처리문제를 논의하면서 한국에 대해서는 "현재 한국이 노예상태에 놓여있음을 유의하여 앞으로 〈적절한 절차(In Due Course)〉에 따라 한국에 자유와 독립을 준다"고 합의하였다. 이는 장차 연합국이 한국에 관여 할 여지를 남긴 것이다.

이어 1945년 2월 "얄타회담에서도 미국, 영국, 소련(스탈린)은 카이로회담에서 합의한 사항을 재확인하였다" 이때 미국과 소련이 한반도에 개입하려는 의도가 반영된 것이다.

미국과 소련이 남·북한에 진주하면서 서로 이해관계가 충돌했는데, 그 타협안으로 북위 38선을 경계로 하는 군사분계선을 정하기로 합의했던 것이다. 미국과 소련은 남과 북에 진주하여 군정(軍政)을 펴기 시작하였다.

연합군은 우리민족에게 광복의 기쁨을 안겨줌과 동시에 분단의 비극을 남겨 주었다.

남북분단의 직접적인 책임은 미·소에 있음은 분명하지만, 근본적으로는 일제가 우리나라를 침범한 것이 원인이므로 그 책임은 일본에 있다고 할 수 있다.

한국의 분단통치가 결정되자, 시베리아에 출병해 있던 소련군은 바로 한반도 이북으로 진주하여 일본군의 무장을 해제하고 인민위원회를 설치해 나갔다.

한편 아베 조선총독은 일본의 항복을 미리 감지하고 연합군이 한국에 진주할 때까지 한국에 있는 일본 민간인 72만 명에 대한 보호문제가 제기되었다. 이에 대해 아베는 여운형, 송진우, 안재홍 등과 종전 후의 질서유지문제를 논의하였다.

송진우는 패전국 일본총독이 정권 기타 질서유지문제를 한국인에게 넘겨줄 자격이 없다면서 이를 거절하였다. 송진우는 이 일은 대한민국의 정통인 임시정부가 맡아야 한다고 생각하였다. 그러나 여운형과 안재홍은 8월 15일 재빠르게 "조선 건국 준비 위원회"를 조직하고 정·부 위원장에 취임하였다. 16일에는 위원회 이름으로 "… 경거망동을 금하며 지도층의 포고에 따르라"는 포고문을 발표하였다. 종로 장안빌딩에는 벌써 "조선공산당 경성지구 위원회"라는 간판이 나붙었다. 16일부터 행동에 나서며 치안대, 보안대 등이 일제의 경찰기관을 장악하기 시작하고 신문사, 회사 등 일본인의 경영기관을 접수하기 시작하였다.

드디어 9월 8일 오키나와에 주둔해 있던 미군이 인천으로 들어와, 곧 조선총독 아베와 항복문서에 조인하였다.

이로서 한반도는 미·소양국이 북위 38도선을 경계로 양분하여 진주하였다. 여기서부터 해방된 우리민족의 비극은 시작되었다.

2. 건국준비와 정당의 난립

일본의 패망이 예견되자 국내외의 독립운동가들은 8·15광복이전부터 건국 준비를 하고 있었다. 그러나 해외 독립운동단체들은 중국, 만주, 미국 등에 흩어져 있어 이들의 통일정부수립이 쉽지 않았다.

국내파가 가장 빠르게 움직였는데, 1944년 8월 중도좌파 여운형이 주도하여 온건우파와 온건좌파를 연합하여 "건국준비위원회"(약칭: 건준)를 결성하여 건국준비에 들어갔다. 그러나 건준의 지방조직이 좌파들에 장악되어 버리자 우파들은 탈퇴하였다. 그러자 좌파들은 9월 6일 "조선인민공화국"(약칭: 인공)을 선포하고, 미국에 있는 이승만을 주석에, 부주석에는 여운형, 국무총리에는 허헌을 추대하였다. 그러나 실제 실권은 9월

16일 "조선공산당"을 재건한 박헌영이 장악함으로서 좌익정부나 다름없었다. 이들은 임시정부의 참여나 이승만의 승인도 없는 일방적인 조직으로서 대표성이 없었다.

1945년 9월 9일 미 태평양 육군 총사령관 제24군단장 하지중장은 한국에 도착하여 중앙청을 접수한 후 38선 이남에 군정을 실시한다는 포고령을 발표하였다.

미군정은 행정의 편의를 위해 총독부의 행정체제를 그대로 두었고 관리들도 마찬가지였다.

특히 하지는 좌익단체인 여운형의 건준이나 박헌영의 인공을 국가나 대화상대로도 인정하지 않았다. 민족주의 성향이 강한 임시정부에 대해서도 탐탁치 않게 생각하였다. 따라서 김구 주석이 귀국할 때도 개인자격으로 들어오게 하였다.

하지는 자유민주주의를 신봉하는 정권을 세우고자 하였다. 미국 유학파인 장덕수, 조병옥, 그리고 일본 유학파인 송진우, 백관수, 김병로 등이 조직한 "한국민주당"(약칭: 한민당) 인사들에게 호감을 가졌다. 그러나 한민당 측은 임시정부의 법통을 잇고자하여 미군정과 입장이 달랐다.

한편 38선 이북에는 8월 11일부터 함경북도 지역을 소련 제25군 치스차코프 대장이 진주하여 8월 24일 평양에 입성하였다. 이후 김일성을 앞세워 권력을 장악한 후 인민위원회를 조직하였다. 북한은 당시만 해도 서울과 달리 정치중심지가 아니므로, 남한처럼 정치단체도 많지 않았고 쟁쟁한 인사도 적어서 김일성은 쉽게 권력을 장악할 수 있었다.

이승만은 10월 16일 귀국하자 하지중장의 융숭한 대접을 받았다. 그는 국내기반이 약하여 곧 "독립촉성중앙위원회"를 결성하여 전국을 순회하면서 조직을 확대해 나갔다. 여운형이 인공의 수반으로 이승만을 앉히려 했으나, 그는 일언지하에 거절하였다.

이승만은 임시정부 때부터 김구와 독립운동방식에서 갈등을 빚은 바 있다. 김구는 무장독립운동을, 이승만은 외교를 통한 독립운동을 중요시 하였다.

김구는 11월 23일 김규식과 함께 귀국하였다. 김구는 임시정부의 법통이 미군정에 의해 거부되어 개인자격으로 귀국했지만 국민들로부터 따뜻한 환영을 받았다. 그는 곧 "한국독립당"(약칭: 한독당)을 결성하였다. 한독당은 원래 1929년 김구, 이동녕, 조소앙, 안창호, 이시영, 김두봉 등에 의해 만들어졌는데, 해방이 되자 삼균주의(三均主義)를 표방하며 재결성하게 된 것이다.

김규식은 김구와 함께 들어왔으나, 김구나 이승만과는 달리 활동범위가 넓어 공산당은 물론 민족주의 및 좌익계열에서도 신망을 받았고 또한 영어도 유창하여 미군정에서도 호의적인 입장이였다. 따라서 미군정은 김규식과 손잡고 해방정국을 이끌어 가려했으나 미군정이 남한단독정부를 수립하려하자, 그는 미군정과 결별하였다.

김규식은 여운형과 같이 중도파를 중심으로 좌·우익 연합을 추진하면서 "민족자주연맹"을 결성하였다.

여운형은 중도노선을 표방했으나 좌·우익에서 협공을 받자 인공을 해체하고 "조선인민당"을 결성했고, 박헌영 역시 조선공산당을 재정리하여 "조선노동당"으로 바꾸었다.

우익진영에서는 일부 친일파도 포함한 여러 정당들이 모여 1945년 9월 송진우 주도로 "한국민주당"(약칭: 한민당)을 결성했으나 나중에 (1949년) "민주국민당"(약칭: 민국당)으로 재결성하게 된다.

당시 이북에서는 김일성이 빠르게 권력을 장악하여 공산정권을 세우려하자, 미군정이나 남한의 일부 우익세력들은 초조해하며 남한만이라도 자유민주주의를 신봉하는 단독정부를 세우자는 의견이 많았다. 이때 국제감각이 뛰어난 이승만이 1946년 6월 3일 정읍에서 "이제 우리는 무기 휴회된 미·소 공동위원회(약칭: 공위)가 재개될 기색도 보이지 않으며, 통일정부를 고대하나 여의치 않으니, 우리는 남한만이라도 임시정부 혹은 위원회 같은 것을 조직하여 38선 이북에서 소련이 철수하도록 세계공론에 호소하여야 될 것이다…"고 남한단독정부를 세우자는 뜻의 발언을 하였다. 결국 이것이 파문을 일으켰다.

이와 같이 해방정국은 복잡한 세력들이 형성되어 미군정의 주도아래 대화와 대립으로 정국을 이끌어갔다.

3. 신탁통치(안)과 미소공동위원회

1945년 12월 23일 모스크바에서는 미국, 영국, 소련의 3개국 정상회담(삼상회담)이 개최되며 한반도의 독립문제를 논의하였다. 결국 남·북한에 미·소공동위원회를 두고, 최종안을 만들어 5년 이내에 미·소·영·중 4개국의 후견심의를 받도록 하는 "신탁통치안"이 결의되었다.

이 신탁통치안이 국내에 전해지자 여론이 들끓으며, 좌·우익을 망라하여 반대하였다.

국민들은 연합군에 속았다며 "신탁통치반대운동"(약칭: 반탁)이 서울운동장에서 10여만 명이 모여 궐기하였다. 이때 송진우가 임정세력과 국내파 지도자간의 불화를 봉합하려다, 신탁통치를 찬성했다는 이유로 암살되었다.

1946년 1월 16일 제1차 미소공동위원회가 미군정 회의실에서 열렸다. 미측은 군정장관 아놀드소장과 소련 측은 하치코프가 참석했고 한국 측은 아무도 참석하지 못했다. 회의 의제로는 미측은 38선 경계문제와 한국민의 38선의 자유왕래를 제의했고, 소련 측은 남북자원의 상호교환문제를 제기했으나 결론을 내리지 못하였다. 이후 3월 20일 덕수궁에서 재차 열렸으나, 이때 미측이 좌·우익의 신탁찬반을 불문하고 자유토론이 가능하므로 모두를 참가시키자고 하였다. 즉 서울과 평양에서 각 정당, 사회단체의 의견서를 받아오게 하였다. 이는 "한반도에 어떤 정부를 세우냐"는 것이다. 그래서 432개 단체가 의견서를 미·소공위에 제출했으나 공위는 이를 접수만 했을 뿐이다.

정작 공위가 열리자 소련은 또 참가단체의 자격문제로 시비를 걸었고 특히 신탁통치를 반대하는 24개 단체에게 입장을 거부했다. 또한 과도임시정부의 영도자로 소련 측은 김일성을, 미군정은 이승만, 김구, 김규식을 내놓았으나 다시 팽팽한 대립을 보이며 회의는 결렬되고 한국문제는 다시 미궁으로 빠졌다.

미군정은 1946년 12월 "남조선 과도정부 입법위원"을 만들었다.

이승만은 이 과도정부를 기반으로 남한만의 단독정부수립을 추진해 나갔고 한민당도 여기에 동참하였다.

이승만은 미·소공위가 결렬되자 미국으로 건너가, 미국에서 "한국에는 좌익이 아직도 많고 또 하지장군이 공산분자를 두둔하기 때문에 혼란하다"는 자신의 입장을 내세웠다.

그리고 좌익세력 때문에 통일정부가 불가능한데도, 단독선거를 반대하는 김구와 김규식을 힐난하면서 은연중 남한단독정부를 세울 것을 표명하였다.

당시 러처드알렌의 기록에 의하면 "이박사는 신문기자 회견석상에서 미국무성이 조속한 시일 내에 남한에서 단독선거를 실시하는데 동의하였다고 발표하였다.… 곧 미국무성에서 부인했으나 한번 발설한 뒤에는 아무리 부인하여도 사람들은 사실로 믿어주지 않았다".

결국 남한은 이승만이 의도한대로 단독정부를 수립하는 방향으로 흘러가고 있었다.

한편 미군정은 좌익계들이 저지른 "정판사 위조지폐사건"을 계기로 좌익계를 잡아들이고 박헌영, 이주하, 이강국 등에 대한 검거령을 내렸으며, 좌익계신문 「해방일보」. 「조선 인민보」 등을 정지 처분하였다.

정판사 위조사건이란, 조선공산당 사무실이 조선 정판사 건물에 있었는데, 조선공산당은 이를 활용하여 대규모의 위조지폐를 발행하여 활동자금으로 사용한 사건이다.

4. 남한 단독선거 실시

국제연합은 1947년 11월 14일 미 국무장관 마샬이 "유엔 감시하에 남북총선거를 통한 한국 통일안"을 제안했다. 그러나 소련은 당시 남북한 인구 비율에서 불리하다고 판단하여 반대했으나 결국 미국 안이 가결되었다.

1948년 1월 8일 유엔은 한국의 독립을 맡아 볼 "유엔한국위원단"을 보냈으나, 북한은 소련의 거부로 들어가지 못하고, 결국 서울에만 도착하였다. 1948년 2월 28일 유엔은 북한을 제외한 나머지 지역 즉 남한만의 단독선거 안을 상정하여 통과시켰다.

일이 이렇게 흘러가자 김구와 김규식은 남한만의 단독정부수립은 남북분단을 영구화하므로 남북통일정부를 세워야 한다며 반대 입장을 표명하였다.

그리고 이 둘은 1948년 2월 16일 북한의 김일성과 김두봉에게 남북통일정부수립에 대한 남북 간 정치협상을 제의하는 서한을 보냈다. 이에 대한 북측의 답신은 "남조선 단독선거를 반대하는 남북조선의 모든 사회단체대표들과 연석회의를 금년 4월 14일 평양에서 열자"고 하였다. 이 답신은 3월 25일에 받아 너무나 촉박하였다.

남측은 답신을 받자 김구, 김규식, 이극로, 신진당, 근로인민당, 국민의회, 민족자주연맹 등에서 지지하였다. 이 남북연석회의에 대한 지지가 남로당뿐만 아니라 중도파, 나아가 우익에게까지 확대되자, 미군정은 단독선거일자 5월 10일을 눈앞에 두고서 남북협상을 제기한 것에 대해 분명한 반대 입장을 표명하며 협상파들의 북행을 적극 반대하였다.

당시 이승만은 "협상에 대한 찬성은 소련의 목적에 추종하는 것"이라며 반대하였다.

동아일보 역시 "협상담에 속지 말고 총선거를 추진하자"(1948.4.2.일자)라는 성명서를 발표하였다.

김구는 남북협상만이 구국의 길이라며 북행을 고수했으나, 북한의 지도자들은 이미 다른 생각을 가지고 있었다. 김구가 미쳐 북한에 도착하기 전에 평양 모란봉 극장에서는 벌써 전 조선의 정당, 사회단체 대표자 회의가 열리고 있었고, 이미 김일성을 주석으로 뽑아놓은 상태에서 회의가 진행되고 있었다. 김구는 조소앙, 조완구 등과 함께 회의에 참석했으나 곧 김일성의 속셈을 알아차리고 바로 자리를 떠나 회의장을 나왔다. 김규식은 22일에야 평양에 도착하여 회의에 참석하지 못하였다.

결국 남북협상 회의는 처음 목적과는 달리 공산주의자들만의 회의처럼 되어 버렸다. 김일성은 남한에서 활동하다 도망쳐온 남로당 등의 박헌영, 홍명희, 허헌 등을 거느리고 4일 동안 회의를 열었다. 그러면서 김일성은 이들 남측대표들과 연석회의를 열었고 남한만의 선거를 반대한다는 등의 허구성의 성명서를 발표한 것이다. 좌익들만의 연석회의였고, 남북 민족 대표들의 회의가 아니었다. 결국 김구 등은 북측에 명분만 제공해 주고 온 꼴이 되었고, 이들의 애국충정은 이렇게 초라하게 결말을 맺게 되었다.

드디어 미군정에서는 1948년 5월 10일 총선거를 실시하였다. 당시 남로당 등 좌익계열은 결사반대했으나, 유엔감시단 아래에서 실시하여 924명의 제헌의원이 입후보하여 투표율 95.5%로서 총200명의 제헌국회의원이 선출되었다. 다만 제주도는 4·3사건으로 인해 3개구 선거 중에서 2개구는 이듬해에 선출하였다.

당시 정당별로 보면 이승만이 이끄는 독립촉성 국민회 55석, 김성수의 한국민주당 29석, 대동청년당 12석, 조선민족 청년당 6석, 무소속 85석이였다. 당시 무소속은 대부분 중도성향이였다.

chapter 04

수난의 섬 제주도와, 4,3사건 및 여순반란사건

1. 제주도의 역사

아름다운 섬 제주도는 역사적으로 "탐라(섬나라라는 뜻)"라는 이름으로 쓰라린 상처를 가지고 있다.

제주도는 남북간 거리 31km, 동서간 거리 73km인데 제 3~4기 신생대시기에 화산분출로 생긴 현무암 화산섬이다. 고산리 유적에서 덧무늬토기(고산리식토기)가 출토 되었는데, 이는 우리나라에서 가장 오래된 토기의 하나로 신석기시대인 기원전 1만년전의 것이였다. 한편 빌레못 동굴에서는 4만년~10만년 전의 갈색곰, 대륙사슴, 큰 노루등 한냉기후 동물의 뼈가 발견되었다.

제주도에 살았던 선사인들은 학자들간에 의견이 많은데 대체로 여러인종으로 보인다. 최남선, 김태능, 일본도리이 등은 제주도의 지명 등에서 일본아이누족, 고투보구족 등 일본에서 건너온 여러 종족이 뒤섞였다하고, 이병도, 박용후, 이창환, 일본 이즈미 등은 언어, 토기, 고인돌, 신체형질 등을 볼 때 한반도 본토에서 건너갔다고 한다. 그 외 유구, 안남, 말라카등과도 관련이 있다고 주장한다.

제주도는 그 자연경관, 지질 등으로 2011년 "세계7대 자연경관(불가사의)"으로 선정되었다.

탐라는 탐라국 왕세기(개벽신화)에서 기원전 2337년경 한라산 북쪽 삼성혈이란 곳에서 고씨, 양씨, 부씨의 삼신(三神)이 태어나 고을라왕이 초대 탐라국을 세워 1,402년(조선태종)까지 62대왕을 이어왔다.

탐라국의 문헌상 등장은 중국 진나라의 진수가 쓴 「삼국지」〈위지동이전〉에서 285년경에, 국내문헌은 김부식의 「삼국사기」에서 476년경에 처음 등장한다.

　삼국시대 이전에는 독립국이였고, 삼국시대에는 해상제국 백제국의 신하국으로 있었다. 삼국통일후에는 통일신라에 복속되었다가, 고려때는 처음에 예속을 거부해오다가 1,105년 숙종이 탐라국왕에게 성주와 왕자 지위를 하사한후 입조하여 탐라국호를 폐지하고 "탐라군"으로 행정관리 되었다.

　그러나 고려가 몽골(원)의 침공을 받아 강화도로 천도해 있다가, 결국 굴욕적인 강화를 맺고 강화도에서 개경으로 환도하자(1270년), 대몽항쟁에 앞장섰던 삼별초는 배중손의 지휘아래 반기를 들었다. 이들은 장기항쟁을 계획하고 처음에는 전남진도(용장성)에서 항거하다 려·몽연합군에 밀려 다시 김통정의 지휘 아래 제주도(항파두리성)로 근거지를 옮겨 대몽항쟁을 계속하였다.

　그러나 제주도에서 2년간 려·몽연합군에 항전하던 삼별초군은 1273년에 모두 전사하였다. 지금 북제주군 애월읍 고성리 서남쪽에 이 당시 삼별초군이 싸우면서 지었다는 "항파두리성"이 남아있다. 삼별초가 진압되자, 원은 제주도에 "탐라총관부"를 설치하고, 이때 대규모 말 사육 국립목장이 설치되었는데 이것이 오늘날 말 문화가 형성된 계기가 되었다. 이후 원과 고려사이에 탐라의 지배권을 놓고 갈등을 벌리다 1367년(공민왕)때 완전히 고려 영토가 되었다.

　조선시대에는 태종때(1402년) 비로소 "제주도"란 이름으로 바뀌였다.

　일제 강점기때는 조선주둔 일본군이 제주도 모슬포주민들을 강제동원 하여 1920년에 10년동안에 걸쳐 군용비행장을 건설하여 중, 일 전쟁때 전초기지로 이용했고, 미국과의 전쟁때는 전황이 기울자 이곳에서 가미가제 훈련도 시켰다.

2. 「4.3 사건」

　일제치하에서 제주도민은 굶주림으로 일본으로 대거 이민을 갔다가 해방이 되자 이들은 꿈에 부풀어 다시 귀환했는데, 당시 귀환인은 육지에서 돌아온 사람을 합쳐 약 6만명이였다. 그러나 실직난, 대흉년, 콜레라 등으로 민심이 매우 흉흉 하였다. 특히 일제 강점기의 경찰, 관리 출신들이 미군정이 시작되면서 이들이 다시 군정경찰 및 관리로 변신하여 그 패악이 심하였다. 제주도는 원래 일제강점기부터 좌익전통이 강한 지역이였다. 광복 후 우익의 건국준비 위원회와 좌익의 인민위원회가 조직되어 활동이 활발하였다. 그러나 처음에는 제주인민 위원회도 미군정에 대체로 협조적이였다.

1947년 "3.1절" 기념식이 거행되었다. 기마경찰의 말발굽에 어린아이가 치었는데, 이를 본 군중들이 기마경관에게 돌을 던지고 야유를 보내며 따라가서 경찰서까지 쫓아갔다. 그런데 경찰에서는 군중들의 경찰서 습격으로 오인하여 발포하여 6명이 사망하고 6명이 중상을 입었다. 당시 군정청은 사건 내용을 잘 모르고 발포사건은 시인하면서도 정당방위로 주장하여 "시위대에 의한 경찰서 습격사건"으로 발표하였다. 시위군중 약 3만명이 경찰서를 포위 습격하려 했기 때문에 불가피하게 발포했다고 해명하였다. 그러나 민중들은 들끓었다. 이때 남로당은 민심의 흐름을 놓치지 않고 전단지를 뿌리는 등 반정활동을 벌렸다. 이후 3월 10일부터 경찰 및 사법기관을 제외한 제주도청을 비롯하여 23개 행정기관 105개 학교 등 제주 직장인 95%에 달하는 4만여명(이중 경찰도 20% 참여)이 파업을 하였다. 경찰이 주동자 검거에 들어가 4월 10일까지 500여명이 검거되고 이때도 발포 사건이 일어났다. 이때 경찰도 66명이 파면되면서 그 자리에 서북청년단 요원이 충원되었다. 이로 인해 당시 경찰과 서북청년단간에 갈등이 심해졌다.

당시 미군정 정보보고에 의하면 제주도민 70%가 좌익 또는 그 동조자로 인식되었는데, 이에 대해 남로당(박헌영의 비서 박갑홍)은 이를 어느정도 인정하였다.

1) 「4.3사건」의 발단

1948년 5월 10일 남한단독 정부수립을 위해 총선거가 치루어지는데, 이를 저지하고 통일 정부를 세우자면서 1948년 4월 3일 새벽 2시에 남로당 제주도당 골수당원 김달삼 등 350명이 도내 경찰지서 24개 가운데 12개와 우익요원집을 일제히 급습하였다. 이들은 남로당 중앙당에 아무런 협의없이 독단적으로 무장폭동을 결정하였다. 이때 파업 등으로 흉흉한 민심이 합해져서 좌, 우간의 대립은 제주도 전역으로 번져 나갔다.

이 "제주 4.3사건"은 한국전쟁이 끝날때까지 계속됐으며 「제주4.3특별법」에 의한 조사결과 당시 제주도민 30여만명 중에 사망자 14,032명(진압군에 의한 희생 10,955명, 좌익무장대에 의한 희생 1,764명등)에 달했다. 이때 진압작전중 군인 180여명, 경찰관 140여명도 사망하였다.

사건의 주역인 이덕구는 경찰발포로 사살되고, 남로당책임자 김달삼은 그해 6월말 "해주 전 조선 제정당 사회단체 연석회의"에 참석하기위해 제주도를 빠져나갔다. 그

후 김달삼은 1948년 8월 25일 월북하여 북한 국기 훈장 2급을 수여받고 게릴라부대를 이끌고 활동하다 1950년 5월 정선에서 사살되었다. 이후 "남조선 혁명가" 비문을 받고 북한 애국열사릉에 안장 되었다. (북한자료)

2) 경과

이승만 정부는 1948년 10월 11일 "제주경비부"를 설치하고 11월 17일 제주도에 계엄령을 발표하였다. 제 9연대장 송요찬 소령은 "해안선에서 5km 이상 들어간자는 폭도로 간주하여 총살 하겠다"는 포고문을 발표한 후 강경 토벌작전을 벌렸다. 진압작전은 4개월간 벌어졌는데, 중간지역 주위의 마을을 이주시키는 등 95%가 방화되거나 불상사가 일어나며 생활터전을 잃은 2만여 명이 산속으로 내몰린 상태가 되었다.

이후 1949년 3월 "제주도지구 전투사령부"가 설치되고 유재흥 사령관이 한라산에 피신해 있는 사람들에게 사면정책을 쓰면서 많이 하산하여 사면을 받았다.

이어 1년 후 5월 10일 재선거를 실시하여 성공리에 마쳤다.

원래 1948년 5월 10일 총선거는 4.3 사건으로 좌익에 의한 선거사무소 피격, 선관위원 피살 등으로 과반수에 미달되어 무효처리되고 연기된바 있다.

1949년 6월 무장대 총책 이덕구가 사살됨으로서 무장대는 사실상 궤멸되었다. 이어 한국전쟁이 발발하면서 4.3사건 관련자들은 모두 즉결 처분되었다. 결국 이 사건은 1954년 9월 21일 한라산에 대한 금족령이 전면 개방됨으로서 발발 7년 7개월만에 막을 내렸다.

지금 "4.3평화공원"에는 1만 4천여 명의 위패가 안치되어 있다.

이중에는 대한민국 역사를 뒤엎자는 좌파 불순분자가 많겠으나 억울한 양민들도 있을 것이다. 이렇게 대한민국 역사는 이루어져 왔다.

"4.3사건"을 경험한 유족들의 회고에 의하면, "좌익도 우익도 자기마음에 안들면 마구잡이로 죽여버리는, 완전히 미쳐버린 세상이었다"고 회고 하고 있다.

1998년 11월 김대중 대통령은 CNN인터뷰에서, "제주 4.3사건은 공산폭동이지만, 억울하게 죽은 사람이 많으니 진실을 밝혀 누명을 벗겨주어야 한다"고 말하였다.

3. "여, 순 반란사건"

1946년 1월 국방경비대(대한민국 국군의 전신) 건군 당시는 미군정이 군인에게도 사상의 자유를 보장하여 좌, 우익 구별없이 모집하였다. 현실적으로 당시는 신원조회 등을 할 수 없는 상황이였는데, 이때 남로당에서는 군을 장악하기위해 군에 남로당 요원을 대거 위장시켜 입대시켰다.

1948년 제주에서 4.3사건이 일어나자, 정부는 이를 진압하기 위해 여수주둔 국방경비대 14연대에서 1개 대대를 제주도로 파견하기로 결정하였다. 그러자 1948년 10월 19일 중위 김지회, 상사 지창수(남로당원) 등 2,000여 명이 4.3사건 진압을 거부하며 반란을 일으켰다. 처음에는 여수지역을 점령한 후 이어 순천지역까지 장악하여 살인, 방화, 약탈 등을 저질렀다. 22일에는 벌교, 곡성, 광양, 구례, 까지 점령하였다. 이승만 정부는 10월 21일 여수, 순천지역에 계엄령을 선포하고 총사령관에 송호성준장을 임명하여 10개 대대를 투입하였다. 22일부터 순천을 공격하여 27일에는 여수에서 완전히 소탕하고 진압하였다. 이때 진압군 및 경찰에서 반란군 협조자를 색출하는 과정에서 2,500여명의 민간인이 포함되어 억울하게 처형당하였다.

여순반란사건 직후 당시 국무총리겸 국방장관이던 이범석이 10월 21일 기자회견을 열고 "이 사건은 정권욕에 눈이 먼 몰락 극우정객이 공산당과 결탁해 벌인 정치적 음모"라면서 사실상 "김구"를 지목했고, 반란군내 주모자는 여수 연대장 오동기를 지목하였다. 이후 오동기는 "혁명의용군사건"으로 구속되었다.

여기서 "혁명 의용군사건"이란, "최능진, 오동기, 서세충, 김진섭 등이 남로당과 결탁하여 무력혁명으로 대한민국 정부를 전복하고 김일성일파와 합작하여 자기들 몇 사람이 숭배하는 정객을 수령으로 공산정부를 수립하려고 공모했다" (동아일보 1948. 10. 23)는 것이 그 요지였다.

당시 최능진 등은 "남북협상에 나서려는 김구, 김규식을 남한우익진영에서 '공산주의자'로 매도하고 비난했음에도 이에 대항하지 못하는 남한 청년들은 다 썩었다고 분개한 민족주의자에 불과하다"고 하였다(연합신문 1949.2.9.)

그런데 여기서 최능진이란 인물은 미국유학파로서, 미군정시 경무국 수사과장으로 재직 중 경무국장 조병옥과 의견충돌이 발생하여 퇴임하였다. 이후 1948년 5월 제헌의회 국회의원으로 동대문 갑구에 출마 신청하였다. 당시 이곳에는 국부로 추앙받던 이승만이 출마하여 무투표 당선을 노리던 곳이었다. 결국 최능진은 서북청년단 등의 방해로 입후보하지 못하였다.

이 당시 오동기(전 여수14연대장)는 최능진이 국회의원 출마시 선거운동원으로 군인출신임을 신분보증하여 참가하였다. 이후 여순사건이 일어나자, 전 여수연대장 오동기가 관련되었고 최능진에게도 무력항쟁의 죄까지 연관시킨 것이다.

이어 이범석은 10월 22일에 "반란군에 고한다"는 포고문에서, "반란군이 일부 그릇된 공산주의자와 음모정치가의 모략적 희생물이 되었다"(서울신문)고 재차 극우정객을 언급하였다. 같은날 수도 경찰청장(김태년)도 이에 장단을 맞추었다.

한편 김구는 이범석, 김태년 등이 자기를 여순사건의 배후에 있는 극우파로 지목하자 분개하여 10월 27일 여순사건 진압직후 공식기자회견을 열어 조선일보에 그 반박문을 보도했다.

> "나는 극우분자가 금번 반란에 참여했다는 말을 이해 할 수 없다. 그들은 극우라
> 는 용어에 관하여 다른 해석을 내리는 자신만의 사전을 가지고 있는 것으로 보
> 인다."고 발표하였다.

연이어 담화에서, 김구는 여순사건을 반란, 테러로 규정하면서 "순진한 청년들이 용서할 수 없는 죄를 범했다" "반도(공산주의자)들의 목적은 북한정권을 남한에서 연장시키려는 것으로 보인다" "부녀와 유아까지 참살하였다는 보도를 들을 때에 그 야만적인 소행에 몸서리치지 않을수 없었다"고 발표 하였다.

이 당시 박정희는 이 사건에 직접 가담한 것은 아니지만, 당시 남로당의 군사총책간부(소령)로서 1948년 11월 체포되어 군사재판에서 사형이 구형되었다. 그러나 그는 공산주의자들의 본질을 꿰뚫어 보고는 이후 이를 반성하고 군부내 남로당 명단을 넘기는 등 수사에 적극 협조함으로서 무기징역을 선고 받았다. 이어1949년 1월 18일 고등군법회의에서 징역 10년으로 감형되었다가 곧 형 집행정지로 판결받고 풀려나면서 강제예편 되었다.

이 사건으로 이승만 정부는 강력한 반공체제를 구축하였고, 군 내부적으로는 공산주의자들을 숙청하는 "숙군작업"을 벌렸다. 또한 1948년 12월 1일 「국가보안법」을 제정하여 사회 전반적으로 좌익세력의 색출에 나섰다.

「4.3사건」 및 「여순반란사건」은 해방 및 건국초기 불안정했던 그 시대적 상황 때문에

일어났지만, 진압과정에서 많은 양민이 희생됨으로써 우리민족역사에 아픈 상처를 남겼다.

남로당과 주사파

1. 남로당(남조선 로동당)

1) 남로당의 역사

1945년 8월 15일 해방이전부터 남한에는 여러 좌파정당이 있었다. 태평양전쟁에서 일본의 패망이 보이기 시작하자 국내에서는 1944년 8월 중도좌파 여운형의 주도로 중도우파와 온건좌파를 연합하여 "건국준비위원회(건준)"가 결성되었다. 그러자 좌파들이 1944년 9월 "조선인민공화국(인공)"을 선포하였다. 이어 해방직후 1945년 9월 조선공산당, 11월 조선인민당, 1946년 7월 남조선신민당이 창당되었다. 그러나 정판사 위조지폐 사건 등으로 미군정에서 이들을 불법화하자, 남한 내의 공산주의 및 사회주의 계열들은 재정비를 하기 시작하였다. 북한에서 1946년 8월 28일 북조선 로동당이 결성되자 이에 맞추어 1946년 11월 23일 조선공산당, 조선인민당, 남조선신민당의 3당이 합당하여 「남조선 로동당」을 조직하였다. 초대 위원장(당수)에 여운형, 부위원장에 박헌영, 이기석, 중앙위원에 리승엽, 김삼룡, 이현상 등 29명이고 그 기관지는 「노력인민」이었다. 주요 강령은 무상몰수 무상분배의 토지개혁, 8시간 노동제, 사회보장제 등이다.

그러나 주도권 및 노선 문제로 여운형과 박헌영이 갈등을 하다가, 박헌영이 중도 세력인 여운형의 좌우합작노선을 강력 비판하자, 여운형, 백남운 등은 탈당하여 근로 인민당을 창당 하였다. 당시 남로당의 당수는 초대 여운형(1947년), 2대 허헌(1947~1951년), 3대 박헌영(1951~1953년)이나 실제 주도권은 박헌영이 잡고 있었다.

남로당은 초기에는 주로 합법적으로 남한내에서 노동자, 농민을 선동하여 각종 파업 투쟁을 주도하였다. 특히 이들은 북한의 지령을 받아 이승만 주도의 남한 단독 정부 수립을 반대하면서 각종 테러나 게릴라전, 노동자 총파업 등을 주도하여 남한 정국을 혼란으로 몰아넣었다. 이러한 배경 속에서 대표적인 사건으로 "9월 총파업", "대구 10·1 사건", "2·7 파업", "제주 4·3사건", "여순 반란사건", "남부군사건" 등이 일어났다.

1948년 8월 남로당과 북로당은 연합 중앙 위원회를 설치하여 1949년 6월에 합당하여 「조선로동당」이 되었다. 그러나 합당 사실은 남한에서 한참 활동 중인 유격대(남부군 빨치산) 등에게는 비밀로 붙였다. 남로당은 북한이 개입되지 않은 남로당의 자발적 행동으로 보이게 하기 위해서였다. 이때부터 김일성은 남로당에 대한 인식을 탐탁치 않게 생각하였다.

6·25전쟁이 발발하면서 그때부터 공개적으로 남로당 대신 "조선로동당"의 이름으로 활동하였다. 남로당은 "대구10·1" 사건을 계기로 대중 조직이 와해되기 시작하여, 1950년 남로당 핵심 간부 김삼룡과 이주하가 체포되면서 대부분 붕괴되었다. 그러자 남로당원은 자연히 월북 할 수밖에 없었다.

한편 박헌영을 주축으로 한 남로당파는 대거 월북하여 처음에는 조선민주주의인민공화국(북한정부)에서 상당한 세력으로 자리 잡았다. 박헌영은 명목상 부수상직에 올랐다.

1950년 한국전쟁이 발발하기전, 박헌영은 남침하면 소위 "20만 남로당원 봉기설"을 내세웠고, 소련 스탈린에게 남침하면 "곧 이들이 호응하여 미제 애들이 오기 전에 남조선 괴뢰는 무너진다"고 호언장담하였다. 그러나 김일성은 이를 믿지 않았고 모택동과 스탈린의 지원만 믿었을 뿐이었다.

북한은 남침하기 직전에 박헌영의 요구로 북한에 수감되어 있는 조만식과 남한에 수감된 김삼룡, 이주하와 상호 교환을 제의한 바 있다. 그러나 이는 남침을 위장하기 위한 북한의 평화공작이자 기만전술 이였음이 밝혀졌고, 전쟁이 나자 이들은 즉결 처분 당했다.

한편 전황이 불리해지자 박헌영은 김일성과 미군에 휴전 또는 종전을 제안했으나 김일성은 이를 아예 무시하였다.

결국 박헌영은 김일성에게 정치적 공격을 받다가 남로당 2인자 리승엽이 "미제와 내통했다"는 혐의를 씌워 숙청당하자, 이를 구실로 1953년 3월 박헌영은 구속되었다. 이후 1956년 7월 처형될 때까지 계속 모진 고문을 받다가 "미제의 간첩"이란 명목으로 숙청당했고 북한에서의 남로당도 사라졌다.

당시 리승엽은 북조선 노동당 초대 및 2대 정치 위원장을 지냈고 북조선 내각에서 사법상, 국가검열상 등을 지냈다. 남침시 서울이 함락되자 서울시장도 역임하여 많은 우익인사들을 탄압하였다. 그런데 그는 1952년 10월 그의 산하기관인 "금강정치학원"이 정부 전복을 도모했다는 혐의로 체포되어 "반당 종파 분자"와 "미제 간첩 혐의"로 1954년 숙청되었다.

2) 남로당의 주요 활동

 "정판사 위조지폐사건"

이 사건은 남로당 탄생에 계기가 되는 「조선공산당」에서 일으킨 사건이다. 조선 공산당은 1945년 재건되어 서울 소공동 정판사(精版社)가 위치한 건물에 입주하여 기관지 「해방일보」를 발행했다. 정판사 사장 박낙종은 일제 강점기때 조선은행의 지폐를 인쇄하던 인쇄소를 운영하였다.

1946년 5월 15일 수도경찰청장 장택상은 조선공산당이 활동자금을 마련하기 위해 정판사에서 위조지폐 약 1천 2백만원 어치를 유포했다고 발표하였다. 조선공산당에서는 조작 사건이라고 혐의를 부인했으나, 수사결과에 의하면 주범은 조선공산당 재정부장 이관술과 해방일보 사장 권오직이고, 이들의 지시로 정판사 사장 박낙종이 부하직원에게 시켜 인쇄하여 유통시켰다고 발표하였다. 이후 관련자에 대한 체포가 시작되었다.

이 사건으로 권오직은 이북으로 달아났고, 또한 이를 계기로 박헌영이 서둘러 월북하게 되었다. 이후 정판사는 좌우이념대립 당시 우파노선을 걷던 천주교회에 불하되어 이름을 바꾸고 「경향신문」이 되었다.

 "9월 총파업"과 "대구 10·1사건"

1946년 5월 정판사 위조지폐사건으로 공산당 간부들이 대대적으로 체포되자, 박헌영 계열의 조선공산당은 전평(조선노동조합 전국평의회 : 조합원 50~60만명)과 연합하여 1946년 9월 23일부터 철도 노동자, 운송업 노동자 등이 전국 규모의 총파업을 벌렸다. 이를 "9월 총파업"이라 한다.

당시 대구 지역은 콜레라가 창궐하여 경북일대에 2천여명의 환자가 발생하고 이의 치료도 제대로 되지 않았는데, 군정청에서는 전염을 막는다면서 대구 지역을 봉쇄하였다. 그 결과 농작물과 생필품이 끊어져 기아선상에 있었다. 이러한 흉흉한 상황에서 대구에서 공산당의 주도로 "9월 총파업"을 하면서 10월 1일에 노동단체들이 모여 메이데이 행사를 하였고 박헌영도 참석하여 축사를 낭독하였다.

이때 대구 부청(현 경상감영공원) 앞에서 기아대책을 요구하는 시위자들에게 경찰과 몸싸움이 벌어지며 경찰에서 발포하여 2명이 사망하였다. 이 소식을 들은 굶주린 시민들과 학생들 1만여 명이 모여 대구 경찰서를 포위하자, 서장은 스스로 무장해제하고 경찰서를 시민들에게 넘겼다. 곧이어 조선 공산당의 통제를 받은 노동자들이 경찰권을 인수하려 하는데, 이때 일부 군중들이 경찰에 투석을 하게 되자 경찰이 궁지에 몰리며 다시 총을 난사하여 17명의 시위대가 사망하였다.

이후 군중들은 주로 부잣집이나 친일파들 집을 털어 생필품이나 식량을 나누어 주기도 하였다.

미군정은 이튿날 10월 2일 계엄령을 선포하고 미군을 동원함으로서 표면적으로는 질서가 회복되었다. 그러나 미군이 개입되자 오히려 시위는 인근 경산군, 성주군, 영천군 등으로 확대되면서, 결국 시위는 1946년 말까지 전국적으로 확대되며 계속되었다. 대표적으로 영천의 경우 1만 여명의 시위대가 경찰서를 습격하고 방화하여 군수, 경찰, 관리 등을 살해하였다. 이때 경찰 응원대 및 우익 청년단체들이 진압하는 과정에서 가옥 1,200여 호가 전소 및 파괴되고 사망 40명 중상자 43명이 발생하였다.

이후 박헌영은 이 "10월 인민 항쟁"을 동학농민운동 및 3·1운동과 함께 조선의 위대한 3대 인민항쟁이라고 평가하였다.

이 사건은 대구·경북을 중심으로 경상남도까지 번졌고, 전국적으로 약 200만명 이상이 참가한 시위운동이었다. 이는 민중들이 주도했으나 조선공산당측은 공식적으로 시위를 선동하지는 않았지만 전농, 전평 등과 함께 은밀하게 개입되었다.

당시 여운형과 김규식은 10월말 미군정청 브라운 소장과의 회담에서 "10·1폭동이 경찰에 대한 반감, 군정내의 친일파 문제, 일부 한국인의 부패, 파괴분자들의 선동 탓으로 일어났다"고 군정청을 비난하였다.

특히 조선공산당을 제외한 좌익계열 9개 정당 대표도 긴급 회동하여, "박헌영의 공산당이 모험주의"라면서 격렬히 비난하였고, 우파에서는 일제히 "박헌영 일파의 모략선동에 기인한 것"이라고 맹비난 하였다.

이 사건은 2010년 3월 "진실 화해 위원회"의 「대구 10월 사건 관련 진실 규명회」에서 "식량난이 심각한 상태에서 미군정이 친일 관리들을 고용하고 토지개혁을 지연하였으며 식량 공급정책을 강압적으로 시행하자, 불만을 가진 민간인과 일부 좌익 세력이 경찰과 행정 당국에 맞서 발생한 사건"으로 규정하여 국가의 책임을 인정하였다.

 "2·7 사건"

이 사건은 1948년 5월로 예정된 대한민국 제헌국회의 총선을 앞두고 남한 단독 정부 수립을 반대하는 남로당과 민주주의 민족전선 등 주로 좌파들이 2월 7일을 기하여 2월 20일까지 전평(全評) 산하 노동조합 30만 명이 총파업을 일으키다가 충돌한 사건이다. 100여명의 사망자를 내고 투옥된 사람도 약 8,500명으로 추산되고 있다.

이 사건은 전기 노동자의 송전중단, 철도 노동자의 철도 운행중지, 통신 노동자의 통신설비 파괴 등 전국 규모의 파업 투쟁이었다. 특히 이 사건 두 달 뒤에 큰 인명피해를 가져온 "제주 4·3 사건"과 이어 일어난 "여순 반란 사건"에 큰 파급효과를 미쳤다.

"대구 10·1 사건"은 우발적이고 자연 발생적인 요소가 있다면, "2·7 사건"은 5.10총선에 대한 "단선 단정 반대"라는 구호로 많은 공감대를 얻어 사전에 계획되고 준비되었다는 특성이 있다. 특히 이 사건 이틀 뒤인 2월 9일 백범 김구가 "삼천만 동포에게 읍소한다"라는 단선 단정을 반대하는 포고문을 발표함으로서 이 사건에 더욱 큰 영향을 미쳤다.

 "4·3사건"과 "여순반란사건" (Part 08~04항 참조)

 "남부군 사건(빨치산 사건)"

빨치산(유격대)이 형성된 계기는 "제주 4·3 사건"이 시발점이다. 1947년 3월~ 1948년 4월까지 남한 단독 정부 수립을 반대한 제주도 남로당의 무장봉기와 "여순반란사건"의 진압 과정에서 살아남은 좌익 군인들이 지리산에 모여 16년간의 지루하고 파괴적인 게릴라전(일명: 화개전쟁)이였다. 이 전쟁은 1963년 11월 마지막 빨치산 정순덕(여)이 사살될 때까지 벌어진 전쟁이었다. 그녀는 남편을 찾아 입산했다가 빨치산이 되었다.

이승만 대통령은 "빨치산 총사령관 이현상을 잡지 않고서는 6·25는 끝나지 않았다"라고 하였고, 이들의 완전 토벌을 위해 군경 1만 8천명이 지리산 화개주위를 포위하여 이들을 완전 소탕하였다. 이때 백선엽 장군과 빨치산 전향자 차일혁이 크게 활약하였다. 차일혁은 빨치산이었다가 전향하여 빨치산 토벌 대장을 임명받아, 지리산 빨치산을 토벌하는데 큰 공을 세웠다.

1949년 6월 남로당과 북로당이 합당하여 「조국 통일 민주주의 전선(조국전선)」이 발족되고 「조선 인민 유격대(빨치산)」를 창설하였다. 제1병단은 오대산 지구(이호제), 제2병단 지리산 지구(이현상), 제3병단 태백산 지구(김달삼과 남도부)로 편성하였다. 이들은 주요 시설 및 관공서, 요인에 대한 기습·공격 등 게릴라전을 자행하면서, 그 인원은 1950년 10월경에는 최대 15,000명에 달했다.

당시 북한은 강동 정치학원에서 양성한 유격대원(빨치산) 약 2,400명을 1년 동안 10회에 걸쳐 남파시켰고, 이들은 한국전쟁이 발발할 때까지 약 1,700명이 남아 있었는데, 각 지역에 편입시켜 활약하였다. 이때 남한 빨치산 총책은 박헌영과 리승엽 이었으나, 이들이 월북한 후에는 이현상이 주도하였다. 이들은 한국전쟁 때까지 활동을 계속하였으나 이후 군경 토벌대에 의해 진압되었다.

이현상은 박헌영·리승엽이 북한에서 숙청되자, 경남 빨치산이 전멸된 책임을 물어 평당원으로 강등되었다가 군경진압작전에서 국군 오동식 상사에 의해 사살되었다.

2. 주사파(주체 사상파)

1) 주체사상(主體思想) 이란?

주체사상이란 쉽게 정의하면 북한의 체제유지를 근간으로 하는 통치 및 정치사상이다. 일명 김일성 주의, 수령 절대주의, 때로는 종교적 의미의 주체교 또는 김일성교 라고도 한다.

주체사상은 북한에서는 김일성이 18세때 창시했다고 하나 그 근거가 부족하다.

주체사상이 최초로 제기된 것은 한국전쟁 2년 후인 1955년 12월 "사상사업에서 교조주의와 형식주의를 퇴치하고 주체를 확립하자"는 김일성의 연설에서 제기되었다. 당시 소련과 중국이 대립하던 때인데, 소련 및 중국 눈치 보지 말고 우리식대로 하자는 북한식 사회주의 주장이었다. 이때부터 마르크스·레닌적인 공산주의를 벗어나서 "조선의 특별성"을 내세운 것이다.

이후 김일성은 한국전쟁의 뼈아픈 실패를 보며 1962년에 주한미군의 철수를 전제로 중·러의 지원 없이 무력적화 통일을 할 수 있도록 "4대 군사 노선"을 추진하면서 헌법에도 명시하였다.

① 전군의 간부화 ② 전군의 현대화 ③ 전 인민의 무장화 ④ 전국토의 요새화 이다.

그러나 1964년 소련 흐루시초프가 축출되고 1966년 중국에서 모택동과 당권파 사이에 권력투쟁으로 "문화대혁명"이 일어나자 위기감을 느끼게 되면서 김일성은 유일, 절대 권력을 확립할 필요성을 느꼈다. 김일성은 먼저 1967년 군부우선론을 내걸고 당시 경제 우선론을 주장해온 당내 2인자 박금철 등 지도급 간부들을 대거 숙청하였다. 이어 1968년 남한에 대한 군사도발(청와대기습, 울진무장공비 침투 등)에 대한 실패를 물어 군부내에서 강경파인 민족 보위상 김창용 등도 1969년에 숙청함으로서 유일 절대권력을 확립하였다.

한편 김일성은 당내 종파 분자들을 숙청해가면서 동시에 정치적으로 통합하는 새로운 이념인 주체사상을 내세웠다. 1967년 최고 인민회의에서 당의 기본노선으로, ① 정치에서의 자주 ② 경제에서의 자립 ③ 국방에서의 자주, 라는 "주체사상"을 제기하였다. 이 때만 해도 주체사상은 철학적 이론을 갖추지 못했고 마르크스·레닌주의의 부속물에 지나지 않았다.

그런데 당시 당 서기겸 김일성 대학 총장이었던 황장엽(이후 한국으로 망명)이 주체사상을 4년여 동안 연구하여 마르크스·레닌주의에서 개량한 새로운 사상체계로 만들었다. 1972년 주체사상을 신 헌법에 명기하여 국가적 활동 지침으로 명시하였다. 그러자 당 중앙이던 김정일이 1974년에 주체사상을 "김일성 주의"로 정식 선포하고, 이어 김정은의 집권 후에는 권력 세습을 인정하는 "김일성·김정일 주의"로 불리고 있다. 이때 남한에서도 박정희 정권시절에 주체사상에 대응하고자 1972년 "10월 유신"을 단행하였다.

황장엽

주체사상은 기본적으로 "인간이 모든 것의 주체여야 한다"는 인간 중심주의로부터 시작된다.

"인간의 생명은 육체적 생명과 사회적 생명으로 구분되지만, 육체적 생명은 유한하나 사회적으로 결합된 집단의 생명은 무한하다"는 전제아래, "사회적 운동의 주체는 인민

대중 즉 노동계급이며, 노동계급의 이익은 당이 대표하며, 당의 이익을 이상적으로 옹호하는 사람이 곧 수령이다"라는 것이다. 여기서 수령과 인민의 관계는 사람의 뇌수와 신체와 같은 관계이다. 육체적 생명은 저절로 주어지지만 사회적·정치적 생명은 사회주의 혁명을 통해 인민을 해방시킨 수령 김일성이 부여한다는 논리이다. 인민 대중은 혁명의 주인이고 동력이지만, 이들이 저절로 혁명과 건설에서 주인으로서의 책임과 역할을 다하게 되는 것이 아니다. 인민대중은 옳은 지도자에 의해서만 혁명과 건설에서 주인으로서의 지위를 지키고 역할을 다할 수 있다. 즉 혁명의 뇌수이자 노동계급의 대표자인 수령이 없으면 전체 인민들의 육체적·정신적 삶도 존재하지 않는다는 논리이다.

주체사상은 기본적으로 "사람 중심 철학"이라고 하는데, 그 "사람"은 김일성, 김정일, 김정은의 세습체제인 "백두혈통"이라는 것이다. 나머지 인민들은 육체적 생명만 있지, 사회적·정치적 생명은 없기 때문에 사람 취급을 받을 수 없다. 즉 오스트랄로 피테쿠스나 그 이전의 침팬지에 불과하다. 그러므로 인민들은 "사람"이 되기 위해서는 김씨 일가에 절대적인 충성과 복종을 해야 한다는 논리이다. 결국, "인간중심주의"가 백두혈통에 예속된 인간으로 변질된 것이다. 오늘날 북한의 인권상황을 볼 때, 주체사상이란 "사람중심"이라기 보다, "사람통제" 수단으로 전락되었다고 볼 수 있다.

이 주체사상에 대해서는 많은 분야의 사람들이 이의를 제기하고 있다. 그 대표적인 예는 아래와 같다.

 마르크스주의자들은

이데올로기나 정치(상부구조)는 물질적인 생산관계의 변화(하부구조)에 따라 결정 된다는 역사 유물론에 기반을 두고 있는데, 주체사상은 "인간은 개개인의 의지나 정신력으로 무엇이든지 할 수 있다"고 하므로 마르크스주의와 정면으로 배치된다고 주장한다.

 스탈린주의자들의 입장에서는

스탈린 생전에 소련도 북한 못지않게 개인숭배와 공포정치가 지배하던 사회였으나, 주체사상에서는 권력세습을 정당화하는 봉건주의라고 비판하였다.

 한국의 국제공산주의 운동조직인 "노동자 연맹"은

북한의 주체사상은 국가 자본주의체제의 지배자들이 체제위기를 극복하고 인민 대중에 대한 착취를 강화하기 위한 것이다. 아울러 인민 대중을 우민화하여 자기네 말을 잘 듣고 착취체제에 고분고분 순종하는, 말이 노동자이지 사실상 "임금 노예"로 만들기 위해 고안해 낸 지배 이데올로기다 라고 분석하였다.

 일본 제국주의와 비교해 볼 때 (미국 코네티컷 대학교의 정치외교학과 교수 김일평)

북한의 주체사상은 오직 천황의 권위아래 모든 국민이 복종해야 했던 일본의 천황 숭배와 제국주의 사상을 계승하고 있다고 말한다.

과거 일본은 학교 교실마다 천황의 어진을 걸어두고 조회 시간마다 묵념을 하였고, 북한에서도 김일성·김정일의 사진을 고이 모셔두는 것이 인민의 의무라고 말하고 교실에도 걸어 놓고 묵념한다.

홍천에 있는 어느 학교가 불바다가 되었는데 교사가 학생을 구하는 것이 아니라 김일성·김정일 사진을 구하려다가 불에 타 죽었다. 또한 더욱 심각한 것은 김일성 찬양문을 새겨놓은 "구호나무"를 지킨답시고 해군 육전대병사가 동원됐는데 17명이 타 죽었다. 김일성 사진도 친필도 아닌 나무에 새겨진 김일성 찬양문 때문에 사람이 죽은 것이다. 이쯤 되면 일본 제국주의와 비교하여도 무색할 정도이다.

 기독교의 영향에 대하여

주체사상은 헬레니즘의 영향을 받은 기독교 세계관에서 "예수"를 빼고 그 자리에 "김일성"을 넣었다고 할 수 있다. 예수를 믿으면 육체적 생명과는 별개의 새 생명을 얻게 된다고 믿는데, 주체사상에서는 김일성에게 충성하면 새 생명이 주어진다는 이론으로 바꿔치기 한 것이나 다름없다. 거기에 기독교에서 가지고 있는 "10계명"도, 당의 유일사상체계의 "10대 원칙"이 있다.

어느 탈북자는 기독교를 접하고는 주체사상과 너무나 똑같다면서 깜짝 놀랐다고 한다. 심지어 "Adherents.com"에서는 주체사상을 종교로 분류하였다. 2008년의 외국 조사에 따르면 Jucheism은 2,000만의 신자를 가진 세계 10위의 종교라고 하였다.

2) 주사파(주체사상파 : NL "National Liberty")의 전개

주사파란 대한민국(약칭: 한국)에서 민족 해방 계열의 하나로 조선민주주의인민공화국(약칭: 북한)의 지도 이념인 주체사상을 지지하고 그에 따르는 정치 운동을 하는 사람들을 말한다.

한국은 1970년대까지는 한국전쟁을 거치면서 북한식 공산주의자들이 대부분 탈출 또는 축출되었고 또한 북한 및 김일성에 대한 거부감 때문에 한국에서 공산주의의 영향은 크게 미치지 못하였다.

그러나 박정희 시대의 유신체제와 10·26 사태 및 12·12 사태(군부 반란)를 거치면서 소위 전두환 정권때 "5·18광주민주화운동"을 유혈진압하게 되자 이때 군작전 통제권을 가지고 있던 미군이 이를 용인했다면서 "반미" 분위기가 대학가를 중심으로 확산되었다. 더불어 1980년대부터 마르크스주의나 주체사상도 학습하는 정치운동 세력이 생겨났다.

특히 주체사상이 학생운동에서 확산된 계기는 1985년에 발표된 소위 김영환의 "강철서신"이 큰 영향을 미쳤다. 김영환은 "강철서신" 저작자인데, 북한에서 제공한 반 잠수정을 타고 강화도에서 비밀리에 월북하여 김일성과 두 차례 면담한 바 있으나, 이후 북한과 주체사상의 허상을 알게 되었다는 탈북자 운동가이다.

이후 주사파들은 미국이 군사독재 체제를 용인했다는 반미 의식과 한국 특유의 소위 "우리식 사회주의"를 지지하는 세력으로 성장하게 된 것이다. 이때의 학생운동 세력을 흔히들 "386세대(30대 나이, 80년대 학번, 60년대 출생)"라고 말하고 있다.

이어 1990년에 소련권이 붕괴되면서 마르크스주의 중심의 이념은 많이 퇴조하였으나, 반면 한국의 권위주의 체제에 대한 거부감과 민족주의를 앞세운 주체사상파는 그 세력이 확산되었다. 그러나 북한의 주체사상의 실체와 북한의 사회·경제의 실상이 알려지고, 특히 1996년 8월 한총련 주도의 "조국 통일 범민족대회"를 김영삼 정부에서 강경 진압한 후, 한총련을 이적단체로 규정하였다. 이후부터 대학생들의 정치운동은 현저하게 줄어들었다.

주사파는 초기에는 남로당 등과는 달리 대체로 자생적으로 성장하였다. 그러나 그중 일부가 북한의 공작에 의해 북한과 직접적인 연대를 갖기도 하였다. 그러나 이후 주사파는 북한과의 연계, 비밀조직에 의한 거부감, 소련권의 붕괴 등으로 1990년대 후반부터는 급속하게 쇠퇴하였다.

그러자 주사파들은 일부 제도권 정당(한나라당, 민주당 등)으로 진출하고, 나머지는 민주노동당(약칭: 민노당), 진보신당, 국민참여당을 창당하는데 참여했다가, 2012년 총선 때 제도권 진입을 목표로 통합진보당(약칭: 통진당)으로 통합하였다. 그러나 총선과정에서 "통진당 경선 부정사건"이 발생하자, 일부가 탈당하여 정의당을 창당하였다.

이 당시 통진당 잔류파는 종북주의가 논란이 되면서, 2013년 8월 통진당 이석기가 "내란선동사건"으로 구속되었다. 이어 2014년 12월 헌법재판소는 통진당을 불법단체로 선고하여 해산시켰다. 그러나 정의당은 제도권 진입에 성공하였다.

지금도 보수(또는 우파)쪽에서는 문재인 정부가 들어선 계기가 되는 "촛불집회"와 박근혜 전 대통령의 "탄핵"도 민노당, 민노총, 통진당 등에 뿌리를 둔 주사파(전문 시위군)들이 상당히 조직적으로 개입했다고 믿고 있다.

오늘날 보수(또는 우파)쪽에서는 진보적인 사상을 가진 사람이나 단체에 대하여도 싸잡아서 "주사파", 심지어 "빨갱이"라고 부르고 있다. 이는 과거 주사파들이 "민주화운동"이라는 미명아래 반국가 활동을 벌린 사례가 많았고, 특히 "화합", "평화"라는 이름으로 대한민국의 정체성을 흔들고 있기 때문이다. 가령 우리의 자유민주주의체제를 평화화합이라는 명분으로 북한 사회주의 체제로 접근시키려고 하거나, 자신의 조국인 한국보다 북한을 더욱 두둔하기 때문이다.

김일성, 조선민주주의인민공화국 정부를 수립하다.

chapter 06

1. 김일성의 생애

김일성의 본명은 김성주(金成柱)로서 1912년 4월 15일 평안남도 대동군 고평면(지금의 평양시 만경대)에서 아버지 김형직과 어머니 강반석 사이에서 장남으로 태어났다. 북한측은 증조부 김응우는 1866년 제너럴셔먼호가 대동강에 침입했을 때 공격에 앞장섰고, 아버지 김형직은 평양 숭실학교를 나와서 만주로 이주하여 1917년 「조선국민회」를 조직하였고, 1919년 3·1운동 당시 평양의 만세운동을 주도했다고 한다. 어머니는 기독교 장로인 강돈육의 딸 강반석이라고 한다.

1) 김일성은(북한 측 주장);

1926년(15세): 부모가 만주로 건너가 길림의 육문중학에 입학하였다.

이때 재학 중 "타도 제국주의동맹"(이종학이라는 사람이 만들었다는 반론이 있음), "반제 청년동맹", "공산주의 청년동맹" 등을 조직하였다. 북한은 이때부터 현대사가 시작된다고 주장한다.

1929년(18세): 만주지구 "공산주의 청년동맹"의 서기로 활동하던 중, 10월 일본관헌에 체포되어 6개월간 복역하였다.

1932년(21세): 중국공산당에 입당하여 항일유격대를 조직하였다.

1935년(24세): 본명 김성주에서 김일성으로 개명하였다.

1936년(25세): 중국공산당 예하의 동북 항일연군 제1로 제2군의 지휘간부로 활동하였고, 이 제2군은 주로 조선사람으로 구성된 "조선인민혁명군"이라고 한다. 당시 김일성부대는 100여명(최대 400명) 정도로 알려져 있다. 이어지하혁명조직인 "조국광복회"를 조직하였다.

1937년(26세): 국내조직과 연계하여 혜산진의 "보천보전투"를 주도하였다. 이 전투로 그의 이름이 세상에 알려졌다.

1941~1945년 사이는 일본의 대반격으로 백두산 부근의 밀영(비밀아지트)에서 활동하다가 김정일을 이곳에서 낳았다고 한다. 그런데 이때 김일성은 1940년 10월 김정숙과 함께 소련 블라디보스토크에서 소련군에 편입되어 있다가 1942년 김정일을 낳았다는 반론(증언)이 있으며, 광복이 되면서 1945년 9월 소련군과 함께 소련군복을 입고 원산으로 상륙하였다.

2. "보천보전투"의 진실은?

북한은 1937년 6월 4일 김일성부대(조선인민혁명군)가 압록강을 건너 함경남도 혜산군 보천보를 공격하여 일본 경찰 주재소와 면사무소, 소방대를 습격하여 전소시키는 등 큰 타격을 주었다고 한다.

이 사건은 이틀 후 「동아일보」에서 크게 보도하자, 김일성의 이름이 국내에 알려졌다. 당시 김일성은 26세였으나, 세상 사람들은 그를 나이 지긋하고 경륜이 많은 독립군으로 상상하였다.

그런데 김일성은 광복 후 북한지도자가 되면서 이 "보천보전투"를 앞세워 그 업적을 선전하여 영웅화시키고는 지나치게 우상화하였다. 그러나 그의 행적에 대해서는 많은 의문이 제기되었다.

① 이 "보천보전투"를 수행한 부대는 중국사료에 의하면, 중국공산당 동북 항일연군 제1로군 산하 제2군 제6사였다. 이 부대는 중국인과 조선인 등의 항일유격대인데, 그 지휘통솔권은 중국 측에 있었다. 보천보 습격은 제2군 제6사와 조선의 박달, 박금철이 주도한 국내연계조직인 "조국광복회"와의 연합작전이었다.

그런데 북한에서는 교과서 등에 김일성의 "조선인민혁명군"의 단독작전인 것처럼 날조했고, 이 부대는 일제가 항복할 때까지 항일무장투쟁을 벌렸다고 기록하고 있다. 그러나 이 "조선인민혁명군"의 항일투쟁에 대하여 김일성의 주 활동무대였던 중국이나 소련, 또한 투쟁 상대였던 일본에서 공식기록이나 문헌에도 자료가 전혀 없다.

② "북한 김일성은 가짜"라고 의견을 제시했다(증거 23개 제시: 서옥식 박사, 전 연합뉴스 북한국장, 경남대 극동문제 연구위원)

"보천보전투"를 지휘한 동북항일 연군 제2군 제6사장 김일성(북한 김일성이 아님)은 1937년 11월 13일 일제의 만주국 토벌군 제7단 제1영에 의해 통화성 무송에서 포위공격을 받아 사살되었다는 사실이 신문에 발표되었다. 매일신보, 경성일보 동아일보, 조선일보의 기사(1937년 11월 18일), 그리고 만주군 기관지 「철심」 11월호, 경성지방법원 검사국 및 일본외무성 자료(1937년 12월 1일) 등에 기록되고 있다.

특히 매일신보는 "김일성, 만주국 토벌군에 의한 피살" 사실을 1937년 11월 18일 / 12월 19일 / 1938년 2월 23일자로 3차에 걸쳐 확인 보도하였다.

북한 김일성은 김성주란 이름으로 제2군 제6사의 일개 부대원이었다.

진짜 김일성은 1901년 함경남도 출생으로 모스크바 공산대를 수료했다고 한다(북한 김일성은 1912년생이다).

김일성의 막내 동생 김영주(같은 제2군 제6사 근무)도 형이 제2군 제6사장이 아니라고 실토한 바 있다.

③ 「김일성 평저」 저자 유순호씨는 "김일성은 보천보에 가지 않았고, 김일성의 항일투쟁신화는 과장 날조되었다"고 말하고 있다. 유순호는 조선족으로 "동북항일연군" 130명을 인터뷰하였다(조선일보).

④ 또 다른 「김일성 평저」 저자 이명영 교수(성균관대)도 "김일성은 1937년 11월 13일 만주 토벌군과 교전 중 전사했다"면서 여러 증거를 제시하였다.

김일성이 "보천보전투"를 지휘하지 않았다는 증거는 헤아릴 수 없이 많다. 그런데 안타까운 것은 이러한 날조된 역사가 대한민국의 교과서 등 김일성 관련 문헌에 버젓이 실려있고, 이것이 대한민국의 정통성을 부정하고 폄훼하는 원인이 되고 있다.

3. 김일성의 권력장악

1945년 2월 UN에서 한반도에 대한 위임통치가 결정되자(얄타회담), 소련군은 그해 8월 9일 일본에 선전포고를 하여 한반도로 진격하였다. 당시 김일성은 소련 제88특별여단 소속으로 최용건, 김책 등과 함께 소련군을 따라 남하하다가, 블라디보스토크에서 소련군함을 타고 9월 19일 34세의 나이로 소련군복을 입고 원산에 상륙하여 21일 평양에 입성했다.

김일성은 곧 인민위원회를 조직하고 조선공산당 북조선 분국을 창설하였다. 이때 소련군은 김일성의 활동을 적극적으로 도와주었다.

당시 정치중심지는 서울이여서, 북한 내에서는 정치세력 간의 갈등이 적었기 때문에, 김일성은 비교적 순탄하게 정권을 장악해 나갔다.

김일성은 1946년 4월 서울에 본부를 둔 박헌영의 "조선공산당중앙"에서 독립하여 빠르게 권력을 장악할 수 있었던 것은 소련군의 지원이 절대적이였다.

당시 김일성의 가장 강력한 경쟁상대는 중국에서 활동하던 "조선독립동맹(속칭 연안파)"과 예속부대인 "조선의용군"이였다. 소련군은 중국과의 경쟁문제 등으로 연안파의 입국을 막다가 1946년 뒤늦게 무장을 해제시킨 뒤 입국시켰다. 이것이 김일성에게 시간을 벌어준 결정적인 도움이였다. 소련은 중국 공산당 출신인 연안파가 집권하는 것을 원하지 않았기 때문이다. 연안파란 김두봉, 무정을 중심으로 중국에서 독립운동하던 좌익세력이다.

이들은 1945년 11월부터 입북하기 시작하여 1946년 2월 "조선신민당"을 결성했다가, 북조선 노동당에 흡수된 후 1956년 8월 이후 대부분 숙청당했다.

북한에도 우익인 기독교인들이 많았다 특히 우파지도자 조만식은 신탁통치를 반대하다가 반동으로 몰려 제거되었고, 농민중심의 천도교 심우당 등이 있었으나 큰 힘을 발휘하지 못하고 도태되었다. 이 같은 좌익의 우세 속에서도 1945년 11월 함흥과 신의주 등지에서 학생들의 반공궐기가 일어나기도 하였다.

북한공산당은 1946년에 들어서자 대중의 지지기반을 확대하기 위해 재빠르게 토지개혁과 주요산업의 국유화를 추진하였다. 이해 2월에 김일성은 이른바 "인민민주주의"를 표방하여 "반제 반봉건 민주혁명"에 착수하였다.

먼저 1946년 3월에 토지개혁을 단행하였다. 당시 농지는 4%의 지주가 전체 농지의 58%를 보유했고, 소작농은 전체 농민의 73%를 차지하고 있었다. 이 같은 북한의 농촌실태를 개조하여 "무상몰수, 무상분배"의 원칙을 적용하였다.

당시 일본인, 민족반역자 및 5정보이상 토지를 소유한 지주로부터 몰수한 땅은 약 90만 정보인데, 이를 농민 72만호에 분배하고 다만 소유권 대신 경작권만 주었다. 이 경작권은 북한 총 농지의 53%였고, 지주의 농지는 42만호 가운데 80% 이상을 몰수한 것이다.

이 같은 토지개혁으로 조선공산당 북조선분국의 당원이 처음에는 4,500명이었으나 토지개혁 후에는 27만 명으로 늘어났다. 또한 1946년 8월에는 중요산업을 국유화했는데, 국영기업은 70.4%이고 개인기업은 23.2%였다.

이 같은 농지개혁으로 빼앗긴 지주들이나 기업국유화로 기업이 박탈당하자, 이들은 새로운 삶을 찾아 38선을 넘어 대거 월남하였다.

4. 조선민주주의인민공화국 정부 수립

김일성은 이른바 민주개혁으로 대중기반을 넓혀가면서 공산당을 대중정당으로 키우기 위해 여러 파벌을 통합하기 시작하였다. 먼저 김두봉의 연안파 "북조선신민당"을 합쳐 "북조선노동당"(약칭 북로당)을 1946년 8월에 창당하였다. 이때 남한에서도 11월에 박헌영의 조선공산당과 조선인민당, 남조선신민당을 통합하여 "남조선노동당(약칭 남로당)"을 창당하였다. 이로서 남북노동당은 합하여 1백만 명이 넘었다.

이어 김일성은 노동당의 정치기반이 확립되자, 1947년 2월 최고행정기관인 "북조선인민위원회"를 조직하고 1948년 2월에 "인민군"을 창설하였다.

남한이 1948년 5월 10일 총선거를 하고 8월 15일 "대한민국"을 선포하자, 북한은 이에 대응하여 "남북 제정당 사회단체 지도자 협의회"를 거친 후 9월 9일 "조선민주주의인민공화국"을 선포하였다. 여기서 "인민민주주의"란 사회주의로 가기 위한 중간단계로서 노동자, 농민 위주의 독재체제가 아닌 양심적인 지주, 자본가 등도 포용한다는 전략적인 의도가 포함되어 있다. 이는 사회주의 헌법과는 다소 차이가 있으나, 결국 김일성 유일체제가 완료되면서 1972년에 사회주의 헌법을 만들었다.

최고 권력자인 내각수상은 37세의 김일성이 맡았고 부수상겸 외무상은 공산당 원로이자 남로당 당수인 49세의 박헌영이, 부수상 겸 산업 상에는 빨치산 출신의 김책, 또 한사람의 부수상에는 홍명희, 최고인민회의 의장에는 허헌, 최고인민회의 상임위원회 위원장에는 연안파 지도자 김두봉을 각각 임명하였다.

이로서 북한정권은 빨치산과 남로당, 연안파, 남한의 중도좌파가 안배된 연합정권이라 할 수 있다. 특히 북한정권은 지방정권이라는 인상을 주지 않으려고 수도를 서울로 정했고 평양을 임시수도로 하여 서울의 역사적 권위를 잇고자 하였다.

또한 최고인민회의 대의원도 북한주민 뿐만 아니라 남한주민도 참여한 것으로 보이게 하려고, 이른바 남한의 "제정당 사회단체대표"로서 1천여 명을 월북시켜 360명을 뽑았다. 그리고 북한주민대표는 212명의 대의원도 선출하여 최고인민회의를 구성하였다. 즉 최고인민회의는 남북한 주민을 모두 대표하는 체제인 것처럼 보이게 만들었다. 그러나 남한대표는 좌익세력 소수만 데려간 것이므로 이들이 남한주민을 대표할 수 없음은 자명한 일이다.

북한정권은 1948년 10월 소련의 승인은 받았으나, 유엔에서는 이를 인정하지 않았고 한반도 대표정부는 대한민국이 승인을 받았다.

이어 북한은 1949년 6월 북로당과 남로당이 통합하여 "조선노동당"을 창건하였다. 그 이후 남로당 당원들은 대부분 숙청당했다.

북한은 6·25전쟁을 거치면서 정치·경제 분야 등에서 큰 변화가 일어났다.

특히 김일성은 무자비한 폭력수단으로 정적을 제거하며 유일체제로 치달았다.

북한정권초기에는 빨치산파, 연안파, 남로당파, 소련파 등으로 계파 안배를 취했고, 헌법도 "인민민주주의"를 표방하여 독재정권은 아니었으나, 6·25전쟁을 치른 후에는 차례로 숙청을 감행하여 김일성 유일체제로 정비하기 시작하였다.

먼저 소련파 허가이를 1950년 10월 당조직을 잘못 정비했다는 이유로 숙청하고, 이어 년말에는 평양방위를 잘못했다면서 연안파의 거물 김무정을 축출하였다. 1953년부터는 부수상 박헌영과 당비서 이승엽 등 남로당파를 종파주의니 미국의 스파이로서 쿠데타 음모를 했다느니 덮어씌워 대대적으로 숙청하였다.

1953년 스탈린이 사망하고 후르시초프, 브레즈네프가 등장하여 스탈린 비판운동이 벌어지자, 김일성도 이에 자극을 받아 가장 큰 걸림돌인 중국의용군 출신들을 종파주의, 사대주의 등으로 낙인찍어 하나하나 제거하였다.

한편 북한은 6·25전쟁 중 미군의 집중적인 포격으로 그 피해가 남한보다 더욱 심했다. 1953년 공업생산은 전쟁 전해인 1949년의 64%로 감소했다.

1954년부터 경제계획 3개년, 그리고 1975년부터 5개년 계획을 세우며, 소련, 중국, 동독 등으로부터 많은 지원을 받았다. 주민들에게는 "하나는 전체를 위하여, 전체는 하나를 위하여"라는 구호를 외치며, "천리마운동", "3대혁명운동" 즉 사상개혁, 기술개혁, 인민의 문화수준 향상 등으로 독려하였다.

이 같은 노력으로 1954~1960년간에는 년 평균 20%정도의 고속성장을 이루었다. 그중에 중공업분야의 성장이 70%이상을 차지하였다. 1953년부터는 "협동농장제"를 추진하면서 1958년에는 토지를 협동농장으로 통합하여 사회주의 농업체제로 정착시켰다. 개인 수공업이나 상업 등에도 협동조합의 소유로 만들어서, 역시 천리마운동을 벌린 결과 1950년대 말까지는 생산력이 크게 증대하였다.

그러나 1960년대부터는 자기재산을 갖지 못한 주민들의 생산의욕이 떨어지면서 결국 사회주의 경제의 한계가 들어나기 시작하였다.

반면 남한은 1960년대 박정희 시대를 맞자 경제개발속도가 붙으며 고속성장을 거두며, 1970년대부터는 북한경제를 추월하기 시작하였다.

이 당시 북한은 위기를 맞게 되었는데, 그 요인은 아래와 같다.
① 한국에서 군사정권이 들어서며 미국의 지원과 한·일협정 등으로 경제성장과 아울러 군사력이 크게 증강되었다.
② 소련에서 스탈린이 죽고 흐루시초프, 브레즈네프 체제가 등장하자 미국과 평화공존정책을 폈고,
③ 중·소간 분쟁이 격화되고, 중국에서 극좌파운동인 "문화대혁명"이 일어나자, 중국이 김일성을 수정주의자, 독재자로 비난하며 양국관계가 악화되었고,
④ 1968년 미국 푸에블로호가 북한 연안 정탐 중 나포되는 사건이 발생하였다.

북한은 이와 같은 고립된 위기 상황을 돌파하고 김일성의 권력을 강화하기 위하여 1960년대 중반부터 "주체노선"을 내세웠다. "정치적 자주, 경제적 자립, 군사적 자위" 노선을 말한다.

아울러 김일성은 권력을 강화하기 위하여 "김일성의 우상화, 김일성 가계(家系)의 성역화"를 추진하였다. 이에 따라 근대사와 현대사를 김일성과 빨치산 중심으로 서술하였다. 또한 김일성이 1926년 15세 때 "타도 제국주의 동맹"을 결성하여 공산주의 운동이 시작되면서 북한의 현대사가 시작됐다고 주장하였고, 그 외의 공산주의 운동은 모두 종파주의로 비판하였다.

역사책도 학자의 자율성을 박탈하고, 오직 김일성의 "교시"에 따라 해석하도록 강요하였다.

대표적으로 우리민족의 시조 단군을 그동안 신화로 취급해 오다가, 갑자기 단군릉을 발견했다며 실존인물로 발표하였다. 따라서 우리민족의 시조를 단군으로, 그리고 우리민족 사회주의의 시조로 김일성을 추대함으로서 단군과 김일성을 동격으로 추앙하며 자신들의 정통성을 확보하고자 하였다. 이로 인해 우리민족의 상고사를 2,000여년 앞당겼고, 평양·대동강 지역을 "세계5대문명발상지"로 명명하였다.

그리고 한국이 경제발전과 더불어 군비증강을 강화하자, 북한은 김일성을 따르던 항일 빨치산 강경파가 실권을 장악하며 국방건설을 최우선 목표로 이른바 "4대 군사노선"을 채택하였다. "전인민의 무장화, 전국토의 요새화, 전군의 간부화, 전군의 현대화"로서, 말하자면 북한사회 전체를 병영으로 개편한 것이다.

이로인해 당시 국방비 지출은 국가예산의 30%에 달했다. 이와 같이 국방비지출과 사회주의 체제의 생산의욕감퇴로 경제발전은 급속도로 둔화하기 시작하였다.

현재 남북간 경제지표는 아래와 같다(2017년말 기준: 통일부 자료).

국민총소득(GNI)은, 북한 36조6310억 원, 남한 1,730조4,610억 원으로 우리가 북한보다 47배 높고, 1인당 국민총소득(GNI/P)은, 북한 146만원, 남한 3,363만원으로 우리가 북한보다 23배 높다.

한국전쟁(6·25전쟁)

1. 전쟁의 배경

　1947년 3월 미국 트루만 대통령이 미국외교정책의 기본정책인 '트루만 닥트린'을 선언하자 동·서간 냉전이 본격화되었다. 이것은 공산주의 세력의 확대를 저지하기 위한 일종의 소련포위정책이다. 공산세력의 위험에 직면한 반공국가에게는 미국이 군사적·경제적 원조를 제공한다는 것이다.

　대한민국은 1948년 8월 15일 정부수립을 선포했으나 좌익세력의 끊임없는 도전과 경제난 등으로 사회가 매우 불안정했다. 이즈음 남북한에서 정부가 수립되기 시작하자, 북한에서 소련군이 1948년 12월에 철수하고, 남한에도 미군이 1949년 6월에 군사고문만 남기고 철수하였다.

　중국은 장개석 국민당이 1949년 10월 모택동의 공산당에 패배하여 대만으로 쫓겨나고, 중화인민공화국이 수립되며 중국전토를 공산화하였다. 이 당시 소련과 중공(중국)은 한반도 적화계획을 세우고 남침준비에 박차를 가하고 있었다. 다음은 1990년 초에 소련이 해체되면서 공개된 소련의 비밀문건 내용이다. 1949년 5월 18일 소련요원이 스탈린에게 전보(N54611)로 보고한 모택동의 침략계획이다.

> "… 만주에는 150만 명의 조선족이 있는데, 그중 2개 사단이 최근에 구성되었다. 그 중 하나는 전투경험이 있다. 만주에서 국민당군과의 전투에서 적극적인 역할을 했다. 우리는 북한이 요청하면 이 사람들을 언제라도 보내줄 것이다 … 1950년 초의 상황이 좋다면 그때에 북한이 남한을 공격하는 것이 좋다고 우리는 생각한다. 물론 모스크바와 조정을 거친 후에 이 모든 조치를 취할 것이다."

이럴 때 1950년 1월 미 국무장관 에치슨이 "미국은 아시아본토를 방어할 의무가 없다"면서 미국의 극동방위선을 알류산 열도에서 일본·오키나와·필리핀을 잇는 선으로 한다고 선언하였다. 이로서 한반도와 대만이 이 방위선에서 제외된 것이다. 이 선언은 우리 한국에 큰 파문을 주었고, 당시 이승만 대통령은 한반도에서의 전쟁발발을 깊게 우려했다. 반면 김일성은 크게 고무되면서 오판을 하게 된 셈이다. 그러나 실제로는 '트루만 닥트린'에 의거 1950년 1월 26일 한국과 미국은 「상호방위원조협약」을 맺음으로서 미국의 한국방위를 약속하였다.

당시 우리 국내상황은 남로당에 의한 1946년 '대구 10·1 폭동사건'이 일어나고, 이어 1948년 4월 '제주 4·3 사건'과 10월 '여순반란사건' 등 좌익세력들이 반란을 일으키고 그 잔당들이 지리산, 태백산, 오대산 등지로 잠입하여 게릴라 활동을 벌리고 있었다. 이 게릴라 세력은 1950년 봄까지 그치지 않아 거의 내전상태나 다름없었다.

이즈음 1949년 봄·여름에 38선에는 옹진반도·개성·춘천·강릉 등에서 크고 작은 분쟁들이 빈발하였다. 특히 그 중에 옹진반도의 분쟁이 대표적이다. 이는 국방경비대(국군의전신)가 미군 철수 후 대신 38선 경비를 맡으면서 38선을 전반적으로 정비했는데, 일부 지휘관들이 임의로 호전적인 행동을 취하며 북한을 자극하기도 하였다. 이 같은 38선 지역의 분쟁으로 인해 미국 측은 미군 철수정책을 실행할 경우, 이후 확전을 우려하여 미국의 개입과 지원이 가능한 「한미상호방위협약」을 체결한 것이다.

이때 북한측은 남침준비를 착착 진행하면서 분쟁을 확대시키지 않는 범위 내에서 대응하는 한편, 남북한 노동당을 통합하며 평화공세를 강화하였다. 더불어 무장유격대를 남한에 집중적으로 남파하여 남한 내의 빨치산을 지원하며 반 이승만 정권에 대대적인 공세를 펼쳤다. 당시 북한은 남한 빨치산을 총괄하는 인민유격대를 1949년 7월에 창설하고, 그 책임자로 박헌영과 리승엽을 임명했다. 또한 북한 강동정치학원에서 양성한 빨치산 약 2,400명을 1948년부터 1년 동안 남한에 파견하여 남한 빨치산에 합류시켰다.

한편 6·25전쟁 중 인천상륙작전으로 인해 남북교통이 차단되자, 고립된 북한군과 남한 빨치산이 합류하며 1951년 지리산을 중심으로 이현상이 남부군을 지휘하였다. 당시 빨치산은 15,000명까지 증강되었다.

이러한 남한 내의 유격활동은 결정적 시기(6·25 남침)에 제2전선을 구축하여 이승만 정권을 전복 또는 내부붕괴를 유도함에 있었다.

그런데 이 당시 북한은 평화공세와 제2전선을 구축하면서도 이미 전면전을 준비하고 있었다. 북한은 1948년에 인민군을 조직하고 소련의 무기원조를 받아 중무장을 갖추었고 1949년에는 소련 및 중공과 군사협정까지 맺었다. 이렇게 편성된 북한군 전력은 국내조직병력 13만 5천명에 중국에서 중공군에 가담했던 조선의용군 3개 사단 5만명이 인민군에 편입되는 등 약 20만 명에 달했고 탱크 242대, 각종 대포 3,600 여문, 비행기 211대, 해군함정 30척 등으로 놀랄만한 무장을 갖추었다. 김일성은 이렇게 전력을 갖춘 후 소련을 방문하여 수상 스탈린에게 남침만 하면 남한에서 반란이 일어나 쉽게 승리할 수 있다고 호언장담 하였으며, 1950년 3월 스탈린은 마침내 김일성의 남침제안을 승인하였다.

이때부터 북한은 38선에 병력을 집중시키며 표면적으로는 평화공세를 펼쳤다. 그들은 6월 7일 평양방송을 통해 남북간 평화통일을 위한 대표자 회의를 제안했고, 또한 북한에 갇혀있는 민족지도자 조만식과 남한에서 체포된 남로당 거물 김삼룡과 이주하와의 교환을 제의하였다. 그러나 이는 전면전에 대한 예봉을 피하기 위한 거짓 선전과 술책이였음이 밝혀졌다.

한편 남한은 5월 30일 제2대 국회의원선거를 치루었는데, 그 결과는 총 210명의 국회의원 중 이승만의 지지세력은 겨우 30석이고 무려 127석의 무소속이 당선되며 정쟁에 휘말리면서 국방을 강화할 여유조차 없었다. 당시 국민들의 정서는 이승만 정권은 물론 야당인 한민당에 대해서도 심한 염증을 느끼고 있었다.

이러한 상황에서 북한은 이미 전쟁준비를 완료한 상태였는데, 당시 우리 남한의 전력은 육군이 모두 8개 사단 약 10만 명이었다. 이중에 반 정도는 각 지역에 흩어져 빨치산 토벌에 투입되어 있었다. 38선 부근에 배치된 병력은 5개 사단으로 전방부대만 MI소총과 카빈총이 지급되었고 후방에서는 일본군이 쓰다 버린 일본제 99식 소총이 지급되었다. 당시 남북 간 전력을 비교해보면 남한은 북한에 비해 1/10정도의 전력이었다.

남북한 군사장비 비교

구 분	한 국	북 한
육 군	곡사포 : 91문 대전차포 : 140문 박격포 : 960문 장갑차 : 24대 전 차 : 0	자주포·곡사포 : 728문 대전차포 : 550문 박격포 : 2,318문 장갑차 : 54대 전 차 : 242대
해 군	소형 전투함, 소해정 : 28척	어뢰정 : 30척
공 군	연락기, 연습기 : 22대	전투기, 폭격기 등 : 211대
병 력	8개사단 약 10만명	약 20만명

이 같은 전력차에도 불구하고 이승만 대통령은 남북관계의 분단해결문제로는 '북진통일'만이 해결될 수 있다면서 미국에 화력증강과 군사지원을 요청했으나, 미국은 이승만 정권의 호전성을 고려하여 찬성하지 않았다. 결국 북진통일은 국민의 반공정신을 경각시키는 정치구호에 그치고 말았다. 당시 이승만 대통령의 북진통일론과 38선 부근의 소규모 접전상황이 이후 북한 및 남한의 좌파들이 끊임없이 "6·25전쟁은 북침이다"고 주장해 왔으나 그들의 터무니없는 위장공세였음이 명명백백하게 밝혀졌다.

2. 6·25전쟁의 경과

1950년 6월 25일 일요일 새벽 4시경 전일 소낙비로 안개가 자욱한 새벽에 북한은 탱크를 앞세우고 38선을 일제히 남침해왔다.

당시 우리국군은 농사철이라서 농촌출신 병사들은 대부분 휴가를 보내고 거의 절반만이 부대에 남아 있었다. 그날 지휘관들도 장교구락부 공사가 거의 끝나서 개관파티가 열리며 고위 장교 50여명과 미 고문관들이 여기에 참석하여 부대를 비운 상태였다.

인민군의 공격방향은 옹진반도·개성·의정부·춘천·강릉 등 5개 전략요충지를 택해 공격해왔다. 서울은 개성·의정부·춘천 방면에서 진격해오고 옹진반도와 강릉 방면은 각각 서해·동해 방면의 국군의 반격을 막기 위한 것이었다. 개성 방면은 인민군 2만 1천여

명에 각종 대포, 탱크 40여대를 앞세워 공격해왔고, 의정부·포천 쪽은 3만 4천명이, 그리고 춘천방면은 2만 4천명이 40여대의 탱크를 앞세우고 진격해왔다. 이들을 맞은 국군은 개성·포천 방향에 제7사단병력 7천명과 춘천방향의 약 9천명으로 병력은 물론 화력 면에서도 전차, 전투기 한 대 없이 도저히 상대가 되지 않았다. 순식간에 개성이 함락되고 서울로 밀고 들어왔다. 당시 육군참모총장 채병덕은 아침 7시에 육군본부에 나타나 상황보고를 듣고 곧 미 군사고문과 함께 의정부 제7사단으로 차를 몰고 가서 상황을 보고 받았다. 거기서 의정부를 마지노선으로 설정하고 남침을 막을 계획이었다. 이어 서울로 돌아와 이승만에게 상황을 보고하였다. 이날 오전 11시에 경향신문이 호외로 남침을 보도했고, 이 때 신문이나 KBS 보도는 모두 국군이 승리하고 있다고 보도하였다.

오후 2시 경무대 긴급국무회의에서 신성모국방장관은 전황을 보고하면서 어려운 싸움을 하고 있으나, 아군의 방어가 철통같아서 대통령이 명령만 내리면 즉시 국군은 38선을 넘어 평양까지 진군할 수 있다고 호언장담을 했다. 그러나 인민군은 의정부를 돌파하고 선발대가 서울의 입구 미아리고개를 넘고 있었다. 이승만은 곧 동경 미 극동 군사령부에 전화를 걸어 긴급지원을 요청하고, 무초 미국대사에게 인민군의 남침에 대한 미국의 책임을 따졌다. 그리고 곧 유엔 한국위원단을 방문하여 유엔의 지원을 촉구하였다.

미국 트루만 대통령은 공산군의 6·25기습을 보고받고 즉시 유엔안전보장이사회의 소집을 요구하며, 6월 26일 전쟁중지 결의안을 채택하여 북한에 통지하였다. 그러나 시간이 지날수록 전황은 불리해져갔다. 신성모는 여전히 국군의 반격을 장담하고 있었으나, 이때 조병옥은 급히 경무대로 달려가 정부를 대전이나 대구로 옮기자고 권했으나 이승만은 당치도 않는 말이라고 노하며 일축했고, 내무장관 백성욱은 무슨 일이 있어도 서울을 지켜야 한다고 주장했다. 이때 서울시민들은 피난길을 재촉하고 있었다. 그러나 국방장관 신성모는 큰소리는 쳤지만 이미 서울을 지켜 낼 자신이 없었고, 결국 대통령에게 은밀히 피난을 권했다.

마침내 6월 27일 새벽 3시에 서울을 떠났다. 이 사실을 모르는 국회는 전황보고를 받고는 앞으로 2~3일 안에 평양을 점령할 것이라는 장담에, "우리 국회는 1백만 애국시민들과 서울을 지킬 것이다"는 결의를 하였다. 그러나 인민군의 포소리가 곧 서울을 진동하고 마침내 국방부정훈국은 정부를 수원으로 옮겼다고 발표하였다. 이윽고 서울 시민들은 피난길을 재촉하며 아비규환이 되었다. 27일 저녁 대통령은 "유엔이 우리를 도울 것이니 국민들은 안심하고 있으라, 적은 곧 물리치게 될 것이다"고 발표했다.

이때 트루먼 대통령은 미 공군과 해군을 한국에 급파할 것을 지시하며, 한국에서의 지휘권은 태평양전쟁을 지휘했던 더글라스 맥아더원수를 임명했다.

미국정부는 여전히 북한 공산군을 낮게 평가하였고, 미 공군의 능력만으로도 북한의 공격을 막아낼 수 있다고 자신하였다. 그러나 밤 11시에 이미 인민군은 중앙청에 이르고 있었고, 28일 새벽 2시경에는 헌병들이 한강 인도교를 통제하면서 곧 한강다리가 폭파되었다. 이때 피난민들은 계속 한강다리로 몰려들면서 수백명이 한강다리와 함께 수장되었다. 인민군의 남하를 막기 위해서지만, 그야말로 생지옥이었고 국민들의 생명을 무시한 어리석은 짓이었다. 이후 비판여론이 높자 정부는 다리폭파책임을 맡았던 공병감 최창식을 사형시켜 책임을 모면하려 하였다.

마침내 서울을 적시던 소나기는 멎고 남침 후 3일만인 6월 28일 오전 11시 30분에 서울은 인민군의 수중에 들어갔다.

당시 1950년 5~6월에는 전쟁위기설이 파다했는데, 그 당시 일어났던 군 내부의 이해할 수 없는 미스테리에 대하여 현 시점에서 조명해 보고자 한다.(조선일보)

① 6월 10일 군 수뇌부에 대해 대규모 인사이동이 단행됨으로서 사단장 등이 부대상황을 파악하고 장악할 시간적 여유가 없었다.
② 정부에서는 6월 11일 발동한 비상계엄령이 6월 23일 24시에 해제되었다.
③ 6월 24일 38선 근무병력의 1/3이 휴가를 갔다. 더욱이 나머지 병사들도 외출·외박을 시켰다.
④ 6월 24일 저녁에 육군 장교구락부가 개관되어 축하파티가 열렸다. 총참모장(채병덕) 이하 군 수뇌부와 전국 주요지휘관이 밤늦게 까지 술을 마셨고, 2차로 새벽 두시까지 술을 마셨다. 6·25 당일 대부분 곯아떨어져 있었다. 당시 2차 술값은 연합신문주필 ○○○이 냈는데, 그는 휴전협정직후 간첩혐의로 체포되어 1954년 초에 사형됐으나, 그 재판기록이 남아 있지 않고 있다.

3. 유엔군의 개입과 낙동강 전선

맥아더가 동경에서 날아와 전쟁 상황을 살펴본 후 본국에 미 육군의 참전을 요구하는 긴급 통신문을 보냈다. 이때 미 해·공군은 이미 참전하고 있었다. 결국 미국은 미 육군의 참전을 결정하고, 맥아더는 곧 미8군사령관에 워커중장을 임명하여 한국에 출동명령을 내렸다. 한편 우리정부는 6월 30일부로 정일권을 육·해·공군 참모총장에 임명하였다. 인민군은 계속 남진하여 7월 5일 오산에 도착하였다. 이곳에는 미군 스미스대대가 최초로 인민군을 맞았다. 그러나 로케트포를 맞고도 끄떡도 않는 탱크를 맞아 후퇴하지 않을 수 없었다. 결국 미군의 첫 전투는 비참한 패배로 끝났다. 이어 대전을 사수하던 미 제24사단 딘 소장도 방어선이 무너지며 후퇴하게 되었다. 전선이 계속 밀리자 유엔 안전보장이사회는 미국·영국·프랑스 등 16개국에서 한국을 긴급 지원하기로 하였다. 전세는 계속 밀리어 7월 29일에는 낙동강까지 밀렸고, 임시수도도 부산에 설치되었다. (부산수도 1950.8.18.~ 1953.8.415. 총 2회 1023일간) 이때부터 대구와 낙동강을 잇는 최후의 방어선을 구축하자, 곧이어 미국, 일본에서 증파된 미군과 합동하여 북한군과 치열한 사투가 벌어졌다. 이 낙동강 전투는 1주일간이나 계속되면서 인민군은 병력이 반 이상이나 잃는 참패를 당하였다. 이때는 우리 국군도 학도병, 애국청년들의 지원병으로 전력이 많이 보강되었다.

이 낙동강 전투에서 6·25 전쟁 중 가장 치열했던 전투의 하나인 '다부동 전투'는 유명하다. 당시 백선엽 장군이 이끌던 제1사단 7,000명은 대구로 향하는 길목인 칠곡군 다부동에서 북한군 3개사단 2만 1,500명에 맞섰다. 당시 백장군은 후퇴하려는 부하들 앞에서 "앞장서 돌격할테니, 내가 후퇴하려거든 너희들이 나를 쏘라"며 권총을 뽑아들고 돌진한 일화는 유명하다.

이 낙동강 전투를 계기로 전세는 다시 역전되기 시작했다. 이때 이미 맥아더는 인천 상륙작전을 구상하고 있었다.

4. 인천상륙작전

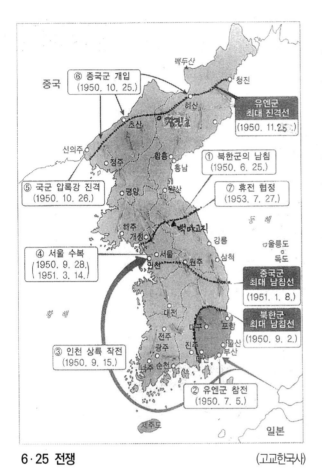

6·25 전쟁 (고교한국사)

인천상륙작전은 낙동강 전선에 묶여 있는 적의 주력을 후방에서 차단하여 협공작전을 전개하는 것이다. 이 작전에는 우리 해군함정 15척과 미국 함정 226척 그리고 영국·캐나다·호주·뉴질랜드·프랑스 등 총 261척이 참가했다. 먼저 엄청난 화력으로 월미도 및 해안을 완전히 초토화시킨 후 9월 15일 상륙작전이 전개되었다. 400여척의 상륙정으로 월미도는 곧 연합군에 점령되고 서울로 향해 진격했다. 김일성은 곧 민족보위상 최용건에게 서울 방위사령관을 맡겼다. 연합군은 엄청난 화력으로 인천을 불바다로 만든 후 서울로 진격하였다. 곧 9월 28일 미 10군단, 국군 해병대 1사단과 육군 7사단, 그리고 국군 17연대가 서울로 진격하여 수복하였다.

한편 낙동강 전선에서도 9월 16일부터 유엔군이 일제히 반격하여 국군 제3사단은 동부 전선으로 이동하여 9월 30일에 38선에 이르렀고, 10월 1일에는 38선을 최초로 돌파하는 전과를 올렸다. 그래서 1956년 10월 1일을 기념하여 '국군의 날'로 정했다. 중부전선에서는 경부선을 따라 반격하여 10월 3일에 서울에 들어갔다. 경부선을 따라 반격한 미 제1기갑사단, 영국군 제27여단 등도 10월 5일에 38선에 도착했다. 이로써 38선이남 남한땅은 다시 대한민국정부에 접수되었다.

해군에서도 동·서해에서 재해권을 완전히 장악하였고, 공군 역시 재공권을 장악하여 북한의 비행장과 군수시설은 거의 파괴되었고, 9월 30일 승기를 잡은 맥아더는 김일성에게 항복권고문을 보냈다.

그러나 김일성은 유엔군에 맞서 총궐기하자고 선동방송으로 대답하였다. 맥아더는 북진명령을 내렸고 드디어 10월 19일 평양을 접수하고 계속 압록강까지 북진하였다. 그 사이 북한정권은 신의주로 이동했는데, 압록강이 눈앞에 보이자 우리 국군은 북진통일이 다 된 것 같아 보였다.

5. 중공군의 개입과 "1·4 후퇴"

국군 및 유엔군이 평양을 점령할 무렵, 중공군은 이미 12만명의 대군을 먼저 압록강으로 보내고, 이어 총 100만 명에 달하는 대군이 징을 요란하게 치며 인해전술로 밀고 내려왔다. 우리 국군은 10월 26일에야 초산 부근 만주국경에서 제26사단 제7연대가 중공군에 포위당함으로써 비로소 중공군의 참전을 알게 되었다. 이제 6·25 전쟁은 국지전에서 대규모의 국제전쟁 양상으로 변해갔다.

중공군의 반격이 시작되자 유엔군은 평양을 포기하였다. 한편 함경남도 장진호(湖)와 혜산진 부근의 국경까지 이르렀던 동부전선도 남으로 후퇴하면서 적에 포위되어 고전을 하다가 흥남에서 철수작전이 감행되었다. 이때의 "장진호전투(개마고원)"(1950.11.26.~12.13)는 미 해병역사상 가장 참혹한 전투였다. 미 해병 1사단 1만5천명이 중공군 7개사단 12만 명에 포위되어 당시 영하 32도의 혹한에서 철수작전을 하다 17일 만에 전사 4,500명 부상 7,500명(대부분 동상)의 희생을 냈다. 중공군은 37,500명의 사상자를 냈다. 이로 인해 중공군의 남하를 지연시킴으로서 20만 명의 피난민들이 연합군 200여척의 함정으로 "흥남철수작전"을 무사히 할 수 있었다.(시사상식 사전) 이때 흥남에서 부산 및 포항으로 해군함정으로 철수하는데, 북한 주민이 같이 배를 타려고 몰려들어 아수라장이 되었다. 미 제10군단 사령관은 군수물자의 수송문제로 난색을 보이자, 당시 국군 제1군단장 김백일 장군과 통역관 현봉학이 끈질기게 설득하여 대량의 물자를 버리고 20만 명의 피난민을 태워 내려왔다.

서부전선도 38선을 넘어 철수하였다. 이 무렵 전쟁에 참가중인 미 육군 최고 사령관인 미8군사령관 워커중장이 자동차 사고로 사망하고 그 뒤를 릿지웨이 중장이 이었다. 이때 유엔군 및 국군이 후퇴하면서 북한 동포들도 군대를 따라 내려왔다. 금방 돌아온다는 약속만 남긴 채 고향을 등지게 된 것이다.

1951년 1월 4일에 유엔군은 다시 서울을 떠나 남하하였다. 이것이 '1·4 후퇴'이다. 그러나 유엔군은 북위 37도선인 오산, 장호원, 제천, 영월, 삼척에서 재정비하여 반격하기 시작했고 2월 15일에는 다시 서울을 탈환하였다. 3월에는 다시 진격하여 거의 모든 전선에서 38선을 돌파했다.

당시 6·25 전쟁을 통해 가장 치열했던 전투는 철원의 '백마고지 전투"(1952.10.6.~ 10.15)였다. 중공군 3개 사단과 국군 9사단과의 10일간 12차례 공방전이 벌어져 중공군 1만3천명을 사살하였고, 우리 국군도 3,500여명의 사상자를 내었다. 백마고지는 철원 평야를 장악하기 위한 전략적 요충지였다. 얼마나 치열했던지 양군의 포격에 의해 395 고지(m)의 산 높이가 1m정도 낮아졌다고 한다.

이때 미국 등 유엔각국은 전쟁을 더 이상 확대함으로서 국제 문제화하기를 원치 않았다. 중공군 및 소련까지 개입되어 제3차 세계대전으로 발전할 우려를 하였다. 그러나 맥아더는 극동의 항구적인 평화를 위해 북한은 물론 만주까지 중공군의 보급로를 끊기 위해 폭격해야한다고 주장하여 많은 파문을 일으켰다. 당시 미 육군참모본부의 전략가

'워드마이어 장군'의 보고서에 의하면, 당시 트루만 대통령은 세계 제2차 대전이 끝난지 얼마 되지 않아서 미군은 대부분 귀가 했고, 군 체제가 거의 해체되어 있는 상태여서 제3차 대전의 발발을 우려했다고 기록하고 있다.

결국 이로 인해 트루만 대통령은 4월 11일 맥아더를 해임시켰다. 맥아더는 미 의회연설에서 다음과 같은 유명한 명언을 남기며 의원들의 기립박수를 받았다.

더글라스 맥아더

"노병은 결코 죽지 않는다. 다만 사라질 뿐이다. 나는 군인으로서의 생을 살았으며, 이제 사라져 갈 뿐이다."

더글라스 맥아더. 그는 오직 군인의 길로만 걸었던, 역사상 가장 훌륭한 참 군인이었다.

6. 휴전 회담과 반공포로 석방

1951년 6월 23일 유엔 안전보장이사회에서 소련측의 제의로 휴전협상이 개성근처의 판문점에서 진행되었다. 당시 이승만 대통령은 북진통일을 주장하며 휴전협정은 정전 협정에 불과하다며 적극 반대하였다. 그러나 유엔은 이를 계속 진행하였다. 이때 38선 부근에서는 휴전협정시의 경계선을 고려하여 한 치의 땅이라도 더 확보하려고 공방전이 치열하였다. 대표적인 곳이 "백마고지" 전투였다.

결국 당시 대치되고 있던 '군사 분계선'을 기준으로 1953년 7월 27일 유엔군사령관 클라크대장과 중국 및 북한 인민군 남일 간에 3년여 간의 전쟁을 끝내고 휴전협정에 조인하였다. 다만 한국측은 작전권을 갖지 못하여 제외되었다. 뿐만 아니라 이승만 대통령도 이를 반대하며 서명하지 않았다.

곧 이어 휴전협정에 따라 전쟁 포로에 대한 교환문제가 논의되었다. 이 포로 교환문제로 휴전회담이 시간을 끌다가 소련에서 스탈린이 죽고 말렌코프가 뒤를 이었고, 미국도 아이젠하워가 대통령에 당선되면서 마침내 활기를 띠며 포로 교환 협정이 체결되었다.

당시 포로는, 공산군 측은 국군 7,141명, 미군 3,193명, 유엔군 1,216명으로 총 11,550명이었고 유엔군 측은 북한 공산당 및 인민군 111,754명, 중공군 20,720명으로 총 132,474명이었다. 이승만 대통령은 휴전 협정을 계속 반대하면서, 심지어 미국과의 관계를 끊는 한이 있더라도 국군은 북진할 각오가 되어있다고 성명서를 발표하였다. 국민들도 휴전을 반대하는 데모가 연일 전국 각지에서 일어났다.

이런 가운데 이승만 대통령은 1953년 6월 18일 북한으로 돌아가기를 거부한 반공포로 2만 7천명을 갑자기 석방하였다. 세계는 깜짝 놀라며 유엔군이 반공포로를 뒤졌으나 이미 곳곳에 숨어버린 후였다. 미국정부는 로버트슨 국무차관보를 특사로 한국에 보내어 이승만을 달래며 한국의 경제복구 지원과 「한미상호 방위조약」을 1953년 10월 체결하였다. 이로 인해 한·미간은 군사동맹이 이루어지며 미군은 북한의 위협에 대한 책임을 다하기 위해 한국에 주둔하게 되었다. 이 조약에 대하여 이승만은 "앞으로 우리는 여러세대에 걸쳐 이 조약으로 인해 많은 혜택을 받게 될 것이며, 이 조약은 앞으로 우리를 번영하게 할 것이다"고 예언하였다.

결국 스위스 등 중립국 감시단의 감시아래 포로교환을 하고 전쟁은 끝났다. 김일성이 일으킨 적화통일야욕이 전 국토만 황폐화시키며 휴전선을 경계로 비무장지대를 만들며 아무 결실 없이 분단만 계속되었다.

7. 한국전쟁이 남긴 것

이 전쟁의 명칭에 대해서는 "한국전쟁"이냐 "6·25전쟁"이냐를 놓고 한때 이견이 있었다. 종래 우리는 북한의 남침과 그 쓰라림을 기억하자는 뜻으로 "6·25전쟁"으로 많이 불렀으나, 유엔군 및 중·소가 개입된 국제전 양상을 띠다보니 외국에서는 "KOREAN WAR"로 불리고 있어, 우리도 이에 맞추어 "한국전쟁"으로 부르게 되었다.

만 3년간 지속된 한국전쟁은 세계제2차대전 이후 최대의 국제전쟁이었다. 북한의 남침으로 시작된 전쟁이었으나, 분단에 책임이 있는 '자유진영과 공산진영'간의 이념대결이기도 하다. 이 전쟁은 승자도 패자도 없고 그렇다고 남북간의 분단도 해결되지 않은 그야말로 무승부의 전쟁이었다.

1) 한국측

한국전쟁은 1980년대까지만 해도 주사파 등 좌파에서는 북한의 남침이 아닌 우리의 북침이라고 주장해 왔다. 그 근거로는 이승만 대통령의 북침통일론과 전쟁직전 미군철수 후 일부 우리 국군들이 38선 부근에서 공세적인 방어 작전이 한 몫 하였다. 뿐만 아니라 북한이 기습남침의 예봉을 피하기 위한 기만적인 심리전 때문이기도 하다.

그런데 1990년대 초 옛 소련정부의 기밀문서가 공개되면서, 김일성이 모택동과 스탈린의 동의와 지원을 등에 업고 일으킨 전쟁이라는 것이 명백하게 밝혀졌다.

휴전 협정직후 유엔군사령관은 서해 및 동해에 육지의 군사분계선의 연장으로 북방한계선(NLL)을 설정했으나 북한은 이를 인정하지 않고 있다. 이후 NLL을 둘러싼 남북간 군사적 분쟁이 끊임없이 이어지고 있다.

6·25전쟁은 쌍방간에 엄청난 피해를 주었다. 우리 측은 사상자가 국군 약 23만명, 미군 약 3만 3천명, 유엔군이 3천여 명에 이르고, 북한측은 사망자가 북한군 51만명, 중공군 50만 명에 이르고 부상자는 수십만에 이르렀다. 이 밖에 시민들의 사상자는 이루 헤아릴 수 없다. 특히 전선이 남북으로 오르내리면서 이쪽저쪽에서 억지로 협력

하다가 좌익 또는 우익으로 몰려 처참하게 보복당한 피해 등 그 정신적인 피해도 이루 말할 수 없다. 결국 사상자는 총 500여만 명, 행방불명 30만 명, 이재민도 수백만 명이 었고, 특히 이산가족도 남북간에 2,000만 명이 발생하였다. 당시 물적 피해는 15~30억 불로 추산되었고, 공장 42%, 발전시설 41%, 탄광 50%, 주택 1/3이 파괴되었다. 당시 전후의 한국경제는 자생력을 거의 상실했고, 이때 미국 등 우방의 지원이 크게 도움을 주었다.

미국은 자유당 집권기에 31억 달러를 경제 지원했고, 이로 인해 1950년대 말까지 매년 5~8%씩 경제성장을 이루어 겨우 기아를 벗어날 수 있었다. 이 당시 자유당정권은 정경유착으로 특정업체에 많은 혜택을 주어 신흥재벌을 형성시켰고, 이들이 국민경제 를 이끌어가다 시피 하였다. 당시 한국경제는 외세 의존적 구조였고 물가상승으로 국민 생활은 매우 어려워 초보적 자본주의 사회를 벗어나지 못한 상태였다. 1953년 화폐개혁 으로 3년 만에 물가가 18배나 올랐다.

6·25전쟁은 사회문화적으로도 큰 변화를 가져왔다. 대규모의 월남피난민 등의 민족 대이동으로 전통적인 유교 및 양반 문화가 송두리째 해체되기 시작했고, 우리 사회에서 긍정적인 역할을 해오던 선비문화의 전통과 자부심도 무너지는 역기능도 일어났다. 반 면 미국의 문화 즉 민주주의사상과 평등사상이 싹트기 시작했다. 특히 미국의 풍부한 물자를 보면서 미국에 대한 동경심이 일어나고 자본주의의 개념도 알게 되었다.

따라서 남한은 "미국을 향해 배우자"하고, 북한은 "소련을 향해 배우자"는 신 사대조 류도 생겨났다. 이로 인해 사회주의의 유토피아에 이끌렸던 많은 지식인과 예술인(지도 자급 8만5천명) 등이 북한으로 끌려갔으나, 그 중 많은 사람이 북한체제에 적응하지 못하고 숙청되었다. 이제는 자유민주주의의 가치를 최고로 구사하는 미국의 문화만이 최고의 가치로 자리 잡는 시대가 되었다.

2) 북한측

북한도 6·25전쟁을 거치면서 정치·경제 분야 등에서 큰 변화가 일어났다. 정치적으로 는 김일성과 노동당의 독재가 한층 강화되었다. 다만 이승만의 독재가 자유민주주의의 범위내에서 벌어진 제도운영상의 굴절이었으나, 김일성의 독재는 무자비한 폭력수단에 의존하여 정적을 제거했다.

북한정권은 초기에는 빨치산파, 연안파, 남로당파, 소련파 등으로 계파안배를 취했고 헌법도 '인민 민주주의'를 표방하며 독재정권은 아니었으나, 전쟁을 치루면서 차례로 숙청을 감행하며 김일성 체제로 정비하기 시작하였다.

먼저 소련파 허가이를 1950년 10월 당조직을 잘못 정비했다는 이유로 제거하고, 이어 연말에는 평양방위를 잘못했다면서 연안파의 거물 김무정을 축출하였다. 1953년부터는 부수상 박헌영과 당비서 리승엽 등 남로당파를 대대적으로 숙청하였다. 이들에게는 종파주의자니 미국의 스파이로서 쿠데타 음모를 시도했다느니 하면서 덮어 씌웠다. 이로서 월북한 좌익의 원로나 중진들이 완전히 밀려나거나 간첩으로 남파되거나 하였다.

1953년 스탈린이 사망하고 흐루시초프와 브레즈네프가 등장하여 스탈린 비판운동이 벌어지자, 김일성도 이에 자극을 받아 가장 큰 걸림돌인 중국에서 항일투쟁을 한 조선의용군 출신들을 종파주의, 사대주의, 교조주의 등으로 낙인찍어 하나하나 제거하였다.

김일성의 권력장악 과정을 보면 북한식 공산주의사회의 냉혹한 실태를 잘 보여주고 있다.

이 무렵부터 김일성은 '주체사상'을 내세워 소련의 영향에서 벗어나려 하였다. 한편 북한의 기간시설은 미군의 집중적인 포격으로 그 피해가 남한보다 더욱 심했다. 1953년 공업생산은 전쟁 전 해인 1949년의 64%로 감소했다. 1954년부터 경제계획 3개년 및 1957년부터 5개년 계획을 세우고 소련·중국·동독 등으로부터 많은 지원을 받았다. 아울러 주민들에게는 1957년부터 "하나는 전체를 위하여, 전체는 하나를 위하여"라는 구호를 외치며 '천리마운동'을, 1958년에는 토지를 협동농장으로 통합하여 공동경영하며 수확량에 따라 배분하는 사회주의 체제의 농업으로 정착 완료하였다.

개인 수공업이나 상업 등에도 협동조합의 소유로 만들어 역시 천리마운동을 벌리면서 1950년대말까지는 생산력의 증대를 가져왔다. 그러나 1960년대에 들면서 자기재산을 갖지 못한 주민들의 생산의욕이 떨어지면서 결국 사회주의경제의 한계가 드러나기 시작하자. 북한은 남한에 대하여 갖은 무력 도발과 심리전을 강화하였다.

8. 휴전 이후 북한의 도발상황

남한이 1960년대 박정희 정권때부터 경제개발속도가 붙으며 고속성장하고 국제적으로 위상이 높아지기 시작하자, 북한은 갖은 무력도발을 감행하면서 남한사회의 종북좌파들에게 심리전을 강화하여 남남갈등과 사회혼란을 유도해 왔다.

1) 휴전이후 북한의 대표적인 무력도발은 아래와 같다.

- 1968.1.17. : 김신조 일당 무장공비 31명의 청와대 기습, 당시 청와대 500m 앞까지 침투했으나 29명은 사살되고 1명은 생포(김신조), 1명은 북한으로 탈출했다. 당시 치열했던 교전탄흔이 북악산 팔각정 동남방 바위(삼청각 뒤편)에 남아있다.
- 1968.1.23. : 미국 푸에블로호 동해에서 북한에 나포되어 1명 사망, 13명 부상당함.
- 1968.10.30. : 울진삼척지구에 무장공비 120명 침투, 113명 사살 7명 생포함. 당시 민간인 23명, 군경 38명의 사상자가 발생함. 이때 공비들이 강원도 평창군 계방산 기슭에 있는 가옥에 들어가 아이들만 있는데, 한 아이에게 "너는 북한이 좋으냐, 남한이 좋으냐?" 물으니, 초등학교 2학년 이승복이 "나는 공산당이 싫어요!"라고 답했다가 대검으로 입을 찢어 죽였다.

  필자는 이 사건직후 울진군 죽변해군 203 전탐기지장 교체 후임으로 부임하여 1년반 동안 대 간첩작전 임무를 수행하였다.
- 1976.8.18. : 판문점 공동경비구역에서 유엔군 소속 미군장교 2명을 도끼로 살해함.
- 1983.10.9. : 미얀마 아웅산 국립묘소에서 참배하던 전두환 대통령과 수행원 암살 시도. 각료 17명 사망, 14명 부상당함.
- 1987.11.19. : 중동에서 귀환하던 KAL 858기가 미얀마 상공에서 폭파됨. 한국인 승객 93명 사망함(당시 주모자 김현희 체포).
- 1996.9.18. : 강릉 앞 바다에서 북한 잠수함(300톤급) 좌초, 13명 사살, 11명은 사망 된 채 발견됨.
- 1998.6.22. : 속초 동해안서 북한 유고급 잠수정 발견, 승조원 9명 숨진채 발견됨.
- 1998.12.18. : 여수 앞바다에 침투한 북한 반 잠수정 1척 격침시킴.
- 1999.6.15. : 북한 경비정이 NLL(해상북방한계선) 침범, 교전 후 어뢰정 1척 격침, 1척 대파, 북측 30여명의 사상자 추정됨(제1연평 해전).
- 2002.6.29. : 북한 경비정이 NLL을 침범하여 출동한 우리 참수리정을 기습 공격하여 정장 윤영하 소령 이하 6명 전사함. 당시는 김대중 정부때인데 햇볕정책에 따라 현장 지휘관에게 발포 권한을 주지 않아 대응사격을 못함. 윤영하 소령은 필자

의 동기생 윤두호씨의 아들이다(제2 연평해전).

- 2010.3.26. : 백령도 서남방 2.5Km 해상에서 해군 천안함(1200톤급)이 북한 잠수정의 어뢰공격에 의해 침몰함. 승조원 104명중 58명 구조 46명 사망함.
- 2010.11.23. : 연평도에 북한이 해안포로 무차별 포격. 민간인 2명, 해병 2명 사망, 부상자 26명 발생함.

이 외에도 NLL, DMZ 부근에서 수많은 도발이 있었다. 2015년 현재 총 519회(조선일보)의 도발이 있었으나 북한은 단 한번도 명확한 사과나 시인을 한 바 없고, 그때마다 오히려 우리의 자작극 또는 음모 등으로 덮어 씌웠다.

9. 역대 남북회담 및 공동성명(요약)

위와 같이 북한은 무력적화 통일 노선을 버리지 않고 끊임없이 도발을 감행하자, 남북간 긴장을 완화하기 위해 남북간 정상회담과 적십자 회담, 이산가족 상봉, 체육 및 예능 교류 등을 강화하였다. 역대 남북 정상회담은 아래와 같다.

- 7·4 남북 공동 성명(1972년: 박정희 정부)
  ① 통일의 자주적, 평화적 해결 및 민족 대단결 도모
  ② 긴장완화와 남북 교류
- 남북기본 합의서(1991년: 노태우 정부)
  ① 상대방 체제의 인정·존중과 내부문제 불간섭
  ② 무력 불사용과 무력침략포기 및 분쟁 문제의 평화적 해결
- 6·15 남북정상회담 공동선언(2000년 김대중 정부)
  ① 통일의 자주적 해결
  ② 남의 연합제와 북의 낮은 단계의 연방제의 공통점 인정
  ③ 이산가족 방문단 교환과 비전향 장기수 문제 해결 논의
  ④ 경제 협력 및 교류의 활성화
  ⑤ 당국 간 대화

• 남북관계 발전과 평화 번영을 위한 정상회담선언(2007년 노무현 정부)

  ① 6·15 선언의 고수

  ② 내부 문제 불간섭

  ③ 군사적 적대관계 종식 및 공동어로 수역지정

  ④ 항구적 평화협력 구축

  ⑤ 경제협력을 위한 투자 장려와 서해 평화 협력 특별지대 설치

  ⑥ 사회문화 분야의 교류 협력 증진

o 한편 남북회담을 하면서 좌파정부로 불리는 김대중·노무현 정부에서 북한의 개방을 유도하고 남북간 대화와 교류를 증진시킨다는 뜻으로 "포용정책(햇볕정책)"을 시행하였다. 이에 따라 북한에 경제지원을 강화했는데 그 실태는 아래와 같다. (통일부)

단위 : US$

구 분	대북송금	대북현물지원	계
김대중정부	17억 455만	7억 6,610만	24억 7,065만
노무현정부	22억 938만	21억 4,694만	43억 5,632만
계	39억 ,393만	29억 1,304만	68억 2,697만

이 당시 북한은 핵개발 의혹이 미국 등으로부터 계속 제기되었으나, 북한은 우리와 세계에 '비핵화'를 누차 천명한 바 있다. 이 시기는 북한이 1990년대 중반부터 2000년까지 홍수·흉년 등으로 아사자가 33만명이 발생하여 '고난의 행군' 시기라고 자처하였다. 그럼에도 불구하고 미국 등에서 핵개발 의혹을 제기하며, 김대중정부의 북한경제지원을 우려하자, 김대중 대통령은 2000년 남북정상회담 직후에 아래와 같이 공식 발언 하였다.

"북한은 핵을 개발한 적도, 핵 개발 능력도 없다. 대북 지원금이 핵 개발로 악용된다는 얘기는 터무니없는 유언비어이다. … 북이 핵을 개발하면 내가 책임지겠다" 하였다.

이후 북한은 핵 및 미사일을 개발하기 시작하여 2017년까지 6차례의 핵실험을 하였고, 지금은 핵 보유국임을 세계에 천명하였다. 심지어 "서울을 불바다로"라고 위협하고 있다. 학자들에 의하면 북한이 핵을 개발하는데 그 비용이 2012년까지 65억 달러, 여기에 미사일 개발비까지 포함하면 총 10조원 정도 추산되었다. 반면 그동안 우리가 지원한 금액은 김대중 정부 이후 20년간 약 10조원이다.(KBS)

그런데 햇볕론자 중에는 "우리의 북한지원이 핵개발에 전용되었다는 증거가 있느냐?"고 반문하고 있다.

결국 김대중 대통령도, 세계도 북한에 기만당한 것이다.

현재 미·북간에는 싱가폴회담(2018.6) 및 하노이회담(2019.2)에서 비핵화문제를 논의했으나, 결렬되었다. 비핵화가 먼저냐, 제재해제 및 체제인정이 먼저냐를 놓고 미·북간 줄다리기를 하고 있다.

미국측은 그동안 북한이 수없이 기만해 왔으므로 비핵화가 먼저라는 주장이다. 대부분의 학자들은 북한이 핵보유국임을 북한헌법과 노동당규약에 명기하고 있고 또한 북한체제의 생명줄이기 때문에 절대 비핵화를 하지 않을 것으로 보고 있다.

chapter 08 이승만 정부(제1공화국)

1. 출범초기의 난제 "농지개혁과 반민족행위자 처리"

좌익과의 힘겨운 투쟁을 거치면서 탄생한 대한민국호는 두 가지 큰 과제를 안고 있었다. 하나는 일제잔재청산이였다. 이는 민족의 정기를 바로 세운다는 점에서 당위성이 있으나, 현실적으로 우파 가운데 총독부에 협력한 인사가 많다는 것과 우파국가로 지향해야 하는 문제였다.

다음으로는 최악의 상태에 놓인 민생을 북돋우는 일, 즉 농지개혁이였다. 이 역시 좌파적 공산주의 방식이 아닌 자유민주주의와 시장경제주의로 나가야 하는데 어려움이 있었다.

1) 농지개혁문제

이는 지난 3년간 미군정에서 실시해 온 정책을 승계 받을 수밖에 없었다. 미군정은 전체 농민의 절반 이상이 소작농인데, 이들을 보호하기 위해 소작료를 수확량의 1/3로 낮추고 또한 지주가 일방적으로 소작권을 파기 못하게 하여 소작권을 보호하였다.

국민여론은 북한의 토지개혁에 자극받아 보다 적극적인 토지개혁을 바라고 있었다.

결국 "농지개혁법안"을 만들었으나, 지주층이 많은 국회에서 계속 미루다가 1950년 3월에야 공포되었다. 이 법은 지주층과 소작농이 상생하자는 내용으로, 3정보 이하의 땅은 개혁대상에서 제외하고, 총경지의 약 40%인 89만2천정보의 땅을 유상매입하여 유상으로 재분배하는 것이였다. 이 조건은 양자가 다소 불만이 있었으나, 점차 농촌경제는 안정화되어 갔다.

그러나 광복 후 북한, 일본, 만주 등에서 한꺼번에 수백만의 동포가 밀려들어오자 실업문제와 민생문제가 극히 불안해졌다. 특히 광복 후 공업생산력은 일제강점기시대의 1/5로 감소되고 더욱이 발전시설이 대부분 북한에 있기 때문에 어려움이 많았다.

2) 반민족행위자 처리문제

이렇게 민생이 어려운 시기에 1948년 11월 26일 "반민족행위처벌법(반민특위(反民特委))"이 시행되었다. 이 문제는 미군정에서도 안고 있던 난제인데, 이승만정부도 그대로 이어받았다.

이승만은 평생을 독립운동에 바쳤으면서 감정상 친일파를 좋아하지 않았으나, 당장 이들을 대신할 인적자원을 구할 수 없었다. 특히 반민특위는 활동하면서 경찰에도 손을 뻗어 일제때 고등계 형사로서 독립지사를 고문하고 죽였던 악질들이 많았는데, 이들 중에는 해방 후 좌익척결에 탁월한 공을 세운 자가 많았다. 이들이 이승만 정권에서 비호받은 자가 많아 문제가 생겼다.

이와 같이 반민특위의 활동에 대하여 그 기준문제가 제기되었다.

당시 정부요직에는 친일파들이 많았는데, 반민특위는 이들에게 구별 않고 손을 뻗어 왔다.

검찰은 친일인사들 가운데 221명을 기소했는데, 결국 1949년 8월 반민특위를 무장해체시키면서 기소자중 12명만 실형을 선고하였다. 이들도 곧 집행유예로 풀려났다.

이승만 정부는 인적청산에는 소극적이였으나, 교육, 문화 등 정신문화적인 일제잔재 청산에는 적극적이였다. 특히 민족주의자들에 대해서는 예우를 하였다.

독립운동가를 부통령, 국회의장, 국무총리, 대법원장에 임명하여 대한민국의 정통성을 높이는데 크게 기여하였다.

교육사업에 대해서도, 총독부에서 교육행정 경험이 있는 유억겸(유길준의 아들)을 문교부장에, 미국 유학생 오천석을 보좌관으로 임명하여 새로운 교육제도를 마련하게 하였다.

교육이념으로는 "홍익인간, 애국정신, 민주공민육성"을 내세우고, 교육정책은 미군정의 교육정책을 이어받아 민족주의와 반공교육을 강화하고 학도호국단을 설치하여 학생들이 적극적으로 국가건설에 참여하도록 유도하였다. 또한 학제도 이때 6년(국민) - 3년(중학) - 3년(고등) - 4년(대학)으로 만들었다.

그러나 역사교육에서 식민사관을 극복하려는 노력이 미흡했다는 여론이 제기되기도 하였다.

이 시기에 학계일각에서 "신민족주의"와 "신민주주의"운동이 일어나 좌·우 갈등을 융합하는 새로운 차원의 운동이 일어났다. 이를 정치사상으로 이론화한 것이 안재홍이고, 또한 이를 역사이론으로 정리한 것이 손진태 등이다

안재홍은 일제강점기 때 "신간회"를 통해 좌우를 통합하는 "유일당"건설을 시도했고, 광복 후 "국민당"을 설립했으며 미군정 때는 민정장관을 지냈다. 그는 국민당의 정강정책으로 "신민족주의"와 "신민주주의"를 내걸었다. 이는 민족주의의 개념을 국제주의와 결합시켰고, 민족주의는 만민공생의 "다사리"이념으로 승화시켰다. 다사리이념은 우리 민족의 전통적 가치관이라고 해석하였다. 즉 "다사리"는 홍익인간의 이념을 가르친다는 것이다.

손진태는 일제강점기 때 경성(서울)대학교 교수로 있었는데, 계급평등을 전제로 하는 민족주의를 주장하였다. 이는 역사적으로 계급이 평등할 때 민족이 단결했고 불평등할 때 민족이 분열했다고 주장하였다. 그는 안재홍보다 한층 더 평등을 강조한 사관(史觀)을 제시하였다.

그러나 불행히도 둘 다 6·25전쟁 중에 북으로 끌려가 돌아오지 못하였다.

2. 이승만의 정치야욕, "4·19"를 낳다.

이승만은 1948년 5월 10일 총선거에서 서울 동대문갑구에서 단독 출마하여 무투표 당선되었다. 7월 20일 국회 제헌의회에서 대한민국 대통령에 선출된 후, 그해 7월 24일 대통령에 취임하였다.

그는 74세로 대통령 취임 후 통치이념으로 "일민주의(一民主義)"를 내세웠다. 모든 사람은 국가 앞에 평등해야 하며 그 평등 위에서 국가의 이익을 위해 기꺼이 자신을 희생해야 한다는 것이다.

1949년 일제에 협력했던 인사들에 대한 "반민특위"에 대해 화합이란 명분으로 반대했고 민생증진을 위해 농지개혁 등을 추진하였다. 통일문제에 대해서도 "북진통일론"을 주장하여 북한정부를 인정하지 않았다. 미국은 이승만의 호전성 때문에 한국군의 증강

을 제한하였으나, 결국 1953년 10월 「한미 상호 방위 조약」을 체결함으로서 오늘날까지 "한·미동맹국"이 되었다.

1951년 6월 유엔이 휴전회담을 추진하자, 이승만은 반대하였고 오히려 북진통일을 주장하다 1953년 6월 반공포로를 석방함으로서 세계를 깜짝 놀라게 하였다. 이에 앞서 1952년 1월 이른바 "'평화선(일명 이승만라인)을 선포하여 세상을 놀라게 한바 있다. 평화선이란 일본인의 우리해안 수산물 남획에 대한 수자원보호를 위한 해상경계선이다 어업분쟁을 사전봉쇄하고 독도를 지키려는 목적도 담겨있다.

이승만은 6·25전쟁으로 폐허가 된 국토와 경제를 부흥시키기 위해 미국에 지원을 요청하여 미군정기에 4억달러와 자유당 집권기에 31억달러를 지원받았다. 그러나 이 원조액의 절반은 군사원조였고, 국민들은 춘궁기에 "보릿고개"를 면치 못했다. 이에 소비재산업을 성장시키려고 이른바 "삼백산업(三白産業)"(밀가루, 면화, 설탕)을 일으킴으로서 경공업의 회복에 힘입어 50년대 말까지 연평균 5~8%의 경제성장을 이루었다. 이 삼백산업으로 성공하여 오늘날 우리나라 대표기업인 이병철의 "삼성"이 탄생하였다.

그러나 대외 의존도가 90%에 이르고, 공업생산은 일제말기에 비해 절반 수준을 넘지 못했다. 그 당시 우리 생활수준은 정확한 통계가 없어 알 수 없으나, 1960년대 초 우리 국민의 연간 1인당 총소득이 81달러였음을 볼 때 세계 최빈국의 하나였음을 추정할 수 있다.

그러한 시기에 우리는 당시 지도자들이나 국민들의 정치 및 의식 수준을 짐작해야 할 것이다.

1950년 6월 25일 한국전쟁이 발발하자, 이승만 대통령은 서울을 사수하겠다고 라디오 육성방송을 했으나, 북한군이 서울을 점령하려하자 한강대교를 폭파한 뒤 대전으로, 이어 부산으로 피신하였다.

1951년 11월 "자유당"을 조직하였고, 이어 국회에서 간접선거로 뽑는 대통령 선거제도를 국민이 직접 뽑는 직선제로 추진하였다. 개헌 추진과정에서 야당이 반대하자, 1952년 임시수도 부산에 계엄령을 선포하였고, 이어 대통령 직선제를 골자로 하는 "발췌 개헌안"을 통과시켰다.

1954년에는 이른바 "사사오입(四捨五入) 개헌"을 통해 "대통령직 연임 제한"조항에 대해 초대 대통령에게는 적용되지 않도록 하였다. 이로서 1956년 새 헌법에 의해 대통령 선거 결과 56%의 득표를 얻어 제3대 대통령에 당선되었다.

1958년 경제개발을 위해 "산업개발위원회"를 설치하여, 1960년 1월부터 산업개발 3개년 계획을 발표했으나 곧이어 "4·19혁명"으로 실현되지 못하였다.

1960년 제4대 대통령 선거에서 부통령후보 이기붕과 러닝메이트로 출마하였고, 민주당 대통령후보 조병옥이 선거 중 사망해 무투표로 당선되었다. 하지만 3·15부정선거로 "4·19혁명"이 일어나자 4월 26일 대통령직에서 물러나고 5월 29일 하와이로 망명하였다.

이승만은 대통령이 되기 전까지는 그의 애국심과 우국충정은 의심할 바 없으나, 대통령이 되고 난 후부터는 그의 아집과 독선이 수시로 나타났다. 그 사례를 보면 아래와 같다.

1) 국민 방위군사건

중공군이 100만 대군으로 인해전술을 쓰며 밀고 내려오자, 국회는 1950년 12월 "국민방위군 설치법"을 제정하였다. 총 동원령인데 17~40세의 장정을 방위소집하였다.

총 50만 명이 소집되어 교육을 받는데, 교육대 간부들이 장정들의 식량, 군복, 여비 등에서 엄청난 부조리가 발생하였다. 뒤에 밝혀진 바에 의하면, 당시 아사자, 동사자, 영양실조 등으로 사망자가 9만명 정도 추산되었다.

그러나 방위군 사령관 김윤근은 기자회견에서 일부 불순분자들의 유언비어라고 발표하였고, 국방장관 신성모도 김윤근을 옹호하였다. 결국 김윤근 등 5명은 사형 당했고, 신성모도 해임 당했다.

2) 거창 양민 학살사건

전쟁은 동족 간에 비극은 물론 원수로 만들기도 하는데, 이 사건이 바로 그 경우이다.

연합군이 인천상륙작전을 감행하자 퇴로가 막힌 일부 인민군들이 지리산이나 가야산으로 들어가 빨치산에 합류하였다. 당시 남한내의 빨치산은 이현상의 남부군을 비롯하여 남한각지에서 후방을 끊임없이 교란시켰다.

1951년 2월 9일 전쟁 중 지리산 자락에 있는 거창군 신원면에 공비들이 나타나 경찰지서를 습격하여 경찰관을 죽이고 달아났다. 이곳은 농사꾼들만 사는 깊은 산골마을이였다.

당시 신원면 일대에서 공비토벌작전 중이던 제11사단 9연대 3대대는 급보를 받고 출동하여 2월 10일 내탄부락 골짜기에서 청장년 136명을, 이어 11일 박산계곡에서 527명을 중화기로 무차별 학살하였다.

이 사건이 3월 29일 국회에서 거창군 출신 국회의원 신중목에 의해 폭로되었다. 국회는 진상조사단을 파견했으나, 당시 경남지구 계엄사령부 민사부장 김종원 대령이 국군 1개 소대를 공비로 가장시켜 위협총격을 가하는 등 방해하여 무마하려 하였다.

당시 신성모 국방장관이나 이승만 대통령 역시 지리산 공비 토벌에 골머리를 앓고 있다가 이 사건을 공비 소탕작전 정도로 무마하려 하였다.

그러나 국회는 5월 8일 끈질기게 재조사하여 진상이 폭로되었다. 결국 신성모 국방장관은 물러나고 김종원 대령 등은 군법에 회부됐으나, 곧 대통령의 특사로 풀려나고, 김종원의 경우 이후 경찰국장에 임명되었다. 이 거창 양민 학살사건이 어이없는 결말을 보이자, 이시영 부통령은 사직하였다.

3) 부산 정치 파동(발췌 개헌안)

전쟁이 나던 해에 제2대 국회의원선거를 치루었는데, 야당 성향의 무소속이 대거 당선되자 국회는 반 이승만 분위기로 나타났다. 국회의장이나 부통령도 야당인 신익희와 김성수가 당선되었다.

그러자 이승만은 차기 대통령 선거에서 재선이 불투명하게 되었다. 이승만은 이때 대통령 선거를 국회에서 간선으로 뽑기보다 국민이 직접 뽑는 직선제로 바꾸고자 하였다. 그는 대통령 직선제를 염두에 두고 대한독립촉성국민회, 대한청년당 등 우익단체를 묶어 여당인 "자유당"을 창당하였다. 이어 이승만은 부산 일대에 계엄령을 선포하여 군대로 국회를 위협하려 했으나, 당시 참모총장 이종찬이 "군이 정치에 개입해서는 안 된다"며 거부하자, 이종찬은 해임되었다.

그 얼마 후 국회의원이 탄 버스가 계엄 중 정치운동 한다며 헌병 견인차로 끌려가는 어처구니없는 일도 벌어졌다. 국회는 헌병대에 끌려간 국회의원의 석방과 계엄해제를 요구하였다.

결국 1952년 6월 20일 국무총리 장택상이 야당측 내각책임제와 대통령 직선제를 절충하여 "발췌개헌안"을 국회에 제출하였다. 발췌개헌안의 핵심은 대통령직선제와 국회

양원제였다. 이 일은 1952년 "백골단"이란 정치테러집단이 국회를 포위한 가운데 기립 표결로 찬성 163, 기권 3으로 통과되어 7월 17일 공포되었다.

4) "사사오입(四捨五入)" 개헌(3선개헌파동)

휴전협정이 체결되자 부산정부는 서울로 올라와 활기를 띠며 제3대 국회의원 선거로 분주해졌다. 이때 "자유당" 대표는 이승만의 심복 비서 이기붕이 되었다.

드디어 1954년 5월 20일 "발췌개헌안"에 따라 민의원과 참의원 선거를 치루는데, 먼저 자유당은 국회를 장악하기 위해 민의원선거만 따로 떼어 선거를 하였다.

선거결과는 경찰과 관권을 동원했음에도 국회의원 정수 203명중에 자유당이 114명을 당선시켰다. 당시 자유당은 이승만의 영구 집권을 추진하고 있었는데, 개헌하려면 2/3인 136명을 확보해야 하나 22명이 부족하였다. 이에 무소속의원들을 교섭 협박하여 겨우 137명까지 확보하였다. 11월 27일 드디어 자유당은 개헌안을 국회에 제출하였다.

그 내용은 초대대통령에 한하여 종신제로 한다는 내용이다. 그러나 투표결과는 개헌 찬성이 135명이고 반대가 60명, 기권이 7명이였다. 결국 개헌은 1표가 모자라서 부결된 것이다.

그런데 당시 사회를 맡았던 부의장 자유당 최순주의원은 "203명의 2/3는 사사오입하면 135명이 된다. 따라서 부결선언은 착오로 말미암은 실수였다. 부결선포는 취소하고 헌법개헌안의 통과를 다시 선포한다"고 선언하였다. 이에 국회는 순식간에 난장판이 되었고 야당의원들은 곧 국회 밖으로 밀려났다.

이 주장은 11월 29일 번복 가결동의안을 야당의원이 퇴장한 가운데 상정하여 재적의원 125명중 김두한, 민관식을 제외한 123명의 동의로 통과시켰다.

이때 "사사오입" 날치기 개헌안이 통과되는 것을 보고, 야당은 대오각성하여 "민주당"을 만들어 전열을 정비하였다. 당수에 신익희가 되고 조병옥, 박순천, 장면, 김도연 등이 민주당에 모였다.

5) 우의마의 사건

사사오입사건으로 이승만 대통령의 중임제한이 철폐되자, 자유당은 1956년 3월 대통령후보로 이승만, 부통령후보에 이기붕을 지명하였다. 그런데 이때 이승만은 3선에 불출마를 선언하였다. 그러자 전국각지에서 3선출마를 권유하는 궐기대회가 열리고 심지어 우마차조합에서 우마차 800여대를 동원(어용)하여 소와 말까지도 출마를 권유한다면서 "우의마의"를 이승만에게 전했다. 당시 서울은 우마차 통행금지인데도 서울시내는 온통 소와 말의 똥바다가 되었다. 이승만은 이 난리를 보며 꼭 궐기를 안해도 좋으니 글로 써서 해도 된다고 하였다. 그러자 300만 명 이상이 탄원서와 혈서를 제출하여 할수 없이 재출마 담화를 발표하였다.

6) 제3대 대통령선거와 진보당사건

1956년 제3대 대통령과 제4대 부통령 선거가 있었다. 이번 선거는 헌법을 두 번이나 고쳐 이승만을 종신 대통령으로 만드는 선거였다. 자유당은 경찰, 군대 등을 이용하여 온갖 타락선거를 치루는 관제선거나 다름없었다.

자유당은 이승만을 대통령후보에, 이기붕을 부통령에 추대했고, 민주당은 신익희를 대통령후보로, 장면을 부통령후보로 추대하였다 특히 혁신정당인 진보당에서도 조봉암을 대통령후보로 내보냈었다.

민주당은 "못 살겠다 갈아보자"는 구호를 외치자 예상 외로 여론이 상승하였다. 다급해진 자유당은 "구관이 명관이다, 갈아봤자 별수 없다"라고 맞받았으나, 자유당은 승산이 없어 보였다. 선거 막바지에 신익희의 연설 때는 한강 백사장에 무려 30만 명 이상이 운집하였다.

그러나 신익희는 호남지방으로 유세를 가던 중 5월 5일 기차 안에서 뇌일혈로 갑자기 사망하였다. 신익희의 사망 소식은 큰 슬픔에 잠겼고 군중과 학생들이 경무대 앞에서 시위까지 벌렸다. 이때 시위가 과격해지자 경찰이 총격을 가해 몇 명이 부상을 입었으나 그중에 몇 명이 나중에 사망하였다.

1956년 5월 15일 선거는 예정대로 치루어져 대통령에 이승만이, 부통령에는 민주당 장면이 당선되었다.

그런데 선거 결과는 제3당 진보당의 약진이 두드러졌다. 이승만이 500만 표를 얻은 반면 조봉암은 216만 표를 얻었다. 당시 진보당은 "수탈없는 경제체제의 확립, 평화적인 남북통일, 3·1운동의 정신을 환기하여 민족정기를 바로 잡자…" 등을 주장하자 세인의 이목을 끌었다.

조봉암은 제3대 대통령선거에서 216만표를 얻어 약진하자, 1956년 11월 10일 조직을 개편하여 진보당을 확대 결성하였다. 그런데 그 정강정책이 북한과 유사하다는 것이다.

그리고 그 며칠 후 간첩 방정호의 입에서 "조봉암을 참의원에 당선시켜라"는 북한의 조종이 있었다는 것이다. 또한 선거 때 조봉암이 북한 돈을 썼다는 말이 나돌았다. 이것은 나중에 조작된 여론으로 판명되었다.

1958년 11월 전 간부를 검거하기 시작하였다. 조봉암이 모스크바 공산대학 단기과정을 나왔으므로 아무리 전향했다고 하더라도 믿을 수 없다는 것이다. 이로서 진보당은 불법단체라며 해체되고 간부들은 대부분 풀려났으나, 조봉암은 북한의 지령에 호응하여 진보당을 결성하고 전후 10여차례 자금을 제공 받았다는 판결에 따라 1959년 7월 31일 사형에 처해졌다.

그는 최후의 순간에 "나는 하고 싶은 말이 없다. 지금 내가 요구하고 싶은 것이 있다면 오직 술과 담배뿐이다. 소원이니 술 한 잔만 주면 고맙겠다"고 하고 세상을 떠났다.

그러나 2011년 1월 대법원은 대법관 전원일치로 조봉암선생에게 적용되었던 간첩죄와 국가문란죄에 대해 무죄를 선고하였다.

3. "4·19혁명" 이승만 정권을 붕괴시키다.

1) "3·15 부정선거"

1960년 3월 15일 제4대 대통령 및 부통령 선거에서 자유당은 대통령후보에 이승만을, 부통령후보는 이기붕을 내세웠다. 야당 민주당에서는 대통령후보에 조병옥을, 부통령후보에 장면을 내세웠다.

선거가 무르익자 선거 주무장관인 내무부장관 최인규는 읍·면·동까지 선거대책위원회를 만들고 군수, 경찰서장을 모아 공공연히 "비합법적인 수단을 동원해서라도 이승만 박사와 이기붕선생을 꼭 당선시키도록 하라"고 엄명을 내렸다.

그런데 1960년 1월 조병옥의 인기가 한참 오를 때, 조병옥의 건강이 악화되어 미국으로 수술을 받으러 떠났다. 자유당은 이틈에 원래 5월에 계획된 선거를 3월 15일로 앞당겼고, 조병옥은 2월 15일 사망하였다.

선거당일 투표소에는 야당 참관인이나 선관위원들은 근처에 얼씬도 못하게 하고 경찰과 정치깡패들이 선거를 진행하였다.

저녁때가 되자 민주당은 이번 선거는 완전히 부정선거라며 선거포기를 선언하였다.

저녁 9시 개표를 시작해보니 사전투표 40%, 무더기 투표, 가짜 투표 등 갖은 협잡이 투표함에서 나왔다. 심지어 득표수가 선거인수보다 많은 곳도 있었다. 특히 전통적으로 야당세가 강한 대구에서는 장면이 32표밖에 나오지 않았다. 자유당 내에서도 일부는 부정선거를 시인하고, 당내 혁신을 하자는 숙당론을 제기하기도 하였다.

야당은 곧 선거무효와 재선거를 요구하며 국회의원 총사퇴를 결의하였다. 이러한 우려의 뜻이 이기붕에게 전달되었다.

2) "마산의거" 4·19혁명 도화선이 되다.

3월 15일 선거 당일 마산에서도 공공연한 부정선거가 자행되었다. 저녁 7시경 선거를 마치고 나온 시민 천여 명이 부정투표를 항의하는 데모가 시작되자 군중들이 점차 늘어났다. 이때 진압하는 경찰과 군중 간에 충돌이 격화되었고 결국 경찰이 발포를 하였다. 학생 1명이 쓰러지자 군중들은 더욱 흥분하였다. 때마침 경찰차가 도망가는 군중을 쫓다가 전신주를 들이받아 전깃줄이 끊어지며 일시에 마산시내는 암흑세계가 되었다. 이틈에 군중들에 의해 파출소가 불이 나고 지역국회의원집으로 몰려가 그 집을 때려부셨다. 당시 국회의원 허윤수는 민주당에 있다가 자유당으로 옮긴 마산 출신 국회의원이었다.

마산의 소식은 전국을 들끓게 하였다. 곧 정부는 마산사태로 7명이 죽고 70명이 다쳤다고 발표하며 민주당과 공산주의자들이 일으킨 폭동이라고 발표하였다.

이때 부정선거로 당선된 이기붕 부통령에게 한 신문기자가 마산사태를 질문하자 "총은 쏘라고 준 것이지 가지고 놀라고 준 것이 아니다"고 말했는데, 이에 국민들은 공분에 쌓였다.

그 며칠 후 26일에 마산 앞바다에서 3·15때 행방불명이 되었던 고등학생의 시체가 떠올랐는데, 온몸에 매맞은 상처투성이가 있고 눈에는 최루탄이 박혀있는 등 참혹한 모습이었다. 이 김주열군의 죽음을 본 시민들은 극도로 분노하여 제2의 데모를 벌이며, 마산시청, 경찰서 할 것 없이 관공서를 부수며 항의하였다.

이 마산의거는 서울에서 재점화되었다. 4월 18일 고대생(주동자: 이기택 전 민주당 총재) 등이 국회의사당 앞으로 행진하자 군중들이 몰려들기 시작하였다 그러자 고려대 총장 유진오가 나서 학생들을 설득하여 학교로 돌아가게 하였다. 이때 오후 늦게 학교로 귀교하는 학생들에게 깡패 100여 명이 나타나 몽둥이, 삽 등으로 구타하자 쌍방간에 크게 충돌하였다.

이 소문이 퍼지자 이튿날 4월 19일 서울대학교, 연세대학교 등 대학은 물론 고등학교 학생들까지 교문을 박차고 나왔고, 이어 회사원, 공무원들도 합세하였다.

성난 군중들은 "이승만 정권 물러나라", "3·15 부정선거 규탄한다"는 구호를 외치자 누구도 막을 수 없었다. 누군가 "경무대로 가자"고 외치자 중앙청 앞에는 수만 명이 모였고, 경찰저지선이 무너지자 공포가 아닌 실탄을 쏘았다. 이 같은 데모는 서울뿐만 아니라 부산, 대구, 광주, 대전, 인천 등 지방에도 번졌다.

정부는 곧 서울 등 주요도시에 계엄령을 선포하고 통금시간을 앞당기며 군대가 탱크를 앞세우고 들어왔다. 그러나 군대는 학생들의 데모를 억누르지 않고 비교적 중립을 지켰다.

당시 경무대 앞에서 경찰의 총격으로 100여명이 목숨을 잃었다.

25일에는 대학의 원로 교수들이 "학생들의 피를 보상하라!"며 시국선언문을 낭독하며 학생, 시민들과 함께 농성에 들어갔다. 이날 밤 학생들은 이기붕 집 앞에서 "공산당도 싫고 이기붕도 싫다"며 시위를 했는데, 이때 이기붕은 이미 육군부대에 피신한 뒤였으나, 학생들이 이기붕의 집에 쳐들어가자 경찰의 발포로 16명이 부상당했다. 그리고 일부는 3·15 부정선거의 주범 내무부장관 최인규의 집도 쳐들어가 불을 질렀다.

드디어 1960년 4월 26일 이승만은 국민 앞에 하야성명을 발표하였다.

군중들은 일시에 환호성을 질렀고, 파고다공원에 있는 이승만 동상을 넘어뜨리기도 하였다. 군중들은 다시 이기붕의 집으로가 온갖 귀중품이 쌓인 집을 때려 부수고 불질러 버렸다.

4월 27일 드디어 이승만은 12년에 걸친 대통령직에서 물러났고 이기붕은 28일 자살했다. 이기붕은 부인 박마리아가 대통령 영부인과 연결되어 출세길을 걸었으며, 자유당 창당을 주도했고, 3·15 부정선거 때 깡패를 주도했던 인물이다.

곧 허정이 대통령직을 대행하였다.

이승만은 그 뒤 하와이로 망명하여 외롭게 살다가 1965년 7월 91세로 세상을 떠났다.

후세사가들은 평가가 엇갈린다. 일부는 이승만을 대한민국의 초대 대통령(국부)로 인정할 수 없다고 하고, 또 일부는 건국에 기여한 점, 민족사에서 헌정공백 특히 광복이후 초대 대통령이였다는 점이 중요하다며, 비록 과(過)가 크다 하더라도 국부임에는 틀림없다고 주장하고 있다.

장면정부(제2공화국), 끝없는 데모행진하다.

이승만은 외무부장관 허정에게 간곡하게 권고하여 내각수반에 오르게 하여 "4·19정국"을 수습하고 새 정권을 창출하는 과업을 맡겼다. 허정 과도정부는 3개월 기한으로 정책기조를 발표하였다.

반공정책을 더욱 견실하게 진전시키고, 부정선거의 책임자 처벌 등 5가지 정책과제를 제시하였다. 서범석의원의 제안으로 1960년 내각책임제와 양원제를 골자로 한 헌법을 새로 만들었다.

국정은 국무총리 중심으로 내각이 책임지고, 대통령은 명목상 국가원수로서 국군통수권, 국무총리 제청권, 법률 공포권, 공무원 임명권 등을 내각을 통해 수행하는 형식적인 권한만을 가지게 된다. 다만 국회와 내각 간에는 상호 견제를 위해 대통령은 국회 불신임권을, 국회는 내각 불신임권을 두었다.

새 헌법에 따라 1960년 7월 29일 국회의원 총선거가 시행되었다. 그 결과 1955년에 창당된 민주당이 민의원과 참의원에서 압승하여 총 233명 중 2/3가 넘는 175명이 당선되었다. 대통령에는 민주당 구파의 윤보선이, 국무총리에는 민주당 신파의 장면이 선임되었다. 정국실권은 국무총리 장면이 제2공화국을 이끌게 되었다.

민주당은 장면의 신파와 윤보선의 구파로 분리된 것이다. 그리고 김도연 등 구파 일부는 민주당을 탈당하여 "신민당"을 만듦으로서 결국 민주당은 국민의 기대에 부응 못하고 내분에 휩싸였다.

민주당이 정권을 잡자 언론이 자유를 누리고, 자유당 시절의 각종 폭력단체도 해체되며 모든 규체도 철폐되었다. 그동안 불온시 되었던 중국, 소련, 북한 등 공산권의 불온서적은 물론 제3세계의 정보, 인도(네루), 쿠바(카스트로), 이집트(낫셀), 인도네시아(수카르노) 등의 민족주의자들의 노선도 학원가에서 널리 알려졌다.

국민들은 지금껏 미국을 지상천국으로 알다가, 이러한 민족주의나 사회주의의 정보를 알게 되자, 충격적인 반응을 불러 일으켰다. 그러자 각계각층에서 요구가 봇물처럼 터져 나왔다.

노동자단체와 학생들은 새 세상에 대한 기대감으로 저마다 자신들의 요구사항을 외치며 매일같이 시내도처에서 시위가 벌어졌다. 그동안 억눌렸던 통일논의는 물론 좌파들의 정치노선에 대한 활동도 재개되었다.

특히 옛 진보당(윤길중), 민주혁신당(서상일), 사회혁신당(고정훈), 한국사회당(김철) 등이 연합하여 1961년 1월 "통일사회당"을 결성하였다. 이 당은 민주사회주의를 정강으로 내걸고 "중립화 통일론"을 주장하였다. 그 외 군소정당들이 우후죽순처럼 나타났다.

또한 4·19혁명의 주역이였던 대학생들은 1961년 11월 "민족자주통일연맹"(약칭 민통련)을 구성하여 통일운동을 전개해 나갔다. 당시 각 단체들이 제시한 통일방안을 보면 대체로 "중립화 통일론", "남북협상론", "남북교류론" 등이 난무하였다. 학생들은 대부분 용공색채를 띠면서 통일논의를 구체화하였다. 판문점에서 남북이 만나 통일회담을 하자면서 "가자 북으로, 오라 남으로", "한국문제는 한국인 손으로"라는 구호가 난무하였다.

이러한 통일운동은 민주당정권에 큰 부담을 주었다. 더욱이 민주당내에서는 신·구파간 권력투쟁이 일어나며, 장면신파가 권력을 장악하게 되자, 대통령 윤보선의 구파가 독립하여 "신민당"을 만들어 독립하였다.

이와 같이 학생들이 "북으로 가자, 4·19발포 책임자 색출처벌"등을 외치며 연일 데모가 일어나고 있는데, 장면내각은 우유부단하여 정국을 수습하지 못하자 더욱 혼란스러웠다. 정부는 반공법과 데모 규제법을 만들어 데모 만능풍조와 용공색채가 짙은 통일방안을 막아보려 했으나 반대파의 저지로 처리되지 못하였다. 더욱이 정권 내에서 부정사례가 폭로되면서 정국은 더욱 걷잡을 수 없는 혼란에 빠졌다.

점차 장면내각은 무능정권이라며 환멸을 느낀다는 여론이 비등해졌다.

"5·16군사정변"과 박정희정부(제3,4공화국)

chapter
10

1. "5·16군사정변"

  학생과 진보세력이 급진적인 통일운동을 부르짖고, 특히 정부가 경제재건을 위해 감군정책을 추진하자 가장 큰 불만과 불안을 느낀 사람들은 군부였다. 더욱이 장면정권은 4·19 뒷처리가 부진하고 신·구파로 갈라져 권력쟁탈을 일삼으며, 아울러 각종 부정사건이 드러나자 민심이 흉흉해지며 무능정권이란 여론이 비등해졌다.

  이때 군부에서는 일부 동요하는 분위기가 감돌았다 1960년 육사 8기생 김종필 중령 등이 육군참모총장에게 정군운동을 건의했다가, 이를 하극상사건으로 확대되며 16명의 장교들이 예편되었다.

  당시 최고회의에서 편찬한 「한국 군사혁명사」에 의하면, "1960년 9월 10일 낮 김종필, 김동환, 김형욱 등 11명의 정군파 대표들이 현석호 국방장관을 방문했다가 면담하지 못하고 돌아와, 그날 밤 충무장에 모여 정군에서 혁명으로 방향을 바꾸기로 합의하였다"고 밝히고 있다. 민주당정권이 수립된 지 한 달 만에 정부전복을 결의하고, 이들 5·16 주최들은 1960년 9월부터 박정희 소장을 구심점으로 혁명세력을 은밀히 규합하였다.

  당시 이들은 정치 흐름을 관망하다가 1961년 5월초 대학생들이 남북회담을 확정하고 북한에서도 대대적인 지지를 보내자 혼란은 극에 달했다. 이에 대해 정부는 뚜렷한 대책도 내놓지 못하고 있었다.

  드디어 1961년 5월 16일 박정희소장을 앞세우고 군사쿠데타로 나타났다. 서울을 점령한 후 비상계엄이 선포되었다. 장면정권은 집권하지 9개월만에 무너졌다.

  이들은 "군사혁명 위원회"를 구성하고 "반공(反共)을 국시로 하고 기아선상의 민생고

Part 8. 대한민국, 혼돈과 비극을 딛고 성장하다. 477

를 해결한다 …" 등의 혁명공약을 발표하였다 이들은 초법적인 최고 통치기구로 "국가 재건 최고회의"를 구성하고, 국가최고회의 의장에는 45세의 박정희, 핵심권력 기관인 중앙정보부장에는 육사 8기생이자 박정희의 조카사위인 36세의 김종필이 취임하였다.

그로부터 2년 7개월 동안 "자유당 정권시의 부패자, 부정선거 원흉, 4·19발포자, 사회 악일소" 등의 기치를 내걸고 구세력에 대한 개혁을 단호하게 척결하자 장면정권에 실망한 국민들에게 갈채를 받기도 하였다. 군정기간에 용공분자 3천여 명, 폭력배 4천여 명을 체포하고, 농어촌에서 성행한 고리채 정지령 발표, 부정축재조사 등을 펼쳤다.

쿠데타 착수 1개월도 못되어 전국 보안관계법 혐의자 3만5천명을 검거하였다.

군정은 2년 후에 민정에 이양한다고 약속하며 1962년 12월 17일 새헌법을 발표했는데 대통령 중심제와 국회단원제를 골자로 하였다.

2. 박정희정부(제3공화국)

1) 한일국교 정상화

1963년 1월부터 정치활동이 다시 허용되었다,

박정희는 1963년 초에 민주공화당을 창당하고 10월 대통령선거에서 야당단일 후보인 윤보선을 15만표 차이로 당선됨으로서 제3공화국이 탄생하였다.

박정희정부에서 가장 역점을 둔 정책은 경제발전과 미국의 종용에 의해 한·일국교 정상화였다. 경제발전문제는 이미 군정기간인 1962년에 제1차 경제개발 5개년 계획을 추진하였다. 당시 경제성장률을 국민총생산(GNP) 년7.1%로 책정했으나 졸속계획과 자본부족으로 실적이 미달되었다.

박정희정부는 자본확보라는 측면에서 집권초기부터 대일협상에 강한 의욕을 보였다. 특히 일제가 한국을 불법강점한 것에 대한 배상문제가 대두되었다. 결국 한국측 김종필과 일본외상 오히라 마사요시간에 비밀교섭을 벌인 끝에 1965년 6월 22일 「한·일협정」이 체결되었다. 이는 "대일 청구권자금"이라는 이름으로 무상 3억달러, 유상재정차관 2억달러 및 민간 상업차관 3억달러를 받기로 합의하였다.

이 금액은 당시로서는 엄청난 규모였다. 이 8억달러는 당시 일본 외환보유고의 약 40%에 달하고, 아울러 일본은 자국민과 기업들이 한반도에 투자한 자신의 청구권도 포기하였다. 다만 일본 측에서는 이를 "독립축하금"이라고 하여 보상의 의미를 거부했다. 이는 한국강점이 불법적으로 이루어진 것이 아니라는 일본 측의 입장에 근거한 것이다.

우리국민들은 식민시대의 보상과는 거리가 먼 독립축하금을 받는다는데에 굴욕외교라며 거센 비판이 일어나며, "6·3사태"라는 반대시위운동이 일어났다.

이 협정에서 이승만대통령이 어로보호를 위해 동해에 그어놓은 "평화선"은 국제적으로 영해 12해리의 대세에 포기하였고, 강제로 끌려간 일본군 위안부, 원폭 피해자에 대한 보상이 제외됐으며, 일제가 약탈해간 문화재 반납문제, 재일동포의 법적지위문제, 등은 제대로 교섭되지 못하였다. 다만 징용피해보상문제는 2006년 노무현정권때 한일 청구권협정(무상 3억 달러)에 포괄적으로 반영되었다고 해석되었으나, 문재인정부의 대법원에서 2018년 10월 30일 일본(신일본 제철)의 책임이 있다고 발표하여, 한일간 외교문제로 첨예하게 대립하였다.

교섭과정에서 일본은 독도가 일본영토라고 주장하며 반환을 요구했으나, 이 주장만은 받아들이지 않았다.

당시 한일협정으로 일본에서 받은 청구권 자금으로 경부고속도로 건설, 산업기지 건설 등에 활용함으로서 제3공화국 후반부터는 경제성장이 급속도로 상승하였다.

2) 베트남전쟁 참전

베트남전쟁은 남쪽의 자유민주주의 정권인 사이공정권이 북베트남의 호치민정권과 베트콩(남베트남 민족해방전선)을 상대로 싸우는 전쟁이였다. 미국은 베트남이 공산화되는 것을 우려하여 사이공정부를 지원했으나 베트콩의 저항이 워낙 거세어 힘든 전쟁을 하고 있었다.

이는 한일협정을 배후에서 조종하던 미국이 강력하게 요구하여 받아들인 것이다. 1965년 8월 13일 국회에서 "베트남파병안"이 비준되었다. 정부는 파병의 댓가로 이른바 "브라운각서"를 통해 한국군장비의 현대화, 베트남 특수에 따른 재화와 용역을 가급적 한국에서 구매하고, 미국이 한국에 대한 경제개발용 차관을 제공한다는 내용이였다.

이때 야당과 학생들은 미국의 용병이고 젊은이의 피를 파는 행위라며 거센 반발을 받았다. 그러나 이미 1964년 9월 수백 명의 군의관과 태권도 교관 등을 보냈고, 1965년 3월 비 전투부대인 비둘기부대를 파병한 바 있었다.

전투병은 1965년 말경에 맹호부대(육군), 청룡부대(해병대), 백구부대(해군) 그리고

1966년 9월 백마부대 등 총 2만 명을 보냈다. 베트남전쟁에서 한국군은 8년동안 연32만 명이 파병되어 4,407명이 전사하고 1만7천여 명이 중상을 입었다. 특히 미군이 밀림제거를 위해 사용한 고엽제로 인해 고통받는 환자도 적지 않았다.

이때 우리 건설업체들이 많이 진출하였고, 전쟁이 끝난 후 이들 인력과 장비가 중동지역으로 진출하여 한국기업이 해외에 진출하는 계기가 되었다. 현대건설과 대우건설 등이 중동특수로 대기업으로 성장하는 발판을 마련하였다.

베트남전쟁이 우리 경제에 기여한 기여도는 1965~1973년간 베트남에 수출 초과액이 28억3천만 달러이고, 파병군인, 근로자들의 임금 및 사업소득이 총 7억5천만 달러였다. 이후 진단한 결과 베트남 특수가 우리 경제에 기여한 금액은 당시 싯가로 총 60억 달러로 계산되었다(한국경제연구원).

3) 박정희의 집권 연속과 "7·4남북공동성명" 발표

베트남 특수와 경제개발정책에 힘입어 박정희의 인기가 올라가기 시작하였다.

1967년 5월 대통령선거에서 야당 윤보선 후보를 압도적으로 눌렀다. 그런데 대통령이 3선을 하기 위해서는 헌법상 중임만 허용됨으로 차기 대통령 출마를 위해서는 헌법 개정이 필요하였다. 이때 여당은 야당과 학생들의 개헌반대시위를 피하려고 국회별관에서 여당의원들만 모여 개헌안을 통과시킨 후 1969년 10월 17일 국민투표를 통해 65%의 찬성을 얻어 개헌안을 확정하였다.

제7대 대통령선거는 1971년 4월 27일 민주공화당 박정희 후보가 신민당 김대중 후보를 물리치고 3선에 성공하여 제7대 대통령이 되었다.

한편 북한은 남한군부가 반공을 국시로 집권하고 한일협정, 베트남파병 등에 강한 불만을 가지면서 남한좌익세력에게 한국정부를 붕괴시키도록 심리전을 강화하였다.

1968년 1월에는 북한무장특공대 31명을 청와대 침투차 보냈고, 이어 1969년에는 울진 삼척지역에 다시 120명을 침투시켰다. 아울러 동서 남해로 무장간첩선을 끊임없이 침투시키며 남한을 교란시켰다.

그러나 1971년 중국이 유엔에 가입하고 1972년 미국 닉슨 대통령이 중국을 방문하는 등 국제정세가 긴장완화국면으로 접어들자, 남북 간에도 이산가족을 위한 적십자회담, 남북교류제의 등이 성사되었다. 1972년에는 이후락 정보부장이 비밀리에 북한을 다녀오고 북한에서도 박성철이 한국으로 내려옴으로서 고위층간 회담이 성사되어 1972년

7월 4일 이른바 "7·4 남북공동성명"을 발표하였다.

① 조국통일은 자주통일, 평화통일, 민족적 대 단합의 3대 원칙으로 하고

② 쌍방은 긴장상태완화, 상대방 비방 중지, 무장도발 중지, 불의의 군사적 충돌사고 방지에 합의하고

③ 적십자 회담의 성사에 적극 협조하고, 그 외 제반교류 확대, 남북조절위원회 설치 등 이였다.

이와 같이 남북 간 긴장을 완화시키고 대화와 교류를 트게 된 것을 이 무렵 남북간의 경제력이 비슷한 수준에 이르고, 세계정세가 화해분위기로 조성되고 있었기 때문이다.

3. 유신체제(제4공화국)와 박정희 정권의 종말

1) "유신(維新)헌법" 제정

미국은 그동안 아시아에서 태평양전쟁, 한국전쟁, 베트남전쟁 등을 통해 아시아에 지나치게 국력을 쏟았다는 비판이 일자, 1969년 7월 닉슨대통령은 "닉슨독트린"을 발표하였다. 아시아에서 미국이 정치적·군사적 개입을 축소한다는 내용이다.

그러자 남·북한 간에는 1972년 "7·4 남북공동성명"이 발표되며 긴장이 완화되었다. 정부와 여당은 남북대화와 화해분위기를 뒷받침하기 위해 "국민총화"와 "능률의 극대화"라는 명분으로 박대통령의 영구집권과 권력 강화가 필요하다며 헌법개정을 추진하였다. 박대통령의 3선임기도 얼마 남지 않은 상태였다. 당시 북한은 김일성·김정일 부자에 대한 신격화를 강화하고 주체주의를 헌법에 명기하던 시기였다. 야당과 학생들의 반대여론이 거세었으나, 정부는 비상계엄을 선포한 가운데 국회를 해산하고 이른바 "유신헌법"을 제정하여 1972년 11월에 국민투표에서 압도적 찬성(투표율 91,9%, 찬성 91.5%)으로 확정하였다. 이로서 새 헌법에 따라 1972년 12월 23일 통일주체국민회의에서 간접선거로, 박정희는 제8대 대통령으로 선출되었다. 유신헌법의 골자는 대통령의 중임제한을 없애고, 국회해산권, 법관임명권, 긴급조치권 등을 대통령이 가지는 그야말로 행정부, 입법부, 사법부를 통제할 수 있는 무소불위의 독재권력을 행사할 수 있는 것이다.

이 "유신헌법"에 대해 정부 및 여당은 "한국적 민주주의"라고 선전했으나, 야당, 학생, 언론 등은 거센 반발이 일어났고 결국 "민주회복 국민회의"(의장 김대중)를 결성하였다.

이때 박정희의 "제1의 정적"이였던 김대중이 신병치료차 일본에 체류 중이였는데, 그가 투숙했던 도쿄의 그랜드 팔레스 호텔에서 1973년 8월 납치되어 배로 이송되어 한국에 와서 가택연금을 당했다. 김대중은 유신체제가 선포되자 귀국을 포기하고 미국과 일본을 오가며 반정부운동을 펼쳤다. 당시 유신세력이 김대중을 바다에 수장시키려 했으나, 미국에서 감시하고 있어 살려주었다는 설이 있다. 이 사건은 국내외에 큰 파문을 주었다.

이 사건으로 이후락 중앙정보부장이 책임지고 해임되었다. 반정부운동은 더욱 격화되면서 1975년 8월 "개헌청원 백만인 서명운동"을 이끌던 「사상계」 편집인 장준하가 경기도 포천에서 등산도중 의문의 죽음을 당하기도 하였다.

2) 박정희 시해사건

1974년 8월 15일 국립극장 광복절 기념행사 중 재일교포 청년 문세광이 대통령을 저격하려다 실패하고, 그 유탄에 영부인 육영수 여사가 숨지는 사건이 발생하였다.

영부인은 평소 검소한 몸가짐으로 국민들에게 호감을 받아왔는데, 그녀의 죽음은 많은 국민들에게 슬픔을 안겨주었다.

1975년 4월 베트남이 공산화되자 유신정권은 "학도호국단"과 "민방위대"를 창설하여 국방태세를 강화하고 있었다. 이어 실시된 총선거에서 야당인 신민당이 여당인 민주공화당보다 득표율에서는 앞서게 되자, 민심은 여당을 이탈하고 있었다.

이즈음 유신독재가 인권을 지나치게 탄압한다는 여론이 팽배할 때, 야당 신민당의 당수로 김영삼이 선출되자, 1979년은 민주화운동이 절정을 이루었다. 이때 국회는 10월 김영삼을 제명시키게 되자, 마침내 부산, 마산을 위주로 대규모 시위운동이 벌어지는 이른바 "부마사태"가 확산되었다.

이제 정부는 국민의 저항에 굴복하느냐, 아니면 군대로 진압하느냐 하는 선택의 기로에 서게 되었다. 이 같은 급박한 사태에서 1979년 10월 26일 청와대 부근 궁정동에서 박대통령은 비서실장 김계원, 경호실장 차지철, 중앙정보부장 김재규, 육군참모총장 정승화 등과 함께 만찬을 하다가, 김재규가 중앙정보부 심복들과 함께 일을 꾸미며서 대통령과 차지철을 권총으로 사살하는 사건이 발생했는데, 이를 "10·26사건" 또는 "궁정동

사건"이라 부른다.

이 사건으로 "한강의 기적"이라 부르며 한국의 경제발전을 이끌어오던 박정희 대통령이 18년간의 집권을 마감하였고, 유신체제도 7년만에 붕괴되었다. 다만 박대통령을 독재자로 비판하던 야당 등은 "봄이 왔다"고 하였다.

4. 박정희 "한강의 기적"을 이루다.

1961년 5·16군사정변 시 우리의 1인당국민소득은 82달러(필리핀 170달러, 태국 260달러)였으나, 박대통령이 서거한 1979년에는 1,709달러로 16.4배 증가하였다. 같은 기간에 경제성장률은 9%내외였다. 당시 세계 최빈국의 하나에서 중진국 대열에 오르며 전 세계는 이를 "한강의 기적"으로 불렀다.

이 같은 경제성장은 1962년부터 1981년까지 추진한 4차에 걸친 경제개발 5개년 계획에서, 특히 수출주도형 경제발전전략에 힘입은바 크다. 1961년도에 수출이 4천100달러였는데, 1979년에는 150억달러로 무려 366배 증가하였다.

1963년 당시 실업자와 외화벌이를 위해 처음으로 서독에 광부 7,936명, 간호사 11,057명을 파견하였다. 최초 광부 500명 모집에 전국에서 4만6천명(매월 봉급 160달러)이 응모하였다. 이들이 보낸 송금액은 우리나라 총수출의 2%정도였다.

당시 박정희대통령은 1964년 이곳을 방문하여 애국가 제창시 눈물바다가 되어 대통령이 연설문을 읽지 못하자, 이를 지켜보던 독일총리가 눈물을 글썽이며 당시 1억4천만마르크(3천만 달러)를 원조(차관)하기로 약속하였다.

이를 계기로 월남파병, 중동근로자파견 등으로 오늘날 우리나라가 있게 한 성장동력이였다. 월남파병(총32만 명)은 우리경제에 60억 달러의 기여효과가 있었고, 중동근로자(총250만 명)는 이들 송금액이 당시 우리 외환보유고의 75%를 차지하였다(조선일보).

1964년부터 울산정유공장, 마산자유수출지역, 경부고속도로, 포항제철 등을 건설하여 성장하기 시작하자, 1972년 남북대화를 성사시키면서 우리 경제가 처음으로 북한을 추월하였다.

이러한 외형적인 경제성장에도 불구하고 많은 부작용과 그늘도 뒤따랐다.

자본 및 기술면에서 미국·일본에 대한 의존도, 대기업 중심에서 오는 산업불균형,

대기업과 정치권간의 정경유착 및 부정부패, 지역발전 격차로 인한 지역갈등, 도농간 또는 도시 빈민층간의 불균형, 공해 등 많은 문제점을 낳았다. 대표적으로 1970년 청계천 평화시장에서 분신자살한 "전태일사건" 등은 결국 노동운동의 조직화를 가속화시키면서 박정희정권의 몰락에 일조하였다.

정부는 이러한 낙후된 농어촌 및 빈민촌에 대하여 소득을 올리고 생활환경을 개선하기 위하여 박대통령의 발의로 1971년부터 "새마을운동"을 도입하였다. 이 운동은 "근면, 자조, 협동정신"을 바탕으로 초가집 개량, 농촌도로정비, 영농기기 현대화 등으로 농어촌에 활력을 불어 넣어 주었고, 특히 도시빈민지역에도 확대시켜 국가발전전략으로 활용하였다. "새벽종이 울렸네, 새아침이 밝았네, 너도나도 일어나 새마을을 가꾸세"라는 새마을운동노래는 국민가요로서 전국 방방곡곡에 울려 퍼졌다.

이 새마을운동은 1970년대 국가발전에 기여한 점도 컸지만, 동시에 박대통령의 유신체제를 뒷받침하는 정치적 기능도 함께 지니고 있었다.

1960년대에서 1970년대에 이르는 경제성장은 박대통령의 "하면된다"는 강력한 리더쉽과 개발독재라는 추진력의 결과이지만, 그 밑바탕에는 우리국민의 높은 교육열과 성취욕, 그리고 수천 년간 이어온 문화적 잠재력이 일깨워진 것이 그 원동력이다.

새마을운동과 더불어 박대통령은 교육과 민족문화창달에도 많은 관심을 표명하였다.

6·25전쟁을 겪으면서 미국바람이 불어 민족주의가 거의 사라지자, 민족주의 바람을 일으킨 것은 1960년의 "4·19혁명세대"였다.

박대통령은 4·19세대의 민족주의 바람을 국가지도이념으로 수용하여 교육과 문화 전반에 "주체적 민족사관"을 강조하였다. 특히 1968년에 "국민교육헌장"을 제정하여 각급 학교에서 낭독하게 하였다. "우리는 민족중흥의 역사적 사명을 띠고 이 땅에 태어났다"로 시작하여 "자주독립정신"과 "협동정신" 및 "반공 민주정신"을 강조하고, 나아가 "나라의 융성이 나의 발전의 근본임을 깨달아 새 역사 창조에 매진하자"는 내용이다. 그리고 국사교육을 강조하였고 "국민윤리"를 새 교과과목으로 넣어 필수교육으로 하였다. 또한 교련과목을 고교 및 대학에 넣었다.

특히 교육 평준화를 단행하여 중학교를 무시험으로 입학시키고 1974년에는 고교 평준화도 단행하였다.

한국학을 진흥시키기 위해 1978년 경기도 성남시에 "한국 정신문화 연구원(이후 한국학 중앙연구원으로 개칭)"을 세워서 10여년의 연구 작업 끝에 1991년 27권의 방대한 「한국민족문화 대백과사전」을 편찬하였다. 이 사전은 국사편찬위원회에서 1978년 완간한 24권의 「한국사」와 더불어 박정권의 최대학술사업으로 평가된다.

이 시절 지식인들이 즐겨 읽는 교양잡지로는, 자유당 시절 북한에서 월남한 장준하, 신상초, 장경학 등이 중심이 되어 1953년 창간한 「사상계」가 주로 서구식 자유민주주의를 홍보하면서 반독재투쟁을 선도하였다. 그 외 1966년 창간한 「창작과 비평」이 민주주의와 진보이념을 펴왔고, 1979년에 창간된 「문학과 지성」은 문학작품으로서 호응을 받았다.

전두환·노태우 정부(제5·6공화국)

1. "12·12 군사정변"

1979년 10월 26일 궁정동 사건으로 박대통령이 시해되자, 최규하 국무총리가 대통령 권한대행을 맡으며 전국에 비상계엄을 선포하였다.

당시 계엄사령관은 육군참모총장 정승화였고, 박정희시해사건의 수사는 계엄사 합동수사 본부장인 보안사령관 전두환소장이 맡고 있었다. 이어 12월 6일 "통일주체국민회의"에서 제10대 대통령으로 최규하가 대통령이 되며, 과도정부를 운영하면서 "유신헌법"을 철폐하고 새 시대를 맞을 준비를 하고 있었다.

당시 여론은 야당을 이끌던 김영삼, 김대중과 박정권하에 오랫동안 2인자였던 김종필 등 이른바 "3김씨" 가운데 국민직선제를 통해 정권을 인수할 것으로 믿었다.

그런데 최규하 대통령이 선임된 지 6일만에 군사정변이 일어났다. 계엄사령부의 합동수사 본부장 전두환소장이 제9사단장 노태우소장, 유학성, 정호용, 허삼수 등 육사 11기생 출신들과 보안사령부장교들을 움직여 계엄사령관 정승화대장을 체포한 사건이 일어났다. 이를 "12·12사태"라 하는데, 이에 대해 신군부는 최대통령의 사전재가 없이 진행되었다. 이 12·12사태의 주역을 신군부라고도 하는데, 이들은 육사출신 주축인 "하나회"라는 친목단체를 형성하고 있었다.

정승화를 체포한 것은 박대통령시해사건 때 합석하여 김재규와 공범이라는 이유였으나, 이후 공범이 아니었음이 밝혀졌다. 이때부터 신군부는 정권을 잡기 위한 수순에 들어간 것이다.

1980년 4월 14일 전두환이 중앙정보부장을 맡으면서 분위기가 심상치 않게 돌아가자, 5월 14일부터 대규모 시위가 벌어졌다. 서울역 앞에 10만 군중이 모이며, 4·19혁명이후 가장 큰 규모로서 "서울의 봄"이 온다고 하였다.

그러나 5월 17일 비상계엄이 전국으로 확대되며, 일체의 정치활동이 정지되었다.

서울의 주요 대학에 무장군인이 진주하며, 김대중, 김종필 등 정치인들에게는 권력형 부정축재자로 체포하고, 김영삼은 상도동 자택에 연금되었다.

2. "5·18 광주 민주화운동"과 제5공화국 탄생

신군부가 12·12사태를 일으키자 대규모의 시위가 벌어지며 국민들은 당시 "서울의 봄"을 맞으며 새로운 민주화시대를 기대하였다. 그러나 신군부는 이에 비상계엄령을 선포하고 서울의 봄을 막아버렸다.

이때 1980년 5월 18일 전남 광주에서 대규모 학생시위가 일어났다. 신군부는 이를 진압하기 위해 공수특전요원을 투입했으나 과잉진압이 되었다. 당시 학생 등 시민들은 시·군 무기고에서 차량, 무기 등을 탈취하여 광주 도청에 모여 시민군을 형성하며 진압군에 대항하였다.

이때 계엄군과 시민군 간에 많은 사상자가 발생하였다. 광주시의 발표에 의하면 사망자는 시민 155명, 군경 27명, 행방불명 81명 등으로 비극의 상처를 남기며 진상조사가 계속되었다. 그런데 이후 재판과정에서 그 당시 북한의 특수요원이 개입되었다는 설이 끊임없이 제기되었다(지만원 "5·18증언" 등에서). 그러나 진상규명위원회와 국방부에서 재조사한 결과 "북한의 개입은 없었다"고 발표하였다.

그리고 광주민주화운동 때 미국이 유혈진압한 한국군부의 행동을 묵인했다며 반미운동이 거세게 벌어졌다. 대표적으로 서울 미문화원 점거사건과 부산 미문화원 방화사건이다.

당시 한국군의 대규모 병력이동은 미군(연합사령부)의 작전통제권 안에 있었기 때문에, 미군이 진압군의 출병을 묵인했다는 것이다.

이에 대해 미국 측은 계속 부인하고 있는데, 그 요지는 미군이 한국의 내정에 깊게 개입할 수 없어서 "어쩔 수 없이 내버려 두었다"는 것이 각계의 정답이다.

광주민주화이후 신군부는 5월 31일 "국가보위 비상대책위(약칭 국보위)"를 설치하고

위원장에 전두환이 취임하며 정치일선에 나섰다.

먼저 사회안정을 이유로 정치활동을 규제하고, 언론기관의 통폐합, 특히 폭력배 및 사이비기자들의 근절을 위해 "삼청교육대"를 설치하는 등 정치 정비작업을 하였다. 당시 삼청교육대에 잡혀간 인원은 약 2만 명이였다.

1980년 8월 16일 최규하 대통령은 사퇴하고, 통일주체국민회의에서 전두환이 대통령에 선출되어 9월 1일 취임하였다. 이어 8번째 헌법을 개정하였다. 대통령 선출방식은 "선거인단에 의해 뽑는 간접선거"방식으로 선출하는 것이였다.

전두환정부의 "제5공화국"이 탄생하였다.

이어 1981년 1월 "민주정의당"이 창당되며, 2월에 새 헌법에 의해 전두환이 제12대 대통령에 선출되었다.

전두환정부는 국정지표를 정의사회구현과 복지사회건설을 내세웠다.

그러나 전정권은 12·12군사정변과 광주민주화운동 그리고 간접선거에 의한 대통령 당선 등으로 재야세력 및 학생들에 의해 격렬한 저항에 부딪혔다.

이즈음 전대통령은 동남아 순방 중 1983년 10월 9일 미얀마 수도 랭군(양곤)에서 아웅산 묘소를 참배하던 중 "아웅산 폭탄 테러사건"이 발생하였다. 부총리 서석준, 외무장관 이범석 등 고위관리 17명이 사망하고 14명이 부상하는 참사가 일어났다. 그 배후로는 북한공작원이 개입되었으나 북한은 이를 부인하였다.

그럼에도 불구하고 남북간에는 긴장완화를 위해 노력한 결과 "1천만 이산가족의 만남"이 추진되었다. 1983년 9월 20~21일에 쌍방 151명씩 이산가족이 분단 후 처음으로 서울과 평양에서 상봉하였다.

그런데 88서울올림픽을 앞두고 1987년 11월 29일 이라크에서 서울로 오는 KAL기가 미얀마 근해 상공에서 폭파했다고 발표하였다. 주범 김승일은 바레인 공항에서 탈출하려다 자결했고 김현희만 체포되어 사건의 전모가 드러났다. 그러나 북한은 이를 남한의 자작극이라고 주장하였다.

이 같은 악재에도 불구하고 제5공화국은 스포츠와 경제면에서는 괄목할 성과를 거두었다.

정주영 명예회장 등의 노력으로 1981년에 "1988년 서울올림픽"과 "1986년 아시안게임"을 유치하였고, 1984년 미국 LA올림픽에서 종합 4위(일부 공산권 불참)를 달성하였다.

경제분야에서도 이 시기에 1986년 현대자동차가 "포니엑셀"차를 미국에 최초로 수출하여 자동차 수출국으로 진입하였다. 그 외 전자, 반도체 등 부가가치가 높은 첨단산업에서 크게 성장을 보였다. 이에 힘입어 제5공화국시절에 경제는 매년 평균 10%내외의 성장률을 보였다.

3. 노태우의 "6·29민주화선언" (제6공화국)

당시 한국에 대한 세계의 인식은 6·25전쟁을 통해 최빈국이고 남북이 분단된 국가이며, 박정희대통령의 폭압정치로 인권이 탄압받는 나라 등으로 알고 있었다.

그런데 1986년 아시안게임과 1988년 올림픽으로 한국의 위상이 크게 부상되었다.

그러나 국내정치는 여·야간 극한으로 대립하였다. 1983년 5월 야당지도자 김영삼이 자택연금 중 단식투쟁에 들어가며 민주화운동에 불을 붙였다. 이어 1984년 5월 "민주화추진협의회"(약칭 민추협)이 결성되고, 1985년 4월에는 "전국학생연합회"(약칭 전학련)가 조직되었다. 또한 1986년과 1987년 고려대학교와 서울대학교 교수들이 민주화를 촉구하는 시국선언을 하여 충격을 주었다. 학생시위는 점점 과격해지며 1986년 한해에 서울대 학생 3명 등 4명이 스스로 목숨을 끊었고, 이해에 구속된 인사만 3,400명에 이르고, 정부의 최루탄 구입비가 60억 원에 달했다. 이때 1987년 6월 9일 연세대 학생 이한열이 시위 도중 경찰의 최루탄을 맞고 사망하는 사건이 또 터졌다. 이를 계기로 6월 26일 전국에서 약 백만 명이 시위에 참가하고, 서울에서는 시가전을 방불케 하는 시위가 연일 계속되었다.

드디어 정부는 사태의 심각성을 알고 6월 29일 차기 민주정의당 대통령 후보로 지명된 노태우 민주 정의당 대표가 시국수습안을 발표했는데, 이를 "6·29 민주화선언"이라 한다.

"여야 합의하에 대통령직선제로 개헌하고 새 헌법에 의해 대통령선거를 하며, 1988년 평화적으로 정부이양을 실현한다…"는 내용이다.

새 헌법에 따라 1987년 12월 16일 대통령선거를 실시하여 노태우가 36%를 얻어 김영삼과 김대중을 물리치고 제13대 대통령이 되며 제6공화국이 탄생하였다. 이어 1988년 4월 총선에서는 김대중의 평화민주당, 김영삼의 통일민주당, 김종필의 민주공화당 등 3김씨의 거대야당이 여당인 민주정의당을 누르고 다수의석을 차지하였다.

국회가 야당에서 주도권을 잡자, 전두환의 군사정변과 광주민주화의 유혈진압, 전두환 친인척의 비리 등이 거론되며 이른바 "5공청문회"가 개최되었다. 이때 노무현의원이 전두환대통령의 비리를 날카롭게 파헤쳐 청문회스타로 떠올랐다.

결국 전두환은 국민에게 사과문을 발표하고 이순자여사와 함께 백담사에서 2년간 격리생활을 하였다.

한편 거대야당에 대응하여, 노태우 대통령은 3김씨 중 김영삼·김종필과 손을 잡고 1990년 1월 "민주자유당"(약칭 민자당)을 만들어 3당 통합을 하였다. 민자당대표는 김영삼이 맡았다. 야당은 김대중의 "평화민주당"만 남게 되었다. 그 후 김영삼은 1992년 12월 민자당 대통령후보로 출마하여 마침내 제14대 대통령이 되었다.

노태우정부는 주택난해소를 위해 2백만 호 아파트를 건설했고, 서울 근교인 분당, 일산, 평촌에 신도시를 건설하였다. 이때부터 주거로서 아파트문화가 바람불었다. 그리고 1987년 개정된 헌법에 따라 지방자치제가 실시되었다.

당시 제6공화국 시절에는 평균 8.5%의 성장률을 보이다가 나중에는 노조의 파업 등으로 성장이 둔화되었다. 당시 노조 가운데 큰 파장을 일으킨 것은 1989년 5월에 조직된 "전국 교직원 노동조합"(약칭 전교조)인데, 처음에는 교육계 전반의 비리척결과 참교육 실현을 내걸고 활동함으로서 사회에 신선한 충격을 주었다. 그러나 일부 조합원이 좌경화된 교육을 시키는 사례가 나타나면서, 정부는 이들을 반체제적인 단체로 규정하여 1989년 이후 수천 명의 교사가 해직 당했다가, 김영삼정부 때 대부분 학교로 복귀하였다.

한편 1989년 미·소정상이 몰타에서 냉전종식을 선언하였다. 소련 고르바초프 서기장은 "페레스토이카"(개혁개방정책)를 선언함으로서, 동구권사회가 무너지고 소연방도 해체되며 옐친의 러시아 독립국가가 탄생하였다.

이때 1990년 소련의 영향권에 있던 동독이 서독에 흡수통일 되었다.

한국도 1990년 러시아와, 1992년에는 중국과 외교관계를 수립하게 되자, 한반도의 남북문제에서 북한이 수세에 몰리게 되었다.

그러나 한국은 북한에 유화적인 태도를 취하며 교류를 제의하자 북한도 이를 수락하여, 마침내 총리급 "남북고위회담"이 1990년 9월 이루어지고, 이어 민간에서도 통일음악회, 통일축구대회, 일본지바 세계탁구선수권대회에 "남북단일팀"참가 등이 이루어졌다.

특히 남북화해 분위기가 조성되면서, 1991년 9월 17일 남북한은 동시에 유엔에 가입하게 되었다. 이로서 서로 주권국가로 인정한다는 의미를 가졌다.

이어 1991년 12월 13일 「남북 간 화해와 불가침 및 교류협력에 관한 기본합의서」(약칭: 남북기본합의서)가 채택되고, 이에 따라 "한반도 비핵화 공동선언"을 발표하였다. 또한 북한 부총리 김달현이 서울을 방문하여 남북 간 경제협력방안을 논의하였다.

민간부분에 있어서도 1989년 문익환목사가 정부의 허가 없이 북한을 다녀오고, 또한 외국어대학교 여학생 임수경이 전대협대표로 역시 정부의 허가 없이 평양에서 열리는 "세계 대학생 축전"에 참가하고 돌아와 세상을 깜짝 놀라게 하였다. 이때 임수경은 북한 대학생들에게 큰 인기를 끌었고 임수경 신드롬이 일어나기도 하였다. 이후 그녀는 제19대 국회에서 제1야당의 비례대표 국회의원이 되었다.

김영삼의 "문민정부"(제7공화국)

1. 문민정부, 대형사고 연발하다.

1992년 12월 8일 제14대 대통령선거에서 민주자유당 김영삼 후보가 야당후보 김대중을 누르고 대통령에 당선되었다. 1961년 5·16군사정변이후 32년만에 최초의 민간인 출신 대통령이 탄생하였다.

문민정부는 "도덕성 회복"을 최우선 과제로 내걸고 제5·6공화국 때의 부조리를 척결하는데 총력을 기울였다. 먼저 1993년 3월부터 4급 이상 공직자 및 국회의원에게 재산등록을 의무화하였다. 이어 제5·6공화국시절 신군부를 움직였던 "하나회"에 철퇴를 내렸다.

그러자 김종필계가 불만을 품고 1995년 3월 "자유민주연합"(약칭 자민련)을 따로 창당하였다. 이에 여당 민자당은 민주화운동을 불러온 일부 재야인사를 영입하여 새로 "신한국당"(약칭 신한당)을 창당하였다.

한편 대통령선거에서 수차례 낙선의 고배를 마시고 정계은퇴를 선언했던 김대중도 1995년 9월 다시 정계에 복귀함으로서 또다시 3김씨가 정국을 주도하는 시대를 열었다.

문민정부는 신군부가 저지른 "12·12사태"와 "5·18민주화운동"의 평가와 해결문제가 과제였다. 광주민주화운동 희생자에 대해서는 처음으로 관민합동추모식을 거행하여 명예를 회복시켜 주었고, 12·12사태는 사법처리보다 "역사의 심판에 맡긴다"고 선언했다. 결국 점증하는 여론의 압박에 못 이겨, 전두환에게는 "반란수괴 및 뇌물수수혐의"로, 노태우는 "비자금조성 및 뇌물수수혐의"로 구속한 후, 전두환은 무기징역, 노태우는 17년 징역을 선고하였다. 역사상 처음으로 두 전직 대통령이 처벌을 받았다. 그러나 1997

년 12월 22일 차기대통령 김대중정부 때 대화합의 차원에서 두 전직대통령을 사면시켜 주었다. 다만 부정축재에 대한 추징금 환수는 그대로 두었다.

문민정부시절 경제분야에서 가장 중요한 변화는 1993년 8월에 실시한 금융실명제와 대외개방 즉 세계화 전략이다. 금융실명제는 경제정의의 문제로서 지하경제를 없애고 금융질서를 투명하게 하는데 있었다. 1993년 12월 "우루과이 라운드 협정"을 타결함으로서 보호무역을 철폐하고 외국에 문호를 개방하였다. 그리고 선진국들이 가입하고 있는 "경제개발기구(OECD)"에도 가입하였다.

그러나 경제규모가 커지고 대외개방에 따라 정부의 외환관리가 부실하게 되자, 국가부도상태에 도달하여 1997년 11월 부득이 국제통화기금(IMF)에 구제금융 200억 달러를 요청하는 치욕을 받게 되었다. 이로인해 기업이 줄줄이 도산하고 실업자가 늘어나 149만명에 달하였다. 그동안 꾸준히 성장해오던 성장세가 곤두박질쳤다.

한편 김영삼정부는 임기중에 대형사고가 잇달아 일어났다. 1993년 3월 부산 구포역에서 열차가 전복하여 사망 78명, 부상자 198명이 발생했고, 이해 10월 전북 무안 앞바다에서 서해 페리호가 침몰하여 승선원 362명중 292명이 사망했으며, 1994년 10월에는 서울의 성수대교가 붕괴하여 32명이 사망, 17명이 부상당했다. 1995년 4월에는 대구 지하철 공사장에서 도시가스가 붕괴하여 10명이 사망, 150여명이 부상당했고, 이해 7월에는 서울의 삼풍백화점이 붕괴되어 501명이 사망하는 대형사고가 발생하였다. 이 같은 대형사고들이 집중적으로 일어난 것은 급속한 성장의 그늘로서 일차적으로 부실공사와 안전불감증에 그 원인이 있으나, 정치권의 기강해이에도 연관이 있었다.

이와 같이 김영삼정부의 잇따른 대형사고와 IMF 구제금융에 이어, 1996년 말 여당인 신한국당이 노동법을 날치기 통과시키고, 1997년 초에는 한보철강이 부도사태가 일어나며 정태수회장이 구속되며 대통령아들 김현철이 관련되어 구속되었다.

1997년 12월 대통령선거에서 신한국당 대통령후보로 대법관 출신으로 감사원장을 지낸 이회창을 내세웠으나, 야당의 "DJP연합"(김대중, 김종필 연합)으로 김대중이 단일후보로 나서서 김대중이 이회창을 39만표로 눌러 대통령에 당선되었다.

2. 북한의 NPT 탈퇴와 김일성의 죽음

김영삼정부는 1993년 3월 전향을 끝까지 거부한 골수 공산주의자 이인모를 조건 없이 파격적으로 북송시켰으나, 북한은 그 이튿날 "NPT(핵확산금지조약)"를 탈퇴하였다.

북한은 1991년 남한과 비핵화공동선언을 했고, IAEA(국제원자력기구)와 핵확산금지조약에 가입했으나, 북한의 영변에 핵시설이 있음을 감지한 미국 및 IAEA가 사찰을 하겠다고 하자, 이를 거부하고 NPT를 탈퇴한 것이다. 더욱이 우리가 NPT탈퇴를 비난하자, "서울을 불바다로 만들겠다"며 위협을 하였다.

한편 북한의 핵개발로 국제사회에 긴장이 고조되자, 1994년 10월 미·북간에 "제네바합의"를 체결하였다. 북한이 핵개발을 포기하는 조건으로 북한의 체제를 보장해주고 또한 북한에 "한반도 에너지 개발기구(KEDO)"를 설립하여 에너지를 공급하며 미·북관계를 정상화한다는 것이다. 이 같은 조건이 미·북간 양해가 되어 미 카터 전 대통령이 남북간 정상회담을 갖는다는 김일성의 메시지를 가지고 우리정부에 전달해 왔으나, 불행히도 1994년 7월 김일성이 갑자기 사망하고 정상회담은 무기 연기되며 KEDO 등도 중단되었다. 북한은 김정일이 집권하며 1995년에 큰 수재(水災)를 만나 이른바 "고난의 행군시대"를 맞게 되자 정부는 인도적 차원에서 쌀 15만톤을 무상지원하였다. 이후 북한도 우리의 수재 때 지원을 보내기도 하였다.

남북관계가 소강상태를 이어가던 중 1996년 6월 강릉 앞바다에서 무장군인 수십 명이 탄 북한잠수함 1척이 좌초한 사건이 발생하였다. 상륙한 군인은 1명을 생포하고 모두 사살했으나, 북한은 훈련 중 일어난 사고라고 했으나 정부는 재발방지와 사과를 요구하자, 결국 북한 측은 사과성명을 발표하였다.

그런데 이듬해 1997년 2월에 북한의 김일성대학 총장을 지냈고 주체사상이론에 핵심역할을 했던 "황장엽"이 베이징을 거쳐 한국에 망명하였다. 북한은 이를 공작정치라며 비난하였다. 황장엽은 한국에 올 때 가져왔다는 "황장엽리스트"가 있다는 소문이 나돌았고, 또한 남한에는 약 5만 명의 간첩이 활동하고 있다는 말이 있었으나 그 명단은 공개되지 않았다.

황장엽

김대중의 "국민의 정부"(제8공화국)

1. 외환위기 극복과 조직개편

1998년 2월 25일 김대중의 국민의 정부가 출범하자, 국정목표를 "민주주의와 시장경제의 병행발전"을 설정하였다. 대선 때 연합한 자민련의 김종필이 국무총리가 되었다.

새 정부의 당면과제는 최대의 국난을 맞은 IMF의 극복이였다. 이로 인해 총 부채가 1,500억달러를 넘고, 1인당국민소득도 1998년에는 7,607달러로 떨어지고 경제성장율도 (-)5.7%로 세계40위권으로 떨어졌다.

이때 국민들은 대한제국말기 "국채보상운동"을 상기하며 "금모으기운동"을 벌려 350여만 명이 참여하여 약 227톤의 금을 모았다. 이 운동은 세계인들을 감동시켰다.

이와 같은 노력으로 1999년 말에는 외환보유고가 700억 달러 흑자를 내며, 10.7%의 경제성장율과 1인당국민소득도 9,778달러에 이르렀다. 이어 2000년에는 국민총생산이 세계 13위, 총 교역규모도 세계 12위에 올랐고, 1인당국민소득도 2002년에는 11,504달러로 다시 1만 달러를 돌파하였다.

정부는 외환위기의 근본원인을 대기업의 문어발식 방만한 경영과 금융권의 부실로 인한 경상수지적자에 원인이 있다고 결론을 내려, 대기업의 구조조정에 들어갔다. 30대 대기업 가운데 11개 기업을 퇴출시키고, 대기업의 계열사도 평균 1/3로 줄이게 하였다.

또한 근로자 실업대책으로 1998년 2월 "노사정위원회"란 상설기구를 설치하여 노사갈등을 완화시켰다. 그러나 급진 노동단체인 "민주노총"이 이에 탈퇴함으로서 그 기능이 약화되었다. 이때 1999년 7월 "전국 교직원 노동조합"(약칭: 전교조)이 합법화되었다.

이 시기에 "세계는 넓고 할 일은 많다"고 외치던 김우중의 대우그룹도 재계 2위까지 올랐다가, 1999년 8월 워크아웃처리되며 큰 충격을 주었다.

금융분야도 1998년 4월에 "금융감독위원회"를 설치하여, 자기자본 8%미만인 60개 금융기관을 합병·퇴출시켰다. 이때 공기업도 인력을 1/4로 감축하고 한국통신, 한국전력, 포항제철 등을 민영화 또는 통폐합시켰다.

정부조직도 개편하였다. 1999년 1월 "국가안전기획부"를 "국가정보원"(약칭: 국정원)으로 바꾸고 국내정치관여보다 대북사업에 전념토록 하였다. 그리고 교육부와 기획예산처를 부총리 급으로 격상시켰다.

이해찬의원이 교육부장관을 맡으면서 1999년 1월부터 교원정년을 62세로 앞당기자 교육계에 세대교체가 이루어지며 전체 교장의 56.5%가 학교를 떠났다.

대학교육도 대학원교육을 육성하기 위해 1999년부터 "두뇌한국 21(BK21)"사업을 시행하여 정보기술(IT)과 생명공학(BT)에 역점을 둠으로서 이 분야에서 많은 발전을 거두었다.

2. "햇볕정책"과 남북정상회담

국민의 정부는 남북관계에서 대화와 포용을 바탕에 둔 포용정책으로 "햇볕정책"을 시행했는데, 미국도 이 정책을 수용하였다.

햇볕정책이란 "햇볕을 많이 쓰울수록 외투를 벗는다"는 뜻으로, 화해와 포용을 할수록 북한이 주민들에 대한 통제와 억압을 풀고 대외개방을 유도한다는 정책이다.

당시 북한 김정일은 선군정치(先君政治)를 표방하며 군대가 군림하는 체제였다. 주석제도 폐지하고 김정일이 국방위원장의 자격으로 통치하였다.

이때 1998년 8월 "광명성 1호"라는 장거리 미사일을 발사하면서 자신들은 인공위성이라 주장하였다. 이로 인해 미국과 일본은 자국에 위협이 된다면서 반발하였고, 결국 미·북간 긴장완화를 위해 2000년 10월 북한 군부 2인자 조명록이 미국에 특사로 가고 미국 올브라이트 국무장관이 북한을 방문하였다. 장거리 미사일 개발을 포기하는 대신 경제지원과 체제를 보장한다는 내용이었다. 그러나 별다른 진전을 보지 못하였다.

한편 남북 간 민간교류도 확대됐는데, 1998년 6월 정주영 현대 명예회장이 소 500마리를 끌고 북한 땅을 밟았고, 금강산 관광사업을 1998년 11월 추진하여 그해 관광객 3,317명을 기록하였다. 관광객은 1인당 300불(총 9995,100불)을 지급하였고, 이는 지난

9년간의 북한 방문자 2,408명을 훨씬 초과하였다.

그 2년 후 2000년 6월 역사적인 남북정상회담이 평양에서 이루어지며, 「6·15남북공동선언」이 발표되었다.

① 통일문제는 자주적으로 해결한다.

② 통일을 위한 남측의 연합제 방안과 북측의 연방제 방안의 공통점을 인정한다.

③ 이산가족 방문단을 교환한다.

④ 경제협력 등이다.

이로 인해 경의선 철도가 복원되고, 개성공단에 이르는 화물열차가 개통되었다.

또한 2000년 9월 시드니 올림픽 때는 남북이 한반도기를 앞세우고 공동입장하였다.

이 같은 남북 간의 화해와 평화 분위기를 조성한 공으로 2000년 12월 김대중대통령은 우리나라 최초로 "노벨평화상"을 받았다.

한편 2001년에 들어서자, 미국·일본은 보수정권이 들어섰다. 미국공화당의 부시대통령은 북한의 핵개발 의혹과 장거리미사일 개발 등으로 북한을 "악의 축"으로 규정하고 압박하였다.

이때 미국은 2001년 9월 11일 미국 뉴욕의 세계무역센터와 국방성에 이슬람근본주의자 "빈라덴"에 의해 모의된 비행기테러가 감행되어 2,752명이 사망하는 세기의 사건이 발생하였다. 이 사건으로 미국은 "테러와의 전쟁"을 선포하고, 특히 북한에 대해서도 압박수위를 높이며 테러국가로 취급하였다.

이로 인해 우리도 9·11테러에 대한 국제공조를 위해 비상경계를 강화하였다.

북한은 이에 대해 공동선언의 위반이라며 맹비난을 하자, 그간 당국자간의 남북회담도 중단되었다.

3. 서해교전과 햇볕정책 무용론

1999년 6월 15일 연평도 부근에서 북한 꽃게잡이 어선이 북방한계선(NLL)을 넘어오자, 이를 보호하기 위해 북한 경비정 3척이 NLL을 남하하였다. 이에 우리 고속정들이 출동하여 돌아갈 것을 경고했으나 북한 경비정이 이를 무시하고 오히려 우리 고속정에게 총격을 가해 옴으로서 쌍방 간에 교전이 벌어졌다. 이로 인해 북한 경비정 1척은 격침되고 1척은 크게 파손됐으며 약 30여명의 사상자가 발생한 것으로 추정되었다. 이것이 "제1연평해전"이다.

이때 우리해군 수뇌부가 남북화해 분위기 속에서 과잉대응한 책임을 물어 처벌을 받았다.

이어 역시 연평도 부근에서 "제2연평해전"이 일어났다. 2002년 6월 29일 월드컵 축구 한국·터키전(3·4위전)을 하는 하루 전에, 북한 경비정 2척이 북한 꽃게잡이 어선을 보호하다가 북방한계선(NLL)을 남하하였다. 우리 해군에서 고속정이 즉각 출동하여 경고방송을 했는데, 북한 경비정에서 갑자기 예고 없이 선제 기습공격하였다. 우리 참수리정 1척이 침몰하고 정장 윤영하 소령(저자의 동기생 아들)등 6명이 전사하였다. 북한 경비정은 1척이 화염에 쌓여 돌아갔다.

이 사건은 북한이 제1연평해전의 보복 성격이였으나, 북한에서 우발적이라고 유감을 표명함으로서 일단락되었다.

이 해전에서 우리 측의 피해가 컸던 것은, 제1연평해전 이후 우리 해군 일선 지휘관에게 초기 접전시 교전 수칙상의 발포권한을 주지 않았기 때문이다.

이들의 장례식 때는 물론 추도식 때도 국군통수권자인 대통령은 물론 국방장관도 참석하지 않자, "누구를 위한 대통령인가?"라며 비판이 거세었다.

그런데 2010년 11월 23일 연평도 해병부대에서 자체 포격훈련을 한다는 핑계로, 북한의 연안포대에서 연평도에 170여발의 무차별 포격을 가해왔다. 해병 및 민간인 각 2명이 사망하고 26명이 중경상을 입었다. 이때 지휘층에서는 확전을 고려하여 대응조치를 취하지 않았다(이명박정부).

한편 북한이 계속 핵개발 의혹이 제기되어 미국에서 이를 문제시하자, 북한은 2003년 1월 국제간의 "핵확산금지조약"을 탈퇴하였다. 결국 핵개발이 현실화된 것이다.

보수 및 우익단체에서는 햇볕정책의 무용론을 강력하게 제기하였다. 이들은 햇볕정책의 지원 자금으로 북한에게 핵개발만 도와주었다면서 햇볕정책의 허구성을 맹비난하였다.

당시 김대중 정부에서 대북송금 및 현물 지원액은 총 24억7,065달러였는데(통일부), 핵폭탄 1개 만드는데 1~3억달러 소요된다고 연구되고 있다.

이에 김대중대통령은 "북한은 핵개발한 적도, 핵개발할 능력도 없다. 대북지원금이 핵개발로 악용된다는 얘기는 터무니없는 유언비어이다 … 북이 핵을 개발하면 내가 책임지겠다"고 하였다. 그로부터 5년 후인 2006년부터 핵실험을 6차례나 했으며, 지금은 수소폭탄까지 소유한 핵보유국이라며 세계만방에 선언하였다.

김대중 집권기의 5년은 끊임없는 정쟁(政爭)의 연속이였다. 과거의 정쟁은 권위주의(또는 군부독재)와 민주화 세력 간의 갈등이였으나, 이때는 보수(또는 우파)와 진보(또는 좌파)간의 갈등이였다. 우파와 좌파의 기준은 명확하지는 않지만 우리의 현 남북분단상황, 북의 핵개발, 북의 끊임없는 도발과 위협, 6·25를 일으킨 원흉 등을 고려할 때, 우파는 북한을 명백하게 "주적"으로 인식하고 있으나, 좌파는 북한을 주적이 아닌 동족으로서 포용 또는 평화협력의 대상으로 보는데 그 인식의 차이가 있다.

이러한 정쟁에 국민들은 점차 실망하여 정치 불신 풍조에 빠져들었다. 그 예로 2000년 4월 제16대 총선거에서 투표율이 57.2%로 저조하였다. 이때 야당인 한나라당이 제1당이 되고 여당인 새천년민주당이 제2당이 되었다.

노무현의 "참여정부"(제9공화국)

chapter

14

1. 이라크전쟁 참전과 배경

2003년 2월 25일 제16대 노무현대통령이 취임하였다. 해방이후 세대인 58세로 대통령이 되며 "참여정부"를 표방하면서 전 정부와 차별화를 시도하였다.

지금까지 역대 대통령은 주로 영·호남의 지역기반에 바탕을 두었다면, 노무현은 세대 간의 대결이 컸던 점이 특징이다. 노정부는 386세대가 권력의 중심에 들어가자, 진보적인 감각은 뛰어나나 경륜이 부족하여 미숙하다는 비판이 많았다. 따라서 기존 보수층과 세대 및 이념 갈등이 표면화되며 정치권이 불안정하게 되었다.

새 정부가 들어서자 2003년 3월 발발한 이라크전쟁의 참전문제가 대두되었다.

이라크전쟁의 배경은 아래와 같다.

이란과 이라크는 같은 이슬람국가이나 양국은 오랫동안 종파갈등으로 대립하였다. 이란은 강경원리주의인 시아파가 다수이나, 1970년대 팔레비왕이 집권하면서 구미와 우호적이였고, 이라크의 북부 쿠르드족을 지원하였다.

이라크는 온건수니파와 강경시아파가 거의 반반이나, 온건수니파인 사담 후세인대통령이 집권하며 이란과 대립해왔다.

그런데 이란 팔레비왕이 정적인 시아파지도자 "호메이니"를 이라크로 추방하였다. 양국 간 대립이 계속되다 1978년 타협을 보았는데, 이란은 쿠르드지원을 중지하고 반면 이라크는 호메이니를 추방하기로 합의하였다.

이후 1979년 호메이니가 이란에 귀국하여 이슬람혁명을 일으켜 집권하며 이라크에게 후세인을 축출하도록 선동하였다. 이에 후세인은 이란국경을 침범함으로서 "페르시아"

전쟁이 발발한 것이다. 이때 중동에 원유를 의존하고 있는 미국·유럽 등은 석유파동이 일어나자 이라크를 지원하며 전쟁은 8년간 계속되었다. 이후 국제연합이 개입하여 휴전을 성립시켰다.

이 전쟁이후 이라크는 쿠웨이트를 침공하는 등 영토분쟁을 일으키고 독재정치를 강화하며 핵무기를 개발한다는 소문이 나돌자, 미국은 이라크에 사찰을 제의했으나 거부당했다. 미국은 영국과 연합하여 "이라크전쟁"을 일으키며 20여일 만에 바그다드를 점령하고 대량살상무기를 조사했으나 발견되지 않았고 후세인은 체포되어 처형되었다. 당시 이라크전쟁은 미국의 석유자원확보와 미 군수산업의 진흥, 종교적 갈등에서 비롯되었다는 비판도 있었다.

이후 이라크에는 친미정권이 세워졌으나, 이슬람세계는 이에 반발하여 서구에 자살폭탄테러 등이 일어났고 결국 아프가니스탄의 무장세력인 "탈레반"이 미국에서 "9·11 테러사건"을 일으킨 것이다.

이라크의 후세인이 멸망할 때, 이에 분개한 수니파가 탈레반과 합세하여 "IS"를 형성하였다. 이들은 시리아의 국경지구 유전을 점령하고 수많은 용병을 모집하여 "IS 이슬람국가"를 세우며 오늘날까지 무자비한 테러를 감행해 왔다. 이들은 서구는 물론 같은 이슬람의 시아파에도 테러를 감행하였다.

이슬람의 시아파, 수니파의 종파갈등의 유래는 아래와 같다.

이슬람교의 창시자 마호메트가 후사가 없이 사망하자, 그 후계자를 놓고 두 파로 갈렸다.

시아파는 창시자 마호메트의 사촌이자 사위인 알리를 후계자로 하자면서 의식을 주관하는 이맘의 코란(이슬람성경)을 존중하자는 파이고, 이들은 이란을 위주로 이슬람교 전체의 10% 정도이다. 수니파는 이슬람교를 이어온 역대 칼리프(지도자)를 후계자로 보며 칼리프의 코란을 존중한다는 것이다. 이들은 사우디아라비아, 중앙아시아, 인도, 파키스탄, 동남아등 85~90%가 이에 속한다.

미국은 다국적군이 이라크를 침공했다는 명분을 쌓기 위해 베트남전에 참전 경험이 있는 한국에 파병을 요청한 것이다. 정부는 국제공조라는 명분을 피할 수 없어 2003년 4월부터 비전투요원인 공병과 의료부대를 이라크 북부 쿠르드지역 "나르빌"에 파견하였다. 이 부대를 "자이툰"(아랍어: 올리버)부대라 칭하고 처음에는 비전투원 2,900명과 자위요원 700명 등 3.600명을 보냈으나, 이후 4년간 연 1만9천명을 보냈다.

그동안 한국의 해외파병은, 1960~1970년대 베트남파병, 1993년 아프리카 소말리아에 평화유지군(공병)파견, 1999년 동티모르에 상록수 평화유지군(419명)파견, 2002~2003년에 아프가니스탄에 비전투원파견 등이 있다.

2. 대통령탄핵과 남북정상회담

노무현은 새천년민주당후보로 대통령에 당선됐으나, 김대중계의 원로들로부터 벗어나기 위해 2003년 11월 "열린우리당"을 새로 창당하고 그동안 새천년민주당에서 정풍운동을 주도한 51세의 정동영을 당의장으로 선출하였다.

이로서 국회의원은 열린우리당이 47명, 야당이 된 새천년민주당과 한나라당이 195명이 되었다. 야당이 압도적인 의석을 차지하자 역사상 최초로 집권 1년만에 2004년 3월 현직 대통령에 대해 탄핵소추를 야당에서 제출하였다. 대통령선거 때 대통령의 사돈(민경찬)이 불법자금을 모았고 또한 불법자금을 받았다며, 그리고 실정으로 인한 경제파탄 등의 책임을 묻는 것이었다.

이어 실시된 2004년 4월 15일 총선거에서 역전되어 열린우리당이 152석, 한나라당 121석, 민주노동당 10석, 새천년민주당 9석 등으로 열린우리당이 다수당이 되었다. 이는 대통령탄핵이라는 초유의 사태에 유권자들의 반발이 반영되었다.

이 총선의 결과가 반영되듯, 이해 5월 14일 대통령 탄핵소추는 헌법재판소에서 기각되었다. 이로서 정부는 행정수도를 옮기는 일, 국가보안법 철폐, 햇볕정책의 적극적 추진 등, 정책추진에 힘을 얻었다.

행정수도 이전문제는 원래 충청도표를 의식하여 추진했다면서 거센 반발을 받았는데, 결국 헌법재판소에서 위헌판정을 받았다. 그러나 정부는 2005년 3월 이를 행정수도 대신 "행정중심 복합도시"로 명칭을 바꾸어 특별법으로 지금의 세종시로 추진하였다.

한편 보안법은 보수단체 등에 의해 폐지하지 못했고, "친일반민족행위자 진상규명법"은 2009년 총 1.005명의 명단이 발표되었다. 그 선발기준에 대해 많은 갈등이 있었고 국론을 분열시켰다. 가령 "시일야 방성대곡"을 쓴 장지연, 박정희대통령, 애국가를 작곡한 안익태 등이 이에 포함되었다.

노무현정부는 김대중정부의 대북포용정책을 그대로 계승하며 남북장관급회담을 계속 이어갔다. 2003년 6월 개성공단이 착공되어 2004년 12월 준공되며 123개 업체가 입주하여 북한노동자 약 5만3천명이 일하여 10년간 약 20억달러의 생산량을 올렸다. 그 외 금강산 관광사업에 이어 개성관광사업도 이루어졌고, 2003년 10월에는 정주영 현대회장이 기증한 "평양 유경 정주영 체육관"도 준공되며, 체육·예술 등의 교류가 이루어졌다.

이러한 분위기에 힘입어 대통령 임기 막바지인 2007년 10월 2일 노무현대통령이 두 번째로 평양에서 김정일과 "남북 10·4공동선언"이 이루어졌다.

① 통일문제의 자주적 해결
② 남북관계를 상호존중과 신뢰관계로 전환
③ 군사적 적대관계 종식 및 불가침의무 등이다.

이때가 제17대 대통령 선거 두 달 전이었는데, 너무 실적에 급급했다는 평이 많았다. 이 당시 북한은 1990년대 이른바 "고난의 행군"때로 1990년대 후반부터 탈북자가 많았는데, 2013년까지 약 3만 명에 달했다(통일부).

한편 2007년 유엔에서 북한주민의 인권을 보호하기 위해 "북한인권결의안"을 통과시켰는데, 당시 한국은 남북관계를 고려하여 기권하였다. 그런데 이 문제에 대하여 당시 외교부장관이던 송민순의 회고록에 의하면 당시 대통령비서실장이던 문재인이 유엔 인권결의안건에 대해 북한과 협의하여 기권했다고 증언하고 있다.

이와 같이 노무현정권이 북한에 대해 포용정책을 쓰고 있음에도 불구하고, 미국은 부시대통령(2001년)때부터 북한의 핵개발 의혹문제로 대북강경정책을 추구하면서도 또 한편으로 핵문제를 대화로 풀려고 미국, 중국, 일본, 러시아와 남북한 6개국 "6자회담"을 진행하였다. 그러나 북한은 이미 핵보유국임을 천명하면서 불가침조약체결을 요구하였다. 이때부터 길고긴 비핵화타협이 진행되면서 계속적인 핵실험과 장거리유도탄 실험을 계속해왔다. 미·북 핵협상의 요지는 미국 측에서는 선 비핵화를, 북한은 선 지원과 체제인정을 요구해 왔는데, 지금도 2019년 2월 하노이 미·북 정상회담 결렬 이후 이 난제가 계속되고 있다. 미국으로서는 북한이 지금까지 계속 약속을 파기했기 때문에 북한을 신뢰할 수 없다는 입장이다.

3. 참여정부 말기의 지지율 추락과 노무현 자살

노무현대통령이 탄핵을 받자, 고건총리가 대통령직을 대행하던 중 2개월 후 2004년 5월 헌법재판소에서 탄핵이 기각되어 대통령에 복귀하였다.

이후 행정수도이전, 국가보안법 폐지, 청와대 기자실 폐지 등으로 여론의 반발을 받아오다가, 그의 임기 막바지에 이루어진 남북정상회담에서 서해북방한계선(NLL)에 대해 북한에 유리한 발언을 하였다. 보수층이 크게 반발하며 비난을 하자 "NLL은 바다에 그어진 선인데 땅 따먹기식으로 내것 네것…"하였고, 또한 "우리 헌법에 이북도 우리땅인데, NLL이 좀 내려오고 … 하면 어떠냐?"라고 하면서 국토를 보위해야 할 국군 통수권자답지 않은 발언을 함으로서 더욱 논쟁을 불러 일으켰다.

한편 2007년 12월 대통령선거를 앞두고 노무현대통령은 인기가 하락하자, 열린우리당을 탈당하였다. 그러자 열린우리당과 새천년민주당 탈당파 그리고 한나라당에서 떠난 전 경기도지사 손학규 등이 통합하여 8월 20일 "통합민주당"을 만들어 143석의 거대 여당을 만들었다. 이어 대통령후보경선에서 치열한 접전 끝에 통합민주당후보로 통일부 장관을 지낸 정동영이 확정되었다.

한나라당에서는 전 서울시장을 지낸 이명박이 박근혜와 접전 끝에 근소한 차이로 대통령후보가 되었다.

한편 김대중과 노무현에게 두 번이나 연속 패배했던 이회창이 "자유선진당"을 만들어 대통령에 출마했는데, 결국 2007년 12월 9일 선거결과 이명박이 48.6%, 정동영이 26.1%, 이회창이 15.1%로 이명박이 당선되었다. 이명박은 선거기간 중 이른바 "BBK사건"등 도덕성 문제로 고전할 것으로 예상됐으나, 당시 경제침체 등으로 경제인 출신이 적합할 것이란 기대감이 크게 작용하였다.

그러나 투표율은 62.9%로서 국민의 정치불신을 잘 나타내 주었다.

그중에도 이해에 유엔 사무총장에 외무부장관을 지낸 반기문이 취임하여 한국의 국위를 선양하였다.

노무현대통령은 2008년 2월에 임기를 마치고 고향인 김해시 봉하마을에 내려가 여생을 보내며 살았다. 그런데 2009년 4월 "포괄적 수뢰혐의"로 검찰조사를 받기 시작하였다. 재임 중 태광산업이 청와대 비서실을 통해 영부인에게 13억 원을 전달했다는 것이다. 이 문제를 검찰에서 조사가 진행되던 중 2009년 5월 23일 새벽에 노무현 전 대통령은 봉하마을 뒷산에 있는 부엉이바위에서 뛰어내려 스스로 목숨을 끊었다. 향년 64세였다. 당시 야당은 검찰조사 때 지나치게 압박했기 때문이라고 반발하였다.

이로 인해 야당은 결집하였고, 이른바 "친노세력"이 형성되면서, 노무현 시절 비서실장을 지낸 문재인이 추모사업을 주도하면서 친노세력의 중심인물로 떠올랐다.

◎ 이후 이명박 및 박근혜 정부는 2019년 7월 현재 재판에 계류되고 있어, 역대정부의 기술은
   여기서 접는다.

현대한국의 경제계를 이끈 이병철과 정주영

chapter 15

1. 이병철(1910~1987): 호:호암(湖巖)

이병철은 경남 의령의 지방 양반가에서 태어났다. 현 삼성그룹의 창업자로서 현 삼성그룹, 신세계그룹, CJ그룹, 한솔그룹, 중앙일보, 새한그룹 등이 이병철에게서 나왔고, 이 기업들을 "범 삼성가"라 한다.

이병철은 일본 와세다대학 정치경제학과에 진학했으나, 학문에는 흥미가 없었고 건강이 좋지 않아 중도에 중퇴하고 귀국하였다. 이후 2년여 동안 취직도 못하고 지내면서 "무언가 하지 않으면 안된다"고 생각하면서도 무료하게 지냈다. 그는 한때 골패, 즉 도박에 빠지기도 했는데, 그때 그는 26세로 네 아이를 두고서 하루는 밤늦게 돌아오면서 달빛에 비친 어린 아이들의 자는 모습을 보는 순간 "악몽에서 깨어난 듯한 심정"의 충격을 받았다. 그는 허송세월했던 자신을 자책하며 밤 새워 자신의 길을 생각해 보았다. 그는 자신의 성격상 "사업이 가장 알맞으니 사업을 하겠다"고 다짐하였다.

그는 이때를 돌이켜보며 이렇게 말하였다. "어떠한 인생도 낭비라는 것은 있을 수 없다. … 문제는 헛되게 세월을 보내는데 있는 것이 아니라, 그것을 어떻게 받아들여 훗날 소중한 체험으로 그것을 살리느냐"에 있다.

부친으로부터 지원받은 쌀 300석분의 토지를 기반으로 사업을 일으켰다. 1938년 대구 서문시장에서 자본금 3만원으로 "삼성상회"를 설립하여 국수를 팔았다. 그 국수의 표지가 별 셋인 삼성이였다. 1942년 조선양조를 인수하였고 부동산에도 투자하여 큰 수익을 얻었으나, 태평양전쟁이 일어나자 부동산사업이 몰락하였다.

6·25전쟁 때는 서울에서 3개월간 피해 다니다 생명의 위협을 느꼈지만 충직한 운전

기사 위대식의 도움으로 무사히 피난갈 수 있었다. 당시 위대식은 암달라시장에서 달러를 구해 가족과 서울삼성물산 임원들을 은밀히 도피시킬 수 있었다. 당시 이병철이 타고 다니던 쉐보레승용차도 빼앗겼는데 나중에 이 차를 박헌영이 혜화동 로타리에서 타고 가더라는 일화도 있다.

1951년 부산에서 "삼성물산"을 설립하여 무역업에 뛰어들었다. 고철을 수집해 일본에 팔고 그 돈으로 다시 홍콩에서 설탕과 비료를 수입해 국내시장에 공급함으로서 1년 사이에 당시 60억 원의 재산을 쌓았다. 이렇게 모은 자금으로 1953년 제일제당(현 CJ그룹)과 1954년 제일모직을 설립하여 본격적으로 사업을 확장하기 시작하였다.

설탕은 당시 기호품이였으나 외국산의 값이 매우 비싸 서민들에게는 부담이 컸는데, 설탕을 대량 수입하여 설탕값을 낮추는데(300환→60환) 기여하였다. 제일모직 양복사업도 외국제품 때문에 당시 2~3개월 봉급을 모아야 양복 한 벌을 살 수 있었는데, 1957년부터 정부에서 모직물 수입금지 조치로 국내시장에서 승승장구하였다.

이 회장의 부친이 독립협회 활동을 하면서, 이승만대통령과 친분이 있어 이를 연고로 득을 보았다. 당시 정부는 생필품 국산화 정책을 펴면서 "삼백산업(三白産業; 밀가루, 설탕, 면화)"을 추진했는데, 이해가 맞물려 정부의 지원으로 크게 성장하였다.

또한 당시 비료는 외국에서 대부분 수입했는데, 정부의 지원을 받아 비료공장을 설립하기로 하였다.

그런데 4·19혁명이 일어나자 부정축재와 탈세혐의로 몰려 비료공장 설립은 수포로 되고 벌금을 50억 원을 냈었다. 또한 5·16군사정변이 터지자 부정축재 경제인 11명에 포함되어 구속되었다. 이후 군사정권과는 협력관계를 유지하게 되며 비료공장 설립도 재개되었다. 비료공장은 10년 동안 우여곡절 끝에 세계 최대 규모인 연36만톤 생산을 완공하려던 즈음에, "사카린 밀수사건"이 터졌다. 이 사건으로 삼성에 대한 비난이 비등해지자, 이병철회장은 그 책임을 자신이 지기로 하여, 완공 예정인 "한국비료"를 국가에 헌납하였다. 그러나 1992년 아들 이건희가 2,400억 원으로 다시 인수하였다. 5·16당시는 삼성그룹이 국내 제일의 재벌이 되었다.

사카린 밀수사건으로 경영을 장남 이맹희에게 맡기고 일선에서 물러났으나, 1968년 다시 삼성그룹에 복귀하였다.

1960년 4·19혁명과 1961년 5·16군사정변 때 부정축재자로 몰려 비난을 받는 수난을 겪자, 한때 정계에 진출하려 했으나 이를 포기하고 대신 언론사설립을 추진하였다.

1964년 TBC동양방송과 1965년 중앙일보를 설립하였다. 중앙일보는 이병철이 창업했으나 이후 이병철의 사돈 홍진기에게 경영을 맡긴 후 현재 3대 일간지로 성장하였고, 삼성그룹에서 벗어났다. 지금은 홍진기의 아들 홍석현의 소유이다. TBC는 1980년 전두환정권 때 KBS 2TV로 통폐합되었다. 이때 이회장은 신군부에 의해 강제 통폐합당하자 분하여 눈물을 흘렸다는 소문이 있었다. 다시 2009년 미디어법 개정에 따라 TBC는 2011년 12월 다시 JTBC로 31년만에 재개국하였다.

일찍이 삼성그룹은 한일은행, 상업은행, 조흥은행 등과 안국화재, 동방생명을 인수하였고, 1961년 초대 전국 경영인 연합회 회장을 역임하였다. 고려병원(삼성병원의 전신)을 설립하였고, 성균관대학 이사장도 지냈다.

이후 삼성전자, 삼성전기 등을 설립하여 첨단 전자통신 및 반도체를 발전시켰으며, 삼성종합건설, 삼성중공업 등을 설립하여 삼성그룹을 국내 초일류의 기업으로 성장시켰다.

이병철은 평소에 "내 생애의 80%는 사람을 뽑고 관리하는데 보냈다", "조직이 사람을 움직이는 기업은 망하지만, 사람이 조직을 움직이는 기업은 발전한다"고 말해왔다.

1956년 삼성물산이 한국 최초로 사원을 공개채용했는데, 1987년 그가 세상을 떠날 때까지 사원 최종 선발 때는 반드시 참여한 것은 유명하다. 이회장은 골상학(骨相學)이나 관상학을 중요시 했다고 한다. 그는 "기업이 곧 사람"이라며 인재제일주의를 표방하였다.

그는 임직원에게는 믿고 맡기는 스타일이다. 직원들에게 좋은 근로조건을 만들어 주고, 노동조합이 필요 없을 정도로 최상의 대우를 해주며 회사를 운영하였다. 그 대신 "세계 일류가 아니면 죽는다"는 일념으로 최고의 품질을 추구하였다.

그는 대표산업인 반도체사업을 구상할 때의 그의 사업스타일을 아래와 같이 잘 보여주고 있다.

그가 73세에 이 사업을 구상할 때 주위의 만류에도 불구하고 전담팀을 구성하여 8년 동안 사업을 구상했는데, 1년 중 6개월은 미국이나 일본에서 보내며 경제 동향분석 등을 하였다. 일본수상의 경제정책을 수립했던 후지화학회장인 이나바 슈조박사의 조언을 받기도 하였다.

그는 1984년 64KD램 수출을 시작할 때 미국 마이크론사 및 일본업계의 덤핑공세로

1,300억 원(현 3조원이상)의 적자를 보았으나, 주위에서 "지금이라도 손을 떼라"고 수차례 건의했음에도, 이회장은 "내 눈에는 돈이 보여"라며 계속 밀어붙인 이야기는 유명하다. 결국 256KD램을 세계 최초로 개발 성공했고, 1986년 1메가D램을 출시함으로서 세계시장의 1/10을 장악하여 삼성전자를 세계일류회사로 올려놓았다.

그는 감정의 동요가 거의 없고 필요한 말만하는 절제된 성격의 소유자이다. 항상 단정한 옷차림과 외모를 갖추었고, 세심함과 대담성을 함께 소유하였다. 그는 요행수는 바라지 않고 치밀한 계획과 직관을 중시하며 제2, 제3의 대비책을 강구하였다. 실패라는 판단이 서면 미련 없이 버렸다.

그는 창업도 많이 했지만 주로 인수합병을 통해 기업성장의 수단으로 삼았다. 특히 품질경쟁 위주의 제품과 모바일, 반도체, 전자 등 가볍고 조그만 제품 위주로 개척해 나갔다.

그는 후계자 선택 시에도 형제 간의 서열보다도 경영에 적합성을 고려하여 3남인 이건희를 후계자로 선택하였다.

그는 현대의 정주영회장과 함께 한국경제의 산업화를 이끈 대표적인 인물이나, 정주영과는 사업스타일 등에서 다소 다른 면이 있다.

2. 정주영(1915~2001), 호: 아산(峨山:고향마을 이름)

정주영은 강원도 통천에서 가난한 농부의 8남매 중 장남으로 태어나 통천 송전소학교가 학력의 전부이다. 어릴 때 끼니를 굶던 가난을 벗어나려고 4번이나 가출한 바 있다.

마지막에는 인천으로가 부두에서 막노동을 하여 돈을 번 후 서울로 가서 쌀가게 점원으로 일하였다. 여기서 주인에게 인정받아 22살에 쌀가게를 물려받았으나, 일제 때 미곡통제령이 내리며 쌀배급제로 되자 첫 사업은 허망하게 망하였다.

1941년 그는 쌀가게에 단골손님인 오윤근에게 그의 성실성을 인정받아 3,000원을 빌려 자동차 수리공장을 시작했으나, 공장에 화재가 나서 모두 불에 타버렸다. 그는 다시 오윤근에게 사정하여 3,500원을 빌렸다. 그는 서울 신설동에 다시 자동차 수리공장을 세워서 3년만에 빚을 다 갚았다. 이때 한 재산을 모았으나, 이 공장 역시 일제에 의해 강제흡수되어 버렸다.

해방 후 1946년 서울 충무로에 "현대자동차공업"을 설립하였다. 이것이 오늘날 "현대자동차"의 모태가 되었다. 이 시기에 그는 건설에 대한 지식이 없음에도 불구하고 "건설업자들이 돈을 많이 번다"는 소문을 듣고 1947년 "현대토건사"를 설립하였다. 그는 "일단 뛰어들고 밀어붙이자"며 건설에 뛰어들었는데, 이는 정주영의 트레이드마크 같은 사업스타일이 되었다.

1952년 미국 아이젠하워대통령이 방한하기 앞서, 미군은 정주영에게 미군의 양변기와 난방공사를 맡겼다. 그는 양변기를 본 적도 없지만, 용산일대를 뒤져서 12일 밤낮을 새워가며 공사를 끝내주었다.

1953년에는 한겨울인데 유엔사절단이 부산 유엔묘지에 참배하기에 앞서 푸른 잔디를 깔아 달라는 요청을 미군으로부터 받았다. 당시 모든 업체가 거절했으나, 정주영은 3배의 공사비를 받고는 낙동강 부근의 겨울보리를 떠다가 푸른 풀밭으로 가꾸어 놓았다. 이를 본 미군은 대규모 건설수주를 모두 정주영에게 싹쓸이 해서 맡겼다. 이때 창업 10년만에 전국 10대 건설사가 되었다.

1957년 한강 인도교 복구사업 이후 승승장구하였고

1965년 태국에서 고속도로공사를 따내면서 해외진출을 시작하였다.

1968년 경부고속도로를 건설하면서 공사기간 2년 5개월에 총 공사비 429억원으로 공사 중 사망자 77명이 발생했는데, 세계 역사상 고속도로공사에서 최단기간에 가장 적은 비용으로 가장 많은 사망자를 낸 기록을 세웠다.

1967년 "현대자동차"를 설립하여 포드와 합작하여 "코티나"를 제작하였고

1976년 한국의 독자 브랜드 "포니"차를 출시하여 에콰도르, 아프리카, 중동 등지에 수출하여 첫 해에 1만대를 팔았다.

1971년 박정희대통령시절 중화학공업 육성정책에 따라, 박대통령 지시로 조선소 설립을 추진하였다. 이때 영국에 완벽한 사업계획과 울산만의 입지조건을 설명한 후 외자유치를 요청하여 거절을 당하자, 우리 지폐에 그려져 있는 거북선을 보여주며 "우리는 조선기술이 우수한 민족이다"고 설득하여, 결국 8천만 달러의 외자를 유치하였다.

그리고 그리스 회사(오나시스 선박회사)에도 유조선 2척을 수주함으로서 오늘날의 "울산 현대미포조선소"가 생겨났다.

1973년 석유파동으로 조선과 건설이 심한 타격을 받을 때, 사우디아라비아 주베일 항만 조성공사를 세계의 굴지의 건설회사를 제치고 최소의 저렴한 가격인 9억3천만 달러로 수주하였다. 이 금액은 당시 우리나라 정부 1년 총예산의 25%였다. 이 공사는 당시 한국역사상 최대공사였고, 8개월이나 공기를 단축시켜 주었다. 특히 이 공사에서 건설자재 12만 톤을 울산조선소에서 제작하여 바지선으로 19차례나 운송하였다. 바다를 잘 아는 저자로서도 경이로운 찬사를 보내고 싶다.

1984년 서산방조제 물막이 공사는 정주영의 스타일을 잘 보여주는 대표적인 것이다. 방조제 입구의 거센 조류를 막을 방법이 없자, 고철인 20만톤의 유조선을 사와서 입구에 가라앉혀 막았다. 이 같은 기발한 상상력과 대담성은 "이봐! 해봤어. 해보고 이야기해"라는 정주영 어록이 생겨났으며, 이를 "정주영 공법"이라는 이름을 남겼다.

그는 노태우정권 말기에 "통일국민당"을 창당하여 제14대 국회의원선거에서 31석을 얻었고 본인도 전국구의원으로 국회의원에 당선되었다. 이어 1992년 대통령선거에 출마하여 388만표(16.3%)를 얻어 실패하였다.

평소 그는 가장 두려워했던 것은 정변(政變)이라고 하였다. 그런 뜻에서 소 500마리를 몰고가 북한 김정일에게 바치며, 금강산관광과 개성관광사업을 이루어냈다. 그리고 평양에 류경 정주영 체육관을 기증하였다.

그는 2001년 86세로 사망할 때까지 83개 사업체로서 총매출 130조원이 넘는 현대그룹을 이루어놓았다.

그는 무엇보다도 현장 중시 및 실천형 인재를 선택했고, 성격이 불같이 급하고 위기상황에서는 늘 자신을 던짐으로서 불가능해 보이는 일도 해내는 적극적이고 진취적인 자세로 일해왔다.

그는 민간기업 대표로서 앞장서 "88서울올림픽"을 일본 나고야를 물리치고 유치하였다.

그러나 그는 실생활에서는 매우 검소하고 구두 한 켤레를 사면 뒷축을 갈아가며 10년을 신었다. 그러나 여성편력은 좀 있었던 것으로 소문나고 있다. 그런데 그 부인은 말없이 이를 모두 수용하였다고 한다.

호암이 지장형이라면, 아산은 용장형으로 대규모의 사업이나 많은 분량의 제품, 즉 자동차, 조선, 중공업, 건설 등에 진출하기를 좋아하였다.

독도는 우리땅, 그리고 "대마도도 우리땅이였다."

chapter

16

1. 독도(울릉도)의 역사

독도는 울릉도의 부속섬으로서, 독도의 역사는 울릉도의 역사 안에서 살펴볼 수 있다.

울릉도에 사람이 산 최초의 기록은 3세기경 중국 「삼국지」〈위지동이전, 옥저조〉에서, "옥저민이 고기잡이 하다가 풍랑을 만나 '동쪽의 섬'에 표착했는데, 사람이 살고 있었으나 언어가 통하지 않았다"는 기록이 있다. 여기서 "동쪽의 섬"이 울릉도인지 분명치 않으나, 현재 4세기경의 유골이 울릉도에서 발견됨으로 3세기경에 사람이 살았고 「우산국」이라는 국가가 성립되어 있었음을 추정할 수 있다.

울릉도와 독도의 지명은 역사적으로 다양하게 표기되고 있다.

신라시대에는 울릉도와 독도를 포함하여 우산도라 불렀다. 고려 때는 울릉도를 무릉도로, 독도를 우산도라 불렀고, 조선 때는 울릉도를 울릉, 무릉, 울도라고 불렀고, 독도는 송도, 자산도로 불렀다. 일본은 독도를 다께시마(죽도)로 부르고 있다.

우리나라에서 울릉도에 대한 최초의 기록은 「삼국사기」에서 나오고 있다. 신라 지증왕 13년(512년) 하슬라주(강릉) 군주 이찬 이사부가 "우산국"을 정복하여 신라에 편입시켰다는 기록이 있다.

이사부 장군은 우산국을 정벌하기 위해 하나의 계고를 내었다. 원래 우산국 사람들은 바다와 험준한 산악에서 살아온 관계로 몹시 사나워 쉽게 굴복시키기가 어려웠다. 그래서 이 섬에는 맹수가 없다는 점을 이용하였다.

나무로 커다란 허수아비 사자를 만들고 입에서 불을 뿜어내며 사자소리를 잘 내는 사람에게 "으흥"하고 큰 소리를 내지르게 했다. 그런 후 "너희가 만약 항복하지 않으면

이 맹수를 풀어놓아 모조리 찢어 죽이겠다"고 위협하였다. 이들은 이렇게 크고 사나워 보이는 맹수를 본 적이 없기에 그만 놀라 허겁지겁 달려와서 무릎을 꿇고 충성을 맹세하였다.

이후 우산국왕 우혜왕은 우산국을 잘 통치해 달라면서 유언한 후 바다에 투산하였다.

전설에 의하면 그 허수아비 사자를 해변에 던져버렸는데, 그 사자상이 굳어져 지금의 서면 남양리에 있는 사자봉이 되었고, 우혜왕이 투신할 때 벗어두었던 투구가 지금의 투구봉이 되었다한다. 이후 우산국은 매년 신라에 조공을 보냈었다.

「고려사」에서 태조 13년(930)에 우산국 도주가 토산물을 바치자 도주에게 품계를 내렸고, 현종(1018)때는 우산국이 동북지역에 있는 여진족의 침략을 받아 농사를 짓지 못하게 되자 이원구를 울릉도에 보내어 농기구 등을 지원하였다는 기록이 있다. 또한 수년후(1022)는 재차 여진족에 약탈당하자 우산국 백성을 예주(경북 영해)로 이주해 살도록 한 기록이 있다. 이후 고려 말 및 조선 초에는 울릉도 주위에 왜구의 출몰이 잦아 주민들이 피해를 많이 입자, 조선 태종은 주민 모두를 육지로 강제 이주시키고 정기적으로 순찰하게 하였다.

개항 이후인 고종 때(1882)는 검찰사 이규원을 울릉도에 보내어 개척 여부를 답사하게 하였다. 그 결과 울릉도에는 조선인 140명과 일본인 78명이 살고 있었다. 고종은 울릉도 개척령을 내리고 김옥균을 울릉도·독도 개척사로 임명하였다. 김옥균은 이주민 16가구 54명을 모집하여 이주시키며 필요한 곡식, 가축, 무기 등을 지원하였다(고종실록).

2. 독도영토분쟁의 역사

o 「삼국사기」에 의하면 "신라 지증왕 때 이사부장군이 우산국을 정벌해 신라땅으로 만들었다" 또한 15세기 「세종실록」〈지리지〉에서 "우산과 무릉이라는 두 섬이 울진현의 정동해중에 있다. 두 섬은 거리가 멀지 않아 날씨가 맑으면 바라볼 수 있다. 신라 때는 "우산국"이라 불렀다"고 기록하고 있다.

여기서 우산국이란 무릉과 우산을 뜻하며 무릉은 울릉도, 우산은 독도의 옛 이름이었다.

그런데 일본은;

우산도는 독도가 아니라 울릉도이며, 독도는 울릉도 바로 옆에 있는 관음도나 죽도라는 것이다. 그렇다면 「세종실록」〈지리지〉에서 "두 섬은 거리가 멀지 않아 날씨가 맑으면 바라볼 수 있다"고 했는데, 관음도나 죽도는 울릉도와 아주 가까이 있어 날씨가 맑지 않은 날에도 볼 수 있기 때문에 이치에 맞지 않는다. 실제 날씨가 맑으면 울릉도에서 독도를 볼 수 있다.

○ 임진왜란이후 숙종19년(1963), 안용복이 울릉도와 독도 부근으로 고기잡이를 나갔다가, 일본 어선들을 보고 힐책하다가 오히려 일본으로 납치된 바 있다. 당시 안용복은 강경하게 항변하다가 결국 일본 대마도도주와 담판하여 울릉도와 독도가 조선영토임을 인정하는 서계를 받아왔다. 이후 일본정부는 이 사건을 조사하면서 두 섬이 일본영토가 아니라고 결론을 내리면서 "죽도도행(渡海)금지령"을 내린 후 대마도도주를 통해 이를 확인하는 외교문서를 조선정부에 보내왔다. 당시 안용복은 수군으로 복무 중 일본의 동래왜관에 자주 출입하여 일본어에 능했다. 그러나 안용복은 이후 국제문제를 야기시켰다는 이유로 압송되어 귀양에 처해졌다(숙종실록). 참으로 안타까운 우리역사의 한 페이지이다.

그런데 결정적인 증거는 1887년 일본이 최고행정기관인 "태정관지령"에서 나온다. 일본어부가 울릉도와 독도가 일본땅인지 여부를 일본정부에 문의한 바 있다. 그때 태정관에서 "울릉도와 한섬(독도)은 본방(일본)과 관계없음을 명심할 것"이라고 회신했다. 당시 첨부된 약도를 보면 "한섬"은 독도임이 명백하게 드러난다. 즉 독도는 분명히 조선땅이 된다.

○ 청·일전쟁에서 일본이 승리한 이후 울릉도에 일본인들의 불법거주자가 늘고 주민들의 피해가 심각해지자, 대한제국정부는 1900년 6월 한·일양국의 조사단을 구성하여 울릉도에 보냈다. 이때 입회인 자격으로 부산해관 감리서인 영국인 라포테도 참가했다.

이후 대한제국은 「칙령 제41호」로 울릉도와 독도를 대한제국의 영토라는 사실을 근대 국제법 체계에 따라 선언한 바 있다. 이로서 울릉도를 "울도"로 개칭한 후 강원도 27번째 군으로 승격시켰다. 초대 군수로는 배계주를 파견하였다. 울도군은 남면과 북면으로 나누었는데 독도는 남면에 속했다. 당시 관할구역에 "석도(石島)"가 들어간다고 명시했다. 석도란 어휘는 19세기말 남해안 어민들이 울릉도에 많이 이주했는데, 그때 어민들은 돌섬을 호남지방사투리로 독섬이라 적었고, 결국 독섬이 독도로 변한 것이다.

칙령 41호에서 "울도군수가 세금을 징수할 수 있는 권한을 가진다"고 했는데, 당시 일본의 강치(바다물개일종)잡이 어선이 울도군수에게 "수출세"를 냈음을 알 수 있다.

○ 러·일전쟁(1904~1905)시기에 일본해군성과 외무성간에 독도를 일본에 편입시켜, 이곳에 러시아함대를 감시하기 위한 망루를 설치하고자 했다. 그때 일본정부는 "조선땅이라는 의혹이 있는 쓸모없는 암초를 편입할 경우, 외국의 여러 나라에서 일본이 조선을 병탄하려한다는 의심을 갖게 할 수 있다"고 하였다.

이로서 독도가 조선땅이라는 의식을 일본은 분명히 가지고 있었다. 당시 일본은 일본군함 니타가를 1904년 9월 25일 독도에 보내어 순찰을 하고는 항해일지에 "독도"라는 이름을 최초로 기재하였다. 즉 일본공문서에 독도의 주인이 조선이였음을 보여주고 있다.

이듬해 1905년 1월 일본내각회의에서 "타국이 독도를 점유했다고 인정할만한 행적이 없다"면서, 국제법상 무주지점령론에 의거하여 독도를 자국영토로 편입시켰다. 이어 2월에 독도를 다케시마(죽도)로 이름을 바꾸고 시네마현의 부속도서로 편입시켰다.

이에 대하여 대한제국 외부대신 박제순은 강력하게 항의하여 1906년 5월 20일 지령 제3호로 독도가 대한제국의 영토임을 분명하게 밝혔으나, 일본은 되돌리지 않았다.

그러나 일본은 일제 강점기때도 독도를 조선의 영토로 취급해왔다. 1911년 펴낸 일본 해군성 수로지 제6권, 1920년에 발간된 동 수로지 제 10권, 1934년 조선총독부에서 발행한 초등지리부도 등에서 모두 독도를 조선수역으로 표기했다. 그러나 1940년대에 개정된 부도에는 독도를 시마네현으로 표기했다.

○ 소련 발표에 의하면, 1857년 이후 소련 극동 함대가 독도부근에서 함대훈련을 실시해 왔는데, 1864년 전함 팔라오호가 "독도에서 잠시 체류하였다"는 기록이 있다고 발표했다.(2017.11.9. KBS)

한편 1947년 2월 미국 극동사령부에서는 일본 어선들이 무분별하게 세계어장에 나타나 남획하자 이를 막기 위해 일본주위 해상에 "맥아더라인"을 설치했는데, 이때는 독도가 한국땅으로 명기되었다. 이어 6·25전쟁 중인 1951년 8월 연합국·일 간에 샌프란시스코 대일 평화조약을 맺은 바 있다. 이때 미국정부가 주한미대사 존 무초에게 독도를 확인하는 과정에서 독도라는 한국명칭이 존재함을 확인한 바 있다. 그 이전에는 일본측이 미국측에 이 섬을 다케시마라 해왔고 한국이름은 없다고 거짓 보고해 왔다. 이때 평화조약에는 한국의 독립과 영토의 반환에 대한 조항이 포함되어 있는데, 초안에는 독도가 한국의 영토로 포함되어 있었으나 일본의 끈질긴 로비 끝에 독도가 누락되었다.

그리고 이 독도문제는 1965년 「한일국교정상화」 교섭 과정에서도 일본이 한국측 대일청구권을 수락하는 대신 독도가 일본영토라고 주장하며 반환을 요구했으나 이를 받아들이지 않았다. 이때 일본이 독도를 일본영토라고 주장하는 근거는 크게 두가지이다.

첫째: 1905년 독도를 일본 시마네현에 귀속시켰다는 것이고,

둘째: 1951년 연합국(미국)과 맺은 샌프란시스코 대일평화조약에서 "일본국은 조선의 독립을 승인하며 제주도, 거문도 및 울릉도를 포함한 조선에 대한 모든 권리 권원(權原) 및 청구권을 버린다"는 조항에서 독도가 빠져있어 일본의 영유를 인정한 것이라고 하였다.

그러나 1905년의 일본의 독도영유는 그 이전 이미 1900년 대한제국때 「칙령 제 41 호」로 독도를 울릉도의 속도로 행정적으로 편입시킨 것을 러·일 전쟁기간에 강탈한 것이었다. 그리고 샌프란시스코 조약에서 제주도, 거문도, 울릉도를 거론한 것에 대해서는 그 밖의 수많은 섬들이 일본영토라는 뜻이 아님에도 불구하고 일본은 특히 독도가 위 세 섬에서 포함되지 않았으므로 독도는 일본영토라는 억지논리이다.

여하튼 독도는 지금 대한민국이 실효적으로 지배하고 있으나, 일본 시마네현은 2005년 3월 16일부터 매년 2월 22일을 「다케시마의 날」로 정했고, 2007년에는 일본정부에서도 각종 교과서에 독도가 일본 영토임을 밝히도록 명함으로써 물의를 일으키고 있다.

3. 카이로·포츠담 선언과 독도

세계제2차대전 및 태평양전쟁에서 연합국의 승리가 확실해진 1943년부터 이집트 카이로에서 전후처리문제가 논의 되었다. 이때 카이로선언을 기초로 1945년 7월 미·영·소·중 4국이 포츠담 선언을 발표하였다. 포츠담 선언은 총 13개 항으로 구성되어 있는데 한국의 영토와 관련이 있는 것은 제 8항이었다. 제 8항은 "카이로 선언의 조항은 이행할 것이며 또 일본의 주권은 혼슈, 홋카이도, 규슈, 시코쿠 및 우리가 결정하는 여러 작은 도서에 국한될 것이다"라고 되어 있었다. 최초 카이로 회담이 개최될 때의 목적은 일본에게 세계 제 2차 대전이후 태평양에서 약탈한 모든 도서들과 만주, 대만 등을 반환하는데 있었다. 일본은 패전 후 무조건 "항복문서"에 공식 서명했고 포츠담 선언의 주요 사항들을 수행할 것을 수락하였다. 독도는 1905년 일본이 불법이면서 효력 없이 자국령으로 편입하였기 때문에 한국의 영토로 반환된 것이다.

4. 이승만 라인 (통칭 평화선)

이승만 라인(평화선)

1952년 1월 18일 이승만대통령은 "한반도 주변수역에 대한 한국의 주권을 선언한 해양선"으로 「이승만라인(또는 평화선)」을 발표하였다. 해안으로부터 평균 60마일(약 52해리)에 달한다. 이 구역안에 당연히 독도가 포함되었다.

이 평화선을 선포한 이유는?
① 당시 한,일간 어업상의 격차 때문이다. 한국 어선은 일본에 비해 5%정도 밖에 안되었다.
② 일본어선의 남획에 따른 어업자원 및 대륙 붕보호이다.
③ 일본주변에 선포된 해역선인 「맥아더라 인」이 철폐됨에 이의 보완책이었다.

이 평화선은 1965년 「한·일조약」이 체결됨으로서 사실상 철폐되었다. 당시 해양에 대한 주권 수역은 12해리가 국제적으로 확립되고 있었다.

5. 동해 표기 문제

독도의 영토분쟁은 독도가 우리 땅이라는 영토권에도 중요하지만. 해양에서 영해의 범위를 정하는데도 이를 기준으로 정하기 때문에 매우 중요하다. 따라서 영해 또는 배타적 경제수역(EEZ) 내의 수자원 및 해저개발에도 더욱 중요하다. 특히 독도를 상징적인 기준으로 한 해역의 명칭을 정하는데도 그 기준역할을 하게 된다.

"일본해"라는 명칭은 마테오리치가 제작한 세계지도에서였다. 그러나 일본해의 공식 등장은 1919년 런던에서 개최된 제 1차 국제수로기구(IHO)에서 영국, 프랑스, 일본 등이 참석하여 세계의 바다의 지명을 표준화 할 것을 결의한데서 비롯되었다. 당시 우리나라는 일제치하에 있었기 때문에 회의에 참석할 수 없었다.

이후 1921년 「국제수로국」이 발족되면서 결국 1923년에 일본이 동해의 명칭을 「일본해」로 등록하였고, 이어 이 기구에서 1929년에 발행한 "해양과 바다의 경계"에 동해를 일본해로 기재하면서 세계각국의 지도에서 「일본해(Sea of Japan)」로 표기 되었다.

한국은 1957년 IHO에 가입한 후 변경을 요구해 왔지만 관철되지 않았다. 이후 1974년 IHO는 분쟁이 있는 해역의 명칭은 각 나라가 요구하는 이름을 병기할 것을 결의했으나 일본은 이를 받아들이지 않았다.

그리고 2007년 5월 10일 IHO총회에서 "해양과 바다의 경계" 제4판발행시도 공동표기를 제안했으나, 역시 일본은 받아들이지 않았다. 2000년 당시 전세계지도의 97.7%가 일본해로 단독표기되어 있었다.

2008년 9월 외교부가 75개국의 공개된 지도에 의하면 353개 지도를 대상으로 "동해" 표기를 조사한 결과, "동해, 일본해" 공동표기는 23.8%, 일본해 단독표기는 74.2% 무표기가 2%이고, "동해"의 단독표기는 전무하였다.

우리는 독도, 울릉도가 동해 중앙에 위치함에 따라 지도에 동해표기운동에 대한 정당성을 제시하며 활발하게 진행하여야 할 것이다.

6. 이승만 대통령 "대마도 반환하라"

1948년 8월15일 대한민국 정부 수립 직후인 8월 18일 이승만대통령은 "대마도는 우리 땅이니 일본은 속히 반환하라"는 담화를 발표했다. 또 1949년 1월 7일 연두기자 회견에서도 "대마도는 오래전부터 우리나라에 조공하던 우리 땅이다"라고 말했다. 그해 1월 18일에는 제헌의원 31명이 "대마도 반환촉구 결의안"을 국회에 제출하기도 하였다.

1) 대마도가 우리 땅이라는 근거를 찾아보자.

우선 대마도는 일본본토에서 150km나 떨어져 있지만, 부산에서는 49.5km에 불과하다.

대마도에 대한 개척은 신라 실성 이사금(402~417년재위)시절에 먹을 것이 없는 천민 들이 대마도로 건너가 섬을 개척하자, 임금이 이들에게 곡식과 재물을 보내어 주니, 이들은 해마다 조공을 바친 것이 시초였다. 그 뒤 고려선종 11년(1029)에는 대마도주에 게 고려관직인 구당관을 제수했다.

그러나 왜구가 해적을 구성하여 우리연안에서 갖은 약탈과 패악을 저지르자, 조정에 서는 왜구의 근거지 대마도를 정벌하기 시작하였다.

첫 번째로는; 고려창왕1년(1389년)에 경상도 도원수 박위로 하여금 전선 100척으로 대마도 원정을 감행하여 왜구 배 300여척을 불태웠고, 상륙부대는 해안가옥들을 불태 웠다. 이어 박자안의 후속부대가 섬 안에 수색작전을 펴서 납치되어갔던 우리동포 100 여명을 구출하였다.

두 번째는; 조선조 세종1년(1419년)에 삼군도제찰사 이종무에 의해서다. 그는 병선 227척에 군사 17,252명으로 대마도원정에서 왜구 배 129척을 빼앗아 쓸만한 배 20여척 을 제외하고 모두 불태워버렸다. 그리고 가옥 1,939호를 불태우고 왜구를 114명 참수하 고, 포로21명의 전과를 올렸고 중국인 포로 131명을 구했다. 이종무는 곧 또 다시 군사 를 보내어 가옥 68호와 전선 14척을 불태우고 왜구 9명을 참수했으며 우리백성 8명을 찾아왔다.

이종무가 대마도를 원정한 뒤 대마도 수호에게 항복을 권하는 글을 보냈는데 그 내용 에는 "너희가 살고 있는 대마도는 경상도 계림(경주)에 예속되었으니, 본래 우리나라 땅이란 것이 문적에 실려있음을 분명히 상고할 수 있다. 다만 대마도는 땅이 매우 협소하고 또 바다 가운데에 있어서 왕래가 불편하여 백성들이 살지 않았더니, 왜노(倭奴)들 가운데 제 나라에서 쫓겨나 갈 곳이 없는 자들이 모두 이리로 몰려 들어 굴혈을 만들고 살며, 어떤 때는 도적질을 하는 가운데 우리 백성을 겁탈하여 전곡을 약탈하고 마구 살해하며 집에 불을 놓는 등 흉악무도한 짓을 자행해 왔던 것이다"라는 대목이 있다.

그때 이 서신을 받은 대마도 수호가 사신을 보내어 우리 조정에 항복함으로서 대마도를 다시 경상도에 편입시켰던 것이다. 그러나 그 뒤 제대로 관리를 하지 않았기에 대마도는 도로 일본땅이 된 것이다.

조선조 중종때 발간한 「동국여지승람」과 순조~고종연간에 김정호의 「대동여지도」에 대마도는 우리 땅이라고 명시되고 있다. 또한 1855년에 제작된 영국지도에도 대마도가 조선령으로 되어있고, 1864년 미국 페리함대가 사용한 아시아지도에도 대마도는 조선령으로 기록되고 있다. 당시 페리함대는 일본에 무력시위를 하여 미일 통상조약(1858년)을 맺은바 있다.

한국전쟁중이던 1951년 4월27일에 한국정부(이승만 대통령)가 미국정부에 보낸 문서에는 "한국은 일본이 대마도에 대한 모든 권리, 호칭, 청구를 포기하고 그 땅을 돌려줄 것을 요구한다"고 하였다.

이처럼 근거가 분명함에도 불구하고 소설가겸 역사연구가 황원갑은 "우리정부는 어찌하여 독도는 일본땅이란 저들의 주장에 맞서 대마도는 한국땅이니 반환하라고 하지 않는가? 독도는 분명 우리 땅이지만 대마도도 우리 땅이다"라고 주장하고 있다.

대한민국의 상징 "태극기, 아리랑, 애국가, 무궁화"의 유래

chapter 17

1. "대한민국(大韓民國)" 국호제정

우리나라 국호 "대한민국"은 1919년 4월 상해임시정부가 출범하면서 정하였다.

당시 임시정부 교통총장이던 신석우(이후 조선일보사장)가 제안하였다.

"대한제국"의 국호는 고종이 만들었는데, 이때 "한(韓)"은 마한·진한·변한 삼한을 통틀어 대표하는 국가로서 "한"이라 하였다. 그런데 이 삼한은 북쪽 예맥족이 세운 고조선이 멸망한 후, 그 유민들이 남하하여 삼한의 지배세력으로 등장하였기 때문에 "대한(大韓)"은 한반도 전체를 대변한다고 보았다. 고종은 고려가 삼한의 땅을 통합한 것을 조선이 압록강·두만강으로 땅을 더 넓혔으니 "대(大)"를 붙여 "대한"이라 하였다. 그리고 대한제국의 정통성을 이어받으며 동시에 3·1운동 당시의 전 국민이 "대한독립만세"를 외친 뜻도 받아들인 것이다.

당시 일부에서는 망한 대한제국 국호의 일부를 따른다면서 "조선공화국", "고려공화국" 등을 제안했으나, 결국 망한 나라를 부흥시키자는 뜻에서 "대한"이라 정했다. "민국"은 백성의 나라, 즉 공화제로 한다는 뜻에서 "민국"으로 하여 "대한민국"이 정해졌다.

2. 태극기(太極旗)

태극기가 처음으로 국가에서 제정 논의된 것은 1876년(고종 13년) 1월이였다.

일본의 "운요호(또는 운양호)사건"으로 「강화도조약」이 체결논의되는 동안, 일본 측은 "운요호에는 엄연히 일본국기가 게양되어 있는데 왜 포격했느냐?"면서 트집을 잡았다. 이를 계기로 국기제정의 필요성이 논의되었다. "운요호"사건이란 일본이 조선과 통상조약을 맺고자 강화도에 들어왔는데, 초지진포대에서 경고포격을 가하자, 운요호 측에서 대응사격을 하며 육전대를 상륙시켜 지금의 영종도를 초토화시킨 사건이다.

이후 1882년 8월 수신사 박영효, 김옥균 등이 인천에서 일본배를 타고 도일할 때, 일본국기를 보고 우리나라를 대표하는 국기를 만들어야겠다고 생각하다, 그동안 논의되어 왔던 태극사괘를 도안하여 기를 만들었다. 8월 14일 고베에 도착하자 숙소건물 지붕에 이 기를 게양했는데, 이것이 태극기의 효시이다.

그런데 이보다 3개월 앞서 1882년 5월 미국과 통상조약시 미국함상에 태극기가 걸렸다는 미국 측 기록이 있다. 이후 1883년 태극기가 정식국기로 채택되었고, 1948년 제헌국회에서 태극기를 정식국기로 공식 지정하였다.

1) 태극기 도형의 의미

- 바탕흰색은 "밝음과 순수, 그리고 전통적으로 평화를 사랑하는 우리민족성을 나타낸다. 특히 고대 동이족은 흰옷을 숭상했고, 그래서 상중(喪中)에는 흰옷을 입었다.
- 태극 문양은 : 파랑은 음(陰)을, 빨강은 양(陽)을 나타내는데 조화를 상징하며, 우주만물이 음양의 상호작용에 의해 생성되고 발전한다는 대자연의 진리를 형상화한 것이다. 즉 태극은 우주만상의 근원이고 인간생명의 원천으로서 진리를 표현한 것이다.
- 네 모서리의 "건곤감리(乾坤坎離)" "4괘(卦)(≡≡≡≡≡≡)" : 음과 양이 서로 변화하고 발전하는 모습을 효(爻: 음 --, 양 —)의 조합으로 나타내는데, 건괘(≡ : 태양)는 우주만물 중 하늘을, 곤괘(≡≡ : 태음)는 땅을, 감괘(≡≡)는 물을, 리괘(≡≡)는 불을 상징한다. 이들 4괘는 태극을 중심으로 통일의 조화를 이루고 있다.

태극이란 용어는 "주역"에서 나오는데, 태극문양은 중국 송나라 주돈이(1017~1073)가 처음으로 「태극도설」을 지었다.

우리나라는 태극도설보다 약400년 전 628년(신라 진평왕)에 건립한 감은사 석각(石刻)에 태극도형이 새겨져 있었다. 1144년(인종)에 검교대위 허재의 석관의 천판(天板)에 태극문양이 뚜렷이 새겨져 있었다.

태극의 음양사상은 민속설화, 의학 등에서도 병리·생리 등을 음·양으로 나타나는데, 사상(四象)의학으로도 나타난다. 또한 고구려 고분내의 사신도(四神圖) 특히 현무도에서 음양의 조화형태로 나타나고, 고대에는 액(厄)막이 하는 부적으로도 사용해 왔다.

3. 아리랑

1) 아리랑의 종류와 그 특징

아리랑의 뜻은 언어학자들에 의하면, 아리랑의 "아리"는 "고운"이라는 뜻이고, "랑"은 "님"의 뜻인데, 결국 "아리랑"은 "고운님"이란 뜻으로 보고 있다.

아리랑의 종류는 「강원도 자진 아리랑(강원도 아리랑)」, 「강원도 긴 아리랑(정선 아리랑)」, 「서울긴 아리랑」, 「밀양 아리랑」, 「진도 아리랑」, 「아롱타령(해주아리랑)」 등 지역에 따라 가사와 리듬이 약간 차이가 나나 무려 50여 종류가 있고 그 수는 3,000개가 넘는데, 대부분 가사는 슬픈 사연이나 한(恨)이 담겨있다. 즉 후렴구에서 나오는 "아리랑 고개를 넘어간다"는 뜻이 이를 표현하는데, 이는 슬픔을 이기고 벗어나려는 의지가 담겨 있다. 그래서 우리 민족은 어렵고 힘든 일이 있을 때마다 아리랑을 부르며 힘을 얻었다.

1926년 나운규 감독 영화 "아리랑"의 주제곡으로 대중화되면서 광복군의 독립 투쟁가, 남북한 팀 구성시 단가, 월드컵송 등으로 한겨레 민족을 상징하는 노래로 불려왔다.

아리랑은 원래 600년 이전부터 전해 내려왔다. 조선건국 직후에 고려를 섬기던 신하들이 정선·평창 등 오지에서 숨어지내며 자신들의 정한을 노래로 담았던 것이다. 그러다 강원도지역 부근에서 노동요 및 토속 민요로 여러지역에서 부르던 "아라리"에서 서울지역으로 전해오면서 운율이 좋은 "아리랑"이란 말로 변하였다.

처음에는 「강원도 자진 아리랑」으로 불리다가 점차 전국적으로 전파되면서 나중에는 강원도 지역을 대표하는 「정선 아리랑」으로 불리게 되었다.

이 강원도 「정선 아리랑」은 민속민요로서 처음에는 바느질하던 할머니가 흥얼거리던 노랫가락인데, 이것이 모심기, 뗏목운반, 디딜방아, 나뭇꾼들이 소리로 전승되다가 전국으로 퍼지면서 서울에도 퍼졌다. 처음에는 "자진 아라리"가 원형으로 보인다. 그래서 토속민요로서 향토적이고 소박한 특징이 있는데 아래와 같다.

"아주까리 동백아 여지마라 / 산골에 큰 애기 바람난다
아리 아리 스리스리 아라리오 / 아라리 고개로 넘어간다.

「서울 긴 아리랑」은 강원도 정선·평창지역에서 「강원도 긴 아리랑」이 「정선 아리랑」
으로 서울에 전파됐다가 여기서 「서울 긴 아리랑」이 되었다.

"눈이 올라나 비가 올라나 억수장마가 질라나 /
만수산 기슭이에 실안개가 도네 /
아리랑 아리랑 아라리요 / 아리랑 고개를 나를 넘겨주게.

이것은 강원도 아리랑(주로 정선·평창)에서 전파된 것이지만, 이 「서울 긴 아리랑」이
전국적으로 퍼졌다.
이 「서울 긴 아리랑」은 조선말기 흥선대원군이 경복궁 중수시 정선이 한강의 최상류
로서 강원도 장정들이 목재 등을 이송해 오면서 부르던 것을 서울 소리꾼이 「정선 아리
랑」을 경토리로 바꾼데서 비롯되었다.
이때의 소리꾼들은 도시적이고 대중적인 세련된 정서를 담고 있다.

"만경창파 너른 바다 고기 둥신 뜬배
거기 잠간 닻 주어라 말 물어 보자
아리랑 아리랑 아라리로구료
아리랑 아리얼수 아라리로구료"

현재 우리가 흔히 부르는 「본조 아리랑」은 일제강점기 초기에 나운규가 "아리랑" 영
화를 만들고 이때 「서울 자진 아리랑」을 영화음악으로 서양정서로 편곡한 것이다. 이때
부터 국내는 물론 외국에도 이민자들이 고향을 그리며 부르게 되자 우리나라의 대표
민요가 되었다. 「본조 아리랑」이란 뜻은 "서울 본 바닥조의 아리랑"이란 뜻인데, 일제강
점기에 서울 도시인의 정서를 담고 있다.

"아리랑 아리랑 아라리요 / 아리랑 고개를 넘어간다.
나를 버리고 가시는 님은 / 십리도 못가서 발병난다.
아리랑 아리랑 아라리요 / 아리랑 고개로 넘어간다"

「밀양 아리랑」은 일제강점 초기에 강원도와 인접한 지역에서 전파되다가 밀양지역

출신 박남포가 지었다고 전한다. 통속 민요화 되어 있어 대중적인 정서가 깃들어 있다.

> "날 좀 보소 날 좀 보소 날 좀 보소
> 동지섣달 꽃 본 듯이 날 좀 보소
> 아리 아리랑 스리 스리랑 아라리가 났네
> 아리랑 얼시구 아라리가 났네"

「진도 아리랑」은 일제강점 초기에 강원도 아리랑에서 전파되어 변형된 아리랑으로서 전남 진도 출신의 대금 명인 박종기가 지었다고 전해진다. 이는 남도 음악 전문가에 의해 편곡되어 남도적인 흥이 넘친다.

> "문경 새재는 웬 고갠고 / 구부야 구부구부가 눈물이 난다 /
> 아리 아리랑 스리 스리랑 아라리가 났네 /
> 아리랑 응 응 응 아리리가 났네

2) 아리랑의 의의

아리랑은 조선 말기에 강원도에서 인접 지역으로 넘어오면서 전국적으로 퍼졌는데, 각 지역별로 「밀양 아리랑」 「진도 아리랑」 등으로 변화된 것이다.

그 단초는 대원군때 경복궁을 중수할 때(1865년) 「강원도 긴 아리랑」이 서울에 전해지고 이것이 서울 토리로 바뀌어 「서울 긴 아리랑」이 생긴데서 비롯되었다고 보고 있다. 이후 조선 말기에 서울이 근대화되면서 다시 곡조가 보다 빠르게 변하면서 일제 강점기때 「서울 긴 아리랑」에서 「본조 아리랑」에 이르렀다.

1900년 황현이 펴낸 매천야록(梅泉野錄)에, "고종이 밤에 명성황후와 함께 새로운 노래 아리랑 타령을 부르라고 지정했다"는 기록이 있다.

한편 일제 강점기때 나운규의 "아리랑 영화"에서 아리랑을 음향으로 연주하면서, 이것이 근대식으로 「서울 본조 아리랑」이 되었는데 국내에서 폭발적인 반응을 받으며 5년동안 전국 순회공연을 하였다. 그래서 대표적인 한국 민요로 자리 잡았다. 「아리랑」이 최초 「단성사」에서 공연 때 그 내용 중에 "문전옥답은 다 어디가고 동냥의 쪽박이 웬 말인가"가 문제가 되어 일제에서 전단 1만장을 압수한 바 있다. 그러나 계속 만원이 되어 무려 5년이나 순회공연을 한 것이다.

그러나 근대 축제에서 가장 많이 쓰이는 「본조 아리랑」은 대중음악 양식으로 편곡된 것이다.

「아리랑」

"아리랑 아리랑 아라리요 / 아리랑 고개로 넘어간다.
날 좀 보소 날 좀 보소 / 동지섣달 꽃 본 듯이 날 좀 보소

아리랑은 오랜 세월 서민생활에 광범위하게 전승되면서 변형되어 왔으나, 우리 민중에 깊게 밀착되어 왔다. 그러다 일제 등 제국주의 세력이 급격히 침략해 오자 세상이 혼돈상태로 돌아가며 침략자에 대한 원망과 고난을 고발하면서 풍자적이며 해학적으로 표현한 민중생활 내부의 문제를 다루고 있다. 그 예로서,

"말 깨나 하는 놈 재판소 가고 / 일 깨나 하는 놈 공동산(共同山)에 간다
아 깨나 낳을 년 갈보질 하고 / 목도 깨나 메는 놈 부역간다"

아리랑의 여음(餘音)은 일반적으로 "아리랑 아리랑 아라리요 / 아리랑 고개로 넘어간다"로 되어 있다. "아리랑 고개로 넘어간다"는 것은 살기 어려웠거나 님과 이별하거나 생활의 고난을 나타내는 여음이다. 따라서 위의 반어적(反語的) 표현은 해학이라기보다 고난이 심화된 "비장함"에 가까운 표현이라 할 수 있다.

4. 애국가

애국가는 한 나라를 상징하는 국가 차원의 공식적인 노래이다.
우리 애국가는 갑오경장 이후 널리 불리기 시작했는데 1896년경에 각 지방에서 불렸던 애국가는 10여종이 있다.
이 시기의 애국가로는 1896년 나필균 작 「애국가」, 제물포(인천) 전경택의 「애국가」, 한명원의 「애국가」, 배재학당 문경호의 「애국가」, 새문안 교회의 「애국가」 등이다.
배재학당 학도들이 1896년 11월 독립문 정초식에서 부른 애국가는 스코틀랜드 민요 "Auld Lang Syne"의 곡조에 아래 가사를 붙인 것이다.

"성자 신손 오백년은 우리황실이요/ 산고수려 동반도는 우리 본국일세 / 무궁화
삼천리 화려강산 / 대한사람 대한으로 길이 보전하세……"

1902년(광무 6년) 황실 군악대의 지휘자인 프란츠 에케르트(독일인)가 작곡한 「대한
제국 애국가」의 가사는 아래와 같다.

"상뎨는 우리황뎨를 도우사 셩슈무강 하사…./
사오천 만세에 복녹이 일신케 하소서/ 상뎨는 우리 황뎨를 도드소셔"

1907년 순종이 등극한 후 「대한 매일 신문」에 「무궁화가」 「황실가」 등의 노래가 자주
실렸는데 그 내용은 배재학당 학도들이 부른 가사와 모두 같은 애국가이다.

1948년 8월 15일 대한민국 정부수립 이전에는 "Auld Lang Syne"(이별의노래)에 윤치
호설의 가사를 붙여 불렀다. 해외활동 중이던 안익태가 우리 애국가를 스코틀랜드 민요
에 붙여 불리는 것이 안타까워 1936년 작곡하여 완성하였다. 그해 베를린올림픽에 참가
한 한국선수단을 찾아가 「애국가」를 함께 부른 것이 최초로 불린것이다. 이후 대한민국
의 국가로서 현재에 이른다. 1955년 국사편찬 위원회에서 현 애국가의 작사자를 조사했
는데, 윤치호, 안창호, 최병헌, 김인식, 민영환으로 압축됐으나 장사훈의 연구에 따르면
「윤치호」가 가장 유력하다.

현 「애국가」 1절

"동해물과 백두산이 마르고 닳도록
하느님이 보우하사 우리나라 만세
무궁화 삼천리 화려강산
대한사람, 대한으로 길이 보전하세"

5. 국화(國花) 무궁화

우리 국민들이 무궁화를 나라꽃으로 상징하게 된 시기는 아주 옛날이라고 볼 수 있
다. 그러나 본격적으로 무궁화가 국화로 등장한 시기는 구한말이다.

갑오경장이후 신문화가 밀려들어 오면서 선각자들은 민족의 자존을 높이고 열강들과

대등한 위치를 유지하려면 국화의 필요성을 인식하게 되었다. 그리하여 남궁억·윤치호 등이 의견을 집약하여 정했다고 전해진다. 그 시기는 남궁억이 칠곡부사로 있을 때인 1894년(?) 또는 1900년대 초라고 하는데 정확한 년도는 확인되지 않는다.

곧이어 만들어졌던 애국가의 후렴에 "무궁화 삼천리 화려강산, 대한사람 대한으로 길이 보전하세"라는 구절이 들어가면서 명실공히 무궁화가 국화로 자리잡게 되었다.

이 후렴구는 1896년 11월 21일 독립문 정초식 때 배재학당 학도들이 부른 애국가에 서부터 등장한다. 「배재 80년사」에 의하면 애국가 가사는 윤치호가 작사했고 곡은 벙커 (Bunker) 교사가 편곡했는데 스코틀랜드 민요로 했다고 한다.

윤치호 작사로 알려진 현행 애국가의 가사는 1904년 가을 영국 군함 1척이 동방각국 을 순방하던 중 제물포로 들어와 한국을 방문한 예의로 한국국가를 연주하겠다고 제의 해오자, 고종이 당시 외무협판에 있던 윤치호에게 국가를 제정하라고 분부하여 만들어 졌다고 한다.(김을한, "좌옹 윤치호전")

한편 1900년(광무 4년) 칙령 제14호로 문무복을 서구식으로 바꿀 때 예모와 상의에 각 직급에 따라 무궁화의 수와 모양을 달리하여 표시하였다.

대체로 한일합방 전후에 일본의 상징인 벚꽃에 대항하기 위하여 민족화의 상징으로 무궁화를 선택했다고 볼 수 있고, 당시 민족 수난기에 민족의 불멸을 시사해 줌으로써 희망과 자위의 뜻이 새겨져 있어 민중에게 빠르게 침투했다고 보여진다.

또한 옛날 당나라때 어느 황제가 삼동(三冬)에 꽃을 피우라고 명령했는데, 그 분부대 로 꽃을 피워 모든 꽃이 피어졌지만 무궁화만은 따르지 않았다는 설화가 있다. 따라서 당나라의 위세에도 한민족만큼은 굴하지 않았다는 비유를 무궁화에 결부시켜 어느새 "무궁화"는 저항을 상징하는 꽃으로 이르게 되었다.

국권이 상실되었던 1910년 9월 애국지사 황현(1855~1910)은 스스로 목숨을 끊으면서 다음과 같은 절명시(絕命詩)를 남겼다.

"새 짐승도 슬피 울고 강산도 슬픔에 젖었네
무궁화꽃 피는 이 강산 깊은 물에 잠겼네"

무궁화 운동가로는 민족 교육자이고 기독교 신자인 남궁억이 "무궁화 심기 운동"을 전개했다. 자신이 설립한 강원도 홍천 모곡학교에서 무궁화 묘목을 재배하여 전국 각지로 보냈는데, 1933년 일제는 민족정신을 고취시키는 반일적 행동이라며 무궁화 묘목 8만주를 불태우고 체포하였다. 1935년 병보석으로 출소할 때까지 옥고를 치루었다.

이로 인해 일제는 어린 학생들에게 "무궁화를 볼품없는 지저분한 꽃" "무궁화를 보면 눈병이 난다"는 등으로 경멸하고 비하함으로서 국화 말살 정책을 강화하기도 하였다.

이렇게하여 무궁화(無窮花)는 우리민족이 끊임없는 수난을 당하면서도 굴하지 않고 이어온 민족정신을 반영하고 있고, 나아가 우리민족의 무궁한 발전을 상징하는 꽃으로서 국화(國花)로 자리 잡았다.

참고문헌 및 사진자료 출처

○ 고교 한국사 (권희영 외/교학사)

○ 고교 한국사 (한철호 외/미래앤)

○ 고교 국사 (국사편찬위원회/국정도서편찬위원회)

○ 고등학교 한국사 교과서의 거짓과 왜곡바로잡기 (조갑제닷컴)

○ 이야기 신한국사 (신한국사연구회)

○ 교양인의 한국사 (김춘남)

○ 미래를 여는 우리 근현대사 (한영우)

○ 한국사속의 한국사 (고석유·고영진)

○ 한국사 (한국문화연구회)

○ 조선선비살해사건 (이덕일)

○ 한국사 (최태성)

○ 새로쓴 5백년 고려사 (박종기)

○ 동아시아속의 한일 2천년사 (요시노 마코토/한철호)

○ 이야기 일본사 (김희영)

○ 일본과 아시아 (다케우치 요시미/서광덕, 백지운)

○ 한국인을 위한 중국사 (신성곤·윤혜영)

○ 삼국지 위서동이전 (진수/서영대)

○ 사기본기 (사마천/이인호)

○ 고대조선, 끝나지 않은 논쟁 (이도상)

○ 한민족의 대륙역사 (송부웅)

○ 근대사학의 형성과 한국고대사 연구 (노태돈)

○ 동아시아 국제전과 신라의 통일 (노태돈)

○ 우리안의 식민사관 (조인성)

- 동이족은 우리조상인가? (박대제)
- 유사 역사학과 환단고기 (이문영)
- 고조선은 어디에 있었나? (송호정)
- 고고학으로 본 낙랑군 (오영진)
- 단군릉, 대동강 문명론과 북한의 선사고고학 (이선복)
- 요하문명과 홍산문화 (김정열)
- 군현의 측면에서 본 한사군(임병준)
- 삼국은 언제 건국 되었을까? (노중국)
- 동북 공정과 장백산문화론 (조법종)
- 고대의 영토의식과 진흥대왕 순수비 (김영하)
- 광개토왕비 (임기환)
- 임나일본부의 허상과 가야제국 (이영식)
- 전방후원형 고분과 고대한일관계 (권오영)
- 삼한일통의식과 삼국통일론 (윤선태)
- 발해는 고구려의 계승국인가? (송기호)
- 체제정비와 진흥왕의 영토확장 (이명호)
- 동아시아 고대사에서 신라의 위상 (주보돈)
- 국사시간에 세계사 공부하기 (김정)
- 백제는 해외식민지를 경영하였을까? (김기섭)
- 미륵사 금제사리 봉안기 출현과 선화공주의 수수께끼 (박현숙)
- 역사탐구 시리즈 (조선일보)
- 코리아 히스토리 타임즈 (국사광복단)
- 위키백과 (네이버)
- 두산백과 (네이버)
- 한국민족문화백과 (네이버)

[새로 쓴 상식의 역사]

역사, 반복되는가?

초판인쇄 2019년 8월 30일
초판발행 2019년 8월 30일

저　자 이 동 권
교　정 홍 기 자
편　집 김 수 연
펴낸곳 대한기획인쇄사

등　록 2019년 8월 25일
주　소 서울시 용산구 원효로4가 118-3 영천빌딩 302호
전　화 02-754-0765　FAX: 02-754-9873

값 25,000원

ⓒ 저작권자와의 협의 아래 인지는 생략합니다.
ISBN 979-11-85447-11-7

이 도서의 국립중앙도서관 출판예정도서목록(CIP)은 서지정보유통지원시스템 홈페이지(http://seoji.nl.go.kr)와
국가자료종합목록 구축시스템(http://kolis-net.nl.go.kr)에서 이용하실 수 있습니다. (CIP제어번호 : CIP2019033162))